U0885323

中国铁道建筑总公司年鉴

2002

中国铁道建筑总公司史志编审委员会编

中 国 铁 道 出 版 社

2002 年 · 北京

(京)新登字 063 号

图书在版编目(CIP)数据

中国铁道建筑总公司年鉴．2002/中国铁道建筑总公司史志编审委员会编．—北京:中国铁道出版社,2002.10

ISBN 7-113-04669-X

Ⅰ.中... Ⅱ.中... Ⅲ.中国铁建-2002-年鉴 Ⅳ.F532.3-54

中国版本图书馆 CIP 数据核字(2002)第 077188 号

ISBN 7-113-04669-X

9 787113 046699 >

书　　名: 中国铁道建筑总公司年鉴(2002)
作　　者: 中国铁道建筑总公司史志编审委员会
出版发行: 中国铁道出版社(100054,北京市宣武区右安门西街 8 号)
责任编辑: 罗桂英
封面设计: 杨启燕
印　　刷: 北京市房山区南召印刷厂
开　　本: 787 毫米×1092 毫米　1/16　印张:29　插页:48　字数:920 千
版　　本: 2002 年 10 月第 1 版　2002 年 10 月第 1 次印刷
印　　数: 1～3000 册
书　　号: ISBN 7-113-04669-X/T·26
定　　价: 160.00 元

版权所有　侵权必究

中国铁道建筑总公司史志编审委员会

第一主任　李国瑞
第二主任　王振侯
副 主 任　邹才华
委　　员　（按姓氏笔划为序）王兆林　王占科
孙化同　孙启业　刘发林　刘彦照
刘士彦　刘国志　刘贤福　李友才
李本来　李世钰　李廷柱　阴　瑞
况　勇　吴志义　辛　实　余兴喜
邹悦桃　林立人　林荣新　张克明
张文忠　郭亨春　钱桂林　黄少军
曹焕斌　曾庆道

本期年鉴编辑工作人员

编　　审　沈桂馥
主　　编　刘贤福
编　　辑　刘贤福　杨启燕
版式设计　杨启燕
彩页设计　杨启燕　汪　凯
出版发行　杨启燕
校　　对　吕连亭　崔中林　沈桂馥
何文立　刘贤福　杨启燕

编辑说明

一、《中国铁道建筑总公司年鉴》是一部概览总公司系统的综合性、资料性工具书，1993年创刊，逐年连续出版，本期年鉴为第十部。年鉴全面、系统地反映2001年度总公司系统企业改革、施工生产、经营管理、科技教育、党群工作等方面的成果、经验和重要活动信息。

二、年鉴内容采用文章、条目、图片、表格等表现形式。年鉴体例采用分类编辑法，全书由类目、分目、条目三个层次组成，以条目为主。与企业改制、改革相适应，对本期年鉴框架作了较大调整，共设置类目18个，分目(或准分目)105个，条目1 090个，92万字。

三、本期年鉴围绕企业生产经营主线，用大量文字和图片突出反映了企业改制、改革及铁路和路外重点工程两条战线、国内和海外两个战场生产经营取得的新成果、新经验及面临的新问题，以期更好地为企业经营决策、施工生产和促进企业改革与发展服务，为社会各界朋友了解本公司服务。

四、年鉴稿件来源于总公司机关各部门和所属各单位，并经其主管领导审核把关。年鉴文章、条目、图表中涉及的某些数据，是按不同口径、通过不同渠道提供的，如有矛盾之处，应以计划统计和财务部门提供的数据为准。

五、本年鉴坚持以"质量第一、读者第一、服务第一"为宗旨，从年鉴内容到格式均按《编辑出版法规手册》的有关规定进行了规范。如有疏漏不当之处，欢迎提出宝贵意见。

六、《中国铁道建筑总公司年鉴》的编辑出版，得到铁道部档案史志中心、中国铁道出版社和兄弟单位的指导、帮助，得到总公司系统各级领导、部门的关心、支持，得到各单位史志工作者的密切配合，我们在此一并致谢。

2001年国庆期间，中共中央政治局常委、全国人大常委会委员长李鹏(右三)冒雨视察中铁十九局集团公司承建的重庆酉阳防洪工程。 (陈永富 摄)

2001年11月2日，中共中央政治局常委、国务院总理朱镕基(前左一)视察上海磁悬浮列车示范线中铁养马河工程股份有限公司导轨梁生产基地。 (陈绍昆 提供)

2001年11月26日，中共中央政治局常委、中纪委书记、中华全国总工会主席尉健行亲切接见“全国职业道德建设十佳单位”代表——中铁十一局集团电务公司董事长郑斌。 （李清颖 提供）

2001年1月16日，中共中央政治局常委、国家副主席胡锦涛(前左五)在中国驻塞浦路斯大使馆亲切接见中铁十六局罗密欧大桥建设者代表。 （刘承宝 提供）

2001年6月29日，中共中央政治局委员、国务院副总理吴邦国(右一)在拉萨举行的青藏铁路开工典礼上，亲切接见中铁十五局集团公司柴顺林指挥长(左一)。（卫学昌 摄）

2001年5月11日，中共中央政治局委员、国务院副总理温家宝(前)视察北京中铁建设有限公司参建的北京永定河滞洪水库工程，称赞“工程干得不错”。（徐春 清堂 摄）

2001年7月19日，中共中央政治局委员、上海市市委书记黄菊(中)视察中铁十六局承建的上海磁悬浮列车主线工程。（张玉坤　李树虎　摄）

2001年1月，全国政协副主席陈锦华(右二)视察中铁十七局集团公司承建的徽杭高速公路黄山率水特大桥建设工地。（仉宝光　摄）

2001年11月12日，全国人大常委会副委员长何鲁丽(右五)为中铁十六局承建的北京友谊医院新急诊综合大楼奠基。（杨卧龙　高家奎　摄）

2001年9月7日～12日，中央企业工委副书记王瑞祥率慰问团到渝怀铁路建设工地慰问演出。图为王瑞祥副书记与参建职工亲切握手问候。

（刘建国　赵延凤　摄）

2001年5月11日，中央企业工委副书记赵杰兵(前右二)在总公司王振侯总经理(前左二)、李国瑞书记(前右一)陪同下，到秦沈客运专线施工现场调研视察。图为赵杰兵副书记视察长钢轨焊接中心。　（溪沛　摄）

2001年11月，铁道部部长傅志寰(右一)、副部长蔡庆华(右三)在中铁十一局集团公司副总经理邹振华(左二)等陪同下，视察秦沈客运专线铺架工地。

（王炀　摄）

领导关怀

2001年9月30日，铁道部副部长孙永福(前右二)视察青藏铁路风火山隧道建设工地，并为中铁二十局题词：“奋战高原，科技攻关，建设世界第一高隧。”

（孟繁荣 提供）

2001年3月，交通部部长黄镇东(前右一)视察徐连高速公路潘塘立交桥建设工地。图为黄镇东部长察看工程建设示意图。（汪丽霞 提供）

2001年6月7日，陕西省省委书记李建国(前左二)视察西安南京铁路桃花铺1号隧道建设工地，与参建职工亲切握手。

（杨海龙 提供）

2001年7月，山西省省委书记田成平(左一)视察中铁十四局集团公司承建的大同机场建设工地，对工程质量给予高度评价。　　(孔祥文 摄)

2001年9月4日，山西省省长刘振华(正右一)专程前往大运高速公路建设工地，看望在全线劳动竞赛中获得第一名的中铁十七局集团公司参建员工。　　(任耀俊 摄)

2001年1月19日，重庆市副市长赵公卿(右一)出席渝合高速公路两山坪双线隧道贯通庆典，称赞“中铁十二局集团公司是敢打硬仗的队伍”。(高山 摄)

董事长 段昌炎

党委书记 王国平

总经理 孟乔然

总公司党委书记李国瑞(右)、湖北省襄樊市市委书记孙楚寅为集团公司揭牌。

中铁十一局集团有限公司

2001年10月22日，中铁十一局集团有限公司在湖北襄樊隆重挂牌成立。中共中央候补委员、湖北省委常委、宣传部部长缪合林，铁道部总工程师王麟书、湖北省企业工委副书记谷玉川、襄樊市市委书记孙楚寅及总公司党委书记李国瑞、副书记霍金贵、副总经理何能金、邹才华等领导到会祝贺，铁道部、建设部等140多个单位到会或致电同贺。中铁十一局集团有限公司决心弘扬杨连第“登高”精神，发扬“自尊自强，奋力拼搏，艰苦创业，勇争一流”的企业精神，开创更加美好的明天。 （叶超英 撰文 罗登桥 摄影）

集团公司成立大会会场

股份公司成立大会会场

山西省副省长王显政(左二)、中央企业工委群工部部长乔保平(右二)、铁道部总工程师王麟书(右三)、总公司王振侯总经理(左一)为股份公司揭牌。

中铁十二局集团股份有限公司

中铁十二局集团股份有限公司是由中铁十二局集团有限公司、郑州铁路局、济南铁路局、太原机车车辆厂、铁道第四勘察设计院和石家庄铁道学院等6家单位共同发起，经国家经贸委批准，在山西省工商行政管理局登记注册的股份公司。注册资本21 640万元，为太原高新技术开发区内的高科技企业。

2001年8月18日，中铁十二局集团股份有限公司成立大会和挂牌仪式在山西太原举行。来自中央企业工委、铁道部、国家经贸委、山西省委及省政府、太原市委及市政府、中国铁道建筑总公司、中国证监会太原特派办公室及合作单位和有关部门的领导出席会议。山西省副省长王显政、铁道部总工程师王麟书、中央企业工委群工部部长乔保平、总公司总经理王振侯等为股份公司揭牌。中国证监会太原特派办公室主任申志杰等领导出席会议并讲话。

(张林祥 撰文并提供图片)

董事长 金普庆

党委书记 胡莫愁

总经理 霍玉华

股份公司创立暨第一次股东大会

中铁十三局集团有限公司

2001年6月6日，中铁十三局集团有限公司在吉林长春隆重挂牌成立。吉林省副省长杨庆才、铁道部总经济师王奎中、长春市副市长安莉以及总公司总经理王振侯、党委书记李国瑞等领导到会祝贺；铁道部等99个国家部委及省市政府机关、企事业单位、新闻媒体公告同贺。杨庆才副省长、王奎中总经济师、王振侯总经理、李国瑞书记等领导为公司揭牌。集团公司领导、机关干部及所属单位代表出席成立大会。

（王惠敏 撰文 李仕兵 郑仁安 摄影）

董事长 文普津

党委书记 王治忠

总经理 王学伟

集团公司成立大会会场

集团公司首次股东会会议成员

集团公司一届一次董事会会议成员

董事长、党委书记 韩风险

总经理 杨有诗

中铁十四局集团有限公司

中铁十四局集团有限公司于2001年12月26日在山东济南隆重成立。国家机关部委、山东省和总公司有关领导到会祝贺，社会各界及新闻单位的朋友到会或致电同贺。这是中铁十四局集团有限公司承前启后、继往开来、谋求新的更大发展的一次重要盛会，它将作为集团公司发展历史的重要里程碑载入史册。

（贺洪静 撰文并提供图片）

集团公司成立大会会场

中央企业工委办公厅副主任王允光(右一)、山东省人大常委会副主任李文全(右二)、铁道部建设司孟令石(左二)、总公司党委书记李国瑞(左一)为集团公司揭牌。

中铁十五局集团有限公司

2001年10月12日，中铁十五局集团有限公司在河南洛阳隆重挂牌成立。河南省副省长张以祥、铁道部总工程师王麟书、总公司总经理王振侯，洛阳市委副书记、常务副市长郭俊民等领导到会祝贺；中央企业工委、铁道部、新疆维吾尔自治区等286家国家部委、省市机关、企事业单位致信致电同贺。中铁十五局集团有限公司曾获“全国优秀施工企业”、“全国质量效益型先进企业”、“全国精神文明建设先进单位”等荣誉。通过企业改制，对公司的未来发展前景更加充满信心。

（周文元 撰文 赵延凤 摄影）

董事长、党委书记 王炳祥

总经理 张汉云

张以祥副省长（中）、王麟书总工程师（左）、王振侯总经理（右）等特邀嘉宾在主席台上。

张以祥副省长（中左）、王麟书总工程师（中右）等领导为公司揭牌。

河南省工商行政管理局局长李长胜（左）向集团公司颁发营业执照。

出席集团公司成立大会的职工代表

集团公司成立大会会场

董事长、
党委书记 瞿观鄞

总经理 薛之桂

中铁十七局集团有限公司

2001年9月16日，中铁十七局集团有限公司在山西太原隆重成立。出席会议和致电祝贺的有中央企业工委、铁道部、建设部、交通部等国家部委，部分省、自治区、直辖市，铁路、交通、科研、设计、施工等企事业单位共154家。山西省、中央企业工委、铁道部、总公司及集团公司领导先后在会上讲话。新华社、人民日报、经济日报、工人日报、光明日报、山西电视台等新闻单位记者到会采访报道。

（宋育英 撰文并提供图片）

中共山西省委常委、秘书长申联彬(右)和铁道部总经济师王奎中(左)为集团公司揭牌。

总公司王振侯总经理在集团公司成立大会上讲话。

出席成立大会的嘉宾和职工代表

集团公司办公大楼

集团公司成立大会会场

出席集团公司成立大会的部分特邀嘉宾

中铁十八局集团有限公司

中铁十八局集团有限公司于2001年4月18日改制注册，8月26日在天津正式挂牌成立；集团公司所属8个控股子公司年内先后改制挂牌，全部建立现代企业制度，确立新型法人治理结构。企业改制，是集团公司又一次历史性转折，对于企业在新世纪创造新辉煌具有重要意义。建立现代企业制度，给集团公司带来新的发展契机，改制后的中铁十八局集团有限公司和中铁十八局集团满怀信心，向着建设跨地区、跨行业、跨所有制和跨国经营的大型企业集团的发展目标迈进，迎接更加美好的明天。

（王千永 撰文　袁海明 摄影）

天津市副市长王德惠(中左)、铁道部总工程师王麟书(中右)、中央企业工委副主任刘晓滨(右二)、天津市城建工委书记沈东海(左二)等领导为集团公司揭牌。

董事长 赵广发

党委书记 李永军

总经理 张璠琦

中铁养马河工程股份有限公司

养马河桥梁厂作为主发起人，联合铁道专业设计院等五家企业共同出资，组建中铁养马河工程股份有限公司，于2001年12月18日在四川成都国际会展中心金色歌剧院隆重举行挂牌成立庆典。四川省王怀臣副省长、总公司李国瑞书记等领导莅临大会祝贺。职工艺术团在成立庆典上表演了自编自排的精彩文艺节目。

（陈绍昆 撰文并提供图片）

股份公司成立大会会场

四川省副省长王怀臣、总公司党委书记李国瑞等领导为股份公司揭牌。

职工艺术团在成立庆典上作精彩演出。

董事长 王长留

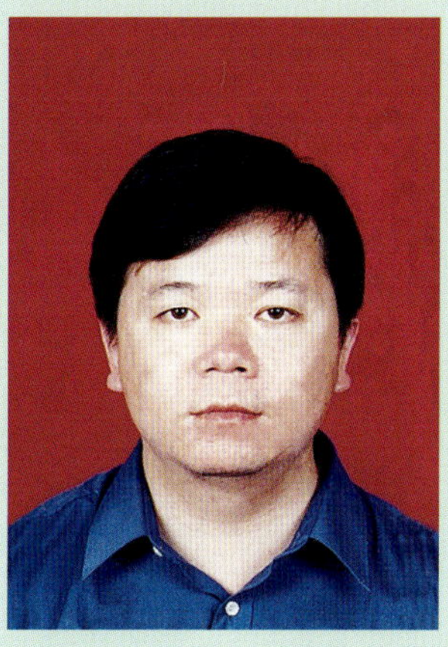

党委书记 刘顾集

总经理 张庆军

6月30日，中铁十八局集团公司承建的内昆铁路李子沟特大桥“大跨刚构连续梁桥施工技术”通过铁道部鉴定，整体施工技术达到国际先进水平。（袁海明 摄）

10月，中铁十八局集团公司采用“拱肋竖向转体施工技术”建成的广西梧州鸳鸯江大桥通过专家鉴定，达到同类技术国际先进水平，被中国企业联合会、中国企业家协会评为“中国企业新纪录”。（曹战锋 摄）

中铁十七局集团公司承建的晋焦高速公路丹河特大石拱挢(单跨长141米)，获世界吉尼斯纪录。（高宗成 摄）

中铁十九局集团公司采用“悬臂梁后张拉空中对接新技术”建成的浙江义乌经发大桥，施工技术达到国际领先水平。（陈永富 摄）

中铁十七局集团公司承建的运三高速公路吴家嘴大桥，施工技术达到国内领先水平。该桥主跨140米，号称“华北第一桥”。（张天国 摄）

总公司承建的香港西部铁路工程质量在全线评比中名列前茅，参建职工喜悦之情溢于言表。
（刘渝 摄）

9月28日，尼日利亚总统奥巴桑乔(前左一)为中铁十八局集团EEC公司承建的阿扎里公路竣工剪彩。 （何明 摄）

尼日利亚副总统(右一)出席中铁十八局集团EEC公司承建的吉卡公路开工典礼。 （何明 摄）

8月5日，尼日利亚包奇州政府代表团应邀到中铁十八局集团公司考察访问。 （袁海明 摄）

8月12日，铁道部副部长蔡庆华(左一)和河南省副省长张洪华(左二)视察中铁十七局集团公司承建的西安南京铁路白沙河特大桥建设工地，现场解决施工难题。（高宗成 摄）

12月11日，总公司王振侯总经理(右二)在琚建明指挥(左二)等陪同下，检查指导西安南京铁路桃花铺1号隧道TBM掘进机施工情况。（杨海龙 摄）

总公司总承包、中铁十八局集团公司和国内工程公司承建的西安南京铁路桃花铺1号隧道。（姜书范 摄）

中铁十一局集团公司承建的西安南京铁路桃花铺2号隧道。（郑道斌 摄）

中铁二十局承建的西安南京铁路武关特大桥被评为“精品工程”。（刘民主 摄）

中铁十六局承建的西安南京铁路黑漆河大桥工程质量一次成优。（邹裴锋 摄）

9月7日，中央企业工委副书记王瑞祥(右二)在总公司党委书记李国瑞(右三)、工会主席夏良振(左一)等陪同下，看望慰问渝怀铁路参建职工。图为王瑞祥副书记在铁山坪隧道工地检查指导工作。（赵延凤 摄）

中铁十八局集团公司承建的渝怀铁路彭水隧道工程。（袁海明 摄）

2001年4月15日，神延铁路提前100天胜利铺通。铁道部、陕西省在绥德车站隆重举行铺通祝捷大会。（赵延凤 摄）

中铁十二局集团公司与铁道建筑研究设计院联合承建的神延铁路秃尾河特大桥。（安剑承 摄）

中铁十八局集团公司承建的神延铁路周家湾延河特大桥被评为全线“优质样板工程”。

（唐江省 摄）

8月16日，朔黄铁路神肃段开通运营。（刘涛 摄）

中铁十五局集团公司在朔黄铁路南运河特大桥铺架施工中，创造日架32米梁9孔的新纪录。（王超 摄）

中铁十八局集团公司承建的宝兰复线月林隧道。

（白树民 摄）

中铁十六局承建的水柏铁路摩托地大桥。

（展博 黄金邦 摄）

中铁十八局集团公司在株六复线施工中，坚持大小工程全面创优，工程质量名列全线榜首。（白树民 摄）

中铁二十局承建的新长铁路串场河3号特大桥。（唐兴荣 摄）

9月5日，中铁十一局集团公司承建的被誉为“楚天第一桥”的长荆铁路钟祥汉江特大桥主跨胜利合龙。（李作描 摄）

中铁十二局集团公司正在建设中的隆纳铁路泸州长江大桥。（武羽 摄）

9月30日，铁道部副部长孙永福(左二)视察中铁二十局承建的青藏铁路北麓河厚层地下冰路基试验段工程。（孟繁荣 提供）

中铁十四局集团公司正在建设中的青藏铁路三岔河特大桥。（贺洪静 提供）

秦沈客运专线建设

3月15日，总公司秦沈客运专线工程指挥部指挥长郭万全(左)受王振侯总经理委托，与分包单位签订铺架工程分包合同。 (卜景华 提供)

5月11日，中央企业工委副书记赵杰兵(前右二)在王振侯总经理(左二)、李国瑞书记(右一)及尚清喜常务副指挥长(左一)等陪同下，参观秦沈客运专线建设图片展。

(卜景华 提供)

4月24日，铁道部副部长孙永福(前右四)在常务副指挥长尚清喜(前右三)陪同下，视察秦沈客运专线施工现场。

(卜景华 提供)

总公司何能金副总经理(左三)在秦沈客运专线检查指导工作。

(卜景华 提供)

总公司邹才华副总经理(右三)在秦沈客运专线焊轨中心检查指导工作。

(卜景华 提供)

中铁十一局集团公司
秦沈客运专线工程指挥部

中铁十一局集团公司秦沈客运专线工程指挥部于1999年5月挂牌成立。指挥长兼党工委书记邹振华，副指挥长毕敬环，党工委副书记邱志椏，总工程师伍林。下辖5个工程项目部，职工2 200人。担负秦沈客运专线A-7标段17公里的线下工程和B26-1标段149.2双线公里正线跨区间无缝线路铺轨任务，总投资7亿余元。有20项工程被铁道部秦沈客运专线建设总指挥部评为“优质样板工程”，其中7项被评为“精品工程”，工程质量名列全线前茅。年内完成7项科研成果，其中6项分别荣获铁道部和湖北省科技进步奖。在铁道部秦沈客运专线建设总指挥部组织的劳动竞赛中，荣获2001年度“优胜单位”奖。（李春风）

10月20日，铁道部部长傅志寰(右六)、副部长蔡庆华(右八)在指挥长兼党委书记邹振华(右四)等陪同下，视察沙河特大桥无碴轨道铺设。图为察看长钢轨铺设现场铝热焊场面。（李春风 摄）

从美国引进的PC-NTC型铺轨机正在进行铺轨作业。(管登习 摄)

38号道岔铺设成功（管登习 摄）

采用公路沥青摊铺机改装成的铁路道碴摊铺机正在进行道碴摊铺作业。（管登习 摄）

白沙河特大桥雄姿（罗登桥 摄）

中铁十三局集团公司
秦沈客运专线工程指挥部

中铁十三局集团公司秦沈客运专线工程指挥部成立于1999年。指挥长张日洲，常务副指挥长肖新华，党工委书记郑国学。承担秦沈客运专线B30—1标段辽河特大桥74孔32米双线箱梁预制、架设任务，共2 433.59双延长米。采用现场分段预制、自制移动支架造桥机原位节段拼装法架设，解决了大吨位、大跨度双线箱梁施工技术难题，填补了中国高速铁路箱梁施工的一项技术空白。

（赵风莉）

肖新华常务副指挥长（右三）陪同总公司秦沈客运专线工程指挥部领导到辽河特大桥检查指导工作。（赵风莉 提供）

采用全新技术标准试制成功的宽12.4米、高2.6米、重754吨的辽河特大桥32米预应力钢筋混凝土双线箱形简支梁。（李仕兵 摄）

中铁十三局集团公司自行研制开发的移动支架造桥机正进行大跨度梁位阶段拼装施工。（李仕兵 郑仁安 摄

辽河特大桥胜利合龙（赵风莉 提供）

指挥长兼党工委书记李景元正在布置施工任务。

（张学凯 摄）

跨阜锦公路特大桥 （杨启燕 摄）

中铁十四局集团公司
秦沈客运专线工程指挥部

中铁十四局集团公司秦沈客运专线工程指挥部成立于1999年。指挥长兼党工委书记李景元，常务副指挥长索双广，副指挥长蔡志宏、王朝辉、张学凯。承担秦沈客运专线A—9、B28—4和B28—9标段施工任务，共承建特大桥2座、大桥1座、中桥9座、小桥4座、跨线公路桥3座、涵洞4座，预制并架设16米T型梁92榀，现浇32米箱梁6孔，累计完成投资32 160万元。有13座桥梁被铁道部秦沈客运专线建设总指挥部评为“优质样板工程”，其中3座被评为“精品工程”，1座大桥被评为“文明施工样板示范区”。（张学凯）

跨沈山铁路特大桥 （刘贤福 杨启燕 摄）

正在建设中的锦州南站综合楼 （张学凯 摄）

精心建造的涵洞工程 （张学凯 摄）

中铁十六局
秦沈客运专线工程指挥部

中铁十六局秦沈客运专线工程指挥部承担A-6标段和B28-7标段施工任务。指挥长赵家明，党工委书记戴生堂。主要工程量：路基土石方258万立方米；特大桥1座、大桥4座、中桥4座，全长1 483.39双延长米；涵洞57座，1 520横延米；架设5座特大桥114孔228榀24米单线箱梁。施工中，坚持"快速、有序、优质、高效"的建设方针，A-6标段获"站前工程综合质量考评优秀"锦旗，指挥部获"2000年、2001年社会主义劳动竞赛优胜单位"、"箱梁制架先进单位"等殊荣，实现"创四个一流"、"争全面第一"的既定目标。

（屈振宇　撰文并提供图片）

指挥长赵家明(前右三)、党工委书记戴生堂(左一)陪同铁道部副部长蔡庆华(前左三)及总公司、局领导察看施工现场 。

级配碎石摊铺作业

白沙河大桥架梁作业

指挥部获得工程质量优秀、劳动竞赛优胜、箱梁制架先进等荣誉。

指挥长赵明传(右二)、党工委书记万铁堂(前左二)、副指挥长张庆伟(右一)陪同集团公司总经理张璠琦(右三)检查施工现场。

中铁十八局集团公司
秦沈客运专线工程指挥部

中铁十八局集团公司秦沈客运专线工程指挥部承建A–8、A–18标段全长20.5公里的线下工程和B28–3标段箱梁预制施工任务。指挥长赵明传、党工委书记万铁堂、副指挥长张庆伟。A–8、A–18标段于2001年8月31日竣工，B28–3标段11月4日完工，累计完成投资34 671万元。4座大桥、11座涵洞被铁道部秦沈客运专线建设总指挥部评为“优质样板工程”，其中1座大桥、3座涵洞被评为“精品工程”。

（张庆伟 撰文并提供图片）

周流河特大桥

中铁十八局集团公司负责线下工程，中铁十三局集团公司负责箱梁制架的辽河特大桥。

优质路基防护工程

中铁二十局

秦沈客运专线工程指挥部

承担秦沈客运专线B28—4和B28—8标段箱梁预制、架设任务。现场预制24米单线铁路箱梁176榀，架设桥梁33座、218榀，2001年10月箱梁制架全部完工。铁道部秦沈客运专线建设总指挥部授予指挥长薛琪“优秀项目经理”、授予党工委书记牛顺卿“优秀项目党务工作者”、授予副指挥长贾安民“优秀项目科技工作者”称号；预制的箱梁被铁道部领导、专家誉为“精品”。

（贾安民 撰文并提供图片）

指挥长薛琪(左二)陪同铁道部副部长蔡庆华(左四)、局党委书记周玉成(前右二)察看施工现场。

10月30日，完成最后一榀箱梁架设。

24米单线箱梁预制现场

工程技术人员正在研究钢筋绑扎工艺。

目　录

特　载

大事记

概　况

工程施工

工程管理

内昆铁路

秦沈客运专线

京九铁路龙川—东莞复线

京秦铁路提速改造工程

蓝烟复线

地下铁道工程

安全质量

设备运输物资

经营管理

企业管理

工程经营

计划统计

财　务

审　计

综合管理

机关政务　事务

人　事

劳动工资

公　安

离退休职工管理

基　建

资产经营

股权管理

投资经营

科技　教育　卫生　文化

科　技

教育卫生

文　化

党的工作

综合工作

第一次党代表大会

工会 共青团

工 会

团工委

控股子公司

中铁十一局集团有限公司

中铁十二局集团有限公司

中铁十三局集团有限公司

中铁十四局集团有限公司

全资子公司

分　公　司

其他单位

石家庄铁路工程职业技术学院

总医院

铁道战备舟桥处

人　物

新闻人物

模范人物

模范集体

逝世人物

光荣榜

统计资料

文件选编

附 录

索 引

2001 年 4 月 26 日，总公司党委第一次代表大会在北京召开。（刘建国　摄）

特　载

本栏责任编辑　刘贤福

坚定信心　深化改革
为加快推进企业发展而努力奋斗
——王振侯总经理在总公司工作会议暨党委一届三次全委(扩大)会议上的报告
(摘　要)

(2002 年 2 月 4 日)

这次会议的主要任务是,以“三个代表”重要思想为指导,贯彻落实江泽民总书记“七一”讲话、党的十五届六中全会、中央经济工作会和中央企业工委工作会议精神,回顾、总结 2001 年主要工作,分析形势,研究对策,部署 2002 年工作任务。

一、2001 年工作回顾与总结

2001 年,是总公司“十五”计划的开局年,也是实现总公司二次变革发展的起步年。总公司在中央企业工委的正确领导和国务院有关部委、监事会第 39 办公室的关怀指导下,坚持以“三个代表”重要思想为指导,以生产经营为中心,以发展为主题,以改革为动力,内强管理、外拓市场,各项工作均超额完成年度计划,主要经济指标再创新高,企业改革取得重大突破,实现了“十五”首战告捷。

(一)企业经济效益实现历史性突破,经济运行质量显著提高

各单位继续贯彻执行“适度规模、精耕细作、最佳效益”的经营方针,注重提高经济效益与资产运营质量,通过实施精揽细管、成本控制等有效措施,强化集约经营,推动企业经济效益持续攀升。总公司成立股权管理委员会,向所属子公司派出股权代表、董事和监事人员。各集团公司(工程局)的资产管理意识明显增强,相继加大财务内控、资金管理、盘活资产、清欠回收等工作力度,提高了经济运行质量,确保了国有资产的保值增值。据快报统计,总公司系统全年共完成企业总产值 367.76 亿元,与 2000 年同比增长 16.1%;实现利润 2.44 亿元,同比增长 48%。北京中铁建设有限公司实现利润3 018万元。总公司国有资产保值增值率达 102.7%,产值利润率 0.65%,缴纳各种税金 11.2 亿元。各单位在抓好生产经营的同时,在房地产、股票、证券等领域进行了资本经营探索,效果初步显现。中铁十二、十三、十六、十七集团公司(工程局)实现投资收益1 826万元。北京中铁建设有限公司投资 1.1 亿元,开发建设 6 万平方米的房地产项目,预计可取得较好收益。

(二)培育和强化市场竞争能力,承揽任务再创历史新高

全系统紧紧抓住国家持续加大基础设施建设的历史性机遇,坚持以市场为导向,不断加强领导,充实经营力量,健全激励与约束机制,承揽任务质量明显提高。全年共承揽任务 408 亿元,为年度计划 320 亿元的 127.5%。其中,承揽铁路任务 102 亿元,占承揽总额的 25.5%;承揽公路任务 183 亿元,占承揽总额的 45.73%。中铁十八、十六、十二、十九、二十、十四局集团公司(工程局)承揽任务超过 40 亿元,其中中铁十八局集团公司承揽任务 50.91 亿元。北京中铁建设有限公司承揽任务 17.41 亿元。10 个集团公司(工程局)全部打入城市轨道交通建设市场。三亚海军军事工程项目已开标的 4 个公路标、6 个洞库标全部由总公司系统夺标。一些单位相继打入磁悬浮、西气东输、环保工程等新兴市场,特别是中铁十六局和中铁路桥集团公司闯入中国第一条商用磁悬浮列车建设市场。国内工程公司、工贸集团公司、物资集团公司和监理公司市场意识增强,经营能力不断提高,国内工程公司承揽任务 5.47 亿元。总医院加强与北京阜外医院的联合,完成心脏外科手术1 124例,手术量在北京同行业排列第三。石家庄铁路工程职业技术学院全年创收1 800余万元。

对外经营工作取得新进展。全系统新签合同额9 152万美元,与 2000 年同比增长 44%;完成营业额

1.09 亿美元。总公司海外公司新签合同额6 340万美元,完成营业额9 705万美元。总公司获准在香港设立永久性经营公司,实现多年夙愿。中铁十八局集团公司组建的EEC公司在尼日利亚形成滚动发展的良好态势,并首次打入沙特市场,承揽到2.18 亿元人民币的工程任务。昆明中铁机械厂在国际养路机械招标中,连中三标,新签合同额4 200万美元。

(三)建立现代企业制度,企业改革取得重大进展

根据建立现代企业制度和适应市场竞争的需要,按照“有利于提高企业竞争力”、“有利于维护社会与企业稳定”、“有利于改善提高职工群众利益”的原则,积极稳妥地推进企业各项改革,并取得重大进展。

1. 现代企业制度框架基本建立。根据总公司的整体部署,中铁十一、十三、十四、十五、十七、十八、十九局集团公司和北京中铁建设有限公司正式挂牌运行,股东会、董事会、监事会、经理层已按公司章程开始运作。中铁十二局集团股份有限公司和中铁养马河工程股份有限公司挂牌成立后,正在接受中国证券监督委员会的上市辅导。昆明中铁机械厂正在进行股份制改造。

2. 资产重组、结构调整取得重大成果。为有利于企业资质就位和国有资产保值增值,优化资源配置,盘活存量资产,总公司将部分直属单位划转集团公司(工程局),部分单位进行重组和重构。这次资产重组、结构调整,涉及 34 个单位、26 410名员工、40 余亿元资产,范围之广、力度之大,是兵改工以来前所未有的。在资产重组中,各单位特别是各级领导服从大局,坚决贯彻落实总公司、总公司党委的决定,充分体现了我们这支队伍“政令畅通、协调一致”的政治素质与优良传统。这是此次资产重组得以平稳、快速实施的根本保证,也是企业在激烈的市场竞争中立于不败之地、不断发展壮大的重要原因,值得我们永远保持和发扬。

3. 资质就位工作进展顺利。建设部颁布新的资质管理规定、就位标准及实施意见后,全系统上下高度重视,总公司及时召开资质管理工作会议,专题研究部署资质就位工作。各单位结合改革、改制实际,果断进行结构调整、资产重组,为企业在优良资质上就位做了大量工作。在中铁十八局集团公司大都公司 2001 年第二批申报后,中铁十一、十四、十五、十七、十八局集团公司和中铁十二局集团公司电气化公司、十三局集团公司电务工程处,已于 2002 年 1 月 15 日作为第三批申报。

(四)重难点工程进展顺利,安全质量工作相对稳定

总公司确定的 14 项重点工程进展顺利。内昆铁路提前完成铺轨计划,站后工程全面展开;秦沈客运专线超额完成年度铺轨任务,按铁道部要求完成动车组试验,时速达 210.7 公里;西安南京铁路重点工程进展加快,桥涵、路基工程基本完工;西康、神延铁路及株六复线顺利开通运营,朔黄铁路东段胜利铺通;昆石公路及深圳地铁等路外工程平稳推进。大多数单位安全生产形势稳定,年度职工因工责任事故死亡率为 0.129‰,控制在规定指标内。8 个集团公司(工程局)安全生产达标,其中中铁十三、十七、十九局集团公司未发生职工及民工死亡事故,特别是中铁十七局集团公司实现连续安全生产2 717天。工程质量稳步提高。全年共检查评定分项工程294 628项,优良率 94.7%;评定单位工程6 841项,优良率 96.3%;评定房建单位工程 279 项,优良率 84.2%;评出总公司优质工程 61 项,申报铁道部优质工程 33 项。由中铁十四局集团公司承建的京福高速公路泰安天平西立交桥和参建的芜湖长江大桥、中铁十五局集团公司参建的西安市北二环未央路立交桥、中铁十九局集团公司参建的哈大电气化改造工程金州编组站获中国建筑工程鲁班奖。特别是中铁十六局在连续三年夺得鲁班奖的情况下,承建的北京地铁王府井站至建国门站综合工程和参建的芜湖长江大桥,又连获两项中国建筑工程鲁班奖。

(五)加大科技攻关力度,施工技术水平取得新的进步

坚持以市场为导向,紧密围绕秦沈客运专线、青藏铁路和城市轨道交通等重难点工程建设,集中力量开展科技攻关。在大跨度混凝土箱梁预制架设、一次跨区间无缝线路铺设、高原冻土地区施工、磁悬浮和地铁盾构施工技术领域相继取得突破。全年新立科研项目43项,通过省部级鉴定 16 项,获省级科技进步奖 4 项。获国家级工法 11 项,是全国建筑企业获国家级工法最多的一家。由中铁十六局承建的南昆铁路清水河大桥和中铁十六局、中铁十八局集团公司参建的八达岭高速公路工程已通过中国土木工程詹天佑大奖评审认定。中铁路桥集团公司成功研制出磁悬浮列车导轨梁,并打入上海磁悬浮交通试验线工程。针对青藏铁路建设中的“高原缺氧、多年冻土、环境保护”三大技术难题,总公司组织专家、技术人员开展科技攻关,有力地指导了青藏铁路的投标和施工生产。由于卫生保障工作到位,青藏铁路总公司施工管段未发生因高原病造成的死亡事故。中铁十三局集团公司开发的城市地铁“浅埋、大跨度、小间距隧道信息施工技术”已通过专家鉴定,被评定为“国内领先、国际先进水平”。昆明中铁机械厂与奥地利合作生产的09-32型捣固车已顺利下线,08-475型即将出厂。铁道建筑研究设计院科技攻关也取得新的进展。

(六)精神文明建设成效显著,队伍素质全面提高

总公司系统广大员工认真学习“三个代表”重要思想，及时宣传贯彻江泽民总书记“七一”讲话和十五届六中全会精神，认真贯彻落实总公司党委一届会议和一届二次会议精神，结合企业实际，大力开展作风建设、思想政治工作和职业道德教育，推行企务公开，强化广大职工的主人翁意识，引导职工爱岗敬业，队伍的整体素质有了新的提高。采取有力措施，做好“三个确保”工作，保障了下岗职工的基本生活，确保了离退休人员养老金和在职职工工资的发放。教育培训干部12 721人，培训项目经理1 305人、基层管理人员1 944人。全系统年内共接收高校毕业生2 557人。总公司制定下发“十五”发展规划，发挥了计划统计工作的宏观调控职能。设备运输工作坚持为施工生产服务，全年完成铁路运输31 101车，运送各类物资186.6万吨，保证了施工生产任务的完成。公安工作始终把维护企业稳定发展大局放在首位，严厉打击各类违法犯罪活动，全力维护重点工程施工现场的治安秩序，并积极开展同“法轮功”邪教组织的斗争，促使35名“法轮功”习练人员思想明显转化，劳动教养12人。开展经济责任、工程项目和经济效益审计，完成审计项目1 367个，查处有问题金额3.1亿元，促进被审计单位增收节支5 225万元。认真落实党风廉政建设责任制，开展效能执法监察，有效防止了改制过程中国有资产流失和工程管理中违规转包等问题。多数单位加强对离退休人员的管理服务，积极创造条件组织离退休干部开展丰富多彩、有益身心健康的活动，使他们老有所教、老有所学、老有所为、老有所乐。

全系统涌现出一大批先进集体和模范人物：“全国五一劳动奖章”获得者1人，“全国五一劳动奖状”获得单位1个，“全国质量效益最佳企业”2个，“全国质量效益型先进企业”2个，“全国先进建筑施工企业”1个，“全国优秀企业家”1人，“全国优秀项目经理”11人，“全路优秀项目经理”21人。

在充分肯定2001年工作成绩的同时，必须清醒地看到我们的工作中还存在很多问题和不足。主要表现是：企业经营理念和管理模式仍存在计划经济的烙印和痕迹，不能完全适应市场竞争需要；有的领导干部因循守旧、安于现状，市场意识、创新意识和效益意识淡薄，缺乏带动企业发展的紧迫感与历史责任感；现代企业制度框架建立之后，管理手段、经营机制沿用传统模式较多，创新与规范不够；各单位任务承揽差距拉大，集团公司(工程局)之间相差近30亿元，工程处之间相差10余亿元；管理粗放的问题未能从根本上解决，尤其在项目管理上，以包代管、重干轻算的现象依然存在，严重影响企业效益；少数单位安全质量管理不严格，作业不规范，导致重大安全质量事故时有发生，严重影响了企业声誉，削弱了市场竞争力；会计信息失真，不能真实反映企业经营状况；企业人才结构不甚合理，人才流失现象时有发生等。清醒地认识这些问题，并采取切实有效措施加以解决，对保持企业改革发展的良好势头至关重要。

二、2002年面临的形势与主要任务

2002年，是我们党和国家历史上具有重要意义的一年，也是总公司推进二次变革发展的关键年。认清当前形势，全力做好各项工作，对于巩固和发展“十五”开局的良好势头，具有极其重要的意义。

当前，国际政治经济形势复杂多变。入世后，总体上有利于国家的改革和发展，但部分行业与企业会受到冲击，建筑业作为一般性竞争行业，要承受较大压力。从企业自身看，产业结构单一、经营理念滞后、管理体制机制僵化和社会负担沉重等深层次的矛盾没有根本解决，制约着企业持续健康发展。同时，我们也要看到，做好2002年的工作也具备许多有利条件。为保持国民经济实现7%左右的增长水平，加快基础设施建设仍是国家扩大内需、拉动国民经济增长的重要方针。铁路、公路建设仍将维持一定规模，铁路建设投资与2001年基本持平，公路投资略有增长。西部开发进程加快，奥运项目陆续启动，投资将有大幅增长。机遇与挑战并存。我们必须始终保持清醒头脑，做好充分准备，把机遇把握得更紧一些，把挑战估计得更严峻一些，把工作做得更扎实一些，以优异的工作成绩迎接党的十六大召开。

根据新的形势与任务，2002年工作的总体要求是：**以邓小平理论和党的十五大精神为指导，按照“三个代表”要求，进一步贯彻落实中央经济工作会议、中央企业工委工作会议精神，积极进行制度创新、机制创新、管理创新、科技创新；努力抓好生产经营，慎重而大胆地探索资本经营；继续深化企业改革，加强国有资产的管理和监控，提高经济增长的质量和效益；大力开发人力资源，培育和增强企业核心竞争能力，积极推进总公司的二次变革发展。**

奋斗目标是：**承揽任务360亿元，完成企业产值360亿元，实现利润10亿元、净利润6.67亿元，国有资产保值增值率达到108%。**

根据以上要求与目标，2002年的主要工作任务是：

(一)解放思想，深化改革，实现企业二次变革发展

按照“三个有利于”的要求，与时俱进，追求卓越，大胆实践，谋求企业更大发展，始终是我们这支队伍的立身之本。兵改工18年来，我们脱下军装率先闯入市场，隶属关系几经变化，但我们在激烈的市场竞争中，不断解放思想，转变观念，主动适应市场需要，积极进

行管理体制与经营机制的变革创新,确保了队伍不散、军魂犹在,并在市场的磨砺中逐步发展壮大,具备了较强的综合实力和抗御风险能力,为企业二次变革发展奠定了坚实基础。实践证明,变革创新是企业发展的必由之路。

我们所说的第二次变革是否可以这样表述:通过深化改革,在总公司、集团公司(局)、公司(处)三级企业,按照“产权清晰、权责明确、政企分开、管理科学”的要求,建立起规范的现代企业制度,实现企业制度的创新;继续抓好企业结构调整和资产重组,以资产为纽带,明晰管理层次,缩短管理链条,构筑企业集团的母子公司体制,把企业做优做强;力争三年内把企业建成主业突出、核心竞争能力强、能够在国内与国际两个市场参与竞争的大企业集团。根据我们企业的现状,实现这个目标困难很大,任务十分艰巨。如果不能实现这个目标,就不能进入建筑队伍的强手之林,在激烈的竞争中就会被淘汰,市场中将无我们的立足之地。要实现这个目标,关键在于各级领导。这就要求各级领导不仅要进一步解放思想、更新观念、掌握现代企业科学管理知识,而且要有满腔热情和坚定的信心,勤政务实、扎实工作,积极稳妥地推进企业改革,切实担负起振兴企业的政治责任、经济责任与历史责任。

1. 继续建立和规范现代企业制度。2002年,全系统都要完成改制挂牌工作。中铁十二局集团股份有限公司、养马河工程股份有限公司要争取上市。昆明中铁机械厂要抓紧进行股份制改造,力争上半年挂牌运行。教育、卫生等社会职能,要在国家和地方政府的统一部署下,进行分离和分立。分配、用工和人事制度改革是建立现代企业制度的重要内容,没有形成“干部能上能下、收入能多能少、职工能进能出”的竞争机制,就不能说真正完善和规范了现代企业制度。因此,三项制度改革势在必行。一是要深化人事制度改革。实行领导岗位公开选拔,机关工作人员竞争上岗,建立科学合理的优胜劣汰用人机制,切实解决干部能上不能下、机关能进不能出的问题。二是要深化用工制度改革。要严格控制职工总量,建立内部劳务市场,通过市场机制,全面推行职工竞争上岗—下岗培训—再竞争上岗的良性用工机制,实现劳动力资源的优化配置。三是要深化分配制度改革。要把市场竞争压力传递到企业每个职工身上,以岗定薪、岗变薪变,有条件的单位可以试行企业经营者年薪制、领导干部岗薪制、一般员工绩薪制。将尽快制定下发《总公司岗位效益工资制实施办法》,争取下半年在全系统推广实施。同时,研究拟制《总公司经营者年薪制试行办法》,选择部分单位进行试点,各单位可以结合各自实际贯彻执行。

2. 积极参加中央施工企业改革重组试点。当前,建筑市场竞争格局发生重大变化,为应对入世挑战,国家决定对中央施工企业进行改革重组。基本思路是:将中央施工企业的改革纳入国有企业改革、脱困的具体部署之中,将建立现代企业制度、进行企业组织结构调整、企业脱困结合起来。通过深化改革和结构调整解决企业的长远发展问题,通过政策支持解决施工企业的历史遗留和发展环境问题,力求使中央施工企业突破体制束缚,提高市场适应能力和竞争能力,成为施工产业中的骨干龙头。重组的原则是调整规模、优化结构、精干主业、保留精干专业施工力量,将一般通用型施工力量下放地方。鼓励中央施工企业之间、中央施工企业和地方企业之间实行跨行业的强强联合,发展多专业的综合承包能力。选择少量骨干企业作为改革试点进行重点扶持,使其成为行业的龙头。这是继兵改工、“脱钩”后,我们面临的又一次事关企业前途命运的重大变革。我们一定要抓住这个机遇,根据企业实际,抓紧做好各方面工作,采取得力措施,力争成为中央施工企业的改革试点单位,推进企业实现更大发展。

3. 建立健全企业管理规章制度。目前,全系统多数单位已建立了现代企业制度框架,总公司机关要根据企业定位,积极转变职能,精干机构,发挥企业集团龙头作用。各单位要按照法人治理结构、公司章程及现代公司制管理的要求,组织修订企业基本管理制度和具体规章,逐步理顺股东会、董事会、监事会和经理层的职责,正确处理新老三会关系,建立符合现代企业制度要求的会议制度、议事规则和决策程序,使改制后的企业尽快走上制度化、法制化建设轨道。建立现代企业制度对我们来说是新的课题,我们不但要学习相关的理论和法规,更重要的是结合企业实际,力争改革到位并取得成功,但也要允许走弯路和失败。要允许在改革中大胆试验,不要评头论足,不要求全责备,要始终尊重和爱护群众的首创精神和改革热情。

(二)强化管理监控,切实提高国有资产的营运质量

提高企业经济运行质量,确保国有资产保值增值,是国有企业各级经营者与监管者的基本职责。但是,我们发现一些单位对待国有资产与效益问题不严肃,上报虚假会计信息,虚报瞒报经营成果,严重侵害了股权所有者权益,违反了有关法规制度。因此,在全系统大多数单位改制挂牌后,要加强对国有资产的管理与监控,切实担负和履行起企业经营者与监管者职能,真实反映企业盈亏情况,如实上报利润,确保国有资产保值增值,确保股权所有者回报。

1. 建立和完善国有资产监管与评价体系。一是制定企业效绩评价办法。根据财政部、经贸委、人事部

和国家计委《国有资本金效绩评价规则》等文件精神，总公司将在年内出台适合企业特点的效绩评价办法，根据企业的财务效益、资产营运、偿债能力和发展能力四个方面，对所属企业的经营状况进行全面评价。二是继续完善资产与财务管理办法。总公司将根据财政部《企业国有资本与财务管理暂行办法》，制定总公司《企业资本与财务管理办法》，建立和完善出资人财务管理体系，对资产与财务进行统一管理。要继续落实总公司、总公司党委《关于将部分直属单位划转集团公司(工程局)管理的决定》和《关于部分直属单位结构调整、资产重组的决定》精神，认真做好重组单位的资产评估、债权债务处理和资产划转并账工作，严防国有资产流失。三是全面推行预算管理。总公司已制定下发《预算管理办法》，各单位要结合实际制定本单位的预算管理办法和实施细则，认真抓好贯彻落实，将企业的一切经济活动都纳入预算管理之中，并按预算执行情况对经营管理者进行考核和奖惩。四是国有资产管理机构要真正发挥作用。各级董事、监事等人员要“在其位、谋其政”，不断加强业务学习，提高业务素质与工作能力，切实发挥有效的监督制衡职能。

2. *加强资金的管理和控制*。根据《国有大中型企业建立现代企业制度和加强管理基本规范》精神，要建立企业集团统一的资金管理体制，加强对子公司资金的监督与控制。同时，总公司要采取必要措施，按市场运作规律，集中管理一定额度的资金，用于全系统的宏观调控。要加大清欠回收力度，化解债权风险，加快资金回笼。

3. *确保会计信息的真实、完善*。会计信息是具有法律效力的企业经营档案资料，不做假帐是会计从业人员的基本职业道德和行为规则，任何单位和个人都不能授意、指使、强令会计机构和会计人员编制虚假会计信息，特别是在损益的确认上，必须严格按国家统一会计制度的规定执行，不能人为地调整利润。对于弄虚作假行为，一经发现，必须严肃处理。

4. *充分发挥审计监督职能*。审计部门要紧紧围绕建立现代企业制度、资产真实性和效益真实性开展工作。一是加强对资产重组、结构调整单位的审计工作，防止国有资产流失。二是以绩效考核为重点，深化经济责任审计；进一步明确对改制企业董事长、总经理的审计范围和评价体系。三是按照《会计法》要求，抓住资产与盈亏真实状况、国有资产流失这两个重点，积极履行审计职能，坚决制止、严肃查处经济活动中违规违法、弄虚作假和会计信息失真等问题。

(三)把握市场竞争趋势，强化主业，开拓经营

2002 年，要密切关注国家对建筑业入世的承诺和国内投资趋向，以市场为导向，在突出主业狠抓工程任务承揽的同时，大力开发潜在市场，寻求新的经济增长点；积极稳妥地探索资本经营，切实提升企业市场竞争能力和抗御风险能力，以适应入世后巩固国内市场份额、拓展国际市场份额的需要。

1. *狠抓工程任务承揽*。承揽任务是施工企业生存和发展的根本。2002 年，建筑市场前景看好。铁路计划投资 540 亿元～560 亿元，新开项目 39 个，续建项目 22 个。公路计划新建 4 万公里，其中高速公路 2 500公里左右。奥运项目及其带动的相关产业陆续启动，形成潜力很大的“奥运市场”。西部开发进程加速，投资力度进一步加大。城市轨道交通、港口和机场已成为基础设施建设新的热点。各单位要根据自身优势，突出重点，捕捉商机，努力提高市场占有份额。一是巩固和扩大“两路”市场，积极开辟新的领域。对新开工的铁路、公路项目，要实行分工负责的承揽机制，分兵把守，责任到人，务求每战必胜。要审时度势，努力扩大西部市场，谋求更大发展。要在世人瞩目的奥运市场中获取一定市场份额，力争承揽和建设奥运的“标志性”工程。要大力抢占城市轨道交通、房建、南水北调、西气东输、码头等市场，并涉足环保、生态建设领域。二是要转变经营理念，坚持理性经营，提高承揽质量。在投标过程中，要进行成本分析和经济预测，以合理的标价中标，提高工程的含金量。要依据企业实际，尽快编制《企业定额》，科学指导投标报价。三是加大协调力度，发挥集团优势。避免“内耗”的问题已强调多年，但仍有些单位我行我素，严重影响了企业的形象与凝聚力。各单位要从大局出发、以诚信为本，珍惜自己的名誉，公开、公平、公正地参与市场竞争，实行竞争自律，力求双赢与多赢。总公司要本着维护集团利益、互利互惠、利益共享的原则，积极做好协调工作。对在投标活动中诋毁、中伤兄弟单位，造成恶劣影响的，一经查实，总公司将运用行政、经济手段给予相应的处罚。

2. *加快“走出去”步伐，积极拓展海外市场*。参与国际市场竞争，不仅是企业综合实力的表现，也是实现企业长远发展的必然要求。2002 年，总公司要继续坚定不移地站稳澳门、香港、新加坡市场，积极发展周边国家，突破中东、西亚市场，力争在伊朗、阿曼、伊拉克等国开辟新的经济增长点。要积极响应中央开拓欧洲发达国家建筑市场的部署，抓住爱尔兰等国家加快基础设施建设步伐的良好机遇，争取步入西欧市场。

3. *积极稳妥地推进资本经营*。资本经营是企业经营活动的重要组成部分，是企业提高经济效益的有效途径，各单位在这方面已进行了有益的探索与尝试。2002 年，要在“审慎、稳妥、积极”方针的指导下，继续开展资本经营活动。对于看准的项目，可以胆子大一

些，投入多一些，采取联合、参股、控股等多种形式，选择市场潜力大、技术含量高、投资回报好的项目进行重点投资。BOT和BT项目，是建筑行业竞争的发展趋向，要积极进行研究探索。在资产经营中，要注重市场调查、科学论证、集体决策、加强管理，避免投资失误。

（四）加强企业管理，提高经济效益

管理是企业永恒的主题。根据市场竞争要求，不断创新管理手段，实现科学管理，是建立和规范现代企业制度的重要内容，也是企业获取经济效益的重要环节。

1. 强化工程施工和安全质量管理。2002年，总公司确定秦沈客运专线、内昆、西安南京、青藏、渝怀铁路和香港西部铁路等12项重点工程，各单位要精心组织、加强管理、科学安排，突破施工重点，完成年度施工计划。要把安全质量工作提到"讲政治、保稳定、促发展"的高度，规范管理，强基达标。要以贯彻ISO9000标准为载体，强化施工质量过程和要素控制，健全质量保证体系，推动质量工作全面进步。要牢固树立"安全第一"的思想，从源头上把好安全关，及时消除事故隐患。要在铁路既有线、隧道、地铁、桥梁施工、液化气站和爆破器材安全管理、青藏铁路施工劳动保护与交通安全等6个方面进行安全生产专项整治，坚决遏制各类重大事故，大力减少一般事故，力求延长安全生产周期。

2. 加强成本管理。成本控制的好坏，直接影响企业的经济效益。严格控制成本，削减开支，保证企业资金正常周转，已成当务之急。一是要强化责任成本管理。要把成本管理纳入生产经营的每一个环节，建立全方位、全员参与、全过程控制的目标成本管理体系。要按照国家规定，计提国有资产折旧、进行预提待摊和处理呆帐坏帐。物资、设备一律采用招标采购，堵塞效益流失渠道。二是要强化项目成本管理。通过推行预算分割、调概索赔、严格外包管理等措施，建立起"干前预算、干中核算、干后决算"的集约成本管理体系，堵住项目效益流失漏洞，切实把项目建成企业的成本中心与效益源头。三是大力压减非生产性开支。据粗略估算，铁路乘车证取消后，全系统每年要多支出管理费用3亿元左右。各单位要采取相应措施，从严控制非生产性开支。

3. 积极推进科技进步。科技创新是推动企业持续健康发展的基本动力。要瞄准建筑行业技术发展趋势，结合在建工程加快关键领域的技术攻关，大力推广和应用科技创新成果，依靠科技创新提高企业市场竞争力。一是要加快科技体制改革步伐，加速推进科研院所向企业化管理的方向转化。总公司技术中心将在2月正式成立，各单位要成立相应的分支机构。要把技术创新作为推动施工管理水平提高的重要手段，将技术创新成果转化为现实生产力，促进施工管理进一步科学化、规范化。二是要加大科技开发投入。在铁路、公路、城市轨道交通等具有相对优势的关键领域上，要舍得投入，力求尽早攻克和抢占行业技术制高点，形成核心技术优势，以技术优势赢取市场优势。三是要抓好在建工程的科技攻关，重点做好青藏铁路冻土、渝怀铁路长隧高桥施工的技术支持和攻关工作，确保重难点工程顺利推进。

4. 推动企业信息化建设。国家经贸委要求争取用5年时间，在国有重点企业基本实现信息化管理。总公司信息化建设已开始启动，总公司网站于2001年7月建成开通，现在正处于调试运行阶段。各单位要充分利用现有资源，运用计算机网络技术召开电视电话会议，进行远程教学、施工难题远程专家会诊、施工组织联网调度、日常公文处理等工作，逐步推进信息化建设，提高管理工作的时效性和准确性。

（五）适应市场竞争需要，大力开发人力资源

市场竞争，归根到底是人才的竞争。人才匮乏、素质不高、结构失衡，是制约企业发展的主要因素，这一点在入世后显得更为突出。因此，要加快开发人力资源，为企业实现可持续发展提供坚实保证。

1. 要改善人才结构。高级专业技术人才和高级技工严重缺乏，是当前企业人才队伍的突出表现，这个问题解决不好，势必影响企业的市场竞争和长远发展。因此，必须做到：一是根据企业长远发展需要，合理接收大中专毕业生；二是引入市场机制，向社会公开招聘企业急需的高层次人才，如技术专家和高素质的金融、法律、财务、外经、信息工程等人才；对特殊人才的引进，可以不受行业、地域限制，拔尖人才可高薪聘请。三是要运用脱产学习、以师带徒等多种形式对技术工人进行培训，促使他们不断提高专业技能，满足一线施工的需要，可以采取灵活的用工方式，有选择地向社会吸纳企业紧缺的技术工人。四是对企业管理者和高级技术人才要采取"走出去"的办法，学习国外先进技术和先进管理经验。同时，要加强与国内高等院校、科研院所的联合，实现优势互补，不断更新管理观念，增长新的知识，提高管理水平。

2. 要建立人才激励机制。如何留住人才、用好人才、激励人才是我们必须认真思考的重要课题。要激活人才管理机制，树立人力资源管理新理念，全面改革传统的人事管理制度，实现由传统的人事管理向人力资源管理转变。要尊重人才的劳动，使企业有发展，个人有前途，让其在企业发展中实现人生价值。要严格考核，动态管理，对不能胜任的实行解聘；对工作责任心强、贡献较大的，要大胆任用。对有突出贡献的科技

人员可以实行科研成果奖励、专利技术折价入股、新技术创利提成等分配办法，在企业力所能及的条件下尽量改善科技人员的福利待遇，真正做到用事业留人、用感情留人、用待遇留人。

3. 加强经营管理者队伍建设。培养和造就一支高素质的经营管理者队伍，是适应市场竞争的需要，是企业持续健康发展的需要。新的形势要求我们国有企业经营者必须政治上靠得住、经营管理能力强，能够在市场竞争中创一流业绩，保持企业平稳、健康发展。因此，要建立和完善企业经营管理者的培养、选拔、管理、考核与监督办法，以经济效益和国有资产保值增值为考核内容，逐步建立能准确体现经营者业绩的科学考核评价体系。要加强企业经营者后备队伍建设，及时把那些思想政治素质好、经营管理能力强、业绩突出、群众公认的优秀年轻人才选拔到关键的经营岗位。在当前国家还不富裕、企业还有许多困难的情况下，无论对经营者采取哪种分配方式，其收入都不可能与职工拉得很大，企业经营者还是要讲奉献、讲觉悟。我相信，我们这支队伍的各级经营者是完全可以做到这一点的。

(六)以"三个代表"重要思想为指导，促进两个文明建设协调发展

以江泽民总书记"三个代表"重要思想为指导，坚持"两手抓、两手硬"的方针，切实改进作风，扎实工作，在抓好企业物质文明建设的同时，努力加强精神文明建设，促使两个文明建设有机结合、协调发展。

1. 切实改进作风。要按照中央关于把 2002 年作为"转变作风年，调查研究年"的要求，认真抓好作风改进。要重视调查研究，准确掌握第一手资料，为科学决策提供可靠依据。要提高决策效率，杜绝议而不决、决而不断的现象；各级机关要发挥表率作用，积极转变职能，从文山会海和繁杂的应酬中解脱出来，努力提高工作质量和效率；要坚持民本观念，始终坚持把职工拥护不拥护、赞成不赞成、答应不答应作为一切工作的出发点和归宿，真心实意地关心职工群众的冷暖疾苦，努力为他们解决实际问题、办具体实事，特别是要帮助下岗息工人员解决生活上的困难。

2. 切实加强职工道德建设。以培养"四有"职工队伍为目标，认真贯彻落实《公民道德实施纲要》，大力推进职工道德建设。要深化以爱岗敬业、诚实守信、遵守社会公德和奉献企业为主要内容的道德教育，进一步把创建文明单位、文明工地、文明个人等活动引向深入，使广大职工群众在参与中受到教育、得到提高。要大力宣传先进典型，激励广大职工为企业改革发展多做贡献。要以重点工程建设为主战场，认真落实社会治安综合治理的各项措施，打防结合，标本兼治，确保企业改革和施工生产的顺利进行。

3. 切实加强思想政治工作。要紧密结合企业的中心任务和职工队伍实际，围绕深化改革、施工生产，认真做好资产重组与结构调整单位职工的思想政治工作。要重视发挥工会、共青团等群众组织的作用，扎实推进"创岗建区"、"创新增效"等活动。要认真贯彻落实好新的《工会法》，抓好劳动竞赛、三线建设、企务公开、"职代会保安全"、签订集体合同与落实兑现等工作，切实按照《工会法》的要求，履行好"工会维护职工合法权益的基本职能"，调动和保护好广大职工的积极性和创造性。要加强对离退休老干部的管理和教育，认真落实老干部的政治和经济待遇，重视发挥体协和老年体协的作用，广泛开展全民健身活动。

4. 切实加强企业文化建设。企业文化是企业核心竞争能力之一，是展示竞争优势与凝聚力的重要表现形式，具有导向、规范、凝聚、激励、扬名等功能。要结合时代特点和企业的历史、现状与未来发展，对企业的整体价值观、企业精神、经营理念等进行充实和更新，使企业文化更具有时代特点和鲜明的企业特色，通过企业的生产经营、规章制度、建筑产品、职工言行、标识徽记和文体活动等形式，把企业文化展示出来。

5. 切实加强党风廉政建设。一是继续深化企业领导人廉洁自律工作。进一步落实企业领导人员廉洁自律的"五项规定"，加强对企业领导在重要项目、重要人事任免、事关企业发展的重大问题和大额度资金运作方面用权行为的监督。按照"八个坚持、八个反对"的要求，全面抓好廉洁自律工作。二是进一步加大查处违法违纪案件的力度。要把查处违反政治纪律问题放在首要位置，对严重违反党的政治纪律的行为坚决查处；要严肃查处贪污贿赂、挪用公款及在工程建设、物资采购等活动中以各种手段中饱私囊的行为，特别是要抓好在企业改组、改制、产权变更中侵吞国有资产案件的查处。三是认真开展效能执法监察工作。要以整顿规范建筑市场秩序为契机，加大执法监察的力度，尤其要检查违法分包与转包和偷工减料造成安全、质量事故等问题。要针对职工反映强烈的"热点"问题和企业急需解决的突出问题，自行立项开展效能监察。

与时俱进 奋发有为
为把总公司做优做强
提供强有力的思想和组织保证

——李国瑞书记在总公司工作会议暨党委一届三次全委(扩大)会议上的报告

(摘要)

(2002年2月4日)

这次总公司工作会议暨党委一届三次全委(扩大)会议,是在总公司改革发展取得显著成果、企业内外环境面临重大变化的形势下召开的一次重要会议。会议传达贯彻中央经济工作会议、中央企业工委工作会议和有关部委工作会议精神;王振侯总经理对2001年工作作了全面总结,对2002年工作作了部署。我代表总公司党委常委作工作报告。

一、关于2001年工作的基本总结

2001年是总公司历史进程中的重要一年,全系统的改革发展取得令人振奋的成绩。生产经营再上新的台阶,承揽任务、完成产值、实现利润等主要经济指标再创历史最好水平,尤其可喜的是过去比较困难的工程局都取得了明显进步,上升幅度较大,更为重要的是年内全系统处理了潜亏和不良资产,经济运行的质量和效益显著提高。大多数工程局和部分直属单位基本完成公司制改革,实现了产权清晰、权责明确,构建了两元股东,消化了"百含"节余,建立了法人治理结构,初步建立起现代企业制度,其中中铁十二局集团公司和养马河桥梁厂组建了股份公司。覆盖全系统的资产重组、结构调整基本完成,关闭了长期亏损、扭亏无望的小屯前进水泥厂。职工收入继续增长,住房等生活条件明显改善,生活质量进一步提升。党的建设、精神文明建设取得新的成果,队伍的凝聚力、战斗力进一步增强。总体上看,总公司系统经济效益良好,综合实力不断增强,职工队伍稳定,未来发展势头比较强劲。这个局面来之不易,需要我们倍加珍惜,巩固发展。这些成绩的取得,是中央企业工委和国务院派驻总公司监事会以及国家有关部委正确领导的结果,是各级党组织、各级领导班子和广大党员干部职工辛勤工作、团结奋斗的结果。

2001年,总公司党委集中精力抓了几件大事:

——*组织掀起学习江泽民总书记"七一"重要讲话和"三个代表"重要思想的热潮*。总公司及所属单位党委对学习贯彻"七一"讲话和"三个代表"重要思想高度重视,作为加强领导班子思想政治建设的头等大事来抓,有声势、有深度、收效大。总公司党委用3天时间专题召开中心组学习扩大会,吸收各单位党委负责人和机关部门以上党员干部参加,紧密联系思想和工作实际,对企业改革发展和党的建设面临的重大问题进行研讨,先后有25名总公司及各集团公司(工程局)的党政主要领导在《中国铁道建筑报》上发表学习体会。总公司和所属单位领导深入基层,对"三个代表"思想和"七一"讲话进行广泛宣讲。总公司党委在党校举办为期8天的学习骨干培训班。据不完全统计,各单位共举办《讲话》学习班67期,5 562人参加学习,其中处以上干部1 517人。总公司党委指导3个集团公司各在一个基层党组织中开展"三个代表"思想学习教育试点,为在全系统普遍开展这项活动取得了经验。通过学习,加深了对"三个代表"重要思想的理解,增强了实践"三个代表"思想的自觉性,推动了领导班子和干部队伍建设,促进了企业改革发展。

——*成功召开总公司第一次党代表大会*。会议确定了今后一个时期总公司改革发展的战略目标,即经过10年左右的努力奋斗,把总公司建设成为"资本雄厚、人才济济、管理科学、技术先进、效益最佳、国内一流、具有国际竞争力的现代企业集团,建成我国建筑业的少数'航母'之一"。会议选举产生新一届总公司党的委员会和纪律检查委员会,补充6名总公司领导班子成员，改善了班子结构。这次会议，对于全系统在“脱钩”、第二次历史性变革的重要时刻统一思想、明确方向、振奋精神起到重大作用，为总公司向新的更高目标迈进提供了重要的政治、思想和组织保证。

——*紧密结合实际贯彻党的十五届六中全会精神*。召开总公司党委一届二次全委(扩大)会议，专题学习贯彻党的十五届六中全会《决定》，从总公司实际出发，抓住全系统存在的不符合《决定》要求、不适应企业改革发展需要和职工群众反映强烈的突出问题，集中加以解决。特别是抓住解放思想、与时俱进这个作风建设的首要问题，就总公司直属单位结构调整、资产重组这个关系改革发展全局的重大问题进行深入讨论，提高到贯彻落实十五届四中、五中、六中全会《决定》的高度加以认识，统一思想，形成共识，为抓住时机、平稳顺利地进行资产重组奠定了基础。总公司和所属单位领导班子及基层党组织都在年底前召开了加强和改进党的作风建设的专题民主生活会，对照“八个坚持、八个反对”，认真检查本单位特别是领导班子和班子成员在作风建设方面存在的突出问题，剖析原因，开展批评与自我批评，总结经验教训，制定整改措施。部分单位党委在深入调查研究的基础上，作出加强和改进党的作风建设的规定。各级党委和纪委认真贯彻中纪委五次全会、中央企业 2001 年纪检监察工作会议精神，注重标本兼治，狠抓任务落实，使反腐倡廉三项重点工作进一步深化。各级领导干部廉洁自律意识普遍增强，职工对干部、基层对机关的信任度、满意度进一步提高。一批大案要案受到严肃查处，防止国有资产流失和工程项目管理的效能监察扎实有效，为企业生产经营、深化改革和队伍稳定创造了良好条件和环境。

——*以改制为契机进一步加强领导班子建设*。总公司党委在对 9 个集团公司(工程局)和 13 个直属单位领导班子进行全面深入考核的基础上，向改制企业推荐了公司法人治理结构人选，对未改制单位的领导班子作了调整补充。集团公司(工程局)提升职务的 32 人，其中党委书记、总经理 8 人，平均年龄 46.5 岁，最小的 38 岁；总公司直属单位提升职务的 25 人，平均年龄 43 岁，最小的 30 岁。为了提高经营管理者素质，总公司党委加大对高层经营管理者的培训力度，分别与中央党校、国家行政学院、中央企业工委培训中心、国家经贸委培训中心建立了领导干部送培渠道。总公司和各单位领导班子成员及总公司机关部门负责人共 129 人接受了现代企业制度、工商管理、WTO 基本规则、资本运营等方面的高层次培训。总公司党校举办 4 期领导干部、2 期青年干部培训班，共培训 419 人。

——*围绕夯实基础、强本固基，继续加强基层党的建设*。2001 年是总公司系统继续加强基层建设的一年。各单位认真贯彻落实总公司党委、总公司《关于加强基层党的建设和思想政治工作的决定》，做了大量工作，解决了基层单位存在的一些突出问题，企业基础管理工作逐步加强。“七一”前后，各级党组织广泛开展丰富多彩的纪念建党 80 周年活动，组织全系统 2 万多名党员参加全国纪念建党 80 周年知识竞赛活动，获得组织奖。总公司组织的职工业余合唱团在中央企业纪念建党 80 周年文艺演出中受到广泛好评。特别是王宜强、刘清华两个先进典型的宣传，产生了重大社会影响。王宜强参加全国劳模事迹报告团，并在几个省市巡回报告，在中央召开的全国劳模代表座谈会上发言，受到江泽民总书记和其他中央领导的亲切接见和赞扬。2001 年 7 月 1 日，刘清华被中央组织部、中央企业工委授予“优秀党务工作者”称号。最近，中央企业工委作出决定，将刘清华作为中央企业重大典型进行表彰和宣传。

——*大力加强生产经营和改革中的思想政治工作*。各级党组织充分发挥政治工作优势，大力加强施工生产特别是重点难点工程建设中的思想政治工作。通过广泛深入的任务动员、有声有色的宣传鼓动、建功立业的劳动竞赛等多种形式，引导广大党员和干部职工大力发扬艰苦创业精神，攻坚克难，勇创一流，确保安全、质量、工期和效益。各级党委切实加强改革中的思想政治工作，增强了广大干部职工理解改革、支持改革、参与改革的自觉性。年底进行的覆盖全系统的资产重组、结构调整，涉及 40 多亿资产、42 个直属单位、26 500多名职工，各单位党委首先从统一领导班子成员和中层干部的思想入手，加强思想教育和组织领导，使这项关系全局的改革进行得平稳顺利。在各级党委领导下，各级工会配合企业改制完成了职工持股会的组建工作，坚持企务公开，深入施工现场抓“三线建设”，发挥了桥梁纽带作用。共青团围绕中心、服务大局，积极开展符合青年特点的“青年突击队”、“创新创效”等活动，发挥了党的助手作用。宣传思想工作取得显著成绩，青藏铁路等重点工程报道搞得有声有色。总公司政研会进行了换届，发表了一批思想政治工作研究成果。公安、综合治理工作富有成效，积极开展与“法轮功”邪教组织的斗争，维护了政治稳定。

在充分肯定成绩的同时，我们必须清醒地看到，无论是在思想观念还是实际工作中，无论是在队伍建设还是政治工作方面，都还存在着一些影响和制约企业改革发展全局的重要问题。一是作为国有大型施工企业，我们对入世后面临的挑战认识不足，研究不够，缺乏具体有效的应对措施。二是思想观念滞后，这是大家公认的一个突出问题，已经成为制约企业改革、影响经营机制转换,妨碍劳动、人事、分配制度改革推进的关键性障碍。三是企业改制后公司的运作机制有待进一步完善。四是在市场竞争中发挥总公司集团优势不够,内耗严重,给企业经济效益和社会信誉造成严重损害。五是基层建设仍然存在薄弱环节,一些基层单位暴露出的安全、质量、违法违纪等问题除管理方面的原因外,与基层党的建设、队伍管理和思想政治工作不落实有直接关系。六是对企业文化建设重视不够,总公司作为企业集团的经营理念、企业精神、行为规范、品牌效应等还有待进一步完善和深化,使之更系统、更具影响力。对这些问题,我们必须高度重视,采取实事求是的态度,认真分析,统一思想,切实加以解决。

二、关于面临的形势和2002年党委工作重点

2002年是党和国家发展进程中极其重要的一年,也是总公司提高核心竞争力的重要一年。我们必须认清形势,把握大局,抓住机遇,迎接挑战,开拓进取,有所作为。综观总公司内外环境的变化和对企业的影响,主要有以下三个方面:

第一,入世给我们带来新考验。加入世贸组织,将广泛而深刻地改变中国经济发展的整体环境和企业面临的市场竞争格局,对我们的影响重大而深远,既为我们带来发展的新机遇,更给我们带来严重的挑战和考验。按照中国政府对建筑业的承诺,三年内与入世前一样,只允许外国承包商承揽外资、外国政府赠款或国内企业难以独立完成的工程,这是国家对国内施工企业的一种市场保护。三年后,建筑市场完全开放,国际承包商与国内企业将在所有项目上进行平等竞争。国际承包商在资金、技术、管理上比我们拥有十分明显的优势,我们的竞争对手既有现在的国内企业,更有国际承包商,在中国政府严格限制外国承包商市场准入的情况下,外国承包商还是坚韧不拔地开拓中国市场,其目的是看好入世后的中国建筑市场。我们必须做好几年以后与外国承包商在国内市场上进行角逐、较量、竞争的准备,对开放建筑市场后的严峻竞争态势必须有一个清醒的估计,必须增强危机感、紧迫感和历史责任感。在抓紧当前工作的同时,必须利用这三年的过渡期,围绕提高企业核心竞争力、深化改革、转换机制、改善结构、提高素质、增强实力,提高我们的管理水平和技术水平,当建筑市场完全开放后,使我们总公司不仅能够生存发展,而且能够长盛不衰。

第二,宏观经济环境给我们带来新机遇。当前,国际政治经济形势复杂多变,美国、日本和欧洲经济同时陷入低迷。党中央认为,这对中国经济的影响可能比1997年～1998年亚洲金融危机的影响还要严重。为了应对这种严峻形势,国家坚持扩大内需的方针,继续实施积极的财政政策,继续加大基础设施建设投入,再加上申奥成功和西部大开发,铁路、公路、城市轨道交通、水利、环境治理等基础设施建设仍然保持较大的规模。因此,2002年仍然是个机遇年。我们必须紧紧抓住机遇,加大经营力度,扩大市场份额,揽干并举,精细管理,进一步提高经济效益,努力实现这次会议确定的**“承揽任务360亿元、完成产值360亿元、实现利润10亿元、净利润6.67亿元、国有资产保值增值率108%”**的目标。同时还要看到,国务院已经决定将中央施工企业的改革纳入国有企业改革脱困的具体部署之中,通过深化改革、结构调整和政策支持,帮助中央施工企业解决好历史遗留问题和改革发展的环境问题,重点扶持若干家骨干企业做优做强,使其成为具有国际竞争力的大型企业集团。这对我们来说,同样是一个难得的机遇,我们要积极争取进入首批试点单位。2002年,总公司领导班子和机关要把做好这项工作摆在相当突出的位置,抓早、抓紧、抓出成效,力争主动。

第三,企业改制和重组给我们带来新课题。2001年,总公司系统基本完成工程局的改制和直属单位资产重组、结构调整,这是向现代企业制度迈出的关键一步,但仅仅是第一步。随着产权关系的明晰、企业制度的创新,许多新的课题摆到我们面前,需要我们研究解决。比如:如何构建规范的母子公司体制?如何按照公司法和公司章程的规定,建立健全公司法人治理结构规范的议事规则、决策程序?如何规范职工持股会的运作方式,发挥职工持股会的作用?如何充分发挥党组织政治核心作用,特别是坚持党委参与重大问题决策、坚持党管干部原则与董事会依法聘任经营管理者和经营管理者依法行使用人权相结合?如何按照总公司当前作为生产经营和资产经营混合型控股公司的定位要求,转变总公司机关的职能?等等。这些重大问题,需要总公司上下共同努力,积极探索,勇于创新,及时总结,尽快制定出具体可行的措施和办法,并在实践中不断加以完善。

2002年,将是我们系统的更新观念之年、深化改革之年、加快发展之年、制度建设之年、改进作风之年。总公司党委的工作重点,必须放在总公司系统内外环境重大变化的大背景下来研究和把握,围绕总公司改革发展的主要任务来确定。总的要求是:**坚持以邓小平理论和“三个代表”重要思想为指导,深入贯彻党的十五届六中全会和中央企业工委工作会议精神,紧紧围绕把总公司做优做强和改革发展稳定大局,解放思想,创新制度,改进作风,进一步加强领导班子建设、基层党组织建设和企业文化建设,保持队伍稳定,充分发挥党组织政治核心作用,团结动员广大干部职工以优异成绩迎接党的十六大召开。**

(一)深入学习贯彻江泽民总书记“七一”重要讲

话，推动全系统思想观念与时俱进

各级党委要把深入学习江总书记“七一”讲话和“三个代表”重要思想，作为全年党建工作的首要任务，下大功夫切实抓出成效。

1. 要明确学习内容。各级干部和党委中心组的理论学习，在内容安排上分为十六大召开前、后两个阶段。十六大召开前，一是深入学习江总书记“七一”讲话和“三个代表”重要思想。在学习中要紧紧抓住解放思想、实事求是这个精髓，重点理解讲话提出的新思想、新观点、新论断。要紧密结合干部职工的思想实际和企业改革发展的实际，大力破除因循守旧、故步自封、束缚企业改革发展的思想观念，在解放思想中统一思想。二是组织好现代企业制度知识的学习。要以国家经贸委组织编写的《现代企业制度和加强科学管理基本规范读本》为基本教材，组织学习和培训。要积极争取与国家经贸委培训中心联合举办两期现代企业制度知识领导干部培训班。三是组织学习中国加入WTO的有关条款。入世后的形势迫切需要我们抓紧学习世贸组织有关条款，努力做到熟悉规则并能熟练运用规则，这是入世后积极应对挑战、经受考验的必要准备。如果我们对有关承诺、有关条款不了解、不熟悉，就无法与对方交手。从更深层次看，只有适应这些规则，按照这些规则运作，在企业内部建立起与市场规律和入世规则相适应的运行机制，才能在未来市场竞争中掌握主动权。十六大召开之后，要广泛深入地学习、宣传、贯彻十六大精神，团结激励广大职工为实现2002年的生产经营目标和改革发展的主要任务而努力奋斗。

2. 要坚持理论联系实际的学风。要把学习贯彻江总书记“七一”讲话和“三个代表”重要思想与解决企业改革发展中的突出问题结合起来，重点是解决观念更新问题。加入WTO后国门大开，对我们的压力很大，如果体制、机制、思维方式、管理模式不改变，必然会被淘汰，因此，关键在于转变观念。总公司要从建筑业的实际出发，与国际上同类型的先进企业进行比较，找出差距，进行评估、研究。各集团公司(工程局)可选择国内先进的同类企业进行比较，找差距。党政主要领导要亲自动手，组织专门工作班子负责，制订专门措施。我们总公司系统的发展，必须把自己放在一个全面开放的竞争环境中，以国内外同类先进企业为参照系进行“对标”，找出追赶目标，制定追赶措施，增强危机感、紧迫感和历史责任感，推动全系统的思想解放和观念更新，并且把这种意识转化为各级领导和全体员工推进企业发展的实际行动。当前，我们的思想观念要在以下三个方面与时俱进：一要在提高核心竞争力上与时俱进。改革的首要问题是提高核心竞争力。要按照提高核心竞争力的原则，精干主业，坚决分离副业和社会职能，通过进行重组整合，解决大而全、小而全的问题，解决三级法人以外的小公司问题，集中力量发展核心业务，提高核心竞争力，提高盈利能力。二要在企业经营管理上与时俱进。比照现代企业制度和市场经济的要求，我们在管理体制、管理模式、经营理念上还有很大差距，一些单位“等靠要”、干部能上不能下、职工能进不能出、收入能高不能低等旧观念已经严重影响企业的发展，必须彻底破除。要尽快建立符合现代企业制度的管理体制、经营模式，牢固确立市场营销、投资回报、选人用人、收入分配等方面的新理念。要建立规范的母子公司结构，加强对子公司的监管，加快人事、用工、分配三项制度改革。三要在发挥集团优势上与时俱进。总公司的集团优势发挥如何，直接关系到全系统生存发展的大局。有的单位从小团体的利益出发，不顾大局，以邻为壑，相互拆台，相互诋毁，严重影响了集团整体优势的发挥。我们一定要牢固树立集团意识、整体观念，维护总公司系统的信誉和形象，对上做到令行禁止、政令畅通；对兄弟单位做到遵守职业道德，可以宣传自己的优势，但不允许攻击别人。

3. 要在基层党组织中广泛开展“三个代表”思想教育。近两年来，各单位认真贯彻总公司党委、总公司《关于加强基层党的建设和思想政治工作的决定》，取得了一定的成绩。但是，基层建设仍然有待加强。总公司党委决定，年内要在全系统的工程处(不含)以下基层党组织中开展“三个代表”重要思想学习教育活动，要在党委的统一领导下进行。各单位要精心组织，周密安排，先试点，后推开。要坚持以正面教育为主、自我教育为主、业余时间为主，紧密结合生产经营实际进行，着重解决基层领导班子和领导干部思想作风方面存在的突出问题，进一步带动基层党的建设的加强，带动整个基层建设的加强，带动生产经营管理的加强。

(二)以培养选拔优秀年轻干部为重点，进一步加强领导班子建设

1. 以努力形成政治上靠得住、经营管理能力强、能够在市场竞争中创造一流业绩的坚强领导集体为目标，进一步加强领导班子建设。1998年总公司政工会以来，各级党委在培养选拔优秀年轻干部方面做了大量富有成效的工作。总公司党委、总公司提出的所属单位领导班子结构调整目标基本实现。近几年来全系统能够持续健康发展，与领导班子调整建设关系很大。面对不断变化的新形势，我们要应对挑战、经受考验，真正做优做强，形成主业突出、核心竞争力强，并且具有一定国际竞争力的大集团，在市场竞争中不断成长壮大，关键是要按照“三个代表”重要思想的要求，进一步把领导班子建设好。领导班子建设要着眼于入世后

提高市场竞争力的需要，着眼于建立现代企业制度的需要，着眼于把企业做优做强的需要，努力形成政治上靠得住、经营管理能力强、能够在市场竞争中创造一流业绩的坚强领导集体为目标，进一步加强全系统各级领导班子的组织建设、思想建设和作风建设，尤其是在革命化的前提下加快年轻化、知识化、专业化发展步伐。

要认真落实总公司党代会提出的“十五”期间10个集团公司(工程局)领导班子结构管理目标。各单位要在建立公司法人治理结构中，优先配备80年代、90年代的优秀大学本科毕业生。要按照要求建立高素质的后备干部队伍，集团公司(工程局)领导班子后备干部除正职和近期拟进班子的外，年龄应在45岁以下，其中40岁以下的要占1/3，大学本科毕业生不少于总量的2/3。要及时把优秀年轻干部安排到关键岗位、困难企业和艰苦环境中锻炼，从中确定后备人选。2002年3月底，各单位要把调整充实后的后备干部名单报总公司人事部审核备案。

2. *要加大干部人事制度改革力度，积极探索适应现代企业制度要求的选人用人新机制*。继续推行和完善管理人员竞争上岗、公开选拔、择优聘用、任前公示制度，使德才兼备的优秀年轻干部脱颖而出。对总公司所属公司制企业经理层副职人选、非公司制企业行政副职补充缺员试行公开选拔或竞争上岗；对所属单位党委副书记、纪委书记、工会主席的补充缺员在各单位党委上报的基础上试行差额考察制；对总公司所属单位领导班子成员实行任期制。要改变简单套用党政干部标准考核选拔干部的办法，制定领导班子和领导干部科学的考核评价体系，建立领导干部任期经营管理目标责任制，依据责任目标对领导干部和领导班子进行考核评价，真正做到以业绩为主选聘经营管理人员，实行届中和届满考核，并与领导干部的奖惩、任免统一起来。要加大领导干部上下交流、岗位交流、单位交流的力度，坚决改变派不进、调不出的状况。要制定总公司机关干部的考核办法，对总公司机关管理岗位补充缺员试行公开选拔或公开招聘。要加大领导干部经考核不胜任者免职的力度，推行领导干部自愿辞职、引咎辞职和责令辞职制度，对一些业绩平平、群众不公认的领导干部及时进行调整；对考核中不称职率超过1/3的要免职，破除领导职务终身制，使领导干部能上能下和管理人员能进能出取得突破性进展。要按照十五届四中全会提出的“积极探索适应现代企业制度要求的选人用人新机制，把组织考核推荐和引入市场机制、公开向社会招聘结合起来，把党管干部原则与董事会依法选择企业经营管理者和经营管理者依法行使用人权结合起来”的要求，制定总公司领导干部管理暂行办法。

3. *以分配制度改革为突破口，尽快形成吸引人才、稳定人才、用好人才的条件和机制*。能不能在长期发展壮大的基础上进一步增强核心竞争力，把企业做优做强，关键在于我们能不能把领导班子进一步建设好，能不能培养一大批高素质的经营管理人才、造就一批企业家，能不能建设一支以专家为骨干的专业技术人才队伍和具有精湛技艺的员工队伍。入世后我们最缺乏的是人才，特别是高素质的企业经营管理人才和专业技术人才。外国公司登陆中国市场后首先抢夺的也正是这两种人才，民营企业争夺的也是这两种人才。可以说，我们正面临着前所未有的人才竞争的挑战。因此，我们总公司系统必须尽快形成吸引人才、留住人才和用好人才的条件和机制，这是激烈的市场竞争的迫切需要。要合理拉开科技人员与普通员工、贡献大的科技人员与一般科技人员之间的收入差距。对做出突出贡献的科技人员可实行项目成果奖等奖励措施；对做出重大贡献的科技人员实行重奖或发给特殊津贴；可采取特殊的工资福利等措施引进和稳定关键技术人才。要积极探索企业领导人员的激励和约束机制。江泽民总书记在中央经济工作会议上指出：“要深化国有企业分配制度改革，建立健全收入分配的激励和约束机制，克服平均主义，这是提高企业竞争力，增强国有经济乃至整个国民经济活力的重要举措。”目前，总公司系统在收入分配上存在着报酬、贡献与责任不相符，企业内部收入差距小，领导人员与员工收入难以拉开档次等问题，造成对企业领导人员的激励不足、约束也不到位。因此，要实行经营管理者收入与企业经营业绩挂钩、报酬水平同所担负的责任相统一的分配方式，适当拉开企业领导人员同员工的收入差距。在公司上市以后，还可以进行股票期权的改革试验。在建立健全激励机制的同时，必须加大监督力度，建立健全相应的约束机制。总公司作为投资主体，要发挥各集团公司监事会的作用。总之，年内从总公司到各单位，在对经营管理人才和科技人才的分配制度改革方面，要有所突破，迈出实质性步伐。

4. *加大高层次经营管理人员的培训力度，进一步提高经营管理能力*。2002年，总公司将继续选送各单位党政正职进中央党校学习；总公司与国家行政学院联合组织两期培训，人员从总公司机关中层干部、各单位班子成员和后备干部中选派；争取各单位正职参加中央有关部委在国家行政学院举办的“国有重要骨干企业领导人员培训班”。总公司党校(干校)要按计划办好领导干部、青年干部等培训班；对股权代表要进行法规、政策和业务能力的培训。要继续积极推进学历培训，特别是MBA和工程硕士研究生、博士研究生的培训。要积极选送高层次的经营管理人员和技术人才参加中央企业工委和国家有关部委组织的出国培训。总公司有关部门要积极与外国专家局联系，争取自行组织高层次经营管理人员出国培训考察。各单位党委要重视对基层党支部书记的培训。

(三)以制度创新为重点，进一步发挥党组织政治核心作用

企业深化改革，加快发展，建立现代企业制度，对各级党组织的工作提出了新的更高的要求。只有进一步发挥各级党组织的政治核心作用，不断创新党组织的工作内容、活动方式，才能保证企业沿着正确的道路健康发展。要按照《公司法》、国务院办公厅 64 号文件和十五届四中、六中全会的要求，推进“双向进入、交叉任职”，积极探索现代企业制度下发挥党组织政治核心作用的途径和方法。总公司党委、总公司将在深入调查研究的基础上，建立健全总公司国有股股权代表工作制度和管理办法，使他们在股东会、董事会、监事会中真正行使好投资主体的职权；对公司制企业党委会、股东会、董事会、监事会、总经理办公会、职代会的议事规则提出指导性意见，使法人治理结构真正做到各负其责、协调运转、有效制衡。总公司将在适当时候召开会议，专题研究公司法人治理结构如何协调运转和现代企业制度下如何发挥党组织政治核心作用问题。

(四)紧紧围绕实现全年奋斗目标，进一步加强生产经营和改革发展中的思想政治工作

围绕生产经营、经济效益中心，服务、保证改革发展稳定大局，是思想政治工作必须坚持的一个基本原则。这次会议确定了 2002 年的奋斗目标，部署了改革发展的主要任务，各级党组织要广泛宣传，动员广大党员、干部、职工为实现全年的目标而奋斗。要紧紧围绕安全、质量、进度、效益，大力加强施工生产中的思想政治工作，尤其是要加强青藏铁路等重点难点工程建设中的思想政治工作，充分调动广大职工的积极性，确保重点难点工程建设的顺利进行。要大力宣传“安全第一、预防为主”的方针，广泛开展“安全在我心中”、“质量在我手中”等群众性自我教育活动，增强各级领导和全员的安全、质量意识。要对广大员工进行职业道德教育，守合同、重信誉、讲文明、遵法纪，将自己的言行和岗位工作质量与企业的市场信誉联系起来。各级党委要以改革为已任，站在改革前列，研究改革、引导改革、推动改革、支持改革。在重大改革方案出台的同时，要大力宣传改革的目的意义，深入细致地做好改革中的思想政治工作，保证改革的平稳顺利进行。各级工会组织要以学习贯彻新《工会法》为契机，以为职工说话办事、维护职工合法权益为基本职能，围绕企业改革发展稳定大局，进一步做好工会工作。年内将首次评选表彰总公司劳动模范。共青团组织要针对全系统团员青年结构的新变化，积极主动地开展适合青年特点的活动，尤其要重视做好青年知识分子和青年工人的工作，发挥好党的助手作用。

2002 年，中央将召开党的十六大，保持稳定是必须做好的重要工作。各级党委尤其是党政主管要把安全生产和维护稳定作为大事来抓。加入 WTO 后，随着中国经济、政治和社会生活的变化，影响国家安全和社会稳定的因素增多，西方思想文化渗透加剧，利用互联网进行的宣传煽动活动明显增多，带有政治色彩的非法组织活动增多。这些新情况，对维护队伍稳定增加了难度。总公司系统改革的进一步深化，对维护稳定提出了新的更高的要求。要及时掌握职工的思想动态，做好深入细致的思想工作，帮助职工解决实际问题，理顺情绪，化解矛盾。要继续加强与“法轮功”等邪教组织的斗争，深入做好“法轮功”练习者的教育转化工作。要加强对公安工作的领导，搞好内部治安综合治理，为维护团结稳定的政治局面、为企业改革发展创造良好的内外环境。

(五)以解决领导干部、领导机关的突出问题为重点，进一步加强作风建设

深入贯彻党的十五届六中全会《决定》，加强和改进党的作风建设，是各级党委工作的重点。总公司党委一届二次全委(扩大)会议是一次专题贯彻六中全会精神的会议，总公司党政主管就作风建设的有关问题作了系统阐述，要继续抓好落实。最近，总公司党政将联合作出《关于加强总公司领导班子和机关党的作风建设的若干规定》，要认真抓好贯彻落实。

江泽民总书记多次强调，“上梁不正下梁歪，中梁不正倒下来”。抓作风建设，要从各级领导班子和各级机关入手。各级班子、各级机关的作风建设，对企业改革发展稳定有着重要影响，也直接关系到密切党群、干群关系。一个企业，如果领导班子特别是主要负责人作风不端正，这个企业风气就不可能正，就不可能不出问题。事实告诉我们，抓好企业风气，领导班子是关键；抓好班子风气，主要领导是关键。因此，在加强和改进作风建设中，要把总公司、集团公司及下属子公司三级班子和三级机关作为重点，首先是总公司领导班子和总公司机关要以身作则，身体力行，当好表率，要求下面做到的，自己带头做到，真正把“八个坚持、八个反对”要求转化为转变作风、改进工作的实际行动，促进企业健康发展。

1．紧紧围绕保持党同人民群众血肉联系这个核心问题，进一步密切党群、干群关系。十五届六中全会《决定》强调指出，加强和改进党的作风建设，核心是保持党与人民群众的血肉联系，同样也是对国有大型企

业领导班子的一条根本性的政治要求。我们贯彻六中全会精神，加强作风建设，其出发点和落脚点一定要归结到这个核心问题上来，归结到全心全意依靠职工群众办企业上来。中共中央要求，要把2002年作为转变作风年。从总公司到各集团公司，都要拿出具体措施，见之于具体行动，认真落实中央的这一要求。

2. *倍加珍惜和维护领导班子的团结*。近几年，总公司党委高度重视团结问题，作为加强领导班子建设的重大政治原则和政治责任来对待，反复强调，形成了团结奋斗的良好局面，有力地促进了企业的改革发展。这种大团结、大发展的局面来之不易，要倍加珍惜和爱护。现在，工程局已经基本完成改制工作，已建立公司法人治理结构，但现代企业制度的建立和完善需要一个过程，法人治理结构的有效运转也需要不断的磨合。在这个过程中，尤其要注意进一步加强领导班子的团结。一方面，党委会、股东会、董事会、经理层、监事会要建立健全规范的议事规则和决策程序；另一方面，要顾大局、讲团结，团结出凝聚力，团结出战斗力，团结出生产力。改制的最终目的是促进企业发展。党委会、董事会、监事会、经理层负责人，都要增强大局意识、团结意识，以企业改革发展的大局为重，心往一块想，劲往一处使。尤其是党委书记、董事长、总经理，更要把团结作为一个重大原则，作团结的表率，加强配合，密切协作，平时多通气，思想多交流，重大问题多商量，不同意见多交换，要补台不要拆台，不争权大权小，要以自己的模范行动和富有创造性的工作，充分发挥现代企业制度科学机制的作用，保证企业快速健康发展。

3. *按照管理现代企业的要求转变作风*。企业是经济组织，是市场主体，不同于党政机关，其领导作风和工作作风应该具有企业的特点。目前，在总公司机关和各集团公司（工程局）机关中存在的一个突出问题，就是领导作风和工作作风还带有浓厚的党政机关色彩。我们应该大胆学习借鉴国内外著名公司、特别是同类先进企业的管理经验，找出差距，认真改进。特别要在精简会议文件、消除推诿扯皮、树立成本观念、提高效率效益等方面下功夫，取得实效。总公司机关要以改革的精神，在转变职能中转变工作作风，带头精简会议，大力压缩文件，加快办公自动化建设，利用现代传播手段，提高效率，降低成本。

4. *切实加强党风廉政建设*。这些年来，总公司系统的党风廉政建设和反腐败斗争是很有成效的，但也不能估计过高。在新的一年里，要认真贯彻落实中纪委七次全会和中央企业纪工委党风廉政建设工作会议精神，努力把总公司系统的党风廉政建设和反腐败斗争不断引向深入。一是各级领导人员要带头廉洁自律，遵纪守法。搞好党风廉政建设，关键在于领导班子和领导人员。在这里，重申中纪委"五不准"规定，重申上级和机关不准收受下级和基层的红包、有价证券，下级和基层不准给上级和机关送红包和有价证券。要遏制企业内部公款高消费。各级党组织要把领导干部的廉洁自律作为一项经常性工作，常提醒、常告诫，警钟长鸣。二是要继续加大查办大案要案的力度。对贪污受贿、无视法纪的腐败分子决不能姑息，必须一查到底，决不手软。对案情重、影响大的典型案例，要把问题和教训讲透，真正起到严惩一人、教育一片的作用。三是落实党风廉政建设责任制。要支持纪检监察机关的工作，落实中央和中央企业工委关于纪委书记由同级党委副书记担任的规定，纪委书记要用主要精力做好纪检监察工作。特别强调要严明党的政治纪律。在党的各项纪律中，政治纪律是最重要的纪律。党的各级组织和每个党员都必须坚决维护以江泽民为核心的党中央的权威，保证中央政令畅通。一是要坚决反对阳奉阴违。二是不允许编造、传播政治谣言及丑化党和国家形象的言论。三是不允许公开发表反对党的基本理论、基本路线、基本纲领的言论。四是禁止参加各种非法组织和非法活动。各级党委要担负起维护和执行党的纪律的政治责任，把严明党的政治纪律放在重要位置，各级纪检监察部门要对党员干部加强监督检查，严肃查处违犯党的政治纪律和其他纪律的行为。

（六）以内聚人心、外塑形象为重点，加强企业文化建设

企业文化是现代企业的重要特征和思想政治工作的重要内容。加强企业文化建设是实现总公司长远发展目标的一项重要工作。当前，要抓好总公司整体形象的塑造和宣传。年内，总公司将组织力量提炼经营理念、行为规范，设计总公司旗帜，出版和制作展示总公司品牌的画册和光盘。要加大对外宣传报道力度，展示总公司的集团优势、整体形象和队伍风貌。各级领导对企业文化建设要高度重视，切实加强组织领导，给予必要的投入，使这项工作取得较大进展。思想政治工作研究要紧密结合实际，多出成果。要进一步重视并做好离退休职工工作。要因地制宜、立足基层，积极开展群众性体育活动，增强广大职工和离退休老同志的身心健康。要积极支持关心下一代工作委员会开展"社区关心下一代活动"。

认清形势　锐意创新　全面推进经营工作新发展

——何能金副总经理在总公司 2002 年经营工作电话会议上的讲话

（摘　要）

（2002 年 1 月 28 日）

这次会议的主要任务是总结 2001 年经营工作，表彰先进，布置 2002 年经营任务，动员全体员工进一步认清经营工作新形势，抓住新机遇，锐意创新，团结拼搏，全面推进经营工作新发展。

一、2001 年经营工作情况

2001 年，是"十五"计划的开局之年。各单位认真贯彻总公司工作会议精神，紧紧抓住国家继续加大基础设施建设力度的机遇，把握战机，路内外并举，经营工作取得可喜成绩。全系统共承揽任务 408.7 亿元，完成企业总产值 367.42 亿元，其中完成施工产值 343.27 亿元，超额完成年初制定的经营目标。

（一）2001 年承揽任务情况

2001 年，总公司系统共承揽任务1 129项，中标额408.7亿元，与 2000 年同比增加 35 亿元，为全年计划承揽任务总额 320 亿元的126.25%，其中承揽国内工程401.1亿元、海外工程7.58亿元。在承揽的工程项目中，铁路项目 216 项，中标额102.32亿元，占承揽总额的25.5%，同比减少 32.44%；公路项目 363 项，中标额 185.41 亿元，占承揽总额的 45.73%，同比增加 39.96%；水利、水电项目 91 项，中标额21.61亿元，占承揽总额的 5.39%，同比增加94.57%；房建项目 199 项，中标额44.67亿元，占承揽总额的11.14%，同比增加28.03%；机场、码头项目 27 项，中标额 4.43 亿元，占承揽总额的 1.1%，同比增加 133%；其他项目 229 项，中标额44.67亿元，占承揽总额的11.14%，同比增加13.56%。承揽任务较好的单位有中铁十二、十四、十八、十九局集团公司和中铁十六、二十局，承揽工程任务均在 40 亿元以上，北京中铁建设有限公司承揽任务 17.41 亿元。承揽任务较好的工程处有中铁十九局集团公司二处、十六局三处、二十局一处，承揽工程任务均在 10 亿元以上；中铁十八局集团公司五处、四处、三处，中铁十九局集团公司一处、三处，中铁十四局集团公司二处、一处、四处、三处，中铁十六局二处、一处，中铁十三局集团公司四处，中铁十七局集团公司五处等承揽任务都在 5 亿元～10 亿元；承揽任务较好的专业处有中铁十一局集团公司电务处、中铁十二局集团公司建安处，承揽任务均在 4 亿元以上。总公司本级承揽任务16.86亿元，其中海外公司承揽 5.26 亿元。有两个集团公司未完成承揽任务年度计划。

（二）经营工作主要特点

1. 各级领导高度重视。2001 年承揽任务取得较好成绩，与总公司、局、处各级领导真正做到把经营工作放在各项工作的首位，全方位重视、强化全员经营意识是分不开的。各单位建立经营工作领导负责制，实施目标管理，明确工作职责，充分调动各方面的积极性，推动全员参与，有效地促进了经营工作的良性运转。根据工程经营需要，各单位陆续购置了先进设备服务于投标工作，中铁十二、十四局集团公司还对经营人员进行了专业培训，提高了经营工作质量，承揽任务效果明显。

2. 经营领域有所突破。各集团公司（工程局）积极拓展新的施工领域，发展"高、精、尖、难"工程，树立企业的品牌形象，取得较好效果。10 个集团公司（工程局）都打进了城市轨道交通领域。中铁十六局和养马河桥梁厂中标世界首条商用磁悬浮轨道工程——上海磁悬浮轨道工程，取得重大突破。中铁十二、十六、十七、十八、十九、二十局集团公司（工程局）等在海南海军军事工程竞争中，成功进入国防工程领域。特别是中铁十七、十八局集团公司中标大断面洞室工程，使企业的优势得到充分发挥。

3. *公路、水利工程有新进展*。与2000年相比,公路任务承揽增加40%,水利、水电增加95%,呈现较好的增长势头。中铁十四、十八、十九局集团公司和中铁二十局公路任务承揽均超过20亿元;中铁十八局集团公司水利、水电工程承揽超过5亿元,拓宽了施工领域。海南分公司在长江堤防工程中连中三标,工程质量受到长江委好评。中铁十五局集团公司挤进水电站建设市场。

4. *积极探索资本经营新途径*。2001年,中铁十一局集团公司三处进行BOT、BT经营模式探索,成功地对湖北黄石一铁路专用线进行BOT经营。这是我们施工企业跳出靠工程投标取得效益的老路子、通过资本运作带动工程经营的一次大胆尝试。中铁十三局集团公司电务处抓住房地产经营复苏机遇,审慎地在天津进行房地产投资开发取得一定成效,向建筑领域的上游产业发展也有新的突破。这些新的经营模式给我们进行资本经营开创了新局面,积累了经验,也增强了信心。

5. *海外经营取得新突破*。海外经营工作认真贯彻总公司确定的外经工作方针,取得新的发展。全年共签订工程承包和劳务合同15份,新签合同额9 152万美元,同比增长44%。总公司海外公司全力组织香港东部铁路投标,积极承揽后续工程,实现总公司领导确定的"确保中一标"的目标。中铁十八局集团公司在承揽尼日利亚铁路工程之后,积极发展海外经营,又成功地在沙特承揽到2.18亿元人民币的高速公路和大桥工程。为了拓展海外市场,中铁二十局于2001年12月31日成立中铁海外公司,外经工作迈出新的步伐。

(三)存在的问题

2001年,我们的经营工作取得一定成绩,但也存在一些不容忽视的问题:一是从承揽任务数额上看,各单位之间存在较大差距。局与局之间、处与处之间出现严重的不平衡现象,有的集团公司承揽任务达到50余亿元,有的集团公司只承揽到20余亿元,没有完成年度计划指标;有的工程处承揽任务达12亿元,有的工程处还不足亿元。路内项目承揽也不平衡,有的集团公司承揽路内任务达到20亿元,有的集团公司仅承揽到3亿元。有关单位应引起高度重视,要认真找出差距,总结经验教训。二是一度出现产值大于承揽额的现象。2001年8月～9月,近十年来第一次出现施工产值超过承揽任务数额的现象,说明承揽任务不能满足施工生产需要,给我们敲响了警钟。三是有的单位因出现质量或安全事故,被业主及新闻单位曝光,造成较大的社会影响,严重损害了企业声誉,直接影响到工程任务承揽。四是经营管理机制还不够完善,许多经营工作者不安心工作,也影响到经营工作的发展。五是海外经营份额低,与总公司的大企业地位不相称。全年海外经营额只占工程任务总额的1.86%,海外经营亟待加强。

二、面临的形势

2002年,是中国成为WTO成员后开始全面履行各项承诺的第一年,也是企业改制和资质就位的第一年。在新的一年里,经营工作仍然是机遇与挑战并存。WTO的宗旨是各成员在互惠互利的基础上,削减关税,消除非关税障碍,优化投资环境。目前,世界上每年都有几千亿美元的游资在寻找良好的投资市场和投资对象,建筑业向来是各投资机构所关注的投资焦点。入世后此类资金在中国的投资信心将会增强,将有利于提高国内建筑企业的融资能力,增强建筑企业的发展潜力。同时,伴随着入世后对交通、能源等基础设施和写字楼、公寓及个人购房需求的不断扩大,建筑产品的市场消纳能力将大大增强,有利于促进建筑业的蓬勃发展。

2001年以来,美国、日本以及欧盟等发达国家经济出现滑坡,严重影响了世界经济的发展速度,造成国际市场萎缩。为了应对全球性经济下滑,保持中国经济持续、快速、健康发展,中央经济工作会议提出国民经济仍将保持7%的增长水平,继续坚持扩大内需的方针,实行积极的财政政策,进一步加强基础设施建设,交通、水利、城市基础设施建设等继续成为拉动内需的重点领域。同时,发展中国家为了保持平稳的经济发展势头,积极采取应对措施,改善各国投资环境,国际建筑市场潜力很大。

2002年国内建筑市场十分活跃,基本建设呈增长趋势。铁路项目保持较好的发展势头,全行业投资规模为560亿元,其中铁道部投资490亿元,地方铁路投资约70亿元。年内铁道部拟新开项目39个,主要有遂渝铁路、兰州至武威扩能、武汉天兴洲大桥、洛湛铁路南段、温福铁路、万枝铁路、京沪电化、浙赣电化等项目。公路建设重点是国道主干线和西部8条通道及省际通道、地市通往各县的油路工程。全年将新增公路4万公里,其中高速公路2 500公里,"五纵七横"国道主干线将新开工1 300公里,通往各县的油路工程将增加2.5万公里。一些省的公路投资将有所增加,如江西省公路建设计划投资107.7亿元,江苏省交通基础设施投资220亿元,四川省公路建设投资120亿元,陕西省计划新增公路110公里。

国家将对水利工程加大投资力度,年内水利工程计划投资420亿元。中央经济工作会议确定的水利重点工程主要是长江干堤加固和南水北调,其中长江干堤加固计划投资120亿元,南水北调工程东线、西线年内有望开工。此外,还有东北嫩江水利工程、新疆塔里木河和喀什河水利工程,以及有关大城市引水工程等。云南、贵州、湖南、湖北、青海等省将兴建一批大中型水电工程。

国家正逐步加大城市道路、市政工程及污水处理、垃圾处理等城市环保工程的投资力度,如北京全年投资1 700亿元,上海投资1 100亿元,也为建筑企业的生存发展创造了良好条件。轨道交通建设作为城市交通的长远发展战略,已越来越引起重视。各大城市的城市规划都把轨道交通作为城市交通的骨干工程,提出了城市轨道交通线网规划,如北京线网规划13条线路,总长408公里;上海线网规划21条线路,总长560公里。已获国家批准建设的城市线网规划都有一定的规模,少则100余公里,多则数百公里。成都地铁试验段年内也将开工。城市轨道交通建设速度加快,为我们建筑企业提供了新的商机。

国防工程诸如地下洞室、机场、港口、国防公路等将逐步对国有大型建筑企业开放。作为兵改工企业,我们有着军队光荣传统、施工队伍管理和技术上的优势,在国防工程施工中应确保有所建树。

北京申奥成功,国家、北京市和外商都会对奥运基础设施建设加大投资,也给我们建筑企业带来良好的机遇。各单位要加强对奥运工程项目的跟踪,加大经营力度,紧紧把握世界赋予我们的历史性机遇。

我们在看到有利条件的同时,不能忽视面临的困难和挑战。一是国内建筑企业综合竞争能力普遍低于国外同行的水平。具体表现为内在综合机制不顺,竞争动力不足;管理水平低下,管理模式落后;技术应用层次不高,技术含量较低;国际经营承包经验欠缺,相应人才不足。二是建筑业资质就位形势严峻,企业发展受到制约。建筑企业资质就位是规范建筑市场、调整产业结构的重要举措,由于资质审批严格,许多企业将面临降低资质或取消某种施工资质的可能,将会制约这些企业的任务承揽。三是建筑市场中地方保护主义、行业保护主义仍然相当严重,市场竞争难度加大。面对困难和挑战,我们要认真研究对策,除弊兴利,抓住机遇,寻求更大的发展。

三、2002年经营计划

2002年,总公司系统的经营工作面临新形势、新任务、新机遇、新挑战,也是企业在新形势下开创经营工作局面、拓展建筑市场、谋求更大发展的重要时期。我们要认清形势,统一思想,坚定信心,振奋精神,转变作风,扎实工作,下大力气抓好工程任务承揽,为全面实现总公司"十五"发展目标奠定良好基础。

(一)2002年经营工作的指导思想

必须坚定不移地实践"三个代表"的重要思想,坚决贯彻党的十五届六中全会精神,落实中央经济工作会议部署,按照总公司工作会议要求,树立新的经营理念,推进经营创新;继续加大路内外工程的承揽力度,提高经营质量;坚持拓展经营规模与提高经济效益相结合、开辟经营新领域与提升企业科技含量并重、积极探索资本经营、带动企业工程经营的新路子。

(二)2002年经营工作目标

依照总公司"十五"发展计划的总体要求,根据各单位净资产状况和职工人数,在分析建筑市场形势的基础上,确定2002年生产经营计划目标为:**承揽工程任务360亿元,实现工业产值10亿元、附营产值9亿元,院校创收1.1亿元。**

四、2002年经营工作要求

(一)突出经营工作地位,加强经营工作领导

生产经营是企业第一位的工作,是事关企业生死存亡的头等大事。承揽任务则是企业生产经营的头道工序,因此,要继续把承揽任务放在企业各项工作的首位。承揽工程任务是企业市场竞争力的表现,首先是企业组织和领导工作的表现,要搞好经营工作必须加强领导。各级企业主要管理者要把经营工作作为企业发展的头等大事亲自抓,亲自筹划。同时,必须明确专职领导具体负责经营工作,主管经营的领导不能缺位。要以分管领导为主,会同经营、工程技术、经济管理、财务管理、机械设备等部门领导组成经营工作领导班子,搞好组织协调工作,对跟踪项目进行经济分析,形成强有力的经营工作领导力量。要建立科学的经营决策机制。经营工作情况复杂、政策性强、责任重大,经营决策直接关系到经营成效和企业兴衰。因此,要建立经营领导决策机制,保证对经营工作的有效领导。

(二)确定经营战略,保证经营工作的持续发展

各单位要根据企业发展战略、市场需求,结合企业实际,制定本单位的经营战略、方针。

1. 确定市场领先战略。各单位要从企业实际出发,确定企业发展方向,做到主业突出,拥有知名品牌和自主知识产权,技术创新、市场开拓能力强,拥有稳定的市场占有率,在市场竞争中处于某些方面的领先地位,促进企业经营工作持续健康发展。

2. 区域经营发展战略。要根据企业发展规划确定发展区域,避免经营工作的散、乱格局,实现领域经营重点发展和区域经营滚动发展,形成点片结合的发展态势。

3. 树立精品信誉战略。企业的信誉直接影响企业的经营发展,各单位要树立"以精品回报业主、回报社会"的思想,创立知名品牌,赢得社会信誉,提高企业的市场占有率。

(三)广揽信息,确定重点,分工负责,提高中标率

搞好工程任务承揽，首先要抓市场信息，建立信息网络和信息渠道。要充分利用政府有关部门、建设主管单位、项目投资业主、社会各界朋友、招标信息网站、新闻渠道和公共关系，捕捉市场信息。其次，要对工程信息进行科学分析、认真筛选，根据企业的施工能力，选定重点跟踪项目。对跟踪项目要分工负责，责任到人，紧紧盯死。要充分利用各种资源，加大公关力度，认真做好资审及投标过程中每个环节的工作，努力提高中标率。

(四)创建有效的经营管理规范和机制

经营管理是一门科学，需要认真总结经验，研究规律，规范经营。要建立高效适用的经营工作机制和激励机制，用制度去规范、推动经营工作稳步发展，靠机制去激励经营人员的工作热情。

1. *规范经营管理*。企业经营工作要适应市场需求和企业发展目标，遵循其自身特有的规律。为此，要健全有效的经营管理制度，如经营目标管理、经营任务划分、经营工作责任制度和信息收集、项目选择、决策程序、内部资源的配置与协调，以及营业执照、资质证书、法人委托、各种经济保函的运用、经营投入等都要有明确规范的制度，避免经营失误。

2. *加强经营基础工作*。加入 WTO 后，市场竞争有向无标底投标、低价中标方向发展的趋势。为了提高企业竞争力，避免经营风险，要加强企业经营的基础工作，广泛收集市场各种评标办法、中标价格水平、企业生产成本定额，建立企业经营投标报价原则和搞好投标软件开发，进一步提高投标水平。

3. *建立经营工作激励机制*。经营工作时效性强，竞争激烈，能否中标在很大程度上取决于经营人员是否有创造性的工作。为此，要建立有效的经营工作激励机制，把经营效果和经营人员的利益挂起钩来，充分调动、激发经营人员的工作责任感和积极性。

(五)转变经营理念，创新经营模式

经营工作创新既要注重工作方式的变革，更要注重思想理念的提升。只有不断创新，经营工作水平才能提高，才能更快地适应不断变化的市场；只有提升经营理念，才能拓展思路，把握发展机遇。

1. *积极探索资本运作新途径，拓宽企业的生存空间*。由于国家在基础设施建设方面的投资是有限的，投资方向也在不断变化，在工程项目投标中业主把标段划的越来越小，对大型建筑企业的投标限制越来越多，仅靠投标竞争来维持企业生计，已经越来越不能满足企业发展的需要。如果不探索新的经营方式，寻找新的经济增长点，企业的生存空间就会越来越狭窄，企业的发展将会受到局限。因此，要根据建筑市场的发展变化，解放思想，更新观念，积极探索新的经营模式，以适应市场竞争和企业发展的需要。为了实现规模效益型的发展目标，要积极实施多元化经营，确立以资本为纽带，以发展建筑业为主导，一手抓工程经营，一手抓资本经营，改变单一经营方式，逐步探索 BOT、BT 运作方式或采取收购、参股、合作及自主开发等方式，向建筑施工领域的上游产业发展。进行资本经营要立足于依托主业，在与主业相关的领域进行扩张。选择一些发展前景好、业务熟悉的行业尝试资本经营，积极探索 BOT、BT 项目，如公路项目、轨道交通项目、房地产开发项目等，通过项目投资带动工程经营，实现联带、互动，既可以扬长避短，又可化解风险。各单位要按照总公司“审慎、稳妥、积极”的指导方针，逐步推进资本经营。

2. *实施“强强联合”，积极应对入世挑战*。在市场经济条件下，不仅要强调竞争，也要强调合作，竞争与合作可以同时并存。在很多情况下，企业与企业之间、兄弟单位之间，既是竞争对手，又是合作伙伴。合作已成为当今世界的潮流，把竞争融于合作，共同制止恶性竞争，为的是获取更大的竞争优势。国外许多工程都是联合操作的，由联合体共同施工，发挥各自优势，共同谋取更大的利益。我们可以和国内外的建筑企业联合投标，有的企业有关系、有的企业有技术、有的企业有设备，实施强强联合可以优势互补。强强联合，既要对外又要对内。对外联合，是利用地方企业的地域优势和关系优势以及外国公司的资金技术优势，结合我们企业的施工实力，共同赢得市场；对内联合，就是总公司系统兄弟单位之间利用各自优势，共同攻克市场，承揽更多任务。

3. *增强集团合力，做强做大企业*。改变经营理念必须充分把握国家的政策导向，抓住市场机遇。2001年9月10日，国家经贸委、中央企业工委等部门联合发布《关于发展具有国际竞争力的大型企业集团指导意见》，就“十五”计划纲要中“形成一批拥有著名品牌和自主知识产权、主业突出、核心竞争能力强的大公司和企业集团”的重要工作提出指导意见。核心内容就是要以企业为主体、市场为导向，在国民经济的关键领域和重点行业发展“技术创新能力强、主业突出、市场开拓能力强、经营管理能力强、有适应国际化经营的优秀管理人才和现代化管理手段、规模经济效益好”的重点大型企业集团。总公司要发展成为国际型企业集团，就必须做强做优做大。做大首先要做强，做强才能做大。做大不是简单的架子大、人数多，而是看企业的经济效益、发展势头、凝聚力和社会影响力。也就是说，企业要走规模效益型发展之路。做大只是暂时的占有市场，而做强则要求我们必须提高企业的经营质量和管理实力，提高企业的科技含量，成为资金雄厚、技术密集的企业集团。为此，总公司系统内部要不断增强企业的经营合力和互补力，进一步增强总公司和各集团公司的核心竞争力和长久的市场生命力。

(六)加强经营队伍建设，培育高素质的经营人才

21 世纪企业的竞争，是技术实力的竞争，是科学管理的竞争，是人才的竞争。经营管理工作更是人才的竞争，有了人才才能开拓市场，人才缺乏的企业在市场中将无从立足。发展经营工作，经营队伍建设是基础。一方面要建立人才管理机制，吸引外来人才，留住自有人才；另一方面要抓好经营队伍建设，注重教育和培训，提高经营人员素质，培养造就一支力量充实、技术过硬的经营管理队伍。要保证经营人员的数量，建议各集团公司(工程局)按照职工人数的 2‰配备经营工作人员，各公司(工程处)按照职工人数的 1‰～1.5‰配备经营工作人员。目前，各单位缺乏高素质的经营工作人员，必须注重选拔、培养和引进，提高经营人员的综合素质，适应企业发展需要。选拔经营工作人员，要从文化程度、专业、年龄、工作能力、业务水平、身体状况、责任心与事业心、政治修养等方面严格挑选。在数量上，要确保经营工作需要；在使用上，要注重经营队伍的稳定；在专业知识上，要考虑经营人员知识结构，确保适应各种环境下经营工作的需要；在业务技能上，要不断更新知识，熟练掌握相关业务；在政策水平上，要强化经营人员的法律法规学习，把经营活动纳入法制轨道，真正做到依法经营；在工作待遇上，要注意建立必要的激励机制，奖勤罚懒，关心经营人员的切身利益。

随着入世和建筑业资质就位工作的深化，建筑市场越来越规范，企业之间的竞争也越来越激烈，承揽工程的难度也越来越大，对经营工作的要求也越来越严格。为了适应发展变化的建筑市场，我们必须对经营人员进行教育和培训。一是要通过培训，及时了解市场的变化，转变观念，调整经营思路，更好地把握市场；二是要通过培训，提高经营工作者的专业技能，提高招投标水平和工程中标率；三是要通过培训，不断为经营工作提供后备力量，稳定和发展经营队伍。随着建筑市场的国际化，总公司系统还缺乏高素质的外经工作人才和国际工程管理人才，缺乏国际市场的竞争力。为此，年内总公司将以统一组织的方式，从各集团公司(工程局)选拔基础条件好、具有发展前途的管理骨干和专业骨干进行外经工作培训，充实海外经营工作和境外工程管理人员，逐步造就一批国际化的经营人才。

(七)突破束缚，走出国门

入世后，面对建筑市场国际化的发展趋势，我们必须清醒地看到国外建筑企业涌入国内所带来的市场竞争压力，看到国内建筑企业面对挑战、走出国门所面临的发展机遇。我们要站在国际大市场的高度来看待自身的发展，不能偏安一隅。要深刻理解党中央“走出去”的发展战略，制定发展规划和措施，积极拓展海外经营市场。目前，各集团公司(工程局)在国际工程承揽方面顾虑多、投入少、步子慢，遇到问题退缩不前，缺乏国际大型工程承包企业的魄力，与我们“逢山凿路、遇水架桥”的铁军雄风不相称。为此，我们必须抓住入世带来的机遇，把握中央的政策扶持，突破束缚，跨出国门，稳固国内市场，开拓国际市场，争取做一流的国际工程承包商。

明确任务　扎实工作
努力取得党风廉政建设的新成效

——彭树贵副书记在总公司党风廉政建设工作会议上的报告

（摘　要）

(2002 年 2 月 6 日)

这次党风廉政建设工作会议的主要任务是：认真学习江泽民总书记在中纪委七次全会上的重要讲话，深入贯彻党的十五届六中全会、中纪委六次、七次全会和中央企业 2002 年纪检监察工作会议精神，总结总公司系统 2001 年党风廉政建设工作，交流经验，部署 2002 年工作任务。下面，我受总公司党委、纪委的委

托作工作报告。

一、2001年党风廉政建设工作基本情况

过去的一年，是总公司系统生产经营、深化改革取得丰硕成果的一年，也是党风廉政建设扎实推进、成效明显的一年。在中央企业纪工委和总公司党委的正确领导下，各级纪检监察机关和广大纪检监察干部坚持以江泽民总书记"七一"重要讲话和"三个代表"重要思想为指导，认真贯彻中纪委五次全会、中央企业纪检监察工作会及总公司党风廉政建设工作会和首次党代会提出的目标要求，奋发努力，锐意进取，突出反腐败三项重点工作，重视制度建设，强化责任追究，狠抓目标落实，党风廉政建设和反腐败工作不断深入发展，涌现出许多先进集体和先进个人，中铁十六局党委副书记、纪委书记侯向东受到中纪委的通报表彰。

(一)立足教育，加强监督，领导干部廉洁自律工作进一步深化

总公司及所属单位党委、纪委从教育入手，狠抓国有企业领导人员廉洁自律"五项规定"的落实，各级领导干部廉洁自律意识普遍增强，职工对干部、基层对机关的信任度、满意度进一步提高，党群、干群关系进一步改善。一是深化党风廉政教育。总公司纪委在《中国铁道建筑报》开辟"纪委书记学'七一'讲话笔谈"专栏，10个集团公司(工程局)纪委书记先后发表体会文章。总公司纪委分别召开工程局(集团公司)、直属单位纪委书记座谈会，重点研讨纪检监察机关深入学习贯彻"七一"重要讲话问题，提出反腐倡廉要在5个方面加大力度的要求，被中央企业纪工委转发。在全系统处以上党员干部和纪检监察干部中开展"学法规、学党纪"教育测验，据统计，有2 246名处以上领导干部和342名纪检监察干部参加答题，平均成绩97.2分。全系统共举办纪检监察培训班68期，培训2 967人次；开办党课讲座1 020次，听课者43 068人次；购置党风廉政教育录像片233部，播放1 110场，观看者61 427人次；剖析典型案例81个。通过教育，广大党员干部进一步明确了反腐倡廉的形势任务，比较系统地掌握了党纪、政纪重要条规和有关经济法规，从正面典型中得到启迪，从反面案例中受到警示，增强了遵纪守法意识，为落实廉洁自律各项规定奠定了坚实的思想基础。二是注重制度建设。总公司党委对领导干部廉洁自律提出不准收受下属单位和个人、分包单位负责人以及与其行使职权有关的单位和个人的现金、有价证券和贵重物品等5条要求，制定了对新提拔领导干部进行党风廉政谈话教育的制度；各单位也制定了一些领导干部廉洁自律的具体制度。总的看，领导干部廉洁自律3项制度执行较好。各级纪委坚持对新提拔领导干部进行党风廉政谈话制度，对618名新提拔领导干部提出廉洁自律要求。这些同志普遍反映，党风廉政谈话教育印象深、效果好，终身难忘。坚持企业领导干部廉洁自律汇报制度，各单位领导班子成员都能自觉汇报落实廉洁自律规定情况，认真开展批评与自我批评。坚持企业领导谈话制度，总公司和多数工程局(集团公司)主要领导通过同所属单位、分管部门领导谈话，进一步沟通了情况，增进了相互理解和信任，促进了廉洁自律和党风廉政建设责任制的落实。总公司纪委两次派出工作组，由纪委书记、副书记带队，对所属单位党风廉政建设工作和领导干部廉洁自律情况进行检查指导；按照中央企业纪工委要求，对总公司领导班子成员、机关中层管理人员及二级单位领导班子成员持有的因私护照、本人及其配偶办理的前往港澳通行证、外国居留证进行清理登记。各单位对局、处领导干部配偶、子女从业情况进行清理登记，中铁十四局集团公司、中铁十六局等单位纪委、监察处还对领导干部收受礼金、有价证券和支付凭证进行集中清理。通过检查指导和专项清理工作，对领导干部落实廉洁自律各项规定起到较好的监督作用。据初步统计，各级领导干部拒礼、拒贿196人次，金额135.4万元。

(二)加大力度，突出重点，查处案件工作保持强劲势头

2001年，全系统共受理来信来访、电话举报623件，初查核实301件，立案238件，结案243件，处分308人，其中党纪处分144人，政纪处分220人，党纪、政纪双重处分56人，刑事处理26人。通过办案，挽回直接经济损失597.72万元。在全系统影响较大的案件有：涿州中铁建筑金属结构总厂原厂长、党委副书记×××违反民主集中制原则、不执行上级决定、违反财经纪律、现金管理制度和严重官僚主义失职，造成企业亏损5 314万元，受到留党察看、行政撤职处分；中铁十四局集团公司铁龙实业公司原总经理×××、董事长×××、党委书记×××工作严重失职，造成企业亏损2 717万元、形成不良资产1 836万元、导致资不抵债1 601万元，受到留党察看、行政留用处分，分别罚款13.82万元、7.2万元和5.58万元；中铁十六局三处原处长黄海涛、副处长尹洪科、罗友徐利用职务之便，在分包工程中分别收受贿赂8万元、9.8万元和10万元，受到判处有期徒刑6年、7年6个月、10年和开除党籍、公职处罚。通过对严重违纪、违法案件的认真调查和严肃处理，不仅对企业领导干部中的不正之风起到有效遏制作用，而且堵塞了企业漏洞，挽回了一定的经济损失，提高了广大职工群众对企业反腐败工作的信任度和支持度。查办案件工作特点：一是党政领导高度重视。各级党委坚持对查办案件统一领导，加强组织协调，积极为办案工作排除阻力，创造良好环境。

在全年查办的238件案件中，各级领导包案179件，占立案总数的82%。总公司党委书记李国瑞、总经理王振侯对重要的群众来信亲自批阅，对群众反映强烈、影响大的重要案件亲自听取汇报，参与案情分析、制定调查方案，经常过问查处进展情况，研究处理意见。中铁十五局集团公司纪委、监察处在查处一起严重失职案件时，被调查人拒绝调查，并多次威胁、恐吓办案人员。集团公司党委书记、董事长王炳祥及时召集办案人员分析案情、制定调查方案，并安排公安机关配合，使此案很快突破。二是目标明确责任到人。各级纪检监察机关普遍实行定领导、定人员、定方案、定时间、定责任、包突破的“五定一包”办案责任制，有效地保证了全年办案目标的实现。三是查处重点突出。重点查处了因严重失职、渎职给企业造成重大损失的案件、贪污受贿等经济类案件和发生在工程项目部等重点部位的违纪案件。其中，查处失职、渎职类案件137件，贪污、挪用、侵占、受贿等经济类案件62件，发生在基层的违纪案件180件，分别占立案总数的57.6%、26%和75.6%。总公司纪委、监察处查办的10起案件，绝大多数属于严重失职案件，造成的经济损失少则几十万元、多则几百万元，甚至数千万元。为了扩大查办案件的辐射效应，还对典型案件进行了通报。四是确保办案质量。各级纪检监察机关严格办案程序，严把案件质量关，不断提高办案水平，使所办案件基本做到事实清楚、证据确凿、定性准确、处理恰当、手续完备。全系统普遍开展了以处分决定执行情况为主要内容的办案质量检查活动，使办案工作进一步走上规范化轨道。

（三）联系实际，紧贴中心，执法效能监察工作取得明显成效

根据中央企业纪工委的要求，总公司对本级及所属单位近十年来对外担保、投资、借款情况进行清理登记，摸清底数，发现问题，分析原因，提出对策。为保证企业改制顺利进行，总公司在全系统开展防止国有资产流失的效能监察。各级共组织由纪检监察部门牵头，企管、财务、审计和物资运输设备等部门885人参加的工作组214个，对所属833个单位的改制工作进行检查；总公司组织两个工作组，对7个集团公司（工程局）、11个工程处和部分直属单位进行了重点抽查。各单位对处理的不良资产专门登记造册，加强管理。据不完全统计，全系统共追收外欠款68 377.7万元，有效地防止了国有资产流失，维护了企业和职工的利益。此外，各单位还结合实际，开展了项目管理效能监察、物资设备招标采购执法监察、养老保险等专项基金管理使用情况执法监察和严禁用公款公物装修个人住房等专项检查。据统计，全系统共立执法、效能监察35项，从中发现违纪案件107件，查处违纪者119人，发出监察建议和决定书503份，帮助建章立制392项，挽回经济损失2 238.66万元。

（四）齐抓共管，各负其责，源头治理工作向纵深发展

各单位把党风廉政建设纳入企业“双文明”建设之中，坚持与生产经营一道部署，同步推进。通过签订包保责任书，把应负责任、追究方法等用合同的方式分解到人，年终进行考核，根据落实情况，该奖的奖，该罚的罚，有力地促进了党风廉政建设责任制的落实。年内，全系统共进行责任追究157人，其中处以上干部49名，受党纪、政纪处分的53人。各项治本措施逐步完善。领导干部考核预告、任前公示制度走上规范化轨道，有效地保证了任用干部的质量。年内各级通过公示新提拔干部1 140名，其中33名因在公示中群众反映大、经核实确有问题而没有被提升职务。企务公开工作已在局、处和项目部、工程队全面推开，通过对群众关心的“热点”、“难点”问题和企业改革发展中重大问题的公开，不仅扩大了职工群众的知情权、参与权，而且遏制了腐败现象，增强了企业的凝聚力。会计委派制逐步完善，全系统应直接委派会计的工程项目部973个，已委派938个，占96.4%，直接委派会计人员1 056名，对强化工程项目部的财务监督、防止腐败问题发生发挥了明显作用。物资设备招标采购制度逐步推广，全系统共招标采购646项，节约资金11 724万元，不仅保证了产品质量、节约了资金，而且有效地防止了“吃回扣”等腐败问题的发生。

党风廉政建设工作的主要经验：第一，坚持党风廉政建设与企业中心工作相结合，为加快企业发展创造良好环境。各级党委、纪委牢固树立服务意识，紧贴中心工作，为企业改革、发展和稳定做了大量艰苦细致、富有成效的工作。中铁十三局集团公司纪委在查处某三峡工程被个体户范某利用该集团公司营业执照和资质证书诈骗巨额资金案中，不辞辛苦，带领专案组调查取证、协调关系，终于于2001年11月以犯诈骗罪、合同诈骗罪、虚报资本罪判处范某有期徒刑20年，并给予经济处罚122.5万元，避免经济损失4 000万元以上。中铁十二局集团公司建筑安装公司成立由纪委牵头、有关部门参加的清欠小组，共收回外欠款5 050万元，为缓解企业资金紧张状况、维护企业经济利益发挥了重要作用。中铁十五局集团公司纪委积极代理和参与15起经济纠纷案件的诉讼工作，挽回经济损失775.24万元，避免和减少损失165.5万元，节省代理费25.72万元，维护了企业合法利益。中铁十八局集团公司纪委紧密配合企业改制，制定下发《关于严肃纪律、确保改制工作顺利进行的通知》，从政治纪律、组织纪律、财经纪律、廉政规定和加强监督检查等方面对党

员干部提出要求,保证了局、处两级改制工作顺利完成。第二,坚持查处违纪、违法案件与解决群众反映强烈的“热点”问题相结合,努力保持职工队伍稳定。中铁十四局集团公司纪委针对职工群众对领导干部多占住房、超标准建房和超面积分房问题进行全面清查、处理,从而消除了职工群众的不满情绪。中铁十九局集团公司纪委针对群众反映强烈的奖金发放失控问题,广泛听取职工意见,深入开展执法、效能监察,纠正偏差,理顺了职工情绪,促进了企业管理水平的提高。第三,坚持履行惩处职能与发挥保护作用相结合,旗帜鲜明地维护企业利益。各级纪检监察机关在严厉惩处各种违纪、违法行为的同时,对那些无端受到诽谤和诬告的敢于大胆改革、严格管理、不怕得罪人而自身又廉洁的干部,则旗帜鲜明地给予保护,不但通过调查核实还他们一个清白,而且鼓励他们顶住歪风邪气,放下包袱,轻装上阵。某单位在企业改革中,个别人因自身利益被触犯,便以匿名信、小字报、传单等形式,到处反映单位领导的所谓问题,在企业内部和社会上造成不良影响。总公司党委、纪委对此十分重视,立即组织强有力的工作组进行认真调查,澄清了事实。在此基础上,还就怎样看待当前企业改革和发展的形势、怎样维护企业的根本利益和团结稳定的局面、怎样正确行使党员和公民的民主权利、怎样同心同德、齐心协力搞好企业等问题,在单位领导班子和广大干部职工中开展教育,做好思想工作,进一步提高了领导班子的感召力和凝聚力,增强了企业的向心力和战斗力。各级纪检监察机关还积极配合地方纪检监察和司法机关处理了大量的路地关联案件。一方面和地方密切配合,坚决查处违纪、违法者;另一方面,坚持实事求是原则,坚决维护企业的正当利益,避免了可能造成的不良影响。第四,坚持剖析典型案例与选树正面典型相结合,认真履行纪检监察机关教育职能。各级党委、纪委在利用胡长清、成克杰、赖昌星等社会上典型违法犯罪案件和本系统×××等重大违纪案件进行警示教育的同时,加强正面示范教育,选树、宣扬了牢记党的宗旨、永葆公仆本色,被授予“铁路廉政公仆”、“全国劳动模范”称号的优秀领导干部王宜强;对工作恪尽职守、爱工人胜过爱自己,危急关头冲在前,荣获“全国优秀党务工作者”称号的基层干部榜样刘清华;铁面无私、廉洁奉公,荣获“献身企业的模范财务工作者”称号的黄菊生;廉洁自律、率先垂范,金钱面前不动心的优秀项目经理苏红卫等一批廉洁勤政的先进典型,不仅在企业内部弘扬了正气,使大家学有榜样,而且提高了企业的社会知名度,扩大了社会影响。

在充分肯定党风廉政建设成绩的同时,应清醒地看到当前存在的问题:有些领导干部对党风廉政建设在认识上还有较大差距;有的领导存在弄虚作假和形式主义现象,虚报企业盈亏,骗取荣誉和奖励;有的单位财务和资金管理不严,工程项目部规章制度不健全,会计信息失真,私设“小金库”、帐外帐等,造成企业效益流失,引发腐败等诸多问题;企业腐败现象有重心下移的倾向,少数项目部和工程队的基层干部政策、法纪观念淡薄,民主意识不强,甚至独断专行、恣意妄为,造成同志关系十分紧张、干群关系严重对立。这些问题必须引起各级党委、纪委高度重视,采取切实有效措施,认真加以解决。

二、2002 年党风廉政建设的主要任务

2002 年,总公司系统党风廉政建设工作的总体要求是:**以江泽民总书记“七一”重要讲话、中纪委七次全会重要讲话和“三个代表”重要思想为指导,认真学习贯彻党的十五届六中全会精神,深入贯彻落实中纪委六次、七次全会和中央企业 2002 年纪检监察工作会议精神,切实加强和改进作风建设,按照“八个坚持、八个反对”的要求,继续加强领导干部廉洁自律、查办违纪违法案件和效能监察三项重点工作,进一步加大源头治理力度,与时俱进,开拓创新,狠抓落实,更好地保证企业改革和生产经营等各项任务的完成,以优异成绩迎接党的十六大胜利召开。**

(一)以贯彻“三个文件”为重点,继续深化企业领导人员廉洁自律工作

各单位要深入抓好国有企业领导人员廉洁自律“五项规定”和中组部、中央企业工委《国有重要骨干企业领导人员任职和公务回避的暂行规定》和最高人民检察院、中共中央企业工作委员会、国家经济贸易委员会《关于共同做好国有企业中贪污贿赂犯罪预防工作的通知》以及中央企业纪工委颁布的《关于实施国有企业领导人员廉洁自律若干规定的暂行办法》等 3 个规范性文件的贯彻落实工作,继续按照 2001 年总公司党风廉政建设工作会议提出的领导干部廉洁自律“五条要求”,规范企业领导人员的用权行为。

要坚持下管一级的原则,加强对领导干部的监督。按照述职必述廉、考核必考廉的要求,建立健全企业领导人员在领导班子民主生活会汇报廉洁自律情况制度、企业主要领导每年向上级纪委报告廉洁自律情况制度和企业领导人员向职代会报告廉洁自律情况制度,继续实施企业领导谈话和新提拔领导干部党风廉政谈话教育等制度。各级纪委要加强对党的十五届六中全会《决定》、本单位制定的加强和改进作风建设的决定及廉洁自律各项规定落实情况的监督检查。监督检查的重点是:执行党的路线方针政策、坚持民主集中制原则、遵守政治纪律和贯彻国有企业领导人员廉洁自律“五项规定”、总公司党委提出的领导干部廉洁自

律"五条要求"等情况,促进作风建设和廉洁自律工作的不断深化。

(二)保持对违纪、违法分子的高压打击态势,进一步加大查处案件力度

要继续保持查办案件的强劲势头,把严重违反"八个坚持、八个反对"和违反政治纪律的案件放在重要位置。坚持重点查办领导干部违纪、违法案件,尤其要严肃查处贪污贿赂、挪用公款,在工程分包、物资设备采购、产品销售中以各种手段中饱私囊,用公款炒股、炒期货,利用职权为子女、配偶、亲属及其他人谋取非法利益,在企业改组、改制、股票上市、产权变更中转移、侵吞国有资产,以及腐化堕落、严重违反社会主义道德规范等案件。对企业基层领导侵害职工群众经济利益和政治权利的案件也要认真查办。

各级党政领导应充分认识到纪检监察工作也是一项创造效益的工作。按照中央企业纪工委的要求,用"两只眼睛"看问题,既要看到企业的"收",也要看到企业的"丢",只有堵住"丢",才能得到更多的"收";既要看到企业改革发展的辉煌前景,也要看到严重腐败问题给企业带来的灾难性后果,真正做到"两手抓,两手都要硬"。各级纪检监察机关要坚持标本兼治、综合治理方针,把查处违纪、违法案件作为反腐倡廉的一项重点工作来抓。全体办案人员既要勇于斗争、无私无畏、敢于碰硬,又要善于斗争、讲究策略、注意方法,善于创造和不断总结办案的新经验。要认真落实案件检查工作条例和审理工作条例,严格办案程序,慎重使用"两规",遵守办案纪律,努力提高办案质量。

(三)突出重点和实效,深入开展执法、效能监察工作

效能监察是纪检监察机关直接为企业生产经营服务的最佳切入点。要建立和完善企业内部监督机制,坚持"行政领导挂帅、审计先行、纪检监察部门协调、有关部门参与"的工作机制,不断总结经验,抓好检查整改,逐步建立效果评估和激励制度。要在全系统开展以贯彻落实国有企业领导人员廉洁自律"五项规定"和总公司党委提出的"五条要求"情况为主要内容的廉政执法监察,重点监督检查是否有个人擅自决定企业重大事项的问题,是否有将国有资产转移到个人名下或其他企业谋取非法利益的问题,是否有利用职权为配偶、子女及其他亲属经商、办企业提供便利和优惠条件的问题,是否有弄虚作假、慌报成绩和授意、指使、强令财会人员做假帐或设立"帐外帐"的问题,是否有违规兼职和领取兼职报酬的问题。要认真贯彻国务院关于整顿、规范市场秩序的指示精神,积极配合行政主管部门开展整顿、规范建筑市场秩序的执法效能监察,重点检查有无违规分包和非法转包、有无不执行强制性建筑技术标准和偷工减料等问题。要继续做好"三清"和防止改制中国有资产流失执法、效能监察的后续工作,对失职、渎职造成国有资产流失的案件要抓紧调查处理;对尚未收回的无效益投资和逾期借款,要监督有关部门抓紧追收,尽最大努力挽回损失;对到期担保要及时解除,对风险较大的担保,要尽快落实反担保措施,规避经营风险。各单位可针对群众反映强烈的"热点"问题和企业管理急需解决的突出问题,自行立项开展效能监察。

三、完成 2002 年党风廉政建设任务的主要措施

(一)抓好党风廉政教育

抓好党风廉政教育是反腐倡廉带根本性的措施,要作为长期任务抓紧抓好。要继续深化"学法规、学党纪"的"双学"活动,认真贯彻《公民道德建设实施纲要》,深入开展理想信念教育、思想道德教育,教育广大党员干部牢固树立马克思主义的世界观、人生观、价值观,牢固树立正确的权力观、地位观和利益观,增强遵纪守法意识。要在全系统党员干部和职工群众中深入开展正确行使民主权利、维护企业利益的教育,进一步弘扬正气,消除"四大"和"文革"遗风,使广大党员、职工的权益和企业利益得到保护,使各种歪风邪气和危害企业利益的行为失去市场。要重视运用典型,增强教育效果。既要运用典型案例搞好警示教育,也要运用正面典型搞好示范教育。

(二)落实党风廉政建设责任制

要把落实党风廉政建设责任制作为一项严肃的政治纪律,把群众满意程度作为衡量反腐败工作成效的根本标志。各级党委要做到惩治腐败要统一意志、整体工作要统一部署、重大问题要统一决策、重要工作要统一组织实施、重点任务要统一检查落实;党委和行政领导要做到领导到位、责任到位、措施到位、工作力度到位,保证热点、难点和突出问题的解决、重点任务的落实和阶段性目标的实现。纪委要为党委和行政提供决策依据,抓好任务分解,加强督促检查和指导,充分发挥组织协调作用。年内,要把党风廉政建设责任制扩展、延伸到工程项目部,要制定和完善责任制的检查、考核制度并抓好落实,要加大奖励和责任追究力度。对在落实责任制中认真负责、成绩突出的领导干部,要给予表扬和奖励;对不认真履行职责和在责任范围内发生问题或重大案件的,要区别情况给予批评教育或党纪、政纪处分。要注意总结、推广落实党风廉政建设责任制的经验,推动这项工作深入开展。

(三)加大源头预防和治理腐败的力度

要针对容易产生腐败现象的具体体制、制度和薄弱环节,通过深化改革和体制创新,建立结构合理、配置科学、程序严密、相互制约的权利运行机制。按照管

理好人、约束好权、控制住钱的思路，进一步加强对企业重大问题决策、财务和资金管理、重要物资设备采购、工程项目管理、企业改组改制、选人用人、外部劳务使用管理等关键环节、关键部位的监督控制，建立健全有效的约束机制。要继续推行、不断完善已经出台的各项治本措施。会计委派制要在全面推广的基础上，健全制度，提高效果；巩固、提高企务公开成果；建立健全物资、设备招标采购制度；逐步实行外部劳务招标使用制度。要认真贯彻江泽民总书记在中纪委七次全会上的重要讲话精神，努力推进干部人事制度改革，解决好知人、识人问题，积极推行干部考核预告、任前公示、公开选拔、竞聘上岗等措施，不断健全和完善干部考核、评价、监督、激励的科学机制，对干部的推荐提名、考察考核、讨论决定等各个环节实行全过程监督检查。逐步建立用人失误责任追究制，严肃查处严重违反组织人事纪律的行为。

(四)建设高素质的纪检监察干部队伍

要按照党的十五届六中全会《决定》的要求，加强和改进纪检监察机关的作风建设。坚持把思想作风建设摆在第一位，解放思想，实事求是，研究新情况，解决新问题，总结新经验，不断改变不合时宜的思想观念、工作机制和工作方法，使党风廉政建设与时俱进，更好地适应形势发展的需要。各级纪委在接受同级党委领导的同时，还必须接受上级纪委的领导和监督，重大问题及时请示报告。要切实加强纪检监察机关的组织建设。认真落实中央企业工委和总公司党委关于纪委书记由同级党委副书记担任的要求；坚决贯彻中央企业纪工委关于“企业在改组改制中不得随意裁撤纪检监察机构和人员，企业纪检监察机构和主要负责人的调整要报上一级纪检监察部门批准”的规定。要努力提高新形势下纪检监察干部的基本素质：要提高思想政治素质。纪检监察干部必须具有坚强的党性原则和政治敏锐性，经受住腐蚀与反腐蚀的各种考验，要充分认识党风廉政建设和反腐败工作的尖锐性、复杂性，保持清醒头脑，努力做好党的忠诚卫士。要提高业务素质。包括做思想工作的能力、综合分析能力、查办案件的能力以及语言文字表达能力，要加强企业经营管理、财务管理、核心产业相关知识及现代化办案技术手段和方法的学习。要提高心理素质。纪检监察干部也同社会其他群体一样，面对丰富多彩的世界，也有不同的欲望和要求，必须不断强化党性锻炼和修养，淡泊名利，甘于清苦，保持良好的思想境界，造就优秀的人格品行，做出卓越的工作成绩，让党组织靠得住，让职工信得过。

认真学习实施《工会法》
努力做好现代企业制度下的工会工作

——工会主席夏良振在总公司工会常委扩大会议上的讲话

（摘 要）

(2001 年 12 月 20 日)

这次总公司工会常委扩大会议是在各集团公司(工程局)基本完成改制、全系统进行结构调整与资产重组的情况下召开的。会上，大家交流工会工作经验，对改制后如何开展工会工作进行了研讨，围绕新《工会法》的贯彻实施提出了各自的思路。通过座谈研讨，集思广益，取长补短，统一了认识，明确了工作重点，为做好 2002 年的工会工作奠定了良好的思想基础。

2001 年，是总公司系统的改革攻坚年。各级工会围绕中心，服务大局，积极开展工作，为企业的改革、发展和稳定作出了积极贡献，取得了较好成绩。

——成功地组建了职工持股会。职工持股会是一项全新的工作，国家没有统一要求，社会上没有现成经验，局处工会从改革大局和维护职工切身利益出发，走出去学习，下基层调研，积极克服各种困难，做了大量艰苦细致的工作，增强了职工的主人翁意识和风险意识，完成了职工持股会的注册登记，选举产生了职工持股会理事会，推选了职工股董事、监事，职工入会率达到 90% 以上，保证了企业按期改制挂牌。

——民主管理工作进一步深化。基本做到“三个坚持”:一是坚持了职代会制度。处以上单位已普遍召开职代会,职代会质量有所提高,多数单位做到会前报批,会中表决采用无记名投票方式,更加充分地表达了代表意愿;职代会闭会期间,坚持职代会联席会议制度,研究解决职代会职权范围内的重大问题,局处两级先后召开联席会 143 次。二是较好地坚持了民主评议企业领导干部制度。全系统共评议处以上领导干部 1 364人,其中局级干部 74 人、处级干部1 290 人;建议给予奖励的 110 人、处罚的 24 人。有 4 个集团公司(工程局)在机关机构改革中实行竞聘上岗、尾数淘汰制度。三是坚持了企务公开制度。工会作为企务公开领导小组的办事机构,积极协助党政领导加强对企务公开的监督检查、工作协调,部分单位召开了企务公开经验交流会,推动企务公开工作不断深化,公开的内容进一步拓宽、公开的形式更加多样和规范;在用人问题上公开、公平、公正的程度有所提高,大型物资设备采购逐步做到公开招标。

——职工互助合作保险有新发展。各级工会充分认识到开展职工互助合作保险是为职工办的一件实事、好事,提高了做好这项工作的自觉性。特别是总公司工会保障工作会议后,多数单位学习、借鉴先进单位的经验,进一步完善实施办法,加大资金筹集力度,部分单位互保基金成倍增长。在基金形成一定规模后,增加了补偿项目,提高了补偿水平,解决了部分困难职工的燃眉之急,促进了队伍的稳定。

——“建家建线”工作力度加大。年内,总公司和局处工会先后对西安南京、渝怀、青藏铁路的“建家建线”工作进行检查指导,对西安南京铁路和全系统的“建家建线”工作进行评比表彰,总公司工会为参建青藏铁路的 4 个局各拨款 15 万元,用于购买卫星电视接收器和高压炊具。有关局处也加大资金投入力度,对改善青藏铁路参建职工的物质文化生活起到重要作用。4 个局还召开“建家建线”现场观摩研讨会,交流经验,探索不同工期和环境条件下的硬件建设标准,使“建家建线”工作逐步走上规范化、制度化发展道路。

——群众性经济技术创新推动了劳动竞赛的深入发展。各单位遵照上级部署,先后制发经济技术创新实施办法,建立有关组织,引导开展群众性经济技术创新活动,推动了基层单位合理化建议和技术改进工作的广泛、深入发展,取得了丰硕成果。劳动竞赛在技术创新中提高了技术和智力含量,提高了职工队伍素质,使劳动竞赛向创新、创优、创先、创最佳经济效益深化。年内,各集团公司(工程局)狠抓重点工程劳动竞赛,有 3 个局召开现场观摩经验交流会,产生了一批质量较好的论文,对推动生产经营尤其是重点工程任务的完成发挥了积极作用。

——调查研究逐步形成风气。年初以来,处以上工会为掌握第一手资料、帮助领导正确决策提供依据,积极深入基层、深入群众调查研究。总公司工会调查一线施工单位“建家建线”情况,根据调查撰写的《关于对“建家建线”工作的调查与思考》,被中华全国铁路总工会转发全路;调查困难女职工和女干部队伍状况,提出解决问题的对策和建议。各集团公司(工程局)根据各自特点和存在的主要问题开展调研,有的就拖欠职工工资问题进行专题调研,有的调查集体合同落实兑现情况,有的调查坚持企务公开制度情况,有的对年初确定的重点工作进行督察,分别提出对策和建设性意见,受到党政领导的重视,有的意见被采纳,收到较好的效果。

2002 年,是工会工作任务相当艰巨繁重的一年,也是工会工作面临严峻考验的一年。企业改制、实现公司化改造,总公司、集团公司、子公司三级关系将演变为主要以资产为纽带的关系,管理方式会发生重大变化,管理职能将转变为确保国有资产保值增值为主,实行宏观指导。工会的活动方式要适应这种变化,要抓原则、抓政策、抓大事,少搞规定性活动,多搞自选活动,增加工会工作的生机和活力。职工持股会的建立,90%以上的职工出资认股,职工由过去的单纯劳动者变成具有劳动者和出资人的双重身份,主人翁地位更加实在了;工会作为职工持股会的托管者,集多重责任于一身,担子更重、责任更大了。企业改制完成之后,在重新建立工会领导机构和民主管理体系过程中,既要符合新《工会法》的要求,又要适应公司制的需要,要妥善处理好各方面的关系。上述新情况、新问题、新转变,为我们做好工会工作提出了更高的要求。我们必须认清形势,审时度势,抓住重点,奋力开拓,力求工会工作有一个新的大发展。

2002 年工会工作的指导思想是:**以“三个代表”重要思想和党的十五届六中全会决定为指导,以贯彻落实新《工会法》为契机,认真履行工会的基本职责,努力转变工作作风和活动方式,在维护职工劳动权益和经济利益、强化工会自身建设、托管职工持股会等方面要有所作为,为迎接党的十六大胜利召开,为企业改革、发展、稳定做出新贡献。**

一、把学习实施《工会法》作为一件大事来抓

新颁布的《工会法》是国家为工会工作保驾护航所制定的基本法,是工会在社会主义市场经济条件下行使权利和履行职责的法律武器。各级工会要把学习、宣传、贯彻实施新《工会法》作为一项重要任务,摆在头等位置,制定学习计划,采取切实措施,保证人员、内容、时间、效果四落实。各级工会干部要带头学好,熟练掌握法律条款的内容,把握其精神实质;工会领导要积极主动地做好向党政领导的宣传工作,按照总公司党委关于学习贯彻新《工会法》的通知要求,建议抓好党委中心组的学习;要充分利用工会现有宣传工具和舆论阵地,采取多种形式抓好广大职工的宣传、学习,组织好《工会法》知识竞赛,做到家喻户晓,人人皆知。针对总公司系统实际,在学习贯彻中必须把握以下重点:

第一,"维护职工合法权益是工会的基本职责"。这是适应形势任务发展的要求,以法律形式对工会职能作出的重大调整和修正。它明确了在社会主义市场经济条件下,工会是什么、干什么和怎么干等基本问题。对工会职能的明确定位,表明工会必须代表职工的利益、依法维护职工的合法权益,这是工会工作的出发点和归宿。否则,职工没有必要参加和组织工会,工会也没有存在的必要。

第二,工会维护职工合法权益的两个主要机制是平等协商、集体合同制度和以职工代表大会为基本形式的民主管理制度。这是工会维护职工政治、经济、文化、安全与健康权益的"牛鼻子",我们要坚定不移地坚持和不断完善这两项制度,推动两项制度的贯彻落实。

第三,依法维护职工的合法权益。职工的合法权益,在《宪法》、《劳动法》和相关的法律法规中都有明确规定。因此,必须依法维护。首先,工会干部要学法、懂法,熟练掌握与维权有关的法律法规,否则就无法履行维护职工合法权益的职责。其次,要敢于维护,要以法律为依据,站在职工的立场上,敢于为职工的利益仗义执言,为职工提供法律咨询和服务。同时,要注意维权的方法和艺术,力争取得好的效果。

第四,依法组建工会和保护工会干部的合法权益。企业改制、结构调整、资产重组后产生的新的经济组织,必须依法建立工会。会员200人以上的单位要设专职工会主席。局处机关工会不能随意撤并,工会正副主席不得随意调动和免职,工会领导干部任免要坚持按《工会法》规定的程序办理。

二、建立健全公司制条件下的民主管理制度

2001年年底,全系统公司制改造基本完成。作为新的经济组织,各集团公司、子公司要把建立新的职代会制度作为重要工作来抓。抓紧筹备召开公司首届职代会,按照《公司法》的要求,修改本级职代会条例实施细则。集团公司职工代表按1%比例考虑,规模控制在100人左右;职工董事、监事要向职代会报告工作并接受监督评议。

要探索职代会制度自身的改革和完善。随着现代企业制度的建立,多元投资主体法人治理结构的形成和完善,特别是产权制度改革引发了企业经营管理模式和职工身份的变化,现有职代会制度与现代企业制度之间产生碰撞。比如,职代会与股东会的关系和职权、劳动者利益与股东利益之间的协调等等。这些既反映了宏观经济形势变化给企业制度带来的挑战,也提出了现有职代会制度从理念、制度到运行模式都需要改进和完善。但职代会制度必须坚持,职工的多种身份要通过多种渠道来体现,职工参与管理领域要向资本构成和利润分配延伸,并以参与管理为重点。

民主评议干部是中央领导多次强调的一项重要工作,是职代会的一项重要职权,是加强领导班子建设的一项重要措施。各单位一定要认真坚持,做到有述职、有测评、有公布、有整改措施。评议对象是正副董事长、正副总经理、正副党委书记、纪委书记、工会主席和三总师,上级委派的副董事长和监事会主席不参加评议。

要继续深化企务公开工作。工会要认真履行协调和日常管理职能,促进企务公开工作不断深化。在内容上,要向生产经营领域的物资采购、劳务队伍选择和使用等方面深化,向干部升迁留转深化,向领导班子廉政建设的热点问题深化。同时,要加强企务公开工作的监督检查,发现问题及时纠正。2002年,总公司将在对企务公开工作进行检查的基础上,表彰先进单位和个人。

三、狠抓平等协商和集体合同制度的落实兑现

坚持平等协商和集体合同制度是工会维护职工合法权益、推动企业建立稳定协调的劳动关系的重要手段,是市场经济国家普遍采用的一项重要制度。新《工会法》的一个突出特点,就是增加了许多有关平等协商、集体合同制度方面的条款,为我们维护职工合法权益提供了法律依据。过去我们在这方面做了很多工作,但是,由于没有形成完善的平等协商机制,致使集体合同质量不高,抓检查落实不力,一些合同条款得不到兑现,这些问题必须引起高度重视。各单位要把平等协商、集体合同制度作为工会履行基本职责的"牛鼻子"来抓,着重突出以下重点:一是努力推动建立完善的平等协商机制,对集体合同的各项条款进行充分协商,防止以传阅的形式代替协商会议。二是要把企业劳动关系中最要害、职工最关心的问题作为平等协商和集体合同的重点,尤其是职工劳动权利、工资收入偏低和拖欠工资、职工劳动条件改善与生活质量提高较慢等问题,都要通过签订和履行集体合同认真加以解决。在履行集体合同过程中,要加强监督,每年要进行一至两次检查;要坚持集体合同履行情况向职代会报告制度,没有落实的条款要在报告中说明原因,并提出改进措施;发生劳动争议,工会要维护职工的合法权益,积极做好调解工作,力求把问题解决在萌芽状态、解决在基层、解决在企业内部。协调不成、须经劳动仲裁或法院解决的，工会要旗帜鲜明地站在职工一边，为职工提供法律服务。2002年，总公司将对平等协商、集体合同落实兑现情况进行一次抽查。

四、认真做好职工持股会托管工作

职工持股会的建立，必将对工会在公司的地位、作用产生积极的影响，给工会工作格局、工作内容、活动方式注入新的活力。这是对工会组织、工会工作、工会干部提出的新要求、赋予的新责任、带来的新机遇。

职工持股会作为公司二元股东之一，占有40%以上的股权，工会托管职工持股会责任重大，托管工作必须做好。要认真学习研究政策法规和相关知识，提高工会和持股会理事会成员的工作能力。职工持股会从组建到章程制定、从运作管理到股利分配，都必须按法律法规办事，按市场经济规律办事，按公司的经营管理实际办事。工会干部要通过学习，不断提高参与、分析、决策、协调能力。工会和持股会理事会成员要从维权的高度，以对职工利益高度负责的精神，积极参与生产经营决策、持股会运作和工作制度的建立，加强日常管理工作。要定期召开职工持股会会员代表大会和持股会理事会，听取对生产经营的意见和建议，及时向董事会和经理层反馈。要制定职工股董事、监事工作制度，明确规定他们的权利和义务，并提交职工持股会会员代表大会通过，使其认真履行职工股董事、监事职责。职工股董事、监事要定期向职工持股会会员代表大会报告工作，接受评议和监督。要注意及时研究解决托管过程中遇到的问题，不断摸索总结经验，虚心学习兄弟单位的成功做法，努力提高托管水平。关于托管机构问题，各单位可以在工会财务部门增设力量，也可以效仿中铁十四局集团公司的做法，成立专门机构、配备专门人员，纳入行政编制并划拨办公费用。

五、不断提高“建家建线”水平

“建家建线”是维护一线职工物质文化权益的重要手段。要从落实“三个代表”重要思想的高度来认识“建家建线”的重要意义，进一步确立“‘建家建线’就是建企业、‘建家建线’就是建基层”的思想，把这项工作摆上重要议事日程，常抓不懈。各级工会对“建家建线”的硬件投入要超前思考、超前参与，队伍上场时，同时规划、同时设计、同时施工，做到一步到位。要坚持实事求是、因地制宜的原则，根据工程投资大小、工期长短及单位经济实力合理投入。从近三年“建家建线”的实践看，硬件投入按每个职工1 200元～1 500元、人均生活面积不少于6平方米掌握比较合理。总的目标要求是，“建家建线”的质量、水平要随着社会的进步和企业的发展而同步发展、同步提高。

要发挥工会在企业文化建设中的作用。工会参与企业文化建设是由工会的性质和地位决定的，也是工会履行自身社会职能的要求。近几年来，在“三线”建设中工地文化线建设相对滞后，一线职工文化素质不高的问题普遍存在，有的单位文化设施简陋，有的职工业校徒有虚名，有的没有图书室等。因此，要特别重视抓好工地文化线建设，努力满足职工日益增长的物质文化生活需要。

六、进一步深化职工互助合作保障体系建设

各单位要深入贯彻总公司工会保障工作会议精神，按照会议确定的指导思想、基本框架、总体目标和“三个机制建设”要求，结合本单位实际认真抓好落实。一是工会领导在思想上要重视，争取党政更大的支持。二是要进一步加大筹资和管理力度。目前资金规模比较小的单位，个人缴费标准可适当提高；工会补贴要足额到位；争取行政在企业经济效益逐年提高的前提下增加资助数额。工会要切实加强对“送温暖”基金和互助合作保险基金的管理，绝不允许贪污挪用，要进行风险投资，确保基金安全。三是逐步加大补偿力度。各单位要根据资金规模，在现有的基础上逐步扩大补偿范围，增加补偿项目，提高补偿水平。四是结构调整、资产重组后产生的新企业，工会要按照保障工作会议要求，积极抓好职工互助合作保障体系建设。五是做好元旦、春节期间“送温暖”活动的摸底和资金筹集等工作。要按照《中华全国总工会办公厅关于做好特困职工最低生活保障工作的通知》精神，积极主动地与地方民政部门联系沟通，力争把符合条件的特困职工家庭全部纳入当地政府最低生活保障救助范围。纳入后仍低于本企业平均生活水平的，要继续给予补差或定期给予资助。

七、大力实施群众性经济技术创新工程

群众性经济技术创新，是工会围绕中心、服务大局、提高职工队伍技术素质的一项重要工作。各单位要以市场为导向，坚持面向科研、技术、管理、新产品开发，组织和动员广大职工大力开展经济技术创新活动，努力提高企业的科技开发能力、市场竞争能力和抗御风险能力，促进企业快速健康发展。在实施途径上要认真搞好“五个结合”：一是与群众性的读书自学活动紧密结合。要教育广大职工立足岗位，努力学习科学文化知识，钻研专业技术。各级工会要千方百计地鼓励职工通过各种途径自学成才，使经济技术创新和读书自学活动互为动力，相互促进，相得益彰。二是与技术攻关、合理化建议和技术改进紧密结合。要充分发挥领导、科技人员和技术工人三结合专题攻关小组的作用，积极开展技术攻关。要把解决施工生产中的难点问题作为技术攻关选题立项，张榜公布，揭榜攻关。要号召广大职工围绕质量、安全、效益、工期、节能降耗和经济技术创新,广泛开展群众性的合理化建议、技术改进和“五小”活动,使经济技术创新与之相互融合,不断提高水平。三是与岗位练兵、技术比武紧密结合。要结合完成生产经营任务、技术攻关、新技术应用和考工定级,广泛开展岗位练兵、知识竞赛、技能比武等活动,培养关键工种的技术带头人,努力在全系统形成爱岗敬业、学绝技、练绝活、人人争当技术能手的良好氛围。四是与建功立业活动紧密结合。各单位要在实施经济技术创新工程中广泛开展建功立业活动,通过建功立业活动推动经济技术创新深入发展,看谁创新成果多、贡献大,及时论功行赏。五是与多种形式的劳动竞赛紧密结合。劳动竞赛是在群体互动作用下所进行的一种创造性劳动,各单位要坚持以“比”为基础,以“创”为主题,使劳动竞赛成为经济技术创新的有效载体,让经济技术创新为劳动竞赛注入新的活力。

为保证群众性经济技术创新活动深入持久并卓有成效地发展,在运作机制上要认真抓好“四个落实”:一是抓组织管理机制落实。要坚持党政领导亲自负责、有关部门领导参与、党政工团密切配合、工会具体组织承办的领导管理体制,建立集团公司、子公司“创新工程”协调领导小组和办公室。为减少组织机构,也可由各单位劳动竞赛委员会及其办公室同时负责创新协调领导小组及办公室的工作,一套机构两块牌子。创新成果的评审,由担任领导小组常务副组长的总工程师(或主管科技工作的副总经理)主持、有关部门成员参加。为加强针对性,有利于分类指导,要建立健全各专业系统的条条管理体系,实行条条指导、条块结合、整体推进的组织管理机制,使这项工作有条不紊地开展。二是抓制度保证机制落实。各单位要把群众性经济技术创新工程纳入企业全心全意依靠职工办企业的制度建设,写入有关条例和规定。职代会审议的问题、企务公开和集体合同都应有这方面的内容。要不断推动企业把群众性经济技术创新工程纳入企业的管理体制、机制之中。与此同时,要结合企业实际,制定“创新工程”规划,建立有关工作制度,形成“创新工程”工作流程图,使各个环节的工作都有章可循。总公司和集团公司对经济技术创新工程要每年征集评审一次,子公司每半年征集、评审、通报表彰一次。三是抓教育培训机制落实。各单位必须从战略高度增强抓教育培训落实的紧迫感,除有计划多选送一些具备条件的干部职工外出学习培训外,还要充分利用职工业校、技校和基层工程技术人员等教学资源建立职工培训网络,并使教育培训制度化、长期化,为造就一支高素质的富有创新能力的职工队伍服务。四是抓评比激励机制落实。要认真贯彻落实党中央、国务院有关鼓励科技创新的奖励办法和政策,主动会同行政研究制定“创新工程”奖励办法,本着精神鼓励和物质奖励并重的原则,建立科学完善的评估激励机制。对创新成果在给予宣传表彰、荣誉激励的同时,要按贡献大小分别给予相应的物质奖励,要重奖有重大贡献的人员。

2002 年,各单位要继续深入开展“五比四创”劳动竞赛。要把总公司和集团公司确定的年度重、难点工程作为劳动竞赛的主战场,确保优质、安全完成形象进度。同时,要认真贯彻新《工会法》关于劳动保护工作的有关规定,加大劳动保护工作的力度,保护职工的生命安全与身体健康。各级工会要注重学习、借鉴铁路局和地方工会的做法,创造出自己的劳动保护工作载体,开创劳动保护工作的新局面。

八、切实做好女职工工作

现在,全系统女职工占职工总数的 25%,女职工工作不容忽视。一是要依法维护女职工的合法权益和特殊利益。首先,要抓好女职工劳动就业权的落实。实行竞争上岗、优化劳动组合和提前离岗、内部退养,要做到公平、公正、公开,不允许以性别为由迫使女职工下岗。其次,要加强对生产一线女职工的劳动保护工作。各单位要对国务院颁布的《女职工劳动保护规定》落实情况进行检查,发现问题及时解决。要努力改善施工一线女职工的工作和生活条件,保障女职工的安全和健康。第三,要做好女职工特殊生理期保护工作。要对女职工卫生费作相应调整,建立和完善女职工卫生保健设施,落实女职工特殊生理期的工资及相关待遇,继续坚持两年一次的妇科病普查制度,解决好女职工妇科病普查普治和生育费用的支出。第四,要维护困难女职工利益。建立健全困难女职工档案,将困难女职工纳入工会帮困救助计划,采取多种途径帮助困难女职工尽快走出困境。要协助有关部门处理好下岗女职工脱离劳动就业服务中心过程中的利益矛盾和社会保险接续工作,确保下岗女职工群体的稳定。第五,做好女职工来信来访工作,做到件件有回声、事事有着落。各级女职工组织要积极参与平等协商和签订集体合同工作,把女职工特殊利益保护内容纳入集体合同之中。各级职代会中女代表的比例要逐年有所提高。各单位企业管理委员会、劳动争议调解委员会、劳动仲裁委员会、职工持股理事会中应有女职工的代表,使女职工和女职工组织能够依法行使民主权利和维护自身利益。二是要深入开展“巾帼双文明立功竞赛”活动。各级女职工组织要配合工会实施群众性经济技术创新工程,组织广大女职工积极投身“巾帼双文明立功竞赛”活动。2002 年要以岗位立功、岗位创新、岗位成才、创建文明家庭为主题,采取各种形式推动竞赛活动深入开展。要根据女职工队伍特点,制定和完善竞赛的组织发动、考核评比、表彰奖励、典型推广等具体办法和措施。三是要提高女职工队伍整体素质。要针对女职工队伍存在的问题,抓好自尊、自信、自立、自强教育,引导女职工树立以能力求生存、以竞争求发展、以贡献求地位的新观念。鼓励女职工利用业余时间参加社会职业教育和成人教育。要通过多种途径努力提升女职工的职业技能和适应职业变化的能力,拓宽女职工的生存发展空间。要建立优秀女干部、女职工人才档案,做好女干部的培养、推荐。要关心女职工干部的生活,落实相应待遇,为她们创造良好的工作条件。各级工会要认真贯彻落实《中华全国总工会关于进一步加强女职工工作的意见》,加强对女职工工作的领导,定期听取女职工工作汇报,及时研究解决存在的困难和问题,并提供必要的经费保证。

九、加强工会组织、作风建设

新《工会法》对专职工会干部的设置规定了最低标准,提出了原则要求。工会机关的机构设置和运行机制要适应市场经济条件下调整劳动关系的需要,真正形成抓重点工作的合力。工会机构既要精简,但又不是人员和机构越少越好;既要考虑历史沿革,又要考虑现实可能;既要考虑实际工作需要,又要同党政部门改革大体协调;既要争取多配一些专职干部,又必须防止搞照顾性安置。关键在于提高工会干部的综合素质和工作能力,看能不能把工作搞上去,这才是检验改革成效的标准。关于工会的内设机构,总公司不作统一要求,由各集团公司工会自行确定,但在机构名称上要大体一致,以利上下联系、互相交流。各单位要抓紧筹备召开集团公司首次会员代表大会,选举产生新工会领导机构,组建新工会。改革中由几个单位合并成立的新企业,要抓紧组建工会和女职工委员会的筹备工作,配强工会主席和女职工委员会主任。

在抓好工会组织建设的基础上,要认真学习贯彻党的十五届六中全会决定精神,切实抓好工会组织的作风建设。必须在三个方面有新的起色:一是要进一步解放思想,转变观念。中国加入世贸组织、企业改制,给社会经济生活带来深刻的变化。对束缚我们思想的旧的思维方式、管理模式、工作方式要进行重新审视,继承好的,摒弃落后的,学习先进的。相对而言,工会干部年龄偏大,有的任职时间较长,思想保守,习惯于凭经验办事;一些工会机关缺乏刻苦学习钻研的精神,形式主义、照抄照转的现象比较普遍。因此,要认真贯彻解放思想、实事求是的思想路线,增强创新意识、竞争意识,开拓进取,与时俱进,努力做好市场经济条件下的工会工作。二是要做联系群众的模范。联系群众是工会干部的基本素质和起码要求,但现实中并非尽然。有的工会干部行政化、官僚主义、高高在上,在处理职工权益中存在“错位”现象,不解决这些脱离群众的问题就做不好工会工作。工会干部作为职工利益的代表者和维护者,必须把职工群众时刻装在心里,对他们的冷暖疾苦、愿望要求,要做第一知情人、第一报告人、第一责任人、第一解决人。工会干部必须成为职工之友,工会组织必须成为职工之家。三是要深入基层,搞好调查研究。现在,工会工作普遍存在跑面多、蹲点少,了解一般情况多、发现典型少,布置工作多、检查落实少。这样下去,工会工作很难有大的作为。2002 年,我们要结合工会重点工作,大力开展调查研究,注意发现、培养典型,推动面上的工作。集团公司(工程局)工会每年至少要搞一至两次有深度的专题调查,撰写一至两篇有情况、有分析、有措施的调查报告,为党政领导决策提供可靠的依据。工会主要领导干部每年深入基层、调查研究不得少于 2 个月,处以上机关工会干部每年下基层挂职锻炼不少于 1.5 个月,这样有利于转变我们的工作作风和生活作风。

要遵照新《工会法》的规定,进一步加强工会财务管理,重点抓好工会经费的收、管、用。收,要及时、足额;管,要帐目清楚,坚持预、决算审查制度,严禁贪污挪用,确保经费安全;用,要合理合法,保证工会各项活动正常需要。

各级工会要关心、支持体协工作,特别要支持老年体协的工作,定期研究,加强指导,并给予必要的经费补充。体协工作要以提高职工群众的健康水平为目的,坚持以群众性为主、基层为主;大型活动宜少,小型活动宜多;群众体育活动以局处为主、单项活动为主,做到群众、领导、体协三满意。

各级工会要高度重视信息工作,主要领导要经常交任务、出题目,带头动手写信息。工会办公室要做好组织协调工作,各职能部门要广泛参与,保证上下信息畅通,为领导决策和指导工作服务。

2001 年 5 月 17 日，总公司机关举行国务院监事会进驻总公司欢迎大会。

（晨 亮　刘 文 摄）

大事记

特载 | 大事记 | 概况 | 工程施工 | 经营管理 | 综合管理 | 资产经营 | 科技 教育 卫生 文化 | 党的工作 | 工会 共青团 | 控股子公司 | 全资子公司 | 分公司 | 其他单位 | 人物 | 统计资料 | 文件选编 | 附录

本栏责任编辑　刘贤福

一月

▲1日　福建省省委书记宋德福、福州市市委书记何立峰一行视察中铁十八局集团公司承建的罗(源)长(乐)高速公路红山隧道建设工地,称赞中铁十八局集团公司作风硬、技术好。

▲同日　中铁十二局集团公司二公司实现连续十七年无职工因工亡人事故,安全生产再创新纪录。

▲2日　总公司下达2001年生产经营、小型基建项目及更新改造计划。全年计划承揽工程任务320亿元,完成企业总产值320亿元,实现利润18 109万元;小型基建项目计划投资6.8亿元;更新改造项目计划投资7.26亿元。

▲4日　中铁十七局集团公司四公司承建的晋焦高速公路丹河特大石拱桥,长412米、主跨146米、高81.6米,创世界石拱桥建设之最,被收入世界吉尼斯大全。

▲5日　采用专用移动支架造桥机进行梁部施工的内昆铁路老煤洞特大桥主跨顺利完工,创造12天成型一孔64米箱形筒支梁的国内新纪录。至此,内昆铁路总公司管段重点工程全部圆满完成。

▲同日　中华全国铁路总工会副主席孙忠玲一行在总公司党委副书记、工会主席夏良振和副总经理邹才华陪同下,走访慰问全国劳动模范陈嘉珍。

▲6日　总公司党委书记李国瑞在中铁十五局集团公司党委书记王炳祥、局长霍金贵陪同下,到该集团公司二公司检查指导工作。

▲8日　中铁十七局集团公司承建的亚洲第一高桥——内昆铁路花土坡特大桥整体施工技术通过铁道部技术鉴定,处于国内领先水平,高墩施工综合技术达到国际先进水平。

▲同日　国家"九五"重点建设项目西康铁路提前一年建成通车,铁道部副部长蔡庆华、陕西省省长程安东等在西安为西康铁路通车剪彩。西康铁路全长267.49公里,总投资102.5亿元。

▲10日　中铁十六局承建的中国铁路第一高桥——南昆铁路清水河大桥施工技术达到国际先进水平,被中国建筑业协会授予中国建筑工程鲁班奖。

▲同日　总公司下发通知,明确中央企业继续实行由总公司党委和所在省、区、市党委双重领导,以总公司党委领导为主的党的领导体制。

▲同日　铁道部副部长孙永福在昆明铁路局局长齐文超等陪同下,到昆明中铁机械厂考察产品结构、经营状况、生产能力及技术引进与新产品开发工作,对工厂大型养路机械国产化给予充分肯定。

▲12日　总公司召开安全质量工作电话会议,贯彻江泽民总书记关于做好安全工作和改进工作作风的重要指示,王振侯总经理、宋抗常总工程师强调要加强安全质量监控,科学施工,文明生产。

▲13日　总公司党委书记李国瑞在工厂局党委书记赵顺卿陪同下,到困难企业涿州中铁建筑金属结构总厂及紫荆关分厂慰问职工"送温暖"。

▲16日　中共中央政治局常委、国家副主席胡锦涛偕夫人刘永清,在中国驻塞浦路斯大使馆亲切接见中铁十六局塞浦路斯罗密欧大桥工程项目经理部管理人员并合影留念。

▲17日　总公司王振侯总经理、夏良振副书记等领导,到河北高碑店市看望慰问铁路运输处及物资系统困难职工。

▲18日　总公司王振侯总经理、李国瑞书记、邹才华副总经理等举行迎春茶话会,向机关离退休干部汇报2000年全系统生产经营情况并致以节日慰问。

▲同日　总公司王振侯总经理、靳尚忍副总经理到北京城市轻轨铁路大钟寺车站建设工地检查指导工作,看望中铁十六局一处参建职工。

▲同日　总公司王振侯总经理、杨海峰副总经理在余文忠局长陪同下,到西安南京铁路中铁二十局管段检查指导工作。

▲19日　总公司举行迎春茶话会,王振侯总经理、李国瑞书记代表党政机关向原铁道兵老首长、总公司老领导及总政玉泉路干管处领导拜年。

▲同日　总公司王振侯总经理率机关春节慰问组在局长赵广发陪同下,看望慰问中铁十八局集团公司在京施工的职工。

▲31日　中铁十二局集团公司电务公司实现连续安全生产5 000天。

▲1月　全国政协副主席陈锦华在安徽省省委书记王太华等陪同下,视察中铁十七局集团公司承建的徽杭高速公路黄山率水特大桥建设工地。

▲1月　由中铁十六局承建的国内首座下穿火车站公路隧道——湖北宜昌云集隧道建成通车,为中国城市地下工程建设积累了新经验。

▲元旦春节期间　总公司系统共筹集"送温暖"资金1 100余万元,组成1 500多个慰问组,进万家门、知万家情,为困难单位排忧,替困难职工解难。总公司党委拨党费9万元,慰问生活困难党员173名。

二月

▲3日　中央企业工委群工部副部长、团工委书

记赵钊在总公司团工委书记王参军等陪同下，到西安南京铁路总公司管段检查指导工作。

▲5日　总公司纪委、监察处表彰2000年度3个办案先进单位和25名办案先进个人。

▲7日　重庆市常务副市长甘宇平一行视察养马河桥梁厂重庆轻轨生产基地。

▲13日　中铁十七局承建的运三高速公路吴家嘴大桥施工技术，在山西榆次通过山西省科委鉴定，整体技术达到国内领先水平。

▲14日～16日　总公司2001年工作会议在北京召开。会议总结“九五”工作，研究制定“十五”规划及企业改革发展相关配套文件，部署2001年工作任务。王振侯总经理、李国瑞书记、何能金副总经理及中央企业工委办公厅副主任杨苏东、铁道部总工程师王麟书等出席会议并讲话。这是总公司与铁道部脱钩、划归中央企业工委管理后的一次明方向、定战略、谋发展的重要会议。

▲16日　成立总公司厦门莲黄隧道工程项目经理部。

▲18日　经国家有关部委批准，北京中铁建设有限公司增加“承包境外工业与民用建筑工程和境内国际招标工程”等经营范围。

▲19日　“复杂地质、艰险山区修建南昆铁路成套施工技术”获国家科技进步一等奖。

▲20日　中铁十一局集团公司及中铁十一局集团公司三公司获“湖北省思想政治工作优秀企业”称号。

▲21日　中铁十七局集团公司荣获“全国设备管理优秀单位”称号。

▲22日　中铁十一局集团公司五公司中标重庆市高架轻轨交通工程大坪—佛图关区间隧道及大坪车站工程，投资6 000万元。

▲23日～26日　总公司靳尚忍副总经理参加在昆明中铁机械厂召开的工厂局2001年工作会议，并检查指导昆明工厂工作。

▲28日　国家档案局经科司张永慧副司长、王岚处长到总公司召开档案工作调研座谈会并形成会议纪要，顺利地与国家档案局建立领导与业务指导关系，实现与铁道部脱钩后档案工作的平稳过渡。

▲2月　中铁十三局集团公司加入中国对外承包工程商会。

▲2月　中铁二十局五处、物资总公司相继被河南省、陕西省评为2000年度“省级文明单位”，局机关被评为“省级文明小区”。

三月

▲4日　神华集团公司总经理陈必亭、副董事长罗云光、朔黄铁路公司总经理薛继连和党委书记白东升一行视察朔黄铁路肃黄段路基工程。

▲6日　全长222正线公里、总投资26.74亿元的京九铁路复线龙川—东莞段在广东惠州东江桥头正式开工。该段复线总工期30个月，预计2003年京九铁路复线将全部建成通车。总公司系统中铁十二、十五、十八、十九局集团公司参建。

▲同日　总公司召开先进女职工集体、先进女职工表彰暨事迹报告会，表彰10个“三八”红旗集体、24名“三八”红旗手和12户文明家庭。10位来自各行各业的女工代表作扣人心弦的事迹报告。李国瑞、夏良振、靳尚忍、邹才华、张惠江等总公司领导出席会议。

▲同日　中共中央候补委员、中共湖北省委常委、宣传部部长缪合林到中铁十一局集团公司检查工作。在与王国平书记、朱本林副书记座谈时说：“中铁十一局集团公司在深化改革和加强精神文明建设中的成绩是巨大的，湖北经济的长足发展需要你们这样的大企业支持”。

▲同日　总公司党委组织部、总公司团工委联合下发加强党建带团建工作的意见。

▲同日　总公司体协常务理事会在北京召开，会议总结、布置体协工作，总公司工会主席夏良振、体协主席姜培敏到会讲话。

▲上旬　养马河桥梁厂中标上海磁悬浮列车导轨梁的研制生产任务。磁悬浮列车最高时速500公里，世界上只有德国、日本等少数国家拥有试验线技术。

▲12日　中铁十一局集团公司四公司承建的青岛西元庄—流亭高架桥获2000年度“全国用户满意工程”称号。

▲同日　总公司体协秘书长会议在北京召开。会议总结、布置职工体育、全民健身工作，总公司工会主席夏良振、体协主席姜培敏到会讲话。

▲12日～13日　总公司党风廉政建设工作会议在北京召开。会议传达贯彻中纪委五次全会和中央企业纪检监察工作会议精神，总结、部署党内廉政建设工作，李国瑞书记、王振侯总经理、夏良振副书记和中央企业纪工委张玉藏主任等到会讲话。

▲13日～15日　总公司在北京召开经营工作会议。会议总结“九五”期间及2000年经营工作，研究制定“十五”经营工作总体发展规划，部署2001年经营任务，表彰经营工作先进单位和先进个人。王振侯总经理、李国瑞书记、何能金、扈振衣副总经理等到会讲话。

▲14 日　成立总公司长江干堤工程阳新、无为项目部。

▲同日　总公司秦沈客运专线工程指挥部在山海关召开工作会议，宋抗常总工程师到会讲话。

▲14 日～16 日　总公司女子气排球邀请赛在中铁十七局集团公司四处举办，中铁十七局集团公司获第一名。

▲15 日　受王振侯总经理委托，总公司秦沈客运专线工程指挥部指挥长郭万全分别与分包单位授权代理人签订铺架工程分包合同。

▲16 日　养马河桥梁厂自行研制开发的城市跨座式单轨 PC 梁，获 2000 年度四川省"优秀新产品二等奖"。

▲同日　劳动和社会保障部批准总公司为国有企业开展职业技能鉴定的试点单位，职业技能鉴定工作直接接受劳动和社会保障部领导。

▲19 日　神延铁路北段铺轨在绥德车站胜利接轨，中铁十五局集团公司创下日架 32 米梁 9 孔的全国纪录，提前 100 天圆满完成铺架任务。

▲20 日　总公司团工委评出首届"十大杰出青年"10 名，"青年岗位能手"12 名；表彰"青年文明号"工程 14 项，"青年文明号示范工程"10 项。

▲22 日　中铁十一局集团公司二公司获 2000 年度"全国优秀施工企业"称号。

▲同日　中国企业联合会培训工作委员会授予中铁十四局集团公司"企业管理培训工作先进集体"称号，授予程玉常"企业管理培训工作先进个人"称号。

▲同日　撤销北京金兴工程造价咨询中心。

▲26 日　中铁十九局集团公司参建的南京长江二桥建成通车，中共中央政治局委员、国务院副总理吴邦国为大桥通车剪彩。南京长江二桥全长 12.517 公里，分为南汊、北汊两桥。中铁十九局集团公司承担北汊主桥和南汊引桥施工任务，大桥合龙精度达到国内先进水平。

▲27 日　中纪委委员、铁道部纪委书记、总公司原总经理翟月卿因病医治无效，在北京逝世。

▲28 日～29 日　总公司在北京召开青藏铁路施工技术研讨会，深入研讨关键施工技术，交流高原高寒地区施工经验。王振侯、李国瑞、杨海峰、宋抗常等领导出席会议并讲话。

▲3 月　成立总公司西安南京铁路工程指挥部。王振侯、丁原臣、夏国斌、范德先后任指挥长，杨海峰任常务副指挥长。

▲3 月　中铁十三局集团公司一处荣获"全国质量效益型先进施工企业"称号。

▲3 月　中铁十三、十九局集团公司参建的长春—吉林高速公路工程荣获 2000 年度国家优质工程金质奖。

▲3 月　中铁十五局集团公司承建的西安市未央路立交桥工程获铁道部优质工程奖。

▲3 月　中共湖北省委、湖北省人民政府授予中铁十一局集团公司"最佳文明单位"称号；湖北省安全生产委员会授予中铁十一局集团公司"安全文明生产先进单位"称号。

▲3 月　中铁十八局集团公司董事长赵广发荣获天津市 2000 年度"优秀企业家"称号。

▲3 月　北京中铁建设有限公司承建的北京翠宫饭店工程获国家优质工程银质奖。

▲3 月　总公司系统 13 项工程获铁道部优质工程奖，其中获优质工程一等奖 8 项、优质工程二等奖 5 项。

▲3 月　中铁十一、十二、十四局集团公司共同承建的京珠高速公路重点工程靠椅山隧道建成通车。

▲3 月　北京中铁建印刷厂获北京印刷质量管理协会授予的"质量管理十佳企业"称号。这是该厂继 1993 年被国家新闻出版总署命名为"国家级书刊定点印刷企业"以来，又一次获得质量管理的最高荣誉。

四月

▲1 日　北京中铁建设有限公司承建的北京翠宫饭店，在美国获得由英国皇家 DEMNG 协会颁发的 2001 年"环球质量奖"。这是中国首次摘取这项国际性大奖。

▲同日　中铁十二局集团公司秦沈客运专线制梁场生产的中国第一榀 32 米单线箱梁通过铁道部质量监督检查中心主持的静载试验，标志着中国已具备自行设计、制作高速铁路大跨度箱梁能力。

▲2 日　国内工程公司承建的浙江玉环漩门围垦蓄淡的关键性堵坝工程胜利合龙，标志着国内最大的围垦蓄淡工程取得决定性胜利。

▲4 日～6 日　总公司工会女职工委员会二届六次扩大会在成都西南办事处召开。

▲5 日　贵州省人大常委会副主任杨谨华一行在总公司内昆铁路工程指挥部赵之义指挥等陪同下，视察内昆铁路六盘水南编组站和水柏铁路北段铺架工程。

▲6 日　总公司王振侯总经理到东北办事处检查指导工作。

▲同日　总公司王振侯总经理到秦沈客运专线检查指导工作，勉励参建职工把秦沈客运专线建成"精品

工程”。

▲7日　总公司王振侯总经理一行到兴城疗养院检查指导工作。

▲10日　中铁十一局集团公司获国家对外贸易经济合作部颁发的“对外经济合作经营资格证书”。

▲11日　中铁十七局局长丁原臣调任总公司副总经理，局党委书记瞿观鄞兼任局长职务。

▲12日　昆明中铁机械厂引进奥地利Piasser公司技术生产的D09－32型连续式捣固车样车，通过铁道部组织的出厂评审。该车代表国际大型养路机械先进水平，填补了国内空白。

▲13日　北京中铁建设有限公司经理范德调任总公司副总经理，公司党委书记王军兼任经理职务。

▲15日　铁道部、陕西省在绥德火车站举行神延铁路提前铺通祝捷大会。铁道部部长傅志寰、副部长蔡庆华、陕西省省长程安东等出席铺通庆典，国务院副总理吴邦国发电致贺。神延铁路全长382.4公里，总投资64.74亿元。总公司系统9个工程局(中铁十四局除外)参加神延铁路建设。

▲17日　总公司召开电话会议，传达贯彻全国社会治安工作会议精神，部署“严打整治”工作，邹才华副总经理、铁道建筑公安局刘彦照局长到会讲话。

▲同日　总公司本级通过北京九千标准质量体系认证中心第一次年度监督审核。

▲同日　中铁十四局集团公司开发的“移动导梁法悬臂灌筑预应力混凝土连续梁施工技术”，通过江苏省科技厅组织的成果鉴定，施工技术达到国内领先水平。

▲18日　经中央企业工委考核，对总公司领导班子进行调整：任命丁原臣、夏国斌、范德为总公司副总经理；任命霍金贵为党委副书记；任命彭树贵为党委副书记兼纪委书记。

▲同日　建设部颁发新的《建筑业企业资质管理规定》和《建筑业企业资质等级标准》。据此，总公司系统全面开展资质重新就位工作。

▲同日　成立总公司云南砚平高速公路工程项目经理部。

▲18日～20日　总公司审计工作会议在北京召开。会议传达贯彻全国审计工作会议和中国内审学会常务理事会议精神，总结、布置工作，交流经验，表彰先进，王振侯总经理、李国瑞书记、张惠江总会计师及国家审计署李捷副司长、中国内审学会马怀平秘书长等出席会议并讲话。

▲20日　中铁十四局集团公司与浙江省交通厅、同济大学共同开发的“双洞公路隧道环境监控信息化施工配套技术”，在济南通过交通部科教司组织的成果鉴定，总体技术达到国内领先水平。

▲20日～12月30日　贯彻执行公安部和铁道部公安局的统一部署，在全系统开展“治爆缉枪”专项行动，收缴各种枪支117支、子弹17 400发、炸药1 400公斤、雷管8 000余枚、导火索2 800米。

▲22日～23日　总公司团工委在北京举办读书演讲活动半决赛、决赛，评出一等奖2名、二等奖4名、三等奖6名、优秀奖17名。

▲24日《中国铁道建筑报》社组织记者赴青藏铁路采访，李国瑞书记、夏良振副书记、宋抗常总工程师为记者送行。

▲同日　记载总公司系统知识分子艰辛劳动和丰硕成果的《科技名人录》，由中国铁道出版社出版发行。

▲同日　总公司召开2000年度劳动竞赛总结表彰电话会议，表彰在劳动竞赛中取得优异成绩的15个先进集体和104名优秀组织者。王振侯总经理强调要把劳动竞赛引向深入。

▲同日　铁道部副部长孙永福率建设司、高速铁路办公室、工程管理中心领导，视察秦沈客运专线总公司管段施工现场。

▲25日　总公司与香港俊和—恒利联合体中标香港东部铁路CC－1850合同段，合同额3.698亿港元，总公司占联合体25%的股份。

▲同日　中铁十六局承建的朔黄铁路长梁山隧道被中央企业工委命名为“青年文明号”工程。

▲25日～6月28日　根据铁道部公安局“铁拳行动”的总体部署，铁道建筑公安局在内昆铁路威宁段开展“严打”专项斗争，查破案件178起，打掉犯罪团伙13个，查处违法犯罪人员112人。

▲26日　中铁十八局集团公司承建的内昆铁路重点工程李子沟特大桥铺架成功。该桥于1999年3月26日开工，2000年9月11日主体工程竣工。施工中创造了连续刚构箱梁线型控制国内最好水平，被铁道部树为“优质样板工程”。

▲同日　中铁二十局工程机械厂代表总公司，参加中央“心连心”艺术团在西安举办的“一路同行”大型文艺演出活动。

▲26日～28日　总公司第一届党代会在北京召开，226名党员代表出席会议。会议听取和审议党委、纪委工作报告，选举产生总公司第一届党委和纪委，动员各级党组织、全体党员和广大职工群众，为把总公司建成国内一流、具有国际竞争力的现代企业集团而奋斗。中央企业工委组织部副部长许子兵出席会议并讲话。

▲28日　总公司党委一届一次全体会议在京召开，27名党委委员出席会议，选举产生第一届党委常

委、书记、副书记及第一届纪委委员、书记、副书记。李国瑞当选党委书记,王振侯、霍金贵、彭树贵当选副书记;彭树贵当选纪委书记,王京利、王新武当选副书记。中央企业工委组织部鲁斌、党晓龙到会指导。

▲同日　全国劳动模范、中铁十七局集团公司副总经济师王宜强入选全国劳模事迹巡回报告团,在中南海受到江泽民总书记等党和国家领导人的亲切接见。同日下午,参加中央企业工委召开的全国劳模座谈会,受到王瑞祥、赵杰兵副书记的亲切接见。

▲同日　成立铁道建筑公安局第四直属公安分处刑警大队。

▲29 日　总公司何能金副总经理出席总医院举行的首批"北京市基本医疗保险定点医院"挂牌仪式。

▲同日　中华全国总工会授予中铁十一局集团公司三公司全国"五一劳动奖状"。

▲30 日　中铁十三局集团公司董事长文普津荣获"吉林省最佳经营管理者"称号;三处十队党支部书记刘清华荣获全国"五一劳动奖章";四处处长姜永军、电务工程处职工耿青江荣获"火车头奖章";该局广州地铁项目部荣获"火车头奖杯"。

▲4 月　云南省常务副省长牛绍尧、省交通厅厅长李裕光一行视察国内工程公司承建的昆石高速公路阳宗隧道施工现场,对施工组织、科学管理、工程质量给予高度评价。

▲4 月　中铁十四局集团公司承建的徐连高速公路潘塘立交桥被铁道部和共青团中央联合授予"全国青年文明号"称号。交通部部长黄镇东、江苏省省长季允石在视察该桥时,称赞立交桥为历史名城徐州增添了一道亮丽风景。

▲4 月　中铁十八局集团公司董事长赵广发荣获"天津市劳动模范"称号。

▲4 月　养马河桥梁厂副厂长田宝华获中央企业工委授予的"青年岗位能手"称号。

▲4 月　石家庄铁路工程职业技术学院铁道工程专业被国家教育部列为部级教学改革试点专业。

▲4 月　中铁十四局集团公司隧道工程处济南绕城高速公路项目部在黑龙峪隧道施工中,重质量、保安全、筑精品,被山东省总工会授予"富民兴鲁劳动奖状"。

五月

▲1 日 20 时 30 分　重庆武隆发生震惊全国的山体大滑坡,位于县城东部的一栋 9 层楼房被突然滑塌的山体冲倒覆盖。21 时 5 分,中铁十四局集团公司渝怀铁路工程指挥部指挥长叶禄林,率领数十名职工和施工机械最先赶到抢险现场,冒着山体随时可能再次塌滑的危险,进行了 4 昼夜的抢险救灾。5 月 12 日,武隆县委、县政府、人大、政协领导亲临指挥部驻地赠送锦旗,上书:"抢险救灾,患难与共,情深义重,镂骨铭心"。

▲同日　北京市副市长汪光焘视察北京城市轻轨铁路建设工地,亲切慰问节日坚持施工的中铁十六局职工。

▲同日　中铁十七局集团公司四处职工余洪权之子——年仅 14 岁的余波,在四川泸州因抢救落水同学英勇牺牲。8 月,泸州市江阴区授予余波"舍己救人的少年英雄"称号。

▲4 日　总公司团工委表彰 25 名优秀团干部、31 名优秀团员、23 个"五四红旗团委"、32 个"五四红旗团支部",确定 22 个"五四红旗团委"创建单位、29 个"五四红旗团支部"创建单位。

▲同日　中铁十八局集团公司渝怀铁路工程指挥部指挥长雷升祥被共青团中央、国家经贸委、劳动和社会保障部联合授予"全国青年岗位能手"称号。

▲5 日～6 日　铁道部副部长蔡庆华一行 14 人,视察秦沈客运专线总公司管段工程。

▲8 日　中铁十六局二处被中国施工企业管理协会评为"全国优秀施工企业"。

▲9 日　中铁十五局集团公司六公司在朔黄铁路肃宁铺轨基地创单班日生产轨排 4 公里的高产纪录。

▲11 日上午　中共中央政治局委员、国务院副总理温家宝视察北京中铁建设有限公司参建的北京永定河滞洪水库建设工地,称赞"工程干得不错,要把这个势头保持下去。这项工程关系到首都人民的生命财产安全,一定要把工程质量抓好"。

▲11 日～12 日　中央企业工委副书记赵杰兵一行,在总公司王振侯总经理、李国瑞书记和丁原臣、夏国斌副总经理的陪同下,到秦沈客运专线建设工地调查研究、检查指导工作,对总公司管段工程进度、工程质量、安全生产、队伍建设等十分满意,高度赞扬这支队伍保持和发扬铁道兵光荣传统,为祖国建设作出了贡献,并希望总公司尽快发展成为国际承包商。

▲12 日　铁道建筑研究设计院总工程师赵青山获中国科学技术发展基金会设立的 2000 年度茅以升科学技术铁道科学奖。赵青山从事科研工作 30 余年,获国家级、部级发明奖 4 项,国家专利 3 项,发表重要论文 10 余篇,是总公司系统获此殊荣的第一人。

▲14 日　山西省省长刘振华、副省长杜五安一行,到太祁高速公路建设工地现场办公,并专程视察中铁二十局承建的晋祠高架桥工地,对施工现场管理、工

程质量十分满意。

▲16日　总公司党委、总公司联合作出决定，批准中铁十一局集团公司等32个单位领导班子为2000年度总公司“四好领导班子”。

▲17日　国务院监事会进驻总公司欢迎大会在总公司机关举行，10名监事会成员、总公司领导及机关处以上干部参加欢迎大会。监事会主席丹笑山及王振侯总经理、李国瑞书记在会上讲话。

▲18日　总公司王振侯总经理到中铁十五局集团公司传达党政主管领导职务变动命令：局长霍金贵调任总公司党委副书记；局党委书记王炳祥兼任局长。

▲同日　总公司丁原臣副总经理到内昆铁路总公司管段检查指导工作。

▲同日　铁道建筑公安局与重庆市公安局在重庆市武隆县联合召开渝怀铁路治安工作联席会议，推动路地双方共同做好渝怀铁路沿线治安保卫工作。

▲同日　总公司下达2001年度劳动工资计划：年末职工计划人数168 522人，职工工资总额计划1 942 636千元。

▲同日　铁道战备舟桥处职工子弟学校学生外出郊游，因学校组织领导不力，造成3名学生在黄河淹亡的重大责任事故。

▲19日　中铁十四局集团公司电务工程处荣获“全国用户满意企业”称号；中铁十四局集团公司四处承建的沪杭高速公路大蒸港立交桥荣获“全国用户满意工程”称号。

▲20日～24日　总公司第13届门球赛在中铁十二局集团公司举办，17支代表队参赛，中铁十七局集团公司获第一名。

▲21日　总公司继1999年中标承建香港西部铁路后，又中标香港东铁支线CC－1850标段工程。该标段全长20.1正线公里，总投资近5亿元人民币。此次中标，使总公司获得在香港注册永久性公司的资格。

▲22日　中铁二十局首次闯入深圳地铁市场，连中2个标段，总投资2.3亿元。工程地处深圳主干道繁华区，采用盖挖顺作法施工，除日本、新加坡等国外，在中国尚属首次。

▲23日　成立北京中铁建电务工程有限公司。

▲同日　经国家事业单位管理局核准，铁道战备舟桥处取得《事业单位法人证书》。

▲24日　中铁十六局中标上海磁悬浮列车示范线Ⅰ标段工程，工程投资2.586亿元。

▲25日　中铁十五局集团公司六公司在朔黄铁路黄骅港特大桥架梁施工中，创单线日架32米梁10孔的新纪录。

▲26日　中铁十六局开发的“高海拔、高寒隧道综合施工技术”通过北京市科委组织的技术鉴定。专家认为，该成果整体技术达到国内先进水平，部分技术达到国际先进水平，对青藏铁路建设有重大参考价值。

▲同日　中铁十六局总工程师、教授级高级工程师胡万毅因汽车肇事，在河北定州罹难，终年42岁。

▲26日～6月6日　总公司工会主席夏良振率联合工作组，到西安南京铁路检查指导“建家建线”工作。

▲27日　秦沈客运专线铺轨仪式在九江河特大桥举行。铁道部副部长蔡庆华、总工程师王麟书及总公司王振侯总经理、李国瑞书记、丁原臣、夏国斌副总经理等出席铺轨仪式。

▲28日　颁发《中国铁道建筑总公司2001年～2005年发展规划》，确定“十五”期间承揽工程合同额1 800亿元，完成企业总产值1 800亿元，实现利润10.8亿元。

▲29日～31日　总公司财务工作会议在京召开，国家财政部、国务院监事会有关领导出席会议。会议总结“九五”财务工作，研究制定国有资本与财务管理办法。王振侯总经理、李国瑞书记、张惠江总会计师等出席会议并讲话。

▲5月　总公司渝怀铁路工程指挥部成立，宋抗常任指挥长。

▲5月　中铁二十局四处连续十年获陕西省“重合同、守信用企业”称号。

▲5月　中铁二十局参建的沪宁高速公路工程获2001年度中国建筑工程鲁班奖。

▲5月　中铁十一局集团公司荣获全国“五一劳动奖状”。

▲5月　中铁十八局集团公司在西安南京铁路东秦岭隧道平导施工中，月进尺达403.4米，并创造日进尺18.8米的隧道人工钻爆法施工国内最高纪录。

▲5月　中铁十九局集团公司一公司承建的浙江义乌经发大桥建成通车。该桥采用悬臂梁后张拉空中对接新技术施工，误差仅0.03毫米，创造了该项新技术的世界领先水平。

▲5月　中铁十一局集团公司电务公司中标承建京沪穗高速环DWDM南北环工程。京沪穗高速环DWDM是中国铁通筹建的骨干光网络的核心环，是当今世界径路最长、带宽最大、技术最先进的商用环形光传送网络，也是总公司系统第一次承建该领域工程。

六月

▲1日　河北省省委书记王旭东、石家庄市市委书记陈来立一行，到中铁十七局集团公司三处检查指

导工作。

▲3日　铁道部部长傅志寰在考察青藏铁路途中专程前往关角隧道，看望、慰问正在进行病害整治的中铁十六局职工。

▲4日～7日　中铁十一局集团公司电务公司承担襄樊、荆门地区2 000余公里网络代维护工程。这是总公司系统第一次介入光缆线路代维护新领域。

▲5日　总公司机关门诊部更名为北京中铁玉泉医院；12月24日又更名为北京铁建医院。

▲6日　中铁十三局集团公司在吉林长春挂牌成立。吉林省副省长杨庆才、铁道部总经济师王奎中、总公司总经理王振侯、党委书记李国瑞为公司揭牌。副总经理靳尚忍、丁原臣、夏国斌和总会计师张惠江出席成立大会。

▲同日　总公司渝怀铁路工程指挥部正式挂牌成立。

▲同日　四川省副省长邹广严一行在中铁十二局集团公司党委书记胡莫愁陪同下，视察该集团公司承建的福堂水电站四号支洞工程，称赞"工程进度和质量在全线树立了楷模"。

▲同日　中铁十八局集团公司承建的内昆铁路李子沟特大桥被中央企业工委、共青团中央命名为2000年度"全国青年文明号"工程。

▲9日　世界第一条高速磁悬浮商用铁路在上海浦东破土动工。该铁路西起上海地铁二号线龙阳路车站，东至浦东国际机场，正线长30公里，设计时速430公里，总投资89亿元，引进德国先进技术施工。中铁十六局中标第一标段，总长10公里。

▲11日～12日　总公司资质管理工作会议在北京召开。会议传达贯彻建设部关于建筑业企业资质重新就位的有关标准、规定，研究部署总公司系统资质就位工作。王振侯总经理、靳尚忍副总经理及建设部符曜伟副司长、铁道部卢春房副司长等出席会议并讲话。

▲12日　由总公司劳动工资部和中铁十七局集团公司共同完成的"铁路高墩大跨连续梁工程劳动定额研究"，通过劳动和社会保障部、建设部、铁道部有关专家评审，填补了铁路行业高墩大跨连续梁施工劳动定额标准空白。

▲14日　总公司党委副书记霍金贵到东北办事处检查指导工作。

▲15日　总公司工会表彰42个模范职工之家、54个模范职工小家、47名优秀工会工作者、38名优秀工会积极分子、6名支持工会工作的先进代表。

▲16日　中铁十四局集团公司二处参建的泰安—曲阜高速公路建成通车，京福高速公路山东段全线贯通。中共中央政治局委员、山东省省委书记吴官正等党政领导出席通车典礼。

▲同日　总公司副总经理丁原臣、夏国斌及副总工程师王兆林一行，到西安南京铁路丹凤工程指挥部检查指导工作。

▲17日　陕西省省委书记李建国在中铁十八局集团公司党委书记李永军陪同下，视察该集团公司参建的西安南京铁路桃花铺1号隧道建设工地，称赞"TBM工程公司是一支智力密集型、有巨大发展潜力的现代化施工队伍，在陕西打出了声威，为陕西人民做出了巨大贡献"。

▲18日　总公司王振侯总经理到西南办事处检查指导工作。

▲19日　云南省省长徐荣凯率省委、省政府有关领导视察中铁十七局集团公司承建的内昆铁路昭通车站和花土坡大桥建设工地。

▲同日　交通部副部长胡希捷在陕西省交通厅厅长乌小健陪同下，视察中铁二十局参建的西安绕城公路工程。

▲20日　中铁十六局承建的"世界三大男高音歌唱家紫荆城广场音乐会"临时看台工程竣工。该临时看台以其在同类工程中施工面积最大、用料最多、用时最短，荣获上海"大世界基尼斯之最"。

▲21日　总公司副总经理何能金到秦沈客运专线检查指导工作。

▲22日　中共湖北省委授予中铁十一局集团公司党委书记王国平"湖北省优秀党务工作者"称号。

▲23日～24日　总公司组成50余人的合唱团，参加中央企业工委在21世纪广场举办的纪念建党80周年歌咏大赛，并代表中央企业演唱《中国在提速》，受到一致好评。

▲25日～26日　中央企业工委在京举办青年职工"心中的旗帜"主题读书演讲总决赛，中铁十三局集团公司吴晶晶获三等奖，总公司团工委获优秀组织奖。

▲26日　总公司丹凤指挥部和中铁十八局集团公司在西安南京铁路桃花铺1号隧道TBM掘进机施工中，创造月掘进551.818米的全国最新纪录。

▲同日　总公司机关举办职工文艺会演，载歌载舞欢庆建党80周年。

▲同日　铁道建筑公安局人民警察培训中心改设在石家庄铁路工程职业技术学院。

▲27日　内昆铁路工程施工承发包合同签字仪式在云南昭通铁道部内昆铁路建设指挥部举行，总公司扈振衣副总经理与建设单位代表分别在合同上签字。

▲同日　北京中铁建设有限公司被中国建设银行授予"AAA"级资信等级，获银行综合授信1.8亿元。

▲28日　全国劳动模范、中铁十五局集团公司四公司西安南京铁路工程指挥部指挥长谢金康赴京参加建党80周年庆祝大会，受到中央领导亲切接见。

▲同日　中央企业工委授予北京中铁建设有限公司党委"先进基层党组织"称号；授予中铁十三局集团公司三处一公司十队党支部书记刘清华"优秀党务工作者"称号；授予中铁十七局集团公司三处高级技师徐春光"优秀共产党员"称号。

▲29日　总公司党委召开电话会议，隆重纪念中国共产党成立80周年，李国瑞书记作重要讲话，彭树贵副书记宣读总公司党委表彰"十佳党组织"、"二十佳优秀党务工作者"、"三十佳优秀共产党员"的决定。

▲同日　青藏铁路二期工程全线开工，江泽民总书记致信祝贺，朱镕基总理、吴邦国副总理分别在格尔木、拉萨出席开工典礼。青藏铁路二期（格拉段）工程全长1 118公里（青海境内564公里、西藏境内554公里），其中960公里在海拔4 000米以上，唐古拉山口海拔5 072米。中铁十二、十四、十八、二十局集团公司（工程局）参加先期工程施工。

▲同日　中铁十二局集团公司二公司党委被中共山西省委评为"先进基层党组织"；集团公司党委书记胡莫愁被评为"优秀党务工作者"。

▲下旬　总公司第一期领导干部培训班在国家行政学院开学，来自总公司各集团公司（工程局）、直属单位的32名主要领导干部参加培训，邹才华副总经理在培训班开学典礼上讲话。

▲6月　中铁十一局集团公司二公司获中国施工企业管理协会授予的2000年度"全国优秀施工企业"称号。

▲6月　中铁十六局局长陈树林荣获中国施工企业管理协会授予的2000年度"全国优秀施工企业家"称号。

▲6月　中铁十八局集团公司被天津市人民政府命名为2000年～2001年度"重合同、守信用单位"。

▲6月～12月　根据公安部党委和铁道部公安局的统一部署，在铁道建筑公安系统广泛深入开展"三项教育"活动，民警的政治与业务素质明显提高，纪律作风与服务态度明显改进，公安队伍战斗力明显加强。

七月

▲1日　总公司党委中心组成员收看江泽民总书记在庆祝中国共产党成立80周年大会上的重要讲话，畅谈感想。

▲同日　中华全国总工会授予中铁十一局集团公司三公司工会、中铁十六局四处机运一公司工会、中铁十八局集团公司二公司工会"全国模范职工之家"称号；授予中铁十四局集团公司第一机械化施工公司第一工会小组和五处一工班工会小组、中铁十五局集团公司五公司十三队工会"全国模范职工小家"称号。

▲同日　在中共中央召开的纪念中国共产党成立80周年大会上，中铁十三局集团公司三处十队党支部书记刘清华被授予"全国优秀党务工作者"称号。

▲同日　中铁二十局与陕西电视台共同举办庆祝建党80周年"中铁二十局杯"大型电视歌会——《东方的太阳》。

▲同日　共青团中央、全国铁道团委在格尔木南山口召开万人大会，团中央书记处书记崔波、铁道部副部长孙永福为青藏铁路"青年突击队"授旗。

▲同日　中铁十四局集团公司电务工程处实现连续安全生产5 000天，获总公司"安全生产先进单位"称号。

▲8日　交通部部长黄镇东在福建省副省长、厦门市市长朱亚衍等陪同下，视察中铁十七局集团公司承建的厦门环岛路跨海大桥建设工地，对工程质量表示满意。

▲9日　中铁十二局集团公司电务公司董事长兼总经理李章锁获"山西省特级劳动模范"称号。

▲同日　中铁十八局集团公司开发的内昆铁路"李子沟群桩高墩大跨长联刚构—连续组合梁桥快速施工成套技术研究"通过铁道部科教司组织的成果鉴定，整体施工技术达到国际先进水平。

▲10日　中铁十八局集团公司杨玉刚副总经理到北京人民大会堂参加南昆铁路八渡南盘江特大桥和上海市逸仙路高架桥等国家优质工程奖颁奖仪式。

▲13日　香港东部铁路CC－1850标段合同签字仪式在中国铁道建筑（香港）有限公司举行，总公司王振侯总经理、海外公司郝桂林副总经理分别在合同上签字，扈振衣副总经理出席签字仪式。王总经理要求香港公司抓好在建工程，创造信誉、树立形象，逐步把公司做强做大。

▲15日～17日　总公司经营工作分析研讨会在哈尔滨中铁十三局集团公司四处召开。会议分析上半年经营工作情况，研究探讨新的经营模式，中铁十一、十三局集团公司介绍开展资本经营的经验，何能金副总经理到会讲话。

▲16日　国家重大科技项目检查团在总公司宋抗常总工程师等陪同下，到秦沈客运专线总公司管段检查指导科技攻关工作。

▲18日　由铁道建筑研究设计院主持、中铁十一局集团公司参加研制的中国第一台PC－NTC型无缝

线路铺轨机组通过铁道部科教司组织的阶段性科技成果审查。

▲同日　2000年铁路好新闻评选揭晓：总公司在路内报纸好新闻评选中获一等奖2篇、二等奖3篇、三等奖2篇；在路外报道好新闻评选中获一等奖2篇、二等奖3篇、三等奖2篇；在电视报道好新闻评选中获二等奖1部、三等奖6部。

▲同日　总公司调整企业单位技能工资，增资档次人均不突破8档。

▲同日　中共山东省委副书记、济南市委书记孙淑义视察中铁十四局集团公司承建的济南绕城公路黑龙峪隧道。

▲同日　中铁十八局集团公司中标沙特阿拉伯朱拜尔高速公路工程，合同额2 642万美元。这是总公司系统第一次进入沙特阿拉伯建筑市场。

▲19日　中共中央政治局委员、上海市市委书记黄菊和上海市市长徐匡迪视察中铁十六局承建的上海磁悬浮列车示范线工程，并亲切接见陈树林局长和项目部负责人。

▲同日　颁发《总公司档案事业发展“十五”计划》，对全系统档案工作具有重要指导作用。

▲同日　安徽省副省长黄跃忠视察中铁十四局集团公司承建的合安高速公路鸽子墩互通立交桥建设工地。

▲20日　在第十五届中国产业经济好新闻评选中，《中国铁道建筑报》获一等奖、二等奖、三等奖各一篇。

▲23日　总公司召开施工生产电话会议，通报上半年生产经营情况。王振侯总经理、丁原臣副总经理强调：认真贯彻江泽民总书记“七一”讲话精神，规范企业行为，确保优质安全施工。

▲24日　经总公司2001年第6次党政领导干部联席会议研究决定，成立总公司（国有股）股权代表委员会、投资部、技术中心和职业技能鉴定指导中心；将总公司海外部改为海外公司。

▲25日　中铁十九局集团公司中标南京地铁南京站工程。该工程穿越南京火车站站区，是国内目前施工难度大、地下结构极其复杂的地铁车站，被专家称为“地质龙宫”。

▲同日　中铁十一局集团公司三公司承担的内昆铁路南段铺架工程，比计划工期提前42天到达云南昭通接轨点。

▲27日　中铁十七局集团公司开发的《施工企业规范化管理运行体系》，获全国工程建设企业管理现代化成果二等奖。

▲7月　中铁十八局集团公司四公司大都公司承建的北京市公安局出入境签证中心大楼荣获中国施工企业管理协会授予的2000年度“全国用户满意工程”称号。

▲7月　中铁十五局集团公司二公司重视企业文化建设，在北京人民大会堂举行的首届全国企业徽标艺术大赛颁奖会上，该公司设计的“时代纵横”企业标志荣获大赛特别奖。

▲7月　山西省省委书记田成平一行视察中铁十四局集团公司三处承建的大同机场建设工地，对工程质量给予高度评价。

▲7月　北京市副市长刘志华一行到工厂局北方中铁工程公司承建的北京中关村上地北区IT科技厂房工地视察。

▲7月　中铁十九局集团公司承建的国家储备局重点项目——辽宁省物资储备局973安全改造工程洞库土工膜铺挂通过专家鉴定，施工工艺达到国内领先水平，填补了国家物资储备系统洞库防水防潮安全改造的技术空白。

▲7月　贵州省六盘水市人民政府作出决定，授予总公司副总工程师、内昆铁路工程指挥部指挥赵之义等7人六盘水市“荣誉市民”称号，感谢铁路建设大军对六盘水市经济建设作出的突出贡献。

▲7月　中铁十六局五处实现连续十五年无职工因工死亡、重伤事故，刷新了总公司系统安全生产纪录。

八月

▲1日　重庆市建委主任王根芳一行视察中铁十一局集团公司五公司承建的重庆城市轻轨铁路大坪段建设工地，对该公司一流的工程进度、工程质量和现场管理给予高度评价。

▲同日　国家经贸委下发《关于同意设立中铁十二局集团股份有限公司的批复》。

▲同日　中铁十八局集团公司被中国建设银行天津分行评为“AAA级信用企业”。

▲1日～7日　全国劳动模范、中铁十一局集团公司二公司职工李怀银，在中华全国总工会组织的北戴河疗养期间，受到中共中央政治局常委、中纪委书记、中华全国总工会主席尉健行亲切接见。

▲2日　养马河桥梁厂更名为中铁养马河桥梁厂。

▲3日　中铁二十局工程机械厂生产的“中铁牌”压路机系列产品通过中国质量检验协会的严格检测，获得“国家权威检测合格产品证书”。

▲5日 尼日利亚包奇州政府代表团一行17人应邀到中国天津,对中铁十八局集团公司进行考察访问,双方就进一步加强合作达成共识,并签订合作协议。

▲8日 由中国资信评价中心、中国调查统计事务所和中华建筑报社联合举办的首届中国建设系统企业形象调查发布活动在北京揭晓:中铁十五局集团公司电务工程公司获得最高荣誉——“企业形象AAA级单位”。

▲同日 将总公司西安铁路成人中等卫生学校和西北办事处储运公司及康乐园划归中铁二十局管理。

▲9日 经建设部批准,总公司获关键岗位培训及办证审核权。

▲10日 中铁养马河桥梁厂所属燃气化工公司发生液化气爆炸重大事故,造成3人死亡、5人受伤。

▲12日 中铁十六局研究开发的“复杂地质条件下特长双线隧道施工综合技术”通过北京市科委组织的技术鉴定,专家认为该项科研成果达到国内领先水平,部分技术达到国际先进水平,具有重要推广应用价值。

▲13日 铁道部副部长蔡庆华、河南省副省长张洪华一行视察中铁十五局集团公司承建的西安南京铁路南阳西站和铺轨基地,对工程质量、施工进度给予高度评价。

▲同日 铁道部副部长蔡庆华、部建设司司长杨建兴一行,视察西安南京铁路桃花铺1号隧道建设工地,要求全力以赴搞好TBM掘进机施工,展示一流设备、一流队伍文明形象。

▲13日～14日 总医院急诊科成功地抢救21名食物中毒患者,使他们转危为安。北京市石景山区卫生防疫站目睹抢救过程,对总医院医务人员“一切为了病人”的服务理念、雷厉风行的工作作风、良好的政治与业务素质给予很高评价。

▲14日～19日 国家环保局、铁道部联合组成执法检查组,到渝怀铁路总公司管段检查环境保护工作,对参建单位有效保护生态环境给予充分肯定。

▲15日 铁道部副部长蔡庆华视察宝兰复线建设工地。

▲16日 中国西煤东运第二通道——朔黄铁路在黄骅港车站举行铁路与港口接轨仪式。至此,朔黄铁路二期工程全线铺通,交付临管运营。朔黄铁路全长588公里,总投资近400亿元,总公司系统10个集团公司(工程局)参加一、二期工程建设。

▲同日 总公司决定撤销绥芬河办事处。

▲18日 由中铁十二局集团公司、郑州铁路局、济南铁路局、太原机车车辆厂、铁道部第四勘测设计院、石家庄铁道学院等单位发起,经国家经贸委批准设立的中铁十二局集团股份有限公司在山西太原成立。中央和国家有关部委领导乔保平、王麟书,山西省副省长王显政,总公司王振侯总经理、彭树贵副书记等出席成立大会。

▲20日 交通部副部长胡希捷视察青海省首条高速公路——马平高速公路东岗立交桥建设工地,对工程质量给予高度评价。

▲20日～31日 总公司工会主席夏良振陪同中华全国铁路总工会主席黄四川,到青藏铁路检查“建家建线”、卫生防疫等工作。

▲中旬～9月上旬 总公司纪委分片召开全系统纪委书记座谈会,深入学习贯彻江泽民总书记“七一”讲话精神,总结、部署纪检监察工作,党委副书记兼纪委书记彭树贵到会讲话。

▲23日～24日 总公司在北京召开城市轨道交通工程施工技术交流会,交流施工经验,组织参观了部分工点,王振侯、李国瑞、何能金、扈振衣、夏国斌、霍金贵、彭树贵等领导出席会议。

▲23日～25日 总公司工会保障工作暨建家观摩会在中铁十六局四处召开。会议研讨建立职工互助合作保障制度,观摩中铁十六局四处“全国模范职工之家”建设情况,熊发吉副主席到会讲话。

▲24日～25日 铁道部副部长孙永福视察青藏铁路建设工地。

▲26日 中铁十八局集团公司正式挂牌成立。天津市副市长王德惠、铁道部总工程师王麟书、中央企业工委办公厅副主任刘晓滨、总公司王振侯总经理、李国瑞书记、靳尚忍副总经理、霍金贵副书记等出席成立大会。

▲同日 总公司副总经理扈振衣出席东北办事处“中国国家认可委”、“英国皇家认可委”质量体系认证“双证”颁发仪式。

▲同日 中铁十二局集团公司副总经理霍玉华当选为中央企业青联委员。

▲28日 北京中铁建设有限公司挂牌成立。建设部领导姚兵、中国建筑业协会项目管理委员会会长吴涛、中国施工企业管理协会副理事长张书田、北京市建委陈西发等到会祝贺,总公司王振侯总经理、霍金贵副书记、靳尚忍和范德副总经理等出席成立大会。

▲28日～30日 总公司在湖北襄樊中铁十一局集团公司机关召开档案工作目标管理现场会议,总结推广中铁十一、十七局集团公司开展档案工作目标管理认定活动的经验,推动全系统档案工作深入开展。

▲29日 总公司党委副书记彭树贵到东北办事处检查指导工作。

▲同日　成立深圳中铁兴实业发展有限公司。

▲31 日　中铁十一局集团公司五公司获重庆市 2000 年度“先进建筑企业”称号；处长谢建国获“建筑企业优秀经理”称号。

▲8 月　中铁十八局集团公司二公司承建的广西梧州鸳鸯江大桥“拱肋竖向转体施工技术”通过桥梁专家鉴定，达到同类技术国际先进水平，为大跨度拱桥的竖向转体施工开辟了新的途径。

九月

▲2 日　中铁十六局及中铁十二、十八局集团公司等单位共同承建的西安咸阳国际机场高速公路开工，陕西省省委书记李建国在渭城互通立交桥建设工地发布全线开工令。该工程全长 18.24 公里，设计时速 120 公里，总投资 10.4 亿元，工期 2 年。

▲3 日　铁道部副部长蔡庆华视察中铁十一局集团公司五公司承建的渝怀铁路歌乐山隧道建设工地，对该公司采用地质雷达超前探测、光面控制爆破、衬砌紧跟施工方案给予充分肯定，并兴致勃勃地为参建职工讲解光面控制爆破施工工法。

▲3 日～7 日　铁道部副部长蔡庆华在宋抗常指挥陪同下，到渝怀铁路现场办公，对总公司管段工程质量、施工进度、安全文明生产、环境保护工作给予高度评价。

▲4 日　山西省省长刘振华视察大运高速公路建设工地，专程看望获全线劳动竞赛第一名的中铁十七局集团公司一处参建职工。

▲5 日　总公司党委批复同意国内工程公司厦门分公司改设党委、增设纪委。

▲6 日　山西省副省长杜五安专程视察中铁二十局四处承建的大运高速公路二合同段工程，对工程进度和施工质量表示满意。

▲同日　中铁十二局集团公司为建设青藏铁路投巨资购买的 2 台意大利生产的世界上最先进的旋挖钻机运往青藏铁路建设工地。

▲6 日～12 日　中央企业工委副书记王瑞祥率慰问团，在总公司李国瑞书记、夏良振主席、宋抗常指挥陪同下，到渝怀铁路检查指导工作并进行慰问演出，对总公司系统工程施工、基层党建、思想政治工作及“三线”建设给予高度赞扬。

▲7 日　中铁十七局集团公司厦门工程处承建的全国首座新型环岛跨海大桥在厦门落成，中共中央政治局委员、国务院副总理吴邦国出席通车仪式。

▲8 日～11 日　国务院派驻总公司监事会一行 5 人在监事会主席丹笑山率领下，视察总公司深圳分公司和中铁十二局集团公司深圳地铁工地。

▲9 日　铁道部副部长蔡庆华视察洛湛铁路总公司管段建设工地。

▲10 日　中铁十六局参建的中国最长的双线电气化铁路——武广电气化铁路全线开工仪式在长沙举行，铁道部副部长蔡庆华、湖南省常务副省长周伯华等出席开工仪式。

▲11 日　国家档案局局长毛福民率国家档案行政执法检查组到总公司机关进行档案行政执法检查，对总公司系统职工队伍及档案业务建设给予高度评价，称赞总公司机关档案工作在 180 余家中央大型企业中是比较好的。总公司王振侯总经理、邹才华、夏国斌副总经理及张惠江总会计师等参加档案行政执法检查。

▲同日　总公司王振侯总经理与丹凤工程指挥部指挥琚建明签订《西安南京铁路 A 土－10 标段经济责任承包合同书》。这是总公司本级工程指挥（项目）部落实经济承包责任制签订的第一份内部承包合同。

▲12 日　铁道部副部长孙永福、总后勤部军交运输部副部长林连超等到黄河铁路舟桥训练场，视察铁道战备舟桥处担负的铁路舟桥综合演练。孙永福副部长对演练给予高度评价。

▲13 日　铁道部副部长孙永福到中铁十四局集团公司青藏铁路施工现场视察，并为该集团公司题词：“建设青藏铁路，再创辉煌业绩”。

▲13 日～26 日　总公司工会主席夏良振率工作组到渝怀铁路施工现场检查指导“建家建线”工作。

▲15 日～17 日　总公司办公室工作经验交流会在山西太原中铁十二局集团公司机关召开。会议交流办公室工作经验，研讨在建立现代企业制度新形势下全面加强办公室自身建设问题，王振侯总经理到会讲话。

▲16 日　中铁十七局集团公司在山西太原挂牌成立。山西省省委秘书长申联彬、中央企业工委办公厅副主任王允光、铁道部总经济师王奎中及总公司王振侯总经理、靳尚忍副总经理、霍金贵副书记等出席成立大会。

▲17 日～18 日　铁道部部长傅志寰、副部长蔡庆华视察内昆铁路建设工地，称赞中铁十七局集团公司“工程质量过硬”。

▲18 日　中华全国总工会书记处书记纪明波率考察调研组，专程到中铁十七局集团公司进行考察调研，称赞该集团公司工会工作有创意、有深度、有示范指导意义。

▲19 日　内昆铁路在云南昭通全线铺通。中共

中央政治局委员、国务院副总理吴邦国致电祝贺，铁道部部长傅志寰、副部长蔡庆华及云南省省委书记令狐安出席铺通庆典。内昆铁路全长 872 公里，总投资 120 余亿元。总公司系统 10 个集团公司(工程局)及部分直属单位参加内昆铁路修建。

▲同日　铁道部副部长蔡庆华一行在赵之义指挥陪同下，视察内昆铁路总公司管段工程。

▲20 日　中铁十一局集团公司三公司承担的新长铁路第二期铺架工程全线铺通。

▲同日　中铁十六局四处承建的宜昌云集隧道获湖北省优质工程“楚天杯”奖。

▲20 日～11 月 4 日　国务院派驻总公司监事会一行在丹笑山主席和杨涛主任率领下，对总公司部分下属单位进行检查指导，对企业的工作作风、工作态度和取得的成就表示满意。张惠江总会计师和财务部领导分别陪同检查。

▲20 日～11 月 30 日　根据公安部统一部署，全警动员、全力以赴开展“网上追逃”专项行动，捕获在逃案犯 49 人，破获刑事案件 177 起，查处治安案件 823 起，消除了一批社会隐患。

▲23 日～25 日　总公司职业技能鉴定工作会暨工资制度改革座谈会在厦门中铁十七局集团公司六处召开，邹才华副总经理出席会议并讲话。

▲23 日～29 日　总公司夏国斌副总经理、王兆林副总工程师在宋抗常指挥陪同下，到渝怀铁路检查指导工作。

▲24 日　中铁十八局集团公司承建的中国最大断面导流洞——湖北清江水布椏枢纽电站导流洞创造单面月掘进 258 米的施工新纪录。

▲25 日　中铁十二局集团公司在福建三明—福州高速公路梅列互通立交桥进行现浇梁支架静载顶压试验中，由于临时支架有缺陷，施工不规范，造成支架突然坍塌、27 名作业人员被埋压，导致外部劳务人员 6 人死亡、4 人重伤、17 人轻伤的重大伤亡事故。

▲26 日　总公司关心下一代工作委员会召开成立 10 周年总结表彰电话会议，总结关心下一代工作，表彰先进集体和先进个人，邹才华副总经理、彭树贵副书记到会讲话。

▲28 日　北京中铁建设有限公司承建的中国最大的科技图书馆——中国科学院图书馆建成。北京市副市长汪光焘、中科院副院长陈宜瑜、中国建筑业协会会长吴之乃及总公司王振侯总经理、范德副总经理等出席落成典礼。

▲同日　中铁十八局集团公司承建的尼日利亚阿扎里公路工程竣工，尼日利亚奥巴桑乔总统出席竣工典礼。

▲30 日　铁道部副部长孙永福冒着凛冽寒风、踏着皑皑白雪，视察中铁二十局承建的世界第一高隧——青藏铁路风火山隧道(轨面海拔 4 905 米)和北麓河厚层地下冰路基试验段建设工地，亲切看望参建职工，并分别为建设者题词：“奋战高原、科技攻关，建造世界第一高隧”和“中铁二十局北麓河试验段”。

▲下旬　在“999 杯”中国产业经济好新闻颁奖大会上，《中国铁道建筑报》报社 3 篇作品分获一、二、三等奖，3 篇作品获中国新闻三等奖。

▲9 月　中铁十五局集团公司推行的“模拟菲迪克条款管理”获“全国工程建设企业管理现代化成果”一等奖。

▲9 月　中铁十一局集团公司三公司在秦沈客运专线沙河特大桥首次采用长枕埋入式无碴轨道铺设取得成功，该项技术成果填补了中国大桥长枕埋入式无碴轨道施工技术空白。

▲9 月　总公司总医院荣获首都精神文明建设委员会授予的“首都创建文明行业活动规范化服务达标单位”称号。

▲9 月　中国管理科学学会、中国企业家联合会授予中铁十一局集团公司电务工程公司董事长郑斌“中国建设系统建筑功勋人物”称号。

▲9 月　总公司党委根据中央企业工委和中央宣传部的要求，组成工作组对刘清华事迹进行深入采访报道。

▲9 月　中铁十三局集团公司荣获吉林省“精神文明建设先进单位”称号。

▲9 月　总医院完成第 21 届世界大学生运动会医疗救护任务，获北京市卫生局和世界大学生运动会组委会荣誉奖。

▲9 月　由总公司、房山桥梁厂、铁道科学研究院、长沙铁道学院、铁道专业设计院、中铁十九局集团公司共同开发的“秦沈客运专线箱梁预制技术”通过铁道部科教司组织的评审，该项成果填补了国内技术空白。

▲9 月　中铁物资集团公司组成债权债务清理领导小组，对中南办事处 21 个工点清查结果：中南办事处债权23 475万元；债务21 637万元。

十月

▲国庆期间　中共中央政治局常委、全国人大常委会委员长李鹏偕夫人朱琳冒雨视察中铁十九局集团公司一公司承建的重庆市酉阳防洪工程。

▲7日～14日　总公司在深圳召开人事(干部)处长座谈会,研讨改制企业人事管理问题,并参加"三项制度改革"培训。

▲10日　总公司安全生产工作紧急会议在京召开。会议贯彻中央企业安全生产工作座谈会精神,剖析近期发生的两起重大事故原因。王振侯总经理、李国瑞书记、夏国斌副总经理、夏良振主席等强调搞好专项整治,遏制重大事故。

▲同日　甘肃省山丹县冷龙岭引水隧道出口段工程,被中国企业联合会、中国企业家协会认定"创国内同类引水隧道工程海拔最高、月平均掘进最长纪录"。

▲11日　中铁十八局集团公司和所属8个子公司在总公司系统率先通过ISO9000:2000版标准质量体系认证。

▲同日　成立总公司保险代理处和天津中铁工程项目经理部。

▲11日～12日　总公司审计处长工作研讨会在湖北十堰召开。会议对建立现代企业制度新形势下,如何强化审计监督职能、服务企业改革发展等问题进行了深入研讨。

▲12日　中铁十五局集团公司在河南洛阳挂牌成立。河南省副省长张以祥、铁道部总工程师王麟书、中国施工企业管理协会副理事长胡新欣及总公司王振侯总经理、靳尚忍副总经理、霍金贵副书记、张惠江总会计师等出席成立大会。

▲13日　铁道部、河南省在中铁十五局集团公司承建的西安南京铁路南阳西站建设工地举行铺轨仪式,铁道部副部长蔡庆华、河南省副省长张洪华等出席铺轨典礼。

▲16日　铁道部副部长蔡庆华视察秦沈客运专线铺架施工现场,称赞房山桥梁厂生产的桥梁产品质量好、用户放心。

▲同日　国务院派驻总公司监事会主席丹笑山在张惠江总会计师陪同下,到秦沈客运专线施工现场视察。

▲16日～17日　昆明中铁机械厂引进德国ROBEL公司技术生产的4种小型养路机械在北京通过铁道部组织的技术审查,标志该厂具备大、中、小型养路机械生产能力。

▲16日～20日　铁道部部长傅志寰、副部长蔡庆华在部秦沈客运专线建设总指挥部领导及总公司王振侯总经理等陪同下,到总公司管段视察工作。

▲18日　总公司党委书记李国瑞到中铁十七局集团公司远通公司承建的北京城市轨道交通工程建设工地检查指导工作,强调工程质量要好,外观也要美观好看。

▲同日　总公司扈振衣副总经理到秦沈客运专线检查指导工作。

▲同日　中铁十一局集团公司一公司承建的楚天铁路第一长桥、全长3 968.64米的钟祥汉江特大桥预应力混凝土连续箱梁顺利合龙。

▲19日　交通部部长黄镇东、江苏省省长季允石在省交通厅厅长章俊元陪同下,视察中铁二十局承建的(南)通启(东)高速公路建设工地。

▲同日　中铁十六局承建的塞浦路斯罗密欧高架桥右线通车。

▲21日～23日　铁道建筑公安局重点工程建设治安管理现场会在西安南京铁路总公司丹凤工程指挥部召开,邹才华副总经理到会讲话并检查指导指挥部工作。

▲22日　中铁十一局集团公司在湖北襄樊挂牌成立。湖北省省委宣传部部长缪合林、铁道部总工程师王麟书、铁道部青藏铁路有限责任公司筹备组组长卢春房及总公司党委书记李国瑞、副总经理何能金、邹才华和党委副书记霍金贵等出席成立大会。

▲24日　总公司副总经理邹才华与铁道建筑公安局局长刘彦照一行,到西安南京铁路建设工地检查爆炸物品管理情况。

▲24日～26日　总公司在中铁二十局乐山医院召开卫生工作会议,研讨医疗体制改革、分离企业办社会职能等问题,总结布置医疗卫生工作,何能金副总经理出席会议并讲话。

▲25日　中铁十二局集团公司三公司承建的中国首座自锚式柔性悬索钢桁梁桥——广西桂林丽泽桥钢桁梁胜利合龙。

▲同日　总公司与秦沈客运专线工程指挥部签订《新建铁路秦皇岛至沈阳客运专线B26、B28、B30标段经济责任承包合同书》。

▲28日　辽宁省省委书记闻世震视察中铁十九局集团公司三公司承建的丹本高速公路建设工地,亲切会见参建职工,高度赞扬顽强拼搏、甘于奉献的"铁军"精神。

▲29日　房山桥梁厂生产、用于秦沈客运专线的中国第一榀"24米预应力双线整孔简支箱梁生产技术"通过铁道部组织的专家鉴定,该成果填补了国内空白。

▲同日　总公司批准铁道建筑研究设计院以原名称改制注册。

▲29日～30日　总公司老年体协第6次会议在福州中铁十八局集团公司华东办事处召开。会议总结、布置老年体协工作,交流经验,增补体协成员。总公司工会主席夏良振、体协主席姜培敏、顾问刘秉顺到

会讲话。

▲30日　总公司党委副书记霍金贵到干校公布原校长杜户才改任调研员、邓光煜任校长的任免命令。

▲同日　福建省副省长黄小晶一行到中铁十四局集团公司承建的三明高速公路涌溪大桥工地视察。

▲10月　铁道部副部长蔡庆华到正在建设中的洛湛铁路建设工地检查指导工作。当看到中铁十一局集团公司三公司施工的路基工程平面如镜、棱角分明,当即对随行的建设单位负责人讲:洛湛铁路的路基施工,就照中铁十一局集团公司的标准干。

▲10月　山西省省长刘振华视察新原高速公路建设工地,称赞中铁十七局集团公司一处承建的14标段工程质量创誉三晋。

▲10月　由国家经贸委、铁道部等单位领导和专家参加的JZ-24型箱形梁架造一体机现场观摩会,在秦沈客运专线下枣山大桥施工现场召开。该机由铁道建筑研究设计院设计、山海关桥梁厂制造,集造桥和架桥于一体,属国内、国际首创。

▲10月　中铁十八局集团公司二公司承建的3座桥梁入选第六批中国企业新纪录:南昆铁路八渡南盘江特大桥在74米高的桥墩上建造23米高的V型支撑,建成世界V型支撑第一高桥;内昆铁路李子沟特大桥建筑高度161.1米,是集群桩、大跨、高墩、长联为一体的国内第一大桥;广西梧州桂江三桥是采用竖向转体技术建成的国内跨度最大的钢管混凝土拱桥。

▲10月　中铁十七局集团公司获《半月谈》思想政治工作创新"双优奖",并获全国50名"双优奖"中的"特等奖"(前10名)。

十一月

▲1日　国家环保总局副局长王玉庆视察北京中铁建设有限公司承建的国际金融中心建设工地,对环保工作给予高度评价。

▲同日　成立总公司长江重要堤防工程荆南项目部。

▲2日　国务院总理朱镕基、德国总理施罗德为上海磁悬浮列车导轨梁起运剪彩,并亲切接见养马河桥梁厂厂长王长留、总工程师田宝华。

▲2日～4日　总公司战备器材管理现场会在铁道战备舟桥处马鞍山战备基地召开,夏国斌副总经理出席会议并讲话。

▲4日　中铁十五局集团公司电务公司承建的中国首条WG-21A型信号自动闭塞铁路——哈大铁路十里河至大石桥段全段开通,结束了中国引进法国UM71技术的历史,为铁路提速提供了可靠的技术保证。

▲同日　总公司在鹰潭战备材料总厂召开社会保险工作会议,研讨生育保险及建立社会保险制度问题。

▲同日　中铁十五局集团公司一公司承建的成达铁路万山寺隧道发生拱部塌方质量事故。11月13日恢复运营。

▲5日　中国对外贸易经济合作部主办的"2001年中国工程和技术展览会"在阿联酋沙迦隆重开幕,总公司贯彻"走出去"发展战略、抢滩中东建筑市场,首次组团参加这类展览会。

▲同日　神延铁路顺利通过由铁道部、陕西省联合组成的初验委员会验收。

▲6日　总公司党委书记李国瑞、副总经理何能金率各集团公司领导37人,在刘再华副局长陪同下,观摩、考察中铁十六局承建的上海磁悬浮列车示范线第四施工段工程。

▲8日　中铁十八局集团公司董事长赵广发到尼日利亚检查该集团公司承建工程时,在总统府受到奥巴桑乔总统的亲切接见。总统对赵广发说:"你们在尼日利亚干得不错。尼日利亚市场很大,我们欢迎像EEC这样有实力的公司参加尼日利亚建筑市场的竞争。"

▲同日　全国人大、河南省人大视察团一行30余人在河南省人大副主任钟力生、夏宗勇带领下,视察西安南京铁路南阳西站和铺轨基地。

▲8日～9日　总公司党委一届二次全体(扩大)会议在北京召开。会议贯彻落实党的十五届六中全会《决定》精神,集中研讨全系统结构调整、资产重组问题,统一思想,形成共识,为总公司年底进行的结构调整、资产重组奠定了思想基础。李国瑞书记、王振侯总经理到会作重要讲话。

▲9日　总公司职工思想政治工作研究会第三届暨第六次会议在北京召开。会议总结、部署企业党建和思想政治工作,表彰先进,选举产生总公司思想政治工作研究会第三届理事会。李国瑞、霍金贵、彭树贵、张宏正、邹才华等总公司领导出席会议并讲话。

▲同日　西藏自治区主席列确及部分人大代表视察中铁十八局集团公司青藏铁路建设工地。

▲11日　国家体育总局授予中铁十一局集团公司"全国群众体育先进单位"称号;授予该集团公司董事长段昌炎"全国群众体育先进个人"称号。

▲12日　中铁十六局承建的北京友谊医院新急诊综合大楼举行奠基仪式,全国人大常委会副委员长何鲁丽、北京市副市长汪光焘和陈树林局长等为大楼奠基。

▲13日　中铁十四局集团公司王长利的报告文学《沉重的跨跃》获"共和国的脊梁"全国报告文学大型征文二等奖。

▲14日　陕西省省长程安东在省交通厅厅长乌小健陪同下，视察中铁二十局承建的榆靖高速公路硬地梁河特大桥建设工地。

▲16日　中铁十六局利用德国政府贷款采购两台地铁盾构机合同签字仪式在北京举行。国家计委、财政部、铁道部及总公司有关领导出席合同签字仪式。

▲17日　"城市地下铁道工程暗挖法劳动定额研究"、"高等级公路连续刚构桥梁工程劳动定额研究"通过劳动和社会保障部、建设部、铁道部有关专家评审，填补了劳动定额有关标准空白。

▲20日　国家对外贸易经济合作部批准总公司所属中国铁道建筑(香港)有限公司转为在港长驻公司，经营范围为在港承建工程及与工程有关的设备、物资等进出口贸易。

▲22日　中铁十八局集团公司承建的西安南京铁路东秦岭隧道平导提前7个月掘进至分界线，并创造小断面人工钻爆日掘进25.1米、月掘进406.8米、平均月掘进292.5米三项全国最高纪录。

▲24日　中铁十二局集团公司一公司在广东梅汕高速公路兵营子大桥架梁过程中，由于架桥机零部件出现故障，致使架桥机倾覆，造成6人死亡、1人重伤的重大伤亡事故。

▲24日～28日　中铁十一局集团公司二、三、四公司档案工作目标管理通过国家一级认定，国家档案局、湖北省档案局及总公司档案馆参加认定。至此，中铁十一局集团公司所属立档单位全部通过省部级以上认定，其中7个主要施工企业全部通过国家一级认定，是总公司系统首家实现"满堂红"的单位。

▲25日　陕西省省长程安东视察神延铁路建设工地，对中铁十一局集团公司四公司承建的绥德车站连声赞叹："太靓了，简直像进了花园！"

▲26日　在北京人民大会堂举行的第七届全国职业道德"双十佳"表彰会上，中铁十一局集团公司电务工程公司荣获"全国职业道德建设十佳单位"称号；中铁十四局集团公司三处宝兰铁路项目部项目经理田执祥荣获"全国职工职业道德先进个人"称号。中共中央政治局常委、中华全国总工会主席尉健行和中共中央政治局委员、中宣部部长丁关根亲切接见电务工程公司董事长郑斌等"双十佳"代表。

▲同日　中铁二十局与北京科技大学共同研制的世界海拔最高的青藏铁路风火山隧道医用制氧站建成投产，填补了世界高海拔制氧技术空白。

▲同日　成立总公司同三线青岛项目部。

▲26日～12月13日　总公司工会主席夏良振受中央企业工委委托，参加中央企业厂务公开指导组，到中国一汽集团、中国包装总公司、中国生物总公司、中国普天信息集团公司等单位进行厂务公开调研。

▲27日　总公司领导召集中铁物资集团公司及中南办事处主要领导，专题研究中南办事处债权债务情况。

▲28日　总公司、总公司党委颁发《关于将部分直属单位划转集团公司(工程局)管理的决定》和《关于部分直属单位结构调整资产重组的决定》，进行兵改工以来以资产重组、结构调整为中心的第二次重大改革。这次改革，涉及职工26 410人，总资产40亿元、净资产15.6亿元。

▲11月　铁道部部长傅志寰、副部长蔡庆华在铁道部秦沈客运专线建设总指挥部指挥长郭守忠陪同下，到中铁十一局集团公司三公司铺轨现场检查指导工作。

▲11月　中铁十六局三处承建的"义乌宗泽大桥V型墩施工技术"通过浙江省交通厅组织的专家评审，认定该处发明的"平衡托架施工法"属国内首创，建议在国内桥梁建设V型墩施工中推广。

▲11月　中铁十九局集团公司三公司从意大利引进中国第一台大型自行式全自动全液压管棚钻机，并在西安试钻成功。

十二月

▲2日～8日　铁道部秦沈客运专线第一次内燃动车组综合试验在总公司管段进行，最高时速达210公里。铁道部副部长孙永福、总工程师王麟书亲临现场指导试验，对试验区间的工程质量给予高度评价。

▲4日　总公司在京召开2001年年度决算暨2002年年度预算会议，王振侯总经理、张惠江总会计师强调要做好重大变革时期的财务工作，适应新的经济形势发展的需要。

▲4日～6日　总公司团工委在渝怀铁路召开青年职工"创新创效"活动现场推进会，中央企业团工委青年处处长彭诚强、总公司党委副书记彭树贵、总公司渝怀铁路工程指挥部指挥宋抗常等到会讲话。

▲4日～9日　中铁十七局集团公司代表总公司，组队参加在柳州局举行的全路第16届老年门球赛，获第一名。

▲5日　由《中国铁道建筑报》社和中国摄影家协会联合举办的《大路影展》，在中国人民革命军事博物馆开展。最高人民检察院检察长韩杼滨致电祝贺，中

国摄影家协会主席高帆、中国记协国内部主任王大龙及总公司王振侯总经理、李国瑞书记为影展剪彩。影展展出作品250余幅，是一部反映总公司50余年战斗历程的威武雄壮的创业史诗。

▲同日　中铁十三局集团公司二处中标马来西亚KK市立交桥工程，在马来西亚设立项目经理部。

▲同日　中铁十三局集团公司开发的"城市地铁浅埋、大跨度、小间距隧道信息施工技术研究"通过专家鉴定，达到国际先进水平。

▲7日　国家经贸委下发《关于同意设立中铁养马河工程股份有限公司的批复》。

▲8日　铁道部和福建、江西两省分别在古田、赣州举行赣龙铁路开工典礼。铁道部部长傅志寰、福建省省委书记宋德福出席开工典礼，称赣龙铁路是"新长征路"。赣龙铁路全长290.1公里。

▲同日　中铁十一局集团公司开发的"钢筋混凝土箱型拱建桥技术"通过河南省科技厅组织的成果鉴定，该技术居于国内领先水平。

▲9日　中国记协名誉主席、原新华社社长、著名记者穆青，在总公司李国瑞书记、霍金贵副书记陪同下参观《大路影展》。

▲10日　总公司王振侯总经理、李国瑞书记在北京召集中铁路桥集团公司领导班子成员开会，对组建路桥集团公司提出要求。

▲同日　胶新铁路开工动员大会在山东临沂北站隆重举行。

▲11日　总公司王振侯总经理在西安南京铁路工程指挥部杨海峰副指挥、国内工程公司刘国志总经理及中铁十八局集团公司董事长赵广发等陪同下，到总公司丹凤工程指挥部及桃花铺1号隧道建设工地检查指导工作。

▲12日　湖北省科技厅认定中铁十一局集团公司为"湖北省高新技术企业"。

▲13日　昆明机械厂更名为昆明中铁机械厂。

▲同日　昆明中铁机械厂《利用外国政府贷款购置关键设备技术改造可行性研究报告》，在北京通过专家评审。

▲16日　水柏铁路全线铺通。水柏铁路全长118.5公里，总投资32.47亿元。

▲18日　由养马河桥梁厂、铁道专业设计院、中铁宝桥股份有限公司等五家企业共同发起设立的"中铁养马河工程股份有限公司"在四川成都正式挂牌成立。四川省、成都市有关领导及总公司李国瑞书记、靳尚忍副总经理、彭树贵副书记等出席挂牌仪式。

▲同日　总公司对资产重组、企业重构单位的档案处置工作作出具体规定，规范了资产与产权变动中的档案管理工作。

▲18日～20日　总公司工会常委扩大会在浙江湖州中铁十六局三处召开。会议总结、部署工会工作，研讨改制后工会工作创新问题，夏良振主席到会作工作报告。

▲19日　朔黄铁路神肃段电气化工程在西柏坡站隆重举行开通仪式。铁道部副部长蔡庆华、神华集团公司总经理陈必亭及朔黄铁路有限公司总经理薛继连等为开通剪彩。

▲同日　中铁十三局集团公司组建刘清华事迹报告团，赴北京中央企业工委做事迹报告。

▲同日　中铁二十局通过陕西省精神文明建设检查团"省级文明单位"验收。

▲同日　铁道部副部长蔡庆华视察朔黄铁路"四电"工程，对中铁二十局在全线率先成功开通"四电"给予高度评价。

▲20日　中铁十七局集团公司六处承建的厦门市湖里立交桥建成通车。该桥采用小半径曲线连续梁、直线拱和偏心吊杆等具有世界领先技术的特殊结构建造，科技含量被专家认定为全国首创、亚洲领先。

▲21日　中铁十五局集团公司承建的西安绕城高速公路西姜村立交桥提前3个月胜利贯通，交通部部长胡希捷、陕西省交通厅厅长乌小健等出席贯通典礼。

▲同日　总公司决定将工厂局机关(含机关服务中心)与北京海石丰工业科技开发公司重组。

▲22日　中铁十一局集团公司五公司承建的被称为"中国第一、亚洲第二"小曲线半径悬灌式公路大桥——安(康)石(泉)公路汉江大桥建成通车。这是继日本之后，中国建成的亚洲第二座小曲线半径悬灌大桥。

▲24日　中铁十四局集团公司承建的京福高速公路泰安西天平立交桥和参建的芜湖长江大桥分获中国建筑工程鲁班奖(国家优质工程)。

▲同日　西南办事处改制工作全面完成，成都市工商行政管理局向其正式颁发"成都中铁建西南物资有限公司"法人营业执照。

▲25日　总公司王振侯总经理与内昆铁路工程指挥部指挥赵之义签订《内昆铁路昭通—六盘水南段经济责任承包合同书》。

▲同日　内昆铁路总公司总承包段工程施工承发包合同签字仪式在北京举行，王振侯总经理分别与各集团公司(工程局)领导在合同上签字。

▲同日　铁道部下发铁劳卫〔2001〕485号文，明确从2001年1月1日起，铁道战备舟桥处移交济南铁路局管理。

▲26日　中铁十四局集团公司在山东济南挂牌成立。山东省人大常委会副主任李文全、中央企业工委办公厅副主任王允光、总公司党委书记李国瑞等出席成立大会。

▲同日　中铁十九局集团公司在辽宁辽阳挂牌成立。辽宁省、辽阳市、铁道部领导前往祝贺，王振侯总经理、何能金副总经理等出席成立大会。

▲同日　中铁十七局集团公司被国家工商管理总局命名为首批“重合同、守信用企业”。

▲28日　铁道建筑研究设计院获国家工商行政管理总局颁发的《营业执照》，由科技事业单位转制为科技型企业。

▲同日　总公司拨款11 160万元购置的12台SS_4型电力机车投入神朔铁路运营。

▲29日　铁道部部长傅志寰乘坐轨道车视察水柏铁路，对担负铺架任务的中铁十一局集团公司三公司扎实的工作表示满意。

▲同日　由总公司财务部、海外公司及中铁十七、十八局集团公司和石家庄铁道学院共同完成的“施工企业合并会计报表编制实务研究”通过总公司组织的评审，该成果达到国内先进水平。

▲30日　株六复线比原计划提前15个月正式投入运营。国务院总理朱镕基、副总理吴邦国致电祝贺，铁道部部长傅志寰、副部长蔡庆华及四川、贵州、湖南三省领导出席在贵阳举行的开通典礼暨表彰大会。株六复线全长1 139公里，新建复线853公里，为国家一级电气化铁路，总投资200.6亿元。湖南、贵州段分别于1998年5、6月开工，2001年12月相继完工。总公司系统8个工程局(集团公司)参加施工。

▲31日　经总公司研究决定，颁发国内工程公司、北京铁建工贸集团公司、中铁物资集团公司机构编制指导意见。

▲同日　成立总公司东深分水工程6标段、7标段项目部及龙岩公路工程项目部和晋江中谷粮库工程项目部；将中铁二十局所属城建总公司划归北京中铁建设有限公司管理。

▲同日　中铁十五局集团公司六公司再次被河南省委、省人民政府命名为“文明单位”。

▲12月　铁道部工程管理中心主任施德良在中铁十八局集团公司董事长赵广发的陪同下，视察西安南京铁路东秦岭隧道建设工地，称赞“中铁十八局集团公司在东秦岭隧道施工中为全线带了好头，为长大隧道钻爆法施工树立了典范”。

▲12月　中铁十六局一处实现连续十年无交通安全责任事故，多次受到上级表彰。

▲12月　青海省人民政府授予中铁十二局集团公司青藏铁路工程指挥部“爱国卫生先进单位”牌匾。这是全线惟一获此殊荣的施工企业。

▲12月　中铁十六局开发的“大跨度连续刚构桥墩梁结合部施工工法”、“岩锚梁施工工法”、“桩柱支撑法修建浅埋暗挖大跨度地铁车站工法”被评为国家级工法，是全国获国家级工法最多的施工企业。

▲12月　中铁十六局承建的塞浦路斯罗密欧高架桥右线建成通车。塞浦路斯交通部部长、农业部部长、中国驻塞浦路斯大使等出席开通仪式。

▲12月　世界上海拔最高(轨面海拔4 905米)、覆盖层最薄、地质条件最差、冻土层最厚、冰冻区最长、年均气温最低、氧气含量最小、科研项目最多的高原永冻土隧道——青藏铁路风火山隧道顺利攻克冰川地带，标志着中国冻土隧道施工已走在世界前列。

▲12月　中铁十六局五处承建的川藏公路二郎山隧道正式投入运营，并被交通部授予“1999年～2001年全国公路建设质量年活动十佳优秀项目”荣誉称号。

▲12月　中铁十九局集团公司三公司承建的哈大铁路电气化改造工程金州编组站荣获2001年度中国建筑工程鲁班奖(国家优质工程)。

▲12月　中铁十八局集团公司获总公司系统新闻报道第一名。

▲12月　中铁十五局集团公司承建的西安市未央路立交桥被授予“全国青年文明号”工程称号。中铁十五局集团公司荣获“全国‘安康杯’竞赛优胜企业”称号。

▲2001年　总公司系统承揽工程任务404亿元，为年度计划的126.25%；完成企业总产值366.6亿元，为年度计划的114.4%，承揽任务和完成产值均创历史新高。全年正线铺轨1 181公里，完成隧道209 418延长米、桥梁218 597延长米，建成公路830公里，实现“十五”良好开局。　(刘贤福　杨启燕)

2001 年 6 月 29 日，青藏铁路格拉段全线开工典礼分别在格尔木和拉萨举行。图为出席开工典礼的参建职工。（曹战锋 摄）

概 况

本栏责任编辑 刘贤福

概　况

【简况】　中国铁道建筑总公司(以下简称总公司)是经国家批准具有工程总承包一级资质和拥有对外经营权的国有特大型建筑施工企业集团。其前身是中国人民解放军铁道兵,组建于1948年7月5日;根据国务院、中央军委决定,于1984年1月1日集体转业并入铁道部,改称铁道部工程指挥部;根据国家机构编制委员会批准的《铁道部"三定"方案》精神,于1989年7月1日撤销铁道部工程指挥部,成立中国铁道建筑总公司;根据国务院批准的《关于铁路非运输企业政企分开方案》精神,于2000年9月28日与铁道部实施政企分开,归中共中央企业工作委员会(以下简称中央企业工委)管理。现为中央企业工委领导下的集资本经营和生产经营为一体的具有法人资格的国有特大型企业。主要经营范围:承担铁路、公路、桥梁、隧道与地下工程、水利、电力、机场、港口、矿山、市政、工业与民用建筑等工程的设计、施工、设备安装、工程监理,以及工业生产、物资贸易、新线铁路运输等多种经营;通过国际建筑市场投标竞争,承建国际工程项目。

下辖中铁第十一至二十局集团公司(工程局),以及铁道建筑研究设计院、国内工程公司、海外公司、中铁物资集团公司、中铁路桥集团公司、北京铁建工贸集团公司、北京中铁建设有限公司、北京铁城建设监理有限责任公司、昆明中铁机械厂、石家庄铁路工程职业技术学院、总公司干校(党校)、总医院等单位。108家企业具有施工企业资质证书,其中工程总承包一级资质3家,大型一级资质8家,一级资质69家,二级资质25家,三级资质3家。经审核批准的项目经理共3 647人,其中一级项目经理2 323人。总公司本级及所属集团公司(工程局)、公司(工程处)、北京中铁建设有限公司、国内工程公司等101家主要施工企业均通过ISO9002标准质量体系认证并获得证书。

年末职工总数171 370人,其中干部51 029人。干部中专业技术干部44 673人,占干部总数的87.5%;技术干部中高级职务2 476人,中级职务14 466人,初级职务27 710人;铁道部以上有突出贡献的中青年专家36人,铁道部青年科技拔尖人才87人,享受政府特殊津贴人员145人,詹天佑基金奖获得者13人,詹天佑铁道建筑专项基金奖获得者23人。技术工人83 826人,占工人总数的74.3%;其中技师、高级技师2 056人,高级工14 853人,中级工29 812人,初级工6 981人。工人平均年龄36岁。

年末资产总额363.7亿元,其中流动资产267.8亿元,固定资产原值121.1亿元、净值75.1亿元。实有机械设备19 684台(套),其中主要施工机械设备7 702台(套),总功率1 135 149千瓦,人均动力装备率7.41千瓦、技术装备率16 210元;主要机械设备完好率93.95%、利用率70.46%,新度系数0.572。实有汽车8 396辆,总功率791 390千瓦,人均动力装备率5.17千瓦、技术装备率5 276.8元;车辆完好率92.9%、运输车利用率54.2%,新度系数0.51。

全年承揽工程任务1 129项,投资总额408亿元,其中承揽铁路工程216项,投资102亿元,占承揽工程任务总额的25.5%。完成企业总产值376.7亿元,其中施工产值346.1亿元,实现利润29 112万元。完成主要实物工程量:路基土石方28 971万立方米,隧道237 042延长米,桥梁235 169延长米;正线铺轨1 281.95公里、站线铺轨309.28公里;架设通信线路15 092条公里,其中光缆线路13 667条公里;建成公路1 329.88公里,其中高速公路778.61公里。国有资产保值增值率102.7%,资产负债率71.83%,经营性资产收益率2.15%,产值利润率0.77%。

认真贯彻党中央关于"走出去"的发展战略,已在新加坡、巴基斯坦、塞浦路斯、尼日利亚、沙特阿拉伯及香港、澳门等国家和地区承建工程。全年新签海外经营合同额9 152美元,完成营业额1.09亿美元。总公司相继中标香港西部和东部铁路建设,获准在香港设立永久性公司。连续六年入选"全球225家最大承包商"和"国际225家最大承包商"。　(刘贤福)

【工作综述】　2001年是"十五"计划的开局年,也是实施总公司二次变革发展的起步年。总公司在中央企业工委的正确领导和国务院有关部委及派驻监事会的关怀指导下,坚持以"三个代表"重要思想和党的十五大精神为指导,以生产经营为中心,以发展为主题,以改革为动力,内强管理、外拓市场,各项工作取得显著成绩,主要经济技术指标再创新高,企业改革取得重大突破,实现"十五"首战告捷目标。

1. 企业经济效益实现历史性突破,经济运行质量显著提高。各单位继续贯彻执行"适度规模、精耕细作、最佳效益"的经营方针,通过实施精揽细管、成本控制等有效措施,强化集约经营,推动企业经济效益持续攀升。增强资产管理意识,加大财务内控、资金管理、盘活资产、清欠回收等工作力度,提高了经济运行质量,确保了国有资产保值增值。总公司系统全年完成企业总产值367.76亿元,与2000年同比增长16.1%;实现利润2.91亿元,同比增长77%;国有资产保值增值率102.7%,产值利润率0.77%,缴纳各种税金11.2

亿元。在抓好生产经营的同时，在房地产、股票、证券等领域进行了资本经营探索，取得初步成效。

2. 培育、强化市场竞争能力，承揽任务再创历史新高。各单位紧紧抓住国家持续加大基础设施建设的历史性机遇，坚持以市场为导向，不断加强领导，充实经营力量，健全激励与约束机制，瞄准高、难、精、尖工程，积极拓展施工领域，承揽任务质量明显提高。全年共承揽工程任务408亿元，超额完成年度计划27.5%。其中，承揽铁路任务102亿元，占承揽总额的25.5%；承揽公路任务183亿元，占承揽总额的45.7%。有6个集团公司(工程局)承揽任务超过40亿元。10个集团公司(工程局)全部进入城市轨道交通建设市场，一些单位相继打进上海商用磁悬浮轨道工程、三亚国际工程以及西气东输、环保工程等新兴市场，施工领域取得新的突破。

3. 推进现代企业制度建设，企业改革取得重大进展。总公司系统现代企业制度的框架基本建立，中铁十一、十三、十四、十五、十七、十八、十九局集团公司和北京中铁建设有限公司正式挂牌运行。中铁十二局集团股份有限公司和中铁养马河工程股份有限公司已挂牌成立，正接受中国证监会的上市辅导。年内，在全系统范围内进行了重大资产重组与结构调整，将部分直属单位划转集团公司(工程局)、部分单位进行了资产重组与企业重构，涉及单位34个、员工26 410人、资产40余亿元，范围之广、力度之大，是兵改工以来前所未有的。通过资产重组与结构调整的平稳推进，盘活了存量资产，优化了资源配置，有利于国有资产保值增值。总公司认真贯彻建设部新颁布的企业资质管理规定，召开专题会议进行研究部署，年内已有三批企业按照新的资质管理标准进行对标就位。

4. 重难点工程进展顺利，安全质量工作相对稳定。总公司确定的14项重点工程进展顺利。内昆铁路提前完成铺轨计划，站后工程全面展开；秦沈客运专线超额完成年度铺轨任务，并按铁道部要求完成车速试验，时速达210.7公里；西安南京铁路重点工程进度加快，桥涵、路基工程基本完工；西康、神延铁路及株六复线顺利开通运营，朔黄铁路东段胜利铺通；昆石公路及深圳地铁等路外工程平稳推进。大多数单位安全生产形势稳定，有8个集团公司(工程局)安全生产达标，特别是中铁十三、十七、十九局集团公司未发生职工及民工因工死亡事故，全系统年度职工因工责任事故死亡率为0.129‰，控制在规定指标内。全年分项工程优良率94.7%，单位工程优良率96.3%，房建单位工程优良率84.2%，工程质量稳步提高。年内评出总公司优质工程61项，申报铁道部优质工程33项，6个单位在承建或参建的5项工程中获中国建筑工程鲁班奖(国家优质工程)。

5. 加大科技攻关力度，施工技术水平取得新的进步。紧密围绕秦沈客运专线、青藏铁路和城市轨道交通等重难点工程建设，集中力量组织科技攻关，在大跨度混凝土箱梁预制架设、一次跨区间无缝线路铺设、高原冻土地区施工、磁悬浮和地铁盾构施工技术领域相继取得突破。全年新立科研项目43项，通过省部级鉴定16项，获省部级科技进步奖4项；获国家级工法11项，是全国建筑业获国家级工法最多的一家。中铁十六局承建和参建的南昆铁路清水河大桥、八达岭高速公路工程获中国土木工程詹天佑大奖；中铁路桥集团公司成功地研制出磁悬浮列车导轨梁，并运用于上海磁悬浮商用铁路试验工程；针对青藏铁路建设中高原缺氧、多年冻土、环境保护三大技术难题开展科技攻关，有力地指导了施工生产；中铁十三局集团公司开发的城市地铁"浅埋、大跨度、小间距隧道信息施工技术"通过专家鉴定，被认定为具有"国内领先、国际先进水平"；昆明中铁机械厂与奥地利合作生产的09－32型捣固车已顺利下线，08－475型捣固车即将出厂。

6. 精神文明建设成效显著，队伍素质全面提高。组织全系统广大员工认真学习贯彻江泽民总书记"三个代表"重要思想、"七一"讲话和党的十五届六中全会精神，结合实际，大力开展作风建设、职业道德教育和思想政治工作，继续加强领导班子建设、基层党的建设、党风廉政建设和企业文化建设，队伍整体素质有了新的提高。涌现出"全国职业道德建设十佳单位"1个、"全国五一劳动奖状"获得单位1个、"全国质量效益型先进企业"2个、"全国优秀施工企业"3个、"全国用户满意企业"1个、"全国职工职业道德先进个人"1人、"全国五一劳动奖章"获得者1人、"全国优秀施工企业家"2人、"全国优秀项目经理"11人、"全路优秀项目经理"21人等一大批先进集体和模范人物。

(刘贤福　杨启燕)

主要经济技术指标比较

项　目	2001年	2000年	1999年
企业总产值(万元)	3767959	3166187	2779518
施工产值(万元)	3461119	2884451	2525209
全员劳动生产率(元/人年)	133021	120671	96986
实现利润(万元)	29112	16436	15094
工程成本降低率(%)	7.45	7.08	7.22

续　表

项　　目	2001年	2000年	1999年
产值利润率(%)	0.77	0.52	0.60
国有资产保值增值率(%)	102.7	102.1	101.77
经营性资产收益率(%)	2.15	2.54	2.76
工程质量优良率(%)	96.3	95.1	96.77
职工因工死亡人数(人)	8	20	32
职工人均年收入(元)	12057	10680	9761
职工人均住房面积(m^2)	9.81	8.28	7.88

(财务部、计统部、安质部提供)

【承揽任务、完成产值、实现利润创历史最好成绩】 2001年,总公司系统承揽工程任务408亿元,为年度计划的125.8%;完成企业总产值367.7亿元,为年度计划的118%;实现利润29 112万元,为年度计划的159%。承揽工程任务、完成企业总产值及实现利润均创总公司历史最好成绩。　(刘贤福)

【党和国家领导人视察、接见】 2001年,党和国家领导人多次视察总公司系统承建工程施工现场,亲切接见先进集体代表,激励了全体员工的斗志。

1月16日,中共中央政治局常委、国家副主席胡锦涛到塞浦路斯访问期间,在中国驻塞浦路斯大使馆亲切接见中铁十六局塞浦路斯罗密欧大桥工程项目经理部管理人员并合影留念。

1月,全国政协副主席陈锦华在安徽省省委书记王太华等陪同下,视察中铁十七局集团公司承建的徽杭高速公路黄山率水特大桥建设工地。

3月26日,中共中央政治局委员、国务院副总理吴邦国为中铁十九局集团公司参建的南京长江二桥通车剪彩。

5月11日,中共中央政治局委员、国务院副总理温家宝在北京市领导陪同下,视察北京中铁建设有限公司承建的北京永定河滞洪水库19标段工程,称赞“工程干的不错,要把这个势头保持下去。这项工程关系到首都人民的生命财产安全,一定要把工程质量抓好。”

6月16日,中共中央政治局委员、山东省省委书记吴官正等党政领导出席中铁十四局集团公司参建的京福高速公路泰安—曲阜段通车典礼。

7月19日,中共中央政治局委员、上海市市委书记黄菊和上海市市长徐匡迪视察中铁十六局承建的上海磁悬浮快速列车主线工程第一标段建设工地。

9月7日,中共中央政治局委员、国务院副总理吴邦国出席中铁十七局集团公司承建的全国首座新型环岛跨海大桥——厦门跨海大桥通车典礼。

国庆期间,中共中央政治局常委、全国人大常委会委员长李鹏偕夫人朱琳冒雨视察中铁十九局集团公司承建的重庆市酉阳防洪工程。

11月12日,全国人大常委会副委员长何鲁丽在北京市副市长汪光焘等陪同下,为中铁十六局承建的北京友谊医院新急诊综合大楼奠基。

11月26日,中共中央政治局常委、中纪委书记、中华全国总工会主席尉健行和中共中央政治局委员、中央宣传部部长丁关根等在北京人民大会堂向中铁十一局集团公司电务工程有限公司董事长郑斌颁发“全国职业道德建设十佳单位”奖牌,并受到亲切接见。

(刘贤福)

【国家优质工程】 年内,由中铁十四局集团公司承建的京福高速公路泰安西天平立交桥、中铁十六局承建的北京地铁天安门西至建国门站(不含)综合工程、中铁十五局集团公司参建的西安市北二环未央路立交桥、中铁十九局集团公司参建的哈大电气化改造工程金州编组站、中铁十四局集团公司和中铁十六局共同参建的芜湖长江大桥等5项工程荣获2001年度中国建筑工程鲁班奖(国家优质工程);中铁十八局集团公司承建的天津开发区污水处理厂工程荣获国家优质工程银质奖;中铁十六局承建的上海地铁二号线江苏路车站工程、中铁十八局集团公司承建的重庆市黄花园大桥石黄隧道工程、中铁二十局承建的甘肃省投资保险培训中心大楼工程荣获“全国用户满意工程”称号;中铁十六局承建的南昆铁路清水河大桥和参建的北京八达岭高速公路(二期)工程荣获2001年度中国土木工程詹天佑大奖。此外,还获得铁道部优质工程奖21项。　(王昌林　刘贤福)

【参建世界首条磁悬浮商用铁路】 6月9日,世界上第一条磁悬浮商用铁路在上海破土动工。上海磁悬浮商用铁路西起地铁二号线的龙阳路车站,东至浦东国际机场,正线长30公里,设计时速430公里,总投资89亿元。磁悬浮高速列车系统是一种新型的有轨交通型式,主要依靠电磁力实现传统铁路中的支承、导向、牵引和制动功能,运行中的列车与线路无接触摩擦,时速可达400公里~500公里。目前在国外只有试验线,尚无商业运行线。在上海磁悬浮商用铁路主线工程招标中,国内12家一流施工企业参与竞标,中铁十六局中标3个标段中的第一标段,成为铁路建筑系统惟一的中标单位。该标段长10公里，主要有473个桥墩和845片轨道梁，工程结构特殊，施工精度要求极高，是当今世界最具开创性的陆上交通工程领域。中铁路桥集团公司中标1 092根磁悬浮导轨梁生产任务。 （刘贤福）

【管辖单位】 总公司下辖中铁十一、十二、十三、十四、十五、十七、十八、十九局集团公司，北京中铁建设有限公司、北京铁城建设监理有限责任公司等控股子公司；中铁十六、二十局，中铁物资集团公司、中铁路桥集团公司、北京铁建工贸集团公司和昆明中铁机械厂等全资子公司；国内工程公司和海外公司等分公司；铁道建筑研究设计院、总公司干部学校（党校）、总医院、石家庄铁路工程职业技术学院和中国铁道建筑报社等直属单位。共管辖二级企业和单位23个；三级企业和单位389个，其中原处级单位281个；四级单位2 421个，其中原处级单位14个；工程公司、工程段队等施工单位1 395个。 （陈 维）

【机构编制变更情况】 2月16日 成立总公司厦门莲黄隧道工程项目经理部。

3月14日 成立总公司长江干堤工程阳新项目部。

同日 成立总公司长江干堤工程无为项目部。

3月22日 撤销北京金兴工程造价咨询中心。

4月18日 成立总公司云南砚平高速公路工程项目经理部。

4月28日 成立第四直属公安分处刑警大队。

5月23日 成立北京中铁建电务工程有限责任公司。

5月24日 北京铁建工贸公司铁建商场并入总公司机关服务中心。

6月5日 总公司机关门诊部更名为北京中铁玉泉医院。

6月26日 将铁道建筑公安局人民警察培训中心改设在石家庄铁路工程职业技术学院。

7月24日 成立总公司（国有股）股权代表委员会。

同日 成立总公司投资部。

同日 成立总公司职业技能鉴定指导中心。

同日 总公司海外部改为总公司海外公司。

同日 成立总公司技术中心。

8月2日 总公司养马河桥梁厂更名为中铁养马河桥梁厂。

8月8日 西安铁路成人中等卫生学校划归中铁二十局。

同日 西北办事处储运公司及康乐园划归中铁二十局。

8月16日 撤销绥芬河办事处。

8月29日 成立深圳市中铁兴实业发展有限公司。

10月11日 成立总公司天津中铁工程项目经理部。

同日 成立总公司保险代理处。

10月29日 批准铁道建筑研究设计院以原名称改制注册。

11月1日 成立总公司长江重要堤防工程荆南项目部。

11月26日 成立总公司同三线青岛段项目部。

11月28日 下发《总公司、总公司党委关于将部分直属单位划转集团公司（工程局）管理的决定》和《总公司、总公司党委关于部分直属单位结构调整、资产重组的决定》。

12月7日 确定国内工程公司等新组建单位领导职数。

12月13日 昆明机械厂更名为昆明中铁机械厂。

12月21日 成立工厂局移交工作小组。

同日 工厂局机关（含机关服务中心）与北京海石丰工业科技开发公司重组。

12月24日 北京中铁玉泉医院更名为总公司北京铁建医院。

12月31日 铁道战备舟桥处划归铁道部济南铁路局管理。

同日 成立总公司东深分水工程六标段项目部。

同日 成立总公司东深分水工程七标段项目部。

同日 成立总公司龙岩公路工程项目部。

同日 成立总公司晋江中谷粮库工程项目部。

同日 颁发国内工程公司机构编制指导意见。

同日 颁发北京铁建工贸集团公司机构编制指导意见。

同日 颁发中铁物资集团公司机构编制指导意见。

同日 中铁二十局所属城建总公司划归北京中铁建设有限公司。 （陈 维）

【干部构成】 总公司系统年末干部总数51 029人。其中：专业技术干部44 673人，占干部总数的87.5%；政工干部4 876人，占干部总数的9.6%；行政干部1 480人，占干部总数的2.9%；女干部10 568人，占干部总数的20.7%；少数民族干部1 953人，占干部总数的3.8%；党员干部24 637人，占干部总数的48.2%。技术干部中，高级技术职务2 476人，中级技术职务14 466人，初级技术职务27 710人。学历结构：研究生以上毕业124人，大学本科毕业13 274人，大专毕业17 931人，中专毕业8 922人，高中毕业5 922人，初中及以下毕业4 856人。年龄结构：30岁以下18 971人，40岁以下31 745人，50岁以下46 383人，50岁以上4 646人。（张晓明　刘贤福）

【工人构成】　年末工人总数112 818人，比2000年减少992人。其中：合同制工人112 739人，占工人总数的99.9%；女工30 211人，占工人总数的26.7%；高中以上文化程度65 586人，占工人总数的58.1%。平均年龄36岁。各类技术工人83 826人，占工人总数的74.3%；获得国家职业技能资格证书的53 702人，占技术工人总数的64%，其中初级工6 981人，占获证工人总数的13%；中级工29 812人，占获证工人总数的55%；高级工14 853人，占获证工人总数的28%；技师1 814人，占获证工人总数的3.5%；高级技师242人，占获证工人总数的0.5%。（秦国范）

【机械运输设备】　2001年末，总公司系统实有机械设备19 684台（套），其中主要施工机械设备7 702台（套）、进口机械设备1 025台（套），设备固定资产原值43.41亿元、净值24.84亿元。机械设备总功率1 135 349千瓦，人均动力装备率7.41千瓦、技术装备率16 210元，主要机械设备完好率93.95%、利用率70.46%，设备新度系数0.572。

实有各类汽车8 396辆，固定资产原值15.91亿元、净值8.08亿元。总功率791 390千瓦，人均动力装备率5.17千瓦、技术装备率5 276.8元，汽车完好率92.9%、运输车利用率54.2%，新度系数0.51。实有铁路准轨自备机车122台、客车92辆、货车148辆，铁路架桥机12台、铺轨机12台、轨道动力车26台，以及铁路机车车辆检修设备和大型机械化养路设备。

（白云飞　刘贤福）

【固定资产】　总公司系统年末固定资产原值1 211 333.47万元，净值751 032万元。

一、按使用情况分类（原值）	1 211 333.47万元
在用固定资产	1 193 694.11万元
未使用固定资产	12 606.42万元
不需用固定资产	5 032.94万元
二、按使用性质分类（原值）	1 211 333.47万元
房屋、建筑物	329 497.46万元
机械设备	579 684.23万元
运输工具	159 227.62万元

（曹锡锐）

【2001年主要财务指标完成情况】　总公司系统全年完成企业总产值376.6亿元，比2000年的317.9亿元多完成58.7亿元，增长18.46%；其中施工产值353.6亿元，占93.89%，比2000年同期的290亿元多完成63.6亿元，增长21.93%。实现利润29 112万元，比2000年的16 436万元多实现利润12 676万元，增长77.1%。上缴所得税9 818万元，实现净利润11 820万元。资产总额363亿元，负债总额261亿元，少数股东权益37亿元，所有者权益65亿元。年初货币资金69亿元，年末货币资金84亿元，比年初增长22%。净资产收益率2.15%，资产负债率71.83%，产值利润率0.77%，国有资产保值增值率102.7%。流动比率105.5%，应收帐款周转率5.4次，成本费用利润率0.82%。（曹锡锐）

【2001年主要经济技术指标完成情况】　施工企业完成企业总产值376.7亿元，为年度计划324亿元的118%；完成施工产值346.1亿元，为年度计划295亿元的117%。完成主要实物工程量：路基土石方28 971万立方米，隧道237 042延长米，桥梁235 169延长米，正线铺轨1 281.9公里，站线铺轨309公里，通信线路15 092条公里，公路折合1 329.8公里。施工单位从业人员平均人数186 545人，按施工产值计算全员劳动生产率180 772元/人年。按竣工产值2 120 972万元计算，工程竣工率62.9%；按房屋竣工面积166万平方米计算，工程竣工率34.5%。一次验收合格的单位工程6 484个，其中优良工程5 478个，工程质量优良率84.5%。职工因工死亡8人，死亡率0.04‰；重伤1人，重伤率0.01‰。年末主要施工机械总功率1 068 106千瓦，机械设备净值365 646万元，人均动力装备率5.73千瓦，人均技术装备率19 600元。财务成本：实收资本635 072万元，年末固定资产656 395万元，年末流动资产2 242 483万元，实现利润总额29 112万元；工程预算成本3 339 540万元，工程实际成本3 082 520万元，工程成本降低率7.7%。全年施工单位从业人员劳动报酬200 677万元，人均年工资10 758元。施工单位全年实耗钢材1 144 774吨，价值312 590万元；实耗木材183 071万立方米，价值18 779万元；实耗水泥5 374 258吨，价值170 775万元。（扈苏豫）

【2001年劳动工资主要指标完成情况】　2001年，总公司系统从业人员年末人数186 549人，其中在岗职工156 339人，比2000年净增1 003人；其他从业人员30 210人，因统计口径改变减少66 337人。在岗职工

中,女职工33 404人,长期职工155 485人,临时职工854人;专业技术人员46 466人,占29.7%。在岗职工按文化程度分,初中以下占29.1%,高中、技校、中专占45.4%,大专以上占25.5%。平均年龄36岁。其他从业人员中,聘用离退休人员272人,零散外部劳务人员29 938人。非在岗职工年末人数15 031人,比2000年增加1 150人(内部退养增加649人,下岗减少1 010人)。使用建制单位外部劳务人员年末人数82 859人。离休、退休、退职人员年末人数20 205人,比2000年增加904人。

建筑业单位完成施工产值3 378 838万元(不含海外公司产值),比2000年多完成550 709万元,增长19.5%;施工产值劳动生产率(按从业人员+建制单位外部劳务人员之和计算)133 021元/人年,增长6.9%。制造业单位完成工业增加值37 957万元,工业增加值从业人员劳动生产率31 668元/人年,分别比2000年下降0.9%和0.4%。

支出从业人员劳动报酬总额2 068 252千元,人均劳动报酬11 119元。其中,在岗职工工资总额1 817 412千元,人均工资12 057元,扣除价格因素,实际增长6.1%;其他从业人员劳动报酬总额250 840千元,比2000年减少524 303千元,人均劳动报酬7 110元,与2000年基本持平。支出非在岗职工生活费总额73 960千元,人均生活费5 225元,实际增长5.8%,其中内部退养人员人均生活费7 324元,下岗人员人均生活费3 447元。支出在岗职工福利费用253 434千元,比2000年增长2.6%。支出离休、退休、退职人员保险福利费用167 154千元,增长4%。单位上缴基本养老保险统筹费用322 842千元。

10个集团公司(工程局)的第一工程处从业人员平均人工成本为13 362元。其构成比重为:劳动报酬70.4%,社会保险基金16%,福利费7.5%,教育经费0.9%,劳动保护费1.2%,住房费用3.6%,其他0.4%。

总公司系统过去一直执行铁道部统计报表制度。从2001年起,根据国家统计局、劳动和社会保障部、地方政府统计部门要求,制定并实行总公司新的统计报表制度。新统计报表制度的突出特点,一是统计资料同时满足上报国家有关部委、地方统计部门和企业自身的需要;二是对建制单位外部劳务不再统计为从业人员。

(石庆光)

中国铁道建筑总公司领导干部名单

总公司领导

总经理	王振侯
副总经理	何能金
	靳尚忍
	邹才华
	扈振衣(4月任)
	丁原臣(4月任,8月离任)
	夏国斌(4月任)
	范　德(4月任)
总工程师	宋抗常(6月退休)
	夏国斌(7月兼)
总经济师	扈振衣(12月兼)
总会计师	张惠江
党委书记	李国瑞
党委副书记	王振侯
	夏良振(4月离任)
	霍金贵(4月任)
	彭树贵(4月任)
纪委书记	彭树贵(4月兼)
工会主席	夏良振
调研员	邢福海

三总师副职

副总工程师　赵之义(8月退休)
陈　由(4月退休)
王兆林
王忠义
尚清喜
郇大智(3月任)

副总经济师　吴宝生
张高水

副总会计师　姜世杰　(张　伟)

中国铁道建筑总公司机关各部门负责人

办公室
主　任　孙化同
副主任　琚建明(12月离任)
冯忠海
韩明莉
档案馆馆长　刘贤福(正处级)

企业管理部(挂企协牌子)
部　长　李友才
副部长　华明芳(兼企协秘书长,正处级)
李德琛
房改办公室主任　霍广安

经营部
部　长　刘发林
第二部长　彭江鸿(5月任)
副部长　孙国富(正处级)
姜晋南

工程部(挂战备处牌子)
部　长　辛　实(兼战备处处长)
副部长　陈勇鹏
刘明杰(12月离任)

计划统计部
部　长　曾庆道
副部长　霍天道(正处级)
电算统计中心主任　曹　军

科技部
部　长　况　勇
副部长　王清明
王在仁(12月离任)

安全质量管理部
部　长　王兆林(兼)
副部长　王　峰

设备运输物资部
部　长　邹悦桃
副部长　李志保(正处级)

财务部
部　长　李世钰
副部长　余兴喜(11月离任)
于凤丽
资金结算中心主任　余兴喜(兼,11月离任)
国有资产管理办公室主　任　朱文龙

人事部(干部部,挂人才交流中心牌子)
部　长　李本来
副部长　张　伟
陈大洋(兼人才交流中心主任)

劳动工资部
部　长　王占科
副部长　李左军
社会保险事业管理中心主　任　扆守义

外部劳务管理办公室
再就业服务指导中心

主 任 陈 维

职业技能鉴定指导中心主任 吴靖文(10月任)

教育卫生部

部 长 阴 瑞

副部长 李学甫

医疗保险中心主任 周鲜茹

审计处

处 长 黄少军

副处长 季 钊

离退休职工管理处

处 长 孙启业

副处长 孙大海

王国晨

公安局(挂综合治理办公室牌子)

局 长 刘彦照(兼综治办主任)

副局长 朱德全

于清甫

党组书记 刘彦照(兼)

机关基建办公室

副主任 槐鹤声(主持工作)

姜元达(正处级)

投资部

部 长 余兴喜(11月任)

党委办公室

主 任 李廷柱

副主任 赵登善

组织部

部 长 刘士彦

宣传部(挂政研会牌子)

部 长 张克明

副部长 钮鲁生(兼政研会秘书长,正处级)

卜玉龙

政研会副秘书长 彭庆华(12月任,正处级)

影视摄制组组长 亢斯博

纪委(与监察处合署办公)

副书记 王京利(兼监察处处长)

王新武

办公室(挂案件审理处牌子)

主 任 曹焕斌(兼案件审理处处长)

案件检查处处长 廖大球

执法监察处处长 李河川

工 会

副主席 魏臣义

熊发吉

办公室(财务部)

主 任 郭亨春(10月任,正处级)

副主任 沈义美(兼财务部部长)

组宣部(挂总公司体协牌子)

部 长 徐士淮(兼体协秘书长,正处级)

生产保护部部长 胡国志(10月任)

生活保险女工部部长 郭亨春(10月离任,正处级)

女职工委员会副主任 戴淑兰

团工委

书 记 王参军(12月离任)

直属机关党委

书 记 夏良振(兼)

常务副书记 张高水(兼)

副书记兼纪委书记 王贵双

党委工作部部长 王贵双(兼)

副部长 林立人

居委会主任 赵连成

机关工会

主 席 张文忠

中国铁道建筑报社

社 长 吴志义

副社长 许世才(10月离任)

总编辑 朱海燕

副总编辑 田望生

(张 伟)

中国铁道建筑总公司机关行政部门组织序列表

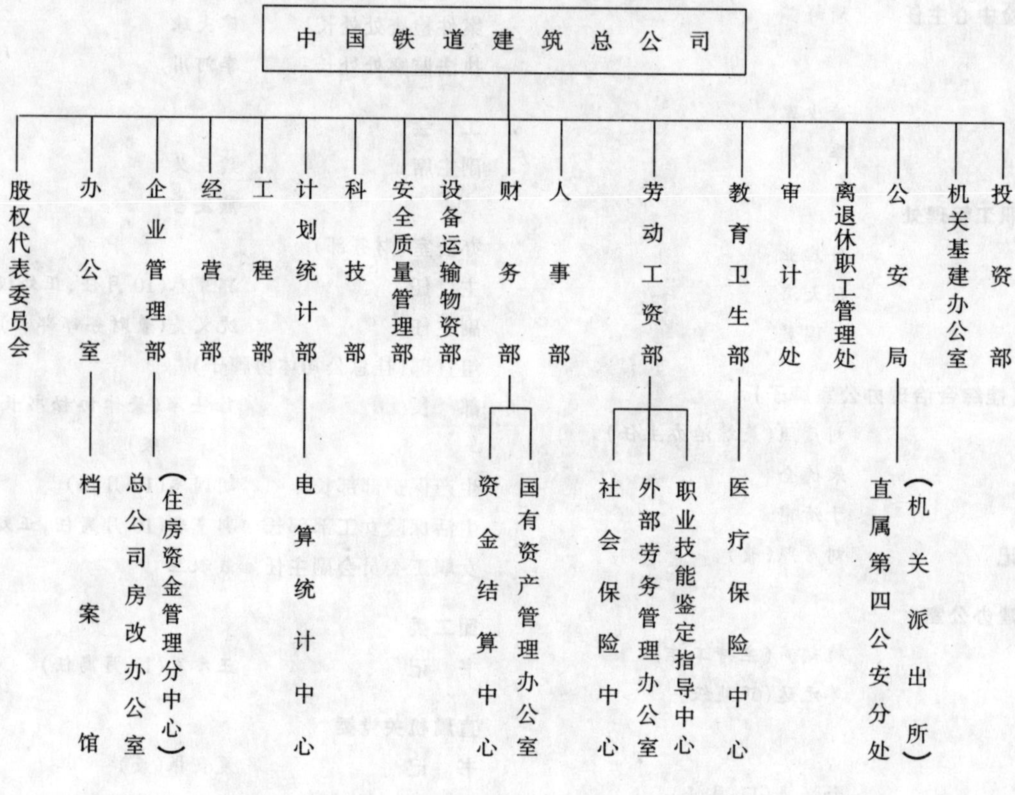

注：1．企业管理部挂总公司企协牌子；工程部挂战备处牌子；人事部挂总公司人才交流中心牌子；劳动工资部外部劳务管理办公室挂总公司再就业服务指导中心牌子；公安局挂总公司综合治理办公室牌子。

2．监察处与纪委合署办公，机构未单列。

3．投资部为机关事业部。

（制表：陈　维）

中国铁道建筑总公司机关党群部门组织序列表

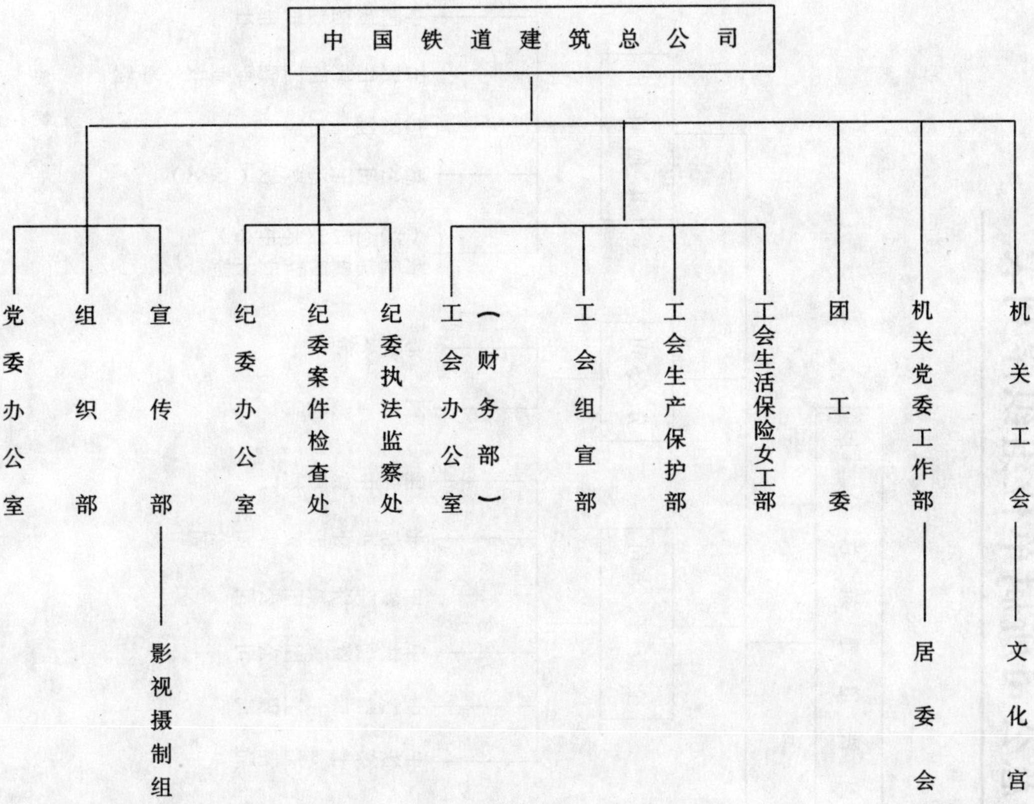

注：1．党委干部部与人事部一个机构两个牌子，未单列。

2．宣传部挂总公司政研会牌子；纪委办公室挂案件审理处牌子；工会组宣部挂总公司体协牌子。

（制表：陈　维）

中国铁道建筑总公司所属单位组织序列表

- 中国铁道建筑总公司
  - 控股子公司
    - 中铁十一局集团有限公司
    - 中铁十二局集团有限公司
    - 中铁十三局集团有限公司
    - 中铁十四局集团有限公司
    - 中铁十五局集团有限公司
    - 中铁十七局集团有限公司
    - 中铁十八局集团有限公司
    - 中铁十九局集团有限公司
    - 北京中铁建设有限公司
    - 北京铁城建设监理有限责任公司
  - 全资子公司
    - 中铁第十六工程局
    - 中铁第二十工程局
    - 中铁物资集团公司
    - 中铁路桥集团公司
    - 北京铁建工贸集团公司
    - 昆明中铁机械厂
  - 分公司
    - 国内工程公司
    - 海外公司
  - 其他单位
    - 铁道建筑研究设计院（总公司技术中心）
    - 总公司干部学校（党校）
    - 总医院
    - 石家庄铁路工程职业技术学院
    - 中国铁道建筑报社

（制表：陈　维）

中国铁道建筑总公司党组织机构系统表

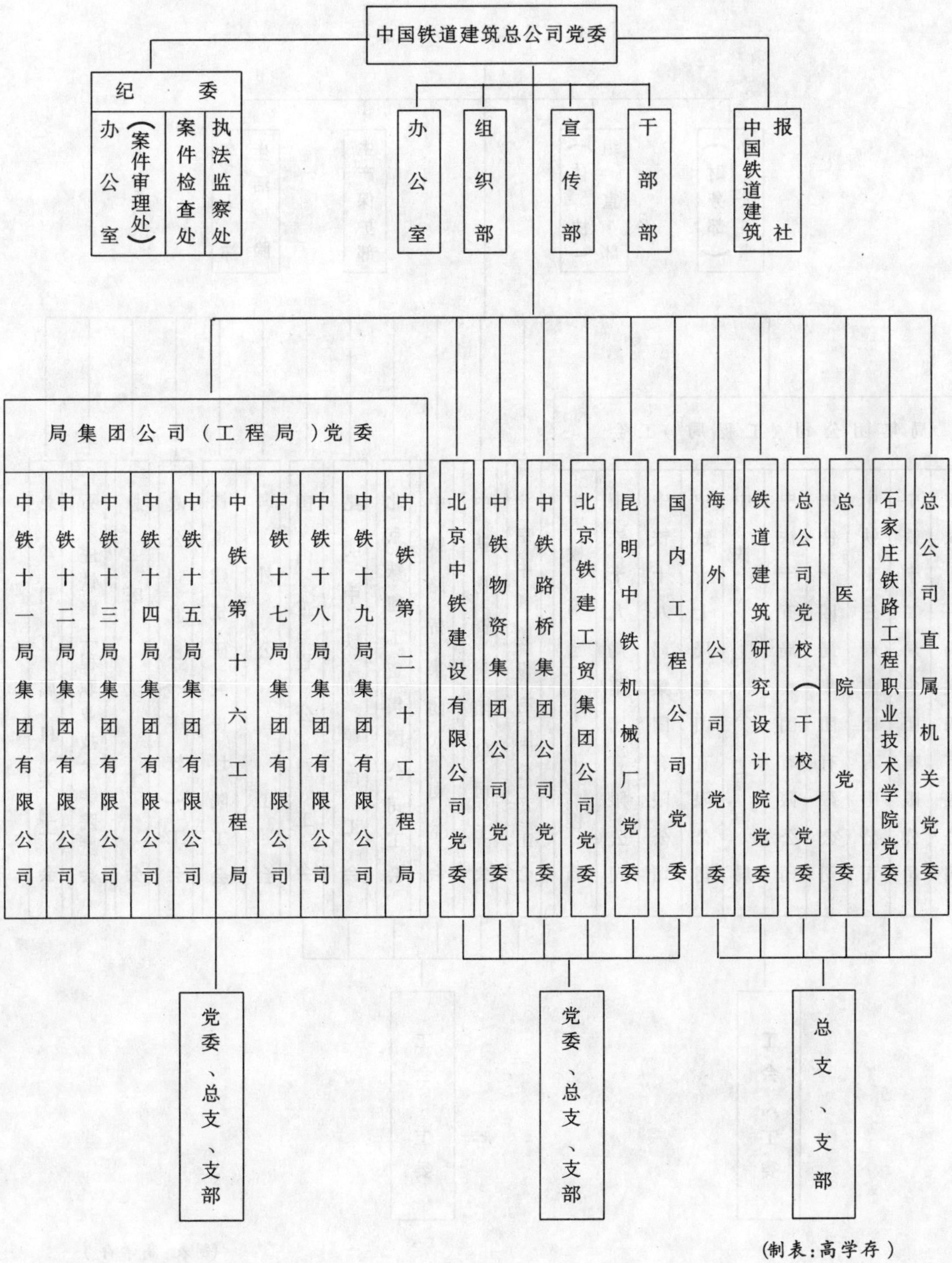

(制表：高学存)

中国铁道建筑总公司工会组织机构系统表

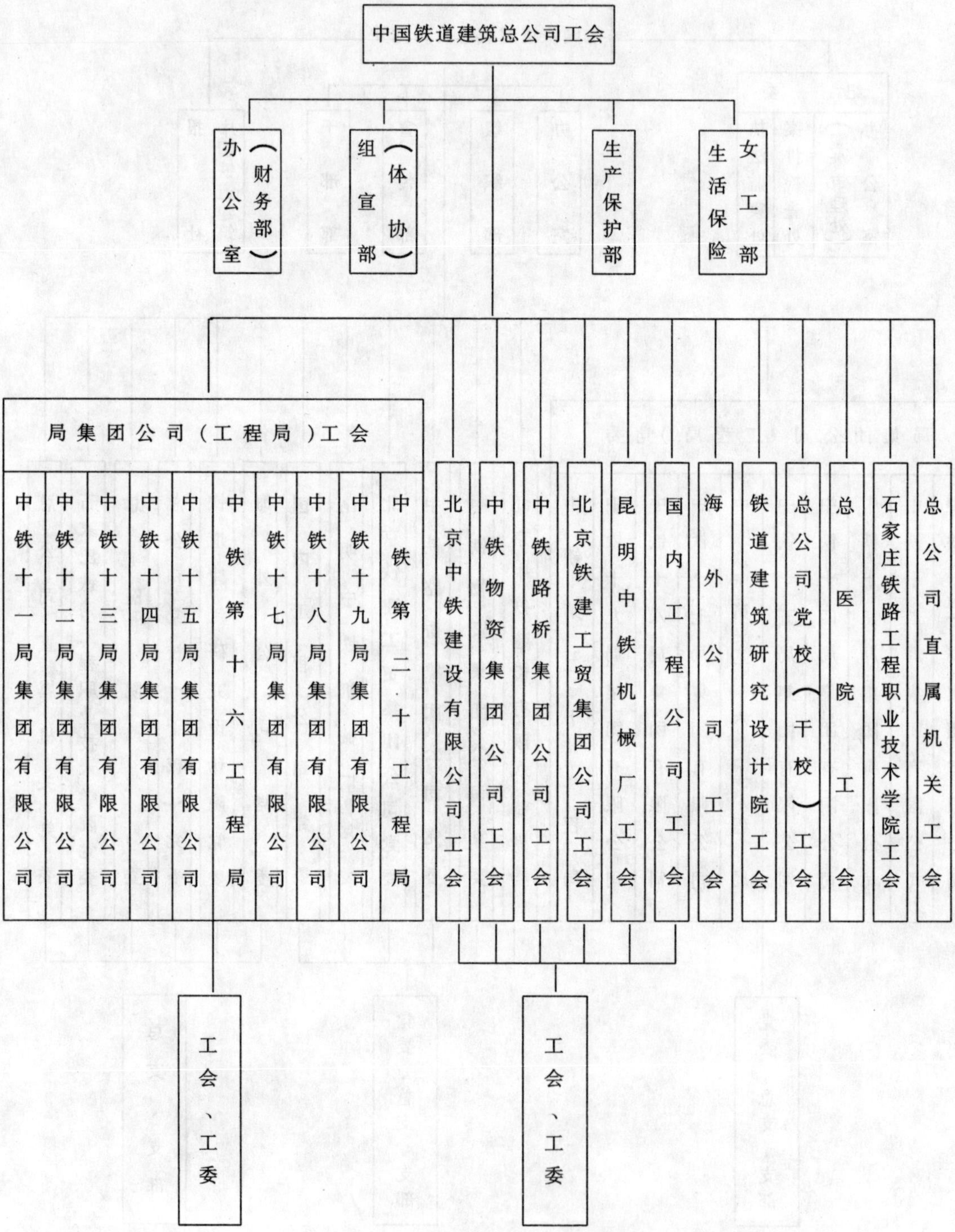

（制表：高学存）

中国铁道建筑总公司共青团组织机构系统表

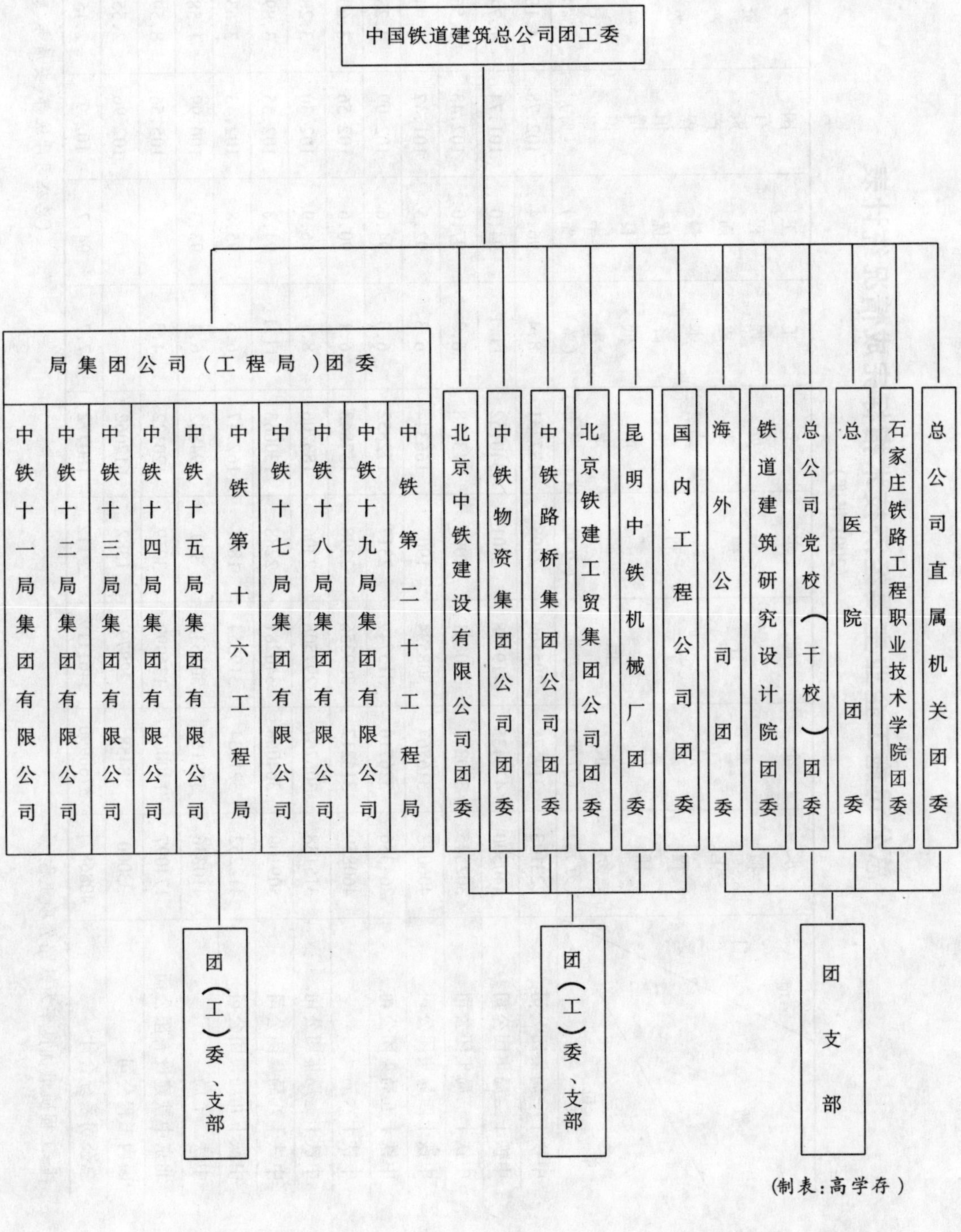

(制表:高学存)

总公司施工企业主要经济技术指标完成情况统计表

(2001年度)

项目 数量 单位	承揽工程任务(万元)	企业总产值(万元)	施工产值(万元)	实现利润(万元)	全员劳动生产率(元/人年)	工程成本降低率(%)	工程质量优良率(%)	国有资产保值增值率(%)	净资产收益率(%)	产值利润率(%)
中铁十一局集团公司	223103	319578	295169	2298	187731	8.4	96.4	102.78	4.18	0.77
中铁十二局集团公司	440300	428435	419748	2501	340152	11.1	94.0	101.74	1.74	0.57
中铁十三局集团公司	302545	310277	300881	2095	243628	6.3	97.0	102.43	3.56	0.67
中铁十四局集团公司	406072	316767	308534	1907	166344	6.3	92.5	101.47	1.94	0.60
中铁十五局集团公司	264386	326710	315749	2317	172852	6.3	94.6	102.09	3.28	0.69
中铁十六局	460859	316217	309356	2298	157843	6.1	90.6	102.56	3.60	0.71
中铁十七局集团公司	315138	306767	297508	2306	183206	8.1	96.9	102.30	3.28	0.75
中铁十八局集团公司	509109	364068	346281	2288	130063	11.1	94.3	102.55	3.89	0.62
中铁十九局集团公司	412252	321034	319554	1871	162747	6.5	95.8	102.43	3.63	0.57
中铁二十局	410336	310167	301638	890	194882	6.4	93.3	100.99	1.58	0.28
北京中铁建设有限公司	174097	140066	136999	3019	120122	4.3		105.56	8.59	1.92
国内工程公司	33000	28458	22879	1382	617062			102.96	2.55	5.43
总公司系统合计	4086871	3766990	3461119	29112	180772	7.7	94.7	102.7	2.15	0.77

注:工程质量优良率为铁路分项工程。

(总公司计统部、安质部、财务部提供)

2001 年 9 月 19 日，内昆铁路在云南昭通车站胜利接轨。　　（周福荣　摄）

工程施工

本栏责任编辑　刘贤福

工程管理

【工程部】　总公司施工生产及铁路战备综合管理职能部门，保留战备处牌子。主要职能是：负责本部门"贯标"程序的编制、修改，并对实施情况进行检查、指导和监督；组织、实施、记录质量策划，参与总公司质量管理评审、内部质量审核和其他相关程序；依据总公司签定的工程合同和在建工程情况，制定施工生产计划并检查和监督工程合同完成情况，组织施工生产及召开施工现场会议；参与总公司承揽工程的投标；负责施工过程控制，检查、监督施工现场管理、工程防护、成品防护和中小型工程项目验交，参与大型工程项目竣工验交工作；负责工程防洪、抗震减灾和铁路战备保障工作。定员10人，现员10人，设部长1人、副部长2人，其中高级工程师6人，工程师3人，助理工程师1人。

（陈洪波）

【施工生产综述】　2001年，是"十五"规划和新世纪的开局之年。各单位全力搞好在建工程施工，加强现场管理，科学组织，精心施工，突出重点，全面推进。年初确定的14项重点、难点工程施工进展顺利，续建项目取得突破性进展，新开工项目有序展开，施工生产逐步步入正轨，赢得新世纪的开门红。

全面超额完成年度施工计划指标。全系统年内共完成企业总产值376.7亿元，占年度计划的118%，其中施工产值346.1亿元，占计划的117%，分别比2000年同期多完成69亿元和58亿元，增长23%和20%。12个施工单位中有8个单位完成企业总产值与施工产值均超过30亿元，全系统完成企业总产值和施工产值再创历史新高。

重点、难点工程施工进展顺利。14项重点、难点工程中，新开工项目快速展开，施工有序可控，形成会战态势；续建项目施工相继取得突破，进展顺利。秦沈客运专线提前7个月完成全部970榀箱梁的预制、架设任务；焊接250米长钢轨180.25公里，铺轨178.6公里，比年计划超额15公里，现场铝热焊接63.1公里；大型养路机械整道122.4公里。12月5日～9日，铁道部在秦沈客运专线山海关—绥中试验段进行内燃动车组试验，行车时速达210公里，为2002年3季度进行电力动车组实验打下良好基础。内昆铁路5月全部完成病害整治，7月25日铺轨到达昭通接轨点，年内完成铺轨120.5公里，累计正线铺轨173公里、站线铺轨95公里，架梁711孔，为全线开通和初验奠定了基础；站后工程全面铺开，主体工程已大部分完工。西安南京铁路施工整体进展顺利，重点工程施工进度加快，外资标总公司管段桥涵工程全部完成，80%以上的路基已成型。中铁十五局集团公司于10月1日正式由南阳西站开始铺轨，12月25日到达内乡站，正线铺轨54.3公里、站线铺轨11公里，架梁133孔，提前完成年度铺架任务。3座重点隧道施工全部超额完成年度任务：桃花铺1号隧道完成掘进4 273.4延长米，其中进口TBM掘进机掘进4 024.4延长米，出口钻爆法掘进249延长米，开工累计掘进5 268延长米，剩余1 809.7延长米工程全部在进口；东秦岭隧道年内累计完成正洞掘进3 007.3延长米，开工累计掘进4 203.3延长米，年内累计完成平导掘进3 573.9延长米，开工累计掘进6 129延长米，提前7个月到达分界点，为正洞快速施工创造了良好条件；桃花铺2号隧道年内累计掘进4 171延长米，开工累计掘进5 210延长米，年完成成洞3 313.8延长米，开工累计完成成洞4 122.5延长米，工期压力缓解。青藏铁路6月29日开工，各单位针对高原特殊环境做了充分的施工准备，全体参建职工依靠科技，精心组织，顽强拼搏，全面完成年度施工计划。中铁十二局集团公司承建的清水河高寒多年冻细粒土试验段11月底完成；中铁十四局集团公司承建的波纹管试验段除三岔河特大桥外基本完工，三岔河特大桥完成475延长米；中铁二十局承建的厚层地下冰试验段完成年度计划，其中风火山隧道试验段完成154.3延长米。各试验段任务的完成，为后续施工提供了技术储备，积累了施工经验。渝怀铁路1月1日开工，实现重点先行、全面跟进目标，全面完成年度施工任务。总公司系统38项重难点工程除武隆隧道受改线影响外，上半年全部开工并形成正常生产能力，3座乌江大桥和大部分长大隧道施工进展顺利。歌乐山隧道全长4 060米，掘进1 670米，成洞1 417延长米，剩余2 643米；出口平导开挖1 157米，剩余343米。歌乐山隧道虽然超额完成年度施工任务，但隧道地质复杂，存在地质灾害隐患，又处于铺架起点，工期较全线缩短10个月。武隆隧道全长9 375米，掘进1 257米，其中进口掘进205米，出口掘进217米，横洞区间掘进835米。该隧道8月开工，隧道浅埋段长，地质条件差，洞口场地狭窄，施工中遇到山体滑坡、洞顶坍方、大量涌水等困难，工期十分紧迫。金洞隧道全长9 108米，正洞掘进3 092米，剩余6 116米，其中进口掘进1 139米，出口掘进722米，斜井工区掘进1 231米；进口平导掘进1 464米，剩余1 538米。彭水隧道全长9 028米，掘进2 610.3米，正洞成洞1 712.3延长米，剩余6 417.7米；平导开挖1 763米。西康铁路秦岭隧道Ⅱ线衬砌、整体道床及隧道扩挖已完成，开始进行落底和铺底施工。完成落底7 456米,剩余1 495米;完成铺底2 428米,剩余6 523米。终南山公路隧道仍以秦岭隧道Ⅱ线为平导,因此Ⅱ线施工进度较慢。隆纳铁路泸州长江大桥全长1 444.5米,1号主墩开始墩身施工,2号墩完成墩身20米,3号墩桩基础完成7根,其他墩台基础全部完成,开始墩台身施工。昆石公路阳宗隧道为上下行分离式单向三车道隧道,左线全长2 740米,掘进1 777米,其中进口掘进965米,出口掘进812米;右线全长2 775米,掘进1 688米,其中进口掘进1 033米,出口掘进655米。上海磁悬浮铁路路基及制梁工程,由中铁十六局承担主线总体工程一标段和主线工程一标段正线10.2公里。主线总体工程一标弱电缆全部完成,强电缆完成75%;主线工程一标段PHC管桩和钢管桩、方桩已全部完成,钻孔桩完成98%,第四施工段已达到架梁条件。中铁路桥集团公司承担1 092根磁悬浮导轨梁生产任务,已完成356根。深圳地铁,中铁十二局集团公司4标段完成隧道成洞52.5延长米,11标段完成隧道成洞569延长米。中铁十三局集团公司完成隧道成洞140延长米,站台侧墙开始施工。中铁十六局盾构施工竖井已完成,盾构到场即可进入组装。中铁二十局6标段完成隧道成洞210延长米,14标段完成隧道成洞54延长米。韶关五里亭大桥,系韶关市市政工程,总投资5 060万元。2000年11月18日开工,工期20个月。该桥全长525米,共20个墩台,其中主跨采用120米无推力刚性系杆无横向风构集束钢管混凝土双肋拱和双箱单室连续组合结构,东西引桥采用单箱六室连续梁结构,由中铁十四局集团公司承担主桥施工,中南办事处承担引桥施工。主桥部分桩基完成8根,主墩柱完成1个;引桥部分桩基完成58根,墩柱完成31个。北京天亚花园,建筑面积110 048平方米,总高106.15米,共30层,局部32层。质量目标"确保北京市'长城杯',争获中国建筑工程鲁班奖"。4月10日开工,年内1、2、3、4区结构施工10层已封顶,5、6区10层墙柱混凝土已完工。交大嘉园,为综合小区,总建筑面积240 000平方米。北京中铁建设有限公司承建4栋商住楼,建筑面积130 000平方米,檐高55.6米,22层。12月16日开工。

一批工程建成投产。年内,朔黄、神延、新长、水柏、达万铁路、粤海通道、芜湖长江大桥及株六复线、菏日复线等工程快速、优质建成,交付使用。

(陈洪波)

【神延铁路】 神延铁路起自神朔铁路神木北站南端,向西经榆林地区的神木、榆林、米脂、绥德、清涧和延安地区的子长、延安等市县,接入西延铁路延安北站,线路全长385公里,正线建筑长度380公里。主要实物工程量:路基土石方3 280万立方米;特大、大、中桥212座,47.809公里;小桥涵925座;隧道27座,31.567公里;正线铺轨376公里,站线铺轨83公里。总公司系统中铁十一、十二、十三、十五、十六、十七、十八、二十局集团公司(工程局)担负150.5正线公里的线下土建工程施工任务;中铁十五局集团公司承担神木—绥德段212.61公里的铺架任务。1998年9月开工,2000年重点工程全部完工,2001年3月19日铺轨至接轨点,年内交付使用。

(陈洪波)

【菏日复线】 山东省菏泽—日照,全长460.23公里。1999年4月开工。中铁十一、十二、十四、十六、十七、十九、二十局集团公司(工程局)参加施工,承担129.5公里的线下土建工程施工任务,总投资7.6亿元。2001年8月完成全线施工任务。

(陈洪波)

【株六复线】 东起浙赣铁路株洲站,西至贵昆铁路六盘水站,全长861.043公里。总公司系统中铁十二、十五、十六、十七、十九局集团公司(工程局)参加湖南段施工;中铁十一、十二、十四、十五、十八、十九局集团公司参加贵州段施工。2001年11月,全部工程通过竣工验收,交付运营。

(陈洪波)

【新长铁路】 是连接东北、环渤海、长江三角洲三大经济区域的陆海大通道的重要组成部分,全长638公里,总投资62.4亿元,是江苏省、浙江省和铁道部合资建设的国家"九五"重点工程项目,建设工期4年。中铁十一、十二、十三、十四、十五、十六、十九、二十局集团公司(工程局)参加施工,总公司管段全长185.6公里,投资5.92亿元。中铁十九局集团公司承担淮阴—东台187正线公里的铺架任务。2001年12月主体工程全部完工。

(陈洪波)

【隆纳铁路泸州长江特大桥】 位于四川省泸州市纳溪城区上游,由中铁十二局集团公司承建,指挥部驻四川省泸州市,指挥长许超英。该桥全长1 444.5米,桥宽8.2米。上部结构为11×32米+(83.95米+3×144.4米+83.95米)+9×24米+6×32米,其中主桥为一联5孔83.95米+3×144.4米+83.95米预应力混凝土连续刚构,引桥为25孔32米和1孔24米预应力混凝土简支梁。下部结构1号～4号墩为实体矩形墩,其余为空心墩或半空心墩,墩高8.86米～54.2米。0号～5号墩为主墩,洪水期均在水中。基础1号墩为15根直径2.0米的钻孔桩;2号～4号墩各为直径2.5米钻孔桩10根,桩长6米～20.9米;0号、

5号墩及引桥边滩10个墩为直径1.5米钻孔桩4根～6根，桩长8米～25米，其余引桥为明挖基础。主桥连续刚构梁全长601.44米，0号节段长12米；每个T构1号～7号阶段长3米；8号～18号阶段长4米；边跨现浇段长5.72米；边跨、中跨合龙段长均为2米。该桥合同投资1.1亿元，合同工期730天，预计2002年11月18日完工。主桥基础已于2001年5月汛期来临前完工。工程特点：工期紧，地质条件差，技术含量高，施工难度大。年内1月～3月为枯水期，最深水位7米，流速2.3米/秒；4月～5月中旬有小洪峰，5月下旬进入汛期；6月～9月上旬为洪峰期；9月中旬水位逐渐回落。洪峰期最大流速4.44米/秒，流量69 000立方米/秒。工程进展：目前1号墩开始墩身施工，2号墩完成墩身20米，3号墩桩基础完成7根；其他墩台基础全部完成，开始墩台身施工。

（陈洪波）

【昆石公路阳宗隧道】 位于昆明—石林高速公路宜良境内，为上下行分离式双向三车道隧道，最大埋深140米。地层主要为灰岩、灰岩夹页岩、石英砂岩、砂页岩，围岩为Ⅱ类～Ⅳ类，主要不良地质为软弱围岩、溶洞、地下水等，施工难度很大，是昆石高速公路重点控制工程。由中铁十五、十九、二十局集团公司（工程局）及国内工程公司参建。合同竣工日期为2003年5月。

（陈洪波）

【福宁高速公路】 福建省福鼎—宁德高速公路，为同江—三亚国道主干线福建境内的一段，是中国沿海南北大通道的重要组成部分。中铁十二、十三、十六、十七、十八局集团公司（工程局）承担7个标段共35.204公里的施工任务，总投资104 949万元。主要实物工程量：土石方640万立方米；桥梁28座，9 937延长米；隧道6座，11 847延长米；涵洞29座，1 630横延米。总工期为1999年12月～2002年8月。重点工程八尺门跨海特大桥，由中铁十二局集团公司承建，位于福鼎市境内，全长1 300.57米，桥式结构为9×30米+10×50米+(90米+2×170米+90米)，主跨为(90米+2×170米+90米)单箱单室三向预应力混凝土连续梁，平衡对称悬臂灌注法施工；引桥为一联9×30米、两联5×50米预应力简支变刚构T梁。总工期为2000年1月～2002年8月。赤岭隧道由中铁十八局集团公司承建，位于霞浦境内，为上下行分离式单向2车道隧道，左线长3 430米，右线长3 332米。主要地层为赤岭钾长花岗岩、细粒钾长花岗岩、细晶花岗岩等，隧道发育有断层构造带17条。总工期为2000年2月～2002年5月。

（陈洪波）

【深圳东部供水网络工程】 深圳东部供水网络工程主要为引水隧洞，总公司深圳分公司及中铁十四、十九局集团公司承担3个标段共11 128米的隧洞施工任务，总投资16 179万元。2001年底，深圳东部供水网络工程已按期通水。

（陈洪波）

【北京世贸国际公寓】 位于北京市朝阳区光华路，建筑面积170 000平方米，分为A、B、C、D四座单体公寓，地上30层、地下3层，总投资35 000万元。由北京中铁建设有限公司承建。质量目标“创北京市优质工程、誓夺优质结构‘长城杯’”。总工期2年。2000年3月31日开工，年内主体工程已完工。

（陈洪波）

【北京城市轻轨铁路】 中铁十六局和中铁十八局集团公司参加施工。中铁十六局承担4个标段的施工任务，总投资20 207万元；中铁十八局集团公司承担1个标段的施工任务，总投资4 000万元。工程计划于2002年6月全部完工。

（陈洪波）

内昆铁路

【工程综述】 内昆铁路是国家重点工程，全长872公里，其中北段内江—安边、南段梅花山—昆明于60年代建成。这次新建的中段起点为水富站，终点为梅花山站，全长358公里。途经四川、云南、贵州三省的宜宾、昭通、毕节、六盘水等地市的10个县。同时对宜宾至水富段进行电气化改造，扩建六盘水铁路枢纽。该铁路北接成渝，联襄渝、成昆、宝成等铁路；南接贵昆、水柏，联通湘黔、南昆铁路，是沟通云、贵、川、渝三省一市的又一条主要干线，是西南地区南下出海的便捷通道。内昆铁路的建成对改善沿线交通状况，完善西南路网布局，实施西部大开发战略，促进西南地区经济和社会发展，加快沿线人民脱贫致富，增强民族团结都具有重要意义。

总公司系统承担内昆铁路昭通—梅花山段及六盘水枢纽的六盘水南编组站和内昆引入工程，正线总长167.785公里，其中内昆正线138.2公里，内昆引入线新建9.7公里，增建二线14.9公里，六盘水南编组站5公里。主要工程数量：路基土石方2 405万立方米，桥梁80座、19 658延长米，涵洞406座、11 530横延米，隧道43座、26 719延长米；正线铺轨172公里，站线铺轨101公里，架梁711孔；车站18座，其中新建15座（缓开6座），改建3座。总工期4年，1998年6月开工，要求2002年6月建成通车。重点、难点工程有:控制全线工期的李子沟特大桥、全线第二长隧朱嘎瓦斯隧道、花土坡特大桥、老煤洞特大桥、乌家坪1号大桥、六盘水南编组站、老锅厂—李子沟段软土路基、马嘎—梅花山既有线石方路堑等。总公司系统10个集团公司(工程局)及国内工程公司、铁道建筑研究设计院、铁路运输处、养马河桥梁厂等参建。

2001年,是全面完成内昆铁路建设任务的关键年。总公司系统按照铁道部统一部署,狠抓铺轨、房建和设备安装等工程,取得收尾配套工程新胜利。各项指标超额完成年度计划,正线铺轨于7月25日提前到达接轨点,病害整治初见成效,房屋主体基本完工,"三电"工程进展顺利。全年完成投资1.93亿元,占年度计划的113%。共完成路基土石方2 799万立方米,桥梁84座、20 036延长米,涵洞409座、11 201横延米,隧道45座、27 516延长米,新建车站10座、改扩建3座,正线铺轨173公里、站线铺轨95公里,铺设道岔273组,铺道碴49万立方米,架梁711孔,高压架空电力线219公里,高压电缆20公里,房屋71 332平方米,安装设备1 629台(套),给水管道91 021延长米,排水管道19 490延长米及站场设施。先后于9月、12月与铁道部内昆铁路建设指挥部及各集团公司(工程局)签定施工承包合同。 (马吉财　陈世珍)

【总公司内昆铁路工程指挥部】 1998年5月18日成立。为总公司派出机构,受总公司委托对实施总承包的内昆铁路昭通—梅花山段及六盘水枢纽部分工程实施全面管理;对分包工程的集团公司(工程局)实行项目合同管理,负责组织指挥、协调服务、监督检查,保证安全、优质、高效地完成所承担的工程任务。赵之义任指挥兼临时党委副书记,魏臣义任临时党委书记兼副指挥,赛湖北、陈勇鹏、王学方任副指挥。指挥部下设党政综合办公室、工程技术处、计划财务处、安全质量监察处,总定员35人。 (马吉财)

【中铁十一局集团公司内昆铁路工程指挥部】 驻贵州省六盘水市。指挥长兼党委书记荆山。承担石丫口—梅花山区间和六盘水枢纽内昆引入线马嘎站—梅花山站全长24.8公里的线下工程,以及马嘎—梅花山、梅花山—昭通正线长156.049公里的铺架工程。主要工程量:路基土石方145.7万立方米,桥梁13座、2 726延长米,涵洞52座、745.97横延米,隧道11座、5 108延长米;正线铺轨156.049公里,站线铺轨34.605公里,架梁601孔,铺道岔108组。截止至2001年底,完成路基土石方156.97万立方米,桥梁2 619.32延长米,隧道4 613延长米。 (陈世珍)

【中铁十二局集团公司内昆铁路工程指挥部】 驻贵州省六盘水市。指挥长傅腾玄,党委书记董合振。主要承担DIK241+550～DIK243+900段全长2.35公里的站场施工任务。主要工程量:土石方390.2万立方米,借方68万立方米,涵洞7座、736横延米,抗滑桩1 200延长米,旋喷桩1.14万延长米,碎石桩1.2万延长米,粉喷桩12万延长米。截止至2001年底,完成土石方342万立方米,涵渠716.38横延米。

(马吉财)

【中铁十三局集团公司内昆铁路工程指挥部】 驻贵州省威宁县。指挥长兼党工委书记张景生。承担内昆铁路第4标段27.9公里的线下工程施工任务。主要工程量:路基土石方184.93万立方米,桥梁17座、4 003.31延长米,隧道11座、6 793延长米,涵渠56座、1 192.86横延米。截止至2001年底,完成路基土石方181万立方米,桥梁3 412延长米,隧道6 066延长米,涵渠1 179.22横延米。 (马吉财)

【中铁十四局集团公司内昆铁路工程指挥部】 驻贵州省威宁县。指挥长田富忠,党工委书记尤开平。担负内昆铁路DK424+300～DK441+700段17.005公里线下工程施工任务。主要工程量:大桥8座、2 463.22延长米,中桥2座、212.58延长米,公路立交桥1座、37.84延长米;隧道5座、3 449延长米;涵渠80座、880.98横延米;路基土石方143.1万立方米。截止至2001年底,完成路基土石方130万立方米,桥梁1 664.89延长米,涵洞847横延米,隧道1 733延长米。

(马吉财)

【中铁十五局集团公司内昆铁路工程指挥部】 驻贵州省六盘水市。指挥长兼党委书记王大贤。承担内昆铁路六盘水南编组站2.7公里的施工任务。主要工程量:站场土石方620万立方米,路基附属圬工5万立方米;三线立交中桥1座、40.9延长米,跨线公路立交桥2座、102.45延长米;涵渠9座、1 090.85横延米,泄水洞1座、243延长米;粉喷桩86 262.5延长米。截止至2001年底,完成路基土石方529.8万立方米,涵渠1 090.85横延米,隧道268延长米。 (陈世珍)

【中铁十六局内昆铁路项目经理部】 驻贵州省威宁县。项目经理韦昌云,党工委书记李贵。担负威宁县中水镇花土坡车站—迤那镇青山村松林组28.679公里的线下工程施工任务。主要工程量:特大桥2座、1 402.22延长米,大桥11座、2 452.84延长米,中桥2座、124.5延长米;隧道7座、2 345延长米;涵洞77座、

1 846横延米；土石方280.8万立方米；车站3座；挡护圬工21万立方米。截止至2001年底，完成路基土石方265.25万立方米，桥梁4 002.12延长米，涵洞2 009.54横延米；隧道2 189.34延长米。

（马吉财）

【中铁十七局集团公司内昆铁路工程指挥部】　驻云南省昭通市。指挥长兼党工委书记王宜强。承担内昆铁路昭通—花土坡段18.42公里的线下工程施工任务。主要工程量：路基土石方177.2万立方米；桥梁9座、2 375.41延长米，公路跨铁路立交桥2座；涵洞61座、1 749.14横延米；隧道4座、1 776延长米。截止至2001年底，完成路基土石方188万立方米，涵渠1 852.15横延米，桥梁1 942.18延长米，隧道1 490延长米。　（陈世珍）

【中铁十八局集团公司内昆铁路工程指挥部】　驻贵州省威宁县。指挥长杜洪举，党工委书记刘胜。承担内昆铁路第2标段3.733公里的线下工程施工任务。主要工程量：李子沟特大桥1 031.86延长米，朱嘎隧道进口段2 597延长米。年内完成桥梁780延长米，隧道1 727延长米。　（马吉财）

【中铁十九局集团公司内昆铁路工程指挥部】　驻贵州省六盘水市。指挥长王振铭，党委书记富德春。承担内昆铁路内昆引入线马嘎站外至六盘水南编组站外正线10.7公里、站线2.5公里施工任务。主要工程量：隧道3座、1 370延长米，桥梁4座、1 711延长米，涵洞23座、551横延米，路基土石方130万立方米。截止至2001年底，完成隧道1 374延长米，桥梁1 711延长米，涵洞493横延米，路基土石方120万立方米。

（陈世珍）

【中铁二十局内昆铁路工程指挥部】　驻贵州省威宁县。指挥长张望珍，党委书记王继红。承担内昆铁路第4标段施工任务，全长32.042公里，投资4.36亿元。主要工程量：桥梁12座、2 604.4延长米，隧道2.5座、3 756延长米，涵洞77座、1 981横延米，软土地基3段、长约2公里。截止至2001年底，完成路基土石方275.2万立方米，桥梁2 451.85延长米，涵洞2 245横延米，隧道2 796延长米。　（马吉财）

【花土坡特大桥通过鉴定】　由中铁十七局集团公司承建的亚洲第一高桥——内昆铁路花土坡特大桥通过铁道部技术鉴定。专家认定：花土坡特大桥整体构思新颖，技术先进，安全可靠，处于国内领先水平，其中高墩综合施工技术达到国际先进水平。花土坡特大桥全长678.5米，共15个墩台，其中8号主墩高110米，为亚洲第一。主桥为两跨104米和两跨64米预应力混凝土连续悬灌梁。大桥地处龙翻身大断层和古滑坡体上，地质复杂，施工技术难度大；又处在高山峡谷风口，地理和气候条件恶劣，常年9级以上大风不断。工期24个月，有效工期不足17个月。参建单位联合铁二院等科研单位，先后研制开发出110米高墩施工线型控制技术、高墩大跨连续梁快速悬灌技术、高墩大跨混凝土连续梁高空作业抗风技术等9项新技术、新工艺，有效地加快了大桥施工进度。主体工程比计划工期提前7个月完成，工程质量合格率100%、优良率达95%以上。　（马吉财）

【总公司内昆铁路工程指挥部第四次工作会议】　3月4日在贵州省六盘水市召开，总公司总工程师宋抗常、副总工程师王兆林等到会讲话。会议提出年内的总体目标：站前工程全部达标，“9·1”前铺轨到昭通，站后工程完成90%，完成投资6.83亿元。赵之义指挥、魏臣义书记动员广大职工，争一流速度，创一流质量，保一流安全，求一流效益，建一流队伍，确保内昆铁路会战目标圆满实现。会上，还表彰了2000年度社会主义“五比”劳动竞赛和工程质量优胜单位。（陈世珍）

【总公司内昆铁路工程指挥部铺架工作会议】　3月13日在贵州省威宁县召开，赛湖北副指挥主持会议，赵之义指挥部署铺架工作。会议确定，从恢复铺架之日起，在185天内完成铺架任务，9月5日铺架至昭通接轨点。　（陈世珍）

【中铁十七局集团公司环保工作到位】　中铁十七局集团公司将环境保护贯穿于铁路建设全过程，队伍一上场就采取了严格的环保措施，所有弃碴用地都先挡后弃，设计不完善之处主动提出变更设计建议。开工以来，在铁路沿线取弃土场增做有效挡护工程8 600余立方米，改土造地126亩；同时，还积极净化驻地环境，对垃圾等废弃物实行集中堆放处理，受到当地政府和沿线村民的好评。云南省及昭通地区、昭通市环保、水保部门对其环保工作给予充分肯定。云南省人大、政协视察团3次到该集团公司管段检查，对其环保项目给予高度评价，称赞内昆铁路建设是云南省环境保护最好的项目。

（陈世珍）

【中铁十七局集团公司推行房建样板间施工法】　中铁十七局集团公司承建内昆铁路昭通车站房屋48栋，面积1.6万平方米。5月初，主体工程大部分完工，陆续进入内装修阶段。为了提高装修工程质量,达到整体创优目标,采取先装修样板间、经检验合格后再大面积推广的做法,取得装修质量全面提高的良好效果。铁道部内昆铁路建设指挥部在全线推广了这一做法。

(陈世珍)

【中铁十八局集团公司奖励勇扑山火职工】 5月9日下午3时,李子沟山坡上的树林突然起火。当时正刮着六级左右大风,风助火势窜起两米多高的火苗,若不及时控制和扑灭山火,整个李子沟树林将化为灰烬。正在内昆铁路施工的中铁十八局集团公司100余名职工立即奔赴现场,顶着滚滚浓烟,经过两个多小时的奋力扑救,扑灭了山火。当地林业部门和人民群众对中铁十八局集团公司职工勇扑山火的义举给予高度评价。二处召开抢险救灾表彰会,表彰、奖励李云工等奋不顾身扑灭山火的7名职工。 (陈世珍)

【49项工程被评为"样板工程"】 经铁道部内昆铁路样板工程评审组评选,总公司系统承建的老锅厂三线大桥等33项工程被评为1999年度"优质样板工程";李子沟特大桥等16项工程被评为2000年度"优质样板工程",其中李子沟特大桥、花土坡特大桥、老锅厂三线大桥、乌家坪1号大桥等工程被评为"精品工程"。

(马吉财)

【中铁十四局集团公司软土地段创优质样板工程】 中铁十四局集团公司担负施工的内昆铁路老锅厂—李子沟段,被专家认定为中国铁路建设史上前所未有的复杂地貌、世界铁路建设史上罕见的软土地质。该地段属高山斜坡软土,易顺层滑动,软土分布极不规律,呈鸡窝、沟槽状,软土深度一般达10米~15米,有的深达30米以上,施工难度大,技术含量高,质量要求严。该集团公司把确保工程质量放在首位,制定措施,强化管理,实现大面积创优目标,9项工程被铁道部内昆铁路建设指挥部评为"样板工程",2项工程被评为"精品工程"。其做法:一是强化全员创优教育,提高员工创优意识;二是编制质量计划,下发关键工序作业指导书及试验、检测实施细则,规范创优;三是广泛采用新工艺、新技术、新材料,使用自动计量拌合设备,桥墩、抗滑桩等实行超声波检测;四是层层签订质量创优包保责任状,实行质量责任追究制和质量终身制;五是选定45项单位工程作为创优目标,拨款150万元奖励创优;六是加强岗位培训,请监理上课,播放样板工程录像;七是组织有关人员去兄弟单位参观学习;八是对分包工程实施旁站监理,实行全过程质量监控;九是严把测量、计量、试验和原材料关,不定期抽查;十是建立工程质量监测网点300余个,随时消灭隐患。

(陈世珍)

【征地拆迁】 内昆铁路建设期间,总公司管段共向铁路沿线征用土地13 401.33亩,其中永久性用地9 355.7亩,取弃土场地3 599.9亩,改移道路用地445.6亩。拆迁企事业单位26家,厂房及办公用房45 185.9平方米;拆迁民房760户、83 618平方米;拆迁坟墓39 287座,水管9 860米,窑(厂)39个;砍伐树木140 014棵。 (马吉财)

【路地共建】 总公司内昆铁路工程指挥部与地方政府、支铁部门团结协作,密切配合,大力推进路地共建工作,改善施工环境,保证内昆铁路建设顺利进行。总公司、局(集团公司)、处(公司)三级指挥部都设立了由党委书记挂帅的征地拆迁、路地共建领导小组,配备政治素质好、政策水平高、业务熟悉的人员担任具体工作。驻地大都属少数民族地区,广大职工注意尊重当地风俗习惯,经常与当地政府和人民群众取得联系,沟通思想,融洽感情,为推进路地关系良好发展起到积极作用。在施工过程中,处处注意维护人民群众的利益,做到取弃土与造地还田相结合,修建施工便道与乡村公路相结合,修建临时房屋与租房相结合。三年中共使用当地钢材14 716吨、水泥482 536吨、火工产品3 589吨、石料410余万立方米,总价值近4亿元。据不完全统计,为地方修建公路和便道283.7公里,修建民房62 027平方米,建学校3座,支援车辆1 700台(次)、机械1 300台班,捐款29万元,捐赠衣物110 094件。积极开展治安联防活动,会同当地政府和政法、公安部门组织开展治安专项治理,打掉一批犯罪团伙,增强了铁路沿线人民群众的法制观念和爱路护路意识。

(马吉财)

【中铁十七局集团公司扶贫工作成效明显】 中铁十七局集团公司继承和发扬"拥政爱民"光荣传统,在修建内昆铁路的同时,积极开展扶贫工作。为驻地乡镇修建公路主干道45.8公里,引入便道37.9公里,解决了3个乡镇26个自然村行路难的问题。架设10千伏电力线42公里,解决5个村的照明用电,结束了山区不通电的历史。派出机械为昭通市小龙洞乡宁边村推运土方3万立方米,整修出一个长780米、宽16米的集贸市场。施工中有计划地组织村民运送材料、维修便道、看管工地、优先租用农民临时房屋,为沿线村民提供就业机会1 500人次,增加了村民收入。云南省省长李嘉庭、副省长牛绍尧视察当地时,赞扬"中铁十七局集团公司为云南人民作出了奉献"。 (马吉财)

【治安专项治理成效明显】　内昆铁路自 1998 年 6 月开工以来,总公司管段共发生各类案件近 600 起,社会治安问题突出。铁道建筑公安局、总公司内昆铁路工程指挥部会同当地政府组织开展两次治安专项治理,共破获刑事案件 225 起,打掉犯罪团伙 16 个,抓获犯罪嫌疑人 273 人;查处治安案件 243 起,处罚 241 人,取缔非法收购点 7 个,查获铁路物资、设备 27 吨,挽回直接经济损失 123 万余元。　(马吉财)

【"五比"劳动竞赛】　年内,总公司内昆铁路工程指挥部组织参建单位开展社会主义"五比"劳动竞赛,中铁十五、十七、十二局集团公司分获第一、二、三名。中铁十五局集团公司获铁道部内昆铁路建设指挥部"五比"劳动竞赛上半年和下半年第一名,荣获"内昆杯"一樽,奖金 30 万元;中铁十一、十七局集团公司分获上半年、下半年第二名,获奖金各 6 万元。　(陈世珍)

【岩溶塌陷整治工程】　内昆铁路路基岩溶塌陷整治工程于 9 月 13 日开工,12 月 9 日竣工,共完成钻孔5 476 孔/44 523.26延长米。施工中严格按照设计文件和《内昆铁路路基岩溶塌陷注浆整治施工技术要求》,采取边探边灌、探灌结合,严密追踪岩溶发育走向和范围,满足合同规定的质量要求,保证了工程质量。

(陈世珍)

【内昆铁路全线铺通】　9 月 6 日,内昆铁路全线铺通庆祝大会在云南昭通火车站举行。铁道部部长傅志寰、副部长蔡庆华,国家计委、国土资源部、国家电力总公司等单位领导,云、贵、川三省及有关单位领导出席盛会。　(陈世珍)

【重要记载】

▲1 月 5 日　中铁十六局和总公司造桥分公司共同承建的老煤洞特大桥 PC 箱形简支梁主体工程顺利完工,施工中创造 12 天成型一孔 64 米箱梁的国内新纪录。

▲1 月 12 日～13 日　铁道部内昆铁路建设指挥部分别在六盘水、威宁等总公司管段召开路地共建新年联谊会。

▲1 月 24 日　时值正月初一,指挥赵之义、党委书记魏臣义前往贵州威宁中铁二十局建设工地,看望慰问春节坚持施工的职工。

▲2 月 20 日　贵州省六盘水市人大代表一行 140 余人视察内昆铁路六盘水南编组站建设工地。

▲2 月 25 日　贵州省六盘水市政协代表一行 200 余人视察六盘水南编组站建设工地。

▲3 月 5 日　内昆铁路南段恢复铺架。2000 年 11 月 12 日威宁车站突然发生路基坍塌,铺架被迫中断。经过线下施工单位连续数月的奋力抢修,完成路基加固工程,保证了铺架进度。

▲3 月 16 日　六盘水市电台、电视台、报社记者一行 10 余人到六盘水南编组站采访报道。

▲3 月 18 日　总公司内昆铁路工程指挥部制发《内昆铁路新线运输管理办法》,确保铺架、运输及线下工程施工安全。

▲3 月中旬　铁道部内昆铁路建设指挥部通报全线房建工程质量专项检查结果,称赞中铁十五局集团公司混凝土预制构件、砖砌体和混凝土浇注质量处于全线领先地位。

▲4 月 5 日　贵州省人大常委会副主任杨瑾华一行在总公司赵之义指挥及六盘水市人大常委会主任汤公宇等陪同下,视察内昆铁路六盘水南编组站和水柏铁路北段铺架工地。

▲4 月 8 日～9 日　中国铁道建筑管理协会副主任黄杰宇一行到内昆铁路总公司管段了解工程建设情况,与赵之义指挥、魏臣义书记等交换了意见。

▲4 月 28 日　贵州省总工会分别授予中铁十一局集团公司内昆铁路工程指挥部指挥长荆山、中铁十八局集团公司内昆铁路工程指挥部指挥长杜洪举贵州省"五一劳动奖章";授予中铁十五局集团公司四处五分处二十队、中铁十七局集团公司四处六队贵州省"五一劳动奖状"。

▲5 月 18 日～19 日　总公司副总经理丁原臣到内昆铁路建设工地检查指导工作,称赞总公司内昆指挥部工作富有成效。

▲5 月 25 日　养马河桥梁厂内昆铁路现场制梁项目部开展"质量、效益、安全竞赛日"活动,确保"三线一站"梁枕需要。

▲5 月 29 日　总公司内昆铁路工程指挥部组织开展向全国劳模王宜强学习活动。

▲"七一"前夕,总公司内昆铁路工程指挥部举办"党的知识竞赛",取得良好效果。表彰先进党组织 10 个、优秀党务工作者 10 名、优秀共产党员 30 名。

▲6 月 25 日～27 日　内昆铁路工程承发包合同签字仪式在云南昭通铁道部内昆铁路建设指挥部举行,总公司副总经理扈振衣与建设单位代表分别在合同上签字。

▲7 月 9 日　内昆铁路威宁站因地质原因发生路基坍塌,中断铺轨作业。中铁二十局参建员工连续昼夜奋战,很快抢通线路,恢复铺架,保证了全线铺架进度,受到总公司内昆铁路工程指挥部表彰奖励。

▲7 月 17 日～20 日　铁道部、成都铁路局及贵阳

分局与总公司档案部门组成联合检查组，对内昆铁路总公司管段竣工文件编制情况进行检查验收。

▲7月25日　内昆铁路总公司管段铺架比计划工期提前42天到达昭通车站接轨点，安全、优质、快速地完成正线铺轨任务。

▲8月～10月　总公司内昆铁路工程指挥部组织开展"百日大干"活动，向站前收尾、站后工程及病害整治工程发起最后冲刺，保证了年度施工任务的全面完成。

▲8月31日　内昆铁路部分路堤突然发生塌滑，致使线路中断。中铁十六局内昆项目部和中铁十七局集团公司内昆指挥部立即组织人员、机械投入抢险，确保内昆铁路全线铺通庆典如期举行。总公司内昆指挥部为此给予通报表彰和奖励。

▲9月　总公司内昆铁路工程指挥部编辑的《内昆铁路建设》画册正式出版，刊出图片500余帧，讴歌了参建员工在内昆铁路建设中创造的英雄业绩。

▲9月19日　铁道部副部长蔡庆华一行在赵之义指挥的陪同下，视察内昆铁路总公司管段工程。

▲11月15日～18日　铁道部质量监督站对内昆铁路总公司管段站前及房建工程进行监督检查。

▲12月6日　从云南昭通向贵州六盘水方向开始进行大型养路机械整道作业。

▲12月25日　内昆铁路工程施工承发包合同签字仪式在北京举行，王振侯总经理分别与各集团公司(工程局)领导在承发包合同上签字。

（马吉财　陈世珍）

秦沈客运专线

【工程综述】　秦皇岛—沈阳新建铁路客运专线工程位于辽西走廊，西端与京山、京秦、大秦铁路相通，东端与哈大、沈吉、沈丹、苏抚铁路相连，是东北地区又一条进出关的铁路大动脉，是关内连接关外铁路运输的主要通道。线路起自秦皇岛站，途经山海关、葫芦岛、锦州及北宁市的沟邦子镇、盘锦市的高升镇、鞍山市的台安县、沈阳市的辽中县，止于沈阳北站，线路全长404.64公里。全线设13座车站，新建线路平均站距47.6公里，最小站距26.9公里，最大站距62.4公里。秦沈客运专线是跨世纪的国家重点建设项目，是中国铁路建设技术水平的标志性工程，为中国高速铁路的建设提供了技术储备。

一、工程概况

根据铁道部工程管理中心对秦沈客运专线第三期施工招标两大总公司投标单元的划分，总公司中标段为：B26标段轨道工程(DK19+616.8=K421+800～DK174+000)，B28标段(DK19+616.8=K421+800～DK193+600)和B30标段(辽河特大桥)范围内的20米及以上单双线箱梁制架。

主要工程数量。B26标段轨道工程：正线铺轨149.2公里，站线铺轨5.4公里，计单线铺轨305.6公里，其中无碴轨道2.92单线公里；道岔24组，其中38号道岔8组、18号道岔10组、9号道岔6组；铺道床、正站线沉落整修和线路备料。制架梁工程：包括B28标段及辽河特大桥20米及以上箱梁制架及桥面系制作安装42座、593孔。其中特大桥15座、481孔，大桥11座、75孔，中桥16座、37孔。梁型分别为32米、24米、20米单、双线箱梁，其中32米单线箱梁58跨，32米双线箱梁74跨；24米单线箱梁306跨，24米双线箱梁142跨；20米单线箱梁11跨，20米双线箱梁2跨，共制架各种跨度箱梁968榀。

总体施工方案。总公司铺架工程总体施工方案为铺架分离、先架梁后铺轨的作业组织形式。铺架设备采用"四架一铺"。箱梁制架采用现场集中预制为主的方式完成大部分箱梁预制，大吨位架桥机进行箱梁架设；辅以造桥机节段拼装，移动支架、满堂脚手架支撑等膺架法现场浇筑，制架梁并举；采用新型铺轨设备一次性铺设跨区间无缝线路。

二、工程进度

2001年是秦沈客运专线站前工程施工的关键年，也是线下工程施工的攻坚年。线下工程施工单位精心组织，统筹安排，科学管理，精耕细作，超计划完成全部主体工程施工任务。线下工程施工取得决定性胜利，为铺架工程创造了良好条件。

总公司管段箱梁制架工程大胆创新，于8月31日完成全部460跨、793榀箱梁预制任务，并顺利通过箱梁静载试验；10月31日完成全部箱梁架设任务，比预定工期提前7个月。辽河特大桥于8月29日完成全部74榀32米双线箱梁预制，现浇梁部分于10月6日完成全部59跨、101榀单、双线箱梁的现场浇筑。

铺轨工程进展顺利。截止至年底，左右线道碴均摊铺至DK119+290地段，累计摊铺道碴113.9双线公里。左线铺轨至DK111+395，开工累计铺轨88.3单线公里；右线铺轨至DK114+300，累计铺轨90.5单线公里。绥中北站4组38号道岔、5组18号道岔、2组9号道岔全部铺设完毕。现场铝热焊焊接至DK93+630，累计焊接铝热焊接头505个，线路锁定至DK89+000。沙河特大桥整体道床及过渡段全部完工；狗河特大桥板式无碴轨道右线完工。焊轨中心焊接长钢轨

180.25公里,占工程总量的60.7%。生产一级道碴55万立方米,占工程总量的77.4%。

三、工程质量

自秦沈客运专线工程开工以来,总公司秦沈客运专线工程指挥部在严格贯彻ISO9000质量保证体系的基础上,结合实际,建立、健全质量管理体系和质量保证体系,不断强化内控措施,高标准、严要求严把工程质量关,铁道部领导几次视察工地,对总公司管段的工程质量都给予充分肯定和高度评价。工程质量合格率达100%,优良率达90%以上,总体工程质量优良,为全线创国家优质工程奠定了基础。

四、安全生产

总公司各参建单位坚决贯彻落实国家、铁道部、总公司关于安全生产的有关指示、规定,始终坚持"安全第一,预防为主"的方针,开展多种形式的安全大检查,认真推行安全生产责任制,制定、落实安全生产计划,切实加强安全管理,年内未发生任何重大安全事故,保持了安全生产的良好态势。

五、科技攻关

总公司系统在秦沈客运专线上部结构施工中,承担大量施工科研项目,取得箱型梁架桥机研制、箱型梁移动支架造桥机研制、箱梁拼装式架桥机和配套设备技术、方案研究,以及高速铁路轨道施工等多项科技攻关成果。中铁十八局集团公司开发的"24米单线后张法预应力混凝土箱梁制造技术"通过天津市科委组织的成果鉴定,并已申报天津市科技进步奖。

（陈洪波）

【总公司秦沈客运专线工程指挥部】 驻辽宁省葫芦岛市。1999年10月20日成立。指挥郭万全,常务副指挥尚清喜,总工程师金守华。指挥部下设综合办公室、工程技术处(安全质量处)、计划财务处、设备物资处及技术攻关组,定员28人。

秦沈客运专线工程指挥部为总公司派出机构,受总公司委托,对秦沈客运专线DK19+616~DK174+000段的铺轨工程和DK19+616~DK193+600段及辽河特大桥的箱梁预制、架设等总承包工程实施全面管理;指导、协调所属单位线下工程施工;对各分包单位实行项目合同管理,负责组织指挥、督促检查、协调服务,确保安全、优质、按期完成工程任务。

（卜景华）

【中铁十一局集团公司秦沈客运专线工程指挥部】 驻辽宁省葫芦岛市。指挥长兼临时党委书记邹振华,副指挥长毕敬环,党委副书记邱志榧,总工程师伍林。承担秦沈客运专线A-7标段线下工程和B26-1标段铺轨工程。主要工程量:A-7标段线下工程全长17公里,路基土石方206.2万立方米,附属及防护浆砌圬工10.13万立方米,特大桥1 381双延长米,涵洞1 414.8横延米;B26-1标段铺轨工程全长149.2双线公里,其中正线铺轨296.8公里,站线铺轨4.5公里,铺道岔22组,铺道碴约70万立方米,无碴轨道2.87公里,总投资5.539亿元。线下工程年内完成投资3 346万元,开工累计完成投资16 318万元;铺轨工程年内完成投资32 254万元,开工累计完成投资35 202万元。A-7标段有20项工程被铁道部秦沈客运专线建设总指挥部评为"优质样板工程",其中7项被评为"精品工程"。

（卜景华）

【中铁十二局集团公司秦沈客运专线工程指挥部】 驻河北省秦皇岛市山海关区。指挥长易继武,副指挥长兼总工程师辛维克,副指挥长李成全,党工委副书记张旭。承担秦沈客运专线A-1、A-4标段线下工程及B28-2制梁标段和D39电力标段施工任务。主要工程量:线路全长37.863公里,路基土石方473万立方米,级配碎石51.6万立方米,特大桥2座、2 307.85双延长米,大中小桥16座、1 916.05双延长米,涵洞113座、3 187.22横延米;预制32米单线箱梁102榀,24米单线箱梁118榀,16米T型梁200榀,A4-6绥中北站及D39电力标施工。总投资4.5亿元。年内A-1、A-4和B28-2三个标段已完工,完成投资9 398.9万元,开工累计完成投资47 718.7万元。A-1、A-4标段有34座桥涵被铁道部秦沈客运专线建设总指挥部评为"优质样板工程",其中10座桥涵被评为"精品工程"。

（卜景华）

【中铁十三局集团公司秦沈客运专线工程指挥部】 驻辽宁省辽中县。指挥长张日洲,常务副指挥长肖新华,党工委书记郑国学。承担秦沈客运专线B30-1标段辽河特大桥74孔32米双线箱梁制架任务,共2 433.59双延长米,采用现场分段预制、移动支架造桥机原位节段拼装法施工。主要工程量:圬工24 498.19立方米,耗用钢材5 342吨。年内完成投资4 887.58万元,开工累计完成投资8 173.78万元。2001年9月30日主体工程完工。

（卜景华）

【中铁十四局集团公司秦沈客运专线工程指挥部】 驻辽宁省锦州市。指挥长兼党工委书记李景元,常务副指挥长索广双,副指挥长蔡志宏、王朝辉、张学凯。承担秦沈客运专线A-9、B28-4、B28-9标段施工任务。主要工程量:特大桥2座、1 400.5双延长米,大桥1座、185.54双延长米,中桥9座、678.9双延长米,小桥4座、113.84双延长米，跨线公路桥3座、152.74双延长米，涵洞41座、1 101.5横延米，路基土石方340万立方米；预制、架设16米T型梁23孔、92榀，现浇32米箱梁6孔。年内完成投资9 981万元，开工累计完成投资32 160万元。13座桥涵被铁道部秦沈客运专线建设总指挥部评为“优质样板工程”，其中3座评为“精品工程”，1座大桥被授予“文明施工样板示范区”。

（卜景华）

【中铁十五局集团公司秦沈客运专线工程指挥部】 驻辽宁省兴城市。指挥长田福元，总工程师丁瑞和。承担秦沈客运专线A－5标段18公里线下工程、B28－5标段127孔24米双线箱梁架设和D35标段通信信号工程施工任务。截止至2001年12月底，A－5标段完成路基土石方202.33万立方米，桥梁9座、1 309.85双延长米，涵洞44座、1 028.5横延米，公路桥8座、3 550.32延长米。B28－5标段箱梁架设于8月8日全部竣工。A－5标段15座桥涵被铁道部秦沈客运专线建设总指挥部评为“优质样板工程”，其中1座大桥、3座涵洞被评为“精品工程”；B28－5标段被总公司秦沈客运专线工程指挥部评为“箱梁制架先进单位”。

（卜景华）

【中铁十六局秦沈客运专线工程指挥部】 驻辽宁省兴城市。指挥长赵家明，党工委书记戴生堂，副指挥长张庆平。承担秦沈客运专线A－6标段19公里线下工程、B28－7标段24米单线箱梁运架及B28标段道碴生产任务。主要工程量：A－6标段土石方258万立方米，桥梁9座、1 483.39双延长米，涵洞56座、1 519.02横延米；B28－7标段24米单线箱梁运架114孔、228榀；道碴生产10万立方米。年内，A－6标段、B28－7标段及道碴生产全部完工，完成投资4 155万元，开工累计完成投资18 600万元。A－6标段10座桥涵被铁道部秦沈客运专线建设总指挥部评为“优质样板工程”，其中3项评为“精品工程”。B28－7标段提前20天完成箱梁运架任务。（卜景华）

【中铁十七局集团公司秦沈客运专线工程指挥部】 驻辽宁省绥中县。指挥长马春凤，党工委副书记周化斌。承担秦沈客运专线A－3标段18.6公里线下工程施工和B28－6标段箱梁运架任务。A－3标段主要工程量：路基土石方258.5万立方米、渗水土13.3万立方米、级配碎石24.6万立方米、浆砌片石6.1万立方米、抛填片石5.1万立方米；特大桥1座、698.2双延长米，大桥5座、951.4双延长米，中桥2座、199.24双延长米，跨线公路桥10座、681延长米；涵洞44座、1 705.02横延米；预制、架设16米T形梁56孔、224榀；现浇桥面板1 053立方米，制做、架设钢筋混凝土结合梁3孔；预制、架设20米预应力空心板梁30孔。B28－6标段主要工程量：运架32米钢筋混凝土单线箱梁51孔、102榀，运架24米钢筋混凝土单线箱梁59孔、118榀。年内完成投资4 285万元，开工累计完成投资21 491万元，线上线下工程全部竣工。1座特大桥、3座大桥、10座涵洞被铁道部秦沈客运专线建设总指挥部评为“优质样板工程”，1座特大桥、3座涵洞被评为“精品工程”。（卜景华）

【中铁十八局集团公司秦沈客运专线工程指挥部】 驻辽宁省辽中县。指挥长赵明传，党工委书记万铁堂，副指挥长张庆伟。承担秦沈客运专线A－8、A－18标段全长20.5公里线下工程和B28－3标段箱梁预制施工任务。A－8标段主要工程量：2座特大桥、1座大桥、1座中桥、6座公路桥，52座盖板涵，土方114万立方米，石方55.1万立方米，级配碎石19.1万立方米。A－18标段主要工程量：辽河特大桥全长2 433.6延长米，为74孔32米简支箱梁，基础为钻孔桩共606根、20 800延长米，承台混凝土圬工9 388.4立方米，墩台身圬工99 418立方米；框架涵8座；路基填筑39.08万立方米，碎石垫层2.58万平方米，碎石桩46.5万延长米。以上2个标段于2001年8月31日竣工。B28－3标段5座大桥共114孔、228榀24米单线箱梁预制于2001年11月4日完工。截止至2001年底，完成投资34 671万元。4座大桥及11座涵洞被铁道部秦沈客运专线建设总指挥部评为“优质样板工程”，其中1座大桥及3座涵洞被评为“精品工程”。（卜景华）

【中铁十九局集团公司秦沈客运专线工程指挥部】 驻辽宁省绥中县。指挥长史俊凤。承担秦沈客运专线A－2标段18.8公里线下工程和B28－1标段127榀24米双线箱梁预制任务。A－2标段主要工程量：路基土石方272万立方米，2座特大桥、1 334.74双延长米，4座大桥、635.23双延长米，11座中桥、757.67双延长米，9座公路桥、484延长米，48座板涵、1 335.5横延米。2001年完成施工产值6 756万元，开工累计完成投资29 079万元。工程质量合格率100%，优良率99.2%。获铁道部秦沈客运专线建设总指挥部社会主义劳动竞赛制架梁优胜单位，21座桥涵被评为“优质样板工程”，52座桥涵评为“精品工程”，DK46＋000～DK55＋000段为全线惟一的综合试验段。

（卜景华）

【中铁二十局秦沈客运专线工程指挥部】 驻辽宁省锦

州市南站。指挥长兼总工程师薛琪，党工委书记牛顺卿，副指挥长贾安民。承担秦沈客运专线B28－4和B28－8标段的24米单线箱梁预制、架设施工任务，总投资6 800万元。主要工程量：现场预制24米单线铁路箱梁176榀；架设桥梁33座、218榀。2000年3月15日开工。2001年7月28日制梁完工，2001年10月30日架梁全部完工。铁道部秦沈客运专线建设总指挥部分别授予局指挥部"先进单位"、授予锦州南站制梁场"基层建设先进单位"、授予指挥长薛琪"优秀项目经理"、授予党工委书记牛顺卿"优秀项目党务工作者"、授予副指挥长贾安民"优秀项目科技工作者"称号，全国铁道团委授予锦州南站制梁场"青年突击队标杆队"称号。（卜景华）

【总公司造桥分公司秦沈客运专线工程指挥部】 驻辽宁省兴城市。指挥长梁志新，党工委书记颜令秋。承担秦沈客运专线B28－10标段6座桥梁的施工任务。截止至2001年12月31日，64榀单线箱梁现浇任务全面完工。（卜景华）

【总公司秦沈客运专线工程指挥部工作会议】 3月14日在山海关召开。会议总结2000年工作，研究部署2001年任务，总公司宋抗常总工程师等参加会议并讲话。（卜景华）

【王振侯总经理到秦沈客运专线检查工作】 4月6日，总公司王振侯总经理到秦沈客运专线检查指导工作，与中铁十一、十四、十五、十六局集团公司（工程局）等单位领导座谈，对总公司秦沈客运专线工程指挥部的工作充分肯定，勉励大家团结一致，齐心协力，把秦沈客运专线建成精品工程。（卜景华）

【孙永福副部长视察秦沈客运专线】 4月24日，铁道部副部长孙永福、建设司司长杨建新、高速铁路办公室副主任华德洪及部工程管理中心、秦沈客运专线建设总指挥部领导一行20余人，在总公司秦沈客运专线工程指挥部领导陪同下，视察总公司管段施工现场。（卜景华）

【中央企业工委副书记赵杰兵视察秦沈客运专线】 5月12日，中央企业工委副书记赵杰兵在总公司党委书记李国瑞、总经理王振侯、副总经理丁原臣、夏国斌等陪同下，视察秦沈客运专线总公司管段。赵杰兵副书记在听取郭万全指挥汇报、详细了解总公司管段建设情况、兴致勃勃地参观总公司秦沈客运专线建设图片展后，勉励大家继续发扬铁道兵光荣传统，艰苦奋斗，顽强拼搏，把秦沈客运专线建成精品工程。（卜景华）

【秦沈客运专线开始铺轨】 5月27日，秦沈客运专线铺轨仪式在总公司管段九江河特大桥举行。铁道部副部长蔡庆华、总工程师王麟书，秦沈客运专线建设总指挥部指挥郭守忠、副指挥邢福海，总公司总经理王振侯、党委书记李国瑞、副总经理丁原臣、夏国斌等参加铺轨仪式，标志着秦沈客运专线建设进入最后决战阶段。（卜景华）

【副总经理何能金到秦沈客运专线检查工作】 6月21日，总公司副总经理何能金率机关有关人员到秦沈客运专线检查路基及制架梁工程。（卜景华）

【中铁十九局集团公司完成24米双线箱梁制造任务】 6月24日，由中铁十九局集团公司绥中制梁场承担的24米双线箱梁制造任务顺利完成。（卜景华）

【铁道建设协会有关人员到秦沈客运专线检查工作】 6月29日，铁道建设协会张健基一行10人在总公司秦沈客运专线工程指挥部领导陪同下，到秦沈客运专线检查指导工作。（卜景华）

【国家重大科技项目检查团到秦沈客运专线检查工作】 7月16日，国家重大科技项目检查团在总公司总工程师宋抗常、秦沈指挥部常务副指挥尚清喜陪同下，到秦沈客运专线总公司管段检查指导工作。（卜景华）

【动车组试验专题会议】 9月12日，总公司秦沈客运专线工程指挥部召开专题会议，研究、部署动车组试验有关问题，要求参建单位全体动员，团结协作，确保秦沈客运专线第一次动车组试验成功。（卜景华）

【表彰制梁先进单位和先进个人】 9月13日，总公司秦沈客运专线工程指挥部召开表彰大会，对在秦沈客运专线制梁工作中作出突出贡献的先进单位和先进个人进行表彰。（卜景华）

【傅志寰部长视察秦沈客运专线】 10月15日，铁道部部长傅志寰在部秦沈客运专线建设总指挥部及总公司指挥部领导陪同下视察秦沈客运专线。（卜景华）

【监事会主席丹笑山视察秦沈客运专线】 10月16

日，国务院派驻总公司监事会主席丹笑山在总公司总会计师张惠江陪同下，视察秦沈客运专线总公司管段工程。（卜景华）

【副总经理扈振衣到秦沈客运专线检查工作】 10月18日，总公司副总经理扈振衣在有关人员陪同下，到秦沈客运专线检查工作。（卜景华）

【中铁十七局集团公司架完最后一榀32米单线箱梁】 10月31日，中铁十七局集团公司秦沈客运专线工程指挥部架梁项目部架完最后一榀32米单线箱梁。（卜景华）

【表彰架梁先进单位和先进个人】 11月6日，总公司秦沈客运专线工程指挥部召开表彰大会，对在秦沈客运专线架梁工作中作出突出贡献的先进单位和先进个人进行表彰。（卜景华）

【秦沈客运专线第一次动车组综合试验成功】 12月2日～8日，铁道部秦沈客运专线第一次动车组综合试验在总公司管段进行，试验最高时速达到210公里，线路各项技术参数符合设计要求，创造了中国新建铁路开通的最高速度。铁道部副部长孙永福、总工程师王麟书等亲临现场指导试验，对试验区间的工程质量给予高度评价。（卜景华）

西安南京铁路

【工程综述】 工程概况。西安南京铁路西安—合肥段，跨陕西、河南、湖北、安徽四省，正线全长955.352公里，总投资231.5亿元。总公司系统承担线下土建工程426.5公里和铺轨378.21公里的施工任务，投资50.143亿元。主要工程量：路基土石方5 961.14万立方米；特大桥18座、13 852.75延长米，大中桥186座、29 099.03延长米；涵渠1 771座、47 053.14横延米；隧道29.5座、33 691延长米；正线铺轨378.22公里，站线铺轨84.67公里，铺道岔243组，架梁1 511.5孔；房建及站后工程等。全线10项控制工程，总公司系统承建4项，其中东秦岭隧道出口6 134米，由中铁十八局集团公司承建；桃花铺1号隧道7 242米，由总公司丹凤工程指挥部总承包，进口6 528米由中铁十八局集团公司用TBM掘进机施工，出口714米由国内工程公司承建；桃花铺2号隧道7 099米，由中铁十一局集团公司承建；南阳西站由中铁十五局集团公司承建。全线40项重点工程，总公司系统承建17项，其中西峡隧道1 866米、木籽庄淮河特大桥533.4米、姚庄淮河特大桥896.18米，由中铁十二局集团公司承建；唐河特大桥由中铁十三局集团公司承建；白河特大桥1 062.6米，由中铁十四局集团公司承建；试马河特大桥555.26米、黑漆河特大桥668.82米、淇河特大桥1 098.16米、峡河特大桥728.98米，由中铁十六局承建；丹水特大桥687米、大袁沟特大桥662.1米、湍河特大桥535.5米、赵河特大桥863.8米、游河特大桥575.45米，由中铁十七局集团公司承建。寺底铺铁河特大桥682.1米、南坪武关河特大桥534.31米、潦河特大桥766.56米，由中铁二十局承建。西安南京铁路建设工期：西安—南阳段为5年、2003年底铺通，2004年建成；南阳—合肥段为4年，2003年3月底铺通、2003年底建成。

施工进度。西安南京铁路于2000年5月开工。2001年进入施工高峰期，总公司系统全年完成投资23.69亿元，占年计划的111.1%；开工累计完成投资31.53亿元，占总投资的62.9%。完成实物工程量：路基土石方4 434.2万立方米，占年计划的105%，开工累计完成5 426.3万立方米，占设计量的91%；特大桥6 884延长米，占年计划的108.7%，开工累计完成11 480.5延长米，占设计量的82.9%；大中桥17 977.1延长米，占年计划的117%，开工累计完成25 512.1延长米，占设计量的87.1%；涵渠31 703.1横延米，占年计划的105.1%，开工累计完成45 604.5横延米，占设计量的96.9%；隧道16 671.8延长米，占年计划的62.7%。2001年10月1日按时从南阳向西铺轨，年内正线铺轨54.26公里，站线铺轨10.99公里，铺道岔38组，架梁133孔，全面完成年度计划。控制工程施工进展不断加快，为实现建设工期奠定了基础。中铁十八局集团公司施工的东秦岭隧道进口平导提前7个月掘进至分界线，为正洞快速施工创造了条件，全年正洞掘进3 007.3米，平均月掘进250.6米，开工累计掘进4 203.3米；全年成洞2 670.5延长米，完成年度计划的116.1%，开工累计成洞3 545.8延长米。该隧自开工以来，坚持高标准、高质量、高速度，成为长隧施工的一个典型，多次受到铁道部、总公司和建设单位的表扬。中铁十一局集团公司施工的桃花铺2号隧道，2001年下半年月进度均保持在300米以上，为铺架通过该隧创造了条件。总公司总承包施工的桃花铺1号隧道，在地质情况时好时差的情况下，1月～10月平均月掘进356.6米，创造了TBM掘进机施工国内好成绩。中铁十七局集团公司承建的外资 W_5 标段长28.77公里，由于改线方案批准很晚，2001年8月中旬才开工,离2002年2月20日铺轨通过只有6个月施工时间,工期十分紧迫。工程量很大,路基土石方380.2万立方米,特大桥2座、2 319.3延长米,大中桥12座、2 474.24延长米,涵洞148座、4 004横延米,双线隧道1座、372延长米。经过该局参建员工的拼搏,到年底路基土石方完成95.8%,涵洞完成84.3%,特、大、中桥完成92.5%,隧道贯通,保证铺轨按期通过。

工程质量稳步上升,为全线创优奠定了基础。年内,铁道部西安南京铁路建设总指挥部组织了两次工程质量评定,总公司系统评出路基综合优质样板段24段,精品工程294项,其中特、大、中桥66座,涵洞205座,隧道9座,公路跨线桥3座,挡护工程11处,精品率占在建工程的14%。桥梁精品率32%,涵洞精品率11.5%,隧道精品率30.5%。各单位从抓思想教育入手,把"创世纪铁路建设质量新水平"变为广大参建职工的自觉行动,坚持开工必优,一次成优,使施工质量稳步提高,单位工程优良率达95%以上。对重点控制工程坚持从严管理,精心组织,规范作业,精细工艺,加大必要的投入,全线重点控制工程均被评为精品工程。桥梁工程精品率达40%以上的单位有中铁十二、十七、十四、十六、十八局集团公司(工程局);隧道精品率较高的单位有中铁十一、十二、十八局集团公司和总公司丹凤工程指挥部;中铁十二、十三、十六局集团公司(工程局)各有一段路基综合优质样板段,其中中铁十三局集团公司有三段路基评为优质样板段。

(尹大田)

【总公司西安南京铁路工程指挥部】 根据铁道部领导要求,于2001年3月成立。驻陕西省西安市西高新技术开发区枫叶广场B座603号。指挥长王振侯、丁原臣、夏国斌、范德,常务副指挥长杨海峰,总工程师尹大田。主要职责是:协助甲方或铁道部西安南京铁路建设总指挥部落实本系统各参建单位的施工组织,及时掌握施工进度,组织重难点工程攻关,确保工期要求;组织开展工程创优,确保实现全线创优目标;统一协调本系统施工单位之间、施工单位与地方之间、施工单位与铁路局之间的关系,协调处理铺架工程与线下工程、站前工程与站后工程、土建工程与"四电"工程的交叉作业和工作衔接,协调处理过渡工程施工;督促本系统参建单位严格履行施工合同和投标承诺;按全线的总体布置组织科技攻关与试验配合工作,推广应用新技术、新工艺;组织本系统安全生产检查和社会主义劳动竞赛评比活动;经常与建设单位交流、沟通情况,及时协调处理问题。(尹大田)

【中铁十一局集团公司西安南京铁路工程指挥部】 驻陕西省丹凤县运管站。指挥长曾祥旭,党工委书记陈兆林,副指挥长张丕界、卜大志。承建土建工程11标段、长7.695公里,外资W_{22-2}标段、长39.23公里,总投资48 111万元。主要工程量:土石方384.1万立方米,桥梁22座、1 991.99延长米,隧道1座、7 099延长米,涵洞207座、3 907.15横延米。2001年完成投资18 555万元,开工累计完成投资22 744万元,占设计量的47.2%。开工累计完成实物工程量:土石方202.3万立方米,占设计量的52.6%;桥梁1 697延长米,占设计量的85.2%;隧道4 160延长米,占设计量的58.6%;涵洞3 907.5横延米,占设计量的100%。

(尹大田)

【中铁十二局集团公司西安南京铁路工程指挥部】 驻河南省西峡县农行五里桥营业所。指挥长王敦厚,常务副指挥长兼党工委书记宋津喜,副指挥长兼总工程师王香雄,副指挥长李荣发;党工委副书记屈绪凯。承建土建工程15标段、长55.9公里,外资W_{21-2}标段、长25.82公里,总投资69 551万元。主要工程量:土石方11 497万立方米,桥梁48座、10 565延长米,隧道6座、3 960延长米,涵洞353座、9 991横延米。2001年完成投资34 459万元,开工累计完成投资54 073万元,占设计量的77.7%。开工累计完成实物工程量:土石方1 102.6万立方米,占设计量的95.9%;桥梁8 950延长米,占设计量的84.7%;隧道3 694延长米,占设计量的93.2%;涵洞9 877横延米,占设计量的98.8%。

(尹大田)

【中铁十三局集团公司西安南京铁路工程指挥部】 驻河南省南阳市宛城区长江路东段。指挥长谭振武,党工委书记袁凤举,常务副指挥长兼总工程师程建铝。承建土建工程20-1标段、长40.52公里,外资W_{21-1}标段、长20.27公里,总投资34 475万元。主要工程量:土石方762万立方米,桥梁36座、3 780.1延长米,隧道1座、210延长米,涵洞319座、7 091横延米,房建2 684平方米。2001年完成投资23 989万元,开工累计完成投资30 652万元,占设计量的88.9%。开工累计完成实物工程量:土石方690.4万立方米,为设计量的90.6%;桥梁3 420.8延长米,为设计量的90.4%;隧道195延长米,为设计量的92.8%;涵洞6 790.9横延米,为设计量的95.8%。(尹大田)

【中铁十四局集团公司西安南京铁路工程指挥部】 驻河南省南阳市兴隆路66号。指挥长兼党工委书记崔进光,副指挥长毛亮、张圣强、武云杰、丁玉忠,副指挥长兼总工程师胡安沁。承建土建工程18分标段,长

12公里,投资11 850万元。主要工程量:土石方185.4万立方米,桥梁6座、1 442.06延长米,涵洞37座、899横延米,房建4 784平方米。2001年完成投资5 241万元,开工累计完成投资7 649万元,为设计量的64.5%。开工累计完成实物工程量:土石方全部完成;桥梁1 230延长米,为设计量的85.2%;涵洞全部完成;房建2 000平方米,为设计量的41.8%。 (尹大田)

【中铁十五局集团公司西安南京铁路工程指挥部】 驻河南省南阳市北京大道南段建行分理处。指挥长田福元,党委书记张春生,副指挥长吕春元,副指挥长兼总工程师冯忠荣。承担18标段5.8公里土建施工任务和南阳至东秦岭段309.901公里铺架任务,总投资69 997万元。主要工程量:土石方302.8万立方米,桥梁1座、323延长米,涵洞23座、1 396横延米,房建21 913平方米。2001年完成投资20 258万元,开工累计完成投资23 317万元,为设计量的33.3%。开工累计完成实物工程量:土石方、桥梁、涵洞全部完成;房建完成10 126平方米,为设计量的46.2%;正线铺轨54.26公里,站线铺轨10.99公里,铺道岔38组,架梁133孔,全面完成年度计划。 (尹大田)

【中铁十六局西安南京铁路项目经理部】 驻陕西省商南县长兴路。经理郑太平,副经理赵国旗,总工程师李少甲。承建土建工程14标段,长45.877公里,投资50 426万元。主要工程量:土石方937万立方米,桥梁22座、7 344.83延长米,隧道7座、3 215延长米,涵洞152座、6 269.91横延米。2001年完成投资29 088万元,开工累计完成投资38 468万元,为设计量的76.3%。开工累计完成实物工程量:土石方全部完工;桥梁6 722延长米,为设计量的91.5%;隧道2 789延长米,为设计量的86.7%;涵洞全部完工。

(尹大田)

【中铁十七局集团公司西安南京铁路工程指挥部】 驻河南省内乡县内峠路2号。指挥长孙中林,副指挥长毛承祖、刘玉杰、董谦,副指挥长兼总工程师郑雁翎,党工委副书记秦峰。承建土建工程16标段、长58.102公里,外资 W_{22-1}和 W_{22-2}标段、长46.38公里,总投资71 292万元。主要工程量:土石方1 476.9万立方米,桥梁39座、10 802.22延长米,隧道1座、372延长米,涵洞478座、12 403横延米。2001年完成投资38 614万元,开工累计完成投资48 284万元,为设计量的67.7%。开工累计完成实物工程量:土石方1 368.6万立方米,为设计量的92.6%;桥梁8 880.8延长米,为设计量的82.2%;隧道312延长米,为设计量的84%;涵洞11 400横延米,为设计量的91.9%。 (尹大田)

【中铁十八局集团公司西安南京铁路工程指挥部】 驻陕西省商州市西荆乡。指挥长杨福清,党工委书记刘永清,副指挥长张旭则、杨吉成,总工程师秦培文。承建土建工程6标段,长7.518公里,投资48 777万元。主要工程量:土石方27.94万立方米,桥梁3座、525.66延长米,隧道1.5座、6 254延长米,涵洞3座、133.65横延米。2001年完成投资18 525万元,开工累计完成投资29 473万元,为设计量的60.4%。开工累计完成实物工程量:土石方24万立方米,为设计量的85.9%;桥梁456延长米,为设计量的86.7%;隧道3 722延长米,为设计量的59.5%;涵洞全部完工。

(尹大田)

【中铁十九局集团公司西安南京铁路工程指挥部】 驻湖北省随州市交通路特8号(商检局院内)。指挥长东升华,党工委书记杨敦福,副指挥长刘卫,总工程师刘福。承建土建工程38标段,长18.01公里;小林—厉山联络线铺架68.318公里,总投资19 247万元。主要工程量:土石方232.7万立方米,桥梁10座、688.98延长米,涵洞87座、1 702.73横延米,房建5 418平方米。2001年完成投资5 806万元,开工累计完成投资7 875万元,为设计量的40.9%。开工累计完成实物工程量:土石方220万立方米,为设计量的94.5%;桥梁578延长米,为设计量的83.9%;涵洞1 614横延米,为设计量的94.8%;房建1 000平方米,为设计量的18.5%。 (尹大田)

【中铁二十局西安南京铁路工程指挥部】 驻陕西省丹凤县铁峪铺道班。指挥长赵崇科,党工委书记雷积贤,副指挥长兼总工程师孙长江,副指挥长邓明。承建土建工程12、17标段,全长33.107公里,总投资41 904万元。主要工程量:土石方460.5万立方米,桥梁25座、4 904.23延长米,隧道10座、4 889延长米,涵洞109座、3 136.83横延米。2001年完成投资20 420万元,开工累计完成投资31 756万元,为设计量的75.7%。开工累计完成实物工程量:土石方427.2万立方米,为设计量的92.7%;桥梁4 277延长米,为设计量的87.2%;隧道2 456延长米,为设计量的50.2%;涵洞全部完工。 (尹大田)

·总公司丹凤工程指挥部·

【简况】 总公司丹凤工程指挥部于1999年12月22

日正式成立，为总公司派出机构，受总公司委托对西安南京铁路A土－10标段工程实施全面管理。编制定员15人。指挥琚建明，副指挥兼总工程师王在仁，副指挥沙明元。指挥部设在陕西省丹凤县。

总公司总承包施工的A土－10标段起讫里程为IDK191＋080～IDK201＋405，全长10.325公里，包括隧道、桥涵、车站、路基及站后工程，总投资3.58亿元。由中铁十八局集团公司和国内工程公司共同施工。全长7 234米的桃花铺1号隧道为全线第二长隧，是全线重点控制工程和必保国优项目。进口段6 328米采用TBM掘进机施工，182米预备洞和10米出发洞采用钻爆法施工，由中铁十八局集团公司施工；出口段741米（包括TBM掘进机拆卸洞60米、大跨双线段654米）采用钻爆法施工，由国内工程公司施工。2001年完成投资21 228万元，为年度计划的139％；开工累计完成投资25 586万元，为总投资的62％。隧道累计完成4 222延长米，其中桃花铺1号隧道进口段掘进4 510米，折合成洞3 004延长米；出口段掘进及衬砌全部完工，剩余拆卸洞拱部衬砌13米；十里铺隧道已完工。累计完成桥梁421延长米，其中资峪河大桥223延长米，鹿池坪大桥198延长米。3座涵洞已完工。路基土石方完成27.2万立方米，为设计量的64％，其中区间土石方8.3万立方米，站场土石方18.9万立方米。

开工以来，铁道部及总公司领导对丹凤工程指挥部的工作非常重视。铁道部副部长蔡庆华及部西安南京铁路建设总指挥部领导多次到施工现场视察；总公司王振侯总经理、李国瑞书记，靳尚忍、丁原臣、夏国斌、范德副总经理及夏良振主席等多次到现场检查指导工作，对指挥部的施工生产、安全质量、队伍管理、基层党建等工作作出重要指示。指挥部加强组织领导，优化施工方案，组织科学施工，加强资金管理，参建职工团结奋战，顽强拼搏，克服地质条件差等困难，超额完成年度施工任务，工程质量合格率达100％，实现安全生产目标。（杨海龙）

【签订西安南京铁路A土－10标段经济责任承包合同】 9月11日，总公司总承包的西安南京铁路A土－10标段经济责任承包合同签字仪式在北京举行，王振侯总经理、琚建明指挥分别代表总公司和总公司西安南京铁路丹凤工程指挥部在经济责任承包合同上签字，扈振衣副总经理、张惠江总会计师及总公司机关有关部门领导参加签字仪式。这是总公司与直属工程指挥部签订的第一份经济责任承包合同。（杨海龙）

【TBM掘进机创月掘进551米的全国纪录】 6月，TBM掘进机在西安南京铁路桃花铺1号隧道进口段施工中，创造月掘进551.818米的全国最高纪录，铁道部西安南京铁路建设总指挥部、总公司分别致电祝贺。

（高晓东　王赞丰）

【陕西省省委书记李建国视察桃花铺1号隧道建设工地】 6月17日，陕西省省委书记李建国一行到西安南京铁路桃花铺1号隧道建设工地视察，在详细了解TBM掘进机施工情况后指出：西安南京铁路是一条促进东西部人流、物流、信息流、资金流、技术流的重要铁路交通大动脉，一定要搞好施工，确保总工期，同时认真积累TBM掘进机施工经验和相关资料，为国家引水、越海、公路长隧施工积累经验、做出贡献。

（杨海龙）

【铁道部副部长蔡庆华视察桃花铺1号隧道施工现场】 8月13日，铁道部副部长蔡庆华在部建设司司长杨建兴、部西安南京铁路建设总指挥部副指挥常志民、邹有光等陪同下，视察桃花铺1号隧道施工现场，指出，TBM掘进机在西康铁路秦岭隧道施工中创造了辉煌，在西安南京铁路桃花铺1号隧道施工中一定要全力以赴、再上台阶，展示一流设备、一流队伍的文明形象。

（杨海龙）

【王振侯总经理到桃花铺1号隧道工地检查指导工作】 12月11日，总公司王振侯总经理在总公司西安南京铁路工程指挥部常务副指挥杨海峰、国内工程公司总经理刘国志及中铁十八局集团公司董事长赵广发等陪同下，到桃花铺1号隧道建设工地检查指导工作，对总公司丹凤工程指挥部的工作提出了要求。

（高晓东　杨海龙）

【重要记载】

▲2月3日　中央企业工委群工部副部长、团工委书记赵钊在总公司团工委书记王参军及丹凤工程指挥部指挥琚建明等陪同下，到西安南京铁路总公司管段检查指导工作。

▲2月9日　铁道部工程管理中心主任施德良、部西安南京铁路建设总指挥部副指挥常志民、邹有光一行到桃花铺1号隧道工地检查指导工作。

▲5月27日　总公司工会主席夏良振在琚建明指挥等陪同下，到桃花铺1号隧道工地检查指导工作。

▲6月16日　总公司副总经理丁原臣、夏国斌及副总工程师王兆林等在琚建明指挥陪同下，检查指导丹凤工程指挥部工作。

▲10月21日～23日　铁道建筑公安局重点工程

治安管理现场会在陕西省丹凤县召开，总公司副总经理邹才华到会讲话，并检查指导丹凤工程指挥部工作。

▲11月12日　总公司质量体系审核组到丹凤工程指挥部进行内部质量审核。　（杨海龙）

宝兰复线

【工程综述】　宝兰复线由陕西省宝鸡—甘肃省兰州，全长509公里。总工期4年。2000年1月10日开工。宝天段，总公司系统10个集团公司(工程局)参加施工，合同投资81 383万元。该段大部分地段地质、地形复杂，桥梁、隧道较多，有的地段山高坡陡、桥隧相连，有多处隧道洞门位于悬崖峭壁上，施工难度较大。中铁十三局集团公司承建的伯阳隧道全长3 306米，为全线重点控制工程，隧道地质复杂，场地狭窄，施工比较困难。天兰段，总公司系统除中铁十三局集团公司外，其余9个集团公司(工程局)共担负172.3公里的施工任务，合同投资74 363万元。全段大部分为黄土高原，地势较为平缓，为湿陷性黄土，对路堤填筑压实要求较高。共有4座隧道、1座特大桥、5座大桥。

（陈洪波）

【中铁十一局集团公司宝兰复线工程指挥部】　宝天段7标段工程指挥部驻甘肃省天水市。指挥长陈建发。管段起讫里程DK1304＋048～DK1307＋560，线路全长3.612公里，投资10 000万元。主要实物工程量：土石方3.8万立方米；桥梁4座，1 694延长米；双线隧道1座，1 733延长米；涵洞2座，52横延米。控制工程胡店双线隧道长1 733延长米，已经完成1 650延长米，衬砌1 249米。2000年10月开工，合同竣工日期为2003年6月。天兰段11标段工程指挥部驻甘肃省定西县，指挥长沈淑章。管段起讫里程DK1601＋390～DK1610＋600，线路全长9.210公里，投资6 000万元。主要实物工程量：土石方37万立方米；隧道1座，704延长米；涵洞155横延米，铺轨8.2公里。重点工程新松树湾隧道1 726延长米，中铁十一局集团公司担负施工的出口端658米已全部完工。（陈洪波）

【中铁十二局集团公司宝兰复线工程指挥部】　宝天段6标段工程指挥部驻甘肃省甘谷县。指挥长罗祥高。管段起讫里程DK1467＋900～DK1488＋000，线路全长19.932公里，投资7 023万元。主要实物工程量：土石方28万立方米；桥梁6座，685.33延长米；涵洞50座；改建车站1座。重点工程渭河特大桥，全长535.79延长米，全桥设计15个桥墩、2个桥台。合同竣工日期为2002年8月。天兰段11标段工程指挥部指挥长王庆林。管段起讫里程DK1343＋000～DK1353＋800，线路全长10.8公里，投资15 720万元。主要实物工程量：土石方120万立方米；桥梁3座，2 327.4延长米；隧道4座，2 244延长米；涵洞12座；新建车站1座。合同竣工日期为2002年12月。（陈洪波）

【中铁十三局集团公司宝兰复线工程指挥部】　宝天段14标段工程指挥部驻甘肃省天水市。指挥长毕树锋。管段起讫里程DK1376＋300～DK1382＋751，线路全长6.451公里，投资9 000万元。主要实物工程量：路基长2公里，伯阳隧道3 306米。2000年10月开工。路基土石方设计57万立方米，开工累计完成5.4万立方米；伯阳隧道开工累计完成678延长米。合同工期为30个月。　（陈洪波）

【中铁十四局集团公司宝兰复线工程指挥部】　宝天段13标段工程指挥部驻甘肃省天水市。指挥长赵克东。管段线路全长8.45公里，投资8 000万元。主要实物工程量：土石方142万立方米；桥梁4座，4775延长米；隧道1座，444延长米；涵洞32座，260横延米。2000年11月开工，合同竣工日期为2003年4月。天兰段11标段工程指挥部驻甘肃省定西县。指挥长田执祥。管段线路全长14公里，投资8 000万元。主要实物工程量：土石方20万立方米；桥梁3座，497延长米；隧道1座，1 068延长米；涵洞26座；站场1座。2000年6月开工，合同竣工日期为2003年2月。

（陈洪波）

【中铁十五局集团公司宝兰复线工程指挥部】　宝天段工程指挥部驻甘肃省陇西县。指挥长陈伯章。标段投资14 115万元。主要实物工程量：土石方13万立方米；桥梁370延长米；铺轨24.2公里。2000年1月开工，合同竣工日期为2002年10月。天兰段工程指挥部驻甘肃省定西县。指挥长张海庆。标段投资6 500万元。2001年1月开工，合同竣工日期为2002年6月。（陈洪波）

【中铁十六局宝兰复线工程指挥部】　宝天段工程指挥部驻甘肃省天水市。指挥长邹宗友。管段线路全长1.2公里，投资3 300万元。主要实物工程量：土石方13万立方米；桥梁2座，712延长米；隧道1座，570延长米。2000年10月开工，合同竣工日期为2003年1月。天兰段工程指挥部驻甘肃省陇西县。指挥长赵玉坤。管段线路全长15公里，投资4 500万元。主要实物工程量：土石方40.8万立方米；桥梁1座，238延长米；涵洞10座。　（陈洪波）

【中铁十七局集团公司宝兰复线工程指挥部】　宝天段管段长31.4公里，投资8 000万元，2001年12月主体工程完工。天兰段工程指挥部驻甘肃省兰州市。指挥长段东明。管段起讫里程DK1678+342～DK1709+027，线路全长30.685公里，投资14 643万元。主要实物工程量：土石方146.3万立方米；桥梁13座，783.1延长米；涵洞61座，716.9横延米。2000年1月开工，合同竣工日期为2003年7月。　（陈洪波）

【中铁十八局集团公司宝兰复线工程指挥部】　宝天段工程指挥部驻甘肃省天水市。管段投资3 651万元。主要实物工程量：土石方40万立方米；桥梁810.1延长米；隧道582.3延长米。合同竣工日期为2002年11月。天兰段工程指挥部驻甘肃省武山县。承担8标段土建施工任务，投资9 000万元。主要实物工程量：隧道1 835延长米。合同竣工日期为2002年5月。

（陈洪波）

【中铁十九局集团公司宝兰复线工程指挥部】　宝天段工程指挥部驻陕西省宝鸡市。指挥长王茂平。管段线路全长2.5公里，投资4 500万元。主要实物工程量：土石方70万立方米；桥梁2座，928延长米。合同竣工日期为2002年6月。天兰段线路全长25.15公里，投资7 000万元。2001年10月主体工程完工。

（陈洪波）

【中铁二十局宝兰复线工程指挥部】　宝天段6标段工程指挥部驻甘肃省天水市。指挥长王广建。管段线路全长3.282公里，投资13 794万元。主要实物工程量：双线隧道6座，四线大桥2座，车站1座。2000年10月开工，桥梁完成1 500延长米，占总量的33%；隧道完成2 623延长米，占总量的16%。合同竣工日期为2003年5月。天兰段工程指挥部驻甘肃省武山县。指挥长张秦虎。管段线路全长3.5公里，投资3 000万元。主要实物工程量：土石方13万立方米；桥梁1座，410延长米；涵洞14座；铺轨4.2公里。

（陈洪波）

渝怀铁路

【工程综述】　渝怀铁路西起重庆枢纽襄渝铁路K808+000处，穿过歌乐山，横跨嘉陵江，经长寿跨越长江到涪陵，沿乌江逆流而上三跨乌江，经过黔江从圆梁山隧道穿过乌江和沅江的分水岭，进入贵州铜仁市，沿沅江支流锦江前行进入湖南省麻阳县，与怀化枢纽湘黔铁路怀化站贵阳端接轨，全长624.523公里，总投资198.4亿元。铁路跨重庆、贵州、湖南三省（市），全线重点控制工程8隧、2桥、1站全部集中在重庆市境内。总工期5年，2000年底开工，计划2005年建成通车。

渝怀铁路全线共分为39个标段，总公司系统共承担15个标段的施工任务，工程全部分布在重庆市辖区内，线路全长234.87公里，占渝怀铁路总长的39%，合同投资48亿元。主要工程量：隧道62座，116 466延长米，占全线隧道总长的48.5%，其中有4座控制工程，13座重、难点工程；桥梁137座，29 130.4延长米，其中重、难点工程18座；涵洞480座，12 398.5横延米；车站29座，占全线车站总数的50.9%，其中重、难点工程3座；路基土石方1 564.8万立方米，占全线土石方总量的25%；正线铺轨301.989公里，站线铺轨96.344公里，新铺道岔284组。总公司管段重点、难点工程突出，桥隧比重大，包括控制工程4个，重点、难点工程34个，其中跨乌江的桥梁3座，9 000米以上的隧道3座，3 000米以上的隧道17座。多数隧道穿越滑坡、岩溶、断层，存在暗河、涌水、突泥、煤层瓦斯、岩爆等不良地质，部分洞顶分布水库、居民区，最小埋深仅几米。桥梁施工集深水基础、空心高墩、大跨度等难题于一身，技术含量高，施工难度大。

总公司系统各施工单位中标后，迅速组织人员和机械设备到场，参建职工30 000余人，上场机械设备3 600余台（套）。年内共完成投资136 838万元，占调整后年度计划的110.8%。施工中，各单位确立“开工必优、一次成优、确保部优、争创国优”的质量目标，强化工程质量管理，为工程创优奠定了坚实基础。在铁道部渝怀铁路建设总指挥部12月组织的第一批优质样板工程评选中，总公司系统获得62项优质样板工程。

（陈洪波）

【总公司渝怀铁路工程指挥部】　2001年5月正式成立，指挥宋抗常。指挥部办公地点设在重庆市。

（陈洪波）

【中铁十一局集团公司渝怀铁路工程指挥部】 驻重庆市，指挥长谢敬平。承担 DK0 + 000～DK8 + 950 和 DK10 + 050～DK12 + 510 两段共 12.824 公里的线下工程施工和重庆段 299 正线公里的铺架任务，合同投资18 325万元。主要工程量：土石方 101.75 万立方米；桥梁 5 座，2 282.78延长米；隧道 3 座，4 614延长米，其中歌乐山隧道4 050延长米；涵洞 26 座，618.6 横延米；新建、改建车站各 1 座；房建2 843平方米。铺架工程包括正线铺轨301.989公里，铺道岔 284 组，架梁 1 481孔，架道岔梁1 081片。 （陈洪波）

【中铁十二局集团公司渝怀铁路工程指挥部】 驻重庆市秀山县。指挥长陈汉彪。承担 DK381 + 000～DK405 + 176.79 和 DK405 + 176.79～DK424 + 300 两个标段共 43.025 公里的线下工程施工任务，合同投资 39 100万元。主要工程量：土石方 354 万立方米；桥梁 24 座，3 984.93延长米；隧道 11 座，7 057延长米；涵洞 193 座，3 861.23横延米；车站 5 座。 （陈洪波）

【中铁十三局集团公司渝怀铁路工程指挥部】 驻重庆市涪陵。指挥长吴焕通。承担 DK103 + 350～DK126 + 017 和 DK216 + 166.8～DK217 + 080 及 DK237 + 180～DK238 + 690 两个标段共 25.348 公里的线下工程施工任务。合同投资51 030万元。8 标段位于重庆涪陵，全长 22.517 公里；14 标段位于武隆、彭水县境内，分为两段：一段是 924 米长的黄草乌江大桥段，另一段是1 510米长的下塘口乌江特大桥段，合计 2.434 公里。主要工程量：土石方 163 万立方米；桥梁 27 座，6 662.75延长米；隧道 7 座，3 848延长米；涵洞 51 座，1 373.83横延米；车站 5 座。列为重点工程的有 7 座桥梁，其中黄草乌江大桥主跨长达 168 米。

（陈洪波）

【中铁十四局集团公司渝怀铁路工程指挥部】 驻重庆市武隆县。指挥长叶绿林。承担 DK182 + 450～DK199 + 860 段长 17.407 公里的线下工程施工任务，合同投资39 200万元。主要工程为两隧、三站、四桥，其中武隆隧道长9 375延长米，为全线控制工程。标段内隧道总长13 142.25延长米，占线路总长的 75.5%；桥隧总长14 515.15延长米，占线路总长的 83.4%。

（陈洪波）

【中铁十五局集团公司渝怀铁路工程指挥部】 驻重庆市江北区。指挥长王大贤。承担 DK27 + 652.94～DK52 + 400 和 DK313 + 720.65～DK335 + 250 两个标段共 33.798 公里的线下工程施工任务，合同投资 54 443万元。5 标段主要工程量：土石方 363 万立方米；桥梁 8 座，2 029.83延长米；隧道 3 座，3 511延长米；涵洞 34 座，1 580.84横延米；车站 2 座。20 标段主要工程量：土石方 224.3 万立方米；桥梁 26 座，4 807.26延长米；隧道 7 座，3 201延长米；涵洞 51 座，1 218.51横延米；车站 2 座。 （陈洪波）

【中铁十六局渝怀铁路工程指挥部】 驻重庆市黔江。指挥长易国华。承担 DK335 + 250～DK344 + 926.24 和 DK344 + 926.24～DK351 + 386 两个标段共 16.136 公里的线下工程施工任务，合同投资42 000万元。主要工程量：桥梁 6 座，1 630.21 延长米；隧道 2 座，13 653延长米；涵洞 4 座，128.95横延米；车站 1 座。重点工程金洞隧道长9 108延长米，旗号岭隧道长 4 545延长米。 （陈洪波）

【中铁十七局集团公司渝怀铁路工程指挥部】 驻重庆市。指挥长文苛。承担 DK126 + 017～DK132 + 600 和 DK137 + 584～DK140 + 797 两个标段共 9.969 公里的线下工程施工任务，合同投资45 300万元。主要工程量：土石方 138.36 万立方米；桥梁 2 座，566.67 延长米；隧道 2 座，5 965延长米；涵洞 15 座，542.41 横延米；车站 2 座。 （陈洪波）

【中铁十八局集团公司渝怀铁路工程指挥部】 驻重庆市彭水县。指挥长雷升祥。承担 DK238 + 690～DK262 + 872.31 标段全长 24.123 公里的线下工程施工任务，合同投资45 199万元。主要工程为两站、四桥、六隧，其中彭水隧道长9 028延长米，是全线控制工程之一，隧道穿过剥蚀、溶蚀中低山区，地质构造复杂，节理发育，存在岩溶、瓦斯等不良地质，施工难度大。

（陈洪波）

【中铁十九局集团公司渝怀铁路工程指挥部】 驻重庆市彭水县。指挥长刘汝臣。承担渝怀铁路 15 标段施工任务，合同投资43 467万元。管段起讫里程 DK217 + 080～DK237 + 180，全长 20.104 公里。主要工程量：土石方 87 万立方米；桥梁 9 座，1 506延长米；隧道 5 座，15 937延长米，其中黄草隧道7 186延长米，富含瓦斯，地质破碎，施工难度大，被列为全线重点工程。

（陈洪波）

【中铁二十局渝怀铁路工程指挥部】 驻重庆市武隆县。指挥长周富。承担渝怀铁路 11 标段施工任务，合同投资 41 608 万元。管段起讫里程 DK40 + 935～DK42 + 173.17（两昌河特大桥）和 DK164 + 360～

DK182＋450,全长19.106公里。主要工程量:土石方14.45万立方米;桥梁8座,2 511.16延长米;隧道6座,16 018延长米;涵洞4座,44.27横延米;车站1座。

（陈洪波）

【重要记载】

▲6月16日　总公司渝怀铁路工程指挥部正式挂牌。

▲7月18日～21日　铁道部渝怀铁路建设总指挥部组织全线工程质量现场观摩,中铁十二、十九局集团公司工程质量受到表扬,中铁十九局集团公司还在总结会上作典型发言。

▲8月14日～19日　国家环保总局和铁道部组成环境保护联合执法检查组,对各单位认真执行环境保护工作程序、有效保护生态环境给予充分肯定。

▲9月3日～7日　铁道部副部长蔡庆华在宋抗常指挥陪同下到渝怀铁路现场办公,对总公司系统总体施工质量、施工进度、安全文明生产、环境保护等给予高度评价,称赞中铁十八局集团公司的隧道光面爆破全线第一。

▲9月6日～12日　中央企业工委副书记王瑞祥率慰问团在总公司党委书记李国瑞、工会主席夏良振、指挥宋抗常陪同下,到渝怀铁路施工一线检查指导工作并进行慰问演出,高度评价总公司系统工程施工、基层党建和思想政治工作取得的优异成绩,对“三线”建设给予充分肯定。

▲9月23日～29日　总公司夏国斌副总经理、王兆林副总工程师在宋抗常指挥陪同下,到渝怀铁路总公司管段检查指导工作。

▲11月16日～24日　铁道部质量监督总站李振山率检查组到渝怀铁路总公司管段检查工程质量,表扬了部分优质工程。

▲11月中旬　铁道部工程管理中心主任施德良到渝怀铁路中铁十一、十四、十六、二十局集团公司(工程局)施工现场检查指导工作。

▲12月5日～6日　总公司团工委在渝怀铁路召开青年职工创新创效活动现场推进会,彭树贵副书记、宋抗常指挥及中央企业团工委彭诚强处长出席会议。

▲2001年　渝怀铁路总公司管段共完成隧道30 114.7延长米,桥梁11 290.74延长米;完成投资136 838万元。　（总公司渝怀铁路指挥部）

青藏铁路

【工程综述】　青藏铁路北起青海省西宁市,经格尔木南至西藏自治区首府拉萨市,全长1 963公里,其中西宁—格尔木段于1984年7月交付运营。格尔木—拉萨段,线路全长1 148公里,其中新建线路1 118公里。该线位于青藏高原的高平原地区,线路位于海拔4 000米以上地段965公里,经过连续多年冻土地段550公里。青藏铁路首期开工的土建工程共10个标段,总公司所属中铁十二、十四、十八、二十局集团公司(工程局)中标第3、6、7、9合同段,长183.19公里,包含铁道部确定的6大试验段中的5个,分别为中铁十四局集团公司的波纹管试验段;中铁十二局集团公司的高寒多年冻土细粒土段(清水河段);中铁二十局的风火山隧道试验段、厚层地下冰试验段(北麓河段)以及中铁十八局集团公司的岛状冻土及深季节冻土试验段(安多段)。

青藏铁路施工任务较重,且施工环境特殊,6月29日开工以来,参建单位施工安排紧凑,人员和设备上场很快,施工进展较为顺利。4个局(集团公司)高峰期上场4 880人,上场机械设备1 119台(套),因高原缺氧,气候恶劣,除高原设备外设备的作业效率降低,故障率大幅上升,由于各单位施工准备比较充分,养护维修能及时满足施工需要。

截止至年底,总公司系统5个试验段除中铁十八局集团公司标段未安排正线施工任务外,其他4个试验段工程全面开工。各单位针对青藏高原特殊的施工环境都做了充分的准备,全体参建职工依靠科技,精心组织,奋勇拼搏,全面完成年度施工任务。中铁十二局集团公司的高寒多年冻土细粒土段(清水河段)11月底完成;中铁十四局集团公司的波纹管试验段除三岔河特大桥外基本完工,三岔河特大桥完成成桥475延长米,17、18号墩桩基础剩余11根,2号～6号、8号～16号墩基础承台完成,开始墩身施工,1号墩身和2个桥台均已完成;中铁二十局的厚层地下冰试验段完成年度施工计划,风火山隧道试验段掘进202米,其中进口102米,出口100米,完成成洞154.3延长米。由于试验段任务的完成,为后续施工提供了技术储备,积累了施工经验,也加深了对高原施工的认识。

（陈洪波）

【青藏铁路医疗保障】　参建单位积极贯彻“以人为本”的指导思想,从贯彻江泽民“三个代表”重要思想的高度落实医疗保障工作,确保上场人员健康。各单位除在现场成立卫生所等初级医疗救护机构外,局(集团公司)指挥部都设有急救防疫中心(医院)等二级保障机构,并与建设单位指定的地方医院建立紧密的联系与合作关系,形成有效的三级医疗保障体系。初级和二级机构的医护人员在上场前都进行了高原医疗知识强化培训,提高对高原病的预防和救治能力。施工人员在上场前后都进行了体检,身体条件不合格或不适应的一律返回原单位。一、二级医疗机构除建立24小时值班制度外,还定期、不定期的进行巡诊,确保伤病员得到及时的救治。年内没有发生因高原病救治不力或因工亡人的事故。 (陈洪波)

【环境保护】 参建单位严格遵守国家及地方有关环境保护的法律法规,坚持"预防为主、防保并重、边施工边恢复"的原则,认真开展环保工作。各单位都建立了环保机构,并对职工进行环保知识教育,施工场地、采料场地、弃碴场地以及生产、生活设施设置都充分考虑环保要求,严格按照设计规划进行。临时用地等都制定了相应的恢复措施,经地方环保部门认可后实施;施工废水经净化后按规定排放;施工场地采取了降尘措施。青藏铁路环保工作得到建设单位和地方主管部门的认可,完全达到相应标准。 (陈洪波)

【总公司青藏铁路工程指挥部】 2002年1月8日正式成立。指挥由总公司副总经理夏国斌担任,常务副指挥彭江鸿。指挥部下设综合部、工程技术部、卫生环保部。办公地点设在青海省格尔木市。(陈洪波)

【中铁十二局集团公司青藏铁路工程指挥部】 驻青海省格尔木市。指挥长余少水。承担青藏铁路6标段施工任务,位于不冻泉——楚马尔河,管段长48.30公里,投资77 538万元,海拔4 500米~4 600米,距格尔木180公里,属多年冻土高温不稳定和极不稳定区。 (陈洪波)

【中铁十四局集团公司青藏铁路工程指挥部】 驻青海省格尔木市。指挥长徐明新。承担青藏铁路3标段施工任务,位于纳赤台—冻土北界,管段长51公里,投资36 965万元,距格尔木140公里,海拔4 300米以下。 (陈洪波)

【中铁十八局集团公司青藏铁路工程指挥部】 驻西藏自治区安多县。指挥长韩立明。承担青藏铁路9标段施工任务,位于唐古拉山口以南的休玛—安多,管段长46.72公里,投资46 685万元,海拔4 600米~4 940米,距拉萨450公里,距格尔木700公里。 (陈洪波)

【中铁二十局青藏铁路工程指挥部】 驻青海省格尔木市。指挥长况成名。承担青藏铁路7标段施工任务,位于秀水河—二道沟,管段长37.17公里,投资84 813万元,海拔4 500米~4 900米,距格尔木240公里。 (陈洪波)

洛湛铁路通道

【工程综述】 益阳至永州段位于湖南中部,北起石长铁路益阳东站,往南新建铁路与湘黔铁路娄底东站接轨,利用娄邵铁路至邵阳市,再往南新建铁路至永州与湘桂铁路相连,全长321.338公里。洛湛通道洛阳—石门复线已建成,石门—柳州为单线,自石门北利用石长铁路至益阳东,增加石门北—永州通道,完善路网结构,与京沪、京广、京九等干线共同构成纵向铁路网骨干。线路总体走向为东北至西南,益阳—娄底段为丘陵地带,地形起伏不大;邵阳—永州段为侵蚀丘陵、剥蚀低山峡谷地形,沟谷深切,地形陡峻,河道弯曲。总的趋势为东北低,西南高。沿线地层以灰岩、泥灰岩、白云岩、砂页岩、煤层为主,溶岩发育,主要不良工程地质为地表变形、岩溶及岩溶坍陷、膨胀土、路基下沉、顺层等。

重点工程:西阳河特大桥由中铁二十局施工,全长1 094.76米,为明挖扩大基础,最大墩高21米,梁部为33孔32米后张法预应力混凝土简支梁;桥位地质以角砾土、卵石土为主,基岩为泥质砂岩;跨地方公路和铁路专用线,施工干扰大。塘头庄特大桥由中铁二十局施工,全长531.74米,为明挖扩大基础,梁部为16孔32米后张法预应力混凝土简支梁;桥位以卵石土为主,下伏泥质砂岩,基岩埋深较小。岩溶路基处理由中铁十六局施工,主要采用水泥、水玻璃双液浆对岩溶路基进行注浆加固处理,8个施工段2.12公里分布在55公里地段,钻孔1 813个、32 157延长米。2001年3月完成。 (陈洪波)

【中铁十一局集团公司洛湛通道工程指挥部】 驻湖南宁乡。指挥长陈阳贵。管段起讫里程DK81+050~DK90+000,为土建施工任务,线路全长8.95公里,位于湖南宁乡境内,总投资6 977万元。主要实物工程量:土石方126.8万立方米;桥梁7座,1 398.37延长米;隧道1座,446延长米;涵洞49座,1 479.07横延

米。2000 年 10 月开工,合同竣工日期为 2002 年 10 月。（陈洪波）

【中铁十二局集团公司洛湛通道工程指挥部】 驻湖南宁乡。指挥长霍玉华。承担益娄段 4 标段和邵永段 3 标段土建施工任务,总投资31 000万元。益娄段起讫里程 DK49+000～DK60+258,线路全长 11.258 公里。主要实物工程量:土石方 84.1 万立方米;桥梁 3 座,1 827.79延长米;隧道 7 座,1 884延长米;涵洞 63 座,1 543.71横延米。邵永段起讫里程 DK247+500～DK276+600,线路全长 29.1 公里。主要实物工程量:桥梁 11 座,2 228.71延长米;隧道 3 座,1 531延长米;涵洞 168 座,5 357.99 横延米;公路跨线桥 5 座,222.28延长米;车站 1 座。2000 年 12 月开工,合同竣工日期为 2003 年 7 月。（陈洪波）

【中铁十六局洛湛通道工程指挥部】 指挥长周长坤。承担 2.12 公里土建施工任务,总投资2 165万元。2001 年 3 月全部完工。（陈洪波）

【中铁十七局集团公司洛湛通道工程指挥部】 驻湖南益阳。指挥长李兴国。承担土建 2 标段施工任务,总投资9 316万元。管段起讫里程 DK17+967～DK30+000,线路全长 12.033 公里,位于湖南益阳境内。主要实物工程量:土石方 138.04 万立方米;桥梁 7 座,241.45延长米;隧道 2 座,2 053延长米;涵洞 59 座,1 156.9横延米。2000 年 12 月开工,合同竣工日期为 2002 年 9月。（陈洪波）

【中铁十九局集团公司洛湛通道工程指挥部】 驻湖南永州。指挥长高仕贤。承担土建 4 标段施工任务,总投资 20 037 万元。管段起讫里程 DK276+600～DK282+500 和 DK286+900～DK302+500,线路全长 21.543 公里,位于湖南永州境内。主要实物工程量:土石方 280.2 万立方米;桥梁 11 座,2 719.08延长米;隧道 7 座,1 585延长米;涵洞 105 座,3 405.05横延米;公路桥 6 座,1 583.92延长米;房建2 694平方米。2000 年 12 月开工,合同竣工日期为 2003 年 12 月。（陈洪波）

【中铁二十局洛湛通道工程指挥部】 驻湖南娄底。指挥长余忠安。承担土建施工任务,总投资6 823万元。管段起讫里程 DK96+955～DK117+800,线路全长 20.845 公里,位于湖南娄底境内。主要实物工程量:土石方 121 万立方米;桥梁 5 座,2 300延长米;涵洞 37 座,1 064横延米。完成路基土石方 42 万立方米,桥梁 1 710延长米,西阳河特大桥主体工程于 12 月 27 日完工。合同竣工日期为 2002 年 8 月。（陈洪波）

京九铁路
龙川—东莞复线

【工程综述】 京九铁路龙川北—东莞东复线工程地处粤东地区,线路全长 210.67 公里。工程处于丘陵、断陷盆地、洪积平原区,地势开阔,起伏不大;复线工程与既有线并行距离长,行车干扰大,施工安全防护要求高;深路堑开挖工程量大,对爆破控制严格,施工难度大。中铁十二、十五、十八、十九局集团公司参加施工,共承担50 408万元的施工任务。（陈洪波）

【中铁十二局集团公司京九复线工程指挥部】 驻广东省河源市。指挥长李玉祥。承担 A4 标段土建施工任务,总投资16 609万元。管段起讫里程 DK2173+160～DK2223+300,线路全长 50.14 公里。主要实物工程量:土石方 135 万立方米;桥梁 22 座,2 159延长米;涵洞 245 座。重点工程新丰江大桥长 402.9 延长米。2001 年 1 月开工,合同竣工日期为 2002 年 1 月。（陈洪波）

【中铁十五局集团公司京九复线工程指挥部】 指挥长李俭仁。承担 A1 标段土建施工任务,总投资12 689万元。管段起讫里程 DK2100+404～DK2128+228,线路全长 27.824 公里。主要实物工程量:土石方 196 万立方米;桥梁 17 座,2 366延长米;涵洞 115 座,1 222横延米;隧道 4 座,1 371 延长米;抗滑桩 2 处,660 延长米;车站改建 3 站。重点工程为旱窝 2 号隧道。2001 年 1 月开工。土石方开工累计完成 168 万立方米,占设计量的 95.8%;桥梁开工累计完成2 380延长米,占设计量的 98%;隧道完成 982 延长米,占设计量的 71.6%;涵洞全部完工;路基成型 15 公里。合同竣工日期为 2002 年 9 月。（陈洪波）

【中铁十八局集团公司京九复线工程指挥部】 驻广东省惠州。指挥长蒋仕杰。承担 A8 标段土建施工任务,线路全长 7.942 公里,总投资5 710万元。主要实物工程量:土石方 49 万立方米,桥梁1 144延长米,涵洞 286 横延米。2001 年 1 月开工,合同竣工日期为 2002 年 12 月。（陈洪波）

【中铁十九局集团公司京九复线工程指挥部】 驻广东省惠州。指挥长李学明。承担 A5 标段土建施工任务，总投资15 400万元。起讫里程 DK2223+300～DK2254+100 及 DK2262+280～DK2268+662，线路全长 37.18 公里。主要实物工程量：土石方 199 万立方米；桥梁 21 座，1 153.5延长米；隧道 3 座，1 031延长米；涵洞 146 座，1 349.57横延米；车站 3 座。重点工程新丰江大桥长 402.9 延长米。2001 年 1 月开工，合同竣工日期为 2002 年 1 月。 (陈洪波)

京秦铁路提速改造工程

【工程综述】 总公司担负京秦铁路提速改造工程 5 个综合标段共 160.17 公里的施工任务。中铁十一、十二、十六、十七、十八局集团公司(工程局)参加提速改造工程。 (陈洪波)

【中铁十一局集团公司京秦铁路工程指挥部】 驻河北省秦皇岛市。指挥长张树海。承建的 B2 标段起讫里程为 DK338+600～DK372+000，线路全长 33.4 公里，合同标价8 822万元。主要实物工程量：土石方 13 万立方米；桥梁加固 19 座，749.9 延长米；涵洞 20 座，503.3 横延米；线路拨移 13.3 公里，铺设道岔 28 组，抽换轨枕96 000根，挤密桩260 000延长米。2001 年 4 月开工，合同竣工时间为 2002 年 12 月。 (陈洪波)

【中铁十二局集团公司京秦铁路工程指挥部】 驻天津市蓟县。指挥长易继武。承建的 A3 标段起讫里程为 DK55+200～DK75+500，管段线路全长 20.3 公里，由两个区间和一个车站组成，合同标价 1.2 亿元。主要实物工程量：土石方 17.9 万立方米；桥梁 9 座，618.1延长米；涵洞改建 20 座，新建 3 座；挤密桩 400 000延长米。2001 年 4 月开工，挤密桩施工已完工，桥梁和涵洞施工已展开。合同竣工日期为 2002 年 12 月。 (陈洪波)

【中铁十六局京秦铁路工程指挥部】 驻河北省北戴河。指挥长赵家明。承建的 B4 标段正线起讫里程为 DK401+000～DK426+700，管段全长 28.15 公里，其中京山线正线长 25.7 公里，秦东联络线京山右线长 2.45 公里，合同标价11 464万元。主要实物工程量：包括北戴河、南大寺、秦皇岛 3 个车站，两个区间，房建 1 093平方米，站内信号工程 28.157 公里，桥梁 107.54 延长米，涵洞 92 横延米。2001 年 5 月开工，已完成挤密桩施工任务，桥涵接长加固和秦皇岛车站改造工程已全面展开。合同竣工时间为 2003 年 6 月。 (陈洪波)

【中铁十七局集团公司京秦铁路工程指挥部】 驻天津市蓟县。指挥长陈国生。承建的 A4 标段工程位于天津市蓟县与河北省玉田县境内，起讫里程 DK75+500～DK103+000，管段全长 27.5 公里，合同标价11 225万元。主要实物工程量：包括蓟县南—别山、别山—螺山、螺山—玉田 3 个区间和别山站、螺山站 2 个车站的提速改造任务。2001 年 8 月开工。合同竣工时间为 2002 年 12 月。 (陈洪波)

【中铁十八局集团公司京秦铁路工程指挥部】 驻河北省迁安县。指挥长杨国良。承建的 B1 标段从狼窝铺站西至滦县东，全长 50.82 公里，共 7 个区间、7 个车站，合同标价14 866万元。主要实物工程量：土石方 58.2 万立方米，桥梁 117.6 延长米，涵洞 350.6 横延米，房建 926 平方米。2001 年 4 月开工，合同竣工时间为 2002 年 11 月。 (陈洪波)

蓝烟复线

【工程综述】 蓝烟复线位于山东半岛东部，自胶济铁路蓝村站引出，向东北方向经莱西—莱阳—烟台，全长 184 公里。工程分期建成：Ⅰ期工程为蓝村地区、蓝烟铁路 K0+000～K129+150 段，2000 年底线下工程完工；Ⅱ期工程为蓝烟铁路 K129+150～终点，与烟大轮渡同步建成，总工期 2 年。中铁十一、十二、十四局集团公司承担Ⅰ期、Ⅱ期土建工程 28.41 公里的施工任务。 (陈洪波)

【中铁十一局集团公司蓝烟复线工程指挥部】 驻山东省烟台市。指挥长查均如。承担土建工程施工任务，总投资1 800万元。 (陈洪波)

【中铁十四局集团公司蓝烟复线工程指挥部】 驻山东省烟台市，指挥长苏伟洪。承担土建工程施工及 17.55 公里的铺架任务，总投资5 000万元。

（陈洪波）

【中铁十二局集团公司蓝烟复线工程指挥部】 驻山东省烟台市。承担土建工程施工任务，总投资9 600万元。主要实物工程量：土石方23万立方米；桥梁8座，137延长米；涵洞6座，61横延米。合同工期为2002年3月完工。

（陈洪波）

地下铁道工程

【深圳地下铁道工程】 总公司系统中铁十二、十三、十五、十六、二十局集团公司（工程局）参建，共承担71 768万元的施工任务。

中铁十二局集团公司深圳地铁工程指挥部指挥长孙泽浩。承建4标段老街—大剧院区间（包括大剧院车站）及11标段香蜜湖—车公庙区间（包括香蜜湖车站）。4标段2000年12月中标，投资额15 180万元。大剧院站位于深圳市解放路与深南东路交叉路口处，沿解放路布置，总建筑面积14 600平方米，车站总长245.4米；老街站—大剧院站区间西段左线隧道长464.712米，右线隧道长468.723米。11标段投资额14 840万元。香蜜湖站主体结构长238.2米，总宽19.1米～22.9米，结构高12.69米～15.09米，为地下二层岛式车站，总建筑面积10 578平方米；区间隧道长1 101.348米。4标段完成隧道成洞52.5延长米，11标段完成隧道成洞569延长米。

中铁十三局集团公司深圳地铁工程指挥部指挥长刘宪成。承建福民车站土建工程，投资7 258万元。隧道长216米，完成140延长米，站台侧墙开始施工。

中铁十五局集团公司深圳地铁工程指挥部指挥长董志。承担广深铁路桩基托换、人民桥桩基托换和老街—大剧院区间东段隧道工程施工任务，投资额7 598万元。老街—大剧院区间东段隧道长258.3米，区间隧道拱顶距布吉河底约10米，线路最大埋深22米。地层加固旋喷桩注浆和旋喷桩空孔已经完工；1号竖井钻孔围护桩施工全部完工，土方开挖开工累计完成1 590立方米。

中铁十六局深圳地铁工程指挥部指挥长陈广亮。承建一期工程7标段施工任务，投资额12 109万元。隧道左线长1 743.5米，右线长1 728.1米；中间始发井土方2.1万立方米，衬砌混凝土3 516立方米；区间土石方10.96万立方米，同步注浆8 137立方米。盾构施工竖井已完工，盾构到场即可进入组装。

中铁二十局深圳地铁工程指挥部指挥长康玮。承建6标段华强车站和科华区间施工任务，投资额7 000万元。华强车站长224.2米，科华区间隧道长790.7双线延长米。14标段工程指挥部指挥长林茂青。承担侨城东站和折返线隧道施工任务，投资额7 903万元。侨城东站长181.4米，折返线隧道区间左线长320.824米，右线长60.339米。6标段完成隧道成洞210延长米，14标段完成隧道成洞54延长米。

（陈洪波）

【南京地下铁道工程】 总公司系统中铁十三、十四、十六、十七、十九局集团公司（工程局）参建，共承担46 522万元的施工任务。

中铁十三局集团公司南京地铁工程指挥部指挥长庞继高。承建12标段工程施工任务，投资额6 258万元。管段左右线隧道各长1 060米。主要实物工程量：区间土石方9.86万立方米，喷射混凝土36 744立方米。2001年8月开工，竖井及联络通道全部完工，开工累计完成178延长米。

中铁十四局集团公司南京地铁工程指挥部指挥长马军。承担汉口路站和区间隧道左线650.4米、右线651米的工程施工任务，投资额3 600万元。2001年6月开工。1号竖井和联络通道已完工，进入隧道施工；2号竖井正进行旋喷加固桩施工；区间隧道完成上部开挖73米，下部开挖63米，支护63米。

中铁十六局南京地铁新街口车站工程指挥部指挥长叶荣发。新街口车站长310米，宽23.8米，高17.24米，地下三层岛式结构，站台宽度14米，投资额14 064万元。主要工程量：车站主体、出入口结构及防水工程，主体建筑面积27 137平方米。张府园车站工程指挥部指挥长都海江。张府园车站长210米，宽17.6米，地下二层结构，投资额5 016万元。新街口站2001年10月开工，正在进行地下连续墙和加固桩施工，连续墙完成9幅，加固桩完成92根；张府园站2000年12月开工，已开始主体结构底板和中板混凝土施工。

中铁十七局集团公司南京地铁工程指挥部指挥长董谦。承担18标段工程施工任务，投资额5 197万元。主要工程量：土石方3.6万立方米，高架桥1座1 410米。基础钻孔桩354根、完成188根，基础承台61座、完成2座。

中铁十九局集团公司南京地铁工程指挥部指挥长柏林成。承担16、17标段工程施工任务。16标段投资额7 628万元。分南区、北区及过站区，主要实物工程量：土石方12.9万立方米，施工混凝土7.2万立方米。17标段投资额4 659万元。主要实物工程量：土石方1.71万立方米，隧道长845.58米，2座高架桥97延长米,房建2 880平方米。16标段主体结构围护桩317根、完成263根,基坑已开挖并进行圈梁施工;17标段隧道明挖段开始地表加固锚杆和水沟施工,高架车站105根桩基础、完成10根。 (陈洪波)

【广州地铁二号线工程】 总公司系统中铁十二、十三、十四、十六局集团公司(工程局)参建,合计投资42 331万元。

广州地铁二号线纪念堂站,由中铁十二局集团公司施工,投资9 977万元。车站全长147米,为地下3层明挖车站,站台为8米无柱岛式站台。主体建筑面积8 250平方米,总宽度18.7米,底板埋深21.64米。2001年1月开工,10月主体工程完工。

广州地铁二号线公园前站—纪念堂站区间,由中铁十三局集团公司施工,投资9 918万元。左右线各长626.11米和624.26米,隧道长1 323米。2001年8月主体工程完工。

广州地铁二号线客村站,由中铁十四局集团公司承建,投资1 900万元,隧道长1.0369公里。2001年8月主体工程完工。

广州地铁二号线江南新村站,长163米,宽34.8米,建筑面积8 750平方米;二号线晓江区间长991米。由中铁十六局施工,投资20 536万元。2001年12月主体工程完工。 (陈洪波)

安全质量

【总公司安全质量管理委员会】 1998年12月29日成立。2001年7月24日,对总公司安全质量管理委员会成员进行调整,由26人组成:总经理王振侯任主任委员,副总经理丁原臣、夏国斌及工会主席夏良振任副主任委员,总公司机关有关部门负责人22人为委员。下辖安全质量管理办公室,设在安全质量管理部,由副总工程师兼安全质量管理部部长王兆林兼任办公室主任。总公司安全质量管理委员会的主要职责是:规划、监督、指导总公司系统安全、质量工作;对安全生产和工程质量状况进行评估,及时提出强化管理的举措;对安全和质量重大问题提出决策性意见;审查职工重大死亡事故和工程质量重大事故调查处理报告,提出科学的结论和处理意见。 (程明薪)

【安全质量管理部】 总公司负责监督管理劳动安全、人身安全、锅炉压力容器安全及运输安全和工程质量、计量、试验工作,在安全、质量管理中发挥规划、监督、管理和服务作用的职能部门。定员7人。各集团公司(工程局)设安全、质量监督管理机构。安全质量管理部的主要职责是:贯彻执行中央和国家有关部委安全生产和质量管理的方针、政策、法规,管理、监督总公司系统劳动安全、人身安全、锅炉压力容器安全和质量管理、计量、试验工作;组织制定安全生产、质量管理规划、规章制度;及时分析安全生产、质量管理情况,提出预防事故措施;组织开展安全、质量大检查活动,促进安全质量标准工地建设,推广现代安全、质量管理办法;开展安全、质量创优、评优活动,组织、参与重大事故的调查处理和统计报告,实施有关奖惩事宜。

(程明薪)

【安全质量工作综述】 2001年,总公司系统认真贯彻落实党中央、国务院、中央企业工委和国家安全生产监督管理局有关会议精神,坚持"安全第一、预防为主"的方针和"从严治本、基础取胜"的指导思想,依靠科技进步,以人为本,落实责任,狠抓源头,规范管理,强基达标;广泛开展"安全生产周"、"安康杯"竞赛等活动,以安全生产专项整治为重点,开展安全大检查,狠抓安全质量标准工地建设,强化施工生产过程监控,大多数单位安全生产形势相对稳定。全系统63个公司、工程处中,有54个没有发生人员死亡事故,占总数的86%。年度职工因工责任事故死亡率为0.129‰,控制在规定的指标以内。除中铁十二、十五局集团公司外,其余8个集团公司(工程局)实现安全生产达标;中铁十三、十七、十九局集团公司没有发生职工和民工死亡事故,被总公司评为"安全生产先进单位";中铁十七局集团公司实现连续安全生产2 717天,在总公司系统名列榜首。也有少数单位安全生产形势严峻,全系统年内共发生职工因工事故62起,轻伤80人,重伤14人,死亡24人,其中中铁十二局集团公司死亡14人,占死亡人数的58.3%。

认真贯彻执行国家《工程建设质量管理条例》,大力开展质量检查、"质量月"、"创优质样板工程"等活动,GB/T19000-ISO9002质量保证体系有效运行,工程质量稳步提高。全年检查评定分项工程294 628项,分项工程优良率94.7%;评定路内外单位工程6 841项,单位工程优良率96.3%;评定房建单位工程279项,优良率84.2%。总公司中铁十四局集团公司承建的京福高速公路泰安西天平立交桥、中铁十六局承建的北京地铁天安门西至建国门站(不含)综合工程、中铁十五局集团公司参建的西安市北二环未央路立交桥、中铁十九局集团公司参建的哈大电气化改造工程金州编组站、中铁十四局集团公司和中铁十六局参建的芜湖长江大桥等 5 项工程荣获 2001 年度中国建筑工程鲁班奖(国家优质工程);中铁十八局集团公司承建的天津经济开发区污水处理厂工程荣获国家优质工程银质奖;获铁道部优质工程 21 项,评出总公司优质工程 61 项。（程明薪）

【安全质量工作会议】 1 月 12 日,总公司召开安全质量工作电话会议,总结 2000 年安全质量工作情况,部署 2001 年安全质量工作任务,一批安全质量工作先进单位受到表彰。

7 月 18 日,总公司召开安全质量管理委员会议,分析上半年安全质量工作形势,研究部署下半年强化安全质量工作措施。

10 月 10 日,总公司召开安全生产工作紧急会议,传达贯彻国家安全生产监督管理局召开的部分中央企业安全生产工作座谈会精神,分析安全生产形势,剖析事故原因,深刻吸取教训,取得较好效果。

（程明薪）

【安全质量标准工地建设】 2001 年,总公司系统认真贯彻落实国务院关于安全生产和工程质量的总体部署,以开展安全质量标准工地建设为载体,坚持标准化管理,强化现场作业监控,加强安全生产专项整治,及时消除事故隐患,促进安全生产和工程质量稳步提高,涌现出一批安全质量标准工地。经总公司审核,授予 36 个工点(车间)“总公司安全质量标准工地(车间)”称号:

中铁十一局集团公司一公司洛三高速公路许沟特大桥

中铁十一局集团公司二公司京珠高速公路孝武段路面工程

中铁十一局集团公司三公司秦沈客运专线山海关至锦州北站铺轨工程

中铁十二局集团公司西安南京铁路 A 土 15 标段工程

中铁十二局集团公司电气化公司朔黄铁路神朔段电气化工程 1 标段

中铁十二局集团公司二公司丹本高速公路 19 标段工程

中铁十三局集团公司四公司哈尔滨绕城高速公路岔河特大桥

中铁十三局集团公司五公司西安绕城高速公路河池寨互通立交桥

中铁十三局集团公司朔黄铁路肃黄段 A14 标段工程

中铁十四局集团公司二公司宝兰二线渭滩渭河特大桥

中铁十四局集团公司五公司温州上田大桥

中铁十四局集团公司基础工程处青藏铁路 DK950 + 000～957 + 580 段

中铁十五局集团公司三公司昆石公路阳宗海隧道进口工程

中铁十五局集团公司五公司临侯高速公路第 5 合同段工程

中铁十五局集团公司六公司宝兰二线宝天段码头隧道

中铁十六局三处上海磁悬浮列车示范线 1 标段工程

中铁十六局四处北京朝阳区太阳宫新区 E 住宅楼

中铁十六局地下工程指挥部南京地铁张府园车站

中铁十七局集团公司二公司万梁高速公路关家沟特大桥

中铁十七局集团公司四公司西安南京铁路白砂河特大桥

中铁十七局集团公司六公司厦门环岛路演白段跨海大桥

中铁十八局集团公司一公司宝兰二线 8 标段工程

中铁十八局集团公司建筑工程公司局职工培训中心

中铁十八局集团公司华东工程公司福宁高速公路赤岭隧道

中铁十九局集团公司一公司渝怀铁路黄草隧道出口工程

中铁十九局集团公司二公司渝怀铁路黄草隧道进口工程

中铁十九局集团公司四公司渝怀铁路桐子岭隧道

中铁二十局宝兰二线东口渭河 1 号大桥

中铁二十局三处宜利公路改建朝东岩隧道

中铁二十局六处宝兰二线渭河 4 号大桥

中铁物资集团公司东北办事处装卸车间

北京中铁建设有限公司北京大学科技大楼

北京中铁建设有限公司北京中鑫花园 3、4 号楼

国内工程公司西安南京铁路桃花铺 1 号隧道出口工程

铁路运输处包神铁路站修所

北京中铁大都工程有限公司京通新城 9 号高层住宅楼（程明薪）

【安全工作包保责任状】 年初,王振侯总经理、李国瑞书记与各集团公司(工程局)及有关直属单位主要党政领导干部分别签订《2001 年安全工作包保责任状》。

年终，兑现责任状，按规定分别奖给安全生产达标单位中铁十一、十三、十四、十七、十八、十九局集团公司、中铁十六、二十局和总公司有关直属单位的党政主要领导干部奖金1 500元～4 000元。 （程明薪）

【"安全生产周"活动】 根据国家安全生产监督管理局、中华全国总工会的部署，总公司系统于5月13日～19日组织开展第11次全国"安全生产周"活动。各单位围绕"落实安全规章制度，强化安全防范措施"这一主题，周密计划，及时部署，广泛宣传教育，充分发动群众，开展安全检查，消除事故隐患，取得较好效果。

（程明薪）

【安全生产先进单位】 自兵改工以来，总公司系统连续十八年无职工因工死亡事故的工程处（公司）有中铁十一局集团公司一公司、中铁十二局集团公司二公司和中铁二十局建工处；中铁十五局集团公司三公司七队连续四十六年无职工死亡事故；中铁十一局集团公司连续十六年无汽车运输死亡事故；中铁十三、十七、十九局集团公司分别荣获总公司颁发的"安全生产先进单位"奖牌。 （程明薪）

【连续安全生产365天以上的单位】 截止至2001年12月31日，总公司系统实现连续安全生产365天以上的集团公司、工程局有4个：

中铁十七局集团公司	2 717天
中铁十三局集团公司	798天
中铁十九局集团公司	651天
中铁十四局集团公司	477天

（程明薪）

【职工因工重大伤亡事故】 2001年，总公司系统共发生职工因工重大伤亡事故2起，轻伤17人，重伤5人，死亡12人。

9月25日，中铁十二局集团公司承建的福建省三明至福州高速公路三明市梅列互通立交桥，在对A匝道现浇梁支架进行静载预压试验、堆码砂包过程中，由于临时支架有缺陷、施工不规范，支架突然坍塌，正在支架上作业的27人被埋压，造成外部劳务人员6人死亡、4人重伤、17人轻伤的重大伤亡事故。分别给予事故有关责任人员行政处分。

11月24日，中铁十二局集团公司一公司在广东省汕梅高速公路兵营子大桥架梁过程中，由于架桥机零部件出现故障，致使架桥机倾覆，造成6人死亡、1人重伤的重大伤亡事故。分别给予有关责任人员行政处分。

（程明薪）

总公司系统2001年度优质工程统计表

奖励等级	工程名称	承建单位
中国建筑工程鲁班奖（国家优质工程）	芜湖长江大桥	中铁十四局集团公司、中铁十六局参建
	哈大铁路电气化改造工程金州编组站	中铁十九局集团公司三公司参建
	京福高速公路泰安西天平立交桥	中铁十四局集团公司承建，中铁十四局集团公司二公司参建
	北京地铁天安门西至建国门站（不含）综合工程	中铁十六局承建，中铁十六局四处参建
	西安市北二环未央路立交桥	中铁十五局集团公司参建
国家优质工程银质奖	天津市经济开发区污水处理厂	中铁十八局集团公司承建
铁道部优质工程（一等奖）	芜湖长江大桥	中铁十四局集团公司、中铁十六局
	西康铁路秦岭Ⅰ线隧道	中铁十八局集团公司
	朔黄铁路DK2+430～DK93+300综合工程	中铁十二、十四、十七局集团公司，中铁十六、二十局
	梅坎铁路K47+914.73～K97+658.80站前综合工程	中铁十二、十三局集团公司

续　表

奖励等级	工　程　名　称	承　建　单　位
铁道部优质工程（一等奖）	哈大铁路电气化改造工程金州编组站	中铁十九局集团公司三处
	贵阳火车站站房工程	北京铁城建设监理有限责任公司
	西安绕城高速公路帽耳刘立交桥	中铁十八局集团公司五公司
	盐坝高速公路深圳大梅沙隧道	中铁十二、十三局集团公司
	青海227国道大坂山隧道	中铁十六局一处
	京福高速公路济泰段第一、二合同段、泰安西天平立交桥	中铁十二局集团公司一公司、中铁十八局集团公司三公司、中铁十四局集团公司
铁道部优质工程（二等奖）	朔黄铁路平山滹沱河特大桥	中铁十五局集团公司五公司
	朔黄铁路菘杨河特大桥	中铁十三局集团公司
	朔黄铁路DK169+400～DK254+100、DK376+500～DK407+500综合工程	中铁十九局集团公司 中铁十一局集团公司
	神朔铁路府谷—大柳塔段电气化工程	中铁十二局集团公司电务工程公司
	绥佳铁路铁力—佳木斯长途通信光缆工程	中铁十一局集团公司电务工程公司
	南疆铁路羊塔克—柯平通信工程	中铁十五局集团公司电务工程公司
	京呼铁路集宁—呼和浩特段长途通信光电缆工程	中铁十七局集团公司电务工程处
	厦门海仓大桥东渡互通立交桥	中铁十七局集团公司厦门工程处
	烟台一汽大宇汽车发动机厂	中铁十八局集团公司四公司
	昆明市西郊城市垃圾卫生填埋场	中铁十五局集团公司四公司
	甘肃省投资保险培训中心	中铁二十局六处
总公司优质工程	西康铁路K201+735～K263+941综合工程	中铁十一、十二、十三、十七、十九局集团公司，中铁二十局
	京珠高速公路大宝山隧道工程	中铁十一局集团公司五公司、中铁十二局集团公司二公司
	铁道部南昆铁路指挥部综合楼	中铁十一局集团公司建筑安装公司
	武阳铁路长途通信光缆工程	中铁十一局集团公司电务工程公司
	绥佳铁路铁力—佳木斯长途通信光缆工程	中铁十一局集团公司电务工程公司
	秭归风茅公路九畹溪大桥	中铁十一局集团公司一公司
	宣大高速公路党家沟大桥	中铁十一局集团公司四公司
	神朔铁路府谷(不含)—大柳塔电气化工程	中铁十二局集团公司电务工程公司
	山西省人民医院1、2号住宅楼	中铁十二局集团公司建筑安装公司
	盐坝高速公路大梅沙隧道	中铁十二、十三局集团公司
	京杭高速公路德州京杭运河特大桥	中铁十三局集团公司四公司
	邯济铁路DK3+680～DK138+750段通信工程	中铁十四局集团公司电务工程公司

续 表

奖励等级	工 程 名 称	承 建 单 位
总公司优质工程	青岛流亭互通立交改造工程 B、C 匝道桥	中铁十四局集团公司一公司
	济德高速公路公铁立交桥	中铁十四局集团公司二公司
	泰曲高速公路大汶河特大桥	中铁十四局集团公司二公司
	连徐高速公路三堡立交桥	中铁十四局集团公司三公司
	徐州潘塘互通立交桥	中铁十四局集团公司三公司
	京沪高速公路化临段第 7 合同段	中铁十四局集团公司四公司
	山东莱芜发电厂黑山沟贮灰场主坝工程	中铁十四局集团公司四公司
	芜湖长江大桥铁路引桥 A、B 标段	中铁十四局集团公司一、五公司，中铁十六局三处
	浙江甬台温高速公路猫狸岭隧道	中铁十五局集团公司四公司
	昆明市西郊城市垃圾卫生填埋场	中铁十五局集团公司四公司
	南疆铁路羊塔克—柯平段通信工程	中铁十五局集团公司电务工程公司
	攀枝花凉风坳隧道主体和机电工程	中铁十五局集团公司三公司、电务工程公司
	西安西二环高架桥工程	中铁十五局集团公司二公司
	长涪高速公路黄草山隧道	中铁十五局集团公司二公司
	东青高速公路第 5 合同段	中铁十五局集团公司五公司
	青海 227 国道大坂山隧道	中铁十六局一处
	西黄铁路柳村特大桥	中铁十六局四处
	北京宫霄大厦	中铁十六局四处
	朔黄铁路恢河特大桥	中铁十六局四处
	朔黄铁路 DK57 + 950～DK84 + 500 综合工程	中铁十七局集团公司一、二、五公司
	厦门海仓大桥石塘东渡互通立交桥	中铁十七局集团公司厦门工程处
	福州北琴亭高架桥	中铁十七局集团公司远通集团公司
	福泉高速公路福州连接线 L1 标段	中铁十七局集团公司远通集团公司
	财政部驻山西省财政监察办事处综合办公楼	中铁十七局集团公司建筑工程处
	晋焦高速公路牛郎河隧道	中铁十七局集团公司五公司
	西康铁路秦岭隧道Ⅰ线出口段工程	中铁十八局集团公司
	广渝高速公路华蓥山隧道	中铁十八局集团公司三公司、中铁二十局
	西安绕城高速公路帽耳刘立交桥	中铁十八局集团公司五公司

续　表

奖励等级	工　程　名　称	承　建　单　位
总公司优质工程	哈尔滨市二环快速干道中山路立交桥	中铁十八局集团公司二公司
	四川华能小关子电站管桥	中铁十八局集团公司二公司
	朔黄铁路庄里滹沱河大桥	中铁十八局集团公司二公司
	吉林松原公铁立交桥	中铁十八局集团公司五公司
	天津王顶堤干警住宅三期工程	中铁十八局集团公司建筑安装公司
	广西梧州桂江三桥	中铁十八局集团公司二公司
	京福高速公路济泰段第2合同段	中铁十八局集团公司三公司
	朔黄铁路 DK223+500～DK305+305 段综合工程	中铁十九局集团公司三、四、五、机械化处，中铁十三局集团公司二、四、五处，中铁十五局集团公司
	南京长江二桥南汊桥 D2 标段、北汊桥 2-3 标段	中铁十九局集团公司二处
	京沈高速公路四合同段路面工程	中铁十九局集团公司三处
	朔黄铁路 DK93+300～DK143+200 双线综合工程	中铁十二局集团公司一、三、四、七、电气化工程公司，中铁十四局集团公司二、基础、隧道工程公司及第一建筑安装工程公司，中铁二十局一、三、四、五、六处
	朔黄铁路界河铺滹沱河特大桥	中铁二十局六处
	朔黄铁路跨北同蒲铁路特大桥	中铁二十局六处
	甘肃省投资保险培训中心	中铁二十局六处
	珠海市地方税务局办公综合楼	北京中铁建设有限公司
	北京西城区工会大厦	北京中铁建设有限公司
	铁科院培训中心楼	北京中铁建设有限公司
	中组部红庙住宅楼	北京中铁建设有限公司
	国家计委办公中配楼	北京中铁建设有限公司
	北京宣武汽车一场住宅小区2号楼	北京中铁建设有限公司
	北京洲际大厦	北京中铁建设有限公司

制表：王昌林

总公司系统 1984 年～2001 年获奖优质工程统计表

项数 年度	中国土木工程詹天佑大奖（项）	中国建筑工程鲁班奖（项）	国家优质工程（项）	铁道部优质工程（项）	省市优质工程（项）	总公司优质工程（项）
1984 年			1			1
1985 年			1	1		7
1986 年			1	4		
1987 年			1	3		
1988 年				3	4	
1989 年			2	7	5	
1990 年		2	2	2	6	
1991 年		1	2		4	10
1992 年						12
1993 年				30	4	14
1994 年					2	9
1995 年					7	19
1996 年		3	3	12	2	20
1997 年		4	4	20	3	29
1998 年		2	2	27	2	27
1999 年	2	2	6	24	3	54
2000 年		3	6	13	14	41
2001 年		5	1	21	6	61
合计	2	22	32	167	62	304

注：表中 1996 年～2000 年国家优质工程数量包括中国建筑工程鲁班奖（国家优质工程）数量。

制表：王昌林

总公司2001年度伤亡事故统计表

项目／数量／单位	合计				职工因工伤亡事故				职工非因工伤亡事故				外部劳务伤亡事故				铁路行车责任事故			
	起数	轻伤	重伤	死亡	起数	轻伤	重伤	死亡	起数	轻伤	重伤	死亡	起数	轻伤	重伤	死亡	起数	险性	一般	重大
中铁十一局集团公司	10	7		3	9	7		2	1			1	1			1				
中铁十二局集团公司	4	29	7	14	4	29	7	14												
中铁十三局集团公司	8	8			8	8							1		1	2				
中铁十四局集团公司	3	1	1	1	2	1	1		1			1								
中铁十五局集团公司	8	7	1	1	8	7	1	1												
中铁十六局	4	3		1	4	3		1												
中铁十七局集团公司	6	6			6	6														
中铁十八局集团公司	9	8		1	9	8		1												
中铁十九局集团公司	3	3			3	3														
中铁二十局	6	5		2	6	5		2												
工　厂　局	3	2	5	3	2	2	5	2	1			1								
中铁物资集团公司																				
北京中铁建设有限公司																				
铁路运输处	1	1		1	1	1		1												
铁道战备舟桥处	1			3					1			3								
合　　计	66	80	14	30	62	80	14	24	4			6	1			1				
2000年同期数	66	74	13	21	65	74	13	20	1			1	3	1	1	5				
增减数	平	6	1	9	−3	6	1	4	3			5	−2	−1	−1	−4				

制表：程明薪

总公司兵改工以来伤亡事故统计表

数量 项目 年度	合计				职工因工伤亡事故				职工在国有公路上发生交通事故				职工非因工伤亡事故				我方主要责任造成群众伤亡事故				外部劳务伤亡事故			
	起数	轻伤	重伤	死亡	起数	轻伤	重伤	死亡	起数	轻伤	重伤	死亡	起数	轻伤	重伤	死亡	起数	轻伤	重伤	死亡	起数	轻伤	重伤	死亡
1984年	312	187	107	79	219	162	69	27					36	7	9	24	57	18	29	28				
1985年	241	168	58	52	215	157	51	36					17	3	4	10	9	8	3	6				
1986年	259	160	61	77	217	156	47	44					26	3	6	19	16	1	8	14				
1987年	166	99	38	63	145	92	36	45					13	5	2	11	8	2		7				
1988年	117	64	23	45	92	60	21	21	4		1	3	15		1	15	6	4		6				
1989年	111	76	26	33	87	56	19	20	14	20	5	5	10		2	8								
1990年	113	89	18	31	86	69	15	8	12	17	3	8	12	3		12	3			3				
1991年	128	99	24	38	107	84	21	24	7	9	4		11			11	3	6		3				
1992年	144	113	15	28	130	112	13	15	6	1	2	4	6			7	2			2				
1993年	144	131	28	32	129	119	21	19	10	9	6	11	3	1		2	2	2	1		11			20
1994年	107	97	8	21	99	94	6	14	3	3	2	2	5			5	1	2		4	9	10	6	33
1995年	92	85	15	14	92	85	15	14													4	3		6
1996年	72	62	9	8	70	62	9	6					2			2					3			9
1997年	87	72	11	36	85	72	11	28					2			8					4	5		7
1998年	66	59	7	6	64	59	7	4					2			2					4	2	1	9
1999年	103	86	9	37	98	86	9	32					5			5					2			4
2000年	66	74	13	21	65	74	13	20					1			1					3	1	1	5
2001年	66	80	14	30	62	80	14	24					4			6					1			1
合计	2394	1801	484	651	2062	1679	397	401	56	59	23	33	170	22	24	148	107	43	41	73	41	21	8	94

制表：程明薪

总公司兵改工以来职工因工死亡人数逐月统计表

数量　月份 年度	一月	二月	三月	四月	五月	六月	七月	八月	九月	十月	十一月	十二月	全年合计		
													职工人数（人）	死亡人数（人）	千人死亡率（‰）
1984 年	1	4	1	1	3	1	3	2	3	1	4	3	150549	27	0.1793
1985 年		1	3	1	2	10	4	2	4	6	2	1	153134	36	0.2351
1986 年	4	1	1	5	3	3	7	5	6	5	3	1	151620	44	0.2902
1987 年			4	12	2		9	8	3	4	2	1	151428	45	0.2972
1988 年			4	1	5	1	2		3		2	3	146855	21	0.1429
1989 年	3		4	2	3		3	1	1	3			150962	20	0.1324
1990 年	1				1		3		1		2		153288	8	0.0533
1991 年			1	1	1		3		5	9	4		158588	24	0.1513
1992 年	1					1	1	2	1	1	2	6	160379	15	0.0935
1993 年	1	2	1		1	3	1	2	1	6	1		145876	19	0.1302
1994 年		3		2			5		1	1		2	145368	14	0.0963
1995 年		3		5		1		1		1	1	2	145608	14	0.0961
1996 年	1	1			1	1				1	1		146871	6	0.0409
1997 年	1	9		3	4	1	1	3	4		2		241327	28	0.1161
1998 年			2								2		139731	4	0.0286
1999 年			1	7	2	2	1	5	3	1		10	171445	32	0.1633
2000 年	6		4				1	5	1	1	1	1	200850	20	0.0996
2001 年	2				2		2	2	6		7	3	186680	24	0.1286
合　计	21	24	26	40	30	24	46	38	43	40	36	33		401	0.1382

制表：程明薪

总公司兵改工以来逐年职工因工死亡人数统计表

单位＼年度	一九八四年	一九八五年	一九八六年	一九八七年	一九八八年	一九八九年	一九九〇年	一九九一年	一九九二年	一九九三年	一九九四年	一九九五年	一九九六年	一九九七年	一九九八年	一九九九年	二〇〇〇年	二〇〇一年	合计
中铁十一局集团公司	2	7	6	4	2	2	1	1	7	1	5						2	2	42
中铁十二局集团公司	2	1	1	2	4										2	2		14	28
中铁十三局集团公司	1	2		2	4	3		1	1	1			1			4			20
中铁十四局集团公司	1	3	1	6	1	1	1	4	2				1	1		1	1		24
中铁十五局集团公司	3	2		2	2	4		6	2	3	4			1		8	6	1	44
中铁十六局	6	8	11	4	1	2	1	2	2	3	1	2	1	20				1	65
中铁十七局集团公司	1		2	3		1	1	1			3								12
中铁十八局集团公司	5	4	9	16	3		2	1		3		6	1			2	2	1	55
中铁十九局集团公司	1		4	1	1	3		3		5		1		1	1	10	8		39
中铁二十局	1	6	7	5	3	4	1	1	1							4		2	35
工厂局	1	2	1				1	1		1		1	1	3	1			2	15
中铁物资集团公司			1										1						2
国内工程公司																		1	1
北京中铁建设有限公司		1	1																2
铁路运输处								2		1	1								4
铁道战备舟桥处	1							1		1				2		1	1		7
总公司直属单位	2											4							6
合计	27	36	44	45	21	20	8	24	15	19	14	14	6	28	4	32	20	24	401

制表：程明薪

原铁道兵部队和中国铁道建筑总公司逐年事故死亡人数统计表

年度	死亡人数	千人死亡率	年度	死亡人数	千人死亡率
1955年	157	1.55	1984年	27	0.1793
1956年	144	1.26	1985年	36	0.2351
1957年	60	0.58	1986年	44	0.2902
1958年	125	1.24	1987年	45	0.2972
1959年	234	1.53	1988年	21	0.1429
1960年	249	1.77	1989年	20	0.1324
1961年	151	1.17	1990年	8	0.0533
1962年	63	0.64	1991年	24	0.1513
1963年	137	0.68	1992年	15	0.0935
1964年	94	0.45	1993年	19	0.1302
1965年	64	0.31	1994年	14	0.0963
1966年	436	1.00	1995年	14	0.0961
1967年	351	1.00	1996年	6	0.0409
1968年	263	0.60	1997年	28	0.1161
1969年	373	0.58	1998年	4	0.0286
1970年	404	0.70	1999年	32	0.1633
1971年	397	0.96	2000年	20	0.0996
1972年	272	0.52	2001年	24	0.1286
1973年	176	0.42	总公司合计	401	0.1382
1974年	196	0.45			
1975年	197	0.42			
1976年	191	0.55			
1977年	169	0.50			
1978年	143	0.43			
1979年	158	0.42			
1980年	126	0.41			
1981年	116	0.52			
1982年	121	0.62			
1983年	76	0.47			
铁道兵合计	5643	0.75			

制表：程明薪

设备运输物资

【设备运输物资部】 总公司负责设备、运输、物资管理的职能部门。定员6人,设部长1人、副部长1人,高级工程师2人,工程师2人。主要职责是:贯彻执行国家有关设备、运输、物资工作的方针、政策和法规,制定本系统规章制度,实行行业归口管理;利用国家外汇和国外贷款购置设备、物资,并组织具体实施;指导、协调国产大型设备、车辆和主要物资的选型和批量采购工作;负责本系统大型工程项目和本级总承包工程项目施工机械、大型车辆的调配和物资供应工作;负责铁路专供物资的计划和协调工作;组织设备、车辆检查和物资执法监察工作,表彰先进,交流推广经验;组织、协调本系统的铁路运输,向铁道部申报困难区段的路料运输和装车计划,办理架桥机、铺轨机、大型设备等超限货物运输,组织桥梁、轨枕、道碴等主要工程物资的专列和成组直达运输;负责新线铁路铺架、临管运输的组织协调和本系统新线铁路机车、车辆选型、购置申报及报废审批工作;办理本系统工程路用车的计划、审核和报批工作,并督促、检查使用管理情况;按期统计、上报本系统设备、运输、物资统计报表,协助有关部门组织业务、技术培训;组织、参与总公司管理评审、内部质量审核和其他相关程序。 (白云飞)

【工作综述】 2001年,设备运输物资工作以施工生产为中心,以检查、指导、监督、协调、服务为主题,狠抓工作落实,有力地保障了施工生产任务的顺利完成。全年共完成铁路运输31 101车,运送各类物资186.6万吨;汽车运输总行驶里程10 802.31万公里,货物周转量112 010.8万吨公里,运送各种物资12 559.38万吨,实现利润3 418.26万元。经铁道部批准使用职工生活供应车21辆、工程路用车1 342辆,保证了新线的铺架运输需要。投入资金7.26亿元,更新各类设备2 492台,报废设备1 380台;投入资金2.17亿元,更新汽车734辆,报废汽车499辆;组织、协调各工程局(集团公司)做好大型设备、载重汽车的选型购置,保证了设备、车辆的正常使用和更新换代。利用贵娄铁路日元贷款400多万美元,购置接触网架线车等设备4台(套);利用德国政府贷款3 022万美元,采购盾构、桥梁基础钻机等大型设备64台(套),提高了机械化施工能力。充分发挥物资供应主渠道作用,组织供应钢材90.6万吨,木材21.1万立方米,水泥42.2万吨,油料24.4万吨,炸药2.3万吨,满足了施工生产需要。

(白云飞)

【业务会议】 4月2日,总公司在湖南湘潭召开“青藏铁路施工设备、车辆技术研讨会”,邀请国内主要施工设备、车辆生产厂家参加,重点研究高原施工设备、车辆的低温启动、增能增压措施,并进行了设备、车辆选型论证。

9月17日～23日,由工程总公司和建筑总公司主办、中铁三局青藏铁路工程指挥部承办,在青海格尔木市和青藏铁路沱沱河施工现场举办施工设备技术交流和现场演示会,国内外11家知名厂家到现场进行施工设备演示和技术评议。会后,两大总公司联合印发《青藏铁路施工设备演示会议纪要》和《青藏铁路施工设备演示会技术总结》,对于各参建单位选择适应青藏高原施工的机械、车辆具有重要指导意义。

12月12日,总公司在北京召开青藏铁路物资工作座谈会,认真落实铁道部孙永福副部长关于做好青藏铁路后勤保障工作的指示精神,组织参观总后勤部科技装备试验成果展览,为青藏铁路二期工程投标做准备。 (白云飞)

【主要技术设备及技术状况】 年底,总公司系统保有机械设备19 684台(套),其中主要施工机械设备7 702台(套),进口机械设备1 025台(套)。设备固定资产原值43.41亿元、净值24.84亿元,机械设备总功率1 135 349千瓦,人均技术装备率和动力装备率分别达到16 210元和7.41千瓦。保有各类汽车8 396辆,固定资产原值15.91亿元、净值8.08亿元,总功率791 390千瓦,人均技术装备率5 276.8元、动力装备率5.17千瓦,其中运输车3 450辆,总吨位30 182吨。铁路准轨自备机车122台,固定资产净值16 679.89万元,总功率272 698千瓦;铁路架桥机12台,铺轨机12台,轨道动力车26台;铁路准轨自备货车148辆、客车92辆;还有铁路运输机车车辆检修设备及架、放线车和大型机械化捣固车、配碴整形车、动力稳定车等设备。

机械设备新度系数为0.572,主要施工机械完好率94%,利用率70.5%;汽车新度系数为0.51,完好率92.9%,里程利用率54.2%;全年完成汽车大修688台,评选红旗车614台、红旗车驾驶员651人。

年内更新设备2 492台,价值72 644万元,报废设备1 380台;更新汽车734辆,价值21 658万元,报废汽车499辆;购置铁路电力机车11台、内燃机车5台,报废自备铁路货车6辆。 (白云飞)

【设备运输物资管理】　总公司系统现有机械设备管理干部4 177人,车辆管理干部1 642人,机械司机14 343人,汽车驾驶员13 526人。全年组织专业技术培训260期,培训3 006人。各单位认真贯彻落实国务院《设备管理条例》、铁道部《机械动力设备管理规定》和总公司《机械设备管理规则》、《汽车管理规则》等文件精神,结合实际提出具体实施意见,推动设备运输物资管理工作逐步走上规范化、制度化建设轨道。组织开展设备、车辆检查,摸清机械、车辆状况,准确统计装备固定资产,找出存在问题并制定改进措施,促进了安全生产。

（白云飞）

【设备划拨】　经总公司总经理办公会第4次会议研究决定,由中铁工程有限公司管理的历年利用外资贷款采购的162台(套)进口设备(原值4.95亿元)划拨给所属单位。其中,划拨给各局(集团公司)原租用设备48台,原值11 834万元;划拨给中铁二十局设备15台,原值4 791万元;划拨给中铁十七局集团公司设备9台,原值3 233万元;划拨给工厂局设备2台,原值431万元。中铁工程有限公司留用设备74台,原值2.1亿元。（白云飞）

【组织专列、超限货物运输】　为保证京九南段复线、朔黄、邯济、南疆、西康、西黄、新长等铁路铺架任务按期完成,经铁道部批准,组织桥梁运输专列19列、728车。全年运输桥梁2 566孔、12 329车,轨枕288.3万根、13 349车;办理架桥机组、铺轨机组等超限货物运输4次,保障了机械设备及时转场和铺架任务的顺利完成。（白云飞）

【办理铁路难点运输】　由于部分铁路区段运能不足,特别是成都、昆明铁路局管区运输十分紧张,给内昆、株六、水柏等线的路料供应带来困难。经与铁道部联系,及时解决了计划、装车和发运等问题。全年解决进铁路限制口运输计划4 064车、24.4万吨,铁道部发调度命令11次、80余车,保证了施工生产的需要。

（白云飞）

【工程路用车管理】　2001年,西安南京、内昆、水柏、新长、神延、朔黄、秦沈、沙蔚铁路及粤海通道、株六、包兰复线都有铺轨架梁任务。总公司申请工程路用车1 342辆,保证了新线铺架材料运输。（白云飞）

【生活供应车管理】　总公司系统全年申请使用生活供应车21辆,供应施工一线职工生活物资688车次、28 332吨,售货额6 962万元。根据铁道部《关于规范铁路与工程总公司等脱钩企业相互关系的通知》精神,生活供应车于2001年12月31日停止使用。

（白云飞）

【铁路临管运营】　2001年,总公司所属运营单位完成包神铁路货运量720万吨;完成神朔铁路煤炭外运2 608列、951万吨,均未发生重大行车事故。

（白云飞）

【"贯标"认证】　设备运输物资部负责"贯标"认证工作中的5个主管要素、19个相关要素,涉及面广、业务量大,多次派员到总公司本级项目部检查、指导"贯标"认证工作,提出整改意见,保证主管质量要素及相关要素顺利通过"贯标"认证复审。（白云飞）

9月11日，总公司总承包施工的西安南京铁路A土－10标段经济责任承包合同签字仪式在北京举行。图为王振侯总经理（前右）与丹凤工程指挥部指挥琚建明（前左）签订经济责任承包合同。

（罗　芳　摄）

经营管理

特载	大事记	概况	工程施工	经营管理	综合管理	资产经营	科技教育 卫生 文化	党的工作	工会 共青团	控股子公司	全资子公司	分公司	其他单位	人物	统计资料	文件选编	附录

本栏责任编辑　刘贤福

企业管理

【企业管理部】　总公司企业改革和企业管理的综合职能部门，由企业管理、贯彻 ISO9000 系列标准、法律事务、企业管理协会和住房改革五部分工作组成。定员 14 人，设部长 1 人、副部长 2 人（其中 1 人兼任企协秘书长）；附设住房改革办公室，设主任 1 人。主要职责是：组织拟定总公司发展战略、中长期发展规划、企业改革方案和相关制度，参与企业改制等涉及企业权益的重要经济活动；负责企业工商登记、年检及施工企业资质、项目经理资质申报、审查、年检；负责总公司本级贯彻 ISO9000 系列标准工作；负责法律事务及经济合同管理；承担企业现代化管理研究和企业管理协会工作；归口管理总公司系统住房制度改革及本级住房公积金管理；编辑出版《中国铁道建筑管理》杂志。

（李友才　张红彦）

【企业改革、改制】　各集团公司（工程局）基本建立现代企业制度框架。截止至年底，总公司已批复同意中铁十一、十三、十四、十五、十六、十七、十八、十九局集团公司和北京中铁建设有限公司、成都中铁建西南物资有限公司等 10 个单位建立现代企业制度总体实施方案。各单位均已完成公司名称预核准和公司工商注册登记工作，除中铁十六局和成都中铁建西南物资有限公司外，其他 8 个新改制的公司都已正式挂牌运行。8 月 1 日和 12 月 7 日，国家经济贸易委员会分别下发《关于同意设立中铁十二局集团股份有限公司的批复》和《关于同意设立中铁养马河工程股份有限公司的批复》，标志着总公司系统在企业改革、股份制改造方面取得新的突破。两个股份有限公司已正式挂牌成立，正在接受中国证券监督委员会为期一年的拟上市公司上市前期辅导。昆明中铁机械厂股份制改造工作进展平稳、顺利。总公司直属单位资产重组、企业重构工作基本完成。

（张红彦）

【施工企业资质管理】　4 月 18 日，建设部颁发新的《建筑业企业资质管理规定》和《建筑业企业资质等级标准》，要求全国建筑施工企业按照新的资质就位规定和标准重新就位。5 月中旬，总公司召开所属单位资质管理部门负责人参加的研讨会，学习文件，研讨资质重新就位问题。6 月上旬，召开总公司资质管理工作会议，全面动员和部署资质就位工作，王振侯总经理亲自听取各集团公司（工程局）和北京中铁建设有限公司情况汇报，商讨资质申报方案。总公司资质就位领导小组先后召开 4 次会议，具体研究申报方案；召开两次资质管理部门负责人参加的座谈会，对个别资质申报有困难的企业，总公司采取果断措施进行资产重组或企业重构。第一批资质就位申报因时间仓促，总公司系统未参加；第二批申报了北京中铁大都工程有限公司 1 家；第三批申报的有中铁十一、十四、十五、十七、十八局集团公司和中铁十二局集团公司电气化工程有限公司、十三局集团公司电务处；总公司和其他集团公司（工程局）、所属子公司、专业公司准备第四批申报。由于年内主要进行资质重新就位，建设部对企业资质未作年检，但结合建筑市场整顿，对全系统所有持证项目经理的资质进行了复查，并收集整理了一级项目经理的上网资料。年内累计审批一级项目经理 94 人，二级项目经理 313 人，三级项目经理 21 人。

（张红彦）

【企业法人工商注册登记及年检】　根据国家有关规定，及时办理了总公司《企业法人营业执照》年检，年检结论为“A”级。同时，为各分公司年检办理了总公司企业法人营业执照加盖国家工商局印章。

（张红彦）

【贯彻 ISO9000 系列标准质量体系】　3 月 7 日～11 日，北京标准质量体系认证中心对总公司进行获证后的第一次年度监督审核，共审核 5 个质量体系职能部门和 4 个工程指挥（项目）部，同意保持总公司的认证注册资格。4 月 26 日～30 日，举办 ISO9000 系列标准 2000 版及第二期内审员培训班，总公司本级 19 人通过考试，取得内审员资格证书。11 月 12 日～22 日，对总公司本级 9 个工程指挥（项目）部进行内部质量体系审核。帮助东北办事处顺利通过 ISO9000 标准质量体系认证。

（张红彦）

【法律事务】　总公司系统具有“企业法律顾问执业证书”的法律顾问 37 人（其中年内新注册 11 人、年检注册 26 人）。代理总公司诉讼、执行案件 5 起，有关法律咨询 5 起；参与总公司合同评审 10 起。在成都召开的中国施工企业管理协会第三届施工企业法律事务工作会上，文荣周被评为有突出贡献的法律工作者。

（张红彦）

【住房制度改革】　认真贯彻落实国务院住房公积金管理条例，增加住房公积金缴存情况的透明度，制作出住房公积金查询卡发到每一位职工手中。加强财务管理和会计基础工作，在北京市住房基金管理中心财务考核评比中受到表彰。按照北京市国有资产管理局要求,牵头实施总公司驻京单位住房普查工作。住房公积金归集工作进展顺利,总公司住房公积金管理分中心所属缴存单位 24 个,职工3 296人,全年缴存住房公积金 838.8 万元,累计余额2 669.1万元。支持职工买房,办理住房公积金支取手续 304 人,支取 199.7 万元。超额完成年度住房公积金贷款计划,实际贷款 405.5 万元。根据北京市统一安排,于 6 月 30 日向建帐单位结算住房公积金利息、发放对帐单。

(张红彦)

总公司系统 2001 年度获国家奖项的单位、个人及工程统计表

获 奖 名 称	获奖单位、个人及工程	评奖单位
全国优秀施工企业	中铁十三局集团公司第三工程处	中国施工企业管理协会
全国优秀施工企业	中铁十四局集团公司隧道工程处	中国施工企业管理协会
全国优秀施工企业	中铁十九局集团公司三公司	中国施工企业管理协会
全国优秀施工企业家	中铁十一局集团公司三公司董事长何长安	中国施工企业管理协会
全国优秀施工企业家	中铁十八局集团公司董事长赵广发	中国施工企业管理协会
全国建筑企业优秀项目经理	中铁十二局集团公司万训才	中国建筑业协会
全国建筑企业优秀项目经理	中铁十四局集团公司岳焕鹏	中国建筑业协会
全国建筑企业优秀项目经理	中铁十五局集团公司王大贤	中国建筑业协会
全国建筑企业优秀项目经理	中铁十六局都海江	中国建筑业协会
全国建筑企业优秀项目经理	中铁十六局江拔其	中国建筑业协会
全国建筑企业优秀项目经理	中铁十七局集团公司卢庆怀	中国建筑业协会
全国施工企业优秀项目经理	中铁十四局集团公司徐明新	中国施工企业管理协会
全国施工企业优秀项目经理	中铁十五局集团公司崔连珍	中国施工企业管理协会
全国施工企业优秀项目经理	中铁十七局集团公司钟俊芳	中国施工企业管理协会
全国施工企业优秀项目经理	中铁十八局集团公司沈大庆	中国施工企业管理协会
全国施工企业优秀项目经理	中铁十九局集团公司刘汝臣	中国施工企业管理协会
全国质量效益型先进企业	中铁十一局集团公司电务工程公司	中国施工企业管理协会
全国质量效益型先进企业	中铁十七局集团公司五公司	中国施工企业管理协会
全国用户满意企业	中铁十五局集团公司电务工程公司	中国施工企业管理协会
国家优质工程银质奖	天津开发区污水处理厂工程(中铁十八局集团公司三公司承建)	中国施工企业管理协会
全国用户满意工程	上海地铁二号线江苏路车站工程(中铁十六局承建)	中国施工企业管理协会
全国用户满意工程	重庆市黄花园大桥石黄隧道工程(中铁十八局集团公司四公司承建)	中国施工企业管理协会
全国用户满意工程	甘肃省投资保险培训中心大楼工程(中铁二十局建安处承建)	中国施工企业管理协会

制表:华明芳

工程经营

【经营部】 负责总公司系统并兼管本级工程经营的职能部门。定员18人，在位14人(4人在施工现场)，设部长2人、副部长2人，有高级技术职务8人，中、初级技术职务各5人。主要职责是：制定总公司系统工程经营规划、计划，为企业生产经营决策提供方案意见；疏通与国家、地方政府基建管理部门、工程业主、设计单位、监理单位及招标代理机构的关系，为从事工程经营创造条件；搜集、筛选并向所属单位及时提供工程信息；负责审核、承办以总公司名义从事工程经营所需的法人委托、营业执照、资质证书等有关投标手续；加强与外部单位的横向联系，进行强强联合，共同开展经营开发工作；组织、指导以总公司名义参加的工程项目投标，协调解决投标中出现的问题；参与总公司直管项目部内部责任合同的签订及中标工程合同价的分劈，及时配合施工现场办理工程索赔补差工作，提出创收、增效决策性建议；归口管理总公司系统概预算、工程造价、工程定额工作及工程经营基础业务建设；统计、分析总公司系统工程任务承揽情况，为总公司领导及时提供工程经营动态信息；探索投资经营工作新思路、新途径。

2001年，跟踪工程信息191项，组织编标、投标12次，中标5项，中标率近40%；完成内昆、秦沈铁路及韶关五里亭大桥中标合同价分劈和西安南京、内昆、秦沈铁路工程施工内部合同签订；收集、汇总全系统经营工作成果12次；完成总公司机关院内配电室扩建、自来水改造工程设计概算审核及28号住宅楼、总医院科技干部楼工程预算审核；创新经营模式，探索BOT项目3个。通过开展工程经营，全年为总公司本级新增资金积累1.2亿元。 (刘发林)

【承揽工程任务创历史新高】 2001年，总公司系统承揽工程任务408亿元，创总公司历史最高记录。其中，承揽公路工程185.73亿元，与2000年同比增加39.96%；承揽水利水电工程21.61亿元，同比增加94.57%；铁路工程因当年开工不足，中标额仅102.32亿元，同比减少32.44%。承揽工程任务的主要特点：一是各级领导高度重视，舍得加大投入，根据工程经营需要添置了大量高档经营设备。中铁十二、十四局集团公司还通过组织专业培训，提高经营人员素质，使承揽质量不断提升，经营效果明显。二是承揽任务数量大幅度提高。承揽任务超过40亿元的有6个集团公司(工程局)，中铁十八局集团公司全年承揽任务超过50亿元。三是经营领域取得新突破。10个集团公司(工程局)均打入城市轨道交通建设市场；三亚国防工程4个公路标、6个洞库标招标，全部由总公司系统中标；中铁十六局通过投标竞争，中标郑州黄河顶管工程，率先进入"西气东输"领域；中铁十六局和中铁路桥集团公司还闯入中国第一条商用磁悬浮铁路项目，成功地开辟了新的施工领域。四是公路及水利水电项目承揽数额大幅度增加。公路工程同比增加40%，水利水电工程同比增加1倍。中铁十四、十八、十九、二十局集团公司(工程局)年内承揽公路工程均超过20亿元。五是积极探索资本经营新途径。总公司直接涉及几个工程项目的BOT、BT经营模式研究和探索，为准确把握投资经营方向和正确决策奠定了一定的理论基础，积累了实践经验。中铁十一局集团公司三公司成功地对湖北黄石一铁路专用线项目进行BOT经营，预期效益不错，这是一次以投资经营带动工程经营的大胆尝试。中铁十三局集团公司电务处抓住房地产复苏机遇，在天津进行房地产投资开发，取得较好效益。

(刘发林 吕 琳)

【总公司经营工作会议】 3月13日～15日在北京召开，各集团公司(工程局)经营工作主管领导、业务部门负责人及总公司机关有关部门领导参加会议。会议总结"九五"期间及2000年经营工作，研究"十五"期间经营工作总体发展规划，部署2001年经营任务，表彰经营工作先进单位和先进个人。王振侯总经理、李国瑞书记到会讲话，何能金副总经理作经营工作报告。

(尹 华)

【总公司经营工作分析研讨会】 7月15日～17日在哈尔滨召开，各集团公司(工程局)、北京中铁建设有限公司、国内工程公司、铁道建筑研究设计院等单位经营工作主管领导及业务部门负责人参加会议。会议总结分析上半年经营工作情况，研究、探讨新的经营模式，中铁十一、十三局集团公司介绍探索资本经营途径的经验和做法，何能金副总经理到会讲话。(尹 华)

【签订西安南京铁路总承包段经济责任承包合同】 9月11日，总公司王振侯总经理与丹凤工程指挥部指挥琚建明签订《西安南京铁路A土－10标段经济责任承包合同书》。该工程合同标价35 805万元，确定上交总公司费用1 500万元，分4个年度以货币资金的方式上交，超额有奖，欠交受罚。该合同是总公司对本级工程指挥(项目)部落实经济责任承包制以来签订的第一个内部经济责任承包合同。

（孙国富　张国锋　荀昭杰）

【签订秦沈客运专线经济责任承包合同】 10月25日，总公司与秦沈客运专线工程指挥部签订《新建铁路秦皇岛至沈阳客运专线B26、B28、B30标段经济责任承包合同书》。该工程合同总额109 791万元，确定上交总公司管理费用3 300万元，以货币资金的方式分年度上交。合同本着"超额有奖、欠交受罚"的承包原则，确定了奖惩额度。（孙国富　荀昭杰）

【签订内昆铁路经济责任承包合同】 12月25日，总公司王振侯总经理与内昆铁路工程指挥部指挥赵之义签订《内昆铁路昭通至六盘水南段经济责任承包合同书》。该工程合同总额349 742万元，确定上交总公司费用7 000万元，分年度以货币资金方式上交，并明确了奖惩额度。随后，王振侯总经理与中铁十一至二十局集团公司（工程局）的企业法人或法人代表签订《新建铁路内江至昆明线昭通—梅花山段、改建铁路六盘水枢纽内昆引入线、编组站铁路工程施工承包合同书》。（姜晋南　荀昭杰）

【内昆铁路概算分劈】 11月6日～20日，参加总公司内昆铁路工程指挥部在成都组织的新建铁路内江至昆明线昭通—梅花山段、改建铁路六盘水枢纽内昆引入线、编组站铁路工程概算分劈工作。该段铁路正线全长138.049公里，采用115号文概算编制办法进行分劈；既有线改造及枢纽正线35.339公里，采用55号文概算编制办法进行分劈。概算分劈工作得到设计、施工单位认可，为总公司与各施工单位签订经济责任承包合同奠定了基础，使内昆铁路计划、统计、验工计价、财务管理纳入合同管理轨道。（姜晋南　王旭永）

【变电所扩建工程概算审核】 总公司机关变电所扩建工程由北京中铁天宏建筑工程有限公司承建，上报概算456 873元。经营部核定投资391 520元，核减投资65 353元。何能金副总经理决定在经营部核定投资的基础上再降低造价3%，由计统部核批。

（荀昭杰）

【自来水改造工程概算审核】 总公司机关自来水改造工程，机关服务中心上报工程概算1 393 457元，经营部核定投资1 027 090元，核减投资366 367元。

（荀昭杰）

【韶关五里亭大桥中标价分劈】 广东韶关五里亭大桥为总公司中标项目，由中铁十四局集团公司隧道处和武汉中铁工程公司负责施工。该大桥全长525延长米，其中主桥长190延长米、引桥长335延长米，是韶关市标志性建筑，技术难度大，施工工艺复杂，多项技术居于全国领先水平。工程中标价5 060万元，经营部两次前往施工现场进行工程数量和工程造价分劈。

（荀昭杰）

【总公司本级经营】 全年为直属单位191个工程项目办理以总公司名义参加投标所需的各种手续；编制资格预审文件125次；组织参加神朔复线神木北至神池南段工程、西气东输管道穿越郑州黄河工程、广东东深供水改造分水土建工程、治理深圳河第三期工程等64个项目的投标，中标额129 857万元。

（吴文钊　吕　琳）

【签订秦沈客运专线铺架工程分包合同】 3月15日，秦沈客运专线铺架工程分包合同签字仪式在山海关举行。受王振侯总经理委托，总公司秦沈客运专线工程指挥部郭万全指挥分别与各分包单位授权代表人签订工程分包合同。秦沈客运专线铺架工程总公司管段总投资10.97亿元，共划分为12个标段，11个单位参加施工。总公司总工程师宋抗常出席合同签字仪式。

（张沛然）

计划统计

【计划统计部】 总公司计划统计管理工作的综合职能部门，附属电算统计中心。主要负责制定总公司生产经营中、长期发展规划，编制年度施工生产、基本建设、更新改造及外资使用计划，综合平衡财务、物资、劳动工资、科技发展、工业计划；负责小型基建、更新改造限额内项目的立项审批，承办北京地区房建规划及计划指标的申报、审批和下达工作；负责验工计价工作；参与总公司本级项目部的组建、工程项目质量管理以及施工过程中的环境保护；参与对各单位年度经济效益指标实现情况及投资回报的考核工作；组织、协调、监督总公司机关及所属单位的统计工作，归口管理和发布各种统计数据和资料；分析通报季、年主要经济技术指标完成情况，统一上报建筑业、基本建设、更新改造、工业、劳动工资统计报表和分析报告；归口管理电算统计中心工作。编制定员8人，设部长1人、副部长1人，高级工程师2人，工程师1人，经济师1人，统计师

2人;电算统计中心定员4人,设主任1人。　(霍天道)

【编制下达2001年总公司生产经营计划】 2001年,总公司计划下达施工单位承揽工程合同额320亿元,比2000年增长23.1%;完成工程任务总额310.5亿元,比2000年增长26.2%;企业总产值320亿元,比2000年增长28.7%;施工产值294.98亿元,比2000年增长22.7%;实现利润18 109万元,比2000年增长73.4%。工业系统计划工业总产值(现价)9.017亿元,实现利润50万元。物资系统企业总产值(营业额)3.38亿元,实现利润300万元。总公司系统企业总产值320.592亿元,比2000年增长23.3%;实现利润19 840万元,比2000年增长68.9%。　(鞠怀英)

【小型基本建设、更新改造计划】 2001年,总公司系统小型基本建设计划投资68 000万元,其中总公司本级计划投资3 000万元,各单位自筹25 000万元,职工住宅建设个人集资40 000万元。更新改造项目计划投资72 600万元,其中总公司本级计划投资600万元,各单位自筹72 000万元。　(霍天道)

【制定总公司2001年～2005年发展规划】 《中国铁道建筑总公司2001年～2005年发展规划》于5月28日以中铁建计〔2001〕110号文件下发所属单位执行。

总公司“十五”发展规划主要包括指导思想、发展战略、发展目标及保证措施等内容。指导思想是:以市场为导向,以品牌信誉、集团优势为先导,以“两个动力”为核心,以企业增效、职工增收、资产增值为目标,实现企业经济增长方式的转变,推进企业持续、快速、健康发展。总体发展目标是:承揽工程合同额、完成企业总产值、实现利润比“九五”翻一番,承揽工程合同额1 800亿元,完成企业总产值(营业额)1 800亿元,资本保值增值率平均每年保持101.8%,产值利润率平均每年保持0.6%,净资产报酬率平均每年保持1.63%,资产负债率降到70%以下,利润总额累计达108 000万元;技术装备率达40 000元/人,动力装备率达20千瓦/人,机械、车辆综合新度系数达65%,综合机械化水平达85%,设备更新投入平均每年保持施工产值3.5%的比例;科技开发投入平均每年保持企业总产值0.5%的比例,建成10大标志工程,科技进步贡献率达55%,建成城、局域网,实现广域联通,计算机联网率达90%以上,争创詹天佑工程大奖1～2项;职工因工事故死亡率每年控制在0.17‰内,重伤率控制在0.6‰内,综合单位工程一次验交合格率100%、优良率85%以上,争创中国建筑工程鲁班奖10项、国家优质工程10项、部(省)优质工程100项;各类专业技术人员总量达52 000人,高级专业技术人员达4 200人,中国工程院院士1～2名,选拔500名优秀青年干部接受工程及工商硕士教育,培训项目经理500名,基层岗位管理人员1 000名;职工队伍中高级工达技术工人总数的30%,技师、高级技师达800名;工资总额保持平均每年增长8.7%,至2005年达270 000万元,职工工资保持平均每年增长7.2%以上,至2005年达15 300元/人。保证措施:以经营管理、结构调整、经营方式、过程控制、人力资源及科技开发、党的建设等六个方面为支持条件,始终坚持“一个中心”(以生产经营和提高经济增长质量、效益为中心);突出“两项重点”(以名优工程和良好信誉占领市场和以先进的科技成果转化为现实生产力为重点);实现“三个转变”(内部管理由行政隶属型向产权管理型转变,生产方式由劳务密集型向技术和管理密集型转变,经济增长方式由粗放型向集约型转变);保证“四个突破”(在组织结构、运作方式的调整和资源要素的优化配置上有较大突破,在高新技术的开发与应用并转化为生产力上有较新突破,在高、难、新、尖、特等施工领域的拓展上有较快突破,在企业经济增长、职工收入和社会信誉上有较高突破);遵循“五项方针”(经济强企是企业发展的目标,科技兴企是企业发展的源泉,质量建企是企业发展的主题,转制办企是企业发展的选择,依法治企是企业发展的保证);围绕“六个市场”(瞄准铁路市场,紧盯公路市场,抢占西部市场,突破城市轨道交通和地下工程市场,开拓水利和生态环境工程市场,扩大海外建筑市场),积极推进运行机制创新、经营方式创新、管理创新和科技创新。　(鞠怀英)

【驻京单位房建计划】 年内,向北京市报送总公司驻京单位房建结转及新申请计划指标。其中,2001年结转至2002年规划设计项目1个,建筑面积15 000平方米;在建施工项目4个,建筑面积4 823平方米;2002年新申请规划设计项目4个,建筑面积13 638平方米。2001年竣工项目5个,建筑面积24 083平方米。

(霍天道)

【表彰环境保护先进单位和先进个人】 铁道部表彰“九五”期间铁路环境保护先进单位和先进个人,总公司系统有6个单位和7名个人受到表彰。

铁路环境保护先进单位

中铁十四局集团公司三处

中铁十九局集团公司四处

川东水泥厂

昆明中铁机械厂

养马河桥梁厂

株洲桥梁厂

铁路环境保护先进个人

王凤清　庞秀叶　李友文　穆尚志　唐汉章

郭志强　丘才发　　　　　　　　（霍天道）

【表彰节能先进单位和先进个人】 铁道部表彰“九五”期间铁路节能先进单位和先进个人，总公司系统有2个单位和3名个人受到表彰。

铁路节能先进单位

中铁十七局集团公司

川东水泥厂

铁路节能先进个人

刘显崇　赵家勇　段爱卿　　　　（霍天道）

【竣工结算批复】 总公司机关18号、28号住宅楼、文化活动中心及总医院科技干部住宅楼先后竣工交付使用。根据核准的投资计划进行审核审计，逐一下达了竣工结算批复。

18号住宅楼：1996年8月开工，1998年5月竣工。总建筑面积24 094平方米，地下2层、地上12层，全现浇钢筋混凝土剪力墙结构，204户，总投资5 087万元。北京中铁建设有限公司承建。

28号住宅楼：1998年8月开工，1999年12月竣工。总建筑面积25 842平方米，地下2层，地上14层，全现浇钢筋混凝土剪力墙结构，196户，总投资4 908万元。北京中铁建设有限公司承建。

文化活动中心：1998年3月开工，2001年9月完工。该工程由北京太平洋建筑设计工程有限公司设计，北京铁城工程公司施工，北京铁城建设监理有限责任公司监理。总建筑面积11 531平方米，地下1层、地上6层，框架剪力墙结构，总投资3 664万元。

总医院科技干部住宅楼：1998年6月开工，1999年12月竣工。总建筑面积11 968平方米，地下1层，地上西部8层、东部12层，钢筋混凝土框架剪力墙结构，106户，总投资2 260万元。该工程由北京矿业研究总院工程设计院设计，中铁十八局集团公司大都工程公司施工，中瑞工程设计院监理部监理。

（霍天道）

【总公司计划业务培训暨计划工作会议】 10月15日～20日在成都举办。会议总结2000年计划工作开展情况，研讨2002年生产经营、基本建设及更新改造计划编制问题，对与会人员进行了计划工作业务培训。

（鞠怀英）

【总公司统计工作会议】 11月4日～10日，在四川乐山中铁二十局基地召开建筑业统计工作会议；11月13日～19日，在昆明中铁机械厂召开劳动工资统计工作会议；12月5日～6日，在总公司机关召开直属单位及直属项目部统计工作会议，分别传达国家统计工作会议精神，布置2001年建筑业、固定资产投资和劳动工资统计年报编报工作。　　（曹　军）

【制定统计年报制度】 与铁道部“脱钩”后，总公司系统统计年报直接报送国家统计局、劳动和社会保障部、北京市统计局。与此相适应，总公司制定新的建筑业、固定资产和劳动工资统计年报制度，于2001年开始执行。与统计年报制度配套，总公司电算统计中心和北京桑原中江软件公司联合开发出建筑业和劳动工资统计软件，在全系统推广应用，提高了工作效率。

（曹　军）

【统计执法检查】 根据《统计法》的规定，各单位于5月～8月进行了统计工作执法情况自查和抽查。6月19日～22日，总公司组成检查组对中铁十三局集团公司一处及下属的道桥公司、建安公司工程项目部进行了建筑业和劳动工资统计执法情况抽查。从各单位检查和抽查情况看，全系统未发现虚报、瞒报、伪造、篡改统计资料的现象。　　（曹　军）

【计算机应用与培训】 总公司网站 www.crccg.com 于7月开通，并为机关各部门设立了电子信箱。网站不仅用于对外宣传，而且将部分办公内容进行移植，扩大了网站信息容量和使用范围。9月3日～8日，组织总公司机关部分人员在石家庄铁路工程职业技术学院举办第二期计算机基础应用知识培训，提高了机关计算机应用水平。　　（曹　军）

财　务

【财务部】 总公司负责资产管理、财务管理、会计核算、会计管理的综合职能部门，内设资金结算中心和国有资产管理办公室。定员18人，现员22人，其中高级会计师5人、会计师9人；设部长1人、副部长2人，资金结算中心主任1人，国有资产管理办公室主任1人。主要职责是：贯彻执行国家财经方针、政策、法规，制定总公司财务管理内控制度和内部标准、制度和办法，负责全系统财务预算和财务报告的编制；负责组织收入和安排支出；负责总公司内部资金筹集和融通；组织实施总公司系统财务制度改革、财务监察工作；指导所属单位的财务管理、资产管理、会计核算和会计基础工作；负责会计学会工作；组织财会人员继续教育、业务培训、财会科研课题研究和学术活动；参与经济合同签订；办理各种银行保函、信贷证明、资信证明和各种担保手续；参与企业改革；负责国有资产监管，指导国有资产产权占有、变更、注销等登记工作；参与制定、考核企业经营绩效评价工作。　（李世钰）

【财会人员】　总公司系统共有持证在岗会计人员8 213人。按文化程度划分，大学本科以上学历1 180人，大专学历3 460人，中专学历1 657人，其他文化程度1 916人；按专业技术职务划分，高级会计师 176 人，会计师1 203人，助理会计师2 230人，会计员2 593人，其他专业技术职务人员 167 人，无专业技术职务人员1 844人。　（李　彤）

【资产重组与结构调整】　为优化资源配置，盘活存量资产，促进企业资质就位和国有资产保值增值，总公司年内对部分直属单位进行重大结构调整和资产重组，涉及单位近 40 个，资产规模 40 亿元。总公司对财务处理等作出专门规定，并聘请中介机构对重组单位进行决算审计和资产评估，为资产移交提供价值依据，同时也摸清了重组中资产、财务方面存在的问题。本着实事求是、公平公正和顾全大局的原则，经过总公司与接收单位、移交单位及原主管单位的共同努力，资产移交工作圆满完成。　（黄健民）

【工程成本管理】　2001 年，总公司完成预算成本3 375 663万元，比 2000 年的2 755 977万元增长 22%。完成实际成本3 141 567万元，比 2000 年的2 560 779万元增长 22%。随着工程成本的逐年加大，成本降低率为 7.45%，比 2000 年略有回升。　（曹锡锐）

总公司2001 年工程成本统计表

单位：万元

成　本　项　目	预算成本	实际成本	成本降低额	成本降低率(%)
一、直接成本	3061104	2864792	196312	6.85
人工费	447944	435114	12830	2.95
材料费	1815736	1707818	107918	6.32
机械使用费	515330	468594	46737	9.97
其他直接费	282094	253266	28828	11.38
二、间接成本	314559	276775	37784	13.65
总　成　本	3375663	3141567	234096	7.45

制表：曹锡锐

【国有资产管理】　总公司认真贯彻《企业国有资本与财务管理暂行办法》，以资本为纽带、以产权管理为基本手段，初步建立母子公司管理体制。通过建立财务预算管理制度、内部控制制度和加强资金管理、对外投资管理，对企业的设立、重组、注销、产权转让和股份制改造等进行重点监管，加强对国有资本的存量、流量和增量管理。根据企业改制要求，总公司对改制单位的股权设置方案和“百含”划转方案进行了批复；向财政部上报中铁十二局集团股份有限公司和中铁养马河工程股份有限公司的国有股权方案并获得批准，保证了企业股份制改造的顺利进行。根据财政部要求，总公司对办理国有资产重新占有的登记工作进行部署，并按时向财政部上报了产权登记资料，顺利完成有关单位的产权登记工作。经财政部审核，总公司系统共办理重新占有产权登记 209 家、产权变动登记 9 家，受到财政部通报表扬。为防止国有资产流失，总公司组织检查组对已改制集团公司改制过程中核销坏帐、不良资产及报废固定资产情况和企业股权设置、“百含”动用、职工配股情况进行了专项检查。　（黄健民）

【资产评估和土地评估】 资产评估和土地评估是企业改制的重要环节，评估结果为企业股份制改造提供了价值依据。年内，中铁十一、十二、十四、十九、二十局集团公司（工程局）及北京中铁建设有限公司、西南办事处、中铁养马河工程股份有限公司等单位完成土地评估和资产评估，并按国家有关规定对纳入评估范围的土地资产以出让、作价出资等方式进行了处置。此次评估涉及资产1 167 790万元，土地58宗、价值22 477万元，评估净资产84 156万元。受财政部委托，总公司完成对中铁十九局集团公司、北京中铁建设有限公司和西南办事处等单位的资产评估项目审核工作。（黄健民）

【配合监事会工作】 总公司与铁道部脱钩后，按照《国有企业监事会暂行条例》的规定，国务院向总公司派驻了监事会。总公司及所属单位按监事会要求，及时编制、上报《企业基础材料》，为监事会对总公司的经营管理和经营业绩评价提供了重要依据。监事会进驻后，对总公司部分下属单位和工程项目部进行检查，得到总公司机关各部门、各单位的密切配合，监事会对此给予较高评价。（黄健民）

【资金结算中心】 总公司资金结算中心坚持“规范运作、严格管理、优质服务、安全经营、精打细算、最大效益”的方针，在为企业生产经营提供调剂资金、投标保函等服务的同时，取得较好的经济效益。全年实现业务收益6 949万元，比2000年的5 489万元增加26.6%。根据铁道结算中心的规定，对总公司所属资金结算分中心主任的任职资格进行了认定。加大对到期调剂款的催收力度，对个别逾期不还的借款采取强制扣款措施，年末总公司资金结算中心的逾期调剂款由年初的3 103.9万元下降到243万元，下降92.2%。认真贯彻《总公司、总公司党委关于部分直属单位进行结构调整、资产重组的决定》，将个别重组特困单位的借款转作对总公司的往来，停息挂账。根据铁道结算中心的安排，年内对结算管理系统软件两次进行升级，扩展软件功能，并派人参加铁道结算中心组织的培训班，进一步提高了财务人员的业务水平。总公司于9月组织结算业务知识竞赛，10月参加全路资金结算中心组织的比赛，获得优胜奖，受到一次全面的业务培训。全年共办理投标保函、信贷证明、资信证明、存款保证金等80余份，较好地支持了总公司系统的生产经营。（于凤丽）

【总公司机关及直属单位财务管理】 4月29日，总公司党政领导干部联席会议通过《2001年机关经费收支计划》，财务部把机关增收节支作为全年工作重点，加大收款力度，严格控制无预算支出，确保了总公司生产经营需要，解决了资产重组中部分特困企业职工的生活补助，较好地完成了年初确定的收支计划。全年计划收入9 500万元，实际收入16 618万元，实际比计划多收入7 118万元，比2000年增加7 105万元，增长75%。其中，产值管理费1 374万元，资金管理费2 276万元，专项借款占用费469万元，存款利息及投资收益5 524万元，工程项目部利润6 975万元。全年计划开支8 350万元，实际开支9 258万元，比计划超支908万元，超支11%。其中，管理费开支7 051万元，福利费开支779万元，直属单位补贴1 238万元，营业外支出190万元。进一步加强和规范机关物业管理服务结算工作，根据《北京市普通住宅小区物业管理服务收费暂行办法》和《中央国家机关办公楼（区）物业管理服务收费暂行办法》，结合机关实际，制订《总公司机关物业管理服务费用结算暂行办法》，明确住宅区物业管理费每建筑平方米每月0.58元，办公区物业管理费每建筑平方米每月2.39元。（于凤丽）

【财会科研】 2001年，在全路优秀论文评比中，工厂局王闯《关于会计制度中谨慎性原则的探讨》获优秀奖，中铁十二局集团公司《建立现代企业制度下的现代企业会计工作》、中铁十八局集团公司邹静《积极开展债务重组，解决企业债务重负》获参评奖；在交通部、铁道部和民航财会学会组织的大交通会计学术研讨会上，中铁十二局集团公司王锦友《以机制和手段规范项目责任成本管理》、中铁十四局集团公司于立中《关于企业投资决策及投资收益的研究》和彭泽森《大型企业财务会计内部控制制度的研究》获大会提名奖。年内申报财务科研课题5项。经中国铁道财会学会专家组评审，中铁十五局集团公司和石家庄铁道学院申报的《建立与完善企业财务诊断系统的研究》获一等奖；中铁十一局集团公司《资产结构的重构与优化研究》获三等奖；中铁十八局集团公司《资本运营与企业集约化经营探讨》获参与奖；总公司财务部主持研究的《施工企业合并会计报表编制实务》获专家组高度评价，财政部专家称，该成果在全国同行业中处于领先地位，对促进会计报表更加科学、实用做出了贡献。（曹锡锐）

【会计人员继续教育】 为适应企业改制、结构调整和建立现代企业制度的需要，按照财政部《关于会计人员继续教育暂行规定》和总公司《会计人员继续教育补充办法》的要求，加大会计人员培训力度，年内全系统举办各类培训班95期，参训5 265人次。其中，会计证培训班2期，73人次；初级电算培训班7期，381人次；学历进修班14期,141人次;岗位培训班29期,1 530人次;专业培训班22期,1 288人次;《会计法》培训班2期,120人次;会计职业道德培训班3期,300人次。总公司财务部举办《企业国有资本与财务管理暂行办法》、《财务管理内控制度》、《企业财务报告条例实施说明》、《财务会计报表分析及合并会计报表》等培训班6期,参训681人次。通过教育培训,使会计人员开阔了眼界,增长了知识,提高了业务能力。　(李东京)

【会计电算化工作】 年内总公司举办电算化培训班7期,参训1 038人,通过初级鉴定666人、二级鉴定356人、一级鉴定5人。截止至年底,全系统通过电算化初级鉴定5 960人、二级鉴定761人、一级鉴定9人。为提高财务管理水平,加快会计信息化建设步伐,总公司财务部和用友软件公司经过多次协商,决定联合推出“中国铁道建筑总公司会计核算软件专版”,计划于2002年上半年全面推广使用。　(李　彤)

【会计基础工作标准化建设】 按照财政部统一部署,于7月16日～8月18日开展《会计法》执法情况重点检查,受检单位24个;10月10日～12日,在总公司党校举办会计档案培训班,160人参训;11月14日～16日,举办总公司直属单位会计基础工作培训班,参训45人。通过检查、培训,促进了总公司系统会计基础工作建设。　(冀　涛)

审　计

【审计处】 总公司内部审计监督的职能部门。编制定员6人,现员8人,设处长1人、副处长1人。全系统有科以上内部审计机构91个,专职审计人员274人,其中高级职务15人、中级职务145人,兼职审计人员468人。　(季　钊)

【审计综述】 2001年,各级审计机构认真贯彻全国和总公司审计工作会议精神,坚持“全面审计,突出重点”的工作方针,围绕企业改制和发展的总体要求,重点对企业结构调整、资产重组中的重要经济事项开展审计。全系统完成各类审计项目1 367个,提出审计报告1 163份,查出违纪金额17 707万元。通过审计,纠正违规、违纪金额12 228万元,提出审计建议3 768条,促进增收节支5 225万元,移交纪检监察部门立案案件17起。总公司审计处年内完成22项审计任务。　(季　钊)

【审计制度】 11月7日,制发《中国铁道建筑总公司企业领导人员任期经济责任审计实施细则》;11月9日,修订下发《中国铁道建筑总公司审计工作评比暂行办法》。全系统共制定、修订内部审计制度和审计办法34项,进一步规范了审计工作,加强和改善了企业经营管理。　(季　钊)

【审计例会】 1月15日,王振侯总经理主持召开总公司第12次审计例会。会议通报对中铁十一局局长段昌炎的届中审计和对兴城疗养院原院长杨建伟、海南分公司负责人吕黔生的离任经济责任审计及对重庆分公司、上海铁城工程实业公司的移交审计情况;通报审计处两年来对23个审计项目审计中发现的较为突出和带有普遍性的问题;研讨审计中发现的问题和审计建议。会议决定:对上海铁城工程实业公司和重庆分公司需要处理的问题,由审计处与两公司原负责人明确处理;对兴城疗养院和海南分公司的问题,由总公司纪委专案处理;对审计中发现个别人贪污、挪用公款的行为,要认真查处;对借出的资金谁同意、谁负责追回,给企业造成损失的要追究个人责任。

10月30日,王振侯总经理主持召开总公司第13次审计例会。会议通报对中铁十七局原局长丁原臣、中铁十五局原局长霍金贵、北京中铁建筑工程公司原总经理范德、铁路运输处原处长张永宝、北京铁城建设监理有限责任公司原经理陈由的离任经济责任审计和对北京铁建工贸公司、铁建商场、西安铁路成人中等卫生学校、西北办事处康乐园、储运公司的移交审计及对北京金兴工程造价咨询中心的撤销审计、对深圳分公司的财务收支审计情况。会议决定:关于西安铁路成人中等卫生学校及西北办事处康乐园、储运公司移交中铁二十局问题,原则上债权债务随资产、人员一起移交;关于深圳分公司为黄石房建项目垫付工程款问题,由深圳分公司提出处理意见,报总公司专题研究处理。关于北京铁建工贸公司和铁建商场存在的问题,由总公司成立两个清查组:资产清查工作组由张惠江总会计师牵头,邹才华副总经理、姜世杰副总会计师及财务部、审计处、机关服务中心参加,重点清理经营亏损和不良资产,督促机关服务中心尽快落实整改措施,按有关财务管理规定进行妥善处理;查处违法违纪问题工作组由彭树贵副书记牵头,重点查实审计中发现的违法、违纪问题,并进行严肃处理。会上,王振侯总经理、李国瑞书记强调,要对审计中发现的问题进行认真研

究和整改，对违法违纪问题要坚决制止、严肃查处。（季 钊）

【总公司审计工作会议】 4月18日～20日在北京召开，所属单位120余人参加会议。会议传达贯彻全国审计工作会议和中国内审学会常务理事会议精神，总结工作，交流经验，表彰先进，布置2001年审计工作任务。王振侯总经理、李国瑞书记、张惠江总会计师及国家审计署李捷副司长、中国内审学会常务理事会马怀平秘书长等出席会议并讲话。（季 钊）

【总公司审计处长研讨会】 10月11日～12日在湖北十堰中铁十一局集团公司三公司机关召开。会议重点研讨企业改制后内审机构建设、管理体制、主要职责和工作任务，以及如何对分公司、子公司和控股公司的董事长、总经理进行任期经济责任审计评议等问题，姜世杰副总会计师出席会议并讲话。（季 钊）

【审计项目】 年内开展的主要审计项目有资产重组审计、经济责任审计、工程项目审计、小型基建项目审计、经济效益审计、财务收支审计、专项审计调查等。(1)资产重组审计148项，查出违规、违纪金额1 585万元，帐实不符1 222万元。总公司审计处通过对西安铁路成人中等卫生学校、西北办事处康乐园及储运公司、北京铁建工贸公司及铁建商场、北京金兴工程造价咨询中心、艺术团等单位进行撤销、移交审计，对历史遗留问题提出处理意见和建议，促进了资产重组单位的移交工作。(2)经济责任审计306项，离任经济责任审计覆盖率达100%。通过经济责任审计，发现78人有一般问题，5人有严重问题，移交纪检监察部门查处案件5起；给予行政处分5人，降职处分8人，免职处分20人。(3)工程项目审计302项，查出违规、违纪金额293万元，损失、浪费资金1 181万元，提出审计建议955条，促进增收节支721万元。(4)经济效益审计237项，提出审计建议771条，促进增收节支439万元。(5)小型基建项目审计56项，核减工程造价336万元。其中，总公司审计处对机关18号、28号住宅楼和职工文化活动中心的竣工结算进行审计，核减工程造价210万元。（季 钊）

【审计理论研究及培训】 总公司系统在国家级刊物上发表审计论文或经验材料13篇，中铁十七局集团公司审计处撰写的“经济责任审计的实践与思考”一文，在中国内审学会举办的全国内审经济责任审计经验交流会上推广，并入选《全国内部经济责任审计经验交流会议材料汇编》。年内举办审计专业培训9期，参训101人次。12月10日～14日，总公司在总公司干校举办计算机审计培训班，25人参训，使计算机审计方法在全系统推广应用。（季 钊）

【表彰审计工作先进集体和先进个人】 2001年，总公司表彰审计工作先进集体24个，先进个人21名。中铁十七局集团公司审计处处长徐炳信被中国内审学会评为“全国内审工作先进个人”。

审计工作先进集体

中铁十七局集团公司审计处
中铁二十局审计部
中铁十一局集团公司审计处
中铁十五局集团公司审计处
中铁十一局集团公司五公司审计科
中铁十一局集团公司电务公司审计科
中铁十二局集团公司一公司审计科
中铁十二局集团公司二公司审计科
中铁十三局集团公司一处审计科
中铁十三局集团公司三处审计科
中铁十四局集团公司一处审计科
中铁十四局集团公司三处审计科
中铁十五局集团公司三公司审计科
中铁十五局集团公司五公司审计科
中铁十六局一处审计部
中铁十六局二处审计部
中铁十七局集团公司一处审计科
中铁十七局集团公司三处审计科
中铁十八局集团公司三公司审计科
中铁十八局集团公司四公司审计部
中铁十九局集团公司一处审计科
中铁十九局集团公司二处审计科
中铁二十局三处审计部
中铁二十局四处审计部

审计工作先进个人

袁清立 刘培元 高彩燕 王充文 张万忠
方中文 孙正才 王逢林 田仲荣 侯孝安
胡 舜 宋良如 王惠彦 史真和 刘振武
王元君 邱 军 杨 光 邹 兵 何 雁
石 慧

（季 钊）

总公司新揽工程投资分类统计表

（2001年度）

单位：万元

投资项目 / 单位	国内工程														海外工程		合计		计划指标	完成计划
	铁路		公路		机场、码头		水利、电力		房建		其他工程		小计		项数	投资				
	项数	投资	项数	投资	项数	投资	项数	投资	项数	投资	项数	投资	项数	投资			项数	投资	（亿元）	（%）
中铁十一局集团公司	25	117558	15	66519					5	3068	14	35958	59	223103			59	223103	30	74.36
中铁十二局集团公司	25	208037	24	164611	3	1778	3	7704	20	37828	18	20342	93	440300			93	440300	33	133.42
中铁十三局集团公司	13	30289	33	140570	4	3552	14	33089	31	45781	30	49264	125	302545			125	302545	30	100.84
中铁十四局集团公司	10	97559	44	244437	4	11584	8	28131	4	11970	2	12209	72	405890			72	405890	31	130.99
中铁十五局集团公司	33	63422	51	146711	6	4000			10	11980	25	38273	125	264386			125	264386	32	82.62
中铁十六局	13	51432	32	194865	5	13532	15	32455	21	44111	72	124464	158	460859			158	460859	30	153.62
中铁十七局集团公司	18	72825	46	167149			1	500	16	22998	17	51666	98	315138			98	315138	30	105.05
中铁十八局集团公司	29	100713	48	259192			23	53980	59	67721	1	4298	160	485904	2	23205	162	509109	33	154.28
中铁十九局集团公司	25	49432	31	210596	5	9810	17	45027	8	7663	43	89724	129	412252			129	412252	30	137.42
中铁二十局	24	163114	33	212193			6	6165	6	14893	5	13971	74	410336			74	410336	30	136.78
北京中铁建设有限公司									18	174097			18	174097			18	174097	11	158.27
直属单位	1	68826	6	27328			4	8819	1	4571	2	6508	14	116052	2	52622	16	168674		
总计	216	1023207	363	1834171	27	44256	91	215870	199	446681	229	446677	1125	4010862	4	75827	1129	4086689		
占总投资百分比（%）		25.51		45.73		1.1		5.38		11.14		11.14		100						

说明：本表占总投资百分比为承揽国内任务总额，不含海外工程项目。

制表：吕　琳

9月23日～25日，总公司职业技能鉴定暨工资制度改革座谈会在厦门召开。

（温永源　摄）

综合管理

本栏责任编辑　刘贤福

机关政务　事务

【总公司办公室】　总公司机关行政系统综合办事机构,具有综合协调和服务职能。主要职责是:综合协调总公司机关行政部门工作;组织起草综合性文电、会议材料、调研报告及会议记录、纪要;负责总公司机关行政管理制度制订并组织实施;负责总公司组织的综合、行政会议的计划、审批、会务工作及接待、办公用品供应;负责总公司机关文件收发、审稿、用印及文件材料打印工作;归口管理全系统档案、史志鉴编纂业务;负责本级档案管理和《中国铁道建筑总公司年鉴》的编辑出版工作。业务上接受中央企业工委办公厅、国家档案局的指导,并对所属单位的文书、秘书、信息、调研、信访、档案、史志工作实施业务指导。定员25人,现员26人,设主任1人、副主任3人;办公室附设档案馆,负责档案、史志业务,设馆长1人,工作人员5人。

2001年,办公室紧紧围绕企业改革和生产经营中心工作,加强政治理论和专业技术学习,强化办公室自身建设,发挥参谋、助手和综合协调作用,积极为领导、机关和基层服务,取得显著成绩。召开办公室主任座谈会议,为企业改制、改革大局服务;有针对性地开展信息、调研工作,热情办文、办会、办事,为企业经营决策服务;加强信访工作制度建设、业务建设,维护了企业和社会稳定;召开档案工作目标管理现场会议,交流推广经验,促进了全系统档案管理整体水平的提高;加强对史志工作的督促指导,基本完成首届编史修志工作任务。　(孙化同)

【总公司2001年工作会议】　2月14日～16日在北京召开。各工程局(集团公司)、直属单位、直管项目部党政正职及机关职能部门、总公司三副总师以上领导共156人出席会议。会议传达贯彻中央经济工作会议和中央企业工作会议精神,总结“九五”工作,研究制定“十五”规划及企业改革与发展相关配套文件,部署2001年工作任务。王振侯总经理作题为《认清形势,把握重点,为推动企业改革与发展而努力奋斗》的行政工作报告,李国瑞书记作《适应新的形势任务,发挥政治核心作用,为实现总公司改革发展目标提供坚强保证》的党委工作报告,何能金副总经理做会议总结。中央企业工委办公厅副主任杨苏东、铁道部总工程师王麟书出席会议并讲话。　(胡贵荣　戴开扬)

【总公司办公室工作经验交流会】　9月15日～17日在山西太原中铁十二局集团公司机关召开。会议交流办公室工作经验,重点研究、探讨在建立现代企业制度新形势下,如何加强办公室全面建设、充分发挥办公室职能作用、创造性地开展办公室工作问题。孙化同主任作《适应形势,勇于创新,努力开创办公室工作新局面》的讲话,王振侯总经理到会作重要指示。

(戴开扬)

【参政服务】　围绕生产经营中心,加强学习,超前思考,主动服务,通过起草重要文稿、提供信息服务、开展调查研究等工作,积极参政议政,较好地完成了各项工作任务。一是完成重要会议、领导讲话等文稿起草工作,较好地发挥了参谋、助手作用。先后起草和参加起草总公司工作会议、党委一届二次全会、经营工作会、财务工作会、中日产业研讨会、城市轨道交通会、向离退休老干部的情况通报会及总公司系统办公室工作经验交流会的工作报告、领导讲话、会议总结等文稿;参与总公司改革方案、办法的研究和制订,起草企业发展战略研究报告;撰写对外宣传文章,扩大总公司社会影响等,全年共起草各类文稿62份。二是积极提供信息服务,较好地发挥了决策参考作用。抓住关系企业发展思路、开拓市场、改制改革、重难点工程、贯彻上级重要工作部署等重点问题,及时收集、编写、传输各类信息,上呈下达;同时,开阔信息收集视野,对本系统以外有重要参考价值的信息,有选择地予以转载,对各级领导了解全局情况、丰富决策思路、进行科学决策起到很好的作用。全年共收集各类信息213篇(条),采用124篇(条),编发《铁建信息》60期,印发5 200余份。信息工作做得较好的单位有中铁十二、十九、十八、十七局集团公司。三是有针对性地开展调研工作,为领导经营决策提供了参考依据。先后到局(集团公司)、处(公司)、项目部开展调查研究11次,选择发展程度不同的单位听取意见,了解情况,发现问题,剖析原因,取得参政服务的第一手资料。(韩明莉　梁树峰)

【秘书工作】　围绕总公司中心任务,坚持为领导、机关、基层服务的宗旨,积极做好办会、办文、办事工作,较好地履行了参与政务、管理事务、搞好服务的职能。全年共组织安排总公司党政领导干部联席会议10次、总经理办公会议10次、总公司领导碰头会议4次,会议记录24次、整理会议纪要11次;参与各类会议的会务工作,协助领导安排业务会议20余次;协助领导阅办文件、材料1 600余件;安排接送站370多次,随总公司领导出差12次,协助整理出差报告、会议讲话材料18份。此外,还承担大量日常公务接待工作。

(胡贵荣)

【调查研究】 围绕总公司2001年生产经营、2002年工作安排和改制企业法人治理结构的运作情况等问题,办公室组织调研组先后到中铁十二、十四、十八、十九局集团公司、中铁十六局和北京中铁建设有限公司进行调研,分别在集团公司(工程局)及所属工程处(项目部)召开座谈会,较好地掌握了第一手资料,为总公司领导经营决策提供了参考依据。 (戴开扬)

【行政管理】 规范机关物业管理,建立起合理的后勤服务费用结算制度,与物业部重新签订《机关物业管理服务费用结算暂行办法》,使机关物业管理逐步走向规范化、制度化。与机关汽车队重新修订《汽车使用暂行办法》,端正车队职工为机关服务的思想,提高了车辆的使用率,降低了成本,保证了机关正常用车。与有关部门共同制定《手机话费报销办法》,编印出《总公司机关工作人员手机号码簿》,方便了工作联系,受到机关欢迎。根据依法行政、规范管理要求,着手建立健全机关各项规章制度。为精简会议、压缩会议规模,坚持对机关各种会议实行计划控制、领导审批制度,控制了会议经费支出。加强节日值班,对院内卫生进行监督,保证了机关正常的办公秩序。在机关办公用房十分紧张的情况下,对部门办公用房进行调整,保证了国务院派驻总公司监事会人员和新任总公司领导的办公和休息用房。同时,为监事会和新任总公司领导购置了新的办公用具,配备了办公电话和办公用品,粉刷办公用房34间,使机关办公环境有所改善。本着沟通内外、联系上下的原则,从提高自身素质入手,热情接待总公司内外来机关办事人员,树立了总公司良好的社会形象。全年订票2 043张,满足了总公司领导、机关各部门出差及团体订票需要。在办公用品发放中,本着少花钱、多办事原则,精打细算,货比三家,节约了经费开支,保证了办公用品供应。 (牛凤忠)

【文书处理工作】 遵循"及时、准确、安全"的公文处理原则,优质高效地做好总公司机关各类文件的收发、分办、传递、清退、立卷归档及公文审核等工作。年内共收发各类文件材料2 562件、28 790份,其中上级文件1 292件、14 756份;本级文件476件,12 885份;下级文件794件,1 149份;发送机要文件824件,清退秘密以上文件3 433份,占应清退文件总数的99%;做到各类文件及时、准确传递,保证了总公司生产经营及机关各项工作的正常进行。严格按照《总公司公文处理办法》和《总公司公文格式细则》的要求,认真细致地做好公文审核工作,把好公文质量关,全年共审核公文稿件426件。整理归档2000年文件材料35卷、541份,其中上级文件17卷、322份,本级文件18卷、219份;永久卷6卷、42份,长期卷10卷、97份,短期卷19卷、399份。 (詹荣华 陈丽娜)

【修订公文处理办法】 根据《国务院关于发布〈国家行政机关公文处理办法〉的通知》精神,结合总公司实际,经过调查研究、征求意见,修订了《中国铁道建筑总公司公文处理办法》、《中国铁道建筑总公司公文格式细则》和《中国铁道建筑总公司公文主题词表》,于4月19日印发施行。 (詹荣华)

【两办主任和秘书培训】 2001年,组织全系统两办主任和秘书培训11期,参训33人。协助石家庄铁道学院组织2期全国秘书职业资格鉴定培训,参训24人。 (詹荣华)

【印章管理】 认真执行印章管理规定,对总公司印章和领导名章的使用严格把好制度关、审核关。围绕企业生产经营中心,增强服务意识和大局意识,凡符合印章使用规定的,及时办理,热情服务;不符合用印规定的,说明理由,坚持手续健全后再办。全年节假日加班盖章56次。 (詹荣华)

【打字复印】 打字室树立为领导、机关、基层服务的思想,经常加班加点,热情为机关及直属单位服务。全年承办文件7 480件,打印文件1 497件,443.7万字;复印文件材料5 800件,223 256张;胶印文件1 680件,493 975张;制版4 545张。 (郭庆华)

【受理来信来访】 总公司系统年内受理来信、来访8 881件次,其中建议600件次,申诉744件次,检举849件次,工资福利1 344件次,医疗315件次,职工生活1 157件次,就业619件次,集体经济131件次,精简分流9件次,路外伤亡89件次,表扬145件次,其他2 879件次。各级党政领导亲自阅批来信、接待来访7 170件次,占信访总数的81%。通过对来信来访的及时处理,较好地化解了企业矛盾,促进了职工队伍稳定。 (邵长亮)

【信访立案】 据统计,中央企业工委、国家机关、总公司及所属单位对涉及总公司系统的信访立案332件次,结案293件次,结案率88%。立案内容主要有:队伍的廉政建设、工资福利、集体经济和伤残抚恤等。 (邵长亮)

【信访工作制度建设】 年内,根据党中央、国务院和中央企业工委关于信访工作的规定,结合总公司实际,先后制发《中国铁道建筑总公司信访工作暂行办法》、《中国铁道建筑总公司处理突发性集体上访事件的预案》和《中国铁道建筑总公司信访工作领导责任制》，对信访工作的受理范围、工作程序、办理原则等作出明确规定，防止了推诿扯皮现象的发生，增强了做好信访工作的责任感和紧迫感，为提高信访工作效率和质量奠定了基础。　（邵长亮）

【贯彻全国信访工作会议精神】　9月27日～29日，第五次全国信访工作会议在京召开。会后，总公司转发了会议文件，结合本系统信访工作实际，提出贯彻意见，加强了新形势下的信访工作。　（邵长亮）

【信访日常工作】　总公司党政领导从解决实际问题和消除不稳定因素着手，针对不同时期信访工作特点，适时提出做好"两会"期间信访工作、转业干部上访工作及专兼职信访干部培训工作要求，及时转发《中央企业信访工作座谈会纪要》，耐心细致地做好来信来访工作，扎扎实实地为职工群众办好事、办实事，确保信访工作顺利开展，维护了企业和社会稳定。

（邵长亮）

【信访工作经验介绍】　5月30日，中央企业信访工作座谈会在北京召开。会上，总公司办公室作了《适应形势，掌握特点，为维护企业稳定努力做好信访工作》的经验介绍，得到与会者的好评和中央企业工委办公厅领导的肯定。　（邵长亮）

【与国家档案局建立业务联系】　2月28日，国家档案局经济科技档案业务指导司张永慧副司长、王岚处长一行，到总公司机关召开企业档案工作调研座谈会，邹才华副总经理到会讲话。会议明确了总公司与铁道部脱钩、划归中央企业工委管理后有关档案工作的领导关系、所执行的标准与规范、企业档案工作目标管理认定权限、档案高级技术职务任职资格评审的呈报渠道等问题。会后，印发了《档案工作调研座谈会议纪要》，顺利地与国家档案局建立了领导与业务指导关系，实现了与铁道部脱钩后档案工作的平稳过渡。

（刘贤福）

【国家档案行政执法检查】　9月11日，国家档案局毛福民局长率国家档案行政执法检查组一行4人，到总公司机关进行档案行政执法检查。总公司王振侯总经理、邹才华、夏国斌副总经理、张惠江总会计师及档案领导小组、鉴定小组成员共30余人参加档案行政执法检查。国家档案行政执法检查组在听取总公司生产经营和档案行政执法情况汇报后，仔细检查了机关档案管理情况，观看了总公司生产经营图片展，对总公司系统生产经营及档案工作给予高度评价。毛福民局长指出：中国铁道建筑总公司军魂不散、军威不减，很有战斗力和凝聚力，队伍素质很好，参加了青藏铁路及许多国内外有影响的工程建设，取得了令人钦佩的成绩；总公司的档案工作在180多个中央直属大型企业中是比较好的，档案管理有序，案卷整理规范，档案编研取得很多成果，档案工作在法制建设的轨道上健康运行，检查组对此感到满意。特别是对各级领导重视、支持档案工作，真正做到"五个到位"留下深刻印象。事后，在《中国档案报》所作的国家档案行政执法检查综合述评中，用较长的篇幅对总公司系统的档案工作进行了报道。　（刘贤福）

【总公司档案事业"十五"计划】　7月，根据全国、全路档案事业"十五"计划，结合总公司系统实际，制发了《总公司档案事业"十五"计划》，明确了"十五"期间总公司系统档案工作的指导思想、奋斗目标、主要任务和保证措施，对全系统档案工作具有重要指导作用。

（刘贤福　郭美孝）

【国家重点工程竣工文件编制指导】　年内，先后对秦沈、内昆、西安南京铁路等国家重点工程的竣工文件编制工作进行了指导。秦沈客运专线是中国建设的第一条准高速铁路，采用了许多国内领先的施工技术，给竣工文件编制带来一些新的问题。5月，档案馆根据总公司秦沈客运专线工程指挥部的要求，邀请铁道部档案处、沈阳铁路局档案馆专家，会同总公司参建单位竣工文件编制人员共88人，到葫芦岛召开竣工文件编制座谈会，形成《秦沈客运专线竣工文件编制座谈会纪要》，转发全线作为竣工文件编制的依据，较好地解决了竣工文件编制中的难题，受到铁道部秦沈客运专线总指挥部和参建单位的一致好评。8月，会同成都铁路局、贵阳分局档案部门，对内昆铁路竣工文件编制工作进行了初验，由于总公司各参建单位严格执行竣工文件编制标准，竣工文件编制质量受到接收单位的普遍好评。12月，对西安南京铁路桃花铺一号隧道TBM掘进机施工的竣工文件积累及整理工作进行检查，提出了指导性意见。同时，经与科技部及参建单位会商，发文明确了内昆铁路、秦沈客运专线的竣工文件进馆范围及整理要求。　（刘贤福　侯艳晨）

【制订《总公司直属项目（指挥）部档案管理暂行办法》】

随着企业改革的不断深化，总公司机关及局、处都成立了一些直属的工程项目（指挥）部。为切实加强这些经营实体的档案管理工作,制发了《总公司直属项目(指挥)部档案管理暂行办法》,对项目(指挥)部档案工作职责与工作制度、归档范围、整理标准、进馆办法等作出明确规定。年内,到总公司内昆、秦沈、丹凤等指挥部进行了调研指导。各指挥部普遍反映,《办法》有针对性和指导性,有利于加强各级项目(指挥)部的档案管理工作。 (郭美孝 侯艳晨 晋爱萍)

【总公司档案工作目标管理现场会议】 8月28日~30日在湖北襄樊中铁十一局集团公司机关召开。会议总结交流中铁十一、十七局集团公司开展档案工作目标管理认定活动的经验,现场观摩中铁十一局集团公司机关及一公司、电务公司档案工作目标管理国家一级认定情况,邹才华副总经理在会上作书面发言。与会人员深受启发,纷纷表示要以中铁十一局集团公司为榜样,扎扎实实地加强企业管理基础工作,推动"十五"期间档案工作目标管理活动深入发展。

(刘贤福 郭美孝)

【档案工作目标管理认定】 年内有10个单位档案工作目标管理分别通过部(省)级以上认定,其中通过部级认定4个、国家二级认定3个、国家一级认定3个。11月,总公司会同湖北省档案局及驻地档案行政管理部门共同组成认定组,对中铁十一局集团公司所属二、三、四公司的档案工作目标管理进行国家一级认定,国家档案局派员参加了认定。国家档案局、湖北省档案局对中铁十一局集团及所属公司的档案工作给予高度评价,称赞案卷整理质量达到"一流水平"。至此,中铁十一局集团公司所属12个处级立档单位全部通过部(省)级以上认定,提前4年实现总公司档案事业"十五"计划确定的目标;所属7个主要施工企业档案工作目标管理全部通过国家一级认定,成为总公司系统首家实现"满堂红"的单位,总公司对此进行了通报表彰。

(刘贤福 郭美孝)

【档案业务培训】 10月9日~12日,档案馆与财务部在总公司干校联合举办有各级财务、档案部门160余名专兼职档案人员参加的会计档案人员培训班,学习贯彻会计档案工作新标准,北京中铁建设有限公司在会上作经验介绍。年内,先后派人参加国家档案局举办的电子档案归档与电子档案管理、档案工作目标管理国家级评审员培训和建设部、国家计委、国家档案局联合举办的国家重点建设项目档案管理培训,进一步提高了档案工作人员的业务素质。

(刘贤福 晋爱萍)

【国有企业资产与产权变动中的档案处置】 根据国家档案局、国家经济体制改革委员会、国家经济贸易委员会、国家国有资产管理局联合颁发的《国有企业资产与产权变动档案处置暂行办法》的规定,结合本系统资产重组、企业重构实际,总公司于12月下发《关于加强资产重组与企业重构中的档案管理工作的通知》,对在资产重组与企业重构中改变隶属关系、重新构建、撤销或合并单位的档案处置分别提出了具体要求,规范了所属单位资产与产权变动中的档案管理工作。

(刘贤福 郭美孝)

【档案系列专业技术职务评审】 经请示铁道部和中央企业工委人事部门批准,总公司于2001年首次组建档案系列中级职务评委会(负责图书、编辑系列代评),并于1月和8月进行了两次专业技术职务评审。共评审58人,其中评定中级职务23人、初级职务24人;向国家档案局推荐副研究馆员任职资格评审8人,向铁道部推荐副编审任职资格评审3人。

(刘贤福 郭美孝)

【调整机关档案工作领导小组成员】 近几年,由于部分总公司及部门领导退休或工作变动,总公司机关档案工作领导小组和档案鉴定领导小组出现部分缺员。9月,对机关档案工作领导小组和档案鉴定领导小组成员进行了调整、补充。由邹才华副总经理兼任机关档案工作领导小组组长,夏国斌副总经理、霍金贵副书记、张惠江总会计师、孙化同主任兼任副组长;由孙化同主任、夏国斌副总经理、张惠江总会计师、霍金贵副书记分别兼任文书、科技、会计、声像档案鉴定领导小组组长;对档案工作领导小组和档案鉴定领导小组的成员也作了调整和补充,有利于对机关档案工作实施不间断的领导。 (刘贤福 郭美孝)

【灵通档案管理软件开发】 自2000年10月总公司机关购买灵通档案管理软件后,结合本系统档案管理实际,进行了为期一年的研究开发,形成中铁建版灵通档案管理系统。8月,在中铁十一局集团公司召开的总公司档案工作目标管理现场会上进行了演示,基本达到推广应用程度。 (刘贤福 晋爱萍)

【机关档案工作】 年内,着手组织第二批科技档案进馆工作,共进馆基建档案176卷、科研档案5卷;对院内18、28、29号住宅楼及职工文化活动中心的房产档案整理进行指导,3栋住宅楼已归档房产档案67卷;整理上架TBM掘进机档案资料133卷;发文明确了内昆、秦沈铁路竣工文件进馆范围及整理要求。结合

"贯标"复审，对机关各部门形成的档案进行全面收集和标准化整理，共归档文书档案248卷、2 193份；整理上架1999年文书档案196卷、207份，档案资料258册。整理归档会计档案915卷，指导新组建的海外公司、电务分公司完成会计档案的整理归档工作。初步理顺宣传部、机关党委工作部、工会、报社等部门声像档案的归档渠道，已整理归档照片档案300余张。

（侯艳晨　靖广华　晋爱萍）

【档案利用效果显著】　全年利用档案839卷(份)/365人次。其中，文书档案303份/151人次；科技档案208卷/133人次，图纸1 087张；会计档案206卷/49人次；声像档案7卷/4人次；档案资料122份/32人次。档案利用在投标招标、基建改造、房产租赁、减免税费等项工作中，为机关节省资金114万元。

（侯艳晨　晋爱萍　靖广华）

人　事

【人事(干部)部】　负责总公司行政、党群系统人事工作的职能部门。人事部与党委干部部为一个机构两块牌子，附设人才交流中心。定员9人，现员6人，设部长1人、副部长2人(其中1人兼人才交流中心主任)。

2001年，人事干部工作以邓小平理论为指导，认真贯彻落实党的十五届五中、六中全会和江泽民"三个代表"重要思想及国务院办公厅转发的《关于国家经贸委国有大中型企业建立现代企业制度和加强管理的基本规范(试行)》精神，适应企业改制需要，进一步加强各级领导班子建设和专业技术干部队伍建设，深化人事制度改革，努力建立具有生机与活力的选人、用人机制，为推进企业改革与发展提供强有力的组织保证，较好地完成了各项任务。　　（李本来）

【集团公司(工程局)领导班子建设】　2001年，组织完成中铁十一、十三、十四、十五、十七、十八、十九局集团公司改制后法人治理结构人选的考核与配备工作，重新任命7个集团公司党委、领导班子成员，并派人参加改制单位挂牌前的股东大会、董事会和监事会，保证上述单位顺利建立现代企业制度。同时，还考核推荐中铁十一、十七、十九局集团公司后备干部，考核推荐中铁十五、十八局集团公司领导班子及后备干部，考核并补充中铁十二、十三局集团公司经理层缺员及中铁二十局领导班子缺员。年内共任免工程局(集团公司)领导人员112人，其中提升职务32人、退休8人、辞职1人、调出3人、试用期满转正6人，因成立集团公司或其他原因调整职务78人。提升职务的32人中，全部为50岁以下，平均年龄45.2岁，八十年代大学本科毕业生7人，高级专业技术职务17人。其中，正职8人，平均年龄46.5岁，最大的50岁，最小的38岁；副职24人，平均年龄44.8岁，最大的50岁，最小的36岁。通过考核调整，领导班子的年轻化、专业化、知识化建设进一步加强，班子结构进一步优化。　（钱桂林）

【集团公司(工程局)领导人员调整】　中铁十一局集团公司：段昌炎任董事长、党委副书记；孟乔然任总经理、副董事长、党委副书记；李玉棋、徐凤奎、王桂林、邹振华任副总经理；邹振华兼任总工程师；陆凤鸣任总会计师；王国平任党委书记、副董事长；朱本林任党委副书记；潘延凯任纪委书记；陈文举任工会主席。

中铁十二局集团公司：免去王志坚副总经理、国有股董事职务，调铁道部工程管理中心工作；邓光煜任总公司党校(干部学校)校长，免去工会主席职务。

中铁十三局集团公司：文普津任董事长、党委副书记；王学伟任总经理、副董事长、党委副书记；黄元海、张景生、邹玉发、谭振武、翁行炎、姜永军任副总经理；谭振武兼任总工程师；翁行炎兼任总经济师，免去总会计师职务；赵文祥任总会计师；王治忠任党委书记、副董事长；梁君任党委副书记；尹殿祥任纪委书记；朴文津任工会主席；免去张景生党委副书记职务；免去朴文津总经济师职务；袁益友辞去工会主席职务。

中铁十四局集团公司：韩风险任董事长、党委书记；杨有诗任总经理、副董事长、党委副书记；白福音任副董事长、副总经理；李景元、张海舟、徐明新、曹希彬任副总经理；刘运平任总工程师；于立中任总会计师；陈保京任党委副书记；戴绍勋任纪委书记；顾中久任工会主席；王培君任调研员，免去局长、党委副书记职务；总会计师李苓先及调研员何志、李居升退休。

中铁十五局集团公司：王炳祥任董事长、党委书记；张汉云任总经理、副董事长、党委副书记；王大贤、曹广彩、刘世发、崔连珍任副总经理；张忠璞任副总经理，免去总经济师职务；张志才任副总经理，免去纪委书记职务；包元群任总工程师；季田任总会计师；刘树乐任党委副书记；柴顺林任工会主席；张家驹任调研员，免去纪委书记职务，退休；董印清任调研员，免去工会主席职务，退休。

中铁十六局：侯向东任党委副书记兼纪委书记；张永宝、刘安金任副局长。

中铁十七局集团公司：瞿观鄞任董事长、党委书记；薛之桂任总经理、副董事长、党委副书记；赵平、郑余近、万敦炎、唐佑光、孙中林任副总经理;段东明任总工程师;李忠信任总会计师;熊立坤任党委副书记;王关平任纪委书记;宋占波任工会主席;金国造任调研员,免去工会主席职务。

中铁十八局集团公司:赵广发任董事长、党委副书记;张璠琦任总经理、副董事长、党委副书记;钱延年、杨玉刚、李洪奇、刘金林任副总经理;翟仕英任副总经理,免去工会主席职务;彭道富任副总经理,免去总工程师职务;雷升祥任总工程师;董广田任总经济师;荆长华任总会计师;李永军任党委书记、副董事长;刘树洪任党委副书记;陈松金任纪委书记;户海印任工会主席;邓晋宏任调研员,免去总经济师职务,退休;张志成任调研员,免去总会计师职务。

中铁十九局集团公司:李克金任董事长、党委副书记;刘汝臣任总经理、副董事长、党委副书记;刘汉志、史俊奉、陈尚贵、王跃进任副总经理;栾显国任总工程师;左春文任党委书记、副董事长;葛永利任党委副书记;王振明任纪委书记;向晋山任工会主席;林荣新调总公司分配工作,免去副局长职务。

中铁二十局:余量任总工程师;陈文珍任总经济师;调研员冯国兴、赵文轩退休。 (钱桂林)

【直属单位领导班子建设】 年内,组织完成铁道建筑研究设计院、华北办事处、高碑店新型建材厂、株洲战备材料总厂、株洲桥梁厂、海外公司、北京铁城建设监理有限责任公司、中铁物资集团公司领导班子考核调整工作。考核配备了北京中铁建设有限公司法人治理结构人选,保证企业改制挂牌工作顺利进行。完成新组建的国内工程公司、中铁物资集团公司、北京铁建工贸集团公司和中铁路桥集团公司领导班子调整配备工作。积极做好部分直属单位划归集团公司(工程局)管理中的领导班子成员及考核材料、干部档案的移交工作。通过结构调整、资产重组,总公司直接管理的直属单位领导班子由原来的近40个减少到现在的12个。全年共任免直属单位及机关部门领导干部123人,其中提升职务26人,平调任职68人,试用期满继续任职18人,改任调研员7人,解除戒勉2人,调出1人,辞职1人。新提拔的26人中,大学以上16人,大专8人,中专2人;平均年龄42.9岁,年龄最小的30岁;高、中级专业技术职务各10人;1982年后毕业的大学生7人。通过调整、补充,领导班子结构得到优化,领导干部素质进一步提高。 (杜庆吉)

【直属单位领导班子调整】 铁道建筑研究设计院:娄德兰任院长、党委副书记;张良才任党委书记;原院长韩风险调中铁十四局集团公司工作。

海外公司:林荣新任总经理、党委副书记;龙兴邦任党委书记兼副总经理;陈东生任副总经理兼中铁(澳门)有限公司总经理;郝桂林任副总经理兼中国铁道建筑(香港)有限公司总经理;武宪功任副总经理兼中国铁道建筑(新加坡)有限公司总经理;李学元任副总经理;屈京康任副总经理兼纪委书记;初厚才任总工程师;原海外部副部长李祖荣改任调研员。

华北办事处:王德堂任主任、党委副书记;张松来任党委书记。

高碑店新型建材厂:何秀春任厂长、党委副书记。

株洲战备材料总厂:王伴年任厂长、党委副书记;王俊奇任党委书记;原厂长陈家友、党委书记邹志云改任调研员。

北京中铁建设有限公司:李黎任董事长、党委副书记;王军任党委书记、副董事长;汪文忠任副董事长、总经理;张允顺、庄初最、孙金城、郭建平、吴成木任副总经理;贾洪任总工程师;易善健任总会计师;齐进军任党委副书记;许仕靖任纪委书记;王嘉福任工会主席。

北京铁城建设监理有限责任公司:王鉴任经理。

总公司党校(干部学校):邓光煜任校长、党委副书记;原校长杜户才改任调研员。

株洲桥梁厂:刘飞香任厂长、党委副书记;彭盛林任党委书记;原副厂长李浴师、张筱伟、工会主席陈天曙改任调研员。

国内工程公司:刘国志任总经理、党委副书记;王参军任党委书记;许顺生、熊升品、琚建明任副总经理;王在仁任总工程师;柴纹任总会计师;牛树江任党委副书记兼纪委书记;王怀尧任工会主席。

北京铁建工贸集团公司:李晓莹任总经理、党委副书记;唐烈任党委书记;王成贵、郝振福、刘占强任副总经理;任大友任总会计师;吕殿义任党委副书记兼纪委书记;王保民任工会主席。

中铁路桥集团公司:王长留任总经理、党委副书记;于天成任党委书记;钟安明、喻丕金任副总经理;田宝华任副总经理兼总工程师;幸义任党委副书记兼纪委书记;吴振宇任工会主席。

中铁物资集团公司:马玉亮任党委副书记兼纪委书记。 (杜庆吉)

【总公司领导班子考核调整】 3月19日~28日,积极配合中央企业工委考核总公司领导班子。4月18日,中央企业工委研究决定:丁原臣、夏国斌、范德任总公司副总经理,霍金贵任总公司党委副书记,彭树贵任总公司党委副书记、纪委书记。按照干部管理权限,向中央企业工委组织部移交总公司领导干部档案13份,同

时建立领导干部基本信息表上报中央企业工委。（杜庆吉）

【总公司人事（干部）处长座谈会】 10月7日～14日在深圳召开。各工程局（集团公司）及工厂局、中铁物资集团公司人事（干部）处长出席会议并参加建设系统"三项制度改革"培训。会议着重研讨公司制企业人事管理问题，讨论修改总公司《关于集团公司领导班子和领导人员管理办法》、《关于总公司所属公司制企业国有股股东会、董事会、监事会成员管理暂行办法》，并对上报总公司的领导职务任免材料和后备干部材料提出统一要求。（钱桂林）

【全面推行干部提拔公示制】 年内，全系统处以上单位全面推行干部提拔公示制，凡拟提升科以上领导职务的，一律实行公示。总公司对拟提升工程局（集团公司）的33名领导人员（含人选）进行公示，其中1人暂缓提升；对直属单位和机关部门拟提升职务的26名领导干部进行公示，全部任职。（钱桂林 杜庆吉）

【下放干部管理权限】 总公司划归中央企业工委管理后，适应政企分开的新形势，不断深化人事制度改革，促进企业改革与发展，按照"下管一级"的原则，总公司党委、总公司下发《关于进一步下放工程局（集团公司）干部人事任免权限的通知》（中铁建党干〔2001〕1号），规定：局长助理由各局（集团公司）任免；局（集团公司）财务处处长、审计处处长、人事（干部）处处长、监察处处长不再上报总公司审查，由各单位任免；局（集团公司）纪委副书记、工会副主席、团委书记，由各单位任免。适应企业结构调整、资产重组后直属单位领导干部管理需要，总公司党委、总公司下发《关于资产重组后有关干部管理权限问题的暂行规定》（中铁建党干〔2001〕71号），按照"分级管理、合理授权、有效监督"的原则，对直属单位干部管理权限作出明确规定：总公司管理直属单位领导班子成员、不设常委的党委委员、总公司任命的调研员；各单位下属企业领导班子成员、本级中层及以下人员的任用，不再报总公司任免，其中财务、公安部门负责人需报总公司审查同意后，由各单位按照人事管理程序任免，并报总公司人事部、财务部、公安局备案；总公司统一归口管理各单位高等院校毕业生进京指标、军队转业干部接收、进京户口、专家选拔、专业技术职务评审、出国审查、培训等与国家有关部委直接联系的人事管理工作。（钱桂林 杜庆吉）

【干部培训】 年内，建立了新的干部培训渠道：一是与中央企业工委联系，总公司领导成员和全系统中层管理人员参加由其组织的各类培训；二是与国家行政学院培训中心签订为期三年的培训合同，从2001年起每年为总公司单独举办两期培训班，每期45人左右，时间20天；三是与中央党校达成口头协议，每半年各送2名集团公司的主要领导参加中央党校地厅级干部进修班培训，学制四个半月；四是同国家经贸委培训司和培训中心建立联系，参加其组织的干部培训。在培训内容上，为适应入世、企业改制及参与市场竞争的需要，行政学院的培训增加了经济全球化、西部大开发、国有企业改革、WTO基本知识及入世对中国企业的挑战、资本经营、公司法律法规和具体运作等新课程。全年共有679人参加培训，其中总公司领导3人、工程局（集团公司）领导47人、处级领导406人、科级干部226人，较好地完成了中央企业工委下达的培训计划。年内选送419人参加总公司干校举办的培训，226人参加领导干部岗位培训，95人参加青年干部岗位培训，58人参加优秀大学本科毕业生培训。此外，由人事部主办、教育卫生部协办，选拔73名大学本科毕业生参加由国家经贸委组织的全国工商管理硕士研究生考试，其中37人为局、处后备干部。（钱桂林）

【选送"三讲"教育巡视人员】 年内，总公司向中央企业工委选送"三讲"教育巡视组成员32人，其中担任巡视组组长的局级干部和担任巡视组成员的处级干部各16人；还选调4人到中央企业工委"三讲"教育办公室帮助工作，受到中央企业工委领导好评。（钱桂林）

【机关干部日常管理】 全年办理干部任免、调配356人次，其中干部任免154人，专业技术职务任职50人，干部调入34人，调出8人，解除劳动合同2人；办理因私出国探亲6人；办理退休28人、提前离岗24人。积极解决北京铁城工程公司、北京铁建工贸公司艺术团及北京金兴工程造价咨询中心撤销后的人员分流安置问题，保持了干部队伍的稳定。为总公司本级8个项目部的18名项目经理、副经理、总工程师办理任职手续，调整了总公司内昆、秦沈、西康指挥部工作人员。办理了干部岗位、技能工资调整审批及归档手续。与铁道部脱钩后，积极同人事部人才流动开发司联系，申请办理进京落户指标8人，解决干部夫妻分居9人。在总公司直属单位资产重组、企业重构中，及时移交干部档案86份。（杜庆吉）

【专业技术职务任职资格评审】 根据总公司职称改革工作领导小组的统一部署，深化职称改革工作，继续完善、规范专业技术职务评聘制度，围绕新的资质就位工作，进一步加大对工程、经济、会计系列高级职务任职资格的评审力度。年内组织召开工程、经济、会计、卫生、中专(技校)、档案、公安等11个系列的专业技术职务任职资格评审会议，评审通过高级专业技术职务571人，其中高级工程师361人、高级经济师62人、高级会计师56人、高级讲师30人、副主任医师57人。

(张晓明)

【政工专业职务评审】 总公司划归中央企业工委管理后，适应构建大型企业集团和建立现代企业制度的需要，经中央企业工委政工专业职务评审工作领导小组批准，总公司成立企业思想政治工作人员专业职务任职资格评审工作领导小组，组建政工专业高级职务评审委员会。年内通过首次评审，209人具备高级政工师任职资格。

(张晓明)

【专家队伍建设】 总公司积极与国家人事部专家处联系，理顺了专家管理渠道。经评选审核并报詹天佑基金会批准，获詹天佑成就奖1人、詹天佑人才奖1人，詹天佑青年奖1人。经第二届詹天佑铁道建筑专项基金会评选，获詹天佑铁道建筑专项基金成就奖5人、人才(管理)奖10人、青年奖8人。正式出版发行总公司系统《科技名人录》，共收录科技人才485名，韩杼滨、宋健、陈锦华等党和国家领导人为该书题词寄语，全方位地加大宣传力度，提高了总公司系统技术专家的知名度。

第五届詹天佑铁道科技基金成就奖获得者

孟宪忠

第五届詹天佑铁道科技基金人才奖获得者

张兴彦

第五届詹天佑铁道科技基金青年奖获得者

雷升祥

第二届詹天佑铁道建筑专项基金成就奖获得者

黄先琪　文桂录　王必强　徐绍山　何广沂

第二届詹天佑铁道建筑专项基金人才奖获得者

荆　山　王太超　孙铁虎　段东明　聂秋祥

韩云忠　姜永军　张瑶琪　段世明　王治斌

第二届詹天佑铁道建筑专项基金青年奖获得者

雷　军　肖新华　宋德果　路　刚　庞尔林

任少强　田宝华　赵　伟

(张晓明)

【接收高校毕业生】 按照专业对口、确保质量、重点突出、保证一线的原则，完成2001年度高校毕业生接收工作，优化了总公司专业技术人员结构，进一步满足了生产经营和科技创新的需要。全系统年内共接收高校毕业生2 557人，包括线、桥、隧等土木专业紧缺毕业生1 655人。其中，研究生37人，本科毕业生1 781人，专科毕业生739人。在国家人事部的直接领导和大力支持下，总公司在京单位共接收应届高校毕业生216名，其中博士研究生3名、硕士研究生1名、本科毕业生195名、专科毕业生(含高职)17名，均已办理进京落户手续。

(张晓明)

【因公出国(境)人员审查】 严格按照因公出国(境)人员政治审查的有关规定，办理因公出国(境)团组127个、408人次。因公出国人员均按规定期限回国，没有发生违规、违纪情况。

(张晓明)

劳动工资

【劳动工资部】 负责总公司行政机构编制、劳动工资计划、工资、奖金、津(补)贴、劳动合同、工人调配、职工奖惩、技师评聘、职业技能鉴定、劳动定额和工作证管理等工作的职能部门。定员12人，现员12人，设部长1人、副部长1人。其中，附设社会保险事业管理中心，负责养老保险、工伤保险、失业保险等工作，定员3人，现员3人，设主任1人；附设外部劳务管理办公室(再就业服务指导中心)，负责外部劳务管理和下岗职工再就业及基本生活保障工作，定员2人，现员2人，设主任1人；附设职业技能鉴定指导中心，负责职业技能鉴定工作，定员3人，现员2人，设主任1人。

2001年，劳动工资部配合企业改革，参与总公司系统的结构调整与资产重组；配合企业改制，研究制定新的劳动用工和收入分配制度；采取有力措施狠抓"三个确保"，社会保险等各项工作步入良性发展轨道，保证了企业和队伍的稳定；强化职业技能鉴定、外部劳务管理、使用和高新技术劳动定额测定等基础建设，为施工生产做出了新贡献。

(王占科)

【总公司直属单位改革与重组】 认真贯彻党的十五届五中、六中全会精神，落实总公司党委一届二次全委(扩大)会议确定的改革部署，经总公司2001年第9次党政领导干部联席会议研究，决定将总公司部分直属单位划归集团公司(工程局)管理，部分直属单位实行结构调整、资产重组。根据《总公司、总公司党委关于将部分直属单位划转集团公司(工程局)管理的决定》(中铁建劳〔2001〕217号文)：将株洲桥梁厂、鹰潭战备材料总厂划归中铁十一局集团公司；将兴城疗养院划归中铁十二局集团公司;将徐州机械厂、房山桥梁厂、上海定西路房产整体划归中铁十四局集团公司;将都匀桥梁厂划归中铁十五局集团公司;将铁路运输处、工厂局秦皇岛办事处划归中铁十六局;将株洲战备材料总厂划归中铁十七局集团公司;将涿州中铁建筑金属结构总厂、高碑店材料总厂、高碑店新型建材厂、华北办事处和华东办事处新铁城饭店划归中铁十八局集团公司;将小屯前进水泥厂划归中铁十九局集团公司,中铁十三局集团公司负责部分人员的安置工作;撤销总公司华东工程协调小组,其人员、资产划归华东办事处;将西安铁路成人中等卫生学校、西北办事处储运公司(含康乐园)划归中铁二十局。根据《总公司、总公司党委关于部分直属单位结构调整、资产重组的决定》(中铁建劳〔2001〕218号文):将工厂局所属北京中铁北方建筑工程处并入北京中铁建设有限公司;组建国内工程公司,将工程承包部、深圳工程部、中铁工程有限公司、海南分公司、电务分公司、卡特彼勒产品北京服务部及总公司本级项目部(内昆、秦岭、秦沈、丹凤项目部除外)、铁路运营指挥部一并划归该公司管理;以北京中铁建物贸公司机关及所属东北办事处、华东办事处、中南办事处、西北办事处组建中铁物资集团公司,将中铁工程有限公司所属的石家庄材料总厂划归该公司管理;以养马河桥梁厂为基础,与川东水泥厂、西南办事处共同组建中铁路桥集团有限公司,将中铁工程有限公司重庆办事处的房产(其中部分划归铁道建筑研究设计院)划归该公司;组建北京铁建工贸集团公司,将总公司机关服务中心、北京中铁建印刷厂、工厂局所属北京海石丰科工贸公司划归该公司管理;昆明机械厂(拟改建为股份公司)由总公司管理;工厂局机关撤销,人员待完成所属工厂移交后再予以安置。此次结构调整、资产重组覆盖全系统,共涉及直属单位42个、职工26 552人、资产40余亿元,范围之广、力度之大,是兵改工以来前所未有的。通过资产重组与企业重构,优化了资源配置,盘活了存量资产,有利于促进企业资质就位和国有资产保值增值,有利于转变总公司机关职能。　(陈　维)

【规范总公司及所属单位中英文名称】　为适应企业国际化发展需要,突出总公司集团企业整体形象,更好地参与国际市场竞争,经总公司研究决定,公布总公司及所属单位中英文统一名称及简称,以便对外宣传和注册域名时使用。总公司中文全称:中国铁道建筑总公司;中文简称:中国铁建(中铁建、铁建)。英文全称:CHINA RAILWAY CONSTRUCTION CORPORATION;英文简称(域名):CRCCG。集团公司中文全称:中铁XX局集团有限公司;中文简称:中铁XX局集团。英文全称:CHINA RAILWAY xx BUREAU GROUP CORPORATION;英文简称(注册域名):CRxxG、CRCC(xxG)(两个简称都可注册)。总公司直属单位和集团公司所属单位英文名称自译。　(陈　维)

【换发总公司工作证】　总公司与铁道部脱钩、隶属中央企业工委管理后,原《铁路职工工作证》已不再适用,总公司决定统一换发《中国铁道建筑总公司工作证》。工作证长105毫米、宽73毫米,外皮为深红色仿皮面料,夹层为塑料皮。封面为烫金总公司司徽和"中国铁道建筑总公司工作证"字样,司徽高30毫米、宽40毫米。总公司工作证填发范围为总公司系统所属单位职工,包括实行聘任制与总公司所属单位签订劳动合同的员工。总公司所属单位原则上统一使用中国铁道建筑总公司工作证。各集团公司(工程局)、北京中铁建设有限公司也可按总公司的统一规格,自行设计本集团公司工作证。　(陈　维)

【成立总公司本级工程项目部】　2001年,根据总公司本级生产经营需要,先后成立厦门莲黄隧道工程项目经理部、长江干堤工程阳新项目部、长江干堤工程无为项目部、云南砚平高速公路工程项目经理部、天津中铁工程项目经理部、长江重要堤防工程荆南项目部、同三线青岛段项目部、东深分水工程六标段项目部、东深分水工程七标段项目部、龙岩公路工程项目部、晋江中谷粮库工程项目部等11个项目经理部,加强了对本级工程项目的经营管理。　(陈　维)

【成立总公司技术中心】　根据《国有大中型企业建立现代企业制度和加强管理的基本规范(试行)》(国办发〔2000〕64号文)要求,经总公司2001年第6次党政领导干部联席会议研究,决定成立总公司技术中心,致力于提高企业的自主开发能力和利用社会资源能力,推动企业建立以技术开发中心为主要方式的技术创新体系,促使企业成为技术开发与创新的主体,探索科技与经济结合的有效形式和途径。总公司技术中心为技术开发机构,与铁道建筑研究设计院是一个机构、两块牌子。下设研究开发部、成果转化部、试验测试部(站)、科技信息部。技术中心实行主任负责制,由总公司总经理任技术中心主任,主管技术工作的总公司领导任第二主任,铁道建筑研究设计院院长任副主任,主持日常工作。技术中心技术委员会的日常工作由总公司科技部负责。研究开发项目实行招标制和评估制。推行研究开发课题组长负责制或项目经理负责制,按课题定人,择优聘用,动态组合。技术服务实行合同制,开

展有偿服务。（陈 维）

【成立总公司股权代表委员会】 为建立规范的股权代表管理机制，经总公司2001年第6次党政领导干部联席会议研究，决定成立总公司（国有股）股权代表委员会。通过向改制后的集团公司派出股权代表，参加集团公司的股东会、董事会、监事会，对国有资产实行有效监管，实现国有资产保值增值。总公司（国有股）股权代表委员会定员暂为17人，设主任1人，由总公司法人代表兼任；副主任2～3人，由总公司领导兼任；秘书2人。委员会下设3个办公室，每个办公室分片负责若干个控股企业。每个办公室定员5人，由派往控股企业的国有股股东代表、副董事长、董事、监事会主席、监事各一人组成。（陈 维）

【成立总公司职业技能鉴定指导中心】 经总公司2001年第6次党政领导干部联席会议研究决定，成立总公司职业技能鉴定指导中心，为劳动工资部附属机构。编制定员3人，设主任1人。主要工作职责：在劳动和社会保障部、铁道部职业技能鉴定指导中心的指导下，组织实施总公司系统职业技能鉴定工作，并进行监督检查；组建并管理本系统职业技能鉴定站，负责对职业技能鉴定站的年检工作；负责职业技能鉴定站管理人员和考评员的培训与考核；负责本系统职业技能鉴定试题库建设和命题管理，会同有关部门编写培训教材；负责职业资格证书的申请、核发及证书管理工作；汇总上报年度鉴定工作报告和有关统计资料；开展有关问题的工作研究和咨询服务；审批所属职业技能鉴定站年度鉴定计划。（陈 维）

【成立总公司投资部】 经总公司2001年第6次党政领导干部联席会议研究，决定成立总公司投资部。投资部为总公司机关事业部，主要负责对总公司授权的资产和资金进行投资经营，以营利为目的，选择投资项目，提出可行性建议；根据总公司决策，实施具体的投资运作，运作范围包括房地产开发、项目投资以及证券投资。投资部暂定员8人，设经理1人、副经理2人。（陈 维）

【铁道战备舟桥处移交济南铁路局】 根据铁道部《关于调整铁道战备舟桥处管理体制的通知》（铁劳卫函〔2001〕485号文）精神，经征得国家交通战备办公室同意，铁道部决定于2002年1月1日起，将铁道战备舟桥处移交济南铁路局管理。（陈 维）

【颁发国内工程公司机构编制指导意见】 经总公司研究决定，将根据中铁建劳〔2001〕218号文组建的中铁工程公司更名为总公司国内工程公司，同时称总公司国内工程部，为总公司直属分公司。受总公司委托，由国内工程公司对所属单位实行全面管理，对其所管理的国有资产负保值增值责任；实行独立核算、自负盈亏。公司机关定员42人，领导职数9人。下设办公室、生产管理部、计划经营部、财务部、劳动人事部（挂社保中心牌子）、党委工作部（挂团委牌子）、纪检监察部、工会办公室等8个部门。公司机关所设项目经理部不计机关定员。（陈 维）

【颁发北京铁建工贸集团公司机构编制指导意见】 经总公司研究决定，北京铁建工贸集团公司为总公司全资子公司，实行自主经营、自负盈亏。集团公司对所属单位实施全面管理，并对其所管理的国有资产负保值增值责任。集团公司机关定员32人，领导职数8人。下设办公室、经营开发部、财务部、劳动人事部（挂社保中心牌子）、党委工作部（挂团委牌子）、纪检监察部、工会办公室等7个部门。（陈 维）

【颁发中铁物资集团公司机构编制指导意见】 经总公司研究决定，中铁物资集团公司为总公司全资子公司，实行自主经营、自负盈亏。集团公司对所属单位实施全面管理，并对所管理的国有资产负保值增值责任。集团公司机关定员34人，领导职数7人。下设办公室、计划企管部、经营部、财务部、劳动人事部（挂社保中心牌子）、党委工作部（挂团委牌子）、纪检监察部、工会办公室等8个部门。机关开展本级经营另设的金属材料部、非金属材料部、工程项目部等不计机关定员，实行独立核算、自负盈亏。（陈 维）

【机关门诊部更名为总公司北京铁建医院】 根据医疗体制改革和医疗保险制度改革精神，为充分发挥现有医疗资源的作用，更好地为机关职工、家属和周边地区群众就医服务，经总公司研究决定，将机关门诊部更名为总公司北京铁建医院。更名后其隶属关系、医疗床位设置和编制定员不变。（陈 维）

【劳动工资计划】 5月18日，总公司下达2001年劳动工资计划（中铁建劳〔2001〕96号）。年末职工计划人数168 522人，其中长期职工167 368人，临时工1 154人。职工工资总额计划1 942 636千元。总公司要求各单位严格控制职工总量，严格控制接收统配人员，严格控制从总公司系统外调入职工；继续对实行“百含”包干办法企业的工资计划实行指导性管理，使职工收入增长与工作效率的提高、经济效益的增长相适应；对事业单位和实行正常经费包干的内部事业性单位的工资总额计划实行指令性管理，各单位不得擅自超支；要求各单位大力发展生产，强化经营管理，合理配置生产要素，建筑施工企业劳动生产率计划比2000年提高8%以上，工业企业计划提高3%以上。（靖 菁）

【劳动工资计划执行情况】 (1)职工人数。2001年末职工总数171 370人，其中在岗职工156 339人，非在岗职工15 031人。职工总数比2000年增加2 153人，比年度计划增加2 848人。其他从业人员30 210人，主要是施工生产一线所用的非建制外部劳务；使用建制单位外部劳务82 859人。(2)工资总额与平均工资。全年支出工资总额1 891 372千元，比2000年增长6%。年度支出工资总额构成：计时、计件标准工资1 005 135千元，奖金及超额工资252 444千元，津贴和补贴528 926千元，加班工资及其他工资30 907千元。其他从业人员支出劳动报酬250 840千元。职工年平均工资12 057元，比2000年增长6.8%。其他从业人员平均劳动报酬7 110元，与2000年持平。(3)劳动生产率。全年完成建筑业总产值3 378 838万元，比2000年增长19.5%。建筑业全员劳动生产率133 021元，比2000年提高7%。工业企业完成总产值79 753万元，比2000年增长34%，全员劳动生产率66 538元，比2000年提高34.6%。（靖 菁）

【下达"百含"系数】 12月14日，总公司下达2001年度企业单位百元产值工资含量包干(以下简称"百含")系数为：集团公司(工程局)各20.7%，工厂局20%，中铁物资集团公司7%，北京中铁建设有限公司19%，铁路运输处35%，中铁工程有限公司15%，北京中铁建印刷厂37%，卡特彼勒产品北京服务部22%，北京铁建工贸公司50%，海南分公司19%，总公司海外部8%，北京铁城建设监理有限责任公司43%，昆明中铁机械厂22%，电务分公司27%，北京中铁五棵松饭店43%，北京铁建招待所40%，机关第三招待所55%。要求没有实现国有资产保值增值的单位不得提取新增效益工资；经济效益下降的，必须相应减少应提工资，做到既负赢又负亏。（靖 菁）

【修订工效挂钩办法】 根据劳动和社会保障部、财政部《关于做好2001年企业工资总额同经济效益挂钩工作的通知》(劳社部发〔2001〕11号文)精神，对原"百含"包干办法进行修订，制定《中国铁道建筑总公司工资总额与经济效益挂钩办法》，并于2001年11月上报两部。该《办法》强化国有资产保值增值对工资增长的约束作用，将实现国有资产保值增值作为提取新增效益工资的必备条件；挂钩的经济效益指标由与单一实物量指标挂钩改为与企业总产值和实现利润复合挂钩，挂钩比例分别为70%和30%。2002年2月7日，劳动和社会保障部、财政部复函(劳社厅函〔2002〕33号文)批准该《办法》，核定了2001年总公司挂钩基数和系数。（靖 菁）

【技能工资调整】 7月18日，总公司下发《关于2001年企业单位技能工资调整的意见》(传真报〔2001〕985号)，规定效益较好的单位，增资档次按照人均不突破8档掌握，局级领导最高不超过10档，处级领导最高不超过9档；亏损或无支付能力的单位，技能工资应少调或不调。有支付能力的单位，在技能工资调整的基础上也可调整岗位津贴，调整幅度由各单位根据效益情况自主确定。（宋旭东）

【草拟工资制度改革办法】 经调查研究，劳动工资部起草《岗位效益工资实施办法》(草案)和《年薪制实施办法》(草案)，并召集集团公司(工程局)有关人员进行研讨。9月底，在厦门召开总公司工资制度改革座谈会，对两个草案进行了进一步研讨和修改。（宋旭东）

【停止使用铁路乘车证】 按照铁道部规定，已与铁道部脱离隶属关系的铁路工程总公司、铁道建筑总公司、机车车辆工业总公司、物资总公司、通信信号总公司自2002年1月1日起，停止使用铁路乘车证。（宋旭东）

【劳动定额管理】 2001年，总公司10个集团公司(工程局)实行劳动定额管理人数为80 805人，占期末职工总数的51.9%，占直接生产人员总数的86.6%；实行计件工资管理人数为62 010人，占实行劳动定额管理人数的76.7%；定额工作实用小时占实际总工作小时的80.6%，工时利用率为94.6%；综合完成劳动定额水平为115.9%。年内实行劳动定额管理的人员完成劳动定额的均衡率为95.5%。（苗振林）

【"铁路高墩大跨连续梁工程劳动定额研究"通过评审】 6月12日，总公司劳动工资部和中铁十七局集团公司共同完成的"铁路高墩大跨连续梁工程劳动定额研究"在山西省榆次市通过由劳动和社会保障部劳动工资司、建设部人事教育司及铁道部建设管理司、科技教育司、北方交通大学、铁路工程定额所等单位专家、学者组成的评审组评审。认为该成果采用现场工作写实、统计分析和分项工时测定相结合的方法，研究方法正确、数据测定合理、工序划分细致翔实,反映了当前桥梁施工的最新技术,填补了铁路行业高墩大跨连续梁施工劳动定额标准的空白,为合理配置劳动力资源、组织施工生产和成本核算提供了科学依据。12月,该成果获总公司2001年度科技进步二等奖。

(苗振林)

【"城市地下铁道工程暗挖法劳动定额研究"通过评审】 11月17日,总公司劳动工资部和中铁十六局共同完成的"城市地下铁道工程暗挖法劳动定额研究"在北京市通过由劳动和社会保障部劳动工资司、建设部人事教育司及铁道部建设管理司、劳动和卫生司、科技教育司、北方交通大学、铁路工程定额所等单位专家、学者组成的评审组评审。认为该成果采用以现场技术测定为主,结合统计分析、比较类推和分项工时测定方法,施工组织及工序划分合理,研究方法适当,数据测定翔实,填补了城市地下铁道工程暗挖法施工劳动定额标准的空白,为合理配置劳动力资源、组织施工生产和人工成本核算等提供了可靠依据。 (苗振林)

【"高等级公路连续刚构桥梁工程劳动定额研究"通过评审】 11月17日,总公司劳动工资部和中铁十六局共同完成的"高等级公路连续刚构桥梁工程劳动定额研究"在北京市通过由劳动和社会保障部劳动工资司、建设部人事教育司及铁道部建设管理司、劳动和卫生司、科技教育司、北方交通大学、铁路工程定额所等单位专家、学者组成的评审组评审。认为该成果采用现场技术测定、统计分析、比较类推和分项工时测定相结合的方法,数据测定翔实,施工组织及工序划分合理,填补了高等级公路连续刚构桥梁工程施工劳动定额标准的空白,充分反映了当前大跨、变截面单箱单室连续梁施工新技术、新工艺、新材料、新设备及劳动组织和劳动效率情况,为合理配置劳动力资源、组织施工生产和人工成本核算等提供了可靠依据。 (苗振林)

【铁路特有工种职业技能鉴定】 根据铁道部批复,总公司下达2001年铁路特有工种职业技能鉴定年度计划5 972人。截止至12月,实际参加职业技能鉴定考核3 426人,占计划人数的57.4%,其中初级工133人,中级工966人,高级工2 327人;获得国家职业资格证书者2 751人,占参加鉴定考核人数的80.3%,其中初级工110人,中级工761人,高级工1880人;总合格率为80.3%,其中初级工82.7%,中级工78.8%,高级工80.8%。2001年,铁路特有工种职业技能鉴定拓宽范围,强化考务管理,注重鉴定质量和政策宣传,取得较好的鉴定效果,为提高职工队伍素质发挥了积极作用。

(吴靖文)

【总公司被批准列为企业职业技能鉴定试点单位】 针对建筑施工企业任务多变、点多线长、队伍分散等实际情况,2月13日,向劳动和社会保障部上报《关于中国铁道建筑总公司企业开展职业技能鉴定的请示》。3月16日,劳动和社会保障部下达批复(劳社培就司函〔2001〕14号),同意将总公司列为国有企业开展职业技能鉴定的试点单位,职业技能鉴定工作受劳动和社会保障部直接领导,由总公司统一组织实施。

(吴靖文)

【制定总公司职业技能鉴定实施办法】 根据劳动和社会保障部劳社培就司〔2001〕14号复函要求,总公司制定并上报开展职业技能鉴定实施办法。7月18日,劳动和社会保障部批复同意《中国铁道建筑总公司职业技能鉴定实施办法》,要求总公司严格按照《办法》规定,组织实施本系统的职业技能鉴定工作。7月24日,总公司决定成立职业技能鉴定指导中心,并正式开展工作。 (吴靖文)

【总公司职业技能鉴定工作会议】 9月下旬在厦门召开。会议研究部署职业技能鉴定工作,讨论修改相关配套文件。会后下发《关于在总公司系统建立国家职业技能考核站的通知》、《关于印发〈中国铁道建筑总公司职业技能鉴定试点工作方案〉的通知》、《关于印发〈中国铁道建筑总公司"十五"技师评聘工作规划〉的通知》、《关于职业技能鉴定收费管理有关问题的通知》。按照新的政策规定,从2002年起,总公司系统除铁道行业特有工种职业技能鉴定仍由铁道部管理外,社会通用工种职业技能鉴定工作直接归劳动和社会保障部管理,由总公司统一组织实施。 (吴靖文)

【社会通用工种职业技能鉴定试点】 总公司认真贯彻落实劳动和社会保障部培训就业司《关于在部分企业开展职业技能鉴定试点的复函》精神,于四季度在中铁十八局集团公司开展职业技能鉴定工作试点。经摸底统计和资格审查,有52个社会通用工种的1 968人参加鉴定考核,合格1 824人,合格率92.6%,其中初级工167人,中级工655人,高级工1 002人。试点期间,劳动和社会保障部职业技能鉴定中心派人亲临现场指导,对中铁十八局集团公司试点工作给予充分肯定。

(吴靖文)

【职业技能鉴定质量评估】 根据劳动和社会保障部、

铁道部要求,总公司于2001年二、三季度在全系统开展职业技能鉴定质量检查评估工作,重点对铁路特有工种职业技能鉴定站的基础建设、规章制度制定与执行、考务程序规范实施和相关资料整理归档等,按照国家规定的评估项目和标准进行现场评估打分、交换意见并提出整改要求。从检查结果看,多数鉴定站规章制度健全,执行严格;鉴定条件符合要求,软硬件投入到位;鉴定实施程序规范,严格履行规则;鉴定质量较高,社会反映良好。除中铁十二、十九局集团公司及中铁二十局鉴定站评为良好外,其他单位均为优秀。中铁十三、十五、十七局集团公司鉴定站尤为突出,主要表现在领导重视,组织机构健全,软硬件投入到位,规章制度完善,鉴定过程规范。　　(吴靖文)

【下岗职工基本生活保障】　2001年末,总公司系统共有下岗职工7 384人,有27个基层企业申请下岗职工基本生活保障财政补助资金。全年筹集下岗职工基本生活费3 447.66万元,其中中央财政下拨补助资金2 132万元,企业自筹1 311.68万元,社会筹集3.98万元。发放下岗职工基本生活费3 076.81万元,下岗职工生活费基本做到按月发放。　　(张介鹏)

【社会保险工作】　总公司认真贯彻全国社会保障工作会议精神,于3月21日召开总经理办公会议,对社会保险工作现状和存在问题进行专题研究,并下发《关于切实加强社会保险工作的通知》,强调要从促进企业改革发展和维护企业与社会稳定的高度,切实加强对社会保险工作的领导,加快社会保险改革步伐,建立完善的企业社会保险体系。　　(康守义)

【总公司社会保险工作会议】　11月14日在鹰潭战备材料总厂召开。会议讨论修改总公司生育保险试行办法,研究建立社会保险报表制度等问题。

(康守义)

【重组、撤销单位社会保险交接】　根据总公司、总公司党委《关于将部分直属单位划转集团公司(工程局)管理的决定》和《关于部分直属单位机构调整、资产重组的决定》精神,发文对划转、重组单位社会保险关系的变动与处理,职工社会保险档案、基础资料、资金的交接与处理,重新组建单位社会保险管理机构设置等问题作出明确规定。总公司还组织审计组对工厂局等撤销单位的社会保险基金进行审计,对检查发现的问题要求限期整改。由于措施得力,处理及时,相关单位社会保险工作顺利接续,维护了职工的社会保险权益。

(康守义)

【表彰社会保险工作先进单位和先进个人】　11月,总公司下发《关于表彰社会保险工作先进单位和先进个人的决定》,对在1998年～2001年,特别是基本养老保险移交地方管理工作期间,在社会保险工作中做出突出贡献的中铁十二局集团公司等9个先进单位和孟吉昌等30名先进个人进行表彰和奖励。

(康守义)

【调整企业基本养老保险缴费比例】　9月,劳动和社会保障部、财政部公布了原行业统筹企业2001年基本养老保险缴费比例。鉴于总公司作为兵改工企业退休人员少、缴纳费用多、行业统筹费率低、企业困难大等特殊情况,总公司多次向劳动和社会保障部、财政部汇报,两部同意将总公司2001年基本养老保险费由原定的20%下调2～3个百分点,并在批复中作了明确。

(康守义)

【离休人员养老金纳入统筹支付范围】　按照劳动和社会保障部、财政部的统一要求和部署,总公司系统离休人员从2001年1月1日起,移交所在省级社保机构管理。截止至年底,总公司系统215名离休人员的养老金全部纳入统筹支付范围。　　(康守义)

【社会保险稽核检查】　根据北京市劳动和社会保障局、北京市社会保险基金管理中心和总公司关于对参加北京地区基本养老保险统筹单位进行社会保险稽核检查的统一部署,总公司从7月开始,对北京中铁大都工程有限公司、北京中铁建设有限公司、总医院、房山桥梁厂、中铁十四局集团公司北京办事处、北京铁建工贸公司、中铁建物贸公司、中铁工程有限公司的社会保险进行专项稽核检查。9月,总公司社保中心接受北京市劳动和社会保障局、北京市社会保险基金管理中心的稽核检查,同时抽查了总医院社会保险工作情况,对总公司在北京地区的养老保险统筹管理工作给予较好评价。　　(康守义)

【调整离退休人员养老金标准】　按照北京市劳动和社会保障局的统一部署,年内对总公司参加北京地区养老统筹、符合调整养老金条件的1 606名退休人员和33名离休人员的养老金进行了调整。离休人员养老金人均月增幅202元,退休人员人均月增幅约40元,并按时足额发放到位。　　(康守义)

【在职和离退休人员养老保险数据库移交北京市管理】

按照北京市社会保险基金管理中心的统一部署,总公司从2001年4月开始组织力量,对参加北京地区基本养老保险统筹单位的近13 000名在职职工数据库和1 700多名离退休人员数据库进行清理、修改、核对。从8月起,两数据库报经北京市社保中心核准验收后纳入北京市管理,并与北京市养老保险数据库并轨运行。 (康守义)

【农民工参加养老保险】 根据北京市劳动和社会保障局关于《北京市农民工养老保险暂行办法》及《补充通知》精神,总公司召开专题会议进行布置,要求各单位严格按照北京市的有关规定,在招用农民工时及时办理相关手续,签定劳动合同,并按规定进入各项报表程序。 (康守义)

公 安

【铁道建筑公安局】 是国家公安机关的组成部分,是国家派驻企业、对铁路治安秩序实施管理的治安行政机构。依法行使国家赋予的公安机关职能,惩治违法犯罪、维护内部稳定和保卫国家经济建设。内设办公室、治安科、刑侦支队。下辖10个公安处、2个直属公安分处。总公司与铁道部脱钩、划归中央企业工委管理后,公安业务仍归铁道部公安局领导。

2001年,铁道建筑公安局紧紧围绕维护铁路施工现场和企业内部稳定充分发挥职能作用,坚决打击"法轮功"邪教组织的违法犯罪和各类刑事犯罪活动,不断强化治安管理,认真贯彻落实公安部加强队伍建设的12项措施,坚持"政治建警、从严治警、依法治警"方针,以"三项教育"为契机,全面加强公安队伍的正规化、规范化建设和思想、作风、业务建设,基本实现"打牢思想基础、解决突出问题、纯洁公安队伍、取得建设成效"的目标。一年来,各级公安机关积极配合有关部门对"法轮功"习练人员开展帮教活动,依法对12名"法轮功"顽固分子采取强制措施,收缴、销毁反动宣传品1 720件,妥善处置群体上访、群体闹事事件182起;针对美国"9.11"恐怖袭击事件的影响,及时加强安全防范和检查,确保本系统没有发生影响社会和企业内部稳定的政治问题;年内共破获刑事案件1 318起,打掉犯罪团伙44个,捕获犯罪嫌疑人1 091名;在全国"追逃"统一行动和"治爆缉枪"专项斗争中,先后抓获逃犯49名,收缴各类枪支114支、子弹16 800发、炸药1 300公斤、雷管6 700枚、导火索2 300米;查处治安案件4 384起,处罚违法人员5 550人次,调解处理路地纠纷5 755起,追缴赃款赃物和挽回直接经济损失折款2 405万元,净化了铁路重点工程建设治安环境,为保障企业改革发展和生产经营的顺利进行做出了积极贡献。全年评出8个优秀公安分处和10个"十佳派出所";全路"三项教育"先进单位2个,全国、全路"三项教育"先进个人2名;31名优秀民警(其中全路优秀民警2人,有1人荣立二等功);17个先进单位和15名先进个人荣立三等功;143名民警受到嘉奖。

(刘彦照)

【光荣榜】

全国"三项教育"活动组织工作先进个人

朱德全

全路"三项教育"先进单位

第十二公安处

全路"三项教育"先进集体

第十七公安处"三项教育"办公室

全路优秀人民警察

龙中华　刘金平

全路"三项教育"先进个人

曹权福

荣立集体三等功单位

第十六公安处二分处第二派出所
第十七公安处一分处
第十七公安处四分处第三派出所
第十七公安处"6.19"特大携款潜逃贪污案专案组
第十八公安处一分处
第二十公安处一分处第一派出所

荣立二等功的民警

朱德全

荣立三等功的民警

赵夏玲　袁辉伟　蒲松屹　黄远玉　江克高
张　新　杨全国　郝明亮　雷银芳　肖万年
王香勤　李春波　王国民　续明敏　曹全福

优秀公安分处

第十一公安处第一公安分处
第十二公安处第三公安分处
第十五公安处第五公安分处
第十六公安处第二公安分处
第十七公安处第一公安分处
第十八公安处第一公安分处
第十九公安处第三公安分处
第二十公安处第一公安分处

十佳派出所

第十一公安处四分处第一派出所
第十三公安处一分处第一派出所
第十四公安处四分处第二派出所

第十五公安处六分处第一派出所
第十六公安处二分处第二派出所
第十七公安处三分处第一派出所
第十八公安处八分处第一派出所
第十九公安处一分处第三派出所
第二十公安处一分处第一派出所
直属第一公安分处万水泉南站派出所

优秀党员

袁辉伟　李满生　姚书计　李照荣　胡忠武
杜奉斌　张西峰　赵　英　曹建忠　杨同荣
周亚峰　牟广栋　谢辉杰　樊松民　史巴利
刘文学　王侃虎　李晓立　李保平　陆云贵
孙远臣　胡培林　陈宝文　许学军　熊朝亮
王书奎　王乃忠　张文生　张念宏

优秀民警

王富强　应军梅　高　涛　林德国　宋冀伟
颜仕龙　宋海南　杨继启　顾以春　郑义生
袁克俊　魏存明　陈　锋　陈登山　李方喜
张元生　雷银芳　鲁延虎　赵　铁　胡华新
张　兵　王建华　张　勇　孙长国　熊朝亮
许　队　张忠才　张　琼　赵守存

（张念宏）

【公安队伍“三项教育”】　根据公安部党委的决定和铁道部公安局的统一部署，继2000年3月第一批公安分处和基层所、队“三项教育”结束后，2001年6月～12月，铁道建筑公安局和所属各公安处按计划先后开展了第二、第三批“三项教育”活动。各单位坚持“边学边改、边整边改、边改边建”的原则，深入动员，精心组织，严格督导，深刻查摆，开门纳谏，采取多种形式广泛征求职工、群众的意见和建议，发放征求意见书5 864份，先后收到职工群众的意见、建议2 609条。经过认真梳理，联系实际认真剖析队伍中存在的执法不严、立案不实、警令不畅等突出问题，制定出整改措施726条，并向群众公开承诺。通过“三项教育”，民警的宗旨意识、法制意识进一步增强，政治理论和业务素质明显提高，工作姿态、纪律作风和服务态度明显改善，公安队伍战斗力进一步加强。　（张念宏　宁翔鹏）

【贯彻总公司两项决定，维护公安队伍稳定】　认真贯彻总公司、总公司党委关于将部分直属单位划转集团公司（工程局）管理和部分直属单位结构调整、资产重组的两项决定，铁道建筑公安局及时研究并制发文件，对部分直属单位的公安机构进行了调整。针对总公司与铁道部脱钩及企业深化改革给公安队伍带来的影响，各级领导认真调研，及时把握民警思想脉搏，有针对性地开展思想政治工作，展开警风大讨论，引导民警树立正确的世界观、人生观和价值观，提高民警的大局意识，增强公安队伍的凝聚力、向心力，做到思想不散、人心不乱、干劲不减，维护了公安队伍自身的稳定，为各项公安工作的开展奠定了坚实基础。（张念宏）

【公安队伍规范化管理】　通过开展“三项教育”，各单位在找准问题的基础上着力整改，在整章建制上狠下功夫。针对公安处到基层项目部兼（代）职人员多、人员缺编严重、影响正常工作运转等情况，总公司下发《关于解决公安机关人员在编不在岗问题的通知》，先后撤销中南、西北办事处派出所编制；对41名辞退、调离公安队伍人员不再保留警衔；在接收录用新民警和民警工作调动中，严把人员进出关。各单位联系工作实际，建立健全日常管理、请示报告、思想政治工作、警风警纪、枪支警械与警车管理、值班备勤、执法监督、宣传报道等工作制度。铁道建筑公安局制发《铁建公安机关规范化管理暂行办法》和《关于接收录用人民警察和警衔申报程序及内容的规定》，为公安队伍的规范化管理打下良好基础。　（张念宏）

【民警教育培训】　一是积极做好民警培训中心的迁址和建设工作，强化兼职教师队伍建设。民警培训中心年内组织培训“三项教育”分离人员54人、新民警37人；举办一期警司晋升警督警衔人员及新民警培训班，85名民警参加为期40天的培训。二是多渠道提高民警的文化水平。在大力开展全员岗位练兵的同时，鼓励、支持民警参加成人大专、自学考试、函授教育和专业证书考试。中国刑警学院铁道建筑公安局函授站学员年内取得大专学历24人、大专《专业证书》学历24人；招收大学本科生14人。全系统民警大学、大专学历人数分别比2000年增加0.16%和2.41%。

（宁翔鹏　常金光）

【警衔晋升】　公安部部长贾春旺签发命令，批准第十四公安处处长孙宪中为三级警监警衔；赖炳喜等39人晋升为一级警督警衔；周彬秀等24人晋升为二级警督警衔；刘新华等40人晋升为三级警督警衔。铁道部公安局局长张起增签发命令，批准梁文等35人晋升为一级警司警衔；王建军等35人晋升为二级警司警衔；佘隽等18人晋升为三级警司警衔。铁道部公安局政治部主任房树深签发命令，批准于剑等6人晋升为一级警员警衔；授予鲁建等21人一级警员警衔；授予苗苗等35人二级警员警衔。　（宁翔鹏）

【为人民群众办好事】　各级公安机关和广大民警认真

贯彻落实江泽民总书记“严格执法、热情服务”题词精神和铁道部公安局关于“为人民群众大办好事”的统一部署，自觉地把全心全意为人民服务融入日常公安工作中，全年为群众办好事6 687件，拒礼、拒贿 30.3 万元，收到群众表扬信 186 封(件)、锦旗 47 面、镜匾 23 块，受到职工群众和社会各界的好评。（张念宏）

【部署“严打整治”工作】 总公司认真贯彻落实全国社会治安工作会议精神，于 4 月 17 日召开“严打整治”斗争电话会议，部署总公司系统的“严打整治”工作。邹才华副总经理要求各级党政领导、有关部门和公安机关要从实践“三个代表”要求、维护企业改革发展稳定大局、确保国家长治久安、巩固和加强党的执政地位的高度，提高对开展“严打整治”斗争的认识，切实加强组织领导，充分发挥公安机关主力军作用，搞好社会治安综合治理，力争实现“两年内辖区治安秩序取得明显进步”的目标。（刘 波）

【打击“法轮功”邪教组织违法犯罪活动】 各级公安机关继续将严密防范、严厉打击“法轮功”邪教组织的违法犯罪活动放在各项公安工作的首位，积极配合党政领导和有关部门对“法轮功”习练人员逐一进行思想见面，巩固帮教成果，促使 35 名“法轮功”练习者思想明显转化；对 12 名扬言闹事、非法串联并开展非法活动的顽固分子实施劳动教养；对 17 人分别落实专人监控措施。先后两次开展大规模的集中统一行动，收缴“法轮功”反动宣传品1 720件，抓捕外流“法轮功”顽固分子 3 人，有效地遏制了“法轮功”邪教组织在企业内部的发展蔓延。（刘 波）

【“打黑除恶”斗争】 根据公安部统一部署，各级公安机关从年初开始，集中力量对辖区的黑恶势力展开强烈攻势，打击矛头直指那些在施工现场阻工滋事和无理围攻、威胁企业领导人以及在机关基地横行一方、欺压职工群众的违法犯罪活动。打掉带有黑社会性质的犯罪团伙 2 个，抓获成员 32 人；打掉流氓恶势力团伙 20 个，抓获成员 232 人。第十四公安处与辽宁省葫芦岛市警方联手铲除一个由地痞、村霸和服刑保外就医人员纠集而成的专门敲诈秦沈铁路施工单位的流氓团伙，8 名涉案人员全部落入法网。第十六公安处四分处在湖南捣毁一个由无业人员组成的专事绑架、敲诈的涉黑团伙，安全解救了人质。（常金光）

【内昆铁路“严打”专项斗争】 根据铁道部公安局“铁拳行动”的总体部署，总公司针对内昆铁路威宁段自铺轨以来治安状况出现严重反弹的实际，统一组织开展了一场为期两个多月、以严厉打击盗窃和抢劫犯罪为主攻目标的专项斗争。先后召开各种动员、部署和宣传教育会议 27 次，出动警力 746 人次、宣传车 131 台次，张贴通告 374 份、标语1 667份，出墙报、板报 106 期，受教育群众80 100人。群众提供违法犯罪线索 117 条，参战民警查破各类案件 178 起，查处违法犯罪人员 112 名，打掉犯罪团伙 13 个、抓捕成员 40 名，调解各种纠纷 149 起，取缔非法废旧物品收购站、点 12 个，收缴铁路器材 40 多吨，有力地打击了犯罪分子的嚣张气焰，遏制了案件上升势头，确保内昆铁路建设顺利进行。（常金光）

【“网上追逃”专项斗争】 根据公安部统一部署，各级公安机关和广大民警牢固树立“立足本地抓全国逃犯”的作战思想，以清理外来务工人员为突破口，全警动员、全线出击、全力以赴，组织开展“网上追逃”专项行动。9 月 20 日～11 月 30 日，先后调用计算机 241 台，出动警力17 483人次，清理宾馆、饭店、招待所、娱乐场所1 291个(次)，清查出租房屋4 491间(次)，网上(光盘)比对流动人口、外来务工人员158 144人次，抓获各类在逃人员 49 名，其中杀人、抢劫、爆炸、强奸、故意伤害等暴力性犯罪在逃人员 19 名，破获各类刑事案件 177 起，查处治安案件 823 起，及时消除了一批社会隐患，有力地推动了“严打整治”斗争的深入开展。在“网上追逃”行动中，第十一、十七、十八公安处被评为“追逃”优胜单位，有 3 个基层单位、32 名民警立功受奖。（刘 波）

【“治爆缉枪”专项行动】 4 月 20 日～12 月 31 日，各级公安机关根据公安部和铁道部公安局统一部署，在总公司系统开展“治爆缉枪”专项行动。广泛深入地开展法律法规宣传教育活动，张贴公安部《通告》8 000余份，悬挂标语横幅近10 000条，出板报 300 余期，组织集中教育1 580场次，职工受教育面达 80%。先后组织 100 多个检查组，对本系统分布在 27 个省市的 301 个涉爆单位和 237 个炸药库(点)、238 个雷管库(点)，采取自查与互查、明查与暗访、普遍检查与重点检查相结合的方法进行清理检查，认真整改隐患，取得显著成效。共收缴各种枪支 117 支、子弹 17 400 发、炸药 1 400公斤、雷管8 000余枚、导火索2 800余米，以及一批军用枪械配件。（关开健）

【枪支管理检查】 根据铁道部公安局在全路开展公安机关内部枪支管理情况集中检查行动的部署，各单位对警械、武器管理人员进行教育整顿，提高了枪械管理人员的政治责任感。按照公安部《公安机关警械、武器库(室)管理规定》和《公安机关警械、武器管理人员守则》的要求,逐人逐枪检查,对超范围配发和不适合配枪的民警,一律收回其枪支。同时,修订完善了有关规章制度,加强了警械、武器管理。　(刘金平)

【消防安全专项整治】　各单位认真贯彻执行铁道部公安局关于开展公众聚集场所消防安全专项整治工作的部署,积极组织、广泛开展消防安全知识教育和检查活动。共举办宣讲会 80 多场次,受教育职工群众 2 万人次。先后组织检查组 100 多个,对辖区施工现场危爆物品库、重要机械设备存放场所的消防设施,以及医院、学校、招待所、商业网点、公共娱乐场所进行重点检查,发现隐患 704 处,发整改通知书 291 份,80%的隐患得到及时整改,未及时整改的采取了临时防护措施,确保了消防安全。全年投入消防专项资金 190 多万元,较好地保证了消防实战的需要。　(关开健)

【案件侦破】　2001 年,各级公安机关认真贯彻全国社会治安工作会议精神,坚持把打击犯罪作为“严打整治”斗争的重要内容,全年破获各类刑事案件1 318起,抓获犯罪嫌疑人1 091人,逮捕、劳教 216 人,追缴赃款赃物折款 734 万元,为企业避免经济损失7 824万元。

2 月 11 日,第十一公安处五分处经过追踪侦查,抓获以招工、谈恋爱为名骗取职工钱财的犯罪嫌疑人张奉庆。该犯先后作案 26 起,诈骗手机、现金等物 2 万元。

2 月 12 日,第十二公安处经过四个多月的艰苦侦查,抓获特大持枪入室抢劫案的主要犯罪嫌疑人王明富,侦破了这一众人瞩目的疑案。

3 月 12 日,第十九公安处在侦破一起抢劫案中,查实犯罪嫌疑人张学举先后抢劫、强奸作案 50 余起,扎伤 20 余人、抢劫钱物 10 余万元,及时打击了犯罪,消除了社会隐患。

4 月 15 日,第十六公安处三分处根据湖州市公安局的协查通报,抓获抢劫出租车并杀害司机的犯罪嫌疑人欧阳朝友。

4 月 29 日,第十八公安处一分处将敲诈工程处领导 50 万元的犯罪嫌疑人张鑫抓获归案。

5 月 14 日,第十六公安处三分处依法拘留给施工生产造成 41 万元经济损失的肖振海等 8 名犯罪嫌疑人,有效地打击了破坏秦沈铁路建设的犯罪活动。

6 月 1 日,第十三公安处一分处在基地抓获一个有 28 名职工子弟参与的盗窃团伙,查获被盗物品价值 4 万元,破案 17 起。

6 月 15 日,第十五公安处七分处民警与犯罪分子斗智斗勇,仅用 45 小时就将在电务处制造爆炸案件的犯罪嫌疑人常辉查获归案。　(谢红海)

【打击经济犯罪】　各级公安机关不断加大对经济犯罪案件的打击力度,取得明显成效。全年共破获各类经济案件 29 起,追缴赃款 429 万余元,为企业避免经济损失7 800万元。

第十三公安处在侦破局三峡工程指挥部被骗案中,加强协调,广集证据,将犯罪嫌疑人范毅然送上审判台,为局避免经济损失4 536万元。

第二十公安处在侦破“970”特大诈骗案中,密切与地方公检法机关协作,将犯罪嫌疑人姜锦江、曹玉梅逮捕,为局避免经济损失1 500余万元。

10 月 20 日,第十九公安处通过“网上追逃”,在河南抓获诈骗局医院 100 余万元的犯罪嫌疑人张秋亮。

第二十公安处查获冒充人民警察在四川、重庆等地诈骗 112 万元的犯罪嫌疑人任兴海,为社会企业避免了巨额经济损失。

第十七公安处在侦破局三处二公司 50 万元被骗案中,抓获犯罪嫌疑人郭金海,追缴赃款赃物价值 20 万元。　(谢红海)

【刑侦工作座谈会暨公安技术职务评审会】　10 月 16 日～17 日,铁道建筑公安局在北京顺义召开刑侦工作座谈会暨公安技术职务评审会。会议总结部署侦查破案、“严打整治”和“网上追逃”工作;推荐 7 名刑事技术、1 名消防技术工程师参加铁道部公安局中级职务任职资格评审,评定刑事技术助理工程师 29 名、刑事技术员 22 名、消防技术员 1 名。　(常金光)

【治安案件查处】　全年共受理各类治安案件4 396起,查处4 384起,处罚违法人员5 550人次,其中拘留 283 人次、警告2 117人次、罚款2 479人次、其他处理 647 人次,罚没款总金额 30.29 万元。调解各类纠纷5 755起,制止哄抢和处置群体性治安事件 182 起,为企业避免经济损失1 670万元,挽回经济损失1 719万元。

(刘金平)

【施工现场安全保卫工作】　年内,在神延铁路绥德车站、秦沈铁路九江河大桥工地、内昆铁路昭通车站相继举行接轨和铺架开工典礼。铁道建筑公安局制订详细的安全保卫方案,积极争取地方公安机关的支持与配合,共调集路地警力 748 人、车辆 180 余辆,保证了庆典的安全。

9 月 6 日～12 日,中央企业工委副书记王瑞祥率慰问演出团一行 50 余人,赴渝怀铁路施工现场慰问建设者。总公司领导十分重视,李国瑞书记亲赴渝怀铁路施工现场安排接待和安全保卫工作。铁道建筑公安局派出专人负责安全保卫工作,得到当地公安机关和武警官兵的大力支持配合,确保了慰问演出活动的安全。

12月5日～10日,秦沈客运专线山海关至绥中区段进行综合试验。铁道建筑公安局和第十一公安处精心组织,周密部署,提前摸清67公里试验区段26座跨线桥、6个野外试验站及未封闭的防护栏等重点保卫目标和沿线治安情况,确定安全保卫方案,调集警力77人编为7个小组,细化任务,责任到人。执勤人员克服警力少、战线长、条件艰苦等困难,每天执勤12小时以上,共发现隐患28处(其中重大隐患3处),及时报告上级进行处置,预防和避免了重大事故发生,圆满完成了综合试验安全保卫任务,受到铁道部孙永福副部长和部秦沈客运专线总指挥部领导的好评。

(张恒友　刘金平)

【公安分处和派出所建设】 各级公安机关对公安分处和派出所达标工作进行全面考核验收和推荐评选,评出一级达标派出所69个、二级达标派出所29个、三级达标派出所12个。经铁道建筑公安局考核验收,评出8个优秀公安分处和10个"十佳派出所",并对连续两届达标的优秀公安分处和连续三届获得"十佳派出所"称号的派出所记集体三等功一次。根据公安部关于"创建人民满意单位(民警)"的指示精神,积极探索派出所建设的新思路、新方法,提出"巩固成果、延伸内容、发挥效益、达标创优"的发展方向,决定取消"十佳派出所"评选,改为开展创建"优秀派出所"活动,并制订下发《优秀派出所基本标准(试行)》和《优秀派出所考核验收评分办法(暂行)》。(张念宏　刘金平)

【群防群治】 各级公安机关注重发挥群防群治组织的作用,全系统现有治保委员会1 572个,成员7 058人;治安联防队602个,成员2 747人。全年协助公安机关侦破刑事案件168起,查处治安案件868起,抓获犯罪嫌疑人484人。(刘金平)

【渝怀铁路治安工作联席会议】 5月18日,铁道建筑公安局与重庆市公安局在重庆市武隆县联合召开渝怀铁路建设路地公安机关治安工作联席会议。会议通过《关于维护渝怀铁路(重庆段)施工现场治安秩序的通告》,形成《渝怀铁路建设路地公安机关治安工作联席会议纪要》,就案件管辖、人犯羁押、暂住证办理、治安管理费、爆炸物品购货渠道与办证、施工车辆年检、事故处理等作出明确规定,并给予优惠政策。仅爆炸物品由所在地民爆公司供应改为大批量使用由厂家直接送货一项,每吨炸药可节省2 500元以上,总公司管段可为企业节省资金近4 000万元。(张恒友)

【总公司铁路重点工程建设治安管理现场会】 10月22日在陕西省丹凤县召开,各公安处处长、治安科长,西安南京铁路各局指挥部领导和临时公安分处负责人共60余人参加会议。11个单位在会上介绍重点工程治安管理经验,组织观摩了中铁十一、十八、二十局(集团公司)等单位的施工现场和爆炸物品管理情况,增强了在新形势下做好重点工程治安管理工作的信心。(刘金平)

2001年治安案件统计表

项目	人均数	合计		一分处		二分处		三分处		四分处		五分处		六分处		七分处		八分处	
		发现受理	查处	发现受理	查处	发现受理	查处	发现受理	查处	发现受理	查处	发现受理	查处	发现受理	查处	发现受理	查处	发现受理	查处
	起	起	起	起	起	起	起	起	起	起	起	起	起	起	起	起	起	起	起
第十一公安处	2.329	320	319	26	26	18	18	139	138	24	24	45	45	11	11	39	39	18	18
第十二公安处	2.424	322	320	42	42	55	55	59	59	59	57	45	45	57	57	5	5		
第十三公安处	2.04	207	204	78	75	20	20	34	34	35	35	29	29	11	11				
第十四公安处	3.315	306	305	18	17	68	68	112	112	33	33	54	54	17	17	4	4		
第十五公安处	3.037	407	407	55	55	30	30	60	60	50	50	91	91	45	45	28	28	48	48

续　表

项　目	人均数	合计		一分处		二分处		三分处		四分处		五分处		六分处		七分处		八分处	
		发现受理	查处	发现受理	查处	发现受理	查处	发现受理	查处	发现受理	查处	发现受理	查处	发现受理	查处	发现受理	查处	发现受理	查处
	起	起	起	起	起	起	起	起	起	起	起	起	起	起	起	起	起	起	起
第十六公安处	3.508	421	421	55	55	82	82	59	59	70	70	34	34	89	89	32	32		
第十七公安处	4.166	604	604	101	101	108	108	96	96	75	75	111	111	18	18	26	26	47	47
第十八公安处	3.4	459	459	93	93	81	81	67	67	73	73	76	76	43	43	5	5	21	21
第十九公安处	1.124	136	136	26	26	26	26	15	15	32	32	22	22	15	15				
第二十公安处	4.612	558	558	262	262	94	94	31	31	34	34	52	52	42	42			43	43
直属一分处	15.03	526	526																
直属二分处	3.8	76	76																
直属三分处	2.545	33	28																
直属四分处	7	21	21																
总　计	3.357	4396	4384																

制表：刘金平

2001年捕获犯罪嫌疑人统计表

单　位	捕获犯罪嫌疑人数（人）	逮　捕（人）	劳教少教（人）	治安处罚（人）	打击处理率（%）	移送逮捕（人）	批准逮捕（人）
第十一公安处	52	13	8	19	76.92	13	13
第十二公安处	42	4	2	30	85.71	4	4
第十三公安处	72	2	3	19	33.33	2	2
第十四公安处	84	11		48	70.23	18	18
第十五公安处	62	3	3	2	12.90	3	3
第十六公安处	179	65		6	34.08	67	65
第十七公安处	198	29	5	97	66.16	30	30
第十八公安处	122	17	1	75	76.23	17	10
第十九公安处	87	12		36	55.17	12	12
第二十公安处	152	34		52	56.58	32	32
直属一分处	33	1		11	36.36	1	1
直属二分处	6		1		16.67		
直属三分处							
直属四分处	2	2			100	2	2
合　计	1091	193	23	395	56.00	201	192

制表：谢红海

2001年侦破刑事案件统计表

单位	立案（起）	破案（起）	补立年前案件（起）	破获年前案件（起）	协破地方案件（起）	移诉案件（起）	退侦案件（起）	案件移诉率（%）	追缴赃款赃物（万元）	侦办经济案件中	
										追缴赃款（万元）	避免经济损失（万元）
第十一公安处	88	55	4	4	12	13		22.03	3.143		280
第十二公安处	68	39		1	21	2	1	5.00	14.876		
第十三公安处	66	47	2	3	46	2		4.00	1.601	25.8	4536
第十四公安处	130	92	2	2	12	33		35.11	8.746	3	32
第十五公安处	104	72	6	1	17	5		6.85	8.770		150
第十六公安处	216	153	6	3	7	86		55.13	243.000	10	235
第十七公安处	185	147	1	2	19	21		14.09	136.060	93.4	260
第十八公安处	168	124			8	6		4.84	16.456	8	110
第十九公安处	87	65	3	6		12		19.67	281.827	281.827	281.827
第二十公安处	146	130	7	7	140	9	1	6.57	14.170	7.2	1940
直属一分处	34	27			36	2		7.41	1.890		
直属二分处	19	15				2		13.33	3.190		
直属三分处	5	2						0	0.550		
直属四分处	10	2			1	2		100	0.600		
合计	1326	970	31	29	319	195	2	19.52	734.879	429.227	7824.827

制表：谢红海

2001年治安案件统计表

项目			发现受理(起)							查处(起)													查处违法人员(人)								
			合计	城区	郊区	镇	乡村	其他	合计	机关团体企事业单位	车站码头	居民区	宾馆饭店	文体场所	娱乐场所	服务场所	城区	郊区	镇	乡村	其他	合计	移交有关部门	劳教少教	治安处罚 小计	治安处罚 警告	治安处罚 罚款	治安处罚 拘留	其他
			1	2	3	4	5	6	7	8	9	10	11	12	13	14	15	16	17	18	19	20	21	22	23	24	25	26	27
合计		1	4396	837	275	1907	1138	239	4384								810	276	1902	1135	261	5550	21	3	4879	2117	2479	283	647
扰乱社会秩序	扰乱工作、公共秩序	2	1016	386	39	348	220	23	1011								383	39	348	218	23	1185			1088	487	516	85	97
	结伙斗殴、寻衅滋事	3	132	6	11	71	36	8	132								6	11	71	36	8	202			182	101	61	20	20
	侮辱妇女及其他流氓活动	4	9		1	4	4		9									1	4	4		9			9	3	4	2	
	阻碍国家工作人员执行职务	5	6	1	1	1	2	1	6									1	1	2	2	12			12		6	6	
	其他	6	12	4	1	6	1		11								3	1	6	1		12			10	10			2
危害公共安全	违反枪支管理规定	7	4			3	1		4										3	1		4			4	2	1	1	
	违反经营旅店、饭店安全规定	8																											
	违反剧毒、放射性物品管理规定	9																											
	违反爆炸物品管理规定	10	202		5	128	44	25	202									5	128	44	25	228			223	50	156	17	5
	非法持有、私藏爆炸物品	11																											
	丢失爆炸物品	12																											
	非法制造、销售烟花爆竹	13																											
	其他	14	72	35	2	15	16	4	72								35	2	15	16	4	165	2		57	25	31	1	106
侵犯人权	殴打他人	15	851	47	33	461	254	56	847								47	33	458	254	55	1125	2		978	455	449	74	145
	其他	16	44	3	2	19	18	2	54								3	2	26	20	3	61			52	37	11	4	9
侵犯公私财物	偷窃少量财物	17	1314	215	81	566	379	73	1302								215	81	557	377	72	1533	10	1	1340	664	634	42	182
	骗取、抢夺、敲诈、勒索财物	18	70	3	10	31	22	4	71								3	11	31	21	5	77	1		64	34	23	7	12
	哄抢公私财物	19	11	7		3		1	11								7		3		1	14			14	5	9		
	故意损坏公私财物	20	110	9	5	58	34	4	100								9	5	48	34	4	110			100	69	24	7	10
妨害社会管理秩序	伪造倒卖票券、证件	21	1				1		1										10	1		13			8	5	1	2	5
	毒品违法案件	22	4	1	3				4								1	3				4	2	1					1
	私种毒品原植物	23																											
	吸食、注射毒品	24																											
	利用迷信扰乱秩序或骗财	25	4	1			3		4								1			3		5			5	1	1	3	
	违反严禁淫秽物品管理规定	26	13	7		4	2		13								7		4	2		17			17	3	13	1	
	卖淫、嫖宿暗娼	27	15	1		3	6	5	15								1		3	6	5	23			21	2	19		2
	介绍容留卖淫、嫖宿暗娼	28	1				1		1											1		2			2		2		
	赌博	29	103	15	5	54	25	4	103								15	5	54	25	4	347			347	81	262	4	
	其他	30	90	21	2	30	19	18	90								21	2	30	19	18	96	1	1	86	35	49	2	8
违反户口管理规定		31	60		12	35	12	1	60									12	35	12	1	61			61	5	56		
违反居民身份证管理规定		32	124	52	49	10	10	3	124								31	49	10	10	24	123	1		122	9	113		
其他		33	128	23	13	57	28	7	127								22	13	57	28	7	122	2		77	34	38	5	43

制表：刘金平

离退休职工管理

【离退休职工管理处】 负责总公司机关离退休、提前离岗、内部退养职工日常管理和服务的职能部门，同时还负责总公司关心下一代工作委员会的工作。定员9人，现员16人，设处长1人、副处长2人。现管理离退休职工435人，其中离休干部23人，退休干部240人，内部退养干部82人，提前离岗干部25人，退休工人65人。 （孙启业）

【离退休职工党总支及党支部建设】 根据党章规定，年内对离退休职工党总支及13个党支部进行换届选举。新一届党总支委员由16人组成，由孙启业任总支书记，孙大海、王国晨、吕连亭、牛龙韬任副书记。9月，制定党总支工作8项职责，较好地发挥了总支在时事政策宣传、党员学习教育、遵纪守法教育、联系群众、支持改革、维护稳定等方面的管理与服务作用。在机关机构改革中，内部退养和提前离岗人员增加到90人。为加强管理，又成立3个党支部、划分为9个党小组，根据形势需要适时进行教育与管理，使这部分人员形散实不散，对稳定机关起到促进作用。

（孙启业）

【离退休职工管理与服务】 （1）为加强离退休职工自我约束、自我管理能力，制定了《离退休人员自律守则》。按照江泽民总书记提出的“政治坚定、思想常新、理想永存”要求，认真组织“三个代表”重要思想和“七一”讲话学习，提倡讲文明、讲道德、讲团结，自觉抵制各种不良风气；动员离退休人员支持改革，维护稳定，关心企业建设，促进企业发展，参加健康有益的文体活动。（2）认真落实离退休人员的政治、生活待遇。全年组织文件阅览144次，阅读文件1 500余份，2 160人次参加阅文活动。订阅《中国老年报》21 600份、《中国铁道建筑报》9 600份，其他报纸、刊物30余种，不定期向离退休人员通报情况15次。督促、协助有关单位按时足额发放离退休人员养老金，安排疗养76人次，看望病员168人次，家访138人次。（3）积极开展老年健身活动。随着离退休职工的逐年增加，及时调整、充实了老年体协组织。总公司机关老年体协由孙启业任主席，孙大海、王国晨、曾启湘、王永录任副主席，王国晨兼秘书长，曾初雄任副秘书长。下设15个单项体育协会，分别由侯福虎、刘月智、马国栋任钓鱼协会正副会长；侯华忠、李庆贺、张笑兰任门球协会正副会长；沈桂馥、徐恒盛、刘月智任气排球协会正副会长；沈尔仁、赵德芳任台球协会正副会长；杨俊义任麻将协会会长；刘瑞森、邵主兴任桥牌协会正副会长；罗明兴任象棋协会会长；徐锡山任军棋协会会长；李玉琴任跳棋协会会长；谢志杰任乒乓球协会会长；余珊鸣任文艺协会会长；谢久禄任书画协会会长；谢济良任保健协会会长；毛金富任登山协会会长；吴淑娟任服装表演协会会长。全年累计组织各种文娱体育活动8 916次，参加人员91 456人次。通过管理与服务，使离退休人员做到老有所教、老有所学、老有所为、老有所乐。

（孙启业）

【“献爱心、送真情”活动】 为救助兴城疗养院患白血病的学生魏旭，机关离退休人员积极参加“献爱心、送真情”活动，231人共捐款2 904元。此外，在向内蒙、江西等受灾地区人民的“献爱心、送真情”活动中，共捐献衣物234套。 （孙启业）

【关心下一代工作】 （1）6月11日，总公司党委对总公司关心下一代工作委员会（以下简称关工委）领导成员进行调整，由邹才华副总经理兼任关工委主任，张宏正、刘毓珊、尹栋梁、高尚仁任常务副主任，孙启业任副主任兼秘书长。（2）9月26日，总公司关工委召开成立10周年总结表彰电话会议，总结关工委工作发展历程、基本经验，24个关心下一代工作先进集体和31名先进工作者受到表彰，邹才华副总经理、彭树贵副书记到会讲话。经总公司推荐，全路关工委表彰4个关心下一代工作先进集体和9名先进工作者。（3）根据全国统一部署，总公司关工委与团工委、宣传部、教育卫生部共同组织开展“祖国统一赞”读书活动。购买有关读物5 165册，参加读书活动的中小学生1 584人、青工18 748人，一批先进单位和个人受到全国读书活动组委会表彰奖励，其中中铁十二局集团公司关工委获特别奖，都匀桥梁厂关工委获优秀组织奖，中铁十五、十八局集团公司子弟学校获组织奖。（4）配合纪念中国共产党成立80周年，订购《光照千秋》光盘127盘、录像带23盒，组织开展形式多样的宣传教育活动，增强了青少年热爱党、拥护党、跟党走的信念。（5）总公司关工委先后四次组织调研组，到所属28个局处机关及基层单位调查研究，指导工作。帮助中铁十二局集团公司和都匀桥梁厂关工委总结开展青少年教育和加强自身建设的经验，先后在全路和总公司系统交流和推广。

（黄科山）

基　建

【基建办公室】　负责总公司机关基本建设的业务部门。定员4人，现员4人，设主任1人、副主任1人。主要职责：负责总公司机关大院总体建设规划方案制定和报批工作；按照批准的总体建设规划方案，适时提出新建或改扩建工程项目可行性研究报告；根据总公司下达的工程建设立项批复，负责基建项目的组织实施；负责签订工程承发包及监理合同，审查工程项目概预算、竣工决算，及时申报资金使用计划，确保工程建设顺利进行。　　　　（姜元达）

【基建项目管理】　总公司领导决定，基建办公室在29号高层住宅楼建成后，又承担了机关"三项配套"和"三大改造"工程建设。在工程施工中，李国瑞书记多次到现场检查工作，要求从严格合同管理着手，搞好各项工程管理。王振侯总经理多次听取工程计划安排和施工进展情况汇报，要求机关有关部门密切协作，严格按基建程序办事，搞好工程概、预算审核，注重投资效益。何能金、邹才华副总经理对工程建设进行了具体组织安排和指导。在机关有关部门的大力支持配合下，基建工作取得新的成绩，全年完成基建投资1 500万元。

29号高层住宅楼：5月21日，北京市质量监督总站人防工作站完成地下人防工程竣工验收；5月28日，北京市石景山区质量检查站完成全部工程初装修竣工验收，经检验质量合格。6月10日，机关服务中心向住户发放钥匙，进行自装修。8月中旬，全楼正式接通天燃气，具备住户进住条件。该楼年内验工计价拨付工程款640万元。甲方、乙方、监理方完成全部工程竣工结算初步审核。

三项配套工程：(1)机关文化活动中心六层歌舞厅由北京中铁天宏建筑工程有限公司承担装修施工，由北京京城和怡电子有限公司承担灯光及音响设备购置安装施工。6月15日开工，9月15日竣工验收合格，交机关文化活动中心试营业。总投资155万元。(2)机关文化活动中心地下一层保龄球馆由北京伟创艺术装饰有限公司承担装修施工，由北京市希玛保龄球设备有限公司承担4个球道的设备购置安装施工。6月15日开工，9月20日竣工验收合格，交机关文化活动中心试营业。总投资140万元。(3)食堂三楼会议厅由北京中铁天宏建筑工程有限公司承担装修施工。7月16日开工，9月竣工验收合格，交机关工会使用。总投资100万元。

三大改造工程：(1)电力增容改造工程，由院外高压路由引入和院内变电所改造及变配电设备购置安装两部分组成，将机关原用电量3 200千伏安增容至9 600千伏安，解决机关大院用电量不足问题。该工程得到北京市供电局的大力协助，院内设计方案已确定，并由北京市供电局组织了变配电设备招标工作。10月16日，院内变电所加层改造工程开工，预计2003年4月竣工，由北京中铁天宏建筑工程有限公司施工。变配电设备由北京鼎诚电气设备安装有限责任公司承担设备购置安装施工，预计2003年8月完工。院外高压电路初步确定由沙窝变电站经总后勤部加工厂直接埋设双路电缆2.7公里引入机关院内，已委托北京市供电局组织线路勘测和规划设计。该工程预计投入资金1 800万元。(2)市政自来水引入改造工程，由院外市政管线铺设引入和院内水泵房及各楼原有管路更换铺设两部分组成。院外自来水引入管道铺设工程已于年底前完成，由北京市京水互利安装中心施工。院内水泵房工程由铁道建筑研究设计院负责设计，由北京中铁天宏建筑工程有限公司施工，由山东淄博中锐供水设备有限责任公司承担2台100立方米不锈钢水箱及水泵设备的购置安装施工，12月中旬开工，预计2003年6月竣工。院内各楼管路更换铺设由机关服务中心物业部负责施工，5月20日开工，预计2003年6月竣工。该工程预计投入资金540万元。(3)锅炉房煤改气改造工程，按北京市要求将原5台10吨热水锅炉和1台4吨蒸汽锅炉更换成燃气锅炉，计划2003年完工，预计投入资金1 100万元。

房屋大修工程：按照总公司领导要求，机关房屋及设施大修工程由机关服务中心提出计划，由计划统计、财务部门审定并下达计划，由基建办公室组织实施。全年完成大修及改造工程18项，总投资220万元，保证了机关正常办公及生活需要。　　　　（姜元达）

总公司干部基本情况统计表

（2001年度）

项目	总数（人）干部总数	其中 女	其中 少数民族	各类干部（人）局长	副局长	相当局级职务	处长	调研员	副处长	相当处级职务	科长	副科长	相当科级职务	科员、办事员	专业技术工作	学历（人）高等院校 研究生毕业	高等院校 大学本科毕业	高等院校 专科毕业	中专毕业	高中	初中以下	政治情况（人）共产党员	共青团员	民主党派	无党派	年龄（人）25岁以下	26岁至30岁	31岁至35岁	36岁至40岁	41岁至45岁	46岁至50岁	51岁至54岁	55岁至59岁 计	55岁至59岁 女	60岁以上
乙	1	2	3	4	5	6	7	8	9	10	11	12	13	14	15	16	17	18	19	20	21	22	23	24	25	26	27	28	29	30	31	32	33	34	35
总计	51029	10568	1953	28	104	12	920	187	1991	365	6520	5661	1165	7981	26095	124	13274	17931	8922	5922	4856	24637	12039	17	14336	5479	13492	6498	6276	8692	5946	3103	1474	21	69
中铁十一局集团公司	3533	533	57	3	8		75	11	142	27	338	269	174	521	1965	7	893	1119	491	664	359	1681	314	3	1535	408	774	461	428	587	451	264	160		
中铁十二局集团公司	4830	1112	659	2	7	1	78	16	159	33	567	510	71	295	3091	9	1070	1729	1160	479	383	1821	1221	1	1787	568	1356	708	506	707	585	287	113		
中铁十三局集团公司	4786	983	218	2	10	2	55	6	100	9	477	456	38	546	3085	3	1437	1745	715	517	369	2181	1377		1228	697	1380	607	534	874	461	169	63	1	1
中铁十四局集团公司	4264	715	45	2	10		84	23	182	26	795	574	43	718	1807	17	1318	1489	716	451	273	2369	1443		452	402	1380	626	493	678	381	208	96		
中铁十五局集团公司	4376	866	79	2	9		76	11	185	20	572	640	90	521	2250	8	1035	1812	646	466	409	2223	1154		999	531	1080	462	477	881	591	266	88	3	
中铁十六局	4215	758	139	2	9	1	75	29	190	36	487	556	168	457	2205	20	1218	1439	703	405	430	2234	595		1386	385	1068	497	583	731	509	341	101	1	2
中铁十七局集团公司	3778	702	36	2	10		75	12	175	49	589	573	63	1053	1174	3	1056	1487	545	374	313	2080	1269		429	372	984	509	466	746	443	179	77	1	
中铁十八局集团公司	5426	1034	159	3	12	1	99	34	197	48	952	651	140	495	2794	11	1612	1826	797	483	697	2535	1250	3	1638	698	1779	594	485	706	647	340	170	3	7
中铁十九局集团公司	4213	878	347	2	8	2	68	25	145	51	497	501	175	596	2168	5	993	1745	725	405	340	1857	1185		1171	532	1447	450	426	666	331	230	131		
中铁二十局	4673	937	32	2	11	1	74	4	164	20	410	394	31	1084	2478	8	857	1275	1210	846	477	1842	1048	1	1782	574	1195	605	723	905	463	171	32		5
工厂局	2649	829	109		2		36	3	75	9	342	236	25	936	985	3	522	1001	467	314	342	1242	504	7	896	86	419	412	500	315	415	305	173	4	24
中铁物资集团公司	604	93	17				38	3	104	14	165	61	19	97	103		71	185	97	131	120	484	20		100	21	27	23	80	154	145	85	66	2	3
石家庄材料总厂	168	29					3	1	12	2	33	24	10	19	64		41	76	18	23	10	122	28		18			26	36	50	31	11	12		2
铁路运输处	355	76	6				2		9	3	36	38	9	258			38	101	64	71	81	174	73		71	27	38	88	79	59	38	19	7	1	
铁道战备舟桥处	257	33					2		8	2	54	27	6	68	90		1	64	51	40	44	188	10		59	16	21	32	43	78	39	20	8		
铁道建筑研究设计院	210	36	4		2		13	2	30	2	7		5	3	146	10	155	21	13	5	6	118	28		64	7	64	44	34	15	15	7	13		11
总公司干校(党校)	32	6	5		1		5		6		4			3	13		22	8			2	30			2		3	4	4	8	4	5	4		
石家庄铁路工程职业技术学院	157	47	6			1	2	1	5	1	13	3	7	8	116	4	107	32	7	3	4	93	16		48	15	15	29	40	27	13	8	7		3
总医院	469	333	9					2	9		26	23	1	11	397	3	97	165	187	4	13	195	128	1	145	10	98	88	68	71	86	29	19		
兴城疗养院	153	64	9				1		5	2	16	11	17	10	91		6	31	79	18	19	89	18		46	1	19	13	20	37	41	15	6		1
西安医院	260	120	4				1		6	4	29	17	20	5	178		47	93	77	10	33	172	14	1	73		18	16	40	64	64	31	23	2	4
北京中铁建设有限公司	888	169	24				3	1	13	3	60	50	16	157	585	3	404	265	50	132	34	415	291		182	125	272	99	100	176	76	23	17		
总公司机关	733	216	19	6	5		55	3	70	29	51	47	37	120	310	10	217	223	104	81	98	492	53		188	4	55	105	111	157	117	90	88	3	6

制表：张晓明

总公司技术干部情况统计表

（2001年度）

项目	总数(人) 技术干部总数	总数(人) 其中 副处领导	总数(人) 其中 高级	总数(人) 其中 中级	总数(人) 其中 初级	工程技术人员(人) 小计	工程技术人员(人) 高级工程师	工程技术人员(人) 工程师	工程技术人员(人) 助工、技术员及未聘职务	卫生技术人员(人) 小计	卫生技术人员(人) 正副主任医师	卫生技术人员(人) 主治医师	卫生技术人员(人) 医、护师士及未聘职务	教师(人) 小计	教师(人) 教授、高讲	教师(人) 讲师	教师(人) 助教、助讲、教员及未聘职务	经济人员(人) 小计	经济人员(人) 高级经济师	经济人员(人) 经济师	经济人员(人) 助经、经济员及未聘职务	会计人员(人) 小计	会计人员(人) 高级会计师	会计人员(人) 会计师	会计人员(人) 助会、会计员及未聘职务	统计人员(人) 小计	统计人员(人) 高级统计师	统计人员(人) 统计师	统计人员(人) 助统、统计员及未聘职务	政工人员(人) 小计	政工人员(人) 高级政工师	政工人员(人) 政工师	政工人员(人) 政工员	文案人员(人)	翻译人员(人)	新闻人员(人)	文艺人员(人)	农艺研究体育律师(人)
乙	1	2	3	4	5	6	7	8	9	10	11	12	13	14	15	16	17	18	19	20	21	22	23	24	25	26	27	28	29	30	31	32	33	34	35	36	37	38
总计	44673	2815	2476	14466	27710	24206	1543	7097	15566	4265	320	1442	2503	1472	100	750	622	4298	104	1458	2736	5024	145	1267	3612	323		47	280	4805	246	2266	2293	143	21	46	58	8
中铁十一局集团公司	3170	224	153	1119	1898	1788	102	584	1103	309	12	114	183	79	2	41	36	295	8	91	196	314	11	85	218	5		3	2	362	18	190	154	12		2	3	1
中铁十二局集团公司	4650	243	244	1704	2701	2688	161	863	1664	354	27	142	185	182	6	91	85	398	13	187	198	532	16	162	354	37		2	35	453	19	256	178	4	1	1		
中铁十三局集团公司	4391	154	201	1336	2854	2297	126	643	1528	373	30	94	249	56	4	28	24	620	8	191	421	574	8	145	421	45		4	41	410	25	220	165	12		2	2	
中铁十四局集团公司	3824	270	247	1257	2320	2148	168	714	1266	217	23	69	125	60	9	29	22	390	10	119	261	419	19	93	307	14		1	13	560	16	226	318	12	1	2	1	
中铁十五局集团公司	3805	254	234	1321	2249	2033	138	667	1228	354	28	132	194	258	17	124	117	363	16	134	213	377	21	85	271	17		5	12	390	14	167	209	8	1	2		2
中铁十六局	3633	242	207	1148	2278	2022	159	641	1222	312	17	82	213	62	3	42	17	337	2	91	244	395	5	80	310	39		5	34	454	19	199	236	8		3	1	
中铁十七局集团公司	3311	260	131	1200	1973	1879	93	603	1183	258	14	104	140	37		16	21	305	2	113	190	340	10	99	231	22		7	15	457	12	250	195	8		2	3	
中铁十八局集团公司	4486	246	265	1172	3049	2722	142	618	1962	423	49	153	221	138	8	77	53	269	6	53	210	486	19	69	398	37		4	33	385	40	191	154	13	7	2	2	2
中铁十九局集团公司	3685	210	157	837	2691	2285	81	426	1778	314	22	94	198	34	2	16	16	256	19	65	172	393	5	85	303	35		7	28	356	27	136	193	11		1		
中铁二十局	3843	244	196	1016	2629	2031	144	442	1445	328	21	65	212	107	4	53	50	432	6	164	262	553	9	164	380	25		2	23	348	12	119	217	14	3	2		
工厂局	2253	108	69	912	1266	860	42	377	441	207	3	58	146	242	8	132	102	381	3	121	257	250	2	89	159	40		6	34	253	11	120	122	13	3	3		1
中铁物资集团公司	389	114	17	188	184	90	7	39	44	17		14	3					114	5	59	50	97		45	52	1			1	62	5	30	27	7				1
石家庄材料总厂	160	15	38	76	46	101	28	47	26	2		2						15	2	8	5	15	5	3	7					26	3	15	8	1				
铁路运输处	275	11	3	73	199	127	2	41	84	29		1	28	9		5	4	9		1	8	51		9	42	5			5	44	1	16	27	1				
铁道战备舟桥处	181	7	14	55	112	74	9	21	44	21	3	7	11	22		7	15	3		2	1	31	2	6	23					30		12	18					
铁道建筑研究设计院	198	44	68	76	54	158	64	59	35	5		4	1	1			1	3		2	1	12		2	10	1			1	11	4	7		4	3			
总公司干校(党校)	26	11	4	17	5					2		1	1	17	3	11	3	1			1	4		4						2	1	1						
石家庄铁路工程职业技术学院	155	7	34	81	40	29	3	16	10	4	1	2	1	101	29	47	25	2		1	1	4		1	3					11	1	10		3			1	
总医院	456	9	44	172	237	11	1	3	7	414	42	162	210	1			1	6		1	5	9		1	8					13	1	5	7	2				
兴城疗养院	137	4	4	52	79	2		2		102	4	35	63	2			2	4		2	2	9		3	6	1			1	16		10	16	1				
西安医院	234	6	21	119	94	1		1		157	17	72	68	45	4	28	13					13		4	9					17		14	3	1				
北京中铁建设有限公司	851	16	44	272	535	675	32	216	427	2		2						31	2	13	16	71	7	11	53					69	3	29	37	2				1
总公司机关	560	116	81	262	216	185	41	74	70	61	7	33	21	19	1	2	16	64	2	40	22	75	6	22	47	3		1	2	76	14	43	19	6	2	24	45	

制表：张晓明

总公司政工干部情况统计表

（2001 年度）

项目	总数（人） 合计	其中 选聘	女	少数民族	共产党员	民主党派	已取得专业职务	局级	处级	部门情况（人） 党委政治部门	纪委	工会	共青团	其他	学历（人） 本科及以上	专科毕业	专科肄业	中专毕业	中专肄业	高中	初中	年龄（人） 35岁以下	36岁至40岁	41岁至45岁	46岁至50岁	51岁至54岁	55岁至59岁	60岁以上
乙	1	2	3	4	5	6	7	8	9	10	11	12	13	14	15	16	17	18	19	20	21	22	23	24	25	26	27	28
总　　计	4876	1177	503	144	4352		4205	41	936	2250	280	888	159	1299	870	1683		538		979	806	738	455	1495	1158	692	328	10
中铁十一局集团公司	333	64	27	4	284		273	4	67	169	14	76	5	69	49	86		32		119	47	43	23	102	78	58	29	
中铁十二局集团公司	244	14	15	33	235		238	3	65	129	21	58	12	24	24	125		29		26	40	11	16	52	86	50	29	
中铁十三局集团公司	369	90	42	18	326		336	4	45	162	18	40	5	144	84	147		21		61	56	63	38	111	99	46	12	
中铁十四局集团公司	656	150	78	10	566		627	4	109	288	25	84	14	245	144	205		100		131	76	169	60	187	131	76	33	
中铁十五局集团公司	470	123	29	2	434		393	1	100	214	35	97	17	107	72	176		47		89	86	55	31	161	126	70	27	
中铁十六局	437	111	37	12	408		377	4	81	233	33	99	22	50	78	134		48		85	92	52	27	155	103	73	27	
中铁十七局集团公司	453	113	46	9	420		401	5	82	214	30	84	9	116	79	175		53		79	67	61	45	155	119	53	20	
中铁十八局集团公司	423	82	42	14	365		311	4	96	161	12	72	17	161	106	127		47		58	85	96	41	101	102	58	23	2
中铁十九局集团公司	369	139	35	16	335		294	4	64	150	12	63	7	137	61	109		38		73	88	45	28	147	67	50	32	
中铁二十局	387	129	39	6	337		318	4	71	211	31	96	26	23	37	105		49		138	58	44	51	146	94	45	6	1
工　厂　局	257	72	47	10	231		224		39	141	17	47	9	43	48	111		27		35	36	53	35	36	55	40	35	3
中铁物资集团公司	84	18	9	2	79		67		39	24	5	15		40	7	34		16		13	14	4	2	20	26	22	10	
石家庄材料总厂	29		3		27		29		5	15	3	4		7	4	16		1		7	1	1	4	11	6	4	3	
铁路运输处	42	11	2	2	38		41		4	17	3	6	5	11	2	20		2		11	7	2	12	17	8	2	1	
铁道战备舟桥处	39	13	1		36		29		4	21	1	3		14	8	10		4		7	10	4	1	15	9	7	3	
铁道建筑研究设计院	7	1			6		6	1	3	4	1	1	1		5	2						2		1		2	1	1
总公司干校（党校）	2				2		1		1	1				1	2										2			
石家庄铁路工程职业技术学院	10	2	2	1	10		10		4	5		2	2	1	6	4						2	3	1	1	2		1
总　医　院	8	2	2		7		8			1	1	2		4	3	1		3			1		2	1	2	1	2	
兴城疗养院	13	4		1	13		12		1	3	1	4	1	4		7		1		3	2		3		5	2	3	
西安医院	12	2	2		12		10		5	3	1	2	1	5	4	3		4			1		1	5	2		4	
北京中铁建设有限公司	70	11	7		64		70		5	38	4	5		23	7	32		2		25	4	5	7	34	16	5	3	
总公司机关	162	26	38	4	117		130	3	44	46	12	28	6	70	40	54		14		19	35	26	25	37	21	26	25	2

制表：张晓明

9月7日～12日，中央企业工委慰问团到渝怀铁路建设工地慰问参建职工。图为慰问演出场面。

（赵延凤　摄）

资产经营

本栏责任编辑　刘贤福

股权管理

【总公司(国有股)股权代表委员会】 8月3日,经总公司2001年第6次党政领导干部联席会议研究决定,成立总公司(国有股)股权代表委员会。定员暂为17人,设主任1人,副主任3人,秘书2人。总公司(国有股)股权代表委员会主任由王振侯总经理兼任,副主任由靳尚忍副总经理、霍金贵副书记、张惠江总会计师兼任。总公司(国有股)股权代表委员会下设3个办公室,分片负责若干个控股企业。每个办公室定员5人,由派往控股企业的国有股股东代表、副董事长、董事、监事会主席、监事组成。

总公司(国有股)股权代表委员会是总公司派出的国有股股权代表管理组织,是在总公司、总公司党委领导下,通过股权代表体现出资人权益的工作机构,对总公司(出资者代表)负责。成立总公司股权代表委员会,是确保有效行使所有者职能,实现国有资产保值增值的基本途径;是国有资产管理、监督、营运的重要举措,为总公司建立规范的股权代表管理机制迈出了重要一步。总公司(国有股)股权代表委员会的工作职责是:负责收集控股企业股东大会、董事会、监事会工作情况;负责收集汇总股权代表上报的情况报告,整理后向总公司领导汇报并向机关有关部门通报;负责向股权代表传达总公司领导决议和机关有关部门对相关问题的研究意见;负责总公司派出的国有股股权代表的日常管理工作。股权代表(股东代表、副董事长、董事、监事会主席、监事)的工作职责是:按照总公司的决定,依照《公司法》和《公司章程》的规定行使职权;以国有资产保值增值为目标,根据总公司对重大问题的决策,代表国有资产投资主体进行工作;负责了解控股企业高级管理人员履行职责情况,向总公司提出使用意见;调查研究控股企业生产经营和资本运作过程中的重大问题;定期以书面形式向总公司(国有股)股权代表委员会报告工作。 (鞠小华)

【工作综述】 总公司(国有股)股权代表委员会成立后,两次组织股权代表认真学习党和国家关于企业改制、改革的有关方针政策,学习《公司法》、《公司章程》及国有股股权管理的有关规定。12月,在总公司党校组织举办一期集团公司法人治理结构成员培训班,邀请国家经贸委领导及有关专家、教授授课,讲述公司运作、管理等方面的知识。年内,股权代表分别参加控股企业的股东会、董事会、监事会会议,参与控股企业的重大经营决策并监督实施,有效地代表和维护了总公司国有股股东的权益。 (鞠小华)

投资经营

【投资部】 2001年,经总公司第6次党政领导干部联席会议研究决定,成立总公司投资部。8月3日,制发《关于成立总公司投资部的通知》(中铁建劳〔2001〕152号),明确投资部为总公司机关事业部,并逐步向分公司过渡;主要负责对总公司授权的资产和资金进行投资经营,以盈利为目的,选择投资项目,提出可行性建议;根据总公司决策,实施具体的经营运作,运作范围包括房地产开发、项目投资及证券投资。投资部的主要职责是:选择投资项目并进行项目调研、立项、论证和效益评估;实施具体的投资经营,参与投资项目管理并对日常管理实施监督;归口管理总公司本级的对外投资和总公司历史上形成的投资;从事证券投资业务;参与总公司资产重组、兼并收购等资本运作的分析论证。为便于独立开展投资业务,总公司计划拨款1亿元左右,由投资部独立开设银行账户,负责经营运作。编制定员暂定8人,设经理1人、副经理2人。投资部实行独立核算,总公司按照事业部管理办法,制定考核和激励办法并组织实施。投资部于2002年正式运作。 (余兴喜)

【证券投资】 2001年,总公司资金结算中心根据总公司决定,开展了一些风险较小的证券投资业务,取得较好的经济效益,共实现证券投资收益317.7万元。 (余兴喜)

中铁十七局集团公司六处承建的厦门湖里立交桥，采用小半径曲线连续梁、直线拱和偏心吊杆等世界领先技术建成，专家认定其科技含量为中国首创、亚洲领先。（温永源 摄）

科技 教育 卫生 文化

本栏责任编辑　刘贤福

科　　技

【科技部】　总公司负责科技开发、新技术推广和科技管理的职能部门。主要职责是：贯彻国家和有关部委的科技工作方针、政策、法规，执行有关技术标准，组织制订科研和技术管理有关规章制度和办法；编拟总公司科技发展规划、年度科技发展项目计划和科技项目资助经费计划并组织实施；组织重大科研课题的立项论证、方案审查、技术评议，负责科研项目的合同管理、鉴定申报、成果评审、科技进步奖励、成果转化推广及产品技术评审工作；负责专业技术建设、施工技术指导及铁路工程设计文件管理，参加铁路工程设计审查鉴定；负责组织工法编制、评审及推广工作；组织参加科技信息、学术交流活动，负责优秀施工技术总结、学术论文评选；归口管理本系统勘察设计单位资质。作为总公司技术中心办公室，还负责管理总公司技术中心的日常工作。业务上接受国家有关部委科技、建设部门指导，并对各集团公司（工程局）、铁道建筑研究设计院及直属单位的科技工作实施业务指导。定员11人，现员8人，设部长1人、副部长2人，其中教授级高级工程师2人，高级工程师3人，馆员1人，助理工程师2人。　（况　勇）

【科技工作综述】　2001年，科技部克服在位人员少、任务重等困难，较好地完成了工作任务，为提高总公司系统施工技术水平和市场竞争力做出了贡献。

1．日常科技管理。年内申报铁道部科技开发项目18项、批准5项，获铁道部科技资助经费近300万元。总公司新立施工科技项目43项、资助科技开发经费196万元。通过省部级科技成果鉴定16项，通过总公司评审7项，结题科技项目18项，积极做好成果转化工作，对施工生产起到强有力的技术支持作用。

2．科技成果评审。中铁十六局承建的北京地铁王府井至东单区间施工技术获国家科技进步二等奖。申报詹天佑土木工程大奖5项，其中南昆铁路清水河大桥、八达岭高速公路已通过第一轮预审。申报国家级工法15项，评上11项，是全国建筑企业获国家级工法最多的一家。申报部级科技进步奖15项，获省级科技进步奖3项。年内评出总公司优秀施工技术论文和工程技术总结90篇，总公司优秀工法38项，总公司科技进步奖50项。

3．秦沈客运专线技术攻关。组织人员对秦沈客运专线板式无碴轨道施工、长钢轨焊接、箱梁架设、无缝线路铺设进行技术攻关，完成现场制梁场技术条件评审，为认证创造条件。与总公司办公室一道，会同铁道部、沈阳铁路局有关人员，赴秦沈客运专线召开竣工文件编制座谈会，进行具体业务指导，为编制齐全完整、质量较高的竣工文件打下基础。配合铁道部在总公司管段进行动车组试验取得圆满成功，列车最高时速达到210公里，赢得各方一致赞誉。承担铁道部《京沪高速铁路轨道质量检验验收标准》一书的编写任务，年内该书初稿已通过专家首次评审。

4．青藏铁路建设技术准备。先后组织人员参加铁道部召开的青藏铁路关键技术研讨会、科研项目论证会、初步设计方案审查会，并提供许多有价值的意见；组织召开青藏铁路施工技术研讨会，深入研讨高原、高寒地区施工中的关键技术，丰富施工技术和经验，为工程投标和组织施工提供了技术准备；承担铁道部安排的《青藏铁路隧道施工技术细则》编写任务，年内已顺利完稿并交付施工现场用于指导隧道工程施工；收集整理国内外高原高寒冻土地区的筑路技术并汇编成书，为工程投标和施工生产提供了有力的技术支持。

5．城市轨道工程技术交流。为拓宽总公司系统生产经营领域，提高城市轨道工程施工技术水平，8月组织城市轨道工程施工技术经验交流会，特邀中铁十三、十六局（集团公司）和养马河桥梁厂作经验介绍，组织参观了北京轨道交通工程和广州地铁工程的部分工点，对于拓展城市轨道工程市场具有重要指导作用。

6．协助勘察设计单位资质换证。根据建设部深化勘察设计行业体制改革、清理整顿市场、优化队伍结构、推进注册执业制度的有关规定，总公司组织对现有的6个乙级、5个丙级勘察设计院进行资质摸底，于4月底在铁道建筑研究设计院召开勘察设计工作会议，要求相关单位立即着手资质换证的资料准备工作，积极协助各设计院理顺关系、疏通渠道、提升软硬件管理水平，确保现有资质并争取在更高的资质上就位。

7．总公司技术中心筹建。积极落实国家关于大中型国有企业必须建立技术中心的规定，就组建总公司技术中心问题多次进行专题研讨，到北京城建集团公司等先期成立技术中心的企业进行调研，向国家经贸委汇报组建技术中心的设想，并提出成立总公司技术中心的方案。

8．学术交流成绩显著。9月下旬，组织铁道建筑研究设计院、昆明中铁机械厂、养马河桥梁厂参加在北京展览馆举办的“2001年国际轨道运输技术装备展览暨学术研讨会”，其产品、技术引起参观人员的浓厚兴趣，广告效应明显。9月上旬，在大连举办的铁道部2001年基建信息网年会上，发布21项科研成果，交流

16项施工技术,扩大了企业社会知名度。

9.技术管理与服务。加强技术管理基础工作,积极参加国家和行业有关技术标准的制定,着手建立企业自身的技术标准,年内出台《桥梁膺架法施工技术规定》。组织重难点工程技术攻关,及时帮助基层解决施工中的难题。协助组织秦沈客运专线现场制梁、制枕技术评审,顺利通过铁道部认证。 (况 勇)

·科技管理·

【科技发展计划】 2001年,申报科技项目156项,新立科技项目50项,其中施工科技项目43项(A类33项、B类10项),医疗卫生科技项目7项,资助科技开发经费196万元。 (陈建军)

【总公司城市轨道工程施工技术交流会】 8月23日~24日在北京召开,各集团公司(工程局)、有关直属单位的行政主管、总工程师、施工技术部门负责人、机关有关部门领导100余人参加会议,王振侯总经理、李国瑞书记、何能金、扈振衣、夏国斌副总经理、霍金贵、彭树贵副书记出席会议并讲话。中铁十三局集团公司、中铁十六局、养马河桥梁厂等单位在会上介绍城市轨道工程施工经验,组织参观了北京轨道交通工程和广州地铁工程的部分工点,会后编印出版《城市轨道工程施工技术论文集》发往各单位,对于拓宽总公司生产经营领域、提高城市轨道工程施工技术水平有着重要指导作用。 (陈建军)

【总公司青藏铁路施工技术研讨会】 3月28日~29日在北京召开,各集团公司(工程局)领导、技术与经营部门负责人及有关专家100余人参加,王振侯总经理、李国瑞书记、杨海峰副总经理、宋抗常总工程师出席会议并讲话。会上,各单位交流高原高寒地区施工经验,专家们就一些关键技术进行了深入研讨,丰富了施工技术和经验,为各单位工程投标和组织施工提供了技术支持。 (陈建军)

【总公司勘察设计工作会议】 4月底在铁道建筑研究设计院召开。会议传达贯彻建设部关于深化勘察设计行业体制改革、清理整顿市场、优化队伍结构、推进注册执业制度的有关规定,布置勘察设计单位资质换证工作,确保现有设计资质,并争取在更高的设计资质上就位。 (陈建军)

【优秀工法评审】 经国家工法审定委员会审定通过,中铁十二、十三、十五、十六、十七、十八、二十局集团公司(工程局)及铁道建筑研究设计院等单位开发的11项工法被审定为1999年~2000年度国家级工法。该年度共审定国家级工法61项,总公司占总数的18%,是全国建筑企业获国家级工法最多的一家。经2000年~2001年度总公司优秀工法评审会议评审,认定企业级工法5项,评出总公司优秀工法38项,其中一等奖15项、二等奖23项。 (康 琳)

【总公司优秀施工技术总结、论文评选】 12月中旬,在铁道建筑研究设计院召开总公司2000年~2001年度优秀施工技术总结、论文评审会,评出优秀施工技术总结、论文90篇,其中一等奖12篇、二等奖78篇。 (康 琳)

【总公司科技进步奖评审】 经2001年度总公司科技进步奖评审会议评定,50项成果获总公司科技进步奖,其中一等奖8项、二等奖21项、三等奖21项。 (康 琳)

【组织参加国有企业改革和科技进步展览会】 6月,中宣部等五部委为庆祝建党80周年,在北京展览馆举办"国有企业改革和科技进步展览会"。总公司组织西康铁路秦岭隧道TBM掘进机施工图片参加展览。 (康 琳)

【秦沈客运专线内燃动车组试验】 为检验综合试验段工程施工情况,确保全线开通运营后时速达到160公里以上,铁道部于12月上旬在秦沈客运专线总公司管段进行内燃机车动车组试验。总公司和中铁十一局集团公司精心准备,周密安排,做了大量工作,达到预期试验结果,最高时速达210公里。铁道部领导亲临试验现场进行指导,并对试验段的路基和轨道施工给予高度评价。 (康 琳)

【《高速铁路轨道工程质量检验评定暂行标准》通过审查】 受铁道部委托,总公司组织中铁十一局集团公司、石家庄铁道学院、铁道科学研究院、铁道专业设计院、铁三院、铁四院等单位专家共同编写的《高速铁路轨道工程质量检验评定暂行标准》年内定稿,于12月通过铁道部组织的审查。 (康 琳)

【参加国际轨道运输技术装备展览会】 由铁道部、建设部和中国科协联合举办的"2001年国际轨道运输技术装备展览会",于9月26日~29日在北京展览馆举办。总公司系统铁道建筑研究设计院、昆明中铁机械厂、养马河桥梁厂参加展览,展示建设成就,交流工程

技术，提高了总公司社会知名度。　（梁爱珍）

【学术交流】 为加强学术交流，总公司与中国土木工程学会、中国铁道学会、北京铁道学会、铁道工程分会等多家学术团体建立了业务联系。7月27日～29日，参加在深圳召开的粤、京、港、沪铁道学会第五届学术年会，评选出优秀论文46篇，总公司系统5篇论文入选，受到一致好评。　（梁爱珍）

【参加铁道基建信息网年会】 9月10日～13日，铁道基建信息网2001年年会在大连召开。会议听取了"铁道基建信息网"16个调研项目的汇报，其中铁道建筑研究设计院的《冻土地区桩基施工技术》、《高速铁路路基施工质量监控动态变形模量测试技术》、《21世纪浮桥技术》在年会上交流，这些项目具有较高的应用价值。　（梁爱珍）

·科技开发·

【清水河大桥、八达岭高速公路工程获"中国土木工程詹天佑大奖"】 南昆铁路清水河大桥和八达岭高速公路（二期）工程于2001年获第二届中国土木工程詹天佑大奖。清水河大桥主要参建单位有中铁十六局、铁道部第二勘测设计院、中国铁道建筑总公司、大桥工程监理公司、铁道建筑研究设计院；八达岭高速公路（二期）工程主要参建单位有北京市市政工程设计研究总院、市公路局、市公路桥梁建设公司、中铁十六局。中国土木工程詹天佑大奖是经国家科技部核准、建设部认定的中国土木工程界最高科技创新荣誉奖，主要奖励在科技创新与技术应用方面做出突出成绩的工程项目，每两年评选一次。中铁十六局荣获中国土木工程学会颁发的詹天佑金像和荣誉证书。　（康　琳）

【"城市松散含水地层中复杂洞群浅埋暗挖施工技术研究"获国家科技进步奖】 由中铁十六局开发的"城市松散含水地层中复杂洞群浅埋暗挖施工技术研究"获2001年度国家科学技术进步二等奖。该项技术在北京地铁王府井—东单区间施工中应用，总体技术达到国内领先水平，其中复杂洞群浅埋暗挖综合施工技术达到国际领先水平。　（康　琳）

【"花土坡高墩大跨连续梁桥快速施工成套技术"通过鉴定】 1月8日，由中铁十七局集团公司开发的内昆铁路"花土坡高墩大跨连续梁桥快速施工成套技术"通过铁道部科教司组织的成果鉴定。鉴定意见认为，该项成果构思新颖，技术先进，安全可靠，经济效益明显，成果推广前景好；整体施工技术达到国内领先水平，其中高墩施工综合技术达到国际先进水平。　（陈建军）

【"移动导梁法悬臂灌筑预应力混凝土连续梁施工技术"通过鉴定】 4月17日，由中铁十四局集团公司开发的"移动导梁法悬臂灌筑预应力混凝土连续梁施工技术"通过江苏省科技厅组织的成果鉴定。鉴定意见认为，该项技术在中等跨度的悬臂灌筑桥梁施工中具有明显的优越性和广泛的推广应用价值，适用于不同桥面宽度的曲线桥，施工技术达到国内领先水平。　（陈建军）

【"双洞公路隧道环境监控信息化施工配套技术"通过鉴定】 4月20日，由中铁十四局集团公司和浙江省交通厅、同济大学共同研究完成的"双洞公路隧道环境监控信息化施工配套技术"在济南通过交通部科教司组织的成果鉴定。鉴定意见认为，该项成果总体研究达到国内领先水平，在隧道开挖、支护全过程动态监控和预测研究以及在隧道穿越沟谷、浅坡进行超浅埋暗挖方面有创新。　（陈建军）

【"李子沟群桩高墩大跨长联刚构—连续组合梁桥快速施工成套技术研究"通过鉴定】 7月9日由中铁十八局集团公司开发的内昆铁路"李子沟群桩高墩大跨长联刚构—连续组合梁桥快速施工成套技术研究"通过铁道部科教司组织的成果鉴定。鉴定意见认为，该项成果构思新颖，技术先进，安全可靠，技术经济效益显著，有力地保证了内昆铁路李子沟大桥施工任务的快速完成，整体技术达到国际先进水平，具有良好的应用前景。　（陈建军）

【"秦沈客运专线箱梁预制技术"通过评审】 9月，由总公司、房山桥梁厂、铁道科学研究院、长沙铁道学院、铁道专业设计院、中铁十九局集团公司共同完成的"秦沈客运专线箱梁预制技术"通过铁道部科教司组织的评审。评审意见认为，该项研究成果填补了国内技术空白，对检验和改进梁体设计、现场制梁具有重要指导作用，取得显著的社会效益和经济效益。　（陈建军）

【现场制梁、制枕场通过技术条件评审】 4月～11月，都匀桥梁厂玉屏及明港制梁场和格尔木制枕场，中铁十四局集团公司五处连山及临朐制梁场，养马河桥梁厂兴城制梁场，房山桥梁厂南阳、秦皇岛、佳木斯制梁场分别通过总公司组织的技术条件评审，为现场制梁、

制枕取得生产许可证,保证产品质量,顺利完成铁路建设任务打下良好基础。 (康 琳)

【D09－32型连续式捣固样车通过出厂评审】 昆明中铁机械厂引进奥地利Piasser公司技术生产的D09－32型连续式捣固车样车试制成功,于4月12日通过铁道部组织的出厂评审,并交付广州铁路集团公司使用。D09－32型连续式捣固车代表国际大型养路机械先进水平,填补了国内空白,将在铁路第四次大提速和铁路繁忙干线全面实现机械化维护作业中发挥重要作用。

(康 琳)

【"铁路高墩大跨连续梁工程劳动定额研究"通过评审】 6月12日,由中铁十七局集团公司和总公司劳动工资部共同完成的"铁路高墩大跨连续梁工程劳动定额研究"通过总公司组织的评审。评审意见认为:该项研究成果填补了铁路行业高墩大跨连续梁工程劳动定额研究的空白,对于促进施工企业提高科学管理水平、增强企业社会竞争力起到积极作用。 (康 琳)

【"施工企业合并会计报表编制实务研究"通过评审】 12月29日,由总公司财务部、海外公司及中铁十七、十八局集团公司和石家庄铁道学院共同完成的"施工企业合并会计报表编制实务研究"通过总公司组织的评审。评审意见认为:该研究成果极大地提高了合并会计报表的编制效率和会计信息的真实性,具有很强的可操作性和实用价值,达到国内先进水平,具有推广价值。 (康 琳)

【"钢筋混凝土箱形拱建桥技术"通过鉴定】 12月8日,由中铁十一局集团公司研究开发的"钢筋混凝土箱形拱建桥技术"通过河南省科技厅组织的成果鉴定。鉴定意见认为,采用该项技术使洛三高速公路许沟特大桥在梁式支架上修建特大跨度、大跨径钢筋混凝土箱形拱桥的支架技术居于国内领先水平。

(陈建军)

【青藏铁路试验工程进展顺利】 2001年,总公司系统中标青藏铁路4个标段,其中风火山隧道、清水河高温多年冻细粒土段、安多岛状冻土和深季节冻土段为铁道部选定的试验工程,共安排有4项试验工程、2处波纹管涵试验工点,工作量大,任务艰巨,各项试验工程进展顺利。 (陈建军)

总公司2001年科技进步获奖项目表

序号	成 果 名 称	获奖单位	获 奖 人 员	奖励等级
1	移动导梁法悬臂灌筑预应力混凝土连续梁施工技术	中铁十四局集团公司	刘运平、栾昌信、杨少宏、薛 锋 王朝晖、于新军、孙全秋、伍万军 毕爱国、王贵灵、朱 辉	一等
2	高海拔高寒隧道综合施工技术	中铁十六局	丁善烨、刘国玉、刘玉良、陈树林 杜 彬、王廷贤、方利成、张 勇 程红彬、朱尊宁、杨朝辉	一等
3	复杂地质条件下特长双线隧道综合施工技术研究	中铁十六局	薛继连、刘安金、杨文生、常艄东 殷立军、吴洪波、马 栋、杜 彬 莫锦德、李国英、石新桥	一等
4	花土坡高墩大跨连续梁桥快速施工成套技术研究	中铁十七局集团公司	李志贤、文 珂、赵奎银、陈鉴恩 邱 瑞、王清明、李小和、王业好 蒋临安、张岩青、张喜民	一等
5	秦岭硬岩特长隧道平导钻爆法快速施工技术研究	中铁十八局集团公司	彭道富、李洪奇、陆晓辉、魏贤坤 李培忠、郭志强、孟文林、房炳杰 赵铁山、温向东、郗庆桃	一等
6	李子沟群桩高墩大跨长联刚构一连续组合梁桥快速施工成套技术研究	中铁十八局集团公司	张璠琦、彭道富、吴登银、黄 健 杜洪举、陈 野、刘志德、申传胜 苏在林、翁卫军、冯 涛	一等
7	土钉墙变形与破坏计算机有限元分析系统	北京中铁建设有限公司	秦四清、贾 洪、唐春安、龙 辉 梁正召、朱世平、刘 钧、王建党 万志清、张冰峰、李志刚	一等

续　表

序号	成果名称	获奖单位	获奖人员	奖励等级
8	秦沈客运专线24米双线整孔简支箱梁试验研究	总公司、工厂局、房山桥梁厂、中铁十九局集团公司	宋抗常、况　勇、王东辉、鄂宝生 李元龙、周兆春、石桂柳、王化松 姜忠仁、杨学海、于进江	一等
9	新Ⅱ型预应力混凝土轨枕生产技术	株洲桥梁厂	刘海华、刘　勇、黄文俊、彭连生 周　亮、朱高翔、文智勇、阎铭君 王　旭	二等
10	支架悬吊模板法施工技术	中铁十二局集团公司、铁道建筑研究设计院	郭仲尤、纪尊众、张善政、杨自政 陈春华、谢建明、胡金满、王合希 吕伟楠	二等
11	深水急流情况下的双壁钢围堰定位下沉技术	中铁十二局集团公司	崔耀华、张复平、许超英、朱　奎 菅永明、池雁彬、闻骥东、贾国盛 龚　斌	二等
12	秦沈客运专线西部试验段路基施工技术	中铁十二局集团公司、铁道建筑研究设计院	王志坚、辛维克、黄直久、唐　沛 赵晋华、王　勇、王立军、陈　福 李金堂	二等
13	秦沈客运专线级配碎石生产和施工技术	中铁十二局集团公司	王志坚、辛维克、黄直久、赵晋华 王　勇、王立军、李金堂、付英俊 李默燃	二等
14	秦沈客运专线32米单线箱梁预制施工技术	中铁十二局集团公司	张　伟、王经纬、刘占伟、李默燃 王　勇、辛维克、黄直久、张丽辉	二等
15	职工健康档案管理系统应用软件	中铁十二局集团公司	李吉锋、刘金玲、高爱民、杨维成 李长臣、孙学勤、徐宏伟	二等
16	双洞公路隧道环境监控信息化施工配套技术研究	中铁十四局集团公司	崔茂玉、吴非照、王爱国、朱合华 陈允法、刘学增、郭芬松、吴　刚、苏红卫	二等
17	跨既有线钢混结合连续梁施工技术	中铁十四局集团公司	刘运平、陈益刚、邢　琦、刘全勋 张维超、殷　勇、张林光、王爱国 王朝辉	二等
18	铁路施工多方案抉择研究	中铁十四局集团公司、石家庄铁道学院	王明生、朴春慧、杨广庆、祝景寰 曹希彬、焦敬青、李　利、戴树合 李书源	二等
19	桩柱支承法修建浅埋暗挖大跨度地铁车站施工技术	中铁十六局	汪昭富、董贤顺、韩少光、马　栋 张伟庆、王景斌、陈佑新、黄立新 陆增钿	二等
20	高寒地区运营隧道整治综合施工技术	中铁十六局	赵玉坤、孙吉堂、董勤银、吴洪波 刘四湖、王保全、庞文利、刘兴才 孟方岐	二等
21	铁路高墩大跨连续梁工程劳动定额研究	中铁十七局集团公司、总公司劳动工资部	陈宗火、苗振林、王保和、麻　涛 温兴深、陈鉴恩、王占科、李左军 凌锡贞	二等
22	SPJ450/32架桥机大吨位箱梁运输架设技术	中铁十七局集团公司、石家庄铁道学院	马春风、董献付、王海龙、赵奎银 杨保升、田朝霞、王炳灵、鲍存坤 杨明金	二等
23	秦沈客运专线震动液化区路桥过渡段高填方路基施工技术	中铁十八局集团公司、石家庄铁道学院	吴忠良、杨广庆、要文堂、张师岸 曹清荣、周大勇、邹永红、庞　巍 孙月飞	二等
24	秦沈客运专线24米单线箱梁现场预制技术	中铁十八局集团公司、中铁二十局	张播琦、余　量、雷升祥、薛　琪 郭建波、杨保德、吴忠良、王必强 张立军	二等

续　表

序号	成果名称	获奖单位	获奖人员	奖励等级
25	DF450 型架桥机大吨位箱梁运、架技术	中铁二十局、中铁十六局	凌茂钦、陈广亮、余　量、方利成、相　昌、孔文亚、姚晓红、陈永祥、马西章	二等
26	公伯峡 128 米钢管拱桥综合施工技术	铁道建筑研究设计院、中铁十九局集团公司	苏国明、扁亚文、刘建龙、周光忠、程慧林、陆立太、张德峰、高占军、孙东泽	二等
27	K_{30}测试精度影响因素研究	铁道建筑研究设计院、中铁十四局集团公司	王黎辉、冯玉勇、白春生、肖作声、王爱国、王朝辉、祝景寰、李学乾、尤昌龙	二等
28	引进德国 ROBEL 公司四种小型养路机械的国产化研制	昆明中铁机械厂	沈德明、胡　斌、张瑞荣、陈利云、荣晓波、康　琳、苗勇祥、王旭平	二等
29	血管内皮细胞功能障碍相关物质与原发性高血压及冠心病关系的研究	总医院	叶林书、朱桐春、孙晓英、杨向阳、刘守兰、安春华、何夏宁、别　琳、尹北丽	二等
30	基于 Intranet/Web 的分布式信息管理系统	中铁十二局集团公司	吴　波、罗素声、姚光华、石斌	三等
31	成昆铁路百家岭运营隧道病害整治施工技术	中铁十二局集团公司	石有才、马荣柱、李明道、何定高、操贤胜、张善政、杨自政	三等
32	高流态自密实混凝土施工技术	中铁十二局集团公司	李晋锋、张建元、李继华、杨俊明、赵　慧、刘晓勇、冯飞鸿	三等
33	胆总管探察后直接缝合	中铁十二局集团公司	羊马迁、周静国、陈　静、张洪亮、程向丽、王爱荣	三等
34	腹腔持续引流注沙培林治疗癌性腹水临床研究	中铁十二局集团公司	韩清利、杨厚乾、王生光、卢春风、刘晓婕、毕　云、邹　宁	三等
35	秦沈客运专线 200 吨龙门吊研制	中铁十三局集团公司	刘纯刚、肖新华、张建国、黄　挺、郑国学、刘世山、张锦辉	三等
36	深窄沟槽单排孔爆破开挖一次成型技术	中铁十四局集团公司	朱礼臣、孙　永、刘树爱	三等
37	高等级公路 SBS 改性沥青混凝土配比设计与施工技术	中铁十四局集团公司	袁　松、宿春亮、谢书渊、陈跃起、董凤杰、张春雨、李启冰	三等
38	预应力锚索桩板墙锚固技术	中铁十六局	王新民、谢新民、王泽国、刘宏敏、张建宾、王武现、徐存良	三等
39	城市轻轨移动式气压焊钢轨焊接技术	中铁十六局	吴洪波、孙吉堂、范清玉、徐敏聪、李宫南、陈　查	三等
40	秦沈客运专线多级破碎道碴生产技术	中铁十七局集团公司	马春风、董献付、杨保生、吕现明、马可建、杨明金、陈加东	三等
41	局处计算机联网及网络互联技术	中铁十七局集团公司	彭维英、王书新、赵奎银、熊衍庆、王建新、杨清秀、辛　凯	三等

续　表

序号	成　果　名　称	获奖单位	获　奖　人　员	奖励等级
42	S100型悬臂掘进机开挖隧道施工技术研究	中铁十八局集团公司	张璠琦、雷升祥、杨玉刚、张振启 吴仕书、刘金良、张立军	三等
43	京杭运河邳州高架桥主桥预应力混凝土斜拉桁架连续梁施工技术	中铁十八局集团公司	徐银龙、王存江、农升河、邹家鸿 谢中奇、李楼玉、鲜　超	三等
44	秦沈客运专线24米双线单箱梁内模研制	中铁十九局集团公司、房山桥梁厂	于进江、安　康、王海波、陈浩昆 李庆林、周兆春、刘林生	三等
45	沥青搅拌站技术改造	中铁十九局集团公司	吴枫林、赵延安、张洪义、张秀坤 王晓明、徐　敏、付秀英	三等
46	深层旋喷桩加固黄土隧道软基施工技术	中铁十九局集团公司	金祥义、颜怀远、刘丽坤、王远忠 莫庆平、刘海洋、范正权	三等
47	黄土隧道水平旋喷预支护技术	中铁二十局、石家庄铁道学院	况成明、张安良、杨米柱、刘定初 翟金书、景诗庭、朱永全	三等
48	朔黄铁路肃黄段土壤固化剂改良土施工技术	中铁二十局	蒙　涛、张文峰、段新胜、史良锋 李郁华、刘　平	三等
49	进展型脑血栓例120药物治疗研究	中铁二十局	霍金莲、幕廷民、袁彩华、李长安	三等

制表：康　琳

总公司2001年度优秀技术总结、论文汇总表

序号	技术总结、论文名称	单　位	作　者	奖励等级
1	秦沈客运专线底碴摊铺施工及机械配套	中铁十一局集团公司	许建军、田科山	一等
2	跨区间无缝线路铺轨机配套运输车的设计及应用	中铁十一局集团公司	吴启新、许建军、杨永明	二等
3	现浇薄壁箱型拱桥中C50级泵送混凝土的配制及试验	中铁十一局集团公司	唐发宝、敖　进	二等
4	有支架现浇大跨度箱型拱桥主拱圈线性控制施工技术	中铁十一局集团公司	杨通福、姚　毅	二等
5	浅谈青藏铁路建设生态环境的影响	中铁十一局集团公司	李伟良、王太超	二等
6	秦沈客运专线路桥、路涵过渡段施工技术总结	中铁十一局集团公司	罗兴元、邱东国、罗力军	二等
7	怀化舞水二桥水下混凝土连续墙围堰施工工艺	中铁十一局集团公司	汪　伟、刘　涛	二等
8	改良粘性土填筑高速铁路路基施工试验研究	中铁十一局集团公司	朱　雷、鄂　莉	二等
9	间歇多次注浆岩石裂隙止水及防止流砂技术	中铁十一局集团公司	傅鑫彬	二等

续 表

序号	技术总结、论文名称	单 位	作 者	奖励等级
10	无线局域网在铁路施工一线中的应用	中铁十一局集团公司	蔡海燕	二等
11	带状光缆及其施工特点	中铁十一局集团公司	郑 斌	二等
12	长途管道光缆吹管施工技术总结	中铁十一局集团公司	李 作	二等
13	重庆鹅公岩长江大桥西主塔施工技术总结	中铁十二局集团公司	王卫红	一等
14	京广线武蒲段电气化工程接触网施工新技术	中铁十二局集团公司	郭宏民	二等
15	超高层建筑高强泵送混凝土冬期滑模施工总结	中铁十二局集团公司	杨上祥、王秀芬	二等
16	靠椅山隧道成功运用“七部开挖作业”成果分析	中铁十二局集团公司	李永亮	二等
17	深基坑椭圆环梁内、外支撑支护体系及信息化施工在深基坑支护中的应用	中铁十二局集团公司	陈月平、王有才、王忠军	二等
18	重庆鹅公岩长江大桥西锚碇施工技术总结	中铁十二局集团公司	谢卫林、王卫红	二等
19	株六铁路复线 K309＋060～160 段路堑石方控制爆破技术总结	中铁十二局集团公司	伏俊峰、赵香萍	二等
20	导轨式爬架施工应用技术	中铁十二局集团公司	李海清、李晋峰	二等
21	无粘结预应力梁张拉力孔道损失之研究	中铁十二局集团公司	李 耀、王忠军、李 珠	二等
22	30 米直径浅圆仓锯形顶板施工技术总结	中铁十二局集团公司	梁建文	二等
23	九联体筒仓滑模系统提升机构设计	中铁十二局集团公司	李全勇	二等
24	西山坪隧道进洞方案和施工方法	中铁十二局集团公司	王艳芳	二等
25	重庆鹅公岩长江大桥西主塔塔柱测量控制技术	中铁十二局集团公司	张小君	二等
26	堰岭单线铁路隧道无轨运输快速施工及机械化配套	中铁十二局集团公司	和万春、雷 军	二等
27	有轨运输在黄州坝隧道出口应用与思考	中铁十二局集团公司	刘 明、党建军	二等
28	珠宝隧道塌方处理施工技术总结	中铁十三局集团公司	高崇林、孙晟哉、邹广成	二等
29	京杭运河大桥系杆吊杆施工工艺	中铁十三局集团公司	李朝智、刘立春、白 杰	二等
30	绵阳三江水电综合工程施工技术总结	中铁十三局集团公司	李传军、赵延飞、李亚娟、胡立春	一等
31	秦沈客运专线大跨度单箱整孔 PC 箱型简支梁现浇施工技术总结	中铁十四局集团公司	杨 勇、刘智香、刘治宝	一等
32	跨沈山铁路特大桥钢筋混凝土结合连续梁施工技术	中铁十四局集团公司	邢 琦、杨俊泉	二等
33	典型类比分析法 BMP 程序与位移反分析在猫山隧道施工中的应用	中铁十四局集团公司	宋 军	二等

续 表

序号	技术总结、论文名称	单位	作者	奖励等级
34	围岩稳定性变形速率比值判别法的概念及其在猫山隧道施工中的应用	中铁十四局集团公司	宋 军	一等
35	隧道仰拱施工防干扰作业平台的设计及应用	中铁十四局集团公司	赵 勇	二等
36	台山高速公路软土地基处理技术	中铁十六局	赵丽华、陈宝华	二等
37	高原自重湿陷性黄土地基强夯加固技术	中铁十六局	邵福元	一等
38	城市地铁防渗漏施工技术	中铁十六局	胡 薇	二等
39	北京地铁东单—建国门区间施工测量	中铁十六局	孙胜臣	二等
40	大量异形梁现场预制施工技术	中铁十六局	张 勇	二等
41	高寒隧道渗漏水整治施工技术	中铁十六局	庞文利、刘兴才、宗书合	二等
42	等级控制技术在线路复测中的应用	中铁十六局	周明祥	二等
43	高填膨胀土路堤工程加固措施与效果	中铁十六局	吴学钢、唐武斌、陈炳祥	二等
44	盾构工程投标中的盾构机选型与主要参数计算	中铁十六局	吴煊鹏	二等
45	高原高寒低热混凝土及施工技术研究	中铁十六局	金宗宝	二等
46	应用三维有限理论解决复杂洞群系统中的施工技术难题	中铁十六局	王暖堂	一等
47	高原多年冻土地区桥梁桩基础施工技术研究	中铁十七局集团公司	吴群慧	二等
48	铁路三孔连续框构桥在基岩中顶进综合施工技术	中铁十七局集团公司	刘高飞、刘燕滨、顾伟京	二等
49	复杂环境下的车站改建石方控爆技术	中铁十七局集团公司	刘高飞、刘燕滨	二等
50	钢纤维混凝土增强机理与施工技术	中铁十七局集团公司	雷登峰	二等
51	利用 LOTUS NOTES R5 构建科技人才信息库	中铁十七局集团公司	姚宏生、辛 凯	二等
52	秦沈客运专线路基基床表层填筑试验及应用	中铁十七局集团公司	吕建明	二等
53	秦沈客运专线路桥过渡段施工技术	中铁十七局集团公司	辛文军	二等
54	宕渣路基的试验检测	中铁十七局集团公司	王艳璐	二等
55	喷射混凝土中速凝剂的选用	中铁十七局集团公司	刘东红、孟华梅	二等
56	后张预应力构件施工中常见问题与防治措施	中铁十七局集团公司	郝士华	二等
57	浅谈 32 米箱梁的运输与架设	中铁十七局集团公司	郭淑云、杨明金	二等

续　表

序号	技术总结、论文名称	单　位	作　者	奖励等级
58	后张法16米T梁多片横向预应力联结施工技术	中铁十七局集团公司	王新荣、李春朴、王晋生	二等
59	强夯法处理湿陷性黄土地基的试验及应用	中铁十七局局集团公司	韩振江、李建华	二等
60	束管光缆接续技术改进	中铁十七局集团公司	张凤明	二等
61	秦岭隧道II线平导扩挖快速施工技术	中铁十八局集团公司	赵铁山、李培忠、张可诚	二等
62	内昆铁路李子沟特大桥超百米高墩施工技术	中铁十八局集团公司	刘治德、刘春华	二等
63	内昆铁路李子沟特大桥高墩流态混凝土施工的试验控制	中铁十八局集团公司	喻清阳、刘治德、徐纪永	二等
64	秦岭隧道圆形衬砌钢模板上浮控制	中铁十八局集团公司	王　献、赵铁山、张可诚	二等
65	秦岭隧道圆形钢模板衬砌下部气泡的控制	中铁十八局集团公司	肖艳霞、赵铁山、张可诚	二等
66	全站仪无棱镜测距技术在隧道施工中的应用	中铁十八局集团公司	林海剑	二等
67	网络计划技术在东秦岭隧道平导开挖工程中的应用	中铁十八局集团公司	陈　彬	二等
68	高层建筑施工中测量工作的精度控制	中铁十八局集团公司	刘　泽、李武仕	二等
69	青藏铁路格拉段设计与施工技术影响工程造价的探讨	中铁十八局集团公司	王　键、王任峰	二等
70	公伯峡黄河大桥钢管拱钢纤维混凝土试验及应用	中铁十九局集团公司	陈国英、王卫红、杜　彬	一等
71	株六复线高路堑石方控爆施工技术	中铁十九局集团公司	李少先、于进江、毕　征	二等
72	秦沈客运专线24米双线单箱梁预应力混凝土梁蒸养技术及温差控制	中铁十九局集团公司	陈伯军、于进江、曲文和	一等
73	南京长江二桥北汊主桥上部结构施工关键技术	中铁十九局集团公司	李华伟、侯春艳	二等
74	大跨径悬臂浇注变截面连续箱梁的线型控制	中铁十九局集团公司	张俊宏、杜　敏、李　媛	二等
75	阳安线无漏缆区间中继列车无线列调通信系统	中铁二十局	张兆骥、李骞、来晓婉	二等
76	林家台大桥弯斜梁挂篮施工	中铁二十局	张永鸿、张娟萍	二等
77	秦沈客运专线24米箱梁钢模液压传动系统的研究与设计	中铁二十局	左转玲	二等
78	秦沈客运专线24米箱梁预制施工技术	中铁二十局	魏晓江	一等
79	软岩作为铁路路堤填料施工技术	中铁二十局	王永顺、郭鹏超、曹鑫峰	一等
80	试论项目法施工与管理	中铁二十局	孟国兴、吕俊团	二等
81	浅析建筑砌体强度对建筑物抗震要求的影响	中铁二十局	李恩源、孟国兴	二等

续 表

序号	技术总结、论文名称	单 位	作 者	奖励等级
82	膨胀土铁路路基施工技术	中铁二十局	郭鹏超、危 江、王永顺	二等
83	计算机表现图在建筑室内外设计中的应用	中铁二十局	杨继辉	二等
84	PC－NTC型铺轨机组研制	铁道建筑研究设计院	陈 浩	二等
85	K30平板荷载试验中存在的问题及分析	铁道建筑研究设计院	肖金凤、李树峰、李怒放	一等
86	D08－32型捣固车曲线通过校核计算	昆明中铁机械厂	程 立	二等
87	企业在国际贸易中的风险——论外汇风险对工厂的影响	昆明中铁机械厂	冷映梅	二等
88	关于D08－32型捣固车手制动动机位置变动的探讨	昆明中铁机械厂	陈 勇	二等
89	组装式预留洞盒在结构预留洞施工中的应用	北京中铁建设有限公司	韦增奉	二等
90	桃花铺1号隧道双线大跨度段快速施工及机械化配套管理	国内工程公司	倪振利	二等

制表：康 琳

建设部认定的1999年～2000年度国家级工法项目表

序号	工 法 名 称	开发单位	工法编号
1	大直径多联体筒仓滑模施工工法	中铁十二局集团公司	YJGF45—2000
2	铁路48米简支结合梁施工工法	中铁十三局集团公司	YJGF27—2000
3	CFZ—1500型冲击反循环钻机钻孔桩施工工法	中铁十五局集团公司	YJGF11—2000
4	岩锚梁施工工法	中铁十六局	YJGF06—2000
5	桩柱支承法修建浅埋暗挖大跨度地铁车站工法	中铁十六局	YJGF08—2000
6	大跨连续刚构桥墩梁结合部施工工法	中铁十六局	YJGF28—2000
7	大跨度联合梁跨越电气化铁路编组场施工工法	中铁十七局集团公司	YJGF26—2000
8	TB880E型隧道掘进机(TBM)施工工法	中铁十八局集团公司	YJGF12—2000
9	C80级耐蚀泵送混凝土施工工法	中铁十八局集团公司	YJGF31—2000
10	混凝土施工缝SEM弥合防水砂浆施工工法	中铁二十局	YJGF33—2000
11	电气化铁路既有线扩堑石方控制爆破安全快速施工工法	铁道建筑研究设计院、中铁十七局集团公司	YJGF57—2000

制表：康 琳

总公司 2000 年～2001 年度优秀工法项目表

序号	工法名称	开发单位	作者	奖励等级
1	公路大跨度刚构—连续组合弯梁桥施工工法	中铁十一局集团公司	艾晓东、韩文忠、蔡金火	一等
2	分段双肋整体缆索吊装架设钢管拱桥施工工法	中铁十一局集团公司	赵　晶、蔡海豹	一等
3	秦沈客运专线路桥过渡段填筑工法	中铁十一局集团公司	林佳厚、张树海、熊明革	一等
4	顶杆外置式液压提升平台爬模施工工法	中铁十一局集团公司	明艳华 、刘学庆、邱砚秀	一等
5	煤矸石路堤填筑工法	中铁十一局集团公司	丁永全、胡汉忠、林佳厚	二等
6	采用张力架设 ADSS 光缆施工工法	中铁十一局集团公司	冯乔志、严新金 、冯仁明	二等
7	钢筋等强直螺纹机械连接施工工法	中铁十二局集团公司	陈月平、张建元、李　耀 罗中来、张仲强	一等
8	基坑土钉墙支护施工工法	中铁十二局集团公司	赵小利、杨部廷、刘庆龙 周松青	二等
9	大跨度劲性混凝土梁施工工法	中铁十二局集团公司	信国民、王有才、宁　林 卢会永、王兆强	二等
10	特细砂大体积混凝土施工工法	中铁十二局集团公司	王卫红、昝爱琴	二等
11	迈式锚杆超前预支护施工工法	中铁十二局集团公司	雷　军、和万春	二等
12	高层建筑通风空调安装工法	中铁十二局集团公司	贺　旭、谢学行、王兆强	二等
13	ZP.W1－18 型 18 信息无绝缘移频自动闭塞施工工法	中铁十二局集团公司	罗世昌、李红英、成登高 邓　超	二等
14	单塔斜拉桥施工工法	中铁十三局集团公司	秦成玉、周长斌、吴　彪	二等
15	秦沈客运专线路基机械化施工工法	中铁十四局集团公司	李学乾	一等
16	30 米先简支后连续公路箱梁施工工法	中铁十四局集团公司	高发伍、薛峰	二等
17	硅塑管道气吹敷设光缆施工工法	中铁十四局集团公司	邢朝阳、马向存、石景瑞	二等
18	DF450 型架桥机架设 24 米单线简支箱梁工法	中铁十六局	陈广亮、王大海、赵守宪 孔文亚	一等
19	铁路路堑预应力锚索桩板墙锚固施工工法	中铁十六局	徐存良	一等
20	大型地下厂房洞室群施工工法	中铁十六局	陈炳祥、郭秀琴	二等
21	移动式气压焊焊接钢轨工法	中铁十六局	孙吉堂、薛　普、范清玉 陈　査	二等
22	建筑物下隧道施工微振爆破控制地表沉降工法	中铁十六局	彭济南、谢衍柱	二等
23	索鞍移动式缆索吊架设拱桥工法	中铁十七局集团公司	冯红鹰、杨社廷	一等
24	级配碎石填筑秦沈客运专线路基基床表面施工工法	中铁十七局集团公司	吕建明、林雨楠	一等

续 表

序号	工法名称	开发单位	作者	奖励等级
25	复线大跨度框构桥基岩中顶进施工工法	中铁十七局集团公司	刘艳滨、刘高飞、吴群慧	二等
26	秦沈客运专线24米后张法单线箱梁现场预制工法	中铁十八局集团公司	郭建波、王 芹、伍国安 王晓光	一等
27	特长隧道平导有轨运输施工工法	中铁十八局集团公司	马延辉	一等
28	弹性整体道床施工工法	中铁十八局集团公司	魏贤坤、郭志强、张 杰 赵铁山	二等
29	城市密集住宅区浅埋隧道施工工法	中铁十八局集团公司	杨春明、刘朝桢、刘衍堂 彭建华	二等
30	利勃海尔HS843液压抓槽机施作地下连续墙工法	中铁十八局集团公司	贾勤波、农升河	二等
31	大跨度预应力钢筋混凝土折线形屋架预制安装工法	中铁十九局集团公司	陈保忠、于进江、徐 波 李太春	二等
32	隧道水平旋喷预支护施工工法	中铁二十局、石家庄铁道学院	杨米柱、田少博、况成明 刘定初、翟金书	一等
33	整体吊装大跨度钢拱肋施工工法	中铁二十局	张永鸿、张娟萍	二等
34	双掺气密性混凝土施工工法	中铁二十局	付东辉、吴大刚、张爱玲	二等
35	既有线电气化车站改造信号微机联锁换装开通工法	中铁二十局	张汝海、黄晓剑、张旭利 王 振	二等
36	清水混凝土墙面面砖薄粘贴施工工法	北京中铁建设有限公司	王党孟	一等
37	外墙外保温施工工法	北京中铁建设有限公司	王 伟	一等
38	钢筋等强度剥肋滚压直螺纹连接施工工法	北京中铁建设有限公司	张淑莉	二等

制表:康 琳

总公司2001年度认定企业级工法项目表

序号	工法名称	开发单位	作者	工法编号
1	防挡水(FORMDEX)施工工法	北京中铁建设有限公司	张淑莉	2001—建工字01号
2	清水混凝土墙面面砖薄粘贴施工工法	北京中铁建设有限公司	王党孟	2001—建工字02号
3	外墙外保温施工工法	北京中铁建设有限公司	王 伟	2001—建工字03号
4	钢筋等强度剥肋滚压直螺纹连接施工工法	北京中铁建设有限公司	张淑莉	2001—建工字04号
5	长钢轨基地(工厂)接触焊焊接工法	国内工程公司	张开柏、刘海滨	2001—机工字01号

制表:康 琳

教育卫生

【教育卫生部】 总公司负责教育培训、医疗卫生的职能部门。定员9人，现员11人，设部长、副部长各1人；附设医疗保险中心，定员2人，设主任1人。主要职责：负责职工素质教育、成人学历教育和专业技术培训；负责所属高校、中专、培训中心的教育管理；负责卫生防疫、医政管理、职业病防治；负责劳动卫生、劳动能力鉴定；归口管理医疗保险工作。

2001年总公司教育培训系统有高等职业技术学院1所、成人中专1所、局培训中心10所、高级工培训基地6个。根据国家的教育方针及政策法规，制定总公司教育培训"十五"发展规划及年度培训计划；编审职工培训教材，检查教育、教学、培训质量，指导、协调院校招生工作；组织职工学历教育、继续教育、岗位培训和适应性培训；会同有关部门组织工人职业技能鉴定考核、技术工人评聘和技术竞赛工作。全年培训干部12 721人，培训研究生391人，技术干部继续教育2 561人；培训工人33 600人。

根据企业改革与发展需要，积极深化医疗卫生改革，把卫生工作的重点放到基层和施工生产第一线，各级医疗机构逐步从企业内部分立、分离。面对激烈的医疗市场竞争，进一步优化卫生资源，提高人员素质，狠抓医德医风建设，开展特色专科门诊，保证医疗、护理质量，取得良好的社会效益和经济效益。卫生预防机构紧密配合施工生产，大力开展预防保健和基层卫生线建设，有效地控制传染病、职业病发生。积极做好青藏铁路参建职工的卫生保障工作，提出切合实际的保障措施，使90%以上的职工逐步适应高原作业环境，未发生职工因高原病死亡的病例，有力地保证了生产经营任务的圆满完成。（阴 瑞 李学甫）

·教育培训·

【总公司技工思想政治工作研究年会】 4月19日～21日在中铁十五局集团公司培训中心召开，各局（集团公司）培训中心党委书记共12人参加会议。会议总结、布置技工思想政治工作，交流工作经验和教育改革情况，教育卫生部领导出席会议。（李学甫）

【总公司技工教育研究年会】 9月21日～22日在哈尔滨中铁十三局集团公司四处培训中心召开，各局（集团公司）培训中心主任、职工教育科长共30人参加会议。会议传达贯彻上级技工教育研究会议精神，总结、布置工作，研究新时期技工教育改革问题，交流经验；选举产生新一届技工教育研究会成员，由中铁十八局集团公司技校校长王清美任会长、中铁二十局技校校长徐寅忠任副会长。（李学甫）

【参加管理变革与人力资源开发战略高级研讨会】 7月28日～31日，总公司各局（集团公司）教育处长、直属单位教育科长及机关有关部门负责人共17人参加在北京人民大会堂和燕京饭店召开的管理变革与人力资源开发战略高级研讨会。中共中央委员、原国务院研究室主任桂世镛、清华大学经济研究室主任魏杰等领导、专家和学者到会做专题报告。（李学甫）

【研究生培养】 为加快高层次人才培养，年内总公司组织举办一期在职研究生培训班，选拔60名企业管理骨干和后备干部参加培训。10月，有40人参加全国统考，23人被正式录取，其中清华大学4人、北京大学3人、中国人民大学7人，中国对外经济贸易大学3人、北方交通大学6人。（刘爱波）

【高等职业教育】 2001年，石家庄铁路工程职业技术学院经过挖掘内部潜力，计划招生1 500人，实际招生1 726人，比2000年增加705人，增幅为69%；在校生3 850人，比2000年增加1 522人，增幅为65%。其中，五年制2 150人，三年制1 433人，两年制47人，成人教育220人。（刘爱波）

【中等职业教育】 年内，总公司系统10所技工学校通过改制，全部改为局（集团公司）培训中心。中铁十一、十六、十七、十九局集团公司（工程局）已停止招收社会普通技工生，其他局培训中心根据企业技工需求和社会需要继续招收"双向选择、择优录用"的技工学生，各校普遍加大了在职职工的培训力度。中铁十二局集团公司湘潭技工学校经湖南省教委批准，扩建为湘潭铁路工程学校，面向社会招收中专生。总公司系统各培训中心全年共招收技工生1 252人，中专生224人，培训在职职工2 000余人。（刘爱波）

【总公司教育培训综合统计工作会议】 12月6日～8日在华东办事处召开。会议期间，完成2001年度职工培训统计、技工学校统计、职业技术学院统计及干部培训统计工作，并对做好综合统计工作提出要求。

（刘爱波 孙久红）

【举办培训班】 2001年，总公司本级共举办各类培训班 56 期，培训3 110人。其中，处级领导干部任职资格培训 4 期，培训 300 人；青年干部任职资格培训 4 期，培训 230 人；基层管理人员培训 11 期，培训 555 人；继续教育培训 11 期，培训 505 人；适应性培训 15 期，培训 900 人；技工培训 7 期，培训 400 人；职工学历教育 4 期，培训 220 人。　（孙久红）

【检查项目经理培训】　6 月，总公司对项目经理培训点——石家庄铁道学院进行工作检查。通过召开学员座谈会、查看教学设施、检查教学质量、了解后勤保障等方式，促进培训点各项工作进一步规范，为培养合格的项目经理提供了保证。　（孙久红）

【关键岗位持证上岗】　据统计，总公司年内举办关键岗位（11 大员）培训班 17 期，培训1 944人，加上免试、免考1 081人，共有3 025名“11 大员”持证上岗。截止至年底，总公司系统共有35 252名“11 大员”持证上岗，占职工总数的 23.6%。　（孙久红）

【总公司获关键岗位培训及办证审核权】　划归中央企业工委管理后，总公司系统关键岗位（11 大员）培训及办证实行属地管理，给流动施工单位培训及办证带来困难。经与建设部联系，建设部人事教育司于 8 月 9 日下发文件，授予总公司关键岗位培训及办证审核权。　（孙久红）

【中小学管理体制改革】　根据党的十五届四中全会关于“分离企业办社会职能”的有关精神，对所属中小学进行体制改革。通过对规模小、效益差的中小学进行撤并、停办、移交地方、“企有民办”等改革方式，使总公司系统的中小学由 1999 年底的 33 所下降为 2001 年底的 23 所，减幅为 30%。　（孙久红）

【制定总公司“十五”教育培训发展规划】　遵照党中央、国务院关于企业教育体制改革的有关方针、政策，结合企业实际，立足于大力实施人力资源开发战略，在对企业教育现状进行充分调研、广泛征求意见的基础上，于 12 月制定颁发《中国铁道建筑总公司“十五”教育培训发展规划》（中铁建教〔2001〕257 号文）。《规划》以推进企业教育体制改革和加强职工培训为主线，确定了“十五”期间企业教育的指导思想、工作目标、主要任务和保障措施，对于加快建立一支结构合理、作风过硬、专业配套、适应国际国内建筑市场竞争需要的高素质的企业职工队伍提供了理论依据和政策保证。

（耿杰明）

【高级工培训与基地建设】　年内组织举办高级工培训班 7 期，培训高级工 266 人，其中培训高级线路工 37 人、高级钢筋工 29 人、高级试验工 52 人、高级测量工 49 人、高级焊接工 30 人、高级电工 39 人、高级桥梁装吊工 30 人。参训人员均通过国家级职业技能鉴定考核，95%以上人员取得高级工职业资格证书。进一步加强高级工培训基地建设，经对原技工学校学科建设进行验收评估，年内确定中铁十二局集团公司湘潭培训中心和中铁十五局集团公司洛阳培训中心分别为总公司高级线路工和高级测量工培训基地，并正式挂牌。目前，总公司共有 6 所高级工培训基地：哈尔滨中铁十三局集团公司四公司培训中心为高级试验工培训基地；山东日照中铁十四局集团公司培训中心为高级电工培训基地；大连中铁十九局集团公司培训中心为高级钢筋工培训基地；陕西渭南中铁二十局培训中心为高级焊接工培训基地。　（耿杰明）

【总公司职工培训基地建设经验交流暨职业技能鉴定培训教材编写交底会议】　7 月 19 日～22 日在哈尔滨中铁十三局集团公司四公司召开。会议交流职工培训基地建设经验，对确定编写的 32 个专业工种教材进行编写交底分工。会议决定对基地和教材建设采取“三家抬”和“三步走”的办法，即基地建设费用由总公司、局、处共同承担；教材采取自编、购买和铁道部统编的办法，解决基地建设滞后和教材不足的困难。

（耿杰明）

【教育管理干部计算机培训】　3 月，在苏州铁道师范学院举办全系统教育管理干部计算机培训班，42 人参训。经过半月的理论与操作培训，提高了计算机操作技能。　（耿杰明）

【成人教育招生协调】　3 月～5 月，协调本系统成人教育招生报名、考试和计划调整；12 月，参加铁道部成人教育招生计划会议，对各单位 2002 年度报考原铁路院校成人教育计划进行协调落实。同时，完成西安铁路成人中等卫生学校和石家庄铁路工程职业技术学院成人中专毕业证验印工作。　（耿杰明）

·医疗卫生·

【青藏铁路卫生保障】　2001 年，总公司系统有 4 个工程局（集团公司）参加青藏铁路建设，参建职工（含外部劳务）近4 000人，担负 4 个标段和试验段共 183.1 公里的施工任务，其中海拔4 000米以上的线路工程 132 公里。2000 年 11 月，开始进行队伍上场前的准备工作，走访、咨询军事医学科学院、卫生部、青海省卫生厅、铁道部第一勘测设计院等10余个科研、行政管理部门的有关专家，广泛收集资料并到沿线进行实地考察。2001年3月，参加由铁道部劳动和卫生司牵头、部劳动卫生研究所和总公司组成的“高原生理专题组”，共同编写《青藏铁路卫生保障措施》。4月中旬，卫生部、铁道部组织专家对《青藏铁路卫生保障措施》进行评审，以《铁道部、卫生部关于印发〈青藏铁路卫生保障若干规定〉的通知》和《铁道部关于印发〈青藏铁路卫生保障措施(暂行)〉的通知》下发参建单位贯彻执行。总公司结合实际，制定下发《青藏铁路施工卫生保障基本程序》和《关于认真做好青藏铁路建设期间“鼠防”工作的通知》，转发了《中铁十二局集团公司青藏铁路卫生保障管理办法》。6月初，施工队伍开始上场。施工期间，担负卫生保障任务的专业人员68人，设置3个工地医院、22个工地卫生所，购买大型制氧站、救护车、高压氧舱、小型制氧机及常规医疗设备约1 400万元，高原保健药品和常规药品约800万元。工地医院、卫生所年内门诊8 600余人次，上场施工人员95%以上均发生不同程度的高原反应，其中严重高原反应、不能坚持高原工作的达8%，发生高原肺水肿、脑水肿和高原心绞痛等急性高原病78例，全部抢救成功，职工和外部劳务人员没有一人因高原病死亡。针对青藏铁路沿线存在鼠病等自然疫源和其他传染病、地方病的特点，各施工单位坚持“预防为主”方针，普遍进行了大规模灭鼠、灭獭活动，在生活区范围内建立半径100米的隔离带，挖防鼠沟近3万米，有力地保障了青藏铁路建设的顺利进行，得到各级领导和新闻界的高度赞扬。 (赵恩金 朱桐春)

【宣传贯彻《职业病防治法》】 10月27日，九届全国人大常委会第24次会议通过《中华人民共和国职业病防治法》，于2002年5月1日起正式实施。11月8日，总公司发出通知，要求各单位认真组织学习、广泛深入宣传、积极贯彻执行《职业病防治法》，明确企业在职业病防治工作中必须履行的责任和义务，尽快实现劳动卫生和职业病防治工作的科学化、规范化管理，提高职工在职业病防治中的自我保护意识。 (赵恩金)

【劳动卫生专业培训】 6月24日～28日，在中铁十一局集团公司襄樊技校举办总公司劳动卫生监督管理及检测技术知识更新培训班，特邀中国预防医学科学院环境卫生监测所专家授课，各集团公司(工程局)防疫站劳动卫生专业人员39人参加培训。 (赵恩金)

【总公司卫生工作会议】 10月24日～26日在中铁二十局乐山医院召开，各集团公司(工程局)卫生工作主管领导、卫生部门负责人和中心医院院长共63人出席会议，何能金副总经理到会讲话。会议总结、布置医疗卫生工作、深化医疗体制改革、分离企业办社会职能等问题，要求集团公司(工程局)医院要纳入地方政府区域卫生规划范畴，努力改善医疗环境，增强医院发展活力；工程处医院可以改建为社区卫生服务中心或卫生服务站，纳入地方政府统一管理，逐步从医疗收治型向医院、预防、保健、康复型转变；各施工单位要继续加强基层卫生建设。 (赵恩金 朱桐春)

【无偿献血受北京市表彰】 总公司驻京单位连续十八年超额完成北京市下达的公民无偿献血指标，又一次被评为2001年度北京市公民无偿献血先进单位。 (朱桐春)

【承担铁道部“青藏铁路建设卫生保障”重点科研课题】 铁道部根据青藏铁路工程施工卫生保障需要，决定把青藏铁路施工及运营期间劳动卫生与保护、医疗卫生保障体系研究合并立项，列入全路重点科研课题，总公司为第一承担单位，并由铁科院劳动卫生研究所、兰州铁路局、上海同济大学共同承担完成。课题涵盖青藏铁路卫生保障体系设计及实施方案、施工人员高原疾病预防措施、施工人员饮水洁治处理及实施方案、施工人员劳动强度测试、隧道施工卫生保障措施研究、运营卫生前期研究、改善作业人员缺氧状态下营养复合剂的研究等7个方面的内容。铁道部要求2003年底完成所承担的科研任务，阶段性科研成果及时组织推广应用。 (杨宝元)

【卫生科研成果获奖】 2001年，总公司系统有6项卫生科研成果和25篇优秀论文获奖，其中获总公司科技进步二等奖2项、三等奖4项；获总公司优秀论文一等奖7篇、二等奖18篇。 (杨宝元)

【医疗保险制度改革】 北京市人民政府关于医疗保险制度改革的第68号令颁布后，总公司于4月5日～6日召开驻京单位200人参加的医疗保险制度改革会议，特邀北京市医疗保险中心主任王培亮、袁建设、孙秀云等到会宣讲68号令及17个配套文件，了解北京市有关医疗保险的政策、规定，保证驻京单位医疗保险制度改革工作平稳顺利推进；6月13日，经总经理办公会第四次会议研究决定，颁发《总公司机关基本医疗保险暂行规定》、《总公司机关大额医疗费用互助暂行规定》和《总公司机关企业补充医疗保险暂行规定》，保障职工医疗，特别是为患大病、重病职工解除了后顾之忧。

总公司所属单位在建立职工基本医疗保险的基础上,进一步完善医疗保险制度,中铁十一、十二局集团公司和中铁十六、二十局建立了企业补充保险制度;中铁十一、十四、十九局集团公司和中铁十六局建立了大病保险制度。　(周鲜茹)

【卫生保健】　年内,邀请铁路总医院、总公司总医院 6 名专家,为机关职工讲解心脑血管、高血压、糖尿病等疾病的基本预防知识,提高了职工对常见病、多发病的防治意识。　(周鲜茹)

【总公司卫生统计会议】　6 月 1 日在中铁十二局集团公司湘潭技校召开。会议统一卫生统计内容,审核完成 2000 年度卫生工作统计年报。　(周鲜茹)

文　化

·史志工作·

【总公司史志编审委员会】　成立于 1992 年 12 月 9 日。编审委员会由党委书记孙有礼兼任第一主任,总经理翟月卿兼任第二主任,副总经理吕连亭、调研员刘毓珊兼任副主任,成员由总公司机关各部门负责人和工厂局、物资局行政主管领导组成。1994 年 11 月,翟月卿总经理调铁道部任职,由王振侯总经理接任编审委员会第二主任。1997 年 12 月,党委书记孙有礼、副总经理吕连亭退休,由党委书记李国瑞接任编审委员会第一主任,邹才华副总经理接任编审委员会副主任。总公司史志编审委员会的主要职责是:领导总公司机关及所属单位的史志工作,制定史志工作规划,确定编纂任务,研究解决史志工作中的重大问题,并对史志编纂成果进行审定。其办事机构为史志办公室,1998 年 11 月总公司机关机构改革后为档案馆。

(刘贤福)

【2001 年版《中国铁道建筑总公司年鉴》】　11 月由中国铁道出版社出版发行。全书收集资料近 150 万字,设置类目 18 个、分目(或准分目)112 个、条目1 138个,成书 85 万字。年鉴文字精练,主题突出,特色鲜明,全面系统地反映了总公司系统 2000 年度企业改革、施工生产、经营管理、工程创优、科技创新、管理创新、"三讲"教育和党群工作等方面取得的新成果、新经验和存在的新问题,用大量的图片介绍了新一轮铁路建设大会战和路外重点工程建设概貌,较好地体现了全系统广大干部、工人在党的十五大精神指引下,顽强拼搏、开拓进取、艰苦奋斗、无私奉献的精神风貌,弘扬了企业文化,扩大了总公司的社会影响。年鉴连续数年严格按照国家出版部门的有关标准进行规范,年鉴质量被各工程局称为"样板"。该年鉴参加第六届全国年鉴校对质量评比,于 2002 年 3 月获中国版协年鉴研究会授予的全国年鉴校对质量优秀奖。　(刘贤福)

【史志编纂基本结束】　根据李国瑞书记、邹才华副总经理在 2000 年总公司史志工作总结表彰会上的讲话精神,对尚未完成编史修志任务的单位继续进行督促指导。年内,铁道建筑研究设计院、中铁二十局和北京中铁建设有限公司的志书编纂已经完成,全系统修志任务圆满结束。中铁十五局集团公司、中铁物资集团公司和中铁二十局所属的 10 余个未完成简史编写任务的单位,大部分已完成书稿,有的已经出版发行,全系统简史编写工作基本结束。中铁十一局集团公司和中铁十六局完成编史修志任务后,又启动了工程局简史编写工作。　(沈桂馥　刘贤福)

【《中国铁道年鉴》和《中国铁道百科全书》资料提供】　总公司档案馆除完成《中国铁道建筑总公司年鉴》的编辑出版和全系统编史修志工作业务指导外,还承担铁道部主编的《中国铁道年鉴》、《中国铁道百科全书》等相关资料、图片提供和书稿审核、补充工作,宣传了总公司系统在路内、路外重点工程建设中取得的辉煌成就,提高了企业的社会知名度。4 名返聘干部负责《中国铁道百科全书》的资料提供,年内基建工程、工业生产部分已经审定,铁路人物部分正在收集资料。由于工作认真负责,注重质量,资料提供及时,多次受到铁道部表扬。　(沈桂馥　刘贤福)

【年鉴论文入选】　11 月,在中国版协年鉴研究会学术委员会组织召开的第八届全国年鉴学术年会上,总公司办公室杨启燕撰写的《试析企业年鉴信息与企业档案信息的共同特性》、中铁十一局集团公司史志办公室叶超英撰写的《浅谈施工企业年鉴的功能和作用》和铁路运输处张雅丽撰写的《再谈年鉴框架结构的合理性》三篇论文入选,载入《中国版协年鉴研究会第八届全国年鉴学术年会论文专辑》。　(杨启燕)

总公司卫生事业基本情况统计表

(2001 年度)

单位	机构数(个)	床位数(张)				人员数(人)																											
						总计	卫生技术人员																							其他技术人员	行管人员			工勤人员
		合计	正规病床	简易病床	疗养、休养床		合计	中医师	西医师	中西医结合医师	护师	中药师	西药师	检验师	其他技师	中医士	西医士	护士	助产士	中药剂士	西药剂士	检验士	其他技士	其他中医	护理员	中药剂员	西药剂员	检验员	其他初级技术人员		合计	业务管理人员	行政管理人员	
甲	1	2	3	4	5	6	7	8	9	10	11	12	13	14	15	16	17	18	19	20	21	22	23	24	25	26	27	28	29	30	31	32	33	34
总计	433	4184	3572	22	590	5944	4500	49	1674	10	830	19	219	121	101	11	426	435	18	5	61	36	42		186	11	43	21	182	127	649	330	317	670
中铁十一局集团公司	56	340	340			533	425	5	142		73		22	12	17	2	37	35		1	9	3	5		34	1	9	4	14	3	60	25	35	45
中铁十二局集团公司	11	322	300	22		459	362	3	146		91		21	13	4		17	20	1		3	1			16	1	5	1	19	25	50	32	18	22
中铁十三局集团公司	29	266	266			379	306	5	131		87	3	16	16	1		20	18			2				4				3	2	50	36	14	21
中铁十四局集团公司	29	144	144			301	275		129		35		9	8	4		2	13							18				57		10	8	2	16
中铁十五局集团公司	72	395	395			664	540	8	181		60	2	19	10	5	3	93	69	2	1	6	10	7		40	1	4	5	14	2	59	32	27	63
中铁十六局	20	149	149			253	209		85	3	27		7	4	3	1	37	10	1		6	4	10		2			3	6	1	32	18	14	11
中铁十七局集团公司	60	311	311			442	357	3	104	3	44	4	10	5	12		26	36			2	2	1		43	3	11	6	42		43	19	24	42
中铁十八局集团公司	50	405	405			867	680	8	250		96	3	35	15	14	1	82	95	8	2	21	6	5		16	2	1		20	7	86	64	22	94
中铁十九局集团公司	69	190	190			413	311	3	100	4	63	1	21	8	5	3	53	37			3	2	2			1	4	1			49	24	25	53
中铁二十局	32	603	403		200	505	387	6	149		52	3	14	9	4	1	41	67	5	1	7	3	4		5	1	8		7	5	64	32	32	49
总医院	1	348	348			570	398	6	156		154	2	29	9	27		3	5	1		2	2	2							32	37	12	25	103
西安医院	1	197	197			256	115		48		23		8	6	4		3	17				3			3					40	61	22	39	40
兴城疗养院	1	480	90		390	265	103	2	38		25	1	7	5	1		11	13												10	41	4	37	111
铁道战备舟桥处	2	34	34			37	32		15				1	1			1						6		5	1	1	1			5	2	3	

制表:周鲜茹

总公司医院医疗工作统计表

（2001年度）

单位	机构数（个）	总诊疗人次数 总计	总诊疗人次数 其中：门诊	总诊疗人次数 其中：急诊	期末实有病床数	住院者动态 原有人数	住院者动态 他科转入	住院者动态 入院人数 总计	住院者动态 入院人数 其中路内	住院者动态 出院人数 总计	住院者动态 出院人数 其中：出院病人数 计	治愈	好转	未愈	死亡	住院者动态 转往他科	住院者动态 期末实有人数	实际开放总床日数	平均开放病床数	实际占用总床日数	出院者占用总床日数	治愈率（%）	病死率（%）	平均病床周转率（次）	平均病床工作日（日）	实际病床使用率（%）	出院者平均住院日（日）
甲	1	2	3	4	5	6	7	8	9	10	11	12	13	14	15	16	17	18	19	20	21	22	23	24	25	26	27
总　计	351	1658910	1470147	108774	3902	1893	369	47964	3342	47882	38185	25163	11339	1242	441	357	1987	1338081	3849	616012	551079	65.90	1.15	12.44	160.04	46.04	11.51
中铁十一局集团公司	56	193552	164491	9000	340	166	8	3468	1368	3510	3155	2671	417	40	27	8	124	124100	340	38966	37638	84.66	0.86	10.34	114.61	31.40	10.72
中铁十二局集团公司	11	70320	66485	2265	290	315	176	2716	787	2668	2422	1777	555	79	11	164	315	61831	290	70932	34120	73.37	0.45	9.20	244.59	114.72	12.79
中铁十三局集团公司	29	182842	159142	23700	266	236	35	4395	621	4383	3308	1800	1337	75	96	35	248	97090	266	56073	54838	54.41	2.90	16.48	210.80	57.75	12.51
中铁十四局集团公司	28	136999	123034	2720	144	75		1518	227	1524	1524	1152	295	71	6		69	52560	144	28822	28764	75.59	0.39	10.58	200.15	54.84	18.87
中铁十五局集团公司	71	236712	220557	12245	395	118		3326	1724	3343	3052	2254	638	140	20		101	144175	395	50884	46259	73.85	0.66	8.46	128.82	35.29	13.84
中铁十六局	19	134108	107183	24048	149	23		1308	417	1296	1296	1219	70	3	4		35	38240	99	16084	14295	94.06	0.31	13.09	162.46	42.06	11.03
中铁十七局集团公司	55	116258	96009	5094	311	145	32	2563	257	2543	2346	1512	690	118	26	32	165	88220	311	34920	27196	64.45	1.11	8.18	112.28	39.58	10.69
中铁十八局集团公司	15	168826	152467	5736	405	182	101	6987	1339	6991	6428	4077	2057	249	45	101	178	146655	402	64296	62539	63.43	0.70	17.39	159.94	43.84	8.96
中铁十九局集团公司	53	125813	122581	745	170	119	2	2541	168	2554	2466	687	1595	137	47	2	97	62050	170	35229	36549	27.86	1.91	15.02	207.23	56.78	14.31
中铁二十局	130	121520	116474	5046	373	294		6275	1851	6237	5894	3859	1765	210	60		332	136145	373	106218	96141	65.47	1.02	16.72	284.77	78.02	15.41
总医院	1	111255	94436	15011	348	128	15	3598	124	3559	3315	1889	1290	62	74	15	167	127020	348	55016	54224	56.98	2.23	10.23	158.00	43.31	15.00
西安医院	1	21526	18369	3157	197	73		2613	214	2608	2458	1864	536	37	21		78	71905	197	37569	37416	75.83	0.85	13.24	190.71	52.25	14.35
兴城疗养院	1	13143	13143		480	16		6561	236	6571	426	347	61	14	4		6	175680	480	20124	26230	81.46	0.94	13.68	41.93	11.45	3.08
铁道战备舟桥处	2	26036	15776	7	34	3		95	9	95	95	55	33	7			3	12410	34	879	870	57.89		2.79	25.85	7.08	9.15

制表：周鲜茹

总公司医院卫生经费收支情况统计表

(2001 年度)

单位	经费总收入(万元)						经费总支出(万元)									
	合计	上级拨款		路外医疗	家属医疗	其他	合计	行政管理费	工资支出	工资附加费	医药费支出					其他支出
		计	其中工资								合计	住院药材费	门诊药材费	路外医疗费	其他	
	1	2	3	4	5	6	7	8	9	10	11	12	13	14	15	16
总计	20690.39	3408.03	1805.87	14235.54	1547.42	1499.40	22704.66	4142.67	6625.59	1176.51	10229.37	5048.30	4541.37	296.70	343.00	530.52
中铁十一局集团公司	1446.80	235.00	235.00	827.80	335.10	48.90	1593.70	207.60	542.00	104.60	681.70	276.30	355.40	21.50	28.50	57.80
中铁十二局集团公司	1489.00	492.00	179.00	569.00	85.00	343.00	1576.00	415.00	604.00	96.00	459.00	296.00	146.00	8.00	9.00	2.00
中铁十三局集团公司	2071.10	140.00	131.00	1513.80	270.00	147.30	2062.40	397.50	536.00	228.00	870.90	439.00	431.90			30.00
中铁十四局集团公司	370.00	185.00	38.00	130.00	50.00	5.00	370.00	56.00	156.00	65.00						93.00
中铁十五局集团公司	1090.65	547.56	334.56	309.50	219.59	14.00	1358.95	264.26	737.76	82.30	272.63	75.30	122.33	69.00	6.00	2.00
中铁十六局	270.17	148.70	71.40	121.47			1667.60	54.20	129.30		1484.10	404.40	1008.20		71.20	
中铁十七局集团公司	1017.50	232.70	112.40	675.00	65.80	44.00	1166.50	141.00	410.90	72.80	541.80	288.50	41.30	26.00	184.00	2.00
中铁十八局集团公司	2851.36	239.36	31.56	2140.77	364.63	106.60	2953.60	416.48	1023.31	95.37	1393·44	575.50	668.84	149.10		25.00
中铁十九局集团公司	1599.91	247.71	227.95	1157.20	118.80	76.20	1540.81	279.10	449.95	79.26	732.50	404.80	319.60	8.10		
中铁二十局	2105.90	75.00	75.00	1774.00	38.50	218.40	2038.10	156.03	370.37	87.18	1227.80	867.20	336.30		24.30	196.72
总医院	4497.00	350.00	350.00	4099.00		48.00	4477.00	1150.00	1010.00	162.00	2148.00	1200.00	948.00			7.00
西安医院	1324.00	160.00	160.00	736.00		428.00	1343.00	434.00	401.00	62.00	331.00	160.00	151.00		20.00	115.00
兴城疗养院	450.00	300.00	200.00	130.00		20.00	570.00	165.50	200.00	32.00	52.50	51.00	1.50			
铁道战备舟桥处	107.00	55.00	55.00	52.00			107.00	6.00	55.00	10.00	36.00	10.00	11.00	15.00		

制表:周鲜茹

总公司卫生事业基本建设、更改、大修投资完成情况统计表

(2001年度)

单位	建设项目(个)	完成投资(万元)						固定资产(万元)			本年房屋竣工面积(平方米)	年底实有房屋建筑面积(平方米)
		总计	建筑安装工程	设备工具购置	更新改造费	大修费	其他	本年新增固定资产		年底实有固定资产		
								总计	其中本年医疗卫生设备投资			
	1	2	3	4	5	6	7	8	9	10	11	12
总计	21	1215.24	391.30	310.24	189.50	176.00	148.20	5205.84	1214.03	29017.61	3711	398041.06
中铁十一局集团公司	6	106.50	73.00	24.50			9.00	53.50	51.50	3027.80		23261
中铁十二局集团公司	1	169.00	35.00	83.00		26.00	25.00	553.00	83.00	3007.00	1281	13522
中铁十三局集团公司								91.68	91.68	503.94		19231
中铁十四局集团公司		10.00					10.00			911.00		20200
中铁十五局集团公司								181.85	181.85	1406.4		39501
中铁十六局								39.40	12.70	797.02		7085
中铁十七局集团公司	5	39.85		0.85		39.00		562.65	376.85	896.68		39093.56
中铁十八局集团公司	1	90.00					90.00			2088.81	110	26015
中铁十九局集团公司								55.00	55.00	1492.00	1300	17556.62
中铁二十局	7	142.89	59.30	11.89	51.50	6.00	14.20	137.76	99.45	2436.96	1020	59751.88
总医院		444.00	224.00	145.00	25.00	50.00		241.00	239.00	7979.00		61987
西安医院		20.00				20.00		3267.00		3267.00		36900
兴城疗养院	1	173.00		45.00	93.00	35.00		20.00	20.00	1095.00		33699
铁道战备舟桥处		20.00			20.00			3.00	3.00	109.00		238

制表：周鲜茹

6月28日，中铁十七局集团公司举办“党在我心中”职工健身表演，纪念建党80周年。

（任耀俊 摄）

党的工作

本栏责任编辑　杨启燕

综合工作

【总公司党委】　中国共产党中国铁道建筑总公司委员会(以下简称总公司党委)是中央企业工委领导下的对下属单位党组织实行统一领导的党组织。总公司党委在企业中处于政治核心地位,发挥政治核心作用。主要负责统一领导并组织实施全系统的党建工作和思想政治工作。4月,总公司召开第一次党代表大会,选举产生第一届总公司党委和纪委。党委(按姓氏笔划为序)由丁原臣、王国平、王治忠、王参军、王炳祥、王振侯、左春文、刘士彦、李本来、李永军、李廷柱、李国瑞、何能金、邹才华、沈柏铭、张克明、张惠江、范德、周玉成、胡莫愁、夏良振、夏国斌、扈振衣、彭树贵、靳尚忍、霍金贵、瞿观鄞等27人组成;党委常委由李国瑞、王振侯、霍金贵、彭树贵、夏良振、靳尚忍、邹才华、丁原臣(8月离任)等8人组成;李国瑞任党委书记,王振侯、霍金贵、彭树贵任党委副书记。总公司党委职能机构设党委办公室、组织部、宣传部、干部(人事)部、直属机关党委工作部。纪委(按姓氏笔划为序)由王占科、王京利、王新武、张伟、李河川、黄少军、曹焕斌、彭树贵、廖大球等9人组成;彭树贵任纪委书记,王京利、王新武任纪委副书记。总公司纪委是总公司党委和中央企业纪工委领导下的纪检监察机关,履行党的纪律检查和行政监察两种职能。根据中组部和中央企业工委批复精神,总公司分布在全国各地的下属企、事业单位,党的领导关系继续实行由总公司党委和所在省、自治区、直辖市党委双重领导,以总公司党委垂直领导为主的领导体制。按照中共中央〔1999〕18号文规定,这些单位的领导班子成员以总公司党委管理为主,地方党委协助管理。总公司工会接受总公司党委和中华全国铁路总工会的领导。总公司团工委是总公司系统各级团组织和青年工作的领导机构,团工委书记、副书记由总公司党委任命。

2001年,总公司党委认真学习贯彻江泽民总书记"七一"重要讲话和"三个代表"重要思想,结合实际贯彻党的十五届六中全会精神和党中央、中央企业工委关于国有企业改革发展稳定的一系列方针、政策和指示,围绕企业改制,进一步加强领导班子建设,加强生产经营和改革中的思想政治工作,加强基层党组织建设,推进"凝聚力工程"。特别是成功召开总公司第一次党代表大会,确定今后一个时期总公司改革发展的战略目标,选举产生第一届党委和纪委,对全系统在"脱钩"、第二次历史性变革的重要时刻统一思想、明确方向、振奋精神起到重要作用,为总公司向新的更高目标迈进提供了重要的政治、思想和组织保证。

(李廷柱　赵登善)

【总公司党委办公室】　总公司党委的综合职能部门,协助党委领导处理日常工作的机构。定员5人,现员4人,设主任1人、副主任1人,秘书3人。主要职责是:负责党委会和党委召开的全局性会议的筹备及会务工作,协助领导组织会议决定事项的实施;协助党委领导组织制订、起草工作计划、总结、报告和有关会议文件、材料;审核以党委或党委办公室名义发布的公文;督促检查党委各部门和下属单位党委对中共中央、中央企业工委重要指示、决议、重要会议精神以及总公司党委、领导有关指示的落实情况,并跟踪调研,及时反馈信息;协调党群部门之间的工作关系;协助党委领导组织处理需由党委直接处理的突发事件和重大政治事故;组织政治工作专题调查研究,了解掌握下属单位党委的工作情况和政治工作动态,做好政工信息的收集、整理、上报、通报,编发《政工情况》;整理、编辑《总公司党委大事记》;处理群众来信来访,办理党委领导交办的有关信访事项;负责党委和党委领导的文电收发运转、党委印鉴和信件管理工作;负责党委保密委员会的日常工作;办理党委领导交办的其他事项。

2001年,党委办公室围绕党委中心工作,坚决贯彻总公司党委的重要决议和有关指示,特别是协助党委抓好理论学习、企业改制中的领导班子建设和党代表大会的召开,深入基层调查研究,认真贯彻党的十五届六中全会精神,在企业改革中维护生产经营稳定和队伍稳定,圆满完成党委和领导交给的各项任务,较好地发挥了参谋、助手、协调、服务作用。

(李廷柱　赵登善)

【党委保密委员会】　总公司党委领导下负责领导和管理全系统保密工作的机构。保密委员会主任由总公司党委委员、副总经理邹才华兼任,副主任由孙化同、李廷柱兼任,成员由机关有关部门负责人组成。其职责是认真贯彻中共中央、中央企业工委有关保密工作的决定、指示,及时提出新形势下加强保密工作的意见和建议,建立健全工作制度,及时督促指导各级机关人员认真做好保密工作,及时解决保密工作中存在的问题。保密委员会下设办公室,日常工作由党委办公室负责。

(赵登善)

【信息工作】　2001年,政工信息工作以总公司党委中心工作为重点,围绕企业改革、发展、稳定这一主题,着重反映、交流各单位学习贯彻江泽民总书记"七一"讲话、"三个代表"重要思想、十五届六中全会和总公司工作会议、第一次党代表大会、一届二次全委(扩大)会议精神以及领导班子建设、公司制改革、资产重组、企业重构的有关情况,取得较好效果。全年编发《政工情况》47期,刊用稿件102篇。从第26期(总388期)开始,《政工情况》在常规发行的同时,在总公司网站试发行,为提高信息的时效性和实现办公自动化做了有益的尝试。9月21日～25日,在总公司党校举办有19人参加的信息员培训班,着重进行计算机与网络基础知识培训,为提高办公效率、实现信息网络传输打下良好基础。 (谢华刚)

【来信来访】 全年接待群众来访56人次,处理群众来信162封。热情接待来访人员,及时处理群众来信,对来信来访反映的问题,认真调查了解,根据有关政策提出处理意见或建议,为领导决策提供依据,维护了企业和社会稳定。 (高尚升)

第一次党代表大会

【总公司第一次党代表大会】 根据《中国共产党章程》、《中国共产党基层组织选举工作暂行条例》的规定和中央企业工委的要求,4月26日～28日,总公司第一次党代表大会在北京召开,正式代表230名,实际出席226名,中央企业工委组织部副部长许子兵到会指导。铁道部政治部组织部、中国铁路工程总公司党委、中国铁路通信信号总公司党委向大会发来贺信、贺电。这是总公司兵改工以来召开的第一次党代表大会,也是总公司在新的发展历程中召开的一次重要会议。会议的指导思想和任务是:以邓小平理论和江泽民"三个代表"重要思想为指导,认真贯彻党的十五届四中、五中全会精神和中央关于搞好国有企业的一系列方针原则,以生产经营和国有资产保值增值为中心,以推进企业改革发展稳定为目标,认真总结总公司党委和纪委的工作,讨论确定今后一个时期党建工作任务,选举产生总公司第一届党委和纪委;进一步加强党的建设,增强党组织的凝聚力和战斗力,动员总公司各级党组织、全体共产党员和广大职工群众,认清形势,振奋精神,抓住机遇,迎接挑战,锐意改革,乘势前进,为把总公司建设成为国内一流、具有国际竞争力的现代企业集团而奋斗。党委书记李国瑞代表总公司党委作题为《坚定信心,团结奋斗,为建设国内一流、具有国际竞争力的现代企业集团而奋斗》的工作报告;纪委副书记王京利代表总公司纪委作题为《坚持从严方针,加大治本力度,坚定不移地把企业党风廉政建设和反腐败斗争推向深入》的工作报告。大会通过关于总公司党委工作报告的决议和总公司纪委工作报告的决议,选举产生总公司第一届党委和纪委,圆满完成各项任务。 (杨 赳)

【总公司第一届党委会第一次全体会议】 4月28日,总公司第一届党委会举行第一次全体会议,27名党委委员全部出席会议。会议由总公司党委书记李国瑞主持,中央企业工委组织部派人到会指导。会议经无记名投票,选举产生总公司第一届党委常委和书记、副书记;会议通过总公司纪委第一次全体会议选举结果。 (杨 赳)

【总公司纪委第一次全体会议】 4月28日,总公司纪委举行第一次全体会议,9名纪委委员全部出席会议,会议由总公司党委副书记彭树贵主持。会议经无记名投票,选举产生总公司纪委书记、副书记,并将选举结果报总公司第一届党委会第一次全体会议。 (杨 赳)

【预备会议】 4月25日,总公司第一次党代表大会举行预备会议。会议听取总公司党委书记李国瑞作的《中国共产党中国铁道建筑总公司第一次代表大会筹备工作情况报告》;通过总公司党委副书记、工会主席夏良振作的《中国共产党中国铁道建筑总公司委员会代表资格审查小组关于中国共产党中国铁道建筑总公司第一次代表大会代表资格的审查报告》;通过总公司组织部部长刘士彦作的《中国共产党中国铁道建筑总公司委员会党费审查小组关于党费收缴、使用和管理情况的审查报告》;通过大会主席团和秘书长名单;通过大会议程。 (杨 赳)

【选举办法】 根据《中国共产党章程》和《中国共产党基层组织选举工作暂行条例》规定,党委委员、纪委委员采用候选人数多于应选人数20%的差额选举办法进行正式选举;党委常委委员按候选人数多于应选人数1名～2名的差额进行选举;党委正、副书记和纪委正、副书记实行等额选举。 (杨 赳)

【总公司第一次党代会代表】 根据《中国共产党基层组织选举工作暂行条例》和中央企业工委的有关规定,总公司党委于3月9日发出召开总公司第一次党代表大会的通知,确定总公司第一次党代表大会代表名额为230名,占59 317名党员的0.38%,由23个单位选举产生。按照名额分配、代表条件和产生办法，有20个选举单位召开党代表会议、3个选举单位召开党员大会，选举产生出席第一次党代表大会代表。

各单位在选举过程中，认真贯彻民主集中制原则，充分发扬民主，反复研究部署，精心组织实施。代表候选人的提名和推荐，采取自下而上、自上而下、上下结合的办法，充分酝酿，反复协商，广泛听取各方面意见。选举单位党委根据多数单位和多数党员的意见，确定代表候选人预备名单后，报总公司党委代表资格初审小组审查。代表资格初审小组先后召开6次会议，对代表候选人的提名程序、代表构成和代表条件逐一审查把关。此次党代表大会的代表严格按照《中国共产党章程》、《中国共产党基层组织选举工作暂行条例》和中央企业工委的规定，按20%的差额比例，提出276名候选人预备名单，采用无记名投票方式选举产生，当选代表得到的赞成票都超过实到会人数的半数以上，充分体现了选举人的意志。

出席总公司第一次党代表大会的230名代表，体现了代表性、突出了先进性。代表中，各级领导干部142名，占61.7%；专业技术和管理人员49名，占21.3%；工人32名，占14%；离退休人员7名，占3%。其中，各类先进模范人物119名，占51.7%；女党员12名，少数民族党员9名。大专以上文化程度188名，占81.7%，其中1982年以后毕业的大学生23名；中专、高中文化程度22名，占9.6%；初中以下文化程度20名，占8.7%。入党时间：1966年4月以前28名，1966年5月～1976年10月113名，1976年11月～1992年9月77名，1992年10月以后12名。代表年龄：50岁以上95名，36岁～49岁119名，35岁以下16名。

（杨 赳）

中国共产党中国铁道建筑总公司第一届委员会委员名单

（27名）

（按姓氏笔划为序）

丁原臣 王国平 王治忠 王参军 王炳祥
王振侯 左春文 刘士彦 李本来 李永军
李廷柱 李国瑞 何能金 邹才华 沈柏铭
张克明 张惠江 范 德 周玉成 胡莫愁
夏良振 夏国斌 扈振衣 彭树贵 靳尚忍
霍金贵 瞿观鄞

中国共产党中国铁道建筑总公司第一届委员会常务委员会委员

（8名）

（按中央企业工委审批的顺序排列）

李国瑞 王振侯 霍金贵 彭树贵 夏良振
靳尚忍 邹才华 丁原臣

中国共产党中国铁道建筑总公司第一届委员会书记、副书记

党委书记 李国瑞

党委副书记 （按中央企业工委审批的顺序排列）
王振侯 霍金贵 彭树贵

中国共产党中国铁道建筑总公司纪律检查委员会委员名单

（9名）

（按姓氏笔划为序）

王占科 王京利 王新武 张 伟 李河川
黄少军 曹焕斌 彭树贵 廖大球

中国共产党中国铁道建筑总公司纪律检查委员会书记、副书记名单

纪委书记 彭树贵

纪委副书记 （按中央企业工委审批的顺序排列）
王京利 王新武

（杨 赳）

组 织

【组织部】 总公司党委主管党的建设工作的职能部门。主要职责是：贯彻执行党中央、中央企业工委和总公司党委关于加强党的建设的指示精神，研究制定本系统党建工作有关规划、制度、规定和措施；指导各单位领导班子思想作风建设、工程项目部党组织建设、党支部建设、党员教育管理和发展党员工作；负责党内奖励、党内统计、党费收缴管理、党员组织关系转移、党内培训以及党群系统组织机构设置和编制定员等工作。定员7人，现员5人，设部长、副部长各1人。

（王子利）

【**党组织和党员队伍状况**】 截止至年底，总公司系统有党的基层委员会778个，其中局级党委12个；党总支部124个，党支部4 017个。党员60 808名，其中女党员5 411名；工人党员20 279名，占33.4%；干部党员40 529名，占66.6%。党员队伍年龄结构：25岁以下2 320名，占3.8%；26岁～35岁10 763名，占17.7%；36岁～45岁28 383名，占46.7%；46岁～55岁12 924名，占21.3%；56岁～60岁3 448名，占5.7%；61岁以上2 970名，占4.8%。党员队伍文化结构：大专以上18 805名，占31%；高中、中专22 618名，占37%；初中以下19 385名，占32%。2001年，全系统发展新党员1 584名，其中女党员230名，占14.5%；出党党员72名，其中开除党籍47名，其他原因出党25名；受党纪处分115名。 （王子利）

【**参加纪念建党80周年知识竞赛活动**】 "七一"前夕，总公司系统参加由全国党建研究会、中共中央组织部组织局、党建研究杂志社、党建读物出版社联合举办的纪念中国共产党成立80周年党的知识竞赛活动，总公司党委组织部获全国先进集体奖；总公司机关食堂陈平、中铁十九局集团公司叶元伟分别获一、二等奖，中铁十四局集团公司宣传部朱丽霞、中铁十七局集团公司一处张莉、总公司办公室杨启燕获三等奖。中铁十一、十二、十四、十六、十七、十八、十九、二十局集团公司（工程局）、铁路运输处党委组织部和总公司机关直属党委工作部获总公司优秀组织奖。 （王子利）

【**总公司党内统计软件培训班暨2000年党内统计工作会议**】 11月4日～11日在柳州铁路局党校举办。总公司所属单位党内统计人员参加新版党内统计软件培训。培训结束后，召开总公司2000年度党内统计工作会议，布置2001年党内统计工作任务，表彰2000年度总公司党内统计先进单位14个、优秀统计工作者14人。 （王子利）

【**发展党员**】 2001年，总公司系统发展新党员1 584人，其中生产一线职工1 129人，占71.3%；工人336人，占21.2%；技术人员806人，占50.1%；女职工230人，占14.5%；年龄在35岁以下的1 181人，占74.6%；大专以上文化程度1 031人，占65.1%。 （郑秀兰）

【**表彰先进党组织和优秀共产党员**】 6月28日，中央企业工委召开表彰大会，中铁十三局集团公司三处一公司十队党支部书记刘清华被评为"优秀党务工作者"，中铁十七局集团公司三处高级技师徐春光被评为"优秀共产党员"；北京中铁建设有限公司党委被评为"先进基层党组织"。7月1日，中央组织部在人民大会堂召开表彰大会，刘清华被评为"全国优秀党务工作者"。

6月29日，总公司党委召开纪念建党80周年电话会议，表彰总公司系统"十佳先进党组织"、"二十佳优秀党务工作者"和"三十佳优秀共产党员"。

十佳先进党组织

中铁十一局集团公司电务工程处三公司党支部
中铁十二局集团公司三公司京珠项目部党工委
中铁十三局集团公司三处党委
中铁十四局集团公司三处宝兰项目部党委
中铁十五局集团公司一处党委
中铁十六局二处党委
中铁十七局集团公司一处五队党支部
中铁十八局集团公司四处四公司党委
中铁十九局集团公司三处党委
中铁二十局三处党委

二十佳优秀党务工作者

雷佳民　张怀江　许英顺　江文生　刘宝东
吴秀义　陈家宝　万铁堂　席　振　穆占全
王尊贤　刘林华　王春林　葛传国　郭天忠
孟　磊　谢红峰　韩文民　刘一灵　李本来

三十佳优秀共产党员

张树海　董树生　薛登庭　杨有碧　刘清华
关兴华　梁世山　吴文华　王忠谋　林运来
张云波　王新民　赵海生　梁春水　温法玺
郭双来　张宝武　李玉成　祝建国　刘玉湖
吴大明　梁振东　罗世福　吕金华　乔　刚
葛振芝　徐冬青　李凤林　尹辉增　赵景武

（郑秀兰）

【**编印《为了党在工人中的形象》**】 结合纪念中国共产党成立80周年，宣扬优秀共产党员的先进事迹，教育和激励广大党员学英模品德、走英模道路，总公司党委决定在全系统50余年来涌现出的成千上万名优秀共产党员中，遴选出21名杰出代表，将他们的先进事迹收集整理，编印出版《为了党在工人中的形象》10 000册，发给所属单位党组织组织学习。 （郑秀兰）

【**"三个代表"学习教育试点**】 12月初，总公司党委在中铁十三局集团公司五处一公司、中铁十八局集团公司三处十一公司、中铁十九局集团公司一处四公司党组织中进行为期一个月的"三个代表"重要思想学习教育活动试点工作，总结学习经验，为全面推广作准备。 （郑秀兰）

【基层党的建设和思想政治工作调研】　10月29日～11月5日，对中铁十二、十五局集团公司贯彻落实总公司党委《关于加强基层党的建设和思想政治工作决定》情况进行调研，重点对3个工程项目部和1个工程队党的建设和思想政治工作进行实地考核。2个集团公司党委贯彻落实《决定》精神措施具体，成效明显，基层党的建设和思想政治工作逐步走向科学化、制度化、规范化。　（高学存）

【部分直属单位党的领导关系变更】　总公司中铁建劳〔2001〕162、163、217、218号文决定，株洲桥梁厂、鹰潭战备材料总厂党的关系归属中铁十一局集团公司党委领导；兴城疗养院党的关系归属中铁十二局集团公司党委领导；徐州机械厂、房山桥梁厂党的关系归属中铁十四局集团公司党委领导；都匀桥梁厂党的关系归属中铁十五局集团公司党委领导；铁路运输处、秦皇岛办事处党的关系归属中铁十六局党委领导；株洲战备材料总厂党的关系归属中铁十七局集团公司党委领导；华北办事处、涿州中铁建筑金属结构总厂、高碑店材料总厂、高碑店新型建材厂、华东办事处新铁城饭店党的关系归属中铁十八局集团公司党委领导；小屯前进水泥厂党的关系归属中铁十九局集团公司党委领导；西安铁路成人中等卫生学校、西北办事处储运公司及康乐园党的关系归属中铁二十局党委领导；北京中铁北方建筑工程处党的关系归属北京中铁建设有限公司党委领导；石家庄材料总厂党的关系归属中铁物资集团公司党委领导；昆明中铁机械厂党的关系隶属总公司党委领导。　（高学存）

【铁道战备舟桥处党的领导关系变更】　根据铁道部铁劳卫函〔2001〕485号和总公司中铁建劳〔2001〕248号文《关于调整铁道战备舟桥处管理体制的通知》精神，铁道战备舟桥处党的关系移交济南铁路局党委领导。　（高学存）

【部分单位成立党的委员会】　根据中铁建劳〔2001〕218号文《关于对部分直属单位进行结构调整资产重组的决定》，总公司党委批准在资产重组中新成立的中铁路桥集团公司、北京铁建工贸集团公司、国内工程公司、海外公司成立党的委员会，隶属总公司党委领导。　（高学存）

【8个单位党群组织更名】　根据总公司关于各单位建立现代企业制度总体实施方案的批复，总公司党委研究决定，这些单位建立现代企业制度后，其党群组织相应更名。中国共产党中铁第十一、十三、十四、十五、十七、十八、十九工程局委员会分别更名为中国共产党中铁十一、十三、十四、十五、十七、十八、十九局集团有限公司委员会；中国共产党中铁第十一、十三、十四、十五、十七、十八、十九工程局纪律检查委员会分别更名为中国共产党中铁十一、十三、十四、十五、十七、十八、十九局集团有限公司纪律检查委员会；中国铁路工会中铁第十一、十三、十四、十五、十七、十八、十九工程局委员会分别更名为中国铁路工会中铁十一、十三、十四、十五、十七、十八、十九局集团有限公司委员会；中国共产主义青年团中铁第十一、十三、十四、十五、十七、十八、十九工程局委员会分别更名为中国共产主义青年团中铁十一、十三、十四、十五、十七、十八、十九局集团有限公司委员会；中国共产党北京中铁建筑工程公司委员会更名为中国共产党北京中铁建设有限公司委员会；中国共产党北京中铁建筑工程公司纪律检查委员会更名为中国共产党北京中铁建设有限公司纪律检查委员会；中国铁路工会北京中铁建筑工程公司委员会更名为中国铁路工会北京中铁建设有限公司委员会；中国共产主义青年团北京中铁建筑工程公司委员会更名为中国共产主义青年团北京中铁建设有限公司委员会。　（杨　赳）

【总公司第一届党委会第二次全体（扩大）会议】　11月8日～9日在北京召开。会议深入贯彻落实党的十五届六中全会精神，对改制改革、资产重组等重大问题进行深入研究，统一思想。总公司党委委员，不是党委委员的各单位党委书记、集团公司董事长和总公司机关有关部门负责人参加会议。党委书记李国瑞、总公司总经理王振侯在会上作重要讲话。　（杨　赳）

【领导班子民主生活会】　按照中央企业工委和总公司党委要求，7月～12月，各单位先后召开一年一度的领导班子专题民主生活会。各级领导班子紧密结合实际，深入学习江泽民总书记“七一”重要讲话和党的十五届六中全会精神，认真对照检查思想作风等方面存在的问题，开展批评与自我批评，收到良好效果。总公司及有关部门领导深入各单位进行指导。　（杨　赳）

【评选“四好领导班子”】　5月16日，总公司党委、总公司决定，批准32个单位领导班子为2000年度总公司“四好领导班子”。

四好领导班子

中铁十一局集团公司
中铁十二局集团公司
中铁十三局集团公司

中铁十六局
中铁十七局集团公司
中铁二十局
铁道建筑研究设计院
北京中铁建设有限公司
铁路运输处
石家庄铁路工程职业技术学院
中铁十一局集团公司三处
中铁十一局集团公司电务处
中铁十二局集团公司二公司
中铁十二局集团公司电务公司
中铁十三局集团公司三处
中铁十四局集团公司三处
中铁十四局集团公司电务处
中铁十五局集团公司二处
中铁十五局集团公司六处
中铁十六局二处
中铁十六局四处
中铁十七局集团公司五处
中铁十七局集团公司远通公司
中铁十八局集团公司一处
中铁十八局集团公司二处
中铁十九局集团公司三处
中铁二十局一处
昆明中铁机械厂
养马河桥梁厂
东北办事处
石家庄材料总厂
中铁建印刷厂 （杨 赳）

【明确中央企业党的领导关系】 1月10日，总公司党委根据中共中央组织部〔2000〕99号函精神，下文明确中央企业党的领导关系：凡移交中央企业工委管理的铁路各企业，继续实行由总公司党委和所在省、区、市党委双重领导，以铁路各企业党委领导为主的体制。 （杨 赳）

【贯彻国有大中型企业“三讲”学习教育活动工作会议精神】 3月13日，总公司党委下发《关于认真学习贯彻国有大中型企业“三讲”学习教育活动工作会议精神的通知》，对各单位学习贯彻会议精神提出明确要求。 （杨 赳）

【厦门分公司改设党委、增设纪委】 9月5日，总公司党委批复中铁工程有限公司党委，同意将厦门分公司党工委改设为中国共产党中铁工程有限公司厦门分公司委员会，增设中国共产党中铁工程有限公司厦门分公司纪律检查委员会。分公司党委执行4年任期。 （杨 赳）

【成立总公司韶关五里亭项目经理部党工委】 3月19日，总公司党委决定，由刘文杰、辛双六、许建平3人组成总公司韶关五里亭大桥项目经理部党工委，刘文杰任党工委书记。 （杨 赳）

【党委换届选举】 年内总公司党委下发《关于做好党委换届选举工作的通知》，对党委会和纪委会的设立、任期、党代会代表名额、比例、党委会和纪委会的组成名额及产生办法作出明确规定。指导中铁十三局集团公司召开第一次党代表大会，指导石家庄铁路工程职业技术学院召开党员大会，选举产生新一届党委和纪委。 （杨 赳）

宣 传

【宣传部】 总公司党委主管宣传思想工作的职能部门。主要负责总公司党委和所属集团公司（工程局）、公司党委的理论建设；负责全系统职工的政治理论教育及重点工程建设和企业改革中的思想政治工作；组织指导企业精神文明建设和重大先进典型宣传；开展思想政治工作研究，编辑出版《铁建政工》刊物；负责指导企业文化建设、对外宣传报道；负责统战工作。定员12人，设部长1人、副部长2人。其中，职工思想政治工作研究会定员2人，设秘书长1人；附设影视摄制组，定员3人，设主任1人。

2001年，宣传思想工作继续贯彻“高扬主旋律，打好主动仗”的方针，紧密围绕企业改革发展中心，认真抓好邓小平理论和江泽民总书记“七一”重要讲话的学习，加强和改进重点工程建设和企业改制中的宣传思想工作，抓住重大先进典型，组织对外宣传报道，为推进企业改革发展提供强大精神动力。 （张克明）

【学习贯彻“七一”讲话精神】 8月5日～12日，总公司党委中心组采取学习扩大会的形式，学习贯彻江泽民总书记“七一”重要讲话。总公司党委中心组成员、机关部门以上领导、所属集团公司（工程局）主管宣传工作的党委副书记、宣传部长、组织部长、直属单位党委书记共175人参加。学习中采取原原本本学《讲话》同听取专家、学者辅导报告相结合，全面领会《讲话》精神同突出重点开展专题研讨相结合，把理论学习研讨同研究思考企业改革发展的思路、举措相结合，把总公司党委中心组学习同领导干部学习相结合的方法，取得显著效果。中央企业工委宣传部转发了此次党委中心组学习扩大会的经验。（张克明）

【撰写建立现代企业制度宣传教育提纲】　紧密配合总公司系统推进建立现代企业制度的进程，二季度组织撰写《建立现代企业制度宣传教育提纲》。《提纲》以江泽民总书记关于企业改革发展的一系列重要论述为指导，运用若干现代企业制度的丰富知识，从企业实际出发，阐明改制的重大深远意义，深刻剖析改制中的重大深层次问题，提出加强改制中思想政治工作的任务、方法和要求，有较强的针对性、指导性和可操作性，为做好改制中的宣传思想工作和推进改制的顺利进行，发挥了保证作用。（张克明）

【制定《青藏铁路思想政治工作要点》】　下半年，为推动青藏铁路建设安全、优质、高效地进行，组织力量编写《青藏铁路思想政治工作要点》。《要点》以江泽民"三个代表"重要思想为指导，认真研究青藏铁路建设的特殊环境，深刻概括修建青藏铁路的重大意义，围绕安全优质、科技筑路、卫生防病、环境保护、两个文明一起抓等重大课题，提出从青藏铁路实际出发，加强和改进工程建设中思想政治工作的方针、原则和主要任务，对做好重点工程建设中的思想政治工作、推进青藏铁路建设任务的圆满完成，具有较强的指导作用。（张克明）

【刘清华事迹调查采访】　9 月，根据中央企业工委和中宣部要求，总公司组织工作组深入刘清华所在单位和施工现场进行深入调查采访，在前段宣传的基础上，整理补充刘清华日常生活中的 18 例感人事迹。11 月～12 月，根据深入采访的丰富素材，重新改写刘清华先进事迹报告和事迹通讯，组织刘清华事迹报告团的 4 名成员先后在中铁十三局集团公司和总公司进行 10 次试讲。经中央企业工委宣传部审查指导，事迹报告和事迹通讯均获好评，为在中央企业和全国宣传刘清华先进事迹做好充分准备。（张克明）

【总公司职工思想政治工作研究会第三届暨第六次年会】　11 月 9 日在京召开，总公司党委副书记霍金贵做工作报告。会议总结政研会工作情况，提出今后工作意见，交流政研工作经验，并进行换届选举，产生总公司第三届政研会领导成员。政研会会长由总公司党委书记李国瑞担任，常务副会长由党委副书记霍金贵担任，总公司纪委书记彭树贵、副总经理邹才华、工会主席夏良振任副会长，钮鲁生任秘书长；会议表彰总公司优秀政研会 16 个、优秀政研干部 33 人、优秀政研成果 33 篇。（钮鲁生）

【参加中央企业工委纪念建党 80 周年歌咏大赛】　6 月 23 日～24 日，总公司党委宣传部与总公司工会联合组成 51 人合唱团，参加中央企业工委在 21 世纪广场举办的纪念中国共产党建党 80 周年歌咏大赛获得好评，并代表中央企业在歌咏大赛上演唱《中国在提速》。（盛玉宽）

纪检监察

【总公司纪律检查委员会】　是执纪、监督组织，是党的纪检工作和行政监察工作的领导机构，履行党的纪律检查和行政监察两项职能，完成双重任务，对党委全面负责。主要职责和任务是：维护党规党法和国家的法律法规；协助党委和行政领导加强党风廉政建设，坚持不懈地开展反腐败斗争；检查党和国家的路线、方针、政策和决议的执行情况。总公司纪律检查委员会由王占科、王京利、王新武、刘士彦（4 月免）、李本来（4 月免）、张伟（4 月任）、李河川、黄少军（4 月任）、姜世杰（4 月免）、曹焕斌、彭树贵（4 月任）、廖大球组成，彭树贵任书记，王京利、王新武任副书记。总公司纪委下设办公室（挂案件审理处牌子）、案件检查处和执法监察处。定员 12 人，现员 12 人。

2001 年，各级纪检监察机关和广大纪检监察干部坚持以江泽民总书记"七一"重要讲话和"三个代表"重要思想为指导，认真贯彻中纪委五次全会和中央企业纪检监察工作会议精神，以及总公司党风廉政建设工作会议和首届党代会提出的目标要求，突出抓了反腐败三项重点工作，重视制度建设，强化责任追究，狠抓目标落实，使党风廉政建设和反腐败工作不断深入发展。年内，中铁十六局党委副书记、纪委书记侯向东受到中纪委、监察部通令嘉奖，中铁十六局纪委、监察处被北京市评为"先进纪检监察组织"，纪委副书记翁思栋被北京市评为"先进纪检监察干部"；中铁十一局集团公司纪委、监察处被湖北省企业工委和省企业纪工委评为"先进纪检监察单位"，纪委办公室主任向思干被湖北省纪委、人事厅、监察厅评为"纪检监察工作先进个人"；中铁十八局集团公司纪委被天津市评为"先进纪检监察组织"。（王兆刚）

【纪检监察机构及队伍状况】 总公司系统处以上单位共建纪检监察机构 141 个，其中局级机构 12 个，处级机构 129 个；配备专职纪检监察干部 451 人，其中局级干部 11 人，处级干部 181 人，科级以下干部 260 人；女干部 37 人，少数民族干部 6 人；具有大专以上学历的 276 人，占 61%；年龄在 56 岁以上的 11 人，46 岁～55 岁的 179 人，36 岁～45 岁的 168 人，35 岁以下的 93 人，46 岁以上的约占总数的 42%；兼职纪检监察干部 62 人。（王兆刚）

【总公司第一届纪律检查委员会】 4 月 26 日～28 日在北京召开。大会选举产生总公司第一届纪律检查委员会组成人员，委员由王占科、王京利、王新武、张伟、李河川、黄少军、曹焕斌、彭树贵、廖大球等 9 人担任；彭树贵任纪委书记，王京利、王新武任纪委副书记。

（王兆刚）

【总公司党风廉政建设工作会议】 3 月 12 日～13 日在北京召开。会议传达贯彻中纪委五次全会和中央企业纪检监察工作会议精神，总结党风廉政建设工作，交流经验，部署 2001 年党风廉政建设和反腐败工作任务。各集团公司(工程局)、各直属单位党委书记、纪委书记、监察处(科)长和总公司纪委委员及机关有关部门负责人共 91 人参加会议。中央企业纪工委办公室主任张玉藏、总公司党委书记李国瑞、总经理王振侯到会讲话，纪委副书记王京利做工作报告。

（王兆刚）

【总公司纪检监察工作片会】 8 月～9 月，总公司纪委、监察处先后在天津中铁十八局集团公司机关、石家庄中铁十七局集团公司三处机关和北京铁道建筑研究设计院召开各集团公司(工程局)纪委书记、案件检查室与执法监察室主任和直属单位纪委书记会议，总结分析 2001 年党风廉政建设工作情况，重点研讨从源头上预防和治理腐败问题。总公司党委副书记、纪委书记彭树贵到会听取各单位上半年落实党风廉政建设责任制、查办案件、执法监察及党风廉政教育等情况汇报，并就如何贯彻落实江泽民总书记“七一”重要讲话精神、开创纪检监察工作新局面及企业改制中遇到的新情况、新问题等作重要讲话；纪委副书记王京利代表总公司纪委、监察处总结上半年工作，部署下半年任务。（王兆刚）

【经验介绍】 2 月 21 日，中铁十二局集团公司党委在中央企业纪检监察工作会议上，作《加强管理监督、保证企业国有资产安全运营》的经验介绍。

（王兆刚）

【党风廉政教育】 2001 年，总公司纪委在《中国铁道建筑报》开辟“纪委书记学‘七一’讲话笔谈”专栏，10 个集团公司(工程局)的纪委书记先后发表体会文章。全系统在处以上党员干部和纪检监察干部中开展“学法规、学党纪”教育活动，认真组织学习《国有企业党风廉政建设必备》一书，于 11 月组织知识问答。据统计，有2 246名处以上领导干部、342 名纪检监察干部参加答题。全系统共举办纪检监察培训班、短训班 68 期，培训2 967人次；开办党课讲座1 020次，听课者43 068人次；购置党风廉政教育录像片 233 部，播放1 110场，观看者61 427人次；剖析典型案例 81 个。通过教育，广大党员干部更加明确反腐倡廉的形势任务，从正面典型中得到启迪，从反面案例中受到警示。

（王兆刚）

【制度建设】 2 月 8 日，总公司纪委、监察处下发《案件检查工作暂行办法》、《党纪政纪案件审理程序的暂行办法》、《办理案件征求意见事项的暂行办法》、《执法监察暂行办法》，进一步加强了纪检监察工作制度建设。（王兆刚）

【纪检监察干部培训】 9 月 4 日～18 日，总公司纪委在党校举办纪检监察干部培训班，全系统 50 名纪检监察干部参加培训。培训班课程设置合理，教学内容丰富，提高了学员的业务素质。（王兆刚）

【表彰办案先进单位和先进个人】 2 月 5 日，总公司纪委、监察处作出决定，表彰 3 个办案先进单位和 25 名办案先进个人。

办案先进单位

中铁十二局集团公司纪委、监察处

中铁十六局纪委、监察处

中铁十八局集团公司纪委、监察处

办案先进个人

吴爱良　周和平　袁善祥　罗海滨　李月新
赵德奎　戴绍勋　郝为记　马　木　韩云生
马金彪　刘金才　孟广友　江喜安　马培卿
吴　熔　荆亚军　王云波　许文忠　杜思尧
罗　亮　陈和平　李芳桃　王祖玉　王共鸣

（王兆刚）

【党风廉政责任追究】 各单位把党风廉政建设纳入企业“双文明”建设之中，坚持与生产经营一道部署、同步推进。通过签订包保责任书的方法,把应负责任、追究方法等用合同方式分解到人,年终进行考核,根据落实情况该奖的奖、该罚的罚,有力地促进了党风廉政建设责任制的落实。年内全系统共组织检查组 186 个、考核检查处级单位 151 个,对于不认真落实党风廉政建设责任、致使责任范围内发生严重问题的责任人进行追究。据统计,全年共追究 157 人,其中处级以上干部 49 人,受党纪、政纪处分的 53 人。　（王兆刚）

【领导干部廉洁自律】　2001 年,总公司党委对领导干部廉洁自律提出不准收受下属单位和个人、分包单位负责人以及与其行使职权有关单位和个人的现金、有价证券和贵重物品等 5 条要求;制定新提拔领导干部进行党风廉政谈话教育制度,各级纪委对 618 名新提拔领导干部提出廉洁自律要求,明确其在党风廉政建设责任制中应负的责任;坚持企业领导干部廉洁自律汇报制度,在各单位领导班子民主生活会上,班子成员自觉汇报落实廉洁自律规定情况,认真开展批评与自我批评;坚持企业领导谈话制度,总公司和集团公司(工程局)的主要领导通过同所属单位、分管部门主要领导谈话,进一步沟通情况,增进相互理解与信任。总公司纪委两次派工作组,由纪委书记、副书记带队,检查指导所属单位党风廉政建设和领导干部廉洁自律情况;按照中央企业纪工委要求,对总公司领导班子成员、机关中层管理人员及二级单位领导班子成员持有的因私护照、本人及其配偶办理的前往港澳通行证、外国居留证情况进行清理登记。各单位在对局级干部配偶、子女从业情况进行清理登记的基础上,年内对处级领导干部配偶、子女从业情况也进行了清理登记。2001 年,总公司系统贯彻国有企业领导人员“五项规定”取得初步成效,赠送和收受“红包”现象减少。据统计,各级领导干部拒礼拒贿 196 人次,金额 135.4 万元。　（王兆刚）

【源头治腐】　领导干部考核预告、任前公示走上规范化轨道,总公司系统全年通过公示新提拔干部1 140 人,其中 33 人因在公示中群众反映大、经核实确有问题而未被提升职务。企务公开在局、处和项目部、工程队全面展开,通过公开群众关心的“热点”、“难点”问题和企业改革发展的重大问题,扩大职工的知情权、参与权,制约了腐败现象的发生,增强了企业的凝聚力。推行会计委派制,强化工程项目部财务监督,对防止腐败现象发生具有重要作用。全系统应实行会计委派的工程项目部 973 个,已实行 938 个,占 96.4%;直接委派会计人员1 056名。推广物资设备招标采购制度,不仅保证了产品质量,节约了资金,而且有效地防止了吃“回扣”等腐败问题发生,全系统年内共招标采购 646 项,节约资金11 724万元。　（王兆刚）

【案件查处】　2001 年,全系统共受理来信来访、电话举报 623 件,初查核实 301 件,立案 238 件,其中大要案 161 件,比 2000 年上升 26.8%;结案 243 件,处分 308 人,其中党纪处分 144 人,政纪处分 220 人,党纪、政纪双重处分 56 人,刑事处理 26 人。通过办案,挽回直接经济损失 597.72 万元。中铁十二、二十、十八、十六局集团公司(工程局)查办案件 25 件以上,中铁十四、十一、十三局集团公司查办案件 20 件以上。查办案件特点:一是党政领导重视。各级党委坚持对查办案件统一领导,加强组织协调,积极为办案工作排除阻力,解决困难,创造良好环境。全年查办案件 238 件,其中各级领导办案 179 件,占立案总数的 82%。二是目标明确,责任到人。各级纪检监察机关在对案件线索进行排查的基础上,普遍实行定领导、定人员、定方案、定时间、定责任、包突破的“五定一包”办案责任制,保证了全年办案目标的实现。三是查处重点突出。各单位重点查处因严重失职渎职造成企业重大损失的案件、贪污受贿等经济类案件和发生在工程项目部等重点部位的违纪案件,其中查处失职渎职类案件 137 件,贪污、挪用、侵占、受贿等经济类案件 62 件,发生在基层的违纪案件 180 件,分别占立案总数的 57.6%、26%和 75.6%。　（王兆刚）

【案件质量检查】　各级纪检监察机关认真贯彻查办案件“二十字方针”,所办案件基本做到事实清楚、证据确凿、定性准确、处理恰当、手续完备。5 月～7 月,根据中央企业纪工委要求,总公司系统开展以处分决定执行情况为主要内容的办案质量检查活动,检查 1997 年 10 月～2000 年 12 月查处的1 081件、1 283人违犯党纪政纪案件,发现并及时纠正未及时宣布和送达处分决定、部分案卷材料不齐全、处分手续不完备等问题,使办案工作进一步走上规范化的轨道。（王兆刚）

【《纪检监察工作文件选编》】　6 月,由总公司纪委、监察处编辑出版。收入领导讲话 5 篇、文件资料 12 篇、经验 13 篇,共 15.4 万字。　（王兆刚）

【执法、效能监察】　根据中央企业纪工委的通知精神,总公司对本级及所属局、处近 10 年来对外担保、投资、借款情况进行清理登记。1990 年～2000 年,全系统共发生对外担保、投资、借款 286 项,总金额达106 582.7 万元,其中对外担保 66 项,金额59 873.5万元;对外投资 120 项,金额36 393.3万元;对外借款 100 项,金额

10 315.9万元。为保证企业改制的顺利进行,防止各种违纪违法问题的发生,全系统开展企业改制中防止国有资产流失的效能监察。各级纪检监察部门组织企管、财务、审计和物资运输设备等部门885人参加的工作组214个,对所属833个单位的改制工作进行检查,其中总公司组织2个组,重点抽查7个集团公司(工程局)、11个工程处和部分直属单位。各单位资产评估、"百含"划转及职工配股收缴工作,符合有关程序和规定。对处理的不良资产专门登记造册,加强管理,加大追收外欠款的工作力度,据不完全统计,全系统共追收外欠款68 377.7万元。通过效能监察,有效地防止了国有资产流失,维护了企业和职工的利益。各单位结合实际,进行项目管理效能监察、物资设备招标采购执法监察、养老保险等专项基金收缴管理使用情况的执法监察和严禁用公款、公物装修个人住房等专项检查。据统计,全系统共执法、效能监察35项,发现违纪案件107件,查处违纪者119人,发出监察建议和决定书503份,帮助建章立制392项,挽回经济损失2 238.66万元。 (王兆刚)

机关党务

【直属机关党委】 受总公司党委领导,主管总公司机关和机关直属单位党的建设和思想政治工作。主要职责:负责所属单位干部职工的政治理论学习和思想教育,组织开展精神文明建设;指导所属党组织加强自身建设,发挥保证监督和政治核心作用;组织开展党员教育、培训、考评和处置不合格党员;培养入党积极分子和发展新党员;组织开展党内创先争优活动,表彰先进典型;督促检查所属党委、总支、支部的换届选举;负责所属单位党费的收缴、管理和使用;负责所属党组织的党内统计和办理党员组织关系转移;负责所属单位的纪律检查工作;负责所属单位的共青团及青年工作;负责所属单位的成人文化教育和统战工作;负责总公司直属机关的计划生育工作;负责所属单位的职工婚姻登记工作;负责组织直属机关的公民义务献血、社会救助工作;负责大院社区居委会的各项工作;负责协调总公司机关与地方联系的各项社会工作。总公司直属机关党委管辖7个党委、1个党总支、76个党支部,1 128名党员。直属机关党委书记夏良振(兼)、常务副书记张高水、副书记兼机关纪委书记王贵双。下设机关党委工作部,定员8人,设部长、副部长各1人;附属居委会,定员3人,设主任1人。 (杜学文)

【政治理论学习】 3月中旬,机关党委下发通知,布置所属单位学习第九届全国人大第四次会议和第九届全国政协第四次会议和总公司工作会议精神。5月10日,下发《关于认真学习贯彻总公司第一次党代表大会精神的通知》,组织所属党委、总支、支部进行学习讨论,规定学习方式、学习时间,提出具体要求。组织党员干部学习《国有企业"三讲"学习教育活动必读》,进一步巩固"三讲"教育成果。组织直属机关干部参加中央党校函授学习,37人获大学本科文凭。

(杜学文)

【学习贯彻江泽民"七一"讲话精神】 7月5日,机关党委对学习贯彻江泽民在庆祝中国共产党成立80周年大会上的讲话作出具体部署和安排,总公司机关各部门领导和直属单位领导班子成员参加总公司党委中心组学习扩大会,听取有关领导和理论专家的辅导报告,联系企业改革发展和党建工作实际,提出意见和建议。8月上旬,机关党委举办学习江泽民总书记"七一"讲话培训班,17人参训。 (杜学文)

【学习贯彻党的十五届六中全会精神】 10月15日,召开直属机关党委会议,对学习贯彻《中共中央关于加强和改进党的作风建设的决定》作出具体部署。机关党委组织召开3次机关党支部书记座谈会,对机关作风建设的主流和存在的主要问题充分发表意见,提出加强和改进机关作风建设的建议。各级党组织联系实际,采取措施,重点解决党的作风建设方面存在的问题。 (杜学文)

【纪念建党80周年】 组织全体党员学习党建知识,927名党员参加中央组织部举办的"纪念建党80周年党的知识竞赛"活动,总公司党委获组织奖,1人获全国一等奖。组织直属机关380名党员参观全国和北京市庆祝建党80周年成果展,组织60人参加中央企业工委庆祝建党80周年文艺会演受到好评。组织直属机关20名新党员参观平津战役纪念馆和周恩来、邓颖超纪念馆,进行革命传统教育,并举行新党员入党宣誓活动。召开庆祝中国共产党成立80周年大会,表彰"九五"期间优秀共产党员15名、优秀党务工作者4名。 (杜学文)

【机关党的建设】 (1)组织建设。报请总公司党委批准,增补1名直属机关党委委员;批准卡特彼勒产品北京服务部党委增补1名委员;批准离退休职工党总支及所属13个党支部换届选举和成立第14党支部;批准1个党支部增补支部委员。(2)表彰先进。推荐总公司党委表彰优秀共产党员1名、优秀党务工作者1名。(3)党内选举。3月8日,机关党委召开会议,对总公司党委提出的30名党委委员和11名纪委委员候选人进行认真酝酿讨论,并专题上报。4月18日,召开总公司直属机关党员代表会议,选出王占科、王兆林、王京利、刘士彦、孙化同、李友才、李本来、李世钰、李廷柱、李晓莹、吴宝生、邹才华、张克明、张高水、陈嘉珍、夏良振等16人为总公司直属机关出席总公司第一次党代表大会代表。(4)召开专题民主生活会。11月15日,对召开以加强作风建设为主要内容的专题民主生活会进行部署,按照十五届六中全会《决定》提出的"八个坚持、八个反对"要求,对本单位、本部门特别是领导干部作风建设方面存在的突出问题进行认真剖析检查,提出整改措施。(5)全年发展新党员9名,批准6名预备党员按期转正,培训入党积极分子2名。

(杜学文)

【表彰先进单位和先进工作(生产)者】 经总公司直属机关党委研究决定:办公室、企业管理部、经营部、安全质量管理部、财务部、人事(干部)部、劳动工资部、公安局、党委办公室、组织部、纪委案件检查处、工会生活保险女工部、珠海铁城实业公司、北京中铁五棵松饭店、机关汽车队、北京中铁天宏建筑工程有限公司、电务分公司经营开发部及销售中心、北京中铁建印刷厂二、三车间及财务科、卡特彼勒产品北京服务部维修部等22个单位被评为总公司直属机关2001年度先进单位;130人被评为先进工作(生产)者。　(杜学文)

【党风廉政建设】 6月～10月,组织总公司及部门领导、机关直属单位领导班子成员和专兼职纪检监察干部127人参加"学法规、学党纪"党风廉政教育活动,开展党风廉政教育知识竞赛,116人参赛,参赛率91.3%。检查所属单位1990年以来对外投资、担保和借款情况,并专题上报总公司纪委。　(杜学文)

【公民义务献血】 按照北京市人民政府关于公民义务献血的要求,先后3次组织86人参加体检,其中30人光荣献血,圆满完成地方政府规定的义务献血任务。

(杜学文)

【救灾募捐】 8月,响应地方政府号召,组织直属机关干部职工为内蒙古灾区募集棉衣被2 172件。

(杜学文)

【机关团的工作】 结合庆祝建党80周年,在团员青年中开展"党在我心中"主题演讲活动。响应总公司团工委号召,组织总公司直属机关干部职工为兴城疗养院身患绝症的魏旭募资24 213元。　(杜学文)

【社区居(家)委会工作】 (1)计划生育工作。年初,与所属单位签订《计划生育目标管理责任书》112份,各单位领导与本单位职工及流动人员签订计划生育合同书,所管辖的2 108户、1 746名育龄妇女全部纳入计划生育合同管理。直属机关计划生育率100%、晚婚晚育率100%、创优达标率100%、优质服务满意率90%以上。(2)精神文明创建。年内,评选表彰"五好文明家庭"289户、"好家长"126名、"优秀居民代表"80名。组织居民参加海淀区人口普查书画比赛,获一等奖1名、三等奖2名、纪念奖5名;选送19幅作品参加北京市庆祝建党80周年书法绘画比赛;组织39名居民参加北京申奥活动;组织20名妇女参加天安门广场球操和北京市第三届全民健身体育节开幕式大型球操表演;组织6名业余运动员参加万寿路地区乒乓球比赛,获女子单打第2名、男子单打第3名;为院内居民安装一套室外健身器材,并铺设绿地毯170平方米。(3)便民服务。为47名居民申办居民身份证、18名适龄青年办理兵役证,为居民介绍家庭小时工200人次,组织22名志愿者为孤寡残疾人员常年服务,为1户特困居民申请办理北京市最低生活保障金,为73名残疾人员送发北京市政府慰问品,慰问21户军、烈、遗属。(4)治安保卫。组织24名治安巡逻员长年在院内值班巡逻;与7名呆傻、精神病人及刑满释放不满3年人员的亲属签订责任书;与万寿路街道办事处和永定路派出所一道,加强对"法轮功"练习人员的管理和教育,帮教40多人次,有2人与"法轮功"彻底决裂;全年调解居民纠纷8起,调解成功率100%;为外来人员办理暂住证112个。(5)青少年教育。协助家长做好3名不愿意上学读书的中学生的思想工作,帮助6对两地分居的夫妇解决子女入学难题;组织52名学生参加"夏令营"活动;组织学生参加"祖国统一赞"读书教育活动,2人分获歌咏比赛和摄影比赛优胜奖。(6)公共卫生。组织小时工80人次清运垃圾10余吨,铲除小广告700多处;评选卫生之家854户、卫生楼门24个。(7)为企业发展服务。在总公司参加同江—三亚公路投标中,居委会出具北京市授予的"北京市文明居民区"、"北京市先进治保会"和"海淀区计划生育红旗标兵单位"等荣誉证书,得到招标单位的信任,对工程中标起到一定作用。(8)社区居委会建设。按照地方政府要求,年底完成由家委会向社区居委会的转制工作;成立复兴路40号院社区党总支、协商议事委员会、志愿者服务队等组织。2001年,社区居委会荣获"首都文明安全家委会"、"北京市先进治保会"、"北京市同'法轮功'邪教组织斗争先进家委会"、海淀区"计划生育红旗标兵单位"和"拥军优属先进单位"等称号。

（杜学文）

报　纸

【《中国铁道建筑报》社】 《中国铁道建筑报》是总公司党委主办的行业报。报社定员 25 人，现员 25 人。社长吴志义，总编辑朱海燕，副总编辑田望生。下设办公室、总编室、经济新闻部、政工部、文艺部、广告部、记者通联部。全年出版发行报纸 104 期。

2001 年，报社服从、服务于企业改革发展大局，以生产经营为中心，突出抓好重要理论、重点工程、重大活动报道和先进典型宣传，为弘扬企业文化服务。

（韩传荣）

【重大活动宣传报道】 (1)总公司工作会议报道，刊登消息、社论、会议主报告及领导干部专访，两期报纸用五个整版集中宣传会议内容，取得较好效果。(2)总公司第一次党代会宣传报道，报社集中 10 名记者在短时间内突击完成 12 个版面的报道任务。(3)纪念建党 80 周年宣传，开辟"我身边的共产党员"、"革命老区铁路行"、"红色之旅"等专栏，举办《为党旗争辉》征文活动。（韩传荣）

【重要理论宣传报道】 配合总公司系统深入学习江泽民总书记"七一"讲话和"三个代表"重要思想，报社积极做好宣传引导工作，及时报道所属单位领导干部和党员收听收看、座谈讨论的消息；报道总公司党委中心组扩大会议和邀请知名专家进行专题讲座的消息；宣传总公司、集团公司(工程局)党委中心组联系实际深入学习的做法及好的典型；在一版开辟"学习贯彻讲话精神，推动企业改革发展"专栏，刊登总公司、集团公司(工程局)、直属单位领导学习讲话的体会文章 25 篇。

（韩传荣）

【重点工程宣传报道】 年内，对总公司系统承建的西安南京铁路、渝怀铁路、宝兰复线等工程施工情况进行突出报道；对西康铁路交付运营及朔黄铁路、内昆铁路、秦沈客运专线相继铺通进行相关报道；对青藏铁路建设进行专题报道，推出总编辑朱海燕撰写的长篇通讯《铁路挺进拉萨》，编发各参建单位开工消息，并派出两名记者对青藏铁路进行历时一个月的专访，行程 6 000公里，采写的文章在本报和《人民日报》海外版进行系列报道。

（韩传荣）

【举办《大路影展》】 12 月 5 日～9 日，与中国摄影家协会在北京中国革命军事博物馆联合主办《大路影展》。展出作品 250 幅，由亲切的关怀、历史的回顾、光辉的足迹三个部分组成，具有很高的史料价值和艺术价值。最高人民检察院检察长、原铁道部部长韩杼滨为影展开幕致信祝贺，中国摄影家协会主席高帆出席开幕式并题字，穆青专程参观指导，中央电视台、北京电视台、《中国摄影报》、《人民铁道报》等 10 多家报纸予以报道。从展出作品中评出金奖 3 幅、银奖 9 幅、铜奖 18 幅。

（韩传荣）

【总公司记者工作会议】 4 月 1 日～3 日在中铁十一局集团公司三处召开。会议总结 2000 年工作，研究布置 2001 年宣传报道任务。

（韩传荣）

【加入国家重点新闻网站】 国家重点新闻网站新华网主页新增《产业经济》栏目，此栏目向全球播发中国产业经济信息，由新华网与中国产业经济信息网联合推出，由《中国铁道建筑报》等 46 家全国性行业报联合组成。发布的产业经济新闻与信息覆盖国内各行各业，自 1997 年创办以来受到国内外媒体和企业界的欢迎。

（韩传荣）

【好新闻评选】 7 月 20 日，在第 15 届中国产业经济好新闻评选中，李良苏、朱海燕采写的《碰到古槐，铁路绕道》获一等奖；赵其红采写的《今日，"子弹头"呼啸出膛》获二等奖；何大成采写的《生命因此闪光》获三等奖。在铁路报纸好新闻评选中，李良苏、朱海燕采写的《多投 2000 万，挽救 600 年沧桑历史；搬迁 40 户，留下多少代绿色佳话》，张克明、朱海燕、曾正贤、陈树青、符勇采写的《基层干部的榜样刘清华》获一等奖；赵其红采写的《今日，"子弹头"呼啸出膛》，朱海燕的评论《成克杰玩完了》，蔡庆荣、范佳欣的评论《西进当慎行》获二等奖；曹建忠采写的《西部开发，头号工程出场》，张荣文的评论《向市场观念要安全》获三等奖。在路外报道好新闻评选中，何大成、李有林、高宗成采写的《谭芳桃，壮举留深思》，张克明、曾正贤、陈树青、符勇采写的《生死考验》获一等奖；曹建忠采写的《铁规棒喝"豆腐渣"》，曾正贤、王立武、高进忠采写的《敬业廉洁的好干部黄菊生》，曹建忠采写的《穿越秦岭筑坦途》获二等奖；李佩山、杨星采写的《踏遍青山人不悔》，张阳灿、于景信采写的《情注西部著华章》获三等奖。

（韩传荣）

【广告经营】 2001年,广告经营额比2000年有所增长,其中企业形象广告和商品广告分别比2000年增长1.5%和1.2%。　(杨晓志)

【表彰新闻报道先进单位和先进个人】

新闻报道先进单位(51个)

中铁十一局集团公司一处
中铁十一局集团公司二处
中铁十一局集团公司三处
中铁十一局集团公司四处
中铁十一局集团公司电务处
中铁十一局集团公司路桥处
中铁十二局集团公司一公司
中铁十二局集团公司二公司
中铁十二局集团公司三公司
中铁十二局集团公司四公司
中铁十二局集团公司电务公司
中铁十三局集团公司四处
中铁十四局集团公司二处
中铁十四局集团公司三处
中铁十四局集团公司四处
中铁十四局集团公司基础处
中铁十五局集团公司三处
中铁十五局集团公司五处
中铁十五局集团公司六处
中铁十五局集团公司电务处
中铁十六局一处
中铁十六局二处
中铁十六局三处
中铁十六局四处
中铁十六局五处
中铁十七局集团公司一处
中铁十七局集团公司二处
中铁十七局集团公司三处
中铁十七局集团公司四处
中铁十七局集团公司五处
中铁十七局集团公司电务处
中铁十七局集团公司建工处
中铁十八局集团公司二处
中铁十八局集团公司三处
中铁十八局集团公司四处
中铁十八局集团公司五处
中铁十八局集团公司建工处
中铁十八局集团公司电务处
中铁十九局集团公司一处
中铁十九局集团公司二处
中铁十九局集团公司三处
中铁二十局一处
中铁二十局二处
中铁二十局五处
中铁二十局六处
中铁二十局机械厂
铁路运输处
北京中铁建设有限公司
铁道建筑研究设计院
养马河桥梁厂
石家庄材料总厂

优秀记者(11人)

江耀明　曾正贤　姜书范　李良苏　罗朝政
陶信山　李佩山　李仕兵　杨秀权　刘民主
成海忠

优秀通讯员一等奖(30人)

严茂林　周广宽　高　山　张永胜　安剑承
孔祥文　张绍清　皇甫振明　谢邦成　沈　洁
崔继松　冯广泉　周金龙　董国隆　辛　月
高进忠　沈建明　张本国　邓　华　倪宝光
张天国　吴丛扬　宋占印　李慧川　龙　艳
陈永富　向清明　张丽英　王昌尧　刘家汉

优秀通讯员二等奖(50人)

洪进祥　唐　璐　姜兆麟　郑道斌　牛　捷
连永章　汪　洋　张祖华　林元刚　王立华
左玉杰　魏作全　王运琥　赵永奇　黄仕科
赵纯杰　刘　涛　唐　宏　张　禄　牛士红
杨卧龙　李云喜　邹裴锋　黎时明　张禾青
刘海发　李梦新　李建斌　高　锋　高宗成
李有林　范　琢　王元冬　张建友　曹战锋
沈北林　武新才　张德英　王一地　王永芳
沈荣春　范佳欣　贾　岩　白立民　唐兴荣
万承茂　赵冬生　杜　苗　唐相彦　徐　春

优秀通讯员三等奖(70人,略)

(韩传荣)

中铁十四局集团公司在昆仑雪山脚下举行青藏铁路“青年突击队”授旗仪式。

（徐建温　郭西森　摄）

工会　共青团

本栏责任编辑　杨启燕

工　　会

·综合工作·

【总公司工会】 总公司工会是根据《工会法》和中国工会章程规定，经总公司党委和中华全国铁路总工会批准，依法建立的群众组织。2001 年，总公司系统进行结构调整、资产重组，工厂局、铁路运输处、铁道战备舟桥处、西安医院、兴城疗养院等直属单位实行划转、合并或撤销。总公司工会下辖 10 个集团公司（工程局）工会及北京中铁建设有限公司、中铁路桥集团公司、中铁物资集团公司、北京铁建工贸集团公司、国内工程公司、海外公司、昆明中铁机械厂、铁道建筑研究设计院、总公司党校（干校）、石家庄铁路工程职业技术学院、总医院、总公司机关工会。总公司工会以接受同级党委领导为主，同时接受中华全国铁路总工会的领导。总公司工会第二届委员会现有委员 33 人、常务委员 7 人。总公司工会设党组，由 5 人组成（暂缺 1 人），直接对总公司党委负责，主要研究决定工会的重大事项，党组书记由总公司工会主席夏良振兼任。总公司工会定员 15 人，设主席 1 人、副主席 2 人。下设办公室（财务部）、组宣部（体协）、生产保护部、生活保险女工部、女职工委员会。主要职责是：统一组织、规划和实施全系统的工会工作，推动和促进党的全心全意依靠工人阶级根本方针的贯彻落实，依法代表和维护职工群众的政治利益和经济利益，发挥党联系群众的桥梁和纽带作用。（李青颖）

【总公司工会常委（扩大）会】 12 月 18 日～20 日在浙江省湖州市中铁十六局三处召开。工会第二届委员会常务委员、各集团公司（工程局）工会主席及女工委主任、北京中铁建设有限公司工会主席参加会议。会议总结 2001 年工会工作，提出 2002 年工作任务，总公司工会主席夏良振作工作报告。各集团公司（工程局）工会主席针对改制后工会工作创新及遇到的难点、热点问题分别提出意见和建议。（李青颖）

【王宜强入选全国劳模事迹报告团】 “五一”前夕，总公司推荐的中铁十七局集团公司副总经济师、内昆铁路工程指挥部指挥长王宜强被中华全国总工会确定为 2001 年进京参加全国“五一”庆祝活动的全国劳模代表，并入选全国劳模事迹巡回报告团，赴湖北省、长江三峡工地作事迹报告。4 月 28 日上午，王宜强与 100 名应邀进京的劳模代表一道，在中南海受到中共中央总书记江泽民等党和国家领导人的亲切接见，并在座谈会上作为铁路系统劳模代表发言。同日下午，王宜强参加中央企业工委召开的劳模座谈会，受到中央企业工委副书记王瑞祥、赵杰兵的亲切接见，并汇报江泽民总书记等党和国家领导人接见全国劳模代表时的重要讲话精神。王宜强回到总公司机关，受到总公司党委书记李国瑞、总经理王振侯、工会主席夏良振等党政工领导的热烈欢迎。4 月 29 日下午，王宜强出席在人民大会堂召开的首都群众庆祝“五一”国际劳动节大会。4 月 30 日，王宜强等铁路系统的劳模代表到铁道部机关，受到铁道部部长傅志寰等党组成员的亲切接见。（李青颖）

【工会办公室】 总公司工会的综合职能部门，协助工会领导处理日常事务的工作机构。定员 5 人，现员 5 人，设主任、副主任各 1 人。主要负责综合协调工会各部门的工作；负责总公司工会机关刊物《铁建工运》的编辑出版和工会信息调研工作；落实、督办领导交办的事项；汇总整理工会大事记、年鉴、统计资料；负责工会文电的审核、收发、传递、归档；负责工会财务工作，编制本级经费收支预算、决算。（李青颖）

【编辑出版《铁建工运》】 《铁建工运》是经铁道部政治部、北京市新闻出版局批准的总公司工会内部刊物，为双月刊，由总公司工会主办。编委会主任由总公司工会主席夏良振担任，副主任由工会副主席魏臣义、熊发吉担任。编委会下设主编、责任编辑。该刊主要任务是传达贯彻上级工会、本级党委和工会的指示、工作部署，指导所属工会开展工作，交流经验，推动工会事业发展。全年出刊 6 期，刊出图片 69 幅，文字 43 万字。（李青颖）

【信息工作】 在中华全国铁路总工会组织的全路工会信息工作评比中，总公司工会李青颖连续三年被评为“全路信息工作先进工作者”。（程玉鹤）

【财务管理】 经费收支。根据《工会法》规定的工会经费独立管理原则，全年工会收入4 629万元，其中全系统行政拨交工会经费3 744万元，比 2000 年增加 176 万元，完成计划的 95%；会费收入 260 万元，比 2000 年增加 3 万元，完成计划的 101%；中华全国铁路总工会拨青藏铁路专项补助 15 万元；行政补助经费 282 万元；其他收入 301 万元。经费支出注重管而不死、活而不乱，重点保证工会建设、职工业余文化活动和职工宣传教育需要。年内青藏铁路正式开工，各级工会加大一线职工"建家建线"费用支出。全年支出经费3 920万元,比2000年增加295万元,完成计划的103%。其中,会员活动费支出264万元,同比增加17万元;职工活动费支出1 382万元,同比增加19万元;工会业务费支出1 808万元,同比增加244万元;工会行政费支出152万元,同比增加4万元;补助青藏铁路工程59万元;上缴中华全国铁路总工会187万元。

经费分成。各集团公司(工程局)工会上缴总公司工会经费定额比例为行政拨交工会经费总额的10%,其中通过总公司工会上缴中华全国铁路总工会6%,总公司工会留1%,3%返还各单位作为超收留成基金;各直属单位工会上缴经费定额比例为行政拨交工会经费总额的15%,其中通过总公司工会上缴中华全国铁路总工会6%,总公司工会留4%,5%返还各单位作为超收留成基金。 (沈义美　黄玉莲)

【表彰全国、全路工会财务工作先进集体、先进工作者和荣誉工作者】 年内,有1个单位被中华全国总工会评为全国工会财会先进集体;3个单位被中华全国铁路总工会评为全路工会财会先进集体,6人被评为先进工作者,3人被评为全路工会财会荣誉工作者。

全国工会财会先进集体

中铁十九局集团公司工会财务部

全路工会财会先进集体

总公司工会财务部

中铁十七局集团公司工会财务部

中铁二十局工会财务部

全路工会财会先进工作者

冯先超　雷学英　张淑清　周月玲　何　燕

刘成运

全路工会财会荣誉工作者

陈尚贵　王长留　仵运动

(沈义美　黄玉莲)

【财务工作竞赛评比】 年内,总公司参加全路工会财务工作竞赛评比,10个集团公司(工程局)工会财务部及总公司工会财务部获中华全国铁路总工会财务竞赛一等奖。 (沈义美　黄玉莲)

【会计电算化培训】 总公司工会加强财务信息系统建设,于6月依据全路统一会计电算化模块,在石家庄铁路工程职业技术学院举办总公司工会系统会计电算化培训班,35人参训。 (沈义美　黄玉莲)

·组织　宣传　体协·

【组宣部】 负责各集团公司(工程局)和直属单位工会组织建设、宣传教育、群众体育工作的职能部门。主要职责是:组织本级、指导各单位召开会员代表大会、职工持股会、工会全委会,审批工会委员会和经费审查委员会的组成和成员增免;负责职权内工会干部的考察、配备及培训工作;指导基层工会开展建设"职工之家"活动;负责本级和指导所属单位的企业民主管理工作,指导所属工会召开职工代表大会,建立集体协商和集体合同制度及企务公开制度,开展参政议政和民主监督,发挥工会的民主渠道作用;负责职工宣传教育,培育"四有"职工队伍;指导工地文化线建设,活跃职工文化生活;归口管理体协工作,组织指导群众性体育活动和业余体育训练。业务上受中华全国铁路总工会组织部、生产宣教部、体协指导。定员3人,现员3人,设部长1人。 (孙秀伟)

【组织建设】 11月5日~6日和11月12日~13日,总公司工会主席夏良振、副主席熊发吉分别在中铁十三局集团公司三处、中铁二十局西安办事处召开南北两个片会,听取各单位2001年工会工作情况及2002年工会工作安排的汇报,为召开总公司工会常委扩大会作准备。12月18日~20日,总公司工会常委扩大会在浙江湖州中铁十六局三处召开,总公司工会7名常委、各集团公司(工程局)工会主席、女工委主任及北京中铁建设有限公司工会主席共30人参加会议。会议总结2001年工会工作情况,部署2002年工作任务,研讨改制后的工会工作,总公司工会主席夏良振作工作报告。

年内,中铁十三、十五、十七、十八局集团公司工会更换工会主席;4名工会主席增补为中华全国铁路总工会第11届执委。12月,12名工会主席参加中华全国铁路总工会第11届6次执委会。 (孙秀伟)

【干部队伍状况】 截止至年底,工会专职干部1 211人,占职工总数的0.78%。专职干部年龄结构:35岁以下159人,占13%;36岁~45岁682人,占56%;46岁~55岁368人,占30.4%;55岁以上10人,占0.8%。文化结构:大专以上658人,占54.3%;中专、高中553人,占45.7%。专业干部982人,占专职工会干部的81%,其中高级职务49人,中级职务471人,初级职务462人。10月10日,总公司工会组宣部部长徐士淮被中华全国总工会评为全国培训工作先进个人。 (孙秀伟)

【职工之家建设】 全系统应建职工之家2 095个，已建职工之家2 011个。其中，合格职工之家 728 个，占应建数的 34.8%；先进职工之家 823 个，占应建数的 39.3%；模范职工之家 460 个，占应建数的 22%。应建职工小家6 962个，已建职工小家6 484个。其中，合格职工小家2 861个，占应建数的 41.1%；先进职工小家2 558个，占应建数的 36.8%；模范职工小家1 064个，占应建数的15.3%。（孙秀伟）

【建家建线】 5 月 26 日～6 月 6 日，总公司工会主席夏良振率联合工作组，对参加西安南京铁路建设的 10 个集团公司（工程局）指挥部、21 个处项目部、23 个建家单位和 10 个工点进行"建家建线"检查评比，评出 5 个"建家建线"模范单位、3 个先进单位、2 个达标单位和 23 名模范单位领导干部、14 名先进单位领导干部、10 名达标单位领导干部，促进了"建家建线"整体水平的提高。9 月 13 日～26 日，总公司工会主席夏良振带队检查渝怀铁路 12 个指挥部、26 个处项目部、27 个基层单位和 17 个工点的"建家建线"情况。各局、处指挥部、项目部根据单位实际情况，超前思考，合理投入，使"建家建线"水平和质量不断提高。为加强青藏铁路"建家建线"工作，总公司工会给参加青藏铁路施工的中铁十二、十四、十八、二十局集团公司（工程局）工会各拨专款 10 万元，用于施工队伍购买卫星电视接收天线和高压炊具。8 月 20 日～31 日，总公司工会主席夏良振带领工作组到青藏铁路检查"建家建线"情况，并向 4 个集团公司（工程局）行政拨款 20 万元。

（孙秀伟）

【建家表彰】 6 月 15 日，总公司工会表彰 42 个模范职工之家、54 个模范职工小家、47 名优秀工会工作者、38 名优秀工会积极分子、6 名支持工会工作的先进代表。

模范职工之家

中铁十一局集团公司一处八队工会

中铁十一局集团公司二处十一队工会

中铁十一局集团公司三处铺运一公司一队工会

中铁十一局集团公司四处八队工会

中铁十二局集团公司二公司机械化公司机关工会

中铁十二局集团公司三公司京珠高速公路湖北项目部工委

中铁十二局集团公司电务公司电化分公司工会

中铁十二局集团公司四公司工会

中铁十三局集团公司一处道桥公司工会

中铁十三局集团公司二处工会

中铁十三局集团公司三处八公司工会

中铁十三局集团公司四处三公司一队工会

中铁十四局集团公司基础工程处工会

中铁十四局集团公司隧道工程处一队工会

中铁十四局集团公司第一建筑安装工程公司工会

中铁十四局集团公司电务工程处一公司工会

中铁十五局集团公司一处三分处运输公司工会

中铁十五局集团公司二处七队工会

中铁十五局集团公司四处二分处工会

中铁十五局集团公司五处七分处工会

中铁十六局一处五段十九队工会

中铁十六局二处八队工会

中铁十六局三处第一路桥公司一队工会

中铁十六局四处十一队工会

中铁十七局集团公司四处九队工会

中铁十七局集团公司五处焦晋项目部工会

中铁十七局集团公司厦门工程处工会

中铁十七局集团公司远通工程集团公司工会

中铁十八局集团公司一处工会

中铁十八局集团公司三处十公司工会

中铁十八局集团公司四处东秦岭项目部工会

中铁十八局集团公司五处一公司工会

中铁十九局集团公司一处工会

中铁十九局集团公司二处四公司工会

中铁十九局集团公司三处工会

中铁十九局集团公司五处桥梁公司工会

中铁二十局二处路面摊铺队工会

中铁二十局三处一队工会

中铁二十局电务处工会

中铁二十局五处五公司工会

房山桥梁厂工会

北京中铁建设有限公司设备租赁站工会

模范职工小家

中铁十一局集团公司生活服务中心物业公司分会

中铁十一局集团公司中心医院口腔科工会小组

中铁十一局集团公司基建处机械厂检验班工会小组

中铁十一局集团公司建安处三公司炊事班工会小组

中铁十一局集团公司五处职工医院门诊部分会

中铁十二局集团公司物业中心通信公司支会

中铁十二局集团公司一公司西安南京铁路项目部第一工会小组

中铁十二局集团公司一公司西南公司个冷路项目分会

中铁十二局集团公司建安公司广州指挥部第一项目分会

中铁十二局集团公司七公司朔黄项目部管理部工会小组

中铁十三局集团公司一处秦沈项目部分会

中铁十三局集团公司二处二公司六队一工班工会小组

中铁十三局集团公司三处一公司本丹项目部分会

中铁十三局集团公司四处机械化公司钢筋班工会小组

中铁十三局集团公司建筑工程公司二分公司分会

中铁十四局集团公司一处二机公司机械工班工会小组

中铁十四局集团公司二处机三队运输工班工会小组

中铁十四局集团公司三处五队木工班工会小组

中铁十四局集团公司四处八队二工班工会小组

中铁十四局集团公司五处四公司七队支会

中铁十五局集团公司三处八分处 801 队罗长项目工会小组

中铁十五局集团公司六处二公司第四工会小组

中铁十五局集团公司机械化公司三分公司南绕项目工会小组

中铁十五局集团公司建筑公司四公司洛石化高层项目工会小组

中铁十五局集团公司电务工程处第三工程队通信工区分会

中铁十六局一处三队机械工班工会小组

中铁十六局二处天津开发区指挥部分会

中铁十六局三处三公司机关分会

中铁十六局五处西安南京铁路工程项目部机关分会

中铁十六局电务处机关电话所第一工会小组

中铁十七局集团公司一处内昆铁路项目分会

中铁十七局集团公司二处物业管理公司分会

中铁十七局集团公司三处道桥公司分会

中铁十七局集团公司建工处淮北项目分会

中铁十七局集团公司电务工程处一公司分会

中铁十八局集团公司二处机施七队机械工班工会小组

中铁十八局集团公司建工处六公司朔黄项目部工会小组

中铁十八局集团公司电务处六公司电务工班工会小组

中铁十八局集团公司建安处一公司机关工会小组

中铁十八局集团公司机械化处涿州机械厂一分厂二工区工会小组

中铁十九局集团公司二处第二隧道公司机运队衬砌工区工会小组

中铁十九局集团公司四处铺架一公司运管队调车班工会小组

中铁十九局集团公司机械化工程处六公司机关分会

中铁十九局集团公司中心医院检验科工会小组

中铁十九局集团公司机关第二支会

中铁二十局二处隧道二队一工班工会小组

中铁二十局三处隧道一队机械工班工会小组

中铁二十局四处九队机械班工会小组

中铁二十局六处五队结构工班工会小组

养马河桥梁厂砂石动力分厂机车班工会小组

株洲桥梁厂扣件分厂分会

鹰潭战备材料总厂储运公司工会小组

北京中铁建筑工程公司设备安装分公司劳务二班工会小组

铁路运输处综合厂支会

优秀工会工作者

冯先超　徐凤山　李由柏　陈绍信　卢德安
程文怀　李建平　厉建宗　张淑清　汪作范
李鹏年　邓景生　李继元　周先民　朱凤鸣
李振良　李海涌　渠启文　王庆学　潘景修
陈晓林　熊维龙　古春生　舒志环　张希跃
魏光汉　马朝光　刘超杰　桑传禄　兰智华
何湘生　郭广贵　孙希仁　向晋山　张　辉
王运良　全庆华　李　刚　安维杰　马用钢
高志健　李光焯　李嘉建　曹继承　周本林
何明泽　谢守庭

优秀工会积极分子

马殿松　朱怀荣　陈昌龙　欧　六　范水仙
张茂荣　张绍宝　何惠伶　迟　军　徐光元
于荣权　曲宝臻　丁文祥　刘忠厚　赵江德
李守福　李晓琼　潘登华　李　杰　郝占胜
罗国军　黄文权　晁立军　赵英成　狄新娥
许兴伟　赵　飞　孙桂兰　徐成林　曾礼辉
张君奇　张增安　郭　雁　喻丕金　牟德宏
张新伟　段仕忠　李　国

支持工会工作的先进代表

李希林　王培君　张海亮　郭品云　李忠信
刘家文

（孙秀伟）

【职工之家考核验收】 根据中华全国总工会要求，总公司工会会同局处工会对 2000 年申报“全国模范职工之家”的中铁十八局集团公司二处工会、中铁十六局四处机运一公司工会重新进行考核验收，认定符合中华全国总工会新的考核验收标准。4 月，中华全国总工会正式批准两个单位为“全国模范职工之家”。

（孙秀伟）

【企务公开】 2001年，总公司系统建立企务公开制度的单位，占应建单位的99%。工会作为企务公开领导小组的办事机构，积极协助党政领导加强对企务公开的监督检查、工作协调，推动企务公开不断深化。10月，总公司工会将三年多来开展企务公开的综合情况上报中央企业工委，并在中央企业工委群工部的《情况通报》刊出。11月26日～12月13日，总公司工会主席夏良振受中央企业工委委托，组织人员参加中央企业厂务公开指导组，对中国一汽、中国包装总公司、中国生物总公司、中国普天信息集团公司4个中央企业进行厂务公开调研，并呈报调研报告。12月29日，中央企业工委在密云培训中心召开调研情况汇报总结会，中央企业工委副书记王瑞祥对调研报告给予好评。

（孙秀伟）

【职工代表大会】 全系统应建职工代表大会单位2 493个，实建2 344个，占应建单位的94%。全年培训职工代表5 127人。各单位坚持职代会制度，处以上单位坚持每年召开一次，公司、项目部、工程队坚持每年召开2～3次。多数单位做到会前报批，会中表决采用无记名投票方式，充分表达代表意愿；职代会闭会期间坚持职代会联席会议制度，研究解决职代会职权范围内的重大问题，局、处两级先后召开联席会143次。年内，总公司工会参加指导中铁十五局集团公司改制后首届职工代表大会、股东大会；指导总公司机关工会召开首届职工代表大会。

（孙秀伟）

【民主评议干部】 截止至年底，全系统除新组建单位外，全部建立职工代表大会民主评议干部制度。年内共评议局级干部74人、处级干部1 290人，经职代会评议奖励干部110人，处罚干部24人。有4个集团公司在机关机构改革中实行竞聘上岗、尾数淘汰制度。

（孙秀伟）

【参与企业改制】 总公司工会3次参加企业改制领导小组会，参与建立现代企业制度后企业领导体制、职工持股会、坚持职代会制度、建立职工董事与职工监事制度等问题的研讨。10个集团公司（工程局）、北京中铁建设有限公司成功组建职工持股会。职工持股会是一项全新的工作，国家没有统一要求，社会上没有现成经验，局处工会从改革大局和维护职工切身利益出发，走出去学习，下基层调研，克服各种困难，完成职工持股会的注册登记，选举产生职工持股会理事会，推选职工股董事、监事，职工入会率达到90%以上，保证了企业按期改制挂牌。

（孙秀伟）

【职工思想政治工作】 总公司工会全面落实中华全国铁路总工会“职工思想政治工作暨文化宫、俱乐部经验交流会议”精神，坚持以“三个代表”重要思想指导和统揽工会工作，结合企业改制中出现的新情况、新问题、新矛盾，在维护职工合法权益的同时，协助党组织和有关部门积极开展职工思想政治教育，维护了企业稳定。

（宋卫国）

【主题系列教育】 各级工会以建设“四有”职工队伍为目标，围绕中心开展系列宣传教育活动。中铁二十局工会在全局职工中开展“当好主人翁，岗位做贡献”系列主题教育，评选出“十大杰出工人”、“十大科技创新能手”；中铁十五局集团公司工会针对企业改制，在职工中开展“发挥职工主体作用，迎接改革新考验”主题系列教育，先后6次开展理论研讨，为工会参与改制做好思想、理论准备。

（宋卫国）

【职工读书自学活动】 3月，总公司工会对全系统职工读书自学活动进行调查，结果表明，这项活动坚持较好，成效显著。1990年以来，全系统有7 290名职工通过自学取得大学本科以上毕业证书，398名职工获部级科技进步三等奖以上奖励，37名职工获国家级科技进步三等奖以上奖励，34名职工获国家专利。总公司、局、处三级均成立读书自学活动领导机构，有的单位党政主管亲任组长。全系统共有职工读书自学小组2 661个，充分利用职工业校，有组织、有制度、有计划地组织职工学习。各单位为促进读书自学活动的广泛开展，在推广和弘扬先进典型的基础上，制定出表彰奖励标准，激励职工刻苦钻研，积极进取，自学成才。

（宋卫国）

【构筑企业文化】 总公司工会在学习贯彻落实“三个代表”重要思想实践中，以“三线建设”为切入点，着力在基层构筑新世纪富有自身特色的企业文化，取得较好效果。4月，会同团工委组织“党在我心中”职工演讲比赛，并选拔优胜者参加中华全国铁路总工会组织的演讲比赛评比，2人分获二、三等奖，总公司工会获优秀组织奖。6月，会同党委宣传部组织60余名职工参加中央企业工委建党80周年大型文艺演出，根据《铁建员工之歌》改编的大合唱《中国在提速》受到观众好评。9月7日～11日，中央企业工委王瑞祥副书记在总公司党委书记李国瑞、工会主席夏良振陪同下，带领慰问团到渝怀铁路慰问演出，5 000余名职工和

40 000名当地群众观看表演。中铁十五局集团公司业余文艺队自演的歌舞《18勇士战草庵》和自编的快板书《我为祖国修好路》与慰问团同台演出。庆祝建党80周年期间,各级工会配合党委开展丰富多彩的庆祝活动,举办文艺演出、歌咏比赛、演讲比赛、宣传展览等80余次。 (宋卫国)

【总公司体协常务理事会第12次会议】 3月8日在北京召开,到会常务理事21人。总公司工会主席夏良振、体协主席姜培敏等出席会议并讲话,体协秘书长徐士淮总结2000年工作,布置2001年任务,审议通过总公司体协工作报告。 (雷国权)

【总公司体协秘书长会议】 3月12日在北京召开,各集团公司(工程局)、直属单位体协秘书长35人参加会议。总公司体协秘书长徐士淮总结、布置体协工作,各单位汇报开展职工体育、全民健身活动情况,总公司工会主席夏良振、体协主席姜培敏等出席会议并讲话。 (雷国权)

【总公司第13届门球赛】 5月20日~24日在中铁十二局集团公司举行,17支代表队参赛。中铁十七、二十、十八、十四局集团公司(工程局)及铁道战备舟桥处、石家庄铁路工程职业技术学院代表队获比赛前六名,中铁十二局集团公司代表队获体育道德风尚奖。总公司体协主席姜培敏、门协主席戴玉生和中铁十二局集团公司党委书记胡莫愁等出席赛会并观看比赛。 (雷国权)

【组队参加全路第10届老年气排球赛】 7月5日~9日,总公司机关选派5名队员与其他单位组成联队,代表北京地区分会参加全路第10届老年气排球男队比赛,获第7名。 (雷国权)

【总公司女子气排球邀请赛】 3月14日~16日在中铁十七局集团公司四处举行。中铁十七、二十、十五局集团公司(工程局)获比赛前三名,总公司机关队获体育道德风尚奖。 (雷国权)

【总公司老年体协第6次会议】 10月29日~30日在福州中铁十八局集团公司华东办事处召开。总公司体协主席姜培敏、顾问刘秉顺和总公司工会主席、体协常务副主席夏良振等出席会议并讲话。中铁十二、十四、十六、十八、二十局集团公司(工程局)体协秘书长在会上介绍经验,会议总结、布置老年体协工作,增补吴起善、何海涛、谢英道、阎和发、金国造、景春阳、金传培、冯国兴为总公司老年体协副主席;夏良振为总公司老年体协常务副主席。 (雷国权)

【组队参加全路第16届老年门球赛】 12月4日~9日,中铁十七局集团公司组队代表总公司,参加在柳州局举行的全路第16届老年门球赛,获得冠军。 (雷国权)

·生产保护·

【生产保护部】 负责总公司系统社会主义劳动竞赛、评先创模、劳动保护、群众性技术创新、合理化建议及职工技协等工作的职能部门。定员2人,现员2人,设部长1人。 (胡国志 吕向东)

【评先创模】 年内,中铁十三局集团公司三处十队党支部书记刘清华荣获全国"五一劳动奖章";8个单位获"火车头奖杯",53人获"火车头奖章";32人被总公司评为先进(生产)工作者,114人被总公司评为铁路建设大会战尖兵;16个单位被总公司评为先进集体。 (胡国志 吕向东)

【劳动竞赛】 2001年,各单位围绕企业生产经营,坚持以市场为导向,以质量、安全、效益为重点,依靠和发动职工广泛、扎实地开展以"五比四创"为主要内容的劳动竞赛。4月24日,总公司召开劳动竞赛总结表彰电话会议,表彰2000年度15个劳动竞赛优胜单位和104名劳动竞赛优秀组织者。根据劳动竞赛发展要求,在广泛征求意见的基础上,对劳动竞赛内容进行调整补充,于11月下发新的评比标准。年内,总公司工会评选10篇典型经验、6篇优秀论文,其中3篇论文获全路劳动竞赛研究会优秀论文奖。

总公司劳动竞赛优胜单位

工程赛区

中铁十四局集团公司隧道工程处
北京中铁建设有限公司
中铁十二局集团公司建筑安装工程公司
中铁十一局集团公司电务工程处
中铁十八局集团公司五处
中铁十二局集团公司四公司
中铁十二局集团公司三公司
中铁十五局集团公司六处
中铁十七局集团公司五处
中铁十一局集团公司三处

工业赛区

昆明中铁机械厂

物资赛区

西南办事处

卫生赛区

中铁二十局中心医院

总医院

中铁十七局集团公司二处

总公司劳动竞赛优秀组织者

庞守献　张树海　李火明　林国宣　冯跃龙
崔仕利　靳丽川　张学安　郐振华　唐元寿
马学智　曹光星　邓普文　唐征武　李跃林
朱志国　师建国　李志昌　徐家定　王永太
陈明荣　康仕恒　逄凤禄　戴文革　王　涛
王振江　尹希慧　白福音　安传生　江新全
郑修杰　吕同占　马　军　马明山　秦绍武
尤开平　安国民　霍金贵　王大贤　高兴安
杨占朝　来永俊　崔连珍　耿启岱　赵中华
陈明庚　韩雪荣　王正守　郭品云　付常新
胡振潮　程　炜　李瑞华　孙汉令　苏其祥
徐德云　韩保军　肖克亮　佘守国　杨相勤
罗火元　张温才　卢贤存　张璠琦　周常平
徐崇铭　王　刚　李纯富　王仕才　李福堂
刘永清　万铁堂　边玉昆　李　程　王跃进
全庆华　李自文　王安国　吴成奎　孙竟飞
席　振　王玉忠　程章来　安维杰　易传礼
肖方哲　独成录　殷灿骞　何学义　沈雁圣
张仁高　李志林　杨景良　黎光凤　游南生
李嘉建　孙国庆　张宝起　李明信　王嘉福
周本林　焦守华　李同果　谢红峰

（胡国志　吕向东）

【劳动保护】　2001年，各级工会坚持“安全第一、预防为主”的方针和“从严治本，基础取胜”的指导思想，继续以全国总工会和国家经贸委在全国大中型企业中开展的“安康杯”竞赛作为劳动保护工作重点，广泛开展一系列安全大检查和群众保安全活动。加强青藏铁路劳动保护工作，对各参建集团公司（工程局）进行劳动保护调查。9月，对全系统专职劳动保护监督检查员进行重新登记，107名劳动保护检查员更换安全检查证。　（胡国志　吕向东）

【合理化建议与群众性经济技术创新】　总公司把开展群众性经济技术创新活动作为合理化建议和技术改进工作的重点。5月，转发《中央企业工委办公厅关于在中央企业开展经济技术创新和建功立业活动的意见》，要求所属单位结合中华全国总工会、中华全国铁路总工会关于开展群众性经济技术创新活动的有关规定一并认真贯彻执行。各单位成立创新领导小组，制定本单位实施群众性经济技术创新的办法。年内全系统提合理化建议、实施群众性技术创新和技术改进127 571项，其中经济效益50万元以上的有50余项。9月，组织各单位进行群众性经济技术创新调研，中铁十一、十二、十四、十七局集团公司和养马河桥梁厂撰写的群众性经济技术创新材料被中央企业工委作为典型经验推广。　（胡国志　吕向东）

·生活保险　女工·

【生活保险女工部】　负责职工生活保障、劳动保险、维护职工经济利益和女职工合法权益与特殊利益的职能部门，也是女职工委员会的办事机构。　（戴淑兰）

【总公司工会保障工作暨建家观摩会议】　8月23日～25日在中铁十六局四处召开，各集团公司（工程局）工会主席、保障部长及直属单位工会主席33人参加会议。会议研讨职工互助合作保障体系建设中遇到的重点、难点问题，观摩并听取中铁十六局四处模范职工之家建设经验介绍，总公司工会副主席熊发吉到会讲话。　（戴淑兰）

【“送温暖”工程】　元旦、春节期间，总公司系统筹集“送温暖”资金2 273.8万元，其中总公司党政工筹集118万元，组成“送温暖”慰问组598个，走访困难单位74个，送慰问金618万元；走访困难职工8 802人，送慰问金463.4万元；走访下岗职工1 338人，送慰问金46.6万元；走访劳模和先进人物540人，送慰问金20.6万元；走访离退休职工4 751人，送慰问金185.9万元；走访军、烈、遗属520人，送慰问金16.6万元。截止至年底，全系统局、处两级建立“送温暖”工程基金组织114个，“送温暖”基金总额1 670.6万元。　（戴淑兰）

【职工互助合作保险】　全系统处以上单位建立职工互助合作保险基金会114个，基层段队建立基金会471个，入会人数109 880人。全年享受保险待遇2 565人，支付保险金额321.5万元。全系统职工互助合作保险基金余额5 973.3万元。　（戴淑兰）

【建立领导干部联系困难职工制度】　全系统有1 522名党政工主要领导与967名特困职工和550名重困职工结成帮扶对子，经常走访困难职工家庭，既帮思想又办实事，使职工感受到企业的温暖。　（戴淑兰）

【保障干部培训】　10月11日～15日，中华全国铁路

总工会在安徽省屯溪市中铁四局疗养院举办“全路工会医疗保险改革研讨班”，总公司系统18名工会保障干部参训。 （戴淑兰）

【总公司工会女职工委员会第二届六次扩大会议】 4月4日～6日在西南办事处召开，24人参加会议。会议通过《2001年女职工工作要点》；替补中铁十一局集团公司工会女职工委员会副主任宁秀萍、总医院工会副主席谢红峰为总公司工会第二届女职工委员会委员；吴焰、嵇胜利、戢运珍、宋明等不再担任总公司工会女职工委员会委员职务。 （戴淑兰）

【总公司先进女职工集体、先进女职工表彰暨事迹报告会】 3月6日～7日在北京召开，总公司领导、机关干部及直属单位女职工参加会议。丁冬夏、牛慧敏、战丽娜等10名女职工在会上做事迹报告，中铁十七局集团公司职工医院以《生命的风采》为题，报告革命烈士谭芳桃的感人事迹；总公司工会表彰10个“三八”红旗集体和24名“三八”红旗手、12个文明家庭。

“三八”红旗集体

中铁十一局集团公司四公司二队女工班

中铁十二局集团公司四公司服装厂

中铁十三局集团公司五处综合门诊部

中铁十四局集团公司建筑工程分公司女职工委员会

中铁十五局集团公司二公司第六指挥部女职工委员会

中铁十六局福州铁道大厦

中铁十七局集团公司中心医院功能科

中铁十八局集团公司中心医院机关卫生所

中铁十九局集团公司第二公司一建安公司拌合厂女工小组

中铁二十局五处二公司钢筋混凝土工班

“三八”红旗手

郑秀丽　黄　平　崔红琴　武丽君　贾　晶
赫　萍　黄瑞香　邢呈娟　王霞飞　刘燕荣
王　萍　张丽丽　洪慧萍　赵军花　刘春华
孙学颖　王丽娜　崔美玉　梁小英　孙秀枝
高东云　姜战荣　温　静　于庆珠

（戴淑兰）

【女职工干部培训】 10月30日～11月5日，全系统18名女职工干部参加中华全国铁路总工会在深圳举办的全路女职工干部培训班。培训内容包括铁路深化改革对女职工工作和女职工干部提出的新任务和新要求、新经济对女性的新挑战、《婚姻法》讲解和女性权益维护、医疗改革中有关女职工权益维护等。 （戴淑兰）

【女职工组织建设】 全系统建立女职工委员会439个，有专职女职工干部92人，其中专职女职工委员会主任81人。 （戴淑兰）

·机关工会·

【简况】 机关工会是总公司直属机关党委领导下负责机关和机关直属单位工会工作的基层工会组织，其业务工作由总公司工会直接领导。定员2人，设主席1人；附属机关文化宫，定员5人，现员6人，设主任1人。 （张文忠）

【工作综述】 (1)4月5日，根据职工代表大会条例，召开总公司机关第一次职工代表大会，民主选举李德琛、李河川为国务院派驻总公司监事会职工兼职监事。(2)12月9日～11日，总公司机关工会第5次全体委员会议在厦门召开。会议决定建立机关和直属单位职工互助保险制度，力争2002年上半年完成。(3)元旦、春节期间，对机关和直属单位55名特困职工进行慰问救助，对有特殊困难的职工适时给予补助，慰问住院伤病职工200余人次，全年支出“送温暖”资金8万余元。(4)1996年，机关图书馆拆迁关闭，2000年上半年新馆建成，购置新型密集钢制书架、开放式钢制书刊架及阅览桌椅；配置计算机，对新书登记、书籍借还实行计算机管理，共清理造册、上架图书5万余册。2001年7月1日新图书馆开放，年内借书人数达1 340余人次，阅览书刊人数达1 420余人次，受到机关职工及家属子女的好评。(5)开展形式多样的文化体育活动，组织机关门球队和女子气排球队分别参加总公司第13届门球赛和女子气排球邀请赛，获精神文明奖和体育道德风尚奖；积极支持和参与总公司业余合唱团参加中央企业工委组织的“我们在党旗上闪光”大型文艺演出，受到中央企业工委的好评；组织机关职工参加保龄球、乒乓球和各种棋类活动；春节期间，组织大型游艺活动，活跃职工节日文化生活；“三八”妇女节，组织机关女职工开展趣味体育比赛；每逢周末举办露天舞会，活跃机关文娱生活。(6)对全院1 400余户有线电视天线进行维修管理，保证机关有线电视设备安全运转；完成新建29号楼电视天线的安装、调试、联网。(7)年内配合基建办公室完成食堂三层会议室内部改造装修及室内设施配套任务。全年为总公司召开的各种会议提供会场服务60余次；为地方政府在总公司召开的会议提供会场服务10余次。(8)“三八”节期间，表彰总公司直属机关"三八"红旗集体 5 个,"三八"红旗手 24 名。

"三八"红旗集体

北京中铁五棵松饭店客房服务班
北京铁建招待所总服务台
机关幼儿园小一班
北京中铁建印刷厂一车间
电务分公司通信中心收发室

"三八"红旗手

韩明莉　黄玉莲　解亚文　姜　波　李政芹
龚仁群　刘桂敏　姚洪金　刘国琴　吕碧芳
戴其花　张丽霞　张淑琴　韩　雄　周国华
张桂英　于淑会　崔国英　马霖渝　彭守芳
杜心懿　于洪敏　马桂荣　游云莲

（张文忠）

团　工　委

【简况】　中国共产主义青年团中国铁道建筑总公司工作委员会(以下简称团工委)在总公司党委和中央企业团工委的领导下开展共青团和青年工作,主要负责领导全系统团的组织建设、团干部队伍建设和团员青年的思想政治工作。2000 年 9 月 28 日,团工委的组织领导关系由隶属全国铁道团委正式移交中央企业团工委。团工委下辖 10 个集团公司(工程局)团委、5 个公司团委、4 个直属单位团(工)委和总公司机关团委,499 个基层团(工)委,138 个团总支,1 980个团支部。专职团干部 213 人,兼职团干部2 131人,团员23 500人。团工委定员 3 人,设团工委书记 1 人,政工师 2 人。

2001 年,团工委以邓小平理论、江泽民总书记"三个代表"重要思想和党的十五届六中全会精神为指导,认真贯彻落实总公司党委、中央企业团工委的部署,积极开展团员青年的思想政治工作,以党建带团建,进一步加强团的自身建设;服从、服务于企业改革、发展和稳定大局,以"创新创效"、"双争一树"、创建"青年生产安全岗"、创建"五四红旗团委(团支部)"等活动为载体,团结带领全系统团员青年为企业改革发展发挥生力军和突击队作用。总公司共青团系统年内获省、部级以上表彰的先进集体 52 个,先进个人 93 名,其中获全国表彰的先进集体 1 个、"青年文明号"工程 30 项、"五四红旗团委(团支部)"3 个,"青年突击队"(标杆)4 个,获全国表彰的先进个人 3 名。　（曹　烈）

【学习教育】　10 月 30 日,根据总公司党委和中央企业团工委的要求,下发《关于认真学习和贯彻党的十五届六中全会精神的通知》,在全系统团员青年中大力开展学习教育活动。各级团组织以学习江泽民总书记"七一"重要讲话和党的十五届六中全会精神为主线,通过召开全委会、座谈会、研讨会、知识竞赛和征文等多种形式,使广大团员青年进一步加深了对"三个代表"重要思想的理解,坚定了信心,明确了奋斗目标。

（曹　烈　王参军）

【团组织建设】　3 月 6 日,总公司团工委和党委组织部联合下发《关于批转〈总公司党委组织部、团工委关于进一步加强党建带团建工作的意见〉的通知》,团工委书记王参军深入基层,指导部分单位的党建带团建工作,进一步加强了团的自身建设。　（曹　烈）

【团干部培训】　3 月 7 日～16 日,总公司团工委分别委派中铁十一、十二局集团公司的 2 名基层专职团干部参加中央青年政治学院、中央企业团工委联合在京举办的团干部培训班。　（曹　烈）

【共青团中央表彰全国优秀团干部和"五四红旗团委"、确定"五四红旗团委"创建单位】

全国优秀团干部

王参军

全国"五四红旗团委"

中铁十五局集团公司二处团委

全国"五四红旗团委"创建单位

中铁十二局集团公司团委
中铁十三局集团公司团委
中铁十五局集团公司六处团委　（曹　烈）

【中央企业工委表彰"五四红旗团委"、确定"五四红旗团委"创建单位】

五四红旗团委

中铁十二局集团公司团委

"五四红旗团委"创建单位

中铁十七局集团公司四处团委　（曹　烈）

【总公司表彰"两优两红"、确定"五四红旗团委(团支部)"创建单位】　5 月 4 日,总公司团工委表彰优秀团干部 25 名、优秀团员 31 名、"五四红旗团委"23 个、"五四红旗团支部"32 个;22 个团委、29 个团支部分别被确定为"五四红旗团委"、"五四红旗团支部"创建单位。

优秀团干部

应广军 谭光勇 王建红 李 波 赵国华
郭忠民 杨海燕 朱士勇 解文惠 王春花
陈玉荣 李德行 丁晓毅 李素敏 太贞爱
杨 勇 李 鸿 赵中华 张广耀 喻 洁
谭立卯 施新洲 王宏斌 陈 冰 李俊征

优秀共青团员

唐 峰 郭 辉 邓蜀鑫 杨晓笨 卢宏宇
薛亚峰 张东令 金星波 黄建民 张成顺
王若木 唐永福 陈铭幺 程建华 张爱春
赵福明 李丛林 高维权 梁峥栝 邹晓春
方清明 刘 山 李 丽 赵晓虎 张家年
张 鹏 荀 涛 刘海滨 贯新宽 童立珍
李建新

五四红旗团委

中铁十一局集团公司一处团委
中铁十一局集团公司三处团委
中铁十二局集团公司团委
中铁十二局集团公司四公司团委
中铁十三局集团公司团委
中铁十三局集团公司二处团委
中铁十四局集团公司一处团委
中铁十四局集团公司一建公司团委
中铁十五局集团公司一处团委
中铁十五局集团公司二处第四指挥部团委
中铁十六局一处团委
中铁十六局四处直属机关团委
中铁十七局集团公司福州远通集团公司团委
中铁十七局集团公司四处团委
中铁十八局集团公司四处三公司团委
中铁十八局集团公司五处七公司团委
中铁十九局集团公司一处团委
中铁十九局集团公司二处团委
中铁二十局一处团委
中铁二十局五处团委
房山桥梁厂团委
养马河桥梁厂团委
西安卫校团委

五四红旗团支部

中铁十一局集团公司二处六队团支部
中铁十一局集团公司五处五公司团支部
中铁十二局集团公司一公司秦沈项目部团支部
中铁十二局集团公司三公司洛湛项目部团支部
中铁十三局集团公司三处五公司一队团支部
中铁十三局集团公司四处九公司三环项目部团支部
中铁十四局集团公司隧道处四队团支部
中铁十四局集团公司基础处内昆项目部团总支
中铁十五局集团公司五处十三队团支部
中铁十五局集团公司郑州实业总公司金属结构厂团支部
中铁十六局五处五公司一队团支部
中铁十六局二处一段一队团支部
中铁十七局集团公司二处秦沈项目部团支部
中铁十七局集团公司中心医院外一科团支部
中铁十八局集团公司二处株六复线项目部团支部
中铁十八局集团公司三处机关团支部
中铁十九局集团公司五处一公司道桥分公司团支部
中铁十九局集团公司机械化处五公司团支部
中铁二十局六处七星河特大桥项目部团支部
中铁二十局技工学校中专班团支部
株洲桥梁厂机修团支部
昆明中铁机械厂机加工车间团支部
高碑店新型建材厂第二团支部
铁道建筑研究设计院造桥公司团支部
北京中铁建设有限公司第25项目部团支部
铁道战备舟桥处西安南京铁路工程指挥部团支部
铁路运输处西安南京铁路桥涵公司团支部
石家庄材料总厂物贸公司团支部
总医院心外科团支部
西安卫校99级护士4班团支部
石家庄铁路工程职业技术学院工981班团支部
石家庄铁路工程职业技术学院财99班团支部

“五四红旗团委”创建单位

中铁十一局集团公司四处团委
中铁十一局集团公司建安处团委
中铁十二局集团公司三公司团委
中铁十二局集团公司电务公司团委
中铁十三局集团公司一处团委
中铁十三局集团公司三处团委
中铁十四局集团公司三处团委
中铁十四局集团公司五处团委
中铁十五局集团公司三处团委
中铁十五局集团公司四处团委
中铁十六局北京金铁龙公司团委
中铁十六局地下工程指挥部团委
中铁十七局集团公司二处团委
中铁十七局集团公司五处团委
中铁十八局集团公司西康铁路秦岭指挥部团委
中铁十八局集团公司TBM工程公司团委
中铁十九局集团公司三处团委
中铁十九局集团公司四处铁路运输公司团委

中铁二十局三处团委

中铁二十局六处团委

昆明中铁机械厂团委

株洲桥梁厂团委

“五四红旗团支部”创建单位

中铁十一局集团公司一处一队团支部

中铁十一局集团公司三处鹰潭基地团支部

中铁十二局集团公司二公司西安南京铁路工程指挥部团支部

中铁十二局集团公司建安公司装潢分公司团支部

中铁十三局集团公司五处三公司团工委

中铁十三局集团公司一处道桥公司团支部

中铁十四局集团公司电务处电务三公司团支部

中铁十四局集团公司一建公司秦沈项目部团支部

中铁十五局集团公司电务处子弟学校团支部

中铁十五局集团公司工贸公司铁路器材厂团支部

中铁十六局三处一路桥公司团支部

中铁十六局电务处电力公司团支部

中铁十七局集团公司三处四公司第四团支部

中铁十七局集团公司四处渝怀项目部团支部

中铁十八局集团公司四处葫芦岛东制梁场团支部

中铁十八局集团公司电务处五公司团支部

中铁十九局集团公司一处西安南京铁路指挥部团支部

中铁十九局集团公司四处三公司机运队团支部

中铁二十局三处一队团支部

中铁二十局六处朔黄铁路二期工程指挥部团支部

川东水泥厂二分厂团支部

涿州中铁建筑金属结构总厂紫荆关分厂机加段团支部

西南办事处铁宾饭店团支部

铁道建筑研究设计院建筑设计事务所团支部

北京中铁建设有限公司第33项目部团支部

铁道战备舟桥处舟桥段团支部

铁路运输处站修所团支部

石家庄铁路工程职业技术学院微机99班团支部

石家庄铁路工程职业技术学院造价G00班团支部　（曹　烈）

【首届“十大杰出青年”评选】　年内，总公司团工委在全系统青年职工中开展“十大杰出青年”评选活动，《中国铁道建筑报》刊登13名候选人的先进事迹，实行差额评选，10人入选。

总公司“十大杰出青年”

封明君　余绍水　吴焕通　孟繁亚　张爱琴

孔文亚　文　珂　陆晓辉　康　玮　况　勇

（李　睿）

【表彰“青年岗位能手”和“青年文明号”工程】　2001年，总公司各级团组织紧紧围绕企业中心工作，认真贯彻“服务青年、服务企业”的方针，坚持建功立业、人才培养并举，广泛深入开展“创新创效”、“双争一树”活动，实现“建一流工程、创最佳效益、育优秀人才”目标，培育了一批“青年岗位能手”，创建了一批“青年文明号”工程，为企业两个文明建设做出积极贡献。

全国“青年岗位能手”

谢立强　雷升祥

中央企业工委“杰出青年岗位能手”

张文峰

总公司“青年岗位能手”

吕国栋　程庆海　曾凡敏　李　旭　淡国棉

张俊兴　刘保庆　许力威　白玉利　景玉蓉

杨自辉　吴宏晋

全国“青年文明号”工程

中铁十四局集团公司隧道分公司株六复线

中铁十五局集团公司二公司西安未央路立交桥

中央企业工委“青年文明号”工程

中铁十二局集团公司二公司西安南京铁路西峡隧道

中铁十六局一处青海平西高速公路

总公司“青年文明号”工程

中铁十一局集团公司一公司长荆铁路钟祥汉江特大桥

中铁十二局集团公司二公司西安南京铁路西峡隧道

中铁十三局集团公司一处石中高速公路吴忠黄河大桥

中铁十三局集团公司广州地铁项目公纪区间隧道

中铁十四局集团公司内昆铁路老锅厂—李子沟段

中铁十五局集团公司五处绵广高速公路石瓮子隧道

中铁十六局一处青海平西公路

中铁十七局集团公司四处西安南京铁路白沙河特大桥

中铁十八局集团公司四公司西安南京铁路东秦岭隧道平导

中铁十九局集团公司三公司辽宁锦朝高速公路大凌河特大桥

中铁十九局集团公司机械化处朔黄铁路东回舍车站站场

中铁二十局五处二公司渝怀铁路白马2号大桥

昆明中铁机械厂D09－32型连续式捣固车

北京中铁建设有限公司中科院图书馆档案馆

总公司"青年文明号"示范工程

中铁十一局集团公司三公司秦沈客运专线 A7 标段线下工程

中铁十二局集团公司四公司广州新国际机场路高架桥

中铁十四局集团公司四川福堂水电工程

中铁十五局集团公司四公司渝怀铁路塘湾特大桥

中铁十六局三处上海磁悬浮快速列车示范线

中铁十八局集团公司二公司朔黄铁路肃黄段 A-9 标段

中铁十九局集团公司二公司渝怀铁路黄草隧道进口

中铁二十局一处乍嘉苏高速公路盐平塘特大桥

昆明中铁机械厂 QQS-550 型全断面道碴清筛机

北京中铁建设有限公司朗琴园 3 号、4 号楼工程

（李　睿）

【霍玉华当选中央企业青联委员】　6 月 21 日，经团工委推荐，中铁十二局集团公司副总经理霍玉华当选中央企业青年联合会第一届委员会委员。（曹　烈）

【"创新创效"活动】　2001 年，总公司团工委认真贯彻落实共青团中央《关于在中央企业青年中开展创新创效活动的意见》，在全系统深入开展青年职工"创新创效"活动。2 月 1 日～10 日，团工委书记王参军陪同中央企业团工委副书记赵钊到西安南京铁路检查指导基层团的组织建设及"创新创效"活动开展情况。7 月 20 日～8 月 20 日，团工委组织 10 个集团公司（工程局）团委书记分成三组，对总公司系统青年职工"创新创效"活动进行为期 1 个月的调查研究，为"创新创效"活动的深入开展提供宝贵经验和指导性意见。9 月 26 日～27 日，在京召开"创新创效"活动小型研讨会，中铁十一、十二、十三局集团公司团委书记参加会议，为召开"创新创效"活动现场推进会进行深入细致的研讨。11 月 6 日～7 日，团工委书记王参军参加中央企业团工委在长春召开的青年"创新创效"活动现场推进会。12 月 4 日～6 日，团工委在渝怀铁路召开总公司青年职工"创新创效"活动现场推进会，各集团公司（工程局）、部分直属单位党委副书记、团委书记及渝怀铁路各项目部党（工）委书记参加会议。中央企业团工委青年处处长彭诚强、总公司党委副书记彭树贵、总公司渝怀铁路指挥部指挥长宋抗常到会讲话。

（曹　烈　王参军）

【"青年突击队"授旗仪式】　7 月 1 日，共青团中央、全国铁道团委在青海格尔木南山口车站工地举行"青年突击队"授旗仪式。团中央书记处书记崔波、铁道部副部长孙永福为中铁十二、十四、十八、二十局集团公司（工程局）"青年突击队"队长授旗，团工委书记王参军及相关单位的团委书记参加授旗仪式。

（曹　烈　王参军）

【"青年安全生产示范岗"活动】　4 月 27 日，团工委书记王参军参加共青团中央、国家安全生产监督管理局联合在京召开的青年职工与企业安全生产座谈会，会议决定在全国企业中开展创建"青年安全生产示范岗"活动。7 月 26 日，团工委下发《关于贯彻落实共青团中央、国家安全生产监督管理局〈关于在全国企业中开展创建"青年安全生产示范岗"活动的通知〉的意见》，明确工作重点，提出加强措施，在青年职工中掀起创建"青年安全示范岗"活动热潮。（曹　烈　王参军）

【主题读书演讲活动】　3 月 20 日～7 月 10 日，根据中央企业团工委和总公司党委要求，总公司团工委、宣传部、工会联合在全系统青年职工中开展"心中的旗帜"主题读书演讲活动，活动历时 3 个多月、分三个阶段，200 余人次参加演讲。4 月 22 日～23 日，总公司团工委在北京中铁五棵松饭店举行读书演讲活动半决赛、决赛，评出一等奖 2 人、二等奖 4 人、三等奖 6 人、优秀奖 17 人，中铁十一、十三、十五、十八局集团公司团委获优秀组织奖。5 月 26 日，总公司团工委将一、二等奖获得者的演讲实况录像报送铁道部，参加中华全国铁路总工会组织的"党在我心中"演讲比赛，中铁十三局集团公司吴晶晶获二等奖，中铁十六局田辉获三等奖，总公司获优秀组织奖。6 月 13 日，总公司团工委派选手参加共青团中央企业第七协作区在京举办的青年职工"心中的旗帜"主题演讲选拔赛，中铁十三局集团公司吴晶晶获一等奖，中铁十一局集团公司张铁军、中铁十六局田辉、中铁十二局集团公司王红娟获优秀奖，总公司团工委获优秀组织奖。6 月 25 日～26 日，参加中央企业工委在京举办的青年职工"心中的旗帜"主题读书演讲总决赛，中铁十三局集团公司吴晶晶获三等奖，总公司团工委获优秀组织奖。

（曹　烈　王参军）

【"献爱心、送真情"救助活动】　9 月 1 日～20 日，团工委在总公司机关、部分直属单位及工程项目部开展"献爱心、送真情"救助活动，为兴城疗养院白血病患者魏旭同学捐款75 000元。（曹　烈）

2001年，中铁十一、十三、十四、十五、十七、十八、十九局集团有限公司和北京中铁建设有限公司正式挂牌成立，中铁十二局集团股份有限公司、中铁养马河工程股份有限公司正式运作。图为中铁十八局集团公司成立场面。（袁海明 摄）

控股子公司

本栏责任编辑　刘贤福

中铁十一局集团有限公司

【简况】 中铁十一局集团有限公司(以下简称集团公司),是铁路综合工程施工(大型)一级企业。机关驻湖北省襄樊市七里河路113号。前身系中国人民解放军铁道兵第一师,1984年1月1日集体转业并入铁道部,改编为铁道部第十一工程局;2001年8月1日改称现名。下辖第一～第五工程有限公司、电务工程有限公司、建筑安装工程有限公司、路桥工程公司、基建安装工程公司、株洲桥梁厂、鹰潭战备材料总厂、生活服务中心、襄阳技工学校、中心医院和北京、武汉、郑州、广州、福州、南京、西北、昆明等办事处。职工总数16 403人。资产总值297 042万元,其中固定资产原值88 847万元、净值58 077万元,流动资产227 025万元。各种机械、运输设备1 650台(辆),其中机械设备1 031台,汽车582辆,机车37台,铁道客货车81辆。总功率143 048.4千瓦,人均动力装备率8.69千瓦、技术装备率22 831.2元,新度系数0.67,机械化施工程度88%。年施工能力30亿元。

2001年,承揽工程任务223 500万元。完成企业总产值319 578万元,其中施工产值295 169万元,附营收入24 409万元。完成主要实物工程量:土石方1 060万立方米,隧道11 670延长米,桥梁15 848延长米,正线铺轨431.9公里,站线铺轨88.96公里,铺道岔198组,铁路架梁1 183.5孔,敷设通信线路10 242条公里、供电线路294正线公里,接触网98正线公里,公路77.22公里(其中高速公路44.37公里),房屋建筑面积12.86万平方米。分项工程优良率96.3%,单位工程优良率96.5%。全员劳动生产率126 265元/人年,人均创利1 726.9元,年人均收入11 167元。国有资产保值增值率107.29%,经营性资产收益率3.5%,投资收益上缴率100%,产值利润率0.7%,应上缴款完成率100%。

兵改工以来,获国家和省部级优质工程31项,总公司优质工程29项。获科技进步奖81项,其中获总公司科技进步奖58项。先后获湖北省"最佳文明单位"、"全国优秀施工企业"、"全国精神文明建设先进单位"等称号。年内集团公司被湖北省认定为高新技术企业。 (叶超英)

【领导人员】

股东会

国有股代表	何能金
	段昌炎
	王国平
	孟乔然
	耿杰明
职工股代表	陈文举
	徐凤奎
	王桂林
	邹振华
	潘延凯
董事会	
董事长	段昌炎
副董事长	王国平
	孟乔然
	尚清喜
国有股董事	段昌炎
	王国平
	孟乔然
	尚清喜
	陆凤鸣
	徐士淮
职工股董事	徐凤奎
	朱本林
	李玉棋
职工代表董事	陈文举
监事会	
监事会主席	姜世杰
国有股监事	姜世杰
	李忠心
职工股监事	潘延凯
	袁麦辰
职工代表监事	陈兆林
经理层	
总经理	孟乔然
副总经理	李玉棋
	徐凤奎
	王桂林
	邹振华
总工程师	邹振华(兼)
总会计师	陆凤鸣
党群领导	
党委书记	王国平
党委副书记	段昌炎
	朱本林
	孟乔然(8月任)
纪委书记	孟乔然(3月免)

潘延凯(3月任)
工会主席　　　　　陈文举　　　　（刘尔民）

【工程项目指挥机构】 内昆铁路工程指挥部　驻贵州省六盘水市向阳南路幸福巷全兴宾馆。指挥长兼党委书记荆山,党委副书记张惠宗(7月免),副指挥长陶全峰、庞均坤(4月任),总工程师唐达昆(4月任)。

新长铁路工程指挥部　驻江苏省盐城市新兴镇。指挥长郑开明,总工程师蒋向阳。

粤北项目部　驻广东省乳源县大桥镇。项目经理兼党委书记秦立光,副经理兼党委副书记朱贵宗,副经理张崇栋(5月免),总工程师方明山(8月免)。

神延铁路工程指挥部　驻陕西省绥德县公路段。指挥长兼党委书记邹振华,常务副指挥长兼党委副书记李庆堂,总工程师赵正旺。

秦沈客运专线工程指挥部　驻辽宁省葫芦岛市建行招待所。指挥长兼党委书记邹振华,副指挥长毕敬环,党委副书记邱志桠,总工程师张修立(2月免)、伍林(3月任)。

西安南京铁路工程指挥部　驻陕西省丹凤县城。指挥长曾祥旭,党委书记陈兆林,常务副指挥长张丕界,副指挥长卜大志、王文涛(6月任),总工程师王睿(3月免)、张丕界(3月兼)。

渝怀铁路工程指挥部　驻重庆市沙坪坝区沙正街174号。指挥长谢敬平,党委书记毛梓南(7月任),副指挥长赵高启,总工程师李小红。

胶新铁路工程指挥部　驻山东省郯城县团结路31号。指挥长杜久熔,党委书记向思干,副指挥长兼总工程师赵喜科。

西安南京铁路唐河分指挥部　驻河南省唐河县政府第一招待所。指挥长王文涛,党委书记陈应棠,总工程师陈海学(10月免)、杨云飞(10月任)。

重庆轻轨交通工程指挥部　驻重庆市高新区南方花园C5区16号。指挥长刘国建(9月免)、史书荣(9月任),总工程师刘端(9月免)、何开斌(9月任)。

（王　双）

【职工队伍】 干部总数4 140人,其中专业技术干部3 643人,占干部总数的88%。本科以上学历1 000人,占干部总数的24.2%,大专学历1 402人,占干部总数的33.9%。36岁～45岁干部1 221人,占干部总数的29.5%;46岁以上干部1 105人,占干部总数的26.7%。专业技术干部中有高级职务192人,中级职务1 313人,初级职务2 138人,分别占专业技术干部的5.3%、36%、58.7%。全年调入干部10人,调出干部6人,接收高校毕业生209人,其中研究生2人、大学本科173人、大学专科34人。

工人总数11 324人,其中技术工人7 422人,占工人总数的65.5%。大专以上学历592人,占工人总数的5.23%,中专学历823人,占工人总数的7.27%,高中学历3 824人,占工人总数的33.77%。25岁以下1 873人,占工人总数的16.54%;26岁～35岁3 291人,占工人总数的29%。36岁～45岁4 691人,占工人总数的41.43%。技术工人中初级工606人,中级工4 961人,高级工1 772人,技师80人,高级技师3人。全年接收安置自费大中专、技校毕业生128人,中专(高职)毕业生61人,安置退伍军人13人。年内有176人实现再就业。　（刘尔民　王　双）

【铁路工程施工】 在建铁路工程40项,完成工程任务总额207 202万元。重点工程有:

秦沈客运专线　承担A－7标段线下土建工程和B26－1标段铺轨工程施工任务。1999年9月1日正式开工。2001年完成工程任务总额33 642.3万元,为年度计划的130.1%。完成实物工程量:路基土石方7万立方米,桥梁127延长米,铺设道岔1组,长轨铺设158.8公里。左线内燃动车组试验于12月9日完成,试验时速和各项参数符合设计要求。

内昆铁路　担负云南昭通—贵州六盘水第5合同段线下工程和马嘎—梅花山—昭通铺架工程施工任务。1998年8月18日正式开工。2001年完成工程任务总额28 855万元,为年度计划的130.4%。完成实物工程量:路基土石方6万立方米,桥梁67延长米,涵渠33横延米,隧道275延长米,铺设道岔92组,架梁198.5孔,铺轨114.3公里,于7月25日提前42天到达接轨点。

西安南京铁路　承担第11标段和W1标段工程施工任务,总投资38 908万元。2001年完成工程任务总额11 649万元,为年度计划的96.2%。完成实物工程量:路基土石方173.3万立方米,桥梁1 325.5延长米,涵渠3 258横延米,隧道3 075延长米。桃花铺2号隧道创月掘进588米、衬砌301米好成绩,被铁道部西南铁路建设总指挥部评为2001年度劳动竞赛总公司系统第一名。

渝怀铁路　担负第2标段线下工程和DK0＋000～DK313＋720.65段正、站线铺架工程施工任务,总投资8.5亿元。2001年4月开工。全年完成工程任务总额10 655.2万元,为年度计划的78.9%。完成主要实物工程量:路基土石方43万立方米,桥梁1 304延长米,涵渠340.7横延米,隧道2 201延长米。

长荆铁路　承担汉江特大桥和第11标段工程施工任务。1998年11月开工。2001年完成工程任务总额5 459万元,为年度计划的 113.1%。完成路基土石方 2 万立方米,桥梁 570 延长米,铺轨 8.6 公里。

洛湛铁路通道　担负 DK81+050～DK90+000 段线下工程施工任务,线路长 8.95 公里,总投资6 977万元。2000 年 10 月开工。2001 年完成工程任务总额2 416万元,为年度计划的 89.5%。完成路基土石方 47.3 万立方米,桥梁 464 延长米,涵渠 675 横延米,隧道 68.3 延长米。

宝兰铁路复线　承担第 7、11 标段线下工程施工任务,总投资16 000万元。2000 年 4 月开工。全年完成工程任务总额 11 614.2 万元,为年度计划的 154.4%。完成主要实物工程量:路基土石方 30.8 万立方米,桥梁1 448延长米,涵渠 176 横延米,隧道 1 752延长米。

武广铁路通信信号工程　2001 年完成工程任务总额4 139万元,为年度计划的 165.6%。完成信号自动闭塞 87 公里,信号联锁 44 组。

胶新铁路　承担 ZH－19 标段站前工程施工任务,全长 13.6 公里,位于山东省郯城县境内,总投资7 277万元。2001 年 10 月 25 日开工。年内完成工程投资1 113.54万元,为年度计划的116.7%。完成主要实物工程量:路基土石方 30 万立方米,桥梁 96.19 延长米,涵洞 228 横延米。　(郭俊涛　叶超英)

【路外工程施工】　在建铁路外工程 42 项,完成工程任务总额105 615万元。重点工程有:

重庆轻轨交通工程　承担较场口—新山村线佛图关—大坪区间隧道、大坪车站隧道、大坪控制中心综合楼基坑和支护工程及全线轨道 PC 梁架设一期工程施工任务,总投资6 000万元。2001 年 3 月开工。年内完成工程任务总额1 884万元,为年度计划的 94.2%。完成实物工程量:路基土石方 6 万立方米,隧道 290 延长米。

京珠高速公路　承担粤北段 E 合同段 13.63 公里、湖北段第 1 合同段 14.88 公里和湖北段第 4、5、6 合同段 42 公里路面工程施工任务,总投资约 6 亿元。2001 年完成工程任务总额17 378.7万元,为年度计划的 74.6%。完成实物工程量:路基土石方 92.3 万立方米,桥梁 344 延长米,涵渠 104 横延米,隧道 900 延长米,制梁 683 片,架梁1 002片。粤北段于 11 月 28 日完成全部主体工程,又获建设单位新增工程近4 000万元的施工任务。　(郭俊涛　叶超英)

【经营管理】　工程任务承揽。全年承揽工程任务 59 项、22.35 亿元,占年度计划的 89.4%。其中,铁路工程 18 项、11.55 亿元,占承揽任务总额的 51.68%;公路工程 19 项、6.82 亿元,占承揽任务总额的 30.51%;其他工程 22 项、3.98 亿元,占承揽任务总额的 17.81%。

企业改革。6 月 8 日,总公司批复局《建立现代企业制度总体实施方案》。8 月 1 日,顺利通过湖北省襄樊市工商注册分局审查,领取集团公司法人营业执照。8 月 26 日,集团公司分别召开首次股东会、董事会、监事会,审议通过《中铁十一局集团有限公司章程》,选举产生集团公司法人治理结构。10 月 22 日,隆重举行中铁十一局集团有限公司成立大会。年初,全面进行局质量管理体系文件换版工作,于 6 月 1 日正式运行。6 月,通过长城(天津)质量保证中心复评换证审核,于 12 月获认证注册证书。

安全质量。认真贯彻"安全第一,预防为主"的方针,坚持"谁主管,谁负责"的原则,与所属单位分别签订 2001 年度安全包保责任状。以施工现场为重点,开展安全大检查和安全管理整顿活动,实现年度安全生产目标,受到总公司通报表彰。局评出安全管理先进单位 25 个,安全标准工地建设先进单位 9 个,安全管理先进个人 38 人;被总公司评为安全标准工地 2 个。全年发生因工伤亡事故 2 起,死亡 2 人;因工负伤事故 7 起,轻伤 7 人。全面贯彻落实 ISO9000/2000 版标准,以企业改制为契机,加强质量管理机构建设,工程质量水平稳步提高。分项工程合格率 100%,优良率 96.34%;单位工程合格率 100%,优良率 96.46%。局评出优质工程 78 项,创总公司优质工程 7 项。局评出优秀 QC 小组 25 个,获总公司优秀 QC 小组 3 个、铁道部优秀 QC 小组 2 个、湖北省优秀 QC 小组 2 个、全国工程建设优秀质量管理小组 1 个。3 月,兰新复线金昌—张掖通信工程获铁道部优质工程二等奖。5 月,参建的青岛西流高架桥工程被评为"全国用户满意工程"。

财务、审计。年内围绕企业改制主题,做好资产评估、土地评估、股权设置与"百含"划转以及产权注销、变更和注册登记等工作,保证企业改制如期进行。继续强化项目管理,加强资产管理和成本管理,探索资本运营新途径,为保证企业依法经营、保证国家和企业利益不受损失,充分发挥财务职能作用。全年完成审计项目 114 个,查处违规违纪金额 98 万元、损失浪费金额 62 万元,促进增收节支1 395万元。出具审计报告 84 份,提出审计建议 316 条。审计处获总公司审计工作先进单位,2 人被评为审计工作先进工作者。

(叶超英)

【科技教育】　年初,制定下发 2001 年度科技发展计划,安排科技开发项目 15 项,资助金额 200 万元;跨年度科技开发项目 9 项。兑现 2000 年度局处签订的科技发展项目合同 14 项,奖金 136 万元。根据在建工程特点进行技术开发:突破高速铁路系列技术难关,攻克秦沈客运专线的铺设跨区间无缝线路施工新技术;开发城市轨道交通施工新技术,解决重庆、武汉轻轨工程施工方案;鉴定并申报洛三高速公路许沟拱桥造桥技术、秦沈客运专线狗河特大桥板式无碴轨道 CA 砂浆研究技术成果;完成青藏铁路标前施工技术调研和技术资料整理。内昆铁路乌家坪 1 号大桥"双壁高墩连续刚构桥快速施工技术",通过铁道部科教司组织的成果鉴定,达到国内领先水平;同时获贵州省科技进步三等奖。洛三高速公路许沟特大桥"大跨度钢筋混凝土箱形拱桥建造技术",通过河南省科技厅组织的技术鉴定,达到国内领先水平。局评出科技进步奖 11 项,获总公司科技进步二等奖 1 项,获省级科技进步三等奖 3 项;获总公司优秀工法 6 项。12 月 12 日,集团公司被湖北省科技厅认定为高新技术企业。

根据企业发展需要,加大职工岗位培训力度。年内完成干部岗位培训 202 人次;举办适应性培训班 19 期,培训各类干部 332 人。各单位以职工夜校为依托,培训初、中级技术工人3 349人次。继续落实"300 人才培养计划",选送 22 名在职技术干部到西南交通大学参加土木工程类硕士研究生班学习。

(蔡金火 孙成刚 叶超英)

【公安与综合治理】 十一公安处有公安分处 8 个、公安派出所 25 个,公安干警 127 人。(1)队伍建设。继续开展"三项教育"活动,组织机关民警进行"三项教育"学习。制定《公安处重大事(案)件督办制度》,并会同人事部门对公安处科以下干警进行年度基本素质考核,促进公安队伍全面建设上台阶。(2)治安管理。全年受理治安案件 320 起,查处 319 起,处罚各类违法人员 445 人(次),罚款金额27 780元;调解各类纠纷 189 起,制止重大治安事件 6 起,避免经济损失 160 万元,挽回经济损失 42 万元。(3)案件侦破。全年立各类刑事案件 88 起,破 55 起;破积案 4 起,带破地方案 12 起,抓获犯罪嫌疑人 52 人,其中逮捕 13 人,劳教 8 人。依法严厉打击"法轮功"邪教组织,辖区有 6 名顽固分子被劳动教养。(4)消防监督。全面进行消防安全专项治理,自查整改事故隐患,增设消防设施、器材 80 余万元,对辖区重点消防场所、消防泵及室内外灭火器进行了检查维修。

综合治理。年初制定治安综合治理工作计划,与 13 个单位签订"治安综合治理目标管理责任书",年终进行检查验收,均被评为"治安综合治理达标单位",维护了内部稳定,确保企业改革、改制工作顺利进行。年内有 11 个工点被评为"治安模范工地",15 人被评为"治安综合治理先进个人"。(许如珍 叶超英)

【党群工作】 党的工作。集团公司下辖二级单位党委 15 个、基层党委 33 个、党总支 26 个、党支部 305 个、党小组 842 个。有党员6 165人,其中预备党员 153 人。(1)领导班子建设。坚持以"三个代表"重要思想为指针,以"基层建设年"为载体,紧密联系企业发展实际,求真务实,开拓创新,充分发挥政治核心作用。年初举办青年领导干部培训班,选送 58 人到中央党校、国家行政学院接受高层次培训。年内有 8 个领导班子获集团公司"四好领导班子"称号,2 个领导班子获总公司"四好领导班子"称号。(2)党组织建设。结合基层党建和思想政治工作现状,及时制定下发《党组织工作暂行条例》、《党支部工作实施细则》、《项目党组织工作条例》,"大事集体决策,党政共同负责"的管理体制得到较好落实。年内集团公司党委表彰"五好党支部"12 个、"六好共产党员"36 人、优秀党务工作者 12 人和"十大优秀共产党员标兵",集团公司党委书记王国平获湖北省"优秀党务工作者"称号。(3)宣传思想工作。以邓小平理论和党的十五届六中全会精神为指导,按照江泽民"三个代表"重要思想要求,围绕企业中心工作,进行职工思想调查,深入企业改革宣传教育。《铁建工人报》从不同侧面、不同角度反映集团公司两个文明建设新成就、新经验,全年编发 48 期,增刊 10 期,约 110 万字。编发《企业研究》4 期。电务工程公司获"全国职业道德建设十佳企业"称号,集团公司获"湖北省思想政治工作最佳企业"称号,第三工程公司获"铁道部思想政治工作优秀企业"称号。(4)精神文明建设。3 月,以"倡导科学文明,反对愚昧迷信,提高文明素质,创造美好生活"为主题,开展揭批"法轮功"知识竞赛和"科学健身,抵制邪教"群众签名活动。6 月,制定下发《精神文明建设"十五"规划》,集团公司再次获得"湖北省最佳文明单位"称号。(5)党风廉政建设。3 月,召开党风廉政建设工作会议,部署党风廉政建设和反腐败工作。5 月,下发《关于对新提拔领导干部进行党风廉政谈话教育的规定》。全年收到举报信 72 件,立案 20 件,结案 20 件,受处分 40 人次,其中党纪处分 6 人,政纪处分 36 人,党纪、政纪双重处分 2 人,移送司法机关 2 人,追究刑事责任 2 人,为企业挽回经济损失 10.86 万元。查出不良资产 221 万元、超报手机话费37 650元,注销账号 23 个,清收外欠款9 566万元。集团公司纪委、监察处被湖北省企业工委评为"纪检监察工作先进集体"。

工会工作。以企业改制工作为重点,制定《职工持股会章程》、《职工出资配股方案》,筹备召开职工持股会首届会员代表大会。完成职工出资配股工作，职工出资率98.1%。企业民主管理继续深化，企务公开建制率96.7%。第三工程公司、电务工程公司进入总公司劳动竞赛综合优胜单位前10名行列。获总公司模范职工之家4个、模范职工小家5个。全年筹集"送温暖"资金210.13万元，补发职工工资117万元，为29名特困职工子女资助学费3.89万元。女工委组织开展以"强素质、爱岗位、创业绩、比贡献"为主要内容的"双文明建功立业竞赛"活动。体协举行"支持申奥、科学健身、反对迷信、抵制邪教"群众签名活动，集团公司再次获得"全国群众体育先进单位"称号。2001年获全国"五一劳动奖状"、湖北省"五一劳动奖状"单位各1个，获湖北省"五一劳动奖章"、贵州省"五一劳动奖章"各1人，获"火车头奖杯"单位1个、"火车头奖章"2人，获总公司先进集体1个、先进生产（工作）者2人、"铁路大会战尖兵奖章"10人，评出集团公司劳动模范10人。

共青团工作。下辖二级团委14个、团支部195个，有团员1 622人。围绕加强基层支部"三会两制一课"制度建设，开展"星级达标"活动，重点加强对施工一线团员的教育和管理。在总公司"党在我心中"演讲比赛中，获一等奖1人、三等奖2人。年内获"全国青年岗位能手"1人，获湖北省"青年企业家"1人、"优秀青年企业家"1人、青年"五四奖章"1人、"青年岗位能手"4人、"青年文明号"工程1个，获全路"青年岗位能手"1人、"青年岗位能手标兵"1人、"青年文明号"工程2个，获总公司"青年文明号"工程和"青年文明号"示范工程各1个。　　（叶超英）

【第一工程有限公司】 铁路综合工程施工一级资质企业。驻湖北省襄樊市航空路43号。前身为铁道兵第一师第一团；1984年1月1日集体转业并入铁道部，改称铁道部第十一工程局第一工程处；2001年9月26日更名为中铁十一局集团第一工程有限公司。董事长覃为刚，党委书记雷佳民，总经理龙信桥。下辖13个工程队、4个机运队、修造厂、医院、多种经营公司，派出工程项目部17个。职工总数1 844人，其中干部502人，工人1 342人。专业技术干部238人，占干部总数的47.4%；技术工人1 086人，占工人总数的80.9%。资产总值27 004万元，其中固定资产原值8 851万元、净值6 510万元，流动资产19 879万元。各种机械、运输设备186台（辆），其中机械设备102台，汽车84辆，总功率16 939千瓦，人均动力装备率9.2千瓦、技术装备率32 238元。年施工能力4亿元。

2001年，承揽工程任务29 799万元。完成企业总产值45 478万元，其中施工产值45 260万元，附营产值218万元。完成主要实物工程量：路基土石方211万立方米，桥梁6 323延长米，涵渠3 257横延米，隧道1 380延长米，正线铺轨8.63公里，公路制梁1 288片。全员劳动生产率129 056元/人年，人均创利218元，年人均收入14 040元。年底实现安全生产6 575天。洛三高速公路许沟特大桥"大跨度钢筋混凝土箱形拱桥建造技术"通过河南省科技厅技术鉴定，达到国内领先水平。年内，公司获"火车头奖杯"和湖北省"优秀企业金鹤奖"。　　（贺双海　叶超英）

【第二工程有限公司】 铁路综合工程施工一级资质企业。驻湖北省十堰市白浪中路8号。前身为铁道兵第一师第二团；1984年1月1日集体转业并入铁道部，改称铁道部第十一工程局第二工程处；2001年9月18日更名为中铁十一局集团第二工程有限公司。董事长、党委书记汤英杰，总经理刘大伟。下辖12个工程队、4个机械化专业施工队、公路工程分公司、3个专业队、修造厂、铁丰有限责任公司、职工医院及2个办事处，派出工程项目部20个。职工总数1 710人，其中干部563人，工人1 147人。专业技术干部299人，占干部总数的53.1%；技术工人902人，占工人总数的78.6%。资产总值25 521万元，其中固定资产原值9 647万元、净值5 738万元，流动资产19 355万元。各种机械、运输设备209台（辆），其中机械设备153台，汽车56辆，总功率16 558千瓦，人均动力装备率9.68千瓦、技术装备率26 750元。年施工能力4亿元。

2001年，承揽工程任务37 728万元。完成企业总产值25 466万元，其中施工产值25 210万元，附营收入256万元。完成主要实物工程量：土石方142.2万立方米，桥梁2 087延长米，涵渠3 050横延米，隧道771延长米，房建2 142平方米，公路制梁142片，路面基层591 217平方米，沥青面层952 744平方米。全员劳动生产率149 149元/人年，人均创利3 760元，年人均收入11 063元。年底实现安全生产3 300天。年内获"全国优秀施工企业"称号，11月通过档案工作目标管理国家一级评审。　　（林赤喜　叶超英）

【第三工程有限公司】 铁路综合工程施工一级资质企业。驻湖北省十堰市武当路28号。前身为铁道兵第一师第三团；1984年1月1日集体转业并入铁道部，改称铁道部第十一工程局第三工程处；2001年9月26日更名为中铁十一局集团第三工程有限公司。董事长何长安，党委书记韩锡燕，总经理谢敬平。下辖鹰潭分处、第一铺架运输公司、7个工程公司、3个机械化公司、经营信息管理中心、路兴实业总公司、房地产开发公司、计量测试中心、物业管理服务中心、通信中心、职工学校、职工医院和北京、合肥、成都、兰州办事处，派出工程项目部10个。职工总数2 728人，其中干部988人，工人1 740人。专业技术干部657人，占干部总数的66.5%；技术工人1 339人，占工人总数的76.95%。资产总值47 496万元，其中固定资产原值18 609万元、净值11 347万元，流动资产33 702万元。各种机械、运输设备399台（辆），其中机械设备170台、汽车111辆、机车37台、铁道车辆81辆，总功率88 386.3千瓦，人均动力装备率32.42千瓦，技术装备率26 194.9元。年施工能力12亿元以上。

2001年，承揽工程任务54 047万元。完成企业总产值121 702万元，其中施工产值121 550万元，附营收入152万元。完成主要实物工程量：路基土石方265.85万立方米，桥梁2 889.48延长米，涵渠1 597.33横延米，隧道2 276.3延长米，铺轨490.64公里，架梁944.5孔，铺设道岔283组。全员劳动生产率298 575元/人年，人均创利1 478.16元，年人均收入11 736元。年底实现安全生产5 160天。年内获全国"五一劳动奖状"，11月通过档案工作目标管理国家一级评审，12月被国家工商行政管理总局授予"重合同、守信用企业"称号。（徐新斌　叶超英）

【第四工程有限公司】 铁路综合工程施工、公路工程施工总承包一级企业。驻湖北省随州市青年路39号。前身为铁道兵第一师第四团；1984年1月1日集体转业并入铁道部，改称铁道部第十一工程局第四工程处；2001年9月28日更名为中铁十一局集团第四工程有限公司。董事长、党委书记束道法，总经理郝生德。下辖11个工程队、2个机械化工程公司、建筑公司、修理厂、医院、子弟学校、物业管理中心和莆田、费县、呼和浩特、肖湾基地办事处，派出工程项目部17个。职工总数1 895人，其中干部536人，工人1 359人。专业技术干部300人，占干部总数的56%；技术工人974人，占工人总数的71.7%。资产总值31 511万元，其中固定资产原值11 894万元、净值7 499万元，流动资产23 249万元。各种机械、运输设备255台（辆），其中机械设备178台，汽车77辆，总功率25 071千瓦，人均动力装备率13.23千瓦、技术装备率62 765元。年施工能力5亿元。

2001年，承揽工程任务33 456万元。完成企业总产值34 076万元，其中施工产值34 044万元，附营产值32万元。完成主要实物工程量：土石方121万立方米，隧道3 953延长米，桥梁1 772延长米，正线铺轨5.9公里、站线铺轨1.66公里，房屋建筑面积9 858平方米。全员劳动生产率95 814元/人年，人均创利1.56万元，年人均收入11 280元。宝成复线金家河大桥被总公司评为优质工程，青岛西流高架桥被评为"全国用户满意工程"；3月荣获湖北省"五一劳动奖状"，11月通过档案工作目标管理国家一级评审。

（安春生　叶超英）

【第五工程有限公司】 铁路综合工程施工一级企业。驻重庆市沙坪坝区新桥新村71号。前身为铁道兵第二十九团；1984年1月1日集体转业并入铁道部，改称铁道部第十一工程局第五工程处；2001年9月28日更名为中铁十一局集团第五工程有限公司。董事长、党委书记苗忠稳，总经理刘国建。下辖10个工程队、3个机械运输队和物资公司、多种经营公司、修理厂、职工医院、中心试验室、生活物业管理中心，派出工程项目部15个。职工总数1 703人，其中干部435人，工人1 268人。专业技术干部370人，占干部总数的85%；技术工人1 139人，占工人总数的89.8%。资产总值22 075万元，其中固定资产原值8 297.6万元、净值4 506.6万元，流动资产14 705万元。各种机械、运输设备319台（辆），其中机械设备256台，汽车63辆，总功率14 471千瓦，人均动力装备率13.42千瓦、技术装备率22 809元。年施工能力4亿元。

2001年，承揽工程任务11 218万元。完成企业总产值30 595万元，其中施工产值29 746万元，附营产值849万元。完成主要实物工程量：土石方247万立方米，桥梁2 128延长米，涵渠1 201横延米，隧道2 090延长米，房建958平方米，铺轨9.8公里，铺道岔22组，公路架梁40片，公路制梁365片。全员劳动生产率179 653元/人年，人均创利451元，年人均收入9 935元。京珠高速公路大宝山隧道获总公司优质工程奖。年内先后获"陕西百杰"、重庆市"先进建筑企业"称号。

（张帆　叶超英）

【电务工程有限公司】 铁路通信、信号、电力工程施工一级和铁路电气化、送变电、电信二级资质企业。驻湖北省襄樊市航空路45号。前身为铁道兵第一师通信信号工程营；1984年1月1日集体转业并入铁道部，改称铁道部第十一工程局电务工程段；1986年4月改为铁道部第十一工程局电务工程处；2001年9月26日更名为中铁十一局集团电务工程有限公司。董事长郑斌，党委书记王久祥，总经理苑芳亭。下辖通信、信号、电力、电气化、上海、通电、中南等9个分公司和商贸公司，派出工程项目部17个。职工总数1 076人，其中干部339人，工人737人。专业技术干部285人，占干部总数的84%；技术工人660人，占工人总数的89.55%。资产总值27 056万元，其中固定资产原值2 375万元、净值1 604万元，流动资产25 292万元。各种机械、运输设备97台(辆),其中机械设备13台、汽车84辆,各种仪器、仪表245台(套),总功率7 693千瓦,人均动力装备率7.3千瓦、技术装备率9 400元。年施工能力5亿元以上。

2001年,承揽工程任务43 817万元。完成企业总产值36 251万元,其中施工产值19 120万元,附营收入46万元。完成主要实物工程量:敷设通信光缆5 398条公里、电缆62 100对公里、管道648孔公里,通信站设备安装43站,信号电气集中道岔179组,自动闭塞线路98公里,架设接触网线路117条公里,架设10千伏输电线路360公里,安装10千伏变电所8座,架设低压电力线路130公里,车站照明设备安装34站。全员劳动生产率72 574元/人年,人均创利6 400元,年人均收入16 356元。年底实现安全生产5 766天。年内获总公司"四好领导班子"、"全国职业道德建设十佳单位"称号。　　(刘忠万　叶超英)

【建筑安装工程有限公司】　工业与民用建筑工程施工二级、铁路工程施工二级资质企业。驻湖北省襄樊市长虹路338号。前身为勘测设计研究院,1996年6月改称建筑安装工程处;2001年9月20日更名为中铁十一局集团建筑安装工程有限公司。董事长、党委书记葛道福,总经理廖礼坤。下辖3个工程公司和勘测所、设计所、建筑工程公司、装饰工程公司、物业管理服务公司、物资设备管理站。职工总数551人,其中干部227人,工人324人。专业技术干部142人,占干部总数的62.56%;技术工人195人,占工人总数的60.2%。资产总值6 165万元,其中固定资产原值1 495.3万元,净值994.6万元、流动资产4 949.9万元。各类机械、运输设备50台(辆),其中机械设备34台,汽车16辆,仪器30台(套),总功率3 036千瓦,人均动力装备率3.03千瓦、技术装备率10 800元。年施工能力2亿元。

2001年,承揽工程任务5 086.6万元。完成企业总产值7 405万元,其中施工产值7 313万元,附营收入92万元。完成主要实物工程量:土石方22万立方米,涵渠41横延米,隧道376.4延长米,桥梁737.6延长米,房屋建筑面积32 384平方米。全员劳动生产率114 042元/人年,人均创利3 702元,年人均收入10 083元。年底实现安全生产5 946天。承建的铁道部南昆铁路建设指挥部综合楼获总公司优质工程,内昆铁路乌家坪1号大桥"双壁高墩连续刚构桥快速施工技术"通过铁道部科教司组织的技术鉴定,达到国内领先水平,并获贵州省科技进步三等奖。

(杨志华　叶超英)

【路桥工程公司】　铁路工程施工二级、公路工程施工二级资质企业。驻山东省日照市黄海一路49号。前身为铁道部第十一工程局山东工程指挥部,1999年10月更名为路桥工程处;2001年8月1日改为中铁十一局集团路桥工程公司。总经理崔幼飞,党委书记夏敬礼。下辖3个桥工队、机械队、日照疗养院、临沂综合基地,派出工程项目部6个。职工总数358人,其中干部124人,工人234人。专业技术干部101人,占干部总数的81.45%;技术工人122人,占工人总数的52.44%。资产总值2 639万元,其中固定资产原值1 918万元、净值1 259万元,流动资产1 215万元。各种机械、运输设备60台(辆),其中机械设备36台,汽车24辆,总功率4 101千瓦,人均动力装备率11.46千瓦、技术装备率34 200元。年施工能力2亿元。

2001年,承揽工程任务2 950万元。完成企业总产值2 086万元,其中施工产值2 034万元,附营收入52万元。完成主要实物工程量:路基土石方21.8万立方米,涵渠531横延米,隧道311延长米。全员劳动生产率76 280元/人年,年人均收入10 291元。年底实现安全生产3 287天。12月,通过档案工作目标管理国家二级评审。　　(张祖华　叶超英)

【基建安装工程公司】　设备安装工程施工二级、铁路工程施工二级资质企业。驻湖北省襄樊市春园路32号。前身为铁道兵第一师修理营;1984年1月1日集体转业并入铁道部,改称铁道部第十一工程局修理厂;1999年10月更名为铁道部第十一工程局基建安装工程处;2001年8月1日改为中铁十一局集团基建安装工程公司。总经理刘华军,党委书记张运道。下辖机电设备安装公司、给排水工程公司、路桥公司、钢结构工程公司、建筑工程公司和机械厂、印刷厂,派出工程项目部1个。职工总数388人,其中干部148人,工人240人。专业技术干部145人,占干部总数的98%;技术工人228人,占工人总数的95%。资产总值4 032万元,其中固定资产原值1 650.4万元、净值713.4万元,流动资产2 552.6万元。各种机械、运输设备122台(套、辆),其中机械设备109台(套),汽车13辆,总功率2 125.3千瓦,人均动力装备率5.46千瓦、技术装备率11 300元。年施工能力1.5亿元。

2001年,承揽工程任务5 733.35万元。完成企业总产值5 060万元,其中施工产值4 071万元,工业产值989万元。完成主要实物工程量:土石方9 570立方米,公路架梁1 985片、制梁48片,设备安装12台(套),管道安装6 050米,结构件制作783.2吨。全员劳动生产率130 412元/人年,人均创利2 950元,年人均收入11 020元。年底实现安全生产4 731天。年内公司获湖北省"先进建筑业企业"称号。

（桂玉兰　叶超英）

【株洲桥梁厂】 中南地区生产铁路轨下产品及相关产品最大的国有企业，湖南省综合工程施工二级资质企业。驻湖南省株洲市建设北路58号。前身为铁道部株洲桥梁厂，组建于1958年6月20日；2000年8月15日划归中国铁道建筑总公司管理，2001年11月28日划转中铁十一局集团公司管理。厂长刘正香，党委书记彭盛林。下辖桥梁、轨枕、运输、机修、沙石、Ⅲ型轨枕、动力扣件车间，桥梁工程集团、劳动服务公司。职工总数2 828人，其中干部557人，工人2 271人。专业技术干部465人，占干部总数的83.5%；技术工人746人，占工人总数的32.8%。国有资产34 300万元、集体资产8 000余万元，固定资产原值18 800万元、净值13 800万元，流动资产19 801.4万元。各种机械、运输设备1 733台，其中机械设备330台、汽车20辆、铁道机车2台、船舶7艘，总功率7 000千瓦。年生产能力2亿元。

2001年，承揽生产任务13 027万元，完成工业总产值6 810万元。主营业务收入18 493万元，其中工厂主业完成13 027万元。完成主要生产量：桥梁142.5孔，轨枕99.39万根，桥枕4万根，轨枕板2 215块，岔枕343组，扣件30万套，砂石27万吨。全员劳动生产率24 764元/人年。人均创利183.88元，年人均收入9 205元。年内工厂通过ISO9000质量体系认证，获株洲市"优秀政工单位"称号。"新Ⅱ型预应力混凝土轨枕生产技术"获总公司科技进步奖。

（刘先敏　叶超英）

【鹰潭战备材料总厂】 集工业、贸易、物资储运、房地产开发于一体的全民所有制企业。驻江西省鹰潭市南站路24号。前身为铁道兵鹰潭仓库，组建于1954年；1984年1月1日集体转业并入铁道部，改称铁道部工程指挥部鹰潭材料总厂，1989年更名为中国铁道建筑总公司鹰潭战备材料总厂；2001年11月28日划转中铁十一局集团公司管理。厂长李海成，党委书记陈典。下辖物业中心、轨枕厂、铁路配件厂、保温材料厂、物资储运公司、物资公司、多种经营公司、房地产开发公司、厦门办事处。职工总数268人，其中干部43人，工人225人。专业技术干部25人，占干部总数的51%。资产总值8 400万元，其中固定资产原值2 100万元、净值1 900万元，流动资产3 600万元。铁路专用线3 140米，料厂、库房10万余平方米。各种机械、运输设备14台（辆），其中机械设备11台，汽车3辆。

2001年，完成企业总产值1 600万元，生产轨枕10万根，销售8.8万根。全员劳动生产率60 000元/人年，人均创利620元，年人均收入8 800元。10月，配件厂通过ISO9000质量体系认证。年内总厂获江西省鹰潭市"文明单位"称号。

（张少华　叶超英）

【重要记载】

▲1月19日　局决定经营计划处由23人增至33人；撤销科技开发处，设立技术中心，定员17人；设立对外工程经营处，定员10人。

▲2月1日　局颁发《科学技术进步奖励办法》。

▲2月7日　局党、政联合作出《关于授予谢立强"优秀青年领导干部"称号的决定》。

▲2月20日　局和第三工程处分别获"湖北省思想政治工作优秀企业"称号。

▲2月22日　第五工程处中标重庆市高架轻轨交通工程大坪—佛图关区间隧道及大坪车站工程，投资6 000万元。

▲2月26日～3月1日　局召开第四届职工代表大会第六次会议，审议通过局2001年度集体合同、局"十五"发展规划。

▲3月6日　中共中央候补委员、中共湖北省委常委、宣传部长缪合林专程到局检查工作。

▲3月12日　第四工程处施工的青岛西元庄—流亭高架桥被中国施工企业管理协会评为2000年度"全国用户满意工程"。

▲3月19日　局党委组织部部长黎良智、局工会主席陈文举、局党委副书记朱本林先后被中央企业工委抽调到中央企业"三讲"教育活动指导检查组工作，多次受到中央企业工委领导的表彰。

▲3月22日　第二工程处被中国施工企业管理协会评为2000年度"全国优秀施工企业"。

▲3月28日　湖北省安全生产委员会授予局"安全、文明生产先进单位"称号。

▲3月　局被中共湖北省委、湖北省人民政府再次授予"最佳文明单位"称号。

▲4月10日　局获得对外贸易经济合作部颁发的"对外经济合作经营资格证书"。

▲4月15日　铁道部、陕西省联合在局承建的绥德车站举行神延铁路铺通祝捷大会，铁道部部长傅志寰、副部长蔡庆华，陕西省省长程安东及局长段昌炎、工会主席陈文举出席大会。

▲4月29日　中华全国总工会授予第三工程处"全国五一劳动奖状"。

▲5月10日　局四届六次职代会第一次主席团团长联席会讨论通过《建立现代企业制度总体实施方案》。此方案总公司于6月8日批复同意。

▲5月27日　秦沈客运专线长轨开铺典礼在局管段九江河特大桥举行，全线施工、监理、设计单位代表及上级机关领导见证中国长轨“第一铺”。铁道部总工程师王麟书主持开铺典礼，铁道部副部长蔡庆华下达开铺令。

▲5月31日～6月1日　局召开资质管理会议，部署新资质就位申报工作。

▲6月4日～7日　电务工程处承担襄樊、荆门地区网络代维护工程，总计2 000余条公里。这是总公司系统第一次介入光缆线路代维护新领域。

▲6月21日　局决定自6月起对获省部级以上劳动模范称号的离退休人员实行荣誉津贴。

▲6月22日　中共湖北省委授予局党委书记王国平“湖北省优秀党务工作者”称号。

▲6月26日　中华全国总工会授予第三工程处“全国模范职工之家”称号。

▲7月2日　铁道部西安南京铁路建设总指挥部致电祝贺桃花铺2号隧道6月创月掘进586米、成洞416米的好成绩。

▲7月18日　铁道部科技教育司、工程管理中心、铁道科学研究院、铁道建筑研究设计院等16个单位专家举行秦沈客运专线铺轨机阶段研究成果评审会，对《PC－NTC铺轨机组阶段成果报告》进行初步评审。

▲7月25日　第三工程处承担的内昆铁路铺架，比计划工期提前42天到达昭通接轨点。

▲8月1日　局在襄樊市工商局注册为中铁十一局集团有限公司，获得新的法人营业执照。

▲8月1日～7日　全国劳动模范、第二工程处工人李怀银参加中华全国总工会组织的全国劳动模范北戴河疗养，受到中共中央政治局常委、中央书记处书记、中纪委书记、中华全国总工会主席尉健行的亲切接见。

▲8月7日　第五工程处施工的渝怀铁路工地受到龙卷风和冰雹袭击。

▲8月25日　集团公司职工持股会成立暨首次会员代表大会在襄樊召开。

▲8月26日　集团公司首届股东会、一届一次董事会、一届一次监事会分别在集团公司机关召开。

▲8月28日～30日　总公司档案工作目标管理现场会在集团公司机关召开，集团公司在会上介绍档案工作目标管理认定经验。

▲9月3日　铁道部副部长蔡庆华在第五工程处承建的渝怀铁路歌乐山隧道工地视察时，亲自为风枪手做示范动作，在场职工受到极大鼓舞。

▲9月13日　集团公司印发《中铁十一局集团有限公司子公司、分公司设置方案》和《中铁十一局集团有限公司子公司股本设置方案》。

▲9月19日　铁道部在昭通举行内昆铁路铺通典礼，铁道部部长傅志寰、副部长蔡庆华，中共云南省省委书记令狐安出席铺通典礼。傅志寰部长对集团公司董事长段昌炎说：“中铁十一局铺架行，线下工程干得也很好”。

▲9月20日　第三工程处承担的新长铁路第二期铺架工程竣工，新长铁路全线铺通。

▲9月　中国管理科学学会、中国企业家联合会授予电务工程处处长郑斌“中国建设系统建筑功勋人物”称号。

▲10月18日　第一工程有限公司施工的全长3 968.64米的长荆铁路钟祥汉江特大桥跨江连续梁悬灌合龙。

▲10月20日　铁道部部长傅志寰、副部长蔡庆华在总公司总经理王振侯、集团公司副总经理邹振华陪同下，视察秦沈客运专线沙河、狗河大桥无碴轨道铺设工程。

▲10月22日　中铁十一局集团有限公司在襄樊隆重举行挂牌成立仪式。

▲11月11日　集团公司被国家体育总局授予“全国群众体育先进单位”称号；集团公司董事长段昌炎被授予“全国群众体育先进个人”称号。

▲11月24日～28日　第二、三、四工程有限公司档案工作目标管理通过国家一级认定。

▲11月26日　在北京人民大会堂举行的第七届全国职业道德“双十佳”表彰大会上，电务工程有限公司被授予“全国职业道德建设十佳单位”称号。中共中央政治局常委、中华全国总工会主席尉健行和中共中央政治局委员、中宣部部长丁关根，亲切接见电务工程有限公司董事长郑斌等“双十佳”代表。

▲11月　《陕西百杰》评审委员会、《陕西百杰》电视专题片摄制委员会授予第五工程有限公司“陕西百杰”称号。

▲12月10日　集团公司总经理孟乔然参加在临沂北站举行的胶新铁路开工典礼。

▲12月12日　湖北省科技厅认定集团公司为“湖北省高新技术企业”，并享受高新技术企业的相关优惠政策。

▲12月12日～14日　根据总公司、总公司党委关于将株洲桥梁厂、鹰潭战备材料总厂划转给集团公司的决定，集团公司董事长段昌炎、总经理孟乔然率接收组进行“两厂”交接工作。

▲12月22日　总经理孟乔然在集团公司生产经营管理工作会议上作工作报告，总结2001年生产经营

情况,部署2002年生产经营任务。

▲12月23日　中铁十一局集团一届理事会一次会议在襄樊召开,审议通过《中铁十一局集团章程》,并在襄樊市工商行政管理局办理企业集团登记。

（张国忠）

中铁十二局集团有限公司

【简况】 中铁十二局集团有限公司(以下简称集团公司)是国家工程施工总承包一级资质企业。驻山西省太原市西矿街130号。下辖第一、二、三、四工程有限公司、建筑安装工程有限公司、电气化工程有限公司、第七工程公司,广州、华东、海南、西北、川渝、云贵工程指挥部,物资公司、铁道大厦、中心医院、兴城疗养院、技工学校、北京办事处、物业管理中心、资金调度中心等单位。职工总数15 105人。主要施工机械设备1 339台(套),总功率100 340千瓦,原值34 408万元、净值18 716万元,完好率93.6%,利用率65.5%,新度系数0.54,人均技术装备率13 247元、动力装备率7.1千瓦,综合机械化施工程度81.8%。各类汽车708辆,原值17 884万元、净值8 693万元,总功率92 209千瓦。年施工能力40亿元以上。

2001年,承揽工程任务95项,合同总额44.2亿元。完成企业总产值430 836万元,其中施工产值419 748万元,附营产值11 088万元。完成主要实物工程量:土石方3 352万立方米,圬工153万立方米,桥梁28 305.5延长米,隧道37 808延长米,涵洞22 722横延米,正、站线铺轨93.7公里,架梁873孔,房建227 390平方米,公路61.02折合公里,通信线路410公里,电力线路351.2公里,接触网361公里。年末资产总额258 359万元,固定资产净值56 498万元,流动资产193 468万元。全员劳动生产率149 734元/人年,实现利润2 501万元,年人均收入11 635元。产值利润率0.6%,资产负债率68.73%,国有资产保值增值率102.23%,资本金收益率2%。单位工程合格率100%,优良率97.8%。年内获国家优质工程银质奖1项,获省部级优质工程8项;获国家优秀QC小组2个,省部优秀QC小组6个。　（张林祥）

【领导人员】

股东会

国有股代表　靳尚忍
　金普庆
　胡莫愁
　姜世杰
　廖大球
　李世钰

职工股代表　邝代章
　邓光煜
　王连欣
　尹在圣
　霍玉华
　余家斌
　张河洪
　袁德木
　刘　奉
　余金波
　杜普元
　赵玉林

董事会

董事长　金普庆

副董事长　胡莫愁
　张惠江

国有股董事　金普庆
　胡莫愁
　张惠江
　鲁久荣
　王志坚
　尹在圣
　王占科
　李德琛

职工股董事　鲁久荣
　王敦厚
　陈汉彪
　霍玉华
　王连欣

职工代表董事　邓光煜

监事会

监事会主席　邝代章

国有股监事　邝代章
　姜世杰
　李世钰

职工股监事　余家斌
　余金波
　杜普元

职工代表监事　张河洪

经理层

总经理　金普庆

副总经理　鲁久荣
王敦厚
陈汉彪
王志坚(1月离任)
霍玉华
总工程师　王连欣
总会计师　尹在圣
党群领导
党委书记　胡莫愁
党委副书记　金普庆
纪委书记　邝代章
工会主席　邓光煜(10月离任)
(汪显东)

【工程项目指挥机构】 广州工程指挥部　指挥霍玉华,党委书记徐桃义。驻广东省广州市天河区棠下广海花园。

华东工程指挥部(兴浦公司)　指挥郭富君,党委书记孔庆林。驻上海市闵行区鹤庆路66号。

海南工程指挥部　指挥贾定民,党委书记杜显露。驻海南省海口市面前坡东村1号。

福建工程指挥部　指挥谭万和,党委书记张仲理。驻福建省福州市长乐北路福霞小区1号楼。

川渝工程指挥部　指挥兼党工委书记朱远鹏。驻成都市菊乐路燃灯寺西北街3号。

云贵工程指挥部　指挥兼党工委书记汪博精。驻昆明市关上银海花园南区。

西安南京铁路工程指挥部　指挥王敦厚,常务副指挥兼党工委书记宋津喜。驻河南省西峡县北大街58号。

洛湛铁路工程指挥部　指挥兼党工委书记万训才。驻湖南省邵阳县建设银行。

渝怀铁路工程指挥部　指挥兼党工委书记陈汉彪,常务副指挥王法岭。驻重庆市秀山县中和镇东风路9号。

京秦铁路工程指挥部　指挥易继武,党工委书记曹光星。驻天津市蓟县兴华大街30号军干所。

青藏铁路工程指挥部　指挥兼党工委书记余绍水。驻青海省格尔木市盐桥南路9号。

神朔铁路工程指挥部　指挥赵晓文,党工委书记曹志友。驻山西省府谷县粮贸大厦。

胶新铁路工程指挥部　指挥兼党工委书记王敦厚,常务副指挥黄晏清。驻山东省五莲县西首建行大厦。　(张林祥)

【职工队伍】 2001年末职工总数15 105人,其中干部4 830人。干部中有专业技术干部4 650人,占干部总数的96.27%,其中高级职务244人,中级职务1 704人,初级职务2 702人。学历结构:大学本科以上1 079人,大专1 729人,中专1 160人,高中479人,初中以下383人。年内接收大学本科毕业生219人。

工人10 275人,其中各类技术工人8 033人,占工人总数的78.18%。技术工人中获得国家职业技能鉴定的初级技工25人,中级技工405人,高级技工36人,技师201人,高级技师7人。文化程度:初中以下4 831人,高中3 766人,技校949人,中专446人,大专和高职283人。年龄结构:25岁以下1 842人,26岁～35岁3 692人,36岁～45岁4 257人,46岁～55岁475人,56岁～59岁9人。年内录用大专、高职、中专和技校毕业生135人。　(侯东升　李华强)

【铁路工程施工】 全年承担铁路工程施工任务43项,主要项目进展情况:

青藏铁路格尔木—拉萨段　集团公司承建第6、11标段工程,管区全长76.45公里,起讫里程CK1003+550～CK1080+000,位于长江源头楚玛尔河高平原,海拔高度4 500米～4 600米。主要工程量:桥梁39座、23 700延长米,涵洞30座、480横延米,路基土石方348万立方米,站场土石方18万立方米,铺碴整道76.45公里。总投资约14亿元。2001年7月1日开工,年内完成施工产值5 989万元。完成实物工程量:土石方30万立方米,涵洞180横延米。

西安南京铁路　集团公司承建第15标段工程,起讫里程DK296+600～DK352+500,管区全长55.9公里,位于河南省西峡县境内。合同投资4.9亿元。年内完成施工产值24 842万元。完成实物工程量:土石方631万立方米,圬工21.2万立方米,桥梁3 409.8延长米,隧道2 058延长米,涵洞2 444横延米。

渝怀铁路　集团公司承建第25、26、26－1三个标段工程。25、26标起讫里程DK381+000～DK424+300,全长43.025公里,位于重庆酉阳、秀山两县境内。主要工程量:区间土石方250万立方米,站场土石方104万立方米,桥梁26座、4 216.64延长米,隧道10座、7 110延长米,圬工16万立方米,车站5座。总投资4.3亿元。26－1标涪陵隧道全长4 345延长米,投资7 400万元。三个标段年内共完成施工产值13 391万元。完成实物工程量:土石方93.1万立方米,圬工1.2万立方米,桥梁1 497延长米,隧道3 989延长米,涵洞3 009横延米,架梁10孔。

洛湛铁路　集团公司承建益阳—娄底第4标段和邵阳—永州第3标段工程,位于湖南省宁乡、邵阳县境内。总投资31 500万元。年内完成施工产值21 420万元。完成实物工程量:土石方 385.9 万立方米,圬工 8.9 万立方米,桥梁3 348延长米,隧道2 124延长米,涵洞4 302横延米。

胶新铁路　集团公司承建 ZH－8 标段工程,位于山东省诸城市和五莲县境内。起讫里程 DK87＋400～DK107＋450,全长 20.05 公里,合同投资15 261万元。年内完成施工产值1 698万元。完成实物工程量:土石方 40.5 万立方米,圬工 0.2 万立方米,桥梁360.25延长米,涵洞 169 横延米。

京九铁路复线　集团公司承建龙川北—东莞东增建第二线 A4 标段工程,位于广东省河源市,起讫里程 K2173＋160～K2223＋300,全长 50.14 公里。总投资16 609万元。年内完成施工产值9 396万元。完成实物工程量:土石方 108 万立方米,圬工 2.3 万立方米,桥梁1 126延长米,涵洞1 047横延米。　(张林祥)

【路外工程施工】　全年承建路外工程 125 项,合同总额 63 亿元。主要项目进展情况:

杭衢高速公路　集团公司承建第 16 合同段工程,位于浙江省衢州市,起讫里程 K213＋498～K227＋353,全长 13.86 公里,总投资17 600万元。年内完成施工产值4 607万元。完成实物工程量:土石方 61 万立方米,圬工 2.9 万立方米,桥梁 971 延长米,涵洞1 071横延米,架梁 62 孔。

昆石高速公路　集团公司承建第 4 合同段工程,位于昆明市贡县境内。上行线起讫里程 K17＋095.01～K19＋440,下行线起讫里程 K17＋095.01～K19＋500,上、下行线平均长 2.375 公里。合同投资 1.79 亿元。年内完成施工产值11 082万元。完成实物工程量:土石方 45 万立方米,隧道2 154延长米,涵洞 62 横延米。

马平高速公路　集团公司承建第 8 合同段工程,起讫里程 K25＋900～K28＋100,全长 2.2 公里,合同投资 1.38 亿元。年内完成施工产值5 839万元。完成实物工程量:土石方 11.7 万立方米,圬工 3.2 万立方米,隧道1 010延长米,涵洞 202 横延米。

广州地铁　集团公司承建纪念堂站、鹭江站工程,合同投资23 772万元。年内完成施工产值11 592万元。完成实物工程量:土石方 21.5 万立方米,圬工4.8万立方米,隧道2 064延长米。

深圳地铁　集团公司承建第 4、11 标段工程,合同投资 3 亿元。年内完成施工产值7 701万元。完成实物工程量:土石方 8.2 万立方米,隧道 800 延长米。

四川福堂坝电站引水洞　位于四川省汶川县境内,合同投资5 018万元。年内完成施工产值2 285万元。完成隧道1 418延长米。　(庄碧涛　张林祥)

【经营管理】　工程任务承揽。年内集团公司参加投标 194 项,中标 95 项,中标率 49%,承揽工程任务总额 44.2 亿元。其中,铁路工程 25 项,合同额 20.8 亿元;公路工程 24 项,合同额 16.5 亿元;房建 20 项,合同额 3.8 亿元;市政 8 项,合同额 1.3 亿元。工程经营特点:一是保持了铁路市场份额,全年承揽铁路工程20.8亿元;二是在西部开发中取得不俗成绩,共承揽工程 21.5 亿元,先后打入青海、甘肃、贵州等省公路市场,拓展了陕西市场;三是经营质量进一步提高,任务构成进一步优化,亿元以上项目 11 项,小项目和低报价中标项目大幅度减少。

企业改革。企业改制工作取得重大进展,由集团公司和郑州铁路局、济南铁路局、太原机车车辆厂、铁道部第四勘测设计院、石家庄铁道学院共同发起组建的中铁十二局集团股份有限公司正式挂牌成立。企业产权结构由二元转为多元,企业法人治理结构日趋科学合理。积极进行劳动人事制度改革,先后对西南指挥部、铁道大厦、北海公司、陕西工程公司等单位进行分立、撤并和重组;严格控制职工总量增长,采用尾数淘汰、提前退养、内部分流等方式,放开人员出口;实行领导干部任前公示制度,真正贯彻凭政绩任用干部的原则;大力培养后备干部,有 11 名 1982 年以后毕业的大学生走上处级领导岗位,加快了干部队伍知识化、年轻化、专业化进程;打破旧的分配体制,建立以岗位工资为主体的岗位效益工资制度。社会保险改革稳步推进。积极支持总公司撤并直属单位的决定,顺利接收兴城疗养院。

施工现场管理。2001 年,集团公司在建工程项目 135 项,分布在全国 26 个省(市、自治区)的 150 多个县(市)。针对施工项目点多面广、施工任务异常繁重的情况,先后下发《2001 年工程管理纲要》、《施工技术管理办法》等管理制度,规范和指导施工生产管理;全力推进施工生产格式化管理,发育专项施工能力;注重现场检查指导,积极帮助基层解决重难点工程技术问题,多次组织开展施工管理、安全质量拉网式大检查;强化施工管理基础工作,先后举办工程调度、试验员培训班及多项岗位培训活动。在青藏铁路等工程施工中,坚持高起点、高标准,快速施工、以优取胜;路外重大项目施工为企业赢得新信誉;专项施工能力逐步提升,隧道施工能力基本成熟,桥梁施工能力得到锻炼。

安全质量。坚持“安全第一、预防为主”的方针和“从严治本、基础取胜”的指导思想,以工程项目为重点,以开展安全质量标准工地建设为载体,坚持推行“事故易发点控制法”,强化施工现场安全监控,广泛开展“安全周”和“安全大检查”活动,促进了文明施工和安全生产。围绕“落实安全规章制度,强化安全防范措施”活动主题，开展丰富多彩的宣传教育活动，共举办专题教育183场，发放宣传品596份，张贴标语口号1 654条，巡回放映VCD光盘41场，收看人员达6 500余人。年内有2个工地被山西省建筑业协会评为“省级优良安全文明工地”，有3个工地被总公司命名为“安全质量标准工地”，有3个公司实现连续安全生产5 000天以上。由于少数单位对安全生产抓得不力、监控不严，全年共发生重大伤亡事故2起、多人伤亡事故1起、轻伤事故2起，造成内部职工死亡1人、轻伤2人，外部劳务人员死亡13人、重伤7人、轻伤28人。坚持“百年大计，质量第一”和“以质创誉，以优取胜”的经营方针，以“贯标”为基础，落实质量责任制，加强在建项目工程质量控制，深入开展QC小组攻关和“四位一体”联合创优活动。分项工程一次评定34 987项，优良率95.2%；铁路工程合格率100%，优良率97.8%；房建工程合格率100%，优良率64.3%。年内美兰国际机场场道工程获国家优质工程银质奖，获省部级优质工程8项，总公司优质工程6项；获国家优秀QC小组2个，省部优秀QC小组6个，总公司优秀QC小组3个。

财务管理。把责任成本管理工作作为财务管理的重点，从抓典型、抓规范、抓基础、抓落实入手，进一步深化责任成本管理工作。总结推广西安南京铁路等工程项目的成功经验，统一责任成本管理的基本模式，规范责任成本管理的操作程序，对重点项目实行重点督察，完善责任成本管理监控机制，初步完成责任成本消耗定额编制，开发责任成本和财务管理一体化软件，集团公司173个独立核算项目全部按照责任成本管理程序运作，提高了责任成本管理水平。在深化责任成本管理工作的同时，进一步规范财务管理，加强审计监督，继续推行项目会计人员委派制，加强对项目部的财务监督和财务工作集中领导，初步形成项目定期审计和终审综合评价机制；对基本支出实行预算管理，严格控制招待费、差旅费、小型项目建设支出和工资、奖金发放。（张林祥）

【科技教育】 制定新的《科技管理办法》，修订《科技基金管理办法》，明确集团公司及各单位科技管理任务、目标和职责。加大科技投入和科技奖励力度，集团公司年内批准科技开发项目21项，投入科技经费385.8万元，用于科技奖励40余万元。“深圳地铁重叠隧道施工技术”在建设部获准立项，“青藏铁路高温冻土细粒土段路桥涵关键技术研究”在铁道部立项，“泸州长江铁路特大桥施工技术”等5项科技项目在总公司获准立项。年内申报科技进步奖21项，“深水急流情况下的双壁钢围堰定位下沉技术”等14项科技成果获集团公司科技进步奖，“高速铁路32米单线箱梁预制施工技术”等11项成果获总公司科技进步奖。《大直径多联体筒仓滑模施工工法》被评为国家级工法，2项工法被评为省级工法，7项工法被评为总公司优秀工法。集团公司局域网远程拨号网络资料信息中心、内部电子信箱年内正式开通。

教育工作。坚持以提高职工素质为主题，根据企业生产经营、股份制改造需要，重点进行了各级领导干部、项目经理、施工工长、“十一大员”、高级技工和专业技术人员的岗位培训。全年举办各类培训班60余期，培训职工2 631人。坚持适度超前的教育原则，继续组织学历教育和职业教育，有57人被路内外成人高校录取；在湘潭技校教育培训中心开展职业教育，在校生571人。按照现代企业制度要求，努力做好基础教育的分立、分离工作，依照“经费包干、自主管理、服务内部、面向社会”的原则，在确保子女义务教育不受影响的前提下，逐步压减生源数量，向移交或停办过渡。（张林祥）

【公安与综合治理】 围绕企业中心任务，充分发挥职能作用，积极抓好重点工程施工现场治安保卫和队伍“三项教育”工作，为生产经营提供有效的服务和保障。全年共接警、处警849件，出动警力4 127人次，车辆2 037台次。立刑事案件68起，破41起。受理治安案件322起，查处320起。2个公安分处被评为先进单位，1人立三等功，3人被铁道建筑公安局评为优秀民警。

治安综合治理。实行年度综合治理目标管理，年初与所属21个处级单位签订目标管理责任书。各单位坚持“打防结合、预防为主”方针，强化组织领导，完善工作机制，有效维护了企业内部和施工现场治安秩序。经年底考核，有12个单位被集团公司评为综合治理先进单位。（张林祥）

【党群工作】 党的工作。集团公司下辖有党委53个、党组2个、党总支1个、党支部346个，有党员4 979名，其中预备党员169名。(1)党组织建设。各级党组织从思想建设和组织建设着手，认真贯彻江泽民总书记“七一”重要讲话和十五届六中全会精神，进行《国有大中型企业建立现代企业制度和加强管理的基本规范》等法规的宣传教育；坚持从严治党，认真抓好各级领导班子民主集中制、民主生活会等基本制度的落实；分两次对21个处级领导班子进行考察，选拔调整处级干部79人；召开基层党建经验交流暨政研会第9次年会，制订实行《项目部党组织工作考评办法》；以纪念建党80周年为契机，加强党员教育，组织党的基本知识竞赛，集团公司表彰8个先进基层党组织、48名优秀党员、18名优秀党务工作者，2个基层党组织、2名党员和2名党务工作者受到山西省委和总公司党委表彰。全年发展新党员143名。(2)思想政治工作。围绕企业股份制改造、“三项制度”改革、责任成本管理等深层次改革大力加强思想政治工作，强化保证和服务作用；及时进行施工动员教育，扎实有效地组织了上青藏铁路的宣传动员工作；针对企业一度出现的困境，开展信誉、责任专题教育和检查整改活动；围绕巩固和扩大企业声誉，加大对外宣传力度，全年在省市以上报台刊用稿件1 460余篇，其中中央级报台刊用135篇。(3)党风廉政建设。进一步加强领导干部的廉洁自律教育，先后派出综合执法检查组36个，参与人数115人，整治重点项目16个，查出违法违纪金额16.3万元，避免经济损失2 430万元，挽回直接经济损失167.4万元。年内受理群众来信、来访举报25件，初查案件线索29件，立案35件，结案35件，其中大、要案17件，给予党纪处分10人、政纪处分29人。

工会工作。适应改革要求，服务发展大局，突出履行维护职能，在企业改革、发展和稳定中积极发挥工会组织的作用。(1)企业民主管理。各级工会组织坚持职代会(职工大会)制度，做到行政工作，财务工作、改制方案等涉及职工切身利益的重大问题向职代会报告；对353名企业领导和项目经理进行民主评议；集团公司工会组织3个职工代表巡视组，对21个项目部的生产经营、集体合同、民主管理等情况进行综合检查，针对检查中发现的问题，向集团公司领导作了专题报告。(2)劳动竞赛和岗位练兵。组织开展以“七比一争”劳动竞赛为主要载体的技术、管理、制度、服务“四创新”活动；开展群众性技术练兵活动，2 600余名职工参加17个工种的岗位练兵和技术比武，90余名职工获奖。提合理化建议和技术改进2 000余件，集团公司评审18项，节约或创造价值650多万元。(3)立功创模。第二、三工程公司北栈桥项目部被山西省评为模范单位，有9名职工分别被山西省评为特级劳模、劳模、“十大能工巧匠”、“百名技术创新带头人”，有119名职工受到集团公司记功表彰。(4)职工权益维护。制订出台《职工互助合作保险暂行办法》和《“送温暖”基金筹集管理暂行办法》，筹集“送温暖”基金200多万元、互助合作基金506万元，年内为36名出险职工办理8.6万元的经济补偿。依法调解职工劳动争议、来信、来访49起，经济补偿41.2万元。清理、补发拖欠职工工资200多万元。元旦、春节期间，各级成立42个“送温暖”小组，发放“送温暖”资金108.45万元，慰问生产一线单位71个，困难单位13个，困难职工家庭585户，伤病残及住院职工166人。(5)职工文化建设。6月，组织举办集团公司首届职工文艺汇演和庆祝建党80周年文艺晚会，11个单位的400多名职工演出节目97个。举办集团公司首届乒乓球和门球比赛，举办健身秧歌培训班，第一工程有限公司工会组织机关职工开展“每周一歌”活动，第四工程有限公司工会组织职工书法、美术、摄影展。

共青团工作。集团公司团委围绕企业中心工作，以青年职工创新创效和“双争”竞赛活动为重点，带领团员、青年在施工生产中积极开展突击竞赛和科技攻关活动，较好地发挥了共青团组织的桥梁和助手作用。全年有24个集体和32名个人获总公司以上表彰。

(张林祥)

【第一工程有限公司】 铁路综合工程施工一级资质企业。驻山西省临汾市育红路9号。公司董事长、总经理赵晋华，党委书记贾喜恩。下辖3个工程段、1个机械化工程段和劳动服务公司、物业管理中心、兴桂公司、西南公司、路面公司、工程公司、宜昌办事处、职工医院、子弟学校等单位。队伍分布在全国17个省区的34个项目工点。职工总数3 486人，其中干部817人，工人2 669人；各类专业技术干部730人，占干部总数的89.35%；技术工人1 959人，占工人总数的73.4%。资产总额43 194万元，其中固定资产原值8 911万元、净值5 819万元，流动资产33 179万元。机械设备236台(套)，总功率28 041千瓦，人均动力装备率8.01千瓦、技术装备率16 626元，机械化施工程度81%。年施工能力7亿元以上。

2001年，承揽工程任务60 915万元。完成企业总产值77 144万元，其中施工产值76 134万元。完成实物工程量：土石方479万立方米，圬工73.3万立方米，桥梁8 965.45延长米，隧道10 900延长米，涵洞4 470.9横延米，铺轨26.7公里，架梁179孔，公路19.02公里。全员劳动生产率108 809元/人年，实现利润304万元，年人均收入10 844元。单位工程合格率100%，优良率98.76%。获国家优质工程银奖1项，铁道部优质工程1项，集团公司优质工程4项；获总公司优秀QC小组1个，集团公司优秀QC小组1个。3月，公司顺利通过安全资质复审；4月，顺利通过质量认证监督审核。

(张广红)

【第二工程有限公司】 铁路综合工程、公路工程施工一级，市政工程施工二级，工业与民用建筑工程施工三级资质企业。驻山西省太原市小店区人民南路71号。公司董事长、总经理和万春，党委书记陈小山。下辖物业管理公司、建筑安装工程公司、机械化工程公司、物资工程公司和19个工程项目部。队伍分布在全国18

个省(直辖市、自治区)。职工总数2 419人,其中干部827人,工人1 592人;各类专业技术干部789人,占干部总数的96%。技术干部中高级职务35人,中级职务257人。技术工人1 315人,占工人总数的82%。资产总额55 412万元,其中固定资产原值17 233万元、净值11 549万元,流动资产43 543万元。主要施工机械478台(套),总功率34 797千瓦,人均动力装备率9.68千瓦、技术装备率13 566元,机械化施工程度85%以上。年施工能力9亿元以上。

2001年,承揽工程任务79 167万元。完成企业总产值91 849万元,其中施工产值90 102万元。完成实物工程量:土石方880万立方米,桥梁3 996延长米,隧道13 407延长米,涵洞4 142横延米,铺轨30.1公里,架梁66孔,公路17公里。全员劳动生产率112 475元/人年,实现利润465万元,年人均收入10 436元。年底实现安全生产6 575天。年内获国家优质工程银质奖1项,获省部优质工程2项,总公司优质工程3项,集团公司优质工程5项;完成科研成果7项,1项"五小"创新成果获山西省一等奖。公司先后获"全国优秀施工企业"、山西省"模范单位"和山西省"重合同、守信用"单位称号,公司党委被中共山西省委评为"山西省先进基层党组织"。　(袁红艳)

【第三工程有限公司】 铁路综合工程、公路工程、水利水电工程施工一级,市政工程、工业与民用建筑工程施工二级资质企业。驻山西省太原市西线街79号。公司董事长、总经理董裕国,党委书记胡祥林。下辖39个项目部、修理厂、高分子厂及医院、学校等单位。队伍分布在全国18个省(直辖市)的40个县(市)施工。职工总数2 691人,其中干部888人,工人1 803人;专业技术干部868人,占干部总数的97.74%。技术干部中高级职务41人,中级职务317人。技术工人1 645人,占工人总数的91.2%。技术工人中高级技师2人,技师29人。主要施工机械设备489台(套),总功率38 598千瓦,机械设备原值10 094万元、净值5 753.6万元,人均动力装备率14.3千瓦、技术装备率2.14万元,综合机械化施工程度82%。年施工能力8亿元以上。

2001年,承揽工程任务14项,合同投资9.37亿元。完成施工产值8.97亿元。完成实物工程量:土石方780万立方米,圬工22.2万立方米,桥梁5 836延长米,隧道9 244延长米,涵洞4 706横延米,铺轨26.9公里,架梁338孔,公路14公里。全员劳动生产率161 198元/人年,实现利润300万元,年人均收入9 183元。质量认证通过年度监督审核。分项工程合格率100%,优良率95.1%;单位工程合格率100%,优良率99.2%。获国家优质工程银质奖1项、总公司优质工程1项、集团公司优质工程5项。《支架悬吊模板法施工技术》和成昆铁路《百家岭隧道病害整治施工工法》获集团公司科技进步一等奖,总公司科技进步二等奖和三等奖。有5个工地被集团公司评为安全质量标准工地,全年实现安全年。公司继续保持山西省"重合同、守信誉"单位和太原市"文明单位标兵"称号。

(董向阳)

【第四工程有限公司】 铁路综合工程、公路工程施工一级资质企业。驻山西省介休市裕华路175号。公司董事长、党委书记刘仕权,总经理张喜胜。下辖2个土石方工程公司、结构件厂、预应力工程公司、混凝土工程公司、建安工程公司、物业管理中心、劳动力配置及管理中心、职工医院、子弟学校等单位,有工程项目部33个。队伍分布在全国15个省的33个县(市)施工。职工总数2 295人,其中干部673人,工人1 622人;专业技术干部653人,占干部总数的97%。技术工人972人,占工人总数的60%。资产总额35 505万元,其中固定资产原值7 404.67万元、净值4 979.81万元,流动资产27 589万元。机械、运输设备320台(套),总功率42 987千瓦,人均动力装备率13.2千瓦、技术装备率26 882.4元,机械化施工程度85%以上。年施工能力6亿元以上。

2001年,承揽工程任务9亿元,完成施工产值6.32亿元。完成实物工程量:土石方1 003万立方米,圬工34.9万立方米,桥梁8 371延长米,隧道2 933延长米,涵洞8 608横延米,铺轨7公里,架梁269孔,房建5 768平方米,公路11公里。全员劳动生产率114 773元/人年,实现利润460万元,年人均收入10 662元。单位工程合格率100%,优良率94.4%。获总公司优质工程1项,集团公司优质工程7项。推广应用"四新"20项,获集团公司科技进步奖2项。质量认证通过年度审核。有5项工程被集团公司评为安全质量标准工地,1项工程被总公司评为安全质量标准工地,实现连续安全生产1 151天,被山西省评为2001年度"优秀建筑企业"。　(孟彩红)

【建筑安装工程有限公司】 工业与民用建筑工程施工一级、装饰装璜工程施工二级资质企业。驻山西省太原市迎泽西大街599号。董事长、总经理王汉林,党委书记王爱民。下辖35个工程指挥(项目)部、专业公司和后勤保障单位。队伍分布在全国10个省(直辖市)施工。职工总数1 299人,其中干部489人,工人810人;各类专业技术干部459人,占干部总数的93.86%;有技术等级的工人462人,占工人总数的57%。

资产总额28 605万元，其中固定资产原值7 155万元、净值3 393万元，流动资产25 107万元。机械、运输设备275台(套)，总功率10 837千瓦，人均动力装备率8.3千瓦、技术装备率1万元。年施工能力5亿元以上。

2001年，承揽工程任务4.69亿元，完成施工产值43 095万元。完成实物工程量：土石方52.4万立方米，房建207 501平方米。全员劳动生产率89 692元/人年，实现利润304万元，年人均收入13 340元。年底公司实现连续安全生产5 314天，创山西省“安全文明工地”2个，太原市“安全文明工地”7个。有2项工程被评为省优质工程。获国家优秀QC小组1个，山西省优秀QC小组4个。《大直径多联体筒仓滑模施工工法》被评为国家级工法。公司连续四年被评为山西省“优秀建筑企业”，2名项目经理被评为山西省“优秀项目经理”。（梁建平）

【电气化工程有限公司】 铁路通信、信号、电力、电气化工程施工一级资质企业。驻山西省太原市迎泽西大街869号。公司董事长、总经理李章锁，党委书记杜志祥。下辖13个区域性工程指挥部及电气化、通信信号、建筑安装分公司和实业开发公司。队伍分布在全国13个省(直辖市)施工。职工总数1 280人，其中干部626人，工人654人；各类专业技术干部591人，占干部总数的94.4 %；技术工人589人，占工人总数的90.1%。资产总额25 817.6万元，其中固定资产原值4 923万元、净值3 127万元，流动资产22 620万元。主要机械设备161台，人均技术装备率10 500元；有电气化接触网架线作业车11套，放线车16辆，轨道起重机12辆以及光纤熔接机、光功率计、反射仪等先进施工设备和检测仪器。年施工能力5亿元。

2001年，承揽工程任务4.2亿元，完成企业总产值25 375万元，其中施工产值25 279万元，多种经营产值96.72万元。完成实物工程量：土石方13万立方米，房建9 184平方米，通信线路410公里，电力线路349.2公里，接触网361公里。全员劳动生产率244 000元/人年，实现利润153万元，年人均收入15 680元。年底实现安全生产5 334天，有2个工地被总公司评为安全质量标准工地。竣工交付单位工程90项，工程质量合格率100%，优良率100%，获部优质工程1项，总公司优质工程2项，集团公司优质工程7项。公司董事长、总经理李章锁被评为山西省“特级劳模”。（何英飞）

【兴城疗养院】 是一所疗治结合的综合性疗养院。位于辽宁省兴城市兴海北路二段48号。原为总公司直属单位，2001年11月划归中铁十二局集团公司管理。院长兼党委书记张铁军。占地面积11.73万平方米，建筑面积4.64万平方米，疗养床位400张，治疗床位100张。固定资产原值1 611万元。设有疗养科、休养科、医务科、门诊部、内科、外科、药械科、行政工作部、党群工作部、财务部等部门及物资管理中心、工程公司等单位。职工307人，在岗职工215人；在岗职工中干部143人，其中医疗技术干部111人，工人72人。

2001年，接待疗养员1 135人次，接待旅游、会议及培训人员82批、6 580人次；收治患者445人次。全年创收120万元，其中疗养创收35万元，比2000年增加11万元；医疗创收85万元，比2000年增加10万元。年内，疗养院被兴城市人寿保险和渔业船舶保险作为医疗定点单位。

疗养院新的领导班子上任后，全方位深化改革：一是精简机构，机关由12个职能科室重组为“两部一科”，人员由36人精简到15人，实现小机关大服务；12个后勤、临床科室重组为疗养、医疗及物业管理3个中心。二是公平竞聘中层领导，全员双向选择，竞聘上岗，以岗定责，按岗配人，98%的职工确定了岗位。三是对多种经营单位实行承包经营，全年完成产值28万元，有的单位实现经费自给或部分经费自给。房屋租赁按期收回租金21万元。四是精打细算，厉行节约，全年节支20余万元。（廉树春　李长青）

【重要记载】

▲2月21日　集团公司纪委在中央企业纪检监察工作会上介绍《加强管理监督，保证企业国有资产安全运营》经验，受到中纪委、监察部领导好评。

▲2月25日～26日　集团公司一届四次党委全会、一届三次职工代表大会暨2001年度工作会议在太原召开。

▲2月28日　集团公司一届董事会第八次会议和第三次股东代表大会在太原召开。

▲3月8日　集团公司工会女职工委员会被中华全国总工会评为“全国工会先进女职工集体”。

▲3月19日　集团公司党风廉政建设工作会议在建筑安装工程有限公司机关召开。

▲4月5日　集团公司水柏铁路工程指挥部指挥长王法岭、建筑安装工程公司工人技师李新民被中华全国铁路总工会授予“火车头奖章”。

▲4月7日　总公司王振侯总经理到兴城疗养院检查指导工作。

▲5月15日　第四工程公司关工委被铁道部关工委授予“全国铁路关心下一代工作先进集体”称号。

▲5月16日　集团公司及第二工程公司、电气化工程公司领导班子被总公司党委、总公司评为2000年

度"四好领导班子"。

▲5月29日　根据国家建设部对施工企业资质管理的要求,集团公司资质重新就位工作正式启动。

▲5月　集团公司推行西安南京铁路工程指挥部责任成本管理模式。

▲6月3日　集团公司中标青藏铁路第6标段,合同投资78 000万元。

▲6月19日　董事长、总经理金普庆参加中国施工企业管理协会赴美考察团赴美考察。

▲6月23日~28日　集团公司工会举办首届职工文艺汇演,11个单位的400余名职工参加演出。

▲6月27日~28日　集团公司基层党建经验交流暨政研会第九次年会在铁道大厦召开。

▲6月29日　第二工程公司党委被山西省委评为"先进基层党组织",集团公司党委书记胡莫愁被评为"优秀党务工作者"。

▲8月18日　中铁十二局集团股份有限公司成立大会和挂牌仪式在太原举行。山西省副省长王显政、铁道部总工程师王麟书、中央企业工委群工部部长乔保平、总公司总经理王振侯、太原市委副书记郭振中、太原市副市长姬和平、中国证监会太原特派办主任申志杰等领导出席会议。

▲8月24日　铁道部孙永福副部长一行到集团公司青藏铁路工程指挥部检查工作。

▲8月26日　集团公司副总经理霍玉华当选为中央企业青联委员。

▲9月3日　股份公司在太原市高新技术开发区办理入区登记,正式成为太原市高新开发区入区企业。

▲9月4日　铁道部副部长蔡庆华一行视察集团公司渝怀铁路施工现场。

▲9月5日~10日　董事长、总经理金普庆率机关有关部门领导赴青藏铁路现场办公,慰问一线职工。

▲9月25日　集团公司在京福高速公路三明连接线SLA5合同段梅列互通A匝道桥进行现浇梁支架模预压静载试验施工时,支模突然垮塌,造成外部劳务人员6人死亡、4人重伤、17人轻伤的重大伤亡事故。

▲9月　集团公司工会主席邓光煜率机关有关部门领导赴青藏铁路一线慰问职工。

▲10月26日　集团公司决定撤销北海公司、厦门工程公司,其人员、资产、在建工程整体并入第一工程公司;撤销陕西工程公司,在建项目及人员划入第二工程公司。

▲10月　集团公司中心医院被太原市政府批准为城镇职工基本医疗保险定点医疗机构。

▲11月24日　第一工程公司承建的汕梅高速公路兵营子大桥在进行T梁吊装作业中发生架桥机倾覆意外机械事故,造成6人死亡、1人重伤的重大伤亡事故。

▲12月6日　集团公司党委书记胡莫愁一行到兴城疗养院进行交接并检查指导工作。

▲12月　集团公司洛湛铁路工程指挥部指挥万训才被中国施工企业管理协会评为"全国优秀项目经理"。　　(张林祥)

中铁十三局集团有限公司

【简况】　中铁十三局集团有限公司是铁路综合工程施工(大型)一级资质企业。公司机关驻吉林省长春市岭东路188号。下辖第一~第五工程处、电务工程处、直属工程公司、建筑工程公司、物资总公司、特种设备公司、社会事业管理中心、中心医院、培训中心(技工学校)、多种经营公司、物业公司等单位。职工12 839人。资产总值272 183万元,其中固定资产原值77 752万元、净值49 381万元,流动资产208 882万元。机械、运输设备2 240台(套),新度系数0.61,总功率12 573.4千瓦,人均动力装备率9.3千瓦、技术装备率18 608元,综合机械化施工程度85%。

中铁十三局集团有限公司前身系中国人民解放军铁道兵第三师,1984年1月1日集体转业并入铁道部,改编为铁道部第十三工程局;1998年底更名为中铁第十三工程局;2000年9月与铁道部脱钩,划归中央企业工委管理;2001年6月改制挂牌,改称现名。兵改工近二十年来,通过坚持品牌战略,外抓市场、内强管理,企业施工领域已从最初的单营铁路工程施工,发展到目前涉及铁路、公路、水利电力、码头、机场、矿山、城市地铁与轻轨交通、钢结构、工业与民用建筑等众多施工领域,并在新型大跨桥梁、长大隧道、深水桥梁基础、地下工程、高层建筑等领域积累了丰富的施工经验,企业综合实力和施工能力显著增强。先后获得国家优质工程奖6项,省、部优质工程奖19项。取得国家级科技成果3项,省、部级科技成果7项;国家级工法6项,省、部级工法15项。安全生产曾获铁道部劳动安全奖杯,连年被总公司和当地政府评为先进单位。企业多次荣获吉林省优秀建筑企业、思想政治工作先进企业及精神文明先进单位等殊荣。1998年通过ISO9002国际质量体系认证,2001年通过换证复评。

2001年，承揽工程任务140项，合同总额352 546万元。完成企业总产值311 763万元，其中施工产值302 407万元，附营产值9 356万元。施工产值比2000年同比增长17.3%。实现利润2 094.58万元。完成主要实物工程量：土石方2 336.7万立方米，桥梁26 208延长米，隧道16 642延长米，涵渠14 497横延米，正线铺轨24.9公里，站线铺轨1.3公里，铺道岔25组，架梁507孔，通信线路145条公里，供电线路29公里，给排水管路21.6公里，圬工77.82万立方米，公路159.69公里，房建459 355平方米。全员劳动生产率142 376元/人年，年人均收入12 396元。国有资产保值增值率101.66%，经营性资产收益率2.69%，产值利润率0.67%，资产负债率78.75%，投资收益上缴率100%，应上缴款完成率100%。工程质量合格率100%，分项工程优良率96.97%，单位工程优良率95.5%，房建工程优良率100%；创集团公司以上优质工程24项。安全责任事故死亡率、重伤率和轻伤率分别控制在规定指标以内。集团公司被吉林省评为“精神文明先进单位”。第三工程处十队党支部书记刘清华被授予“全国五一劳动奖章”和“全国优秀党务工作者”称号，中央企业工委对其作出表彰决定，并在中央企业进行宣传。（王惠敏）

【领导人员】

股东会

国有股代表　丁原臣（12月离任）
　霍金贵（12月任）
　文普津
　王治忠
　王学伟
　李左军

职工股代表　张景生
　邹玉发
　谭振武
　梁　君
　朴文精

董事会

董事长　文普津

副董事长　王治忠
　王学伟
　姜世杰

国有股董事　文普津
　王治忠
　王学伟
　姜世杰
　翁行火
　李友才

职工股董事　邹玉发
　梁　君

职工代表董事　朴文精

监事会

监事会主席　王新武

国有股监事　王新武
　余兴喜

职工股监事　尹殿祥
　杨德印

职工代表监事　张向阳

经理层

总经理　王学伟

副总经理　黄元海
　张景生
　邹玉发
　谭振武
　翁行焱（12月任）
　姜永军（12月任）

总工程师　谭振武（兼）

总经济师　翁行焱（兼）（12月任）

总会计师　翁行焱（12月改任）
　赵文祥（12月任）

党群领导

党委书记　王治忠

党委副书记　文普津
　王学伟
　张景生（1月离任）
　梁　君（1月任）

纪委书记　尹殿祥

工会主席　袁益友（6月离任）
　朴文精（6月任）

纪委副书记　董太祯

工会副主席　袁凤举
　张向阳

（郭崇强　白玉娟）

【工程项目指挥机构】 朔黄铁路工程指挥部　驻河北省灵寿县文明路15号。指挥韦良勤，党工委书记李茂恩。

神延铁路工程指挥部　驻陕西省神木县南郊邮电所。指挥于英新。

西康铁路工程指挥部　驻陕西省石泉县池河镇。指挥安熔南。

西安南京铁路工程指挥部　驻河南省南阳市宛城区长江路东段。指挥谭振武，党工委书记袁凤举。

内昆铁路工程指挥部　驻贵州省威宁县健康路植保站。指挥张景生,常务副指挥韩星俊。

渝怀铁路项目经理部　驻重庆市涪陵区兴华中路40号。项目经理吴焕通,党工委书记迟军。

宝兰二线宝天铁路工程指挥部　驻甘肃省天水市北道区伯阳乡。指挥史克臣,常务副指挥吴建辉。

广州地铁工程指挥部　驻广东省广州市越秀区公园前路31号。指挥李永利,党工委书记王振江。

(王惠敏)

【职工队伍】　干部4 786人,占员工总数的37.2%。其中,女干部983人;各类专业技术干部4 391人,占干部总数的91.7%。专业技术干部中,工程技术干部2 297人,占干部总数的52.3%;经济专业技术干部620人,占干部总数的13%;会计专业技术干部574人,占干部总数的12%;政工干部410人,占干部总数的9.3%。年内干部增加476人,其中大学毕业生转正定级及中专生转干469人,路外调入7人。干部减少107人,其中解聘、除名、退休、死亡等70人,调出37人。干部总数比2000年净增369人,增幅为8.4%。全年共接收院校毕业生532人,其中大学本科占80.8%,土木工程专业占65.2%。

技术工人5 381人,占员工总数的42%。其中,初级工174人,占员工总数的1.4%;中级工2 227人,占员工总数的17%;高级工2 834人,占员工总数的22.5%;技师133人,占员工总数的1%;高级技师13人,占员工总数的0.1%。

(王惠敏　白玉娟　孙玉波　左　冰)

【工程施工】　全年在建项目212项,年内竣工118项。完成工程任务总额304 318万元,其中施工产值302 407万元。

1. 铁路工程。在建工程27项,其中新开工16项,续建11项,年内竣工6项。完成工程任务总额85 103万元,占铁路工程总投资的31%。完成路基土石方805.8万立方米,桥梁4 829延长米,隧道6 357延长米,涵渠5 932横延米,正线铺轨24.9公里,站线铺轨1.3公里。

渝怀铁路　承担第8、14标段工程施工任务,总投资48 867万元。2001年1月开工。年内完成投资12 493万元。土石方248万立方米,年内完成63.6万立方米,占设计量的26%;桥梁24座、6 580.2延长米,完成1 987延长米,占设计量的30%;隧道7座、3 848延长米,完成1 200延长米,占设计量的31%;涵洞51座、1 373.83横延米,完成649横延米,占设计量的47%。

西安南京铁路　承担B土20-1和B土21-1标段施工任务。B土20-1标段,合同投资26 000万元。2000年8月开工。土石方总量471万立方米,开工累计完成434万立方米,占设计量的92%;桥梁39座、2 641延长米,开工累计完成2 412延长米,占设计量的91%;涵渠187座、4 006横延米,开工累计完成4 001横延米。桥涵主体工程全部完工。B土21-1标段,全长20.7公里,合同投资8 824万元。2001年1月开工。年内完成4 991万元,占总投资的57%。土石方总量326万立方米,完成164万立方米,占设计量的50%;桥梁14座、1 468延长米,完成785延长米,占设计量的53%;隧道1座、210延长米,主体工程已完工;涵渠135座、2 882横延米,完成2 215横延米,占设计量的77%。

宝兰铁路第14合同段　全长5.44公里,合同投资9 000万元。2000年10月开工。年内完成2 038万元,开工累计完成2 289万元;路基土石方总量57万立方米,开工累计完成5.4万立方米,占设计量的9%;伯阳隧道3 306延长米,开工累计完成678延长米,占设计量的21%。

神延铁路　施工里程为DK38+486.35～DK39+100,全长10.61公里,合同投资14 000万元。主要工程量:土石方200.5万立方米,桥梁16座、2 232.82延长米,隧道1座、427延长米,涵洞21座、1 071.45横延米。1998年9月开工,1999年10月主体工程完工,2001年11月11日通过验收。

秦沈客运专线辽河特大桥　全长2 429.8延长米,合同投资6 700万元。2001年1月开工。该桥为74孔32米双线单箱单室箱梁,采用GZ24/32-8000型造桥机施工成套工艺及多点支撑造桥膺架和高位落梁等施工技术,成功地解决了自重达754吨、32米双线单箱单室箱梁的架设难题,于2001年8月29日顺利合龙。

2. 路外工程。全年承建路外项目185项,其中新开工项目125项,续建项目60项。完成工程任务总额219 215万元。完成路基土石方1 530.9万立方米,桥梁21 379延长米,隧道10 285延长米,涵渠8 565横延米。

三福高速公路SA9标段　全长11.10公里,总投资22 000万元。2001年9月6日开工。年内完成投资1 884万元,占总投资的9%;土石方总量371万立方米,完成92万立方米,占设计量的25%;桥梁18座、3 761延长米,开工12座,均在进行基础施工。

深圳地铁一期福民站土建工程　设计总长216米,合同投资7 258万元。2001年1月17日开工。年内完成投资4 739万元。垫层214米,完成178米;底板底梁混凝土共15段214米,完成12段177.8米;中板及站台层侧墙共15段214米,完成9段128米;顶板及站厅层共15段214米,完成6段85.4米。

南京地铁南北线一期工程TA12标段　左线长1 063.1米,右线长1 063.6米,合同投资6 258.6万元。2001年8月开工。年内完成投资542万元。1号、2号竖井完成初期支护和衬砌;正线左线鼓楼方向完成初期支护27.3米,玄武门方向完成5米;右线完成初期支护5米。

西安绕城高速公路南段第3标段　合同投资8 000万元。2000年12月1日开工。开工累计完成投资4 913万元。路基土石方45.1万立方米,完成37.6万立方米,占设计量的83.4%;桥梁9座、1 339.46延长米,通道6座、260.8延长米,主体工程均已完工;涵洞203.5横延米,主体工程全部完工。

滨博高速公路7标段分离式立交桥　位于山东省淄博市张店区,全长2 099.3米,合同投资8 524万元。2000年4月5日开工,2001年7月30日主体工程顺利完工。

广州地铁二号线公纪区间　位于广州市越秀区,正线区间长621.91米,合同投资9 918万元。2000年2月21日开工,2001年8月20日按合同要求全部完工。

石中高速公路吴忠黄河特大桥　位于宁夏回族自治区吴忠市。全长831.6米,合同投资8 700万元。1999年11月25日开工,2001年10月13日全桥顺利合龙。　　(王惠敏　牟亚洲)

【经营管理】 集团公司紧紧围绕既定目标,着眼创效,强化管理;紧盯市场,开拓经营;勇于创新,深化改革,各项工作取得新的成绩,为实现第二步战略发展目标开了好头。

1.任务承揽。各级都把承揽工程任务放在首位,按照集团公司构筑区域、专业优势的原则,积极有效地开展工作,形成齐抓共揽的良好格局,承揽任务总额创历史新纪录。全年共承揽工程140项,合同总额352 546万元,其中铁路工程16项,合同总额80 289万元,占承揽总额的23%;公路工程34项,合同总额140 571万元,占承揽总额的40%;房建工程38项,合同总额45 781万元,占承揽总额的13%。

2.项目管理。各级加大项目管理力度,项目评估工作在集团公司全面展开。按照集团公司《工程项目评估办法》,年内对大部分新上项目进行评估,并签订承包经营责任书。举办集团公司首届工程项目评估培训班,84人参训,为进一步规范项目评估工作奠定了基础,项目亏损面大幅度减少,新上项目基本消灭了亏损。

3.承包经营与施工合同管理。根据资产经营管理办法、内部承包经营责任制办法和工程项目承包经营责任制办法,集团公司与所属单位及已评估项目部签订承包经营责任书,并对承包经营单位进行考核,全集团公司已形成逐级承包经营的管理格局。加强施工合同管理,多数单位对已开工的项目,依据项目评估指标签订了施工合同。

4.物资、设备及财务管理。推行物资招标采购制度,全年招标采购75项,节约资金1 365.7万元;通过开展材料成本核算,严格实行限额发料,钢材、木材、水泥、油料节约率分别为1.9%、2.0%、2.1%和1.0%。修订《大型特种专用设备管理办法》、《设备及配件招(议)标采购管理办法》,发挥集团优势,加快大型、特种专用设备的更新改造,年内招标购置设备11台(套),总金额2 218万元。围绕企业改制,制定、完善《预算管理办法》、《车辆保险管理办法》及新的固定资产折旧办法,完成资产评估结果确认和分帐核算工作,按照批复的资产评估报告对债权、债务进行认真清理,对经营性资产与非经营性资产进行分帐核算,并追溯调整了有关帐目,实现改制前后帐务处理的平稳过渡;围绕成本管理组织经验交流,出台控制办法和措施,提高了责任成本核算水平;加速固定资产投资回收,依据国家税务总局关于缩短固定资产折旧年限的批复精神,执行新的折旧年限,减轻了集团公司包袱;加强资金管理,狠抓清欠回收和资金调剂,保证施工生产和承揽任务需要,节约财务费用700余万元;开展《会计法》执法检查和财务专项检查,提高了会计信息质量。

5.安全质量管理。深入贯彻ISO9002标准,持续稳定地改进质量管理体系,集团公司和各工程处顺利通过换证。重点推行领导干部挂牌施工和逐级签订质量责任书的做法,加大检查监控力度,工程质量稳步提高。分项工程合格率100%,优良率96.97%,单位工程优良率95.5%,房建工程优良率100%。第二工程处参建的长春—吉林高速公路工程获国家优质工程金质奖;盐坝高速公路深圳大梅沙隧道、梅坎铁路站前综合工程及朔黄铁路菘杨河特大桥获铁道部优质工程奖。3个QC小组获全国优秀QC小组奖,2个QC小组获吉林省和铁道部优秀QC小组奖。第一工程处获"全国质量效益型先进企业"称号,第四工程处获哈尔滨市"质量管理先进单位"称号,并获黑龙江省高速公路指挥部颁发的"质量管理优秀奖"。坚持"安全第一,预防为主"的方针和"从严治本,基础取胜"的指导思想,落实责任,规范管理,积极开展安全生产大检查和创建安全质量标准化工地等活动,集团公司分别被总公司和长春市评为安全生产先进单位;2项工程被评为哈、沈、长3市安全联检金牌工程;广州地铁项目被广州市评为"安全文明工地";3个工程项目被评为总公司安全质量标准工地。

6.改制工作。6月6日,中铁十三局集团有限公司正式挂牌运行,企业改革迈向新的阶段。集团公司机关顺利实施机构改革,对职能部门进行有效整合,实行竞聘上岗制度,达到控制数量、提高素质、调整结构、完善功能的目的。组建社会事业管理中心,统管社会性事务工作,与主业分离,增强了自我生存发展意识和能力。着眼于优化资源配置和企业长远发展,将华南公司和广州地铁项目部并入第二工程处,将沈阳工程公司并入第一工程处。推行经营者年薪制、管理者岗薪制,进一步调动了各级生产经营的积极性和创造性。

7.资质就位。结合改制,认真分析、研究集团公司整体资源状况,形成资质就位方案,本着充分利用资源、确立和巩固母公司市场主体地位、提高集团公司核心竞争力、兼顾子公司发展的原则,确定母公司资质在多项数、高等级上就位。将第一、二、四工程处资质并入集团公司,申报铁路工程、公路工程、房屋建筑工程、市政公用工程施工总承包一级,水利水电工程施工总承包二级,桥梁工程、隧道工程、钢结构工程专业承包一级,机场场道工程专业承包二级,城市轨道交通工程专业承包;将第三工程处作为集团公司的子公司,申报铁路工程、公路工程、市政公用工程施工总承包一级,矿山工程、房屋建筑工程施工总承包二级,隧道工程、桥梁工程、土石方工程专业承包一级,铁路铺轨架梁工程、水工隧洞工程专业承包二级;将第五工程处作为集团公司的子公司,申报房屋建筑工程、铁路工程、市政公用工程施工总承包一级,公路工程施工总承包二级,机电设备安装工程专业承包一级,钢结构工程专业承包二级;将电务工程处作为集团公司的子公司,申报铁路电务工程、机电设备安装工程专业承包一级,铁路电气化工程专业承包三级,公路通信系统工程、监控系统工程专业承包。　(王惠敏　王宝明等)

【科技教育】 科技工作。集团公司年内确定15项重点科技开发项目,投入资金288.5万元。广州地铁指挥部研制开发的《城市地铁浅埋、大跨度、小间距隧道信息施工技术研究》通过专家级鉴定,专家认定该技术在国内尚属首次,具有国际先进水平;移动支架造桥机成套施工技术,成功地解决了自重达754吨、32米双线箱梁的架设问题;深圳地铁地下连续墙施工技术的开发和运用,进一步拓宽了施工领域;渝怀铁路3座乌江大桥主墩基础已突破技术难关,进展顺利。大跨度桥梁悬灌施工技术、移动支架造桥技术、空心墩滑模施工技术、拱桥转体横移技术、无支架钢筋混凝土拱桥施工技术、隧道新奥法施工技术、筒仓滑模成套施工技术等"四新"成果,得到广泛推广应用,取得明显效果。年内取得总公司科技成果1项、集团公司科技成果25项。第一工程处开发的《铁路48米简支结合梁施工工法》被建设部评为国家级工法,《单塔斜拉桥施工工法》被总公司评为优秀工法;评出优秀论文及施工技术总结57篇。局域网建设初见成效,集团公司及第一、三、四、五工程处网络中心已正式运行。

教育工作。集团公司有培训中心1个、职工学校5所、职工夜校72所。年内举办各类培训班36期,1 345人次参训;送培556人。对1 361人进行了职业技能鉴定。开展学历继续教育,选送48人报考高等院校工程管理、工商管理硕士研究生,考取34人。

(王惠敏　柳杨春　张海英)

【公安与综合治理】 公安与综合治理工作紧紧围绕维护稳定,充分发挥职能作用,不断强化治安管理,有效地维护了辖区的政治安定和治安稳定。(1)治安管理。坚决打击"法轮功"邪教组织的违法犯罪活动,对6名重点人员指定专人负责重点监控,劳动教养"法轮功"顽固分子1名,依法收缴"法轮功"反动宣传品32份。加强企业内部及施工现场安全保卫工作,全年查处治安案件207起、违法人员350人,其中行政拘留18人、罚款72人。调解路地纠纷23起,避免经济损失23万元。(2)消防工作。根据铁道建筑公安局的统一部署,从5月中旬至9月底开展为期4个半月的公众场所消防安全专项整治工作,发现隐患52处,立即整改35处、限期整改15处、下达隐患整改通知书15份。(3)刑侦工作。组织开展"严打整治"、"铁拳行动"、"治爆缉枪"、"网上追逃"等一系列专项行动,全年立刑事案件67起、破52起,抓获犯罪嫌疑人73人;破获犯罪团伙2个,抓获犯罪嫌疑人34人,追缴赃款3.98万元。公安处与宜昌市公安局联合展开侦察,将宜昌案件主犯范依然送上法庭,以诈骗罪等依法判处有期徒刑20年、罚金102.5万元、没收财产20万元,为集团公司挽回巨大经济损失。(4)车辆管理。年内办理车辆年检210台次、转籍5台、补牌证19个,组织驾驶员安全教育4期,年审驾驶证408本,代交养路费50台次,出险索赔17万元。(5)公安队伍建设。对公安机构及公安人员进行清理整顿,9人取消警衔,3人调离公安队伍。历时3个月,在民警中深入开展"三项教育"活动,以此为契机,全面加强队伍建设。(6)综合治理。紧紧围绕企业生产经营和改革发展大局,坚持"打防结合、预防为主、标本兼治、重在治本"的方针,认真贯彻"谁主管、谁负责"的原则,党政工团齐抓共管,部门各司其职、各负其责、密切配合,为生产、生活创造了良好的治安秩序。

(王惠敏　刘桦莹)

【党群工作】 党的工作。集团公司设党委85个、党总支12个、党支部303个、党小组462个，党员3 959人。年内集团公司党委保持长春市“先进党委”称号。(1)领导班子建设。年初召开第五次党代会，选举产生局第五届党委和纪委，领导班子的专业及年龄结构有新的改善。加强各级领导班子的作风建设，结合实际制定《关于切实解决当前党的作风建设方面存在的突出问题的决定》，领导班子成员带头转变作风，并召开以加强作风建设为主题的民主生活会。深入开展创建“四好领导班子”活动，对集团公司处级领导班子进行全面考核、调整，年内集团公司领导班子和第三工程处领导班子被总公司评为“四好领导班子”。(2)基层党组织建设。以创建“五好党支部”活动为载体，对基层党支部建设作专题调研，配齐配强基层单位专职党委(支部)书记，改变党政“一肩挑”的做法。以落实集团公司党委《关于进一步加强党支部建设的意见》为重点，对所属党支部普遍进行清理整顿，着重加强党支部书记队伍建设，选拔优秀年轻干部从事党务工作。在第五工程处一公司进行“三个代表”重要思想学习教育试点，为此项活动全面开展积累经验。(3)党员队伍建设。继续开展争当“六好共产党员”活动，编发《英模人物事迹选》，组织广大党员学习刘清华事迹，取得较好效果。年内发展新党员124人，党员队伍的年龄、知识和专业结构有所改善。督促、指导各级党委加强对流动分散、下岗息工、内部退养和离退休党员的管理。(4)宣传思想工作。在各级党委中心组学习开展邓小平理论、江泽民“三个代表”重要思想及党的十五届四、五中全会精神学习，集团公司党委被评为长春市理论学习先进单位；结合企业改制做好分离、分立单位职工及下岗、转岗、待岗和特困职工的思想工作，理顺情绪，化解矛盾，确保企业稳定；大力推进企业文化建设，在员工中培养“团结、奉献、求实、创新”的企业精神；全国性报纸刊稿216篇，《中国铁道建筑报》刊稿402篇，省部地市报、台刊、播稿426篇，电视新闻20篇；《铁道前锋》报出版49期，发稿1 358篇。(5)精神文明建设。在全集团公司广泛开展文明社区、文明单位、文明职工、文明家庭等精神文明创建活动，评出“双文明单位”3个，文明家庭9个，集团公司晋升为吉林省“精神文明建设先进单位”。(6)党风廉政建设。在集团公司处以上党员干部和纪检监察干部中开展“学法规、学党纪”竞赛活动，参赛率112%，平均成绩98.6分；在《铁道前锋》报开辟《反腐倡廉园地》，出刊18期，刊稿22篇；组织参观《吉林省党风廉政建设和反腐败斗争成果展览》，购置廉政教育录像片36部，播放48场，4 360人次收看；剖析典型案例6个，邀请地方法院、检察院领导讲法纪教育课；把党风廉政建设责任制纳入企业“双文明”建设之中，与生产经营紧密结合，采取职代会评议领导干部、新提领导干部廉政诫勉谈话、党风廉政建设责任制督察等形式，认真落实廉洁自律各项规定；领导干部任前公示制走上规范化轨道，企务公开全面推行，会计委派制逐步完善，全集团公司直接委派会计139个单位，占总数的61.3%；物资、设备招标采购制度逐步推广，年内招标采购75项，节约资金1 365万元，有效地从源头上促进了党风廉政建设；全年查处违法违纪案件21件，结案20件，受党纪处分6人、政纪处分17人、党纪政纪双重处分2人，为企业挽回经济损失37.18万元。

工会工作。工会会员11 853人，专职工会干部83人，工会组织186个，建职工之家152个。各级工会组织坚持以职代会为基本形式的职工民主管理，加强对企务公开工作的研究、指导，企务公开进一步深化，第四工程处职工代表大会被吉林省总工会评为“最佳职工代表大会”，集团公司获吉林省“厂务公开先进单位”称号。把职工之家和“三线”建设重点放在基层，集团公司工会投入资金40万元，所属单位也加大资金投入，基层职工之家建设水平明显提高，职工生活、娱乐条件明显改善，11个单位受到总公司表彰。集团公司所属法人单位都签订了集体合同，绝大部分单位能兑现合同条款，职工群众比较满意。建立职工互助合作保险基金会8个，基金余额350余万元。元旦、春节期间组织“送温暖”慰问组26个，慰问离退休、困难、下岗职工和职工遗属896户，发慰问金68.7万元。选举产生中铁十三局集团公司职工持股会理事会成员和职工董事、职工监事，印发《中铁十三局集团公司职工持股会章程》和《中铁十三局集团公司职工持股实施方案》，年内集团公司收到职工持股金2.22亿元，圆满实现职工持股会总股本设置要求。积极改善体育活动设施、场地，多次参加吉林省、长春市体育比赛，3人入选吉林省队参加全国健身球比赛并取得较好成绩。紧紧围绕生产经营中心，开展形式多样的竞赛活动，第三工程处十队党支部书记刘清华荣获“全国五一劳动奖章”，2人荣获“火车头奖章”，1个单位荣获“火车头奖杯”；2人被评为总公司先进生产(工作)者，10人获总公司铁路建设大会战尖兵奖章，8人被评为总公司劳动竞赛优秀组织者。女职工工作实现新突破，举办“争做刘清华式的好职工”女职工论坛、“新世纪、新女性”先进女职工事迹报告会、“关爱女性，关注健康”女性生理卫生、保健知识专题讲座及庆祝建党80周年“我身边的共产党员”征文和“心中的旗帜”演讲比赛，开展“捐资扶困献爱心”帮助特困女职工捐款活动，救助特困女职工13名。全年评出先进女职工28人、文明家庭14个，集团公司女职工委员会被吉林省总工会授予“先进女职工委员会”称号。

团的工作。集团公司建立团组织229个，青年6 045人，团员3 065人。集团公司团委被总公司团工委授予“五四红旗团委”称号，并申报全国“五四红旗团委”。年内开展“党在我心中”征文及“心中的旗帜”演讲比赛，将获奖作品编印成册发至基层；开展新世纪读书活动，以“在英雄奋斗过的企业成长”、“英雄与时代”、“面向新世纪当好主力军”为主题开展学习交流，收到学习心得470余篇；组织开展“捐资助学献爱心”和“爱在人间”、“伸出援助之手”、“交一次特殊团费”等活动，收缴捐款40 434.40元，捐款4 000余人，受到总公司团工委表扬；围绕技术创新、管理创新，广泛开展导师带徒、技术比武、“五小”攻关、青年突击队、青年文明号、青年安全文明示范点等创建工作，评选出集团公司“十大青年科技标兵”和16名“青年岗位能手”；在创新创效活动中，探索出一条符合企业发展实际的创新创效活动机制，在总公司创新创效现场推进会上推广；年内申报“五小”成果214项，有58项获奖，是历年来申报项目最多、质量最高的一次。年初，下发《关于进一步加强党建带团建工作的意见》，对基层团组织机构设置、人员配备、经费落实提出具体要求，从根本上加强了团组织建设。（王惠敏　梁越　黄玉兰等）

【社会事业管理中心】 8月8日组建，直属集团公司管委会。负责集团公司本级及所属单位养老、医疗、失业、工伤保险和离退休职工、住房公积金、房地产管理等业务；负责集团公司本级计划生育、关心下一代工作、拥军优属等社会性事务工作。主任鄂志忠，党委书记(兼副主任)刘保中。下辖中心医院、培训中心、多种经营公司和物业公司4个单位。在岗职工371人，其中干部274人，工人97人。年内从加强基础建设入手，对历年帐目进行全面清理核查，完成基本养老保险金、失业保险金及公积金收缴、医疗保险收支、离退休职工养老金发放等业务；全面了解所属单位资产及年度收支情况，进行宏观管理和监督。

（王惠敏　陈习文）

【第一工程处】 铁路综合工程、公路工程、市政工程、钢结构和网架工程施工一级，工业与民用建筑工程、航务工程施工二级资质企业。处机关驻辽宁省大连市沙河口区沙跃街9号。处长赵文祥，党委书记王永太。职工2 253人，其中干部830人，工人1 423人。下辖西北、西南、华南、华东、北方、机械化、电务工程公司和道桥、桥梁、建安、实业开发、技术开发、物业管理公司及机械厂、职工医院。资产总值41 852万元，其中固定资产原值15 318万元、净值9 652万元。机械车辆390台(套)，总功率25 558千瓦，年内新增设备75台、原值2 967万元，人均动力装备率11.34千瓦、技术装备率25 100元，机械设备完好率92%、利用率65%。

2001年，承揽工程22项，合同总额49 669万元。完成企业总产值57 404万元，其中施工产值54 877万元，实现企业收益2 623万元，上缴款1 048万元。完成主要实物工程量：土石方304.6万立方米，桥梁5 665延长米，隧道2 063延长米，涵渠2 207横延米，架梁97孔，圬工10.61万立方米，公路31.85公里，房建11 890平方米。分项工程优良率98.9%，单位工程优良率98.4%，4项工程获集团公司优质工程奖。秦沈客运专线项目部箱梁预制QC小组获铁道部优秀QC小组奖，获集团公司优秀QC小组奖4项。《铁路48米简支结合梁施工工法》被建设部评为国家级工法。钢材、木材、水泥节约率分别为2.2%、2.7%、4.1%。处西北公司获总公司“先进集体”、宁夏交通厅“优秀施工企业”称号；道桥公司获总公司“模范职工之家”、秦沈客运专线项目部获总公司“模范职工小家”称号；吴忠黄河特大桥工程获总公司“青年文明号”示范工程称号；处团委获2001年度总公司“红旗团委”称号；公安分处被铁道建筑公安局评为优秀公安分处。年内顺利通过天津长城质量体系认证中心换证审核。

（王惠敏　吕昕）

【第二工程处】 铁路综合工程施工一级资质企业。处机关6月从吉林省长春市宽城区幸福街迁入广东省深圳市盐田区盐田港9号小区。处长臧守杰，党委书记井耀明。职工2 280人，其中干部862人，工人1 418人。下辖2个办事处、11个工程公司、3个项目部、19个工程队、4个汽车队、2个机械队及架梁队、多种经营公司、服务公司、物业公司、职工医院等。资产总值39 477万元，其中固定资产原值12 344万元、净值7 387万元，流动资产27 614万元。机械设备380台(套)，总功率19 566千瓦，人均动力装备率8.5千瓦、技术装备率12 741元，机械设备完好率84.3%、利用率53.6%。

2001年，承揽工程12项，合同总额32 334万元。完成企业总产值48 033万元，其中施工产值47 863万元。实现利润239万元，上缴款764万元，上缴税费1 722万元。完成主要实物工程量：土石方626万立方米，桥梁3 623延长米，隧道1 379延长米，涵洞5 986横延米，架梁77孔，圬工29万立方米，公路20.8公里，房建54 942平方米。分项工程优良率97.9%。参建的长春—吉林高速公路工程获2000年度国家优质工程金质奖，获集团公司优质工程奖2项。秦沈客运专线路基施工QC小组获总公司优秀QC成果奖，5个QC小组获集团公司优秀QC成果奖。钢材、木材、水泥节约率分别为1%、2.5 %和1.17%。处工会被总公司评为“模范职工之家”，六队一工班被总公司评为“模范职工小家”。年内顺利通过天津长城质量保证中心换证审核。（王惠敏　贡治国）

【第三工程处】 铁路综合工程施工一级资质企业。机关驻辽宁省盘锦市双台子区。处长谷金富，党委书记吕正伟。职工2 124人，其中干部 834 人，工人1 290人。下辖 9 个工程公司、建筑安装公司、机械化公司、多种经营公司、服务公司和职工医院。固定资产原值13 911万元，净值8 806万元。机械设备1 062台(套)，总功率29 043千瓦，人均动力装备率 13.06 千瓦、技术装备率35 555元，综合机械化施工程度 80%以上。

2001 年，承揽工程 14 项，合同总额 4.35 亿元。完成企业总产值51 759万元，其中施工产值51 023万元。上缴税费1 361万元，实现企业收益2 941 万元。完成主要实物工程量：土石方 429 万立方米，桥梁3 789延长米，隧道5 504延长米，涵渠1 490横延米，架梁 94 孔，圬工 2.57 万立方米，公路 13.48 公里，正线铺轨 22.1 公里，房建29 262平方米。工程质量合格率100%，优良率 98.5%，房建工程优良率 81.5%。完成科技开发项目 8 个，科技进步贡献率 51%，有 6 项科技成果、1 项工法、12 篇科技论文、2 个 QC 小组、6 项优质工程获集团公司以上奖励。深圳大梅沙隧道获铁道部优质工程一等奖，盘锦市双台河大桥工程申报铁道部优质工程奖。处顺利通过地方政府安全资质年审，物资采购成本降低额 211.96 万元、降低率 7.5%；荣获 2001 年度“全国优秀施工企业”称号，并顺利通过天津长城质量体系认证中心换证审核。（王惠敏　赵俊刚）

【第四工程处】 铁路综合工程施工一级、公路工程施工二级资质企业。机关驻黑龙江省哈尔滨市南岗区先锋路 459 号。处长姜永军(12 月离任)、孙正良(12 月任)，党委书记赵华。职工2 213人，其中干部 818 人，工人1 395人；技术干部 648 人，技术工人1 037人。下辖 10 个工程公司、11 个工程队、8 个机械工程队及机械化工程公司、中山装饰有限公司、建筑安装工程公司、物业公司、多种经营公司、新都基地、职工医院、教育培训中心和通信站。资产总值33 559万元，其中固定资产原值8 942万元、净值4 630万元。机械设备 696台(套)，原值6 119.19万元，其中年内新购机械设备225 台(套)，原值1 617.54万元，功率8 059千瓦。人均技术装备率13 556.69元、动力装备率 10.8 千瓦，机械化施工程度 85%。机械、车辆完好率 92.8%、利用率71.4%，新度系数 0.452。

2001 年，承揽工程 27 项，合同总额64 658万元。完成企业总产值57 939万元，其中施工产值55 760万元，多种经营产值2 179万元。实现企业收益3 435.6万元，其中施工利润3 407.4万元，多种经营利润 28.2万元，上缴款1 141万元。完成主要实物工程量：土石方 389 万立方米，桥梁9 310延长米，隧道1 386 延长米，涵渠1 488横延米，架梁 176 孔，圬工 10.2 万立方米，公路 31.59 公里，房建17 367平方米。分项工程优良率 98.4 %，单位工程优良率 93.8%。在岗员工年人均收入12 045元。哈双高速公路工程被黑龙江省评为“全省用户满意建筑工程”，朔黄铁路和德州京杭运河特大桥工程获总公司优质工程奖，3 项工程被哈尔滨市授予“青年文明号”、1 项工程被成都市授予“青年文明号”工程称号，2 项工程获集团公司优质工程奖。3 个 QC 小组获集团公司优秀 QC 成果奖。钢材、木材、水泥节约率分别为 1.7%、2.7%和 2.5%。处继续保持哈尔滨市“文明单位标兵”称号，被四川省评为“质量信得过单位”，被《中国铁道建筑报》评为 2001 年新闻报道先进单位；处职代会被吉林省工会授予“最佳职工代表大会”称号；处团委被铁道部授予“五四红旗团委”称号，九公司青年突击队被授予“全路青年突击队标杆”称号；七公司被总公司评为“先进集体”。顺利通过天津长城质量体系认证中心换证审核。（王惠敏　刘长龙）

【第五工程处】 工业与民用建筑工程施工一级资质企业。机关驻吉林省长春市二道区公平路 129 号。处长李亚武，党委书记赵培玉。职工1 513人，其中干部 686人，工人 827 人。下辖 6 个综合公司及建筑、建筑装饰、建筑安装工程公司和修造厂、物业公司、门诊部等单位。资产总值22 568万元，其中固定资产原值5 987万元、净值4 202万元，流动资产17 049万元。机械设备 491 台(套)，总功率15 635千瓦，人均动力装备率10.4 千瓦、技术装备率15 466元，机械设备完好率92%、利用率 65%。

2001 年，承揽工程 30 项，合同总额50 018万元，完成企业总产值37 310万元，其中施工产值37 248万元。实现利润2 361.6万元，上缴款1 077万元。完成主要实物工程量：土石方 237 万立方米，桥梁2 807延长米，隧道1 055延长米，涵渠1 813横延米，架梁 16 孔，圬工8.65 万立方米，公路 40.17 公里，房建78 496平方米。工程质量合格率 100%，铁路工程优良率 100%，房建工程优良率 50%。处承建的长春亚泰大街 59 号住宅楼被评为哈沈长三市安全联检金牌工程，2 项工程被评为总公司安全质量标准工地。创集团公司以上优秀QC成果 6 项，其中 1 项 QC 成果被评为国家级优秀

QC 成果，1 项 QC 成果分别被评为吉林省、总公司优秀 QC 成果。钢材、木材、水泥节约率分别为 2.73%、3.35%和 4.1%。处顺利通过天津长城质量体系认证中心换证审核。　（王惠敏　宁纪维　刘桂云）

【电务工程处】　铁路电务工程、机电设备安装工程施工一级资质企业。机关驻吉林省长春市绿园区长沈路 40 号。处长宋俊伟，党委书记许英顺。职工 338 人，其中干部 89 人，工人 249 人。下辖 3 个电务公司、建筑安装公司、通信站。资产总值13 652万元，其中固定资产原值1 208万元、净值 862 万元，流动资金 432 万元。汽车 26 辆。

2001 年，承揽工程 16 项，合同总额15 000万元。完成企业总产值9 011万元，实现企业收益 870.3 万元，上缴款 189.4 万元。2 项工程被集团公司评为甲级优质工程，1 个 QC 小组获集团公司优秀 QC 成果奖。年内，处领导班子被集团公司党委评为“四好领导班子”。处顺利通过天津长城质量认证中心的换证审核。　（王惠敏　张延国）

【建筑工程公司】　集团公司惟一的设计与施工一体化单位，具有铁路、公路、桥隧、工业与民用建筑工程设计、施工能力。机关驻长春市二道区岭东路 188 号。经理王德君，党委书记郑书林。职工 142 人，其中干部 104 人，工人 38 人。资产总值7 600.42万元，其中固定资产原值550.43万元、净值403.09万元，流动资产7 000.96万元。各种机械、车辆 144 台(套)。

2001 年，承揽工程任务15 875万元。承建工程 9 项，完成总建筑面积140 405平方米，企业总产值9 087万元，实现利润 721 万元，产值利润率 7.93%，上缴款 209 万元。工程质量优良率 100%，长春市政府民康路商住楼及长春市光明大厦一期工程获市优质工程奖，1 项工程获集团公司优质工程奖。1 项 QC 成果被评为吉林省优秀 QC 成果，1 项 QC 成果被评为集团公司优秀 QC 成果。公司被评为集团公司“双文明单位”，公司领导班子被集团公司评为“四好领导班子”，顺利通过天津长城质量认证中心认证审核。

（王惠敏　李名秋）

【直属工程公司】　2000 年底，由原吉林工程公司、机械化工程总公司、第二工程处三公司合并组建，具有铁路、公路、桥隧、工业与民用建筑等工程施工能力。机关驻长春市二道区岭东路 188 号。经理翟延军，党委书记谭学河。职工 485 人，其中管理人员 80 人，技术人员 111 人，生产人员 294 人。下辖 2 个分公司、12 个工程项目部。资产总值1 0947.3万元，其中固定资产原值2 849万元、净值1 585.7万元，流动资金 981.5 万元。机械设备固定资产原值 2 171.4 万元、净值 1 044.49万元，年新增施工机械 9 台(套)、原值 479.98 万元，设备新度系数 0.71，综合机械化施工水平 85%。

2001 年，承揽工程任务19 107万元。完成企业总产值19 800万元。实现利润 785 万元，产值利润率 6.31%。上缴款 264 万元。工程质量合格率 100%，优良率90.8%。1 座盖板箱涵被铁道部渝怀铁路总指挥部评为“精品工程”。内昆铁路软土路基 QC 小组获“全国质量管理优秀 QC 小组”称号。公司顺利通过天津长城质量认证中心认证审核。

（王惠敏　高东成）

【物资总公司】　集团公司直属物资营销企业。驻吉林省长春市二道区岭东路 188 号。总经理魏玉庚，党委书记许东儒。职工 151 人，其中干部 52 人，工人 99 人。下辖储运中心、环宇公司、化建公司和物资项目供应部 4 个单位。资产总值5 274万元，其中固定资产原值1 081万元、净值 750 万元，流动资金 422 万元。

2001 年，完成企业总产值7 442万元，实现利润 28 万元，产值利润率 0.38%，上缴款 38 万元。9 月 24 日，承揽到三(明)福(州)高速公路 SA9 合同段 1.5 万吨钢材供应任务。　（王惠敏　李兴无）

【特种设备公司】　8 月 18 日，在原工程管理部所属设备租赁公司基础上组建，为集团公司直属单位。经理张新文，党委书记兼副经理王登田。职工 21 人，其中干部 11 人，工人 10 人。总资产2 661万元，其中经营性资产2 366万元，非经营性资产 295 万元；流动资金 466 万元，固定资产原值2 504万元、净值1 972万元。机械设备原值2 493万元、净值1 964万元，总功率2 018 千瓦，新度系数 0.65，人均技术装备率464 636元、动力装备率 96 千瓦。

2001 年，超额完成集团公司下达的各项经济指标。完成租赁产值 299 万元，实现企业收益 36 万元，产值利润率和国有资产保值增值率分别为 12% 和 103%，创集团公司最好水平。（王惠敏　张淑云）

【重要记载】

▲1 月 1 日　在全局范围内开展学习刘清华活动。

▲1 月 12 日～13 日　局第五次党代会在长春召开，选举产生局第五届党委和纪委。

▲1 月 13 日～14 日　局六届四次职工代表大会暨 2001 年工作会议在长春召开。

▲1 月 21 日　成立中铁十三局深圳地铁工程项

目经理部。

▲2月13日　局长办公会研究决定,资助“深圳地铁福民车站综合施工技术”等15项科技开发项目288.5万元。

▲2月22日　局宣传思想工作会议在长春召开。

▲2月22日～3月8日　天津长城质量保证中心对局及所属单位进行质量体系运行情况监督审核,均顺利通过。

▲2月　局加入中国对外承包工程商会。

▲3月20日　局党委宣传部被长春市企业工委评为“理论学习先进单位”;局思想政治工作研究会被长春市评为“优秀研究单位”。

▲3月29日　局召开党风廉政建设工作会议。

▲3月　第二工程处参建的长春—吉林高速公路工程荣获国家优质工程金质奖。

▲3月　第一工程处荣获“全国质量效益型先进施工企业”称号。

▲4月17日　经国家工商行政管理局核准,“中铁第十三工程局”更名为“中铁十三局集团有限公司”。

▲4月30日　局长文普津被评为“吉林省最佳经营管理者”;第三工程处十队党支部书记刘清华被授予全国“五一劳动奖章”;第四工程处处长姜永军、电务工程处工人耿青江荣获“火车头奖章”;局广州地铁项目部荣获“火车头奖杯”。

▲5月24日　总公司以中铁建企〔2001〕105号文正式批复中铁十三局建立现代企业制度。

▲6月1日　经总公司党委批准,企业改制后工会名称变更为“中国铁路工会中铁十三局集团有限公司委员会”;同意朴文精选任中铁十三局集团有限公司工会主席。

▲6月4日　中铁十三局集团有限公司召开首次股东会会议,审议通过设立“中铁十三局集团有限公司”和《中铁十三局集团有限公司章程》;选举集团公司董事会、监事会;批准召开公司成立大会。

▲同日　中铁十三局集团有限公司分别召开第一次董事会、监事会,选举王新武为集团公司监事会主席;选举文普津为集团公司董事长,姜世杰、王治忠、王学伟为副董事长;聘任王学伟为集团公司总经理,黄元海、张景生、邹玉发、谭振武为副总经理,谭振武兼任总工程师,翁行焱为总会计师。

▲同日　集团公司召开管委会,审议通过《中铁十三局集团章程和加强集团建设与管理实施意见》。

▲6月6日　中铁十三局集团有限公司成立大会在吉林省长春市隆重举行。吉林省副省长杨庆才、铁道部总经济师王奎中、长春市副市长安莉及总公司总经理王振侯、党委书记李国瑞、副总经理靳尚忍、丁原臣、夏国斌、总会计师张惠江等领导应邀出席会议。吉林省副省长杨庆才、铁道部总经济师王奎中和总公司总经理王振侯、党委书记李国瑞为公司揭牌。

▲6月11日　成立中铁十三局集团有限公司南京地铁工程TA12标段项目经理部。

▲6月　确定中铁十三局集团有限公司法人治理结构。

▲7月1日　刘清华被中央组织部授予“全国优秀党务工作者”称号。

▲7月20日　集团公司在西安南京铁路工程指挥部召开生产经营工作会议。

▲8月18日　集团公司机关进行机构改革,员工实行竞聘上岗。

▲9月9日～12日　集团公司首届乒乓球比赛在职工培训中心举行,14支代表队参赛。

▲9月27日　召开中铁十三局集团职工持股会理事会第一次会议,总结、部署职工持股工作。截止至12月10日,集团公司收到职工持股金2.22亿元。

▲9月　集团公司晋升为“吉林省精神文明建设先进单位”。

▲10月25日　在东北三市联检中,直属工程公司承建的长春市热力集团调峰锅炉房工程、建筑工程公司承建的长春市政府商住楼工程获金牌奖。

▲10月26日　成立中铁十三局集团有限公司天津轻轨工程项目经理部。

▲10月　国务院监事会到集团公司检查财务工作。

▲11月17日　由第一工程处开发的《铁路48米简支结合梁施工工法》被建设部评为国家级工法。

▲11月24日　召开中铁十三局集团有限公司一届二次董事会,研究确定《资质就位方案》。

▲11月26日～12月26日　总公司党委要求,集团公司在第五工程处一公司进行“三个代表”重要思想学习教育活动试点。

▲12月5日　广州地铁指挥部研制开发的《城市地铁浅埋、大跨度、小间距隧道信息施工技术研究》通过专家鉴定,具有国际先进水平。

▲12月5日　成立中铁十三局集团第二工程处马来西亚KK市立交桥项目经理部。

▲12月19日　集团公司组成刘清华事迹报告团,赴北京中央企业工委做事迹报告。

▲12月30日　召开集团公司一届三次董事会。决定免去翁行焱集团公司总会计师职务,聘任其为集团公司副总经理兼总经济师;聘任姜永军为集团公司副总经理;聘任赵文祥为集团公司总会计师。

▲12月31日　沈阳工程公司并入第一工程处;

广州地铁项目经理部、华南工程实业公司并入第二工程处。

▲12月 直属工程公司六公司内昆铁路软土路基第二QC小组被评为全国质量管理优秀QC小组；第四工程处黎明站立交桥预制梁QC小组、第五工程处建筑公司广州地铁第一工程队QC小组被评为全国工程建设优秀QC小组。（王惠敏）

中铁十四局集团有限公司

【简况】 中铁十四局集团有限公司是铁路综合工程施工(大型)一级资质企业，具有铁路、公路、桥梁、隧道、工业与民用建筑、水利、电力、机场、市政工程等综合施工能力。集团公司机关驻山东省济南市和平路1号。辖7个子公司、10个分公司，以及山东三力国际经济贸易公司、房山桥梁厂、徐州机械厂、物业管理中心、职业教育培训中心、医院等单位，在北京、上海、杭州、南京、北海、西安、兰州、郑州、武汉、石家庄等城市设有办事处。施工队伍分布在全国20余个省、自治区、直辖市。职工总数16 436人，其中干部4 264人。干部中有各类专业技术干部3 824人，占干部总数的89%；技术干部中有高级技术职务247人，中级技术职务1 257人。工人中有技术工人9 183人，占工人总数的82%，其中高级技师、技师222人，高级技工2 499人，中级技工1 458人，初级技工53人。资产总额30.28亿元，其中固定资产原值10.77亿元、净值5.62亿元，流动资产23.69亿元。拥有机械设备1 659台(套)，设备原值4.69亿元、净值2.19亿元，总功率115 626.7千瓦，人均动力装备率8.6千瓦、技术装备率16 447元，设备新度系数0.466，主要施工机械完好率90.6%，利用率75%。年施工能力40亿元以上。

中铁十四局集团公司原系中国人民解放军铁道兵第四师，组建于1948年11月；1984年1月1日根据国务院、中央军委决定，集体转业并入铁道部，改编为铁道部第十四工程局；1999年12月1日改称中铁第十四工程局，2000年9月28日归属中共中央企业工作委员会管理；2001年12月26日企业改制，改称现名。兵改工以来，先后参加20余条铁路干、支线建设，以及公路、机场、市政工程、水利水电、地下铁道、城市轻轨交通、工业与民用建筑工程建设，承建了中国第一座软土地基机场——温州机场、第一座铁路斜拉式预应力钢筋混凝土连续桁架梁桥——京九铁路卫运河特大桥、90年代全国最大互通式立交桥——青岛流亭立交桥等，在共和国的建设史上写下光辉的一页。先后获中国土木工程詹天佑大奖1项，中国建筑工程鲁班奖6项，国家优质工程奖6项，中国市政工程金奖2项，“全国用户满意工程”1项，“全国用户满意施工企业”1个，总公司及省部级优质工程奖75项。在全国500家最大经营规模建筑企业中名列第15位；在行业100家最佳经济效益和最大经营规模建筑企业中，分别排名第36位和第9位。被授予“全国优秀施工企业”、“全国优秀政工企业”、“全国模范职工之家”、山东省“重合同、守信用企业”、“山东省特级(AAA)信用企业”和济南市“纳税明星企业”等荣誉称号。集团公司及所属6个子公司、3个分公司于1999年通过ISO9002质量体系认证。

2001年，通过企业改制建立起新的法人治理结构，初步建立现代企业制度。秉承“用户至上，质量第一，安全永恒，高效低耗”的经营理念，发扬“诚信、合作、创新、卓越”的企业精神，搏击市场。全年承揽工程任务40.6亿元，其中铁路工程9.67亿元，公路工程24.46亿元。完成企业总产值31.68亿元，其中施工产值30.81亿元。实现利润1 906.8万元。完成主要实物工程量：土石方2 475.7万立方米，隧道7 625延长米，桥梁26 247延长米，涵渠17 061横延米，房建61 858平方米，圬工123万立方米，公路折合173公里。企业人均创利1 332元，全员劳动生产率26 067元/人年，年人均收入12 297元。国有资产保值增值率101.9%，投资收益上缴率100%，产值利润率0.6%，应上缴款完成率100%，资本金利润率3.69%，工程成本降低率7.06%。分项工程合格率100%，分项工程优良率92.3%，单位工程优良率96.2%。二处施工的京福高速公路泰安西天平立交桥、一处和五处参建的芜湖长江大桥分别获中国建筑工程鲁班奖，获省部级优质工程奖1项、总公司优质工程奖10项。隧道处获2001年度“全国优秀施工企业”称号。（汪丽霞）

【领导人员】

股东会

国有股代表 霍金贵 韩凤险 杨有诗 白福音 吴靖文

职工股代表 曹希彬 徐明新 刘运平 陈保京

	顾中久
董事会	
董事长	韩凤险
副董事长	杨有诗
	白福音
	刘士彦
国有股董事	韩凤险
	杨有诗
	白福音
	刘士彦
	曾庆道
职工股董事	于立中
	陈保京
	李景元
	张海舟
职工代表董事	顾中久
监事会	
监事会主席	黄少军
国有股监事	黄少军
	刘国秀
职工股监事	戴绍勋
	厉永乾
职工代表监事	任建国
经理层	
总经理	杨有诗
副总经理	白福音
	李景元
	张海舟
	徐明新
	曹希彬
总工程师	刘运平
总会计师	于立中
调研员	王培君
党群领导	
党委书记	韩凤险(兼)
党委副书记	杨有诗(兼)
	陈保京
纪委书记	戴绍勋
工会主席	顾中久

(李尊启)

【工程项目指挥机构】 秦沈客运专线项目经理部　驻辽宁省锦州市。经理兼党工委书记李景元,副经理索广双、蔡志宏、王朝晖、张学凯,党工委副书记张学凯(兼),总工程师王朝晖(兼)。

内昆铁路项目经理部　驻贵州省威宁县。经理田富忠,党工委书记尤开平,副经理张焕成、徐宏、杜瑞海,总工程师张焕成(兼)。

株六铁路复线工程指挥部　驻贵州省安顺市东山路7号。指挥兼党工委书记任建国,副指挥赵衍发、王世存、苏文龙,总工程师孙胜考。

西安南京铁路工程指挥部　驻河南省南阳市。指挥兼党工委书记崔进光,副指挥毛亮、胡安沁(10月调任)、张圣强、武云杰、丁玉忠,总工程师胡安沁(兼)。

朔黄铁路工程指挥部　指挥兼党工委书记钱建国,副指挥王焕、牛之印,总工程师谢晋水,总经济师刘福民。

青藏铁路工程指挥部　指挥兼党工委书记徐明新,副指挥许兰民、李京成、朱仰存,党工委副书记商有才,总工程师严学斌。

渝怀铁路工程指挥部　指挥叶禄林,副指挥张俊厚、夏吉军、殷险峰(11月调回),党工委书记马玉学,总工程师宋德果。

胶新铁路项目经理部　项目经理王元生,党工委书记周祖富,总工程师胡安沁。　(车兆利)

【职工队伍】 年末职工16 436人,其中干部4 264人。干部中局级干部12人,处级干部315人;女干部715人;少数民族干部45人;各类专业技术干部3 824人,占干部总数的89%,其中高级技术职务247人,中级技术职务1 257人;具有研究生学历17人,本科学历1 244人,专科学历1 489人,中专、高中1 167人。

工人总数11 133人,其中技术工人9 183人,占工人总数的82.5%。技术工人中取得职业资格证书4 232人,其中高级技师4人,技师218人,高级技工2 499人,中级技工1 458人,初级技工53人。

(李尊启　韩栋梁)

【铁路工程施工】 全年承担铁路工程25项,其中续建项目14项,新建项目11项。竣工项目11项。完成铁路施工产值120 484万元,正线铺轨99.1公里,站线铺轨23公里。

秦沈客运专线　担负9标段DK170+000～DK190+900施工任务,全长20.9公里,合同总额21 411万元。工期:1999年9月～2001年10月。线上工程总投资3 535万元,6月,9标段主体工程完工,现浇箱梁8月30日完工。

内昆铁路　施工里程DK424+300～DK441+700,正线全长17.5公里,合同总额18 000万元(变更后为26 000万元)。工程于1998年8月开工,2001年5月17日提前8天顺利通过铺架,以优良成绩一次通过初验,有7项工程被铁道部内昆铁路建设指挥部评为优质工程。

株六复线　局承建第1、第8标段工程，总投资24 707万元，线路全长30.74公里，其中1标段全长23.6公里，8标段全长7.14公里。11月11日全线开通运营，比设计工期提前13个月。

水柏铁路　局担负5标段DK99+050～DK106+980施工任务，全长7.93公里，总投资9 182万元。主要工程数量：路基土石方47.6万立方米，大桥3座、626延长米，中桥4座、413延长米，隧道5座、4 374延长米。其中，嘎哆隧道1 515米，1999年5月开工；余家湾隧道1 710米，1999年3月30日开工；白岩隧道513米，1999年3月30日开工；营盘隧道407米，1999年5月9日开工；碴子洞隧道219米，1999年5月开工，2001年底全部完工。

西安南京铁路　局承建B土－18标段，全长12公里，投资11 200万元，工期至2003年9月。2000年9月3日正式开工，至2001年底完成：路基土石方176.7万立方米，占设计量的100%；特大桥920延长米，占设计量的84%；大桥216延长米，占设计量的92%；中、小桥141延长米，占设计量的80%；涵洞899横延米，占设计量的97%；预制梁152片；房屋24栋，开工8栋，完成2 972平方米；完成给水管道2.396公里，排水管道1.006公里；路基附属防护加固浆砌片石5万立方米，干砌片石3 600立方米。

朔黄铁路　局承担DK565+500～DK574+000段施工任务，全长8.5公里，投资5 400万元。工期2000年5月～2001年4月。主要工程数量：区间土石方479.8万立方米，站场土石方1.8万立方米，路基附属工程土方11 670立方米，基底填筑砂垫层59 712立方米，土工格栅136 105立方米，铺底碴9 127立方米，铺面碴19 836立方米。共有中桥2座、148.33延长米，涵洞34座、497.47横延米。年内顺利通过验收，综合评比名列前茅。

菏日复线　局担负K598+081～K612+698段施工任务，全长14.6公里，投资12 643万元。工期：1999年4月～2001年3月。主要工程量：路基土石方40万立方米，大桥1座、126延长米，小桥涵24座，通道2座。年内交付运营。

青藏铁路　局担负第3标段51.72公里的施工任务，投资36 965万元。工期2001年7月1日～2003年6月30日。主要工程数量：路基土石方471万立方米；特大桥2座、1 299延长米，大桥6座、2 127延长米，中桥19座、1 311延长米，小桥19座、464延长米；涵洞128座、2 975横延米。2001年8月1日开工。完成路基土石方462万立方米，占设计量的98.09%；特大桥1 069延长米，占设计量的82%；大桥1 830延长米，占设计量的86%；中桥1 136延长米，占设计量的86.7%；小桥446延长米，占设计量的96%；涵洞2 820横延米，占设计量的94.8%。

渝怀铁路　局担负第12标段长17.407公里的施工任务，投资39 198万元。工期：2001年1月～2004年5月。主要工程数量：土石方106.45万立方米；隧道2座、13 142.25延长米，其中武隆隧道9 413延长米，杨家坝隧道3 730延长米；桥梁4座、1 372.9延长米，其中土坎三线特大桥599.8延长米；涵洞13座、402.55横延米；车站3座；房建10 370平方米。2001年4月开工。完成主要实物工程量：土石方17万立方米，占设计量的16%；隧道1 174延长米，占设计量的9%，其中武隆隧道742延长米，杨家坝隧道432延长米；桥梁584延长米，占设计量的42%，其中土坎三线特大桥131延长米，杨家坝三线大桥154延长米，白杨中桥下部主体完工；涵洞256横延米，占设计量的64%。

胶新铁路　承建的ZH－21标为铺架标段，投资26 546万元。工期：2001年11月～2004年2月。主要工程量：K71+000～K223+000段16米及以上跨度共计925孔桥梁架设联接和DK66+350～DK223+000段160.755公里正线铺轨以及临沂北站站场填土72万立方米、站场正线与站线上碴铺轨等。工程范围为胶州(起点)～临沂南(进站)，正线222.3公里。12月10日开工。

（车兆利）

【路外工程施工】　全年承建铁路外工程110项，其中续建项目36项，新建项目74项，竣工项目48项。完成施工产值209 346万元，公路折合完成173.08公里。

泰曲公路　局担负第2合同段K15+450～K25+000全长9.55公里的施工任务，投资20 808万元。工期：1999年9月～2001年6月。主要工程数量：特大桥、中桥、小桥、分离式立交桥各1座，共3 195延长米。2001年6月16日全线开通。

莱新公路　局担负第2合同段K0+000～K9+406全长9.406公里路基、桥涵及K0+000～K18+368段18.368公里路面工程施工任务，投资14 236万元。工期：1999年12月～2002年11月。2001年底路基、桥涵全部完成；路面工程底基层摊铺275平方米，二灰碎石基层227平方米，中面层197平方米，下面层186平方米，下封层193平方米，路面垫层63平方米，横向排水管2 904米。

乍嘉苏公路　为乍嘉苏高速公路一期第4合同段嘉兴枢纽工程，施工里程K25+700～K28+100，投资11 586万元。工期：1999年6月～2001年6月。主要工程量：主线2.4公里，匝道长8.6公里，路基土石方33万立方米，特大桥1座、886.7延长米，大桥4座，中小桥8座,涵洞及通道18座。1999年6月开工,2001年工程全部完工。

田湾核电站厂外引水隧洞　投资2 300万元,工期30个月。隧洞长1 720延长米,支洞长237延长米。2000年9月12日开工,2001年完成768延长米。

济南山航大厦　工期2000年4月~2001年10月,投资15 000万元。总建筑面积25 679平方米,地下2层、地上26层,总高度120米。2000年4月开工,2001年完成安装95.4%、装饰82%。

广州地铁　局承建广州地铁二号线客村联络线岔口段,地处海珠区新港中路,主线224米、联络线32米,全长261米。工期:2000年10月25日~2001年8月26日,投资1 913万元。2001年已按期完工。

京张公路　局担负K51+000~K60+750段长9.75公里的施工任务,投资11 858万元。合同工期2001年4月~2003年6月。主要工程量:路基挖方12万立方米,路基填方85万立方米;8米~20米和4米~25米预应力连续空心板梁大桥各1座,中桥6座,通道13道,板涵3座;沥青混凝土路面3.6万平方米,基层6万平方米。2001年4月开工,年内完成土石方97.7万立方米,占设计量的100%;桥梁460延长米,占设计量的89%;涵洞、通道全部完工;梁板预制900片,架设860片。

广西兴六公路第5标段　局担负K228+000~K241+000段全长13公里的施工任务,投资10 400万元。工期:2001年5月20日~2003年3月20日。主要工程量:土石方开挖668 665立方米,填筑1 227 916立方米,级配碎石81 176立方米,二灰碎石82 453立方米,水泥路面层103 759立方米,桥梁5座、358.64延长米,涵洞34座、1 160横延米,通道25座、728.7横延米,软基塑板12 800米,防护砌筑32 645.7立方米。年内完成土石方85万立方米,占设计量的47%;桥梁212延长米,占设计量的59%;涵洞1 810横延米,占设计量的96%。

杭州上塘高架桥02、03标　全长1 852.1延长米,包括道路工程、排水工程、桥梁工程,投资9 195.3万元。工期分别为:2001年3月18日~2001年10月31日和2001年4月25日~2001年11月30日。2001年3月18日开工。年内下部主体完成;02标箱梁完成7.5联,剩余3.5联;护栏完成850米,剩余2 150米;03标箱梁完成8联,剩余4联箱梁和722米护栏。

竹曲公路　管区全长11.86公里,投资13 592万元。工期2001年3月20日~2003年12月30日。主要工程数量:土石方135万立方米;互通立交桥1座,立交区内有3座现浇连续板梁;大桥2座,分别为8×20米和11×20米先张空心板梁;中桥5座,为20米、16米先张空心板梁;天桥7座;涵洞17座;路面底基层24.465万平方米,路面基层23.18万平方米,路面面层21.741万平方米。2001年路基、桥涵主体大部分完工。

（车兆利）

【经营管理】　工程经营。2001年,全局承揽工程任务40.6亿元,其中路内任务9.67亿元,公路24.46亿元,其他工程6.47亿元。根据年初经营工作总体部署,局确立"主攻两路,紧盯大标,拓展新领域"的经营目标;建立"信息网络、报价分析、施组模块、公关运作"4个系统;设立北京、上海、青岛、成都等7大经营分公司,形成区域覆盖网络;对局、处、办事处协调运作,强化团队精神,初步形成大经营格局。在干好在建工程的同时,重点突破重难点工程。青藏铁路为局一号重难点工程,8月1日~11月10日组织"百日大干",完成投资2.23亿元;渝怀铁路完成投资9 037万元;秦沈客运专线线上、线下工程提前完成;内昆铁路铺架5月17日提前8天顺利通过;株六复线于11月11日提前13个月全线开通并投人运营;朔黄铁路二期工程全部验交完毕;西安南京铁路白河特大桥被评为全线样板工程,宝兰复线新松树湾隧道被业主指定为全线参观示范点,该线天宝段3座特大桥被业主评为"优质样板工程",福堂坝水电站隧道施工管理和工程质量、安全、进度获业主和主管部门好评。

企业改制。按照《公司法》规定,于7月26日召开全局改革与资质就位工作会议,启动全局改制与资质就位工作。9月30日,经国家工商行政管理局核准、山东省工商行政管理局注册登记发证,局本级改制为中铁十四局集团有限公司,注册资金5.1亿元;12月26日召开公司成立大会,建立起新的法人治理结构。同时,成立中铁十四局集团,下辖第一、二、三、四、五工程有限公司和电务工程有限公司、山东省铁龙实业有限公司,并于11月28日前完成7个子公司的注册登记工作。将原具有法人资格的基础工程处、隧道工程处、第一建筑安装工程公司等企业改制为集团公司所属路桥工程、隧道工程、建筑工程分公司,同时成立上海、北京、青岛、成都、西安、广州、海外工程分公司。12月28日,集团公司和6个从事施工的控股子公司将资质就位申报材料报总公司初审。

安全质量。全局认真落实安全生产责任制,党政工团齐抓共管,综合治理;在全局职工中广泛开展"我要安全、我懂安全、人人尽责、确保安全"的"安康杯"竞赛活动,不断提高全员安全意识;各单位以人为本,规范管理,强基达标,全面开展安全质量标准工地建设活动,强化安全基础建设,加强安全监督检查,及时消除事故隐患。7月1日,电务工程公司实现连续安全生产5 000天，被总公司授予“安全生产先进单位”称号；局获 2001 年度安全生产达标单位，获总公司通报表彰；第二、三工程公司分别获山东省“建筑系统先进单位”称号；隧道工程公司获济南市“安全工作先进单位”称号。坚持高标准、严要求，建立和落实工程质量领导责任制、项目负责制、工程质量终身制，工程质量稳步上升。工程质量合格率 100%，分项工程优良率 92.3%，单位工程优良率 96.2%。第二工程公司施工的京福高速公路泰安西天平立交桥和第一、五工程公司参建的芜湖长江大桥分获中国建筑工程鲁班奖，泰安西天平立交桥获山东省建筑工程“泰山杯”奖，电务工程公司获“全国用户满意施工企业”称号，10 项工程获总公司优质工程奖。1 个 QC 小组被评为国家优秀 QC 小组，5 个 QC 小组被评为省部级优秀 QC 小组，3 个 QC 小组被评为总公司优秀 QC 小组。“贯标”工作进展顺利，年内通过北京标准质量体系认证中心外审和换证复核。（汪丽霞　胡知全　周华山）

【科技教育】　科技开发。围绕重难点工程大力实施科技创新和技术攻关，全年投入科技经费 151 万元，安排 24 个技术开发项目，并将其中 12 个项目作为重点着力攻克。渝怀铁路武隆长大隧道单线有轨运输机械设备配套技术、出口浅埋暗挖大导管穿越药厂施工技术、进口软弱围岩开挖支护技术，韶关五里亭大桥 3.5 米大直径钻孔桩、连续梁顶推、系杆拱施工，滨州黄河公路引桥 110 米深长钻孔桩施工，武汉轻轨连续梁、简支梁现浇，广州地铁超浅埋施工，南京地铁冻结法暗挖施工等技术难题均取得不同程度的突破。邳州大桥和上三线任胡岭隧道施工技术分别通过江苏省和交通部科技成果签定，达到国内先进水平。6 项工法获总公司科技进步奖。开发局级科技成果 14 项，局级工法 8 项，评出局优秀论文和施工技术总结 63 篇。

教育培训。认真落实《中铁十四局职工教育培训“十五”发展规划》，全年举办局内培训班 13 期，培训 547 人；委外培训 21 期，培训1 363人。年底，“十一大员”通过培训持证上岗4 245人，特殊作业人员累计持证3 033人。加强领导干部及高层次复合型人才培训，年内培训各级干部 116 人，其中领导干部岗位任资格培训 26 人；选送 24 人到上海同济大学外国语学院强化英语培训。全年有 439 名专业技术人员接受继续教育；对全局 24 个工种、3 332名在岗职工进行职业技能鉴定考核，其中2 536人获国家通用工种《职业资格证书》。积极鼓励、组织在职职工接受学历教育，选送 14 名领导干部参加西南交通大学专升本班学习，继续办好往届研究生班的面授辅导。年内因局教育培训工作成绩显著，被中国企业联合会培训工作委员会授予“企业管理培训工作先进集体”称号。

（杨少宏　赫连玉良）

【公安与综合治理】　各级公安机关认真开展“再塑公安形象”活动，以“管好队伍不出现问题，干好工作让群众满意”为目标，充分发挥公安职能作用。加强治安综合治理领导责任制和基层基础工作，深入开展“治爆缉枪”、“打黑除恶”专项斗争。全年立刑事案件 132 起，破 106 起，抓获犯罪嫌疑人 174 人，其中判刑 22 人、劳动教养 6 人，挽回经济损失 59 万余元。受理各类治安案件 296 起，查处 294 起；查处各类违法人员 427 人次，其中警告 244 人次，罚款 156 人次，治安拘留 27 人次；调解纠纷 956 起，挽回经济损失 64.6 万元。收缴各种枪支 28 支，子弹 316 发，导火索 35 米，雷管 298 枚。4 月 1 日～6 月 25 日，在辖区内开展“打黑除恶”专项斗争，破获各类刑事案件 65 起，其中重大案件 6 起，追缴赃款赃物 19 万余元。（杨继启）

【党群工作】　党的工作。集团公司党委认真贯彻上级党委部署，努力实践“三个代表”重要思想，深化企业改革，推进管理创新、体制创新和科技创新，保持职工队伍稳定，保证了生产经营任务的完成。(1)加强“龙头工程”建设。邀请专家给局处领导班子成员讲课，组织领导干部和机关人员学习 WTO 知识、“三个代表”重要思想和六中全会《决定》，局处领导班子成员对照“八个坚持、八个反对”进行自我剖析，开展批评和自我批评，提出整改措施，加强了领导班子建设。进一步下放干部管理权限，制定下发加强和改进作风建设的六项决定，精简会议文电，取消各种单项评比，全局作风建设明显好转，凝聚力增强。(2)加强“源头工程”建设。工程项目部是企业增收创效的源头，局党委适时提出项目增收的新举措、新思路。10月召开全局项目管理工作会议，对工程项目重新定位，建立项目经理激励机制，逐步完善工程项目部的治理结构。加大对工程项目的执法监察力度，全年查处重大违法违纪项目经理(书记)4 人，并移送司法机关处理，为企业挽回和避免经济损失 594.61 万元。(3)加强“创新工程”建设。体制创新：局、处两级实现母、子公司挂牌运作和法人治理结构组成，标志着现代企业制度正式建立；项目经理竞争上岗、局处两级机关业务干部竞争上岗和机构调整、“两个直管”、“五大市场”等办法出台，为机制创新铺平道路。管理创新：在全局推广工程物资招标采购办法，总结推广渝怀铁路、竹曲高速公路项目部实行物资、设备“阳光采购”的经验；与全局各单位首次签订《思想政治工作目标管理责任书》，狠抓企业文化建设和典型的宣传报道工作；设计出企业标识，提出“诚信、合作、创新、卓越”的企业精神，在管理创新方面作出有益尝试。科技创新：局本级投入科技经费200万元用于24项技术开发项目，评选“五小成果”36项，攻克或突破渝怀铁路武隆隧道、武汉轻轨、广州地铁、南京地铁等重难点工程技术难题，将科技成果转化为现实生产力。(4)加强“民心工程”建设。在全局领导干部中进行“三个代表”教育，在全局职工中开展“爱企”和“改制”教育，在基层开展“品牌”教育；以职代会为载体，加强民主管理和监督，从制度上坚持依靠职工办企业。全局完成配股资金10 455万元，为改制顺利进行奠定了良好基础。积极稳妥地处理历史遗留问题和职工反映强烈的热点、难点问题，在基层开展“企务公开”和建家建线活动。开展“送温暖”活动，清理拖欠职工工资1 800万元，拨款210万元用于解决息工待岗和特困户职工的生活困难，确保了职工队伍的稳定。

工会工作。2001年，集团公司工会辖7个子公司、3个分公司工会和176个基层工会，有工会会员16 349人，专职工会干部118人。2001年，全局职工出资近1.9亿元，建起母、子公司职工持股会，推选职工股董事、监事，建立起职工董事、监事制度。职代会完成换届选举，企务公开正向经营管理领域延伸。全年兑现拖欠职工工资560万元，补贴息工待岗人员工资近400万元。元旦春节期间筹集“送温暖”资金132万元，帮扶困难企业9个，慰问特困职工家庭71户、困难职工356人、死亡职工遗属36户、劳模及先进人物63人、离退休职工938人。年内新增职工互助合作保险、大病统筹和多胞胎生育补偿10项，支出补偿金42万元。全局投入450万元用于新开工项目的建家、建线工作，较好地满足了青藏、渝怀铁路等新上项目参建职工的生产、生活需要。年内有1个工程处工会、2个基层工会被评为“全省模范职工之家”，有2个工会小组被评为“全国模范职工小家”。各级工会以改革发展为主题，配合党政广泛开展企业改制和纪念建党80周年系列主题教育活动和“女职工素质自我达标活动”。全局有120余个项目部和80%以上的职工参加“十五”建功立业和“百日大干”劳动竞赛活动，1个项目部获山东省“富民兴鲁劳动奖状”。年内在34个新建工会直选工会主席，开展“基层工会建设年”活动。

共青团工作。集团公司团委辖15个二级团委、70个项目部团委、12个基层团工委、27个团总支、180个团支部，有团员2 536人。年内，各基层团组织以青年理论学习小组为依托，采取座谈会、知识竞赛、理论辅导、上专题团课等形式，组织广大团员、青年认真学习江泽民总书记“七一”讲话和“三个代表”重要思想，全年举办理论学习短训班16期，培训理论骨干80人，知识竞赛、演讲比赛68场次。集团公司团委积极组织开展建党80周年纪念活动，举办“党在我心中”青年读书演讲比赛，开展“新世纪我为企业发展做什么”、“WTO与青年”为主题的大讨论，引导团员青年树立竞争观念和创新意识；组织开展局第二届“十大杰出青年”评选和青年管理者经验笔谈活动；全年确立36项攻关课题，定期开展创新攻关活动，对“五小”成果和青年管理成果进行评比表彰；继续开展“争创青年文明号、争当青年岗位能手”活动，年内有4项工程(集体)获省部级“青年文明号”、1项工程获总公司“青年文明号”、19项工程(集体)获集团公司“青年文明号”称号；配合施工生产抓青工的安全教育、安全生产和安全整顿，建立青年安全监督岗136个，配备青年安全监督员164人，成立青年安全管理小组56个。

(张举凤　赫玉林　杜玉红)

【第一工程处】 铁路综合工程、公路工程施工一级资质企业。处机关驻山东省日照市黄海二路65号。处长安传生，党委书记曲宝臻。下辖1个工程分处、7个工程指挥部、15个工程公司、7个专业公司、鑫龙集团总公司及烟台、宜昌办事处。职工2 232人，其中干部600人，工人1 632人。资产总值43 805万元，其中固定资产原值14 483万元、净值7 518万元，流动资产35 456万元。各类大中型机械运输设备325台(套)，总功率29 800千瓦，人均动力装备率14千瓦、技术装备率50 000元，设备完好率92%，利用率62%。

2001年，公司承揽工程任务80 047.58万元。完成企业总产值55 684.72万元，其中施工产值55 172.02万元。完成主要实物工程量：土石方555.99万立方米，隧道797延长米，桥梁5 306.27延长米，涵渠2 536.93横延米，房建14 952平方米，圬工31.53万立方米，公路折合28.02公里，路面672 480平方米。分项工程合格率100%、优良率96.8%，单位工程合格率100%、优良率97.2%。实现综合收益3 343万元。回收外欠款5 300万元。公司获“山东省建筑施工企业安全资格证书”。参与施工的芜湖长江大桥获中国建筑工程鲁班奖，南京惠民大道施工现场被江苏省评为“省级标准化文明工地”，潍莱高速公路通过山东省“泰山杯”评审。公司继续保持山东省“重合同、守信用企业”、“AAA特级信用企业”称号。(田建国)

【第二工程处】 铁路综合工程、公路工程施工一级资质企业，第一批获国家民航总局民用航空机场工程施工许可证单位。处机关驻山东省泰安市东岳大街西首。处长毕经实，党委书记郭衍敬。职工2 800人，其中各类专业技术人员616人，高中级技术人员300余人。资产总额4.57亿元，其中固定资产原值1.95亿元、净值 0.98 亿元，流动资产 3.56 亿元。各类大型机械设备 281 台(套)，总功率22 955千瓦，人均技术装备率13 192元、动力装备率 8.86 千瓦。年施工能力 10 亿元以上。

2001 年，公司承揽工程任务 8.3 亿元。完成总产值 5.2 亿元，实现利润 296 万元。单位工程质量合格率 100%，优良率 95%以上。公司施工的京福高速公路济南—泰安段天平西立交桥获中国建筑工程鲁班奖和山东省优质工程“泰山杯”奖；济南山航大厦被评为“山东省质量样板工程”；西安南京铁路南阳白河大桥被建设单位评为“全线样板工程”。公司继续保持山东省“文明单位”、“思想政治工作优秀企业”、“重合同、守信用企业”、“银行特级(AAA)信用企业”称号。

(孙宝林)

【第三工程处】 铁路综合工程、市政工程、公路工程施工一级，水利水电、工业与民用建筑工程施工二级资质企业。处机关驻山东省兖州市北环城路 16 号。处长郑修杰，党委书记张子健。下辖 25 个项目部、5 个办事处、12 个工程队、6 个专业化公司及物业中心、多种经营公司、职工医院、修理厂、莒南基地。职工2 158人，其中干部 592 人，工人 1 526 人。资产总额35 666.6万元，其中固定资产原值12 706.7万元、净值6 274.4万元，流动资产29 203.4万元，其他资产 178.8万元。机械设备 595 台(套)，总功率21 817.8千瓦，综合设备完好率 95%，利用率 81.2%，人均动力装备率 9.99 千瓦、技术装备率 3.96 万元。

2001 年，公司承揽工程任务 8 项，合同总额55 813万元。完成企业总产值48 593万元，其中施工产值48 043万元，多种经营收入 550 万元。实现利润297.44万元，人均创利1 891元。职工人平均年收入12 712元，全员劳动生产率30 892元/人年。国有资产保值增值率 120%，经营性资产收益率 0.86%，产值利润率 0.62%，应上缴款完成率 100%。完成主要工程量：土石方 577.39 万立方米，隧道1 075.4延长米，桥梁3 875.7 延长米，涵渠 2 702.45 横延米，公路折合 40.28公里。工程质量合格率 100%，优良率 93.4%。承建的徐连高速公路潘塘立交桥和三堡立交桥获总公司优质工程；跨阜锦特大桥被铁道部秦沈客运专线建设总指挥部授予“文明施工样板示范区”称号，塔珠岭隧道及路基工程被浙江省评为“精品工程”。公司继续保持山东省“重合同、守信用企业”、“AAA 信用企业”称号。公司领导班子获 2001 年度总公司“四好领导班子”和山东省“建筑系统企业先进集体”荣誉称号。

(王玉贵　刘广平)

【第四工程处】 铁路综合工程、公路工程、市政工程施工一级资质企业。处机关驻山东省临沂市银雀山路 205 号。处长李景文，党委书记梁世山。下辖 12 个分公司及多种经营公司、物业管理中心、医院。职工 2 092人，其中干部 541 人、工人 1 551 人。注册资金 6 000万元，资产总额31 765万元。机械设备 172 台(套)，主要机械设备完好率 90%，利用率 61%。年施工能力 5 亿元以上。

2001 年，公司承揽工程任务75 374万元。完成企业总产值40 189万元，其中施工产值39 942万元，多种经营产值 247 万元。国有资产保值增值率 101%。职工人均年收入10 884元。完成主要实物工程量：土石方 262.3 万立方米，桥梁3 901延长米，涵渠2 837横延米，正线铺轨 13 公里、站线铺轨 5.7 公里，铺道岔 32 组，铁路架梁 13 孔，公路架梁2 208片，房屋竣工面积 1 495平方米，圬工 10.7 万立方米，公路折合 20.3 公里(其中高速公路 18.83 公里)，公路路面 168.6 平方米。工程质量合格率 100%，优良率 93.6%。获局优质工程 3 项、总公司优质工程 2 项。公司继续保持山东省“文明单位”、“重合同、守信用企业”和“优秀政工企业”称号。

(谭　莹　高渝娜)

【第五工程公司】 铁路综合工程、市政工程施工一级，公路工程施工二级，水利水电工程施工三级资质企业。公司机关驻山东省兖州北站。公司董事长兼党委书记张小民，副董事长兼总经理刘永成。职工1 518人，其中干部 385 人。下辖 10 个工程公司、桥梁公司、修造厂、铺架段、内蒙古工程项目部、武汉工程公司、成都工程公司、基地建设管理中心、兖州材料厂等单位。固定资产原值9 750万元、净值5 435万元，流动资产16 063万元。机械、车辆设备 389 台(套)，总功率16 820千瓦。机械设备原值5 968万元、净值3 926万元，设备完好率 93.8%，利用率 70%，新度系数 0.658，人均技术装备率 2.48 万元、动力装备率 10.64 千瓦。年内新增机械设备 31 台(套)，新增固定资产原值 932 万元。

2001 年，承揽工程任务 14 项，合同总额55 813万元。完成企业总产值 3.78 亿元，其中施工产值 3.69 亿元。实现利润 138 万元，上缴局管理费 440 万元。国有资产保值增值率 102%。职工人均年收入13 085元。单位工程合格率 100%，优良率 90%以上，未发生安全质量等级事故。全年推广应用科技成果 6 项；公司参与施工的芜湖长江大桥获中国建筑工程鲁班奖，温州市上田大桥被总公司评为“安全质量标准工地”，杭州绕城高速公路 4 标段(黄鹤山隧道)和浙江工业大学 3 号楼分别被评为优良工程。公司继续保持山东省“文明单位”、“重合同、守信用企业”和“优秀政工企业”

称号。（霍昆 朱诚）

【电务工程处】 铁路电务工程施工一级资质企业。处机关驻山东省济南市和平路16号。处长郭开臣，党委书记李自华。下辖12个工程项目部、5个专业化工程公司及通信中心、物业管理公司、青岛房地产开发公司。职工694人，其中干部239人，工人455人。资产总值15 196万元，其中固定资产原值4 320万元、净值2 692万元。机械设备11台（套），专业检测仪器、仪表61台（套），总功率2 077千瓦，人均动力装备率3.55千瓦、技术装备率9 138元。年施工能力2亿元以上。

2001年，承揽工程任务21 880万元。完成企业总产值16 265万元，实现利润126万元。年人均收入12 742.43元，全员劳动生产率22万元/人年。国有资产保值增值率127.4%，经营性资产收益率1.1%，投资收益上缴率100%，产值利润率0.8%，应上缴款完成率100%。完成实物工程量：电力工程线路205.77公里，设备安装103台；信号工程联锁道岔196组；通信工程光电缆线路1 707.95公里，设备安装222站；土建工程3 350.7平方米；公路工程9.5公里。工程质量合格率100%，优良率96.8%。年底实现连续安全生产5 183天，被总公司授予“安全生产先进单位”称号，获总公司优质工程1项。企业获“全国用户满意施工企业”和山东省“职工技协先进集体”称号。

（王立强）

【隧道工程处】 隧道工程施工二级资质企业。处机关驻山东省济南市十六里河镇兴隆山庄。处长宫建岗（2月任）、张浚厚（2月离任），党委书记徐进玮。下辖20个项目部、2个办事处、7个工程队及多种经营公司。职工649人，其中干部197人，工人429人。资产总值16 185万元，其中固定资产原值6 102万元、净值3 413万元，流动资金12 734万元。机械、运输设备165台（套），总功率9 546千瓦，人均动力装备率14.8千瓦、技术装备率94 605元，机械化施工程度90%以上。

2001年，公司承揽工程任务9项，合同金额2.96亿元。完成企业总产值21 470万元，其中施工产值21 442万元，多种经营产值28万元。实现经济效益130.7万元，人均创利2 000元。投资收益上缴率100%，产值利润率0.6%，应上缴款完成率100%，工程成本降低率8%。完成主要工程量：土石方105万立方米，隧道4 378延长米，桥梁916延长米，涵渠352横延米，铁路折合0.4公里，公路折合2.06公里。企业获2001年度“全国优秀施工企业”称号；承建的济南绕城公路黑龙峪隧道获山东省“安全文明示范工地”称号，南京新庄立交桥获江苏省和南京市“文明工地”称号。（王艳）

【路桥工程处】 地基与基础工程施工一级资质企业。处机关驻山东省济南市十六里河镇兴济河路15号。处长李振刚，党委书记李春才。职工667人，其中干部246人。干部中专业技术人员216人，占干部总数的88.2%；技术工人312人，占工人总数的78.2 %。处下辖19个工程项目部及物业中心、郑州办事处、新疆办事处等单位。资产总额14 158万元，其中固定资产原值5 226万元、净值2 151万元，流动资产11 345万元。机械设备276台（套），原值2 542万元、净值1 324万元，总功率5 410千瓦。

2001年，承揽工程任务20 600万元。完成企业总产值17 100万元，其中施工产值17 000万元。实现利润96万元。职工人均年收入13 030元。国有资产保值增值率102 %，产值利润率5.6%，应上缴款完成率100%。全年未发生重大安全质量事故。工程质量合格率100%，优良率92.7%，青藏铁路赤台—昆仑山段工地被总公司评为“安全质量标准工地”。处继续保持山东省“文明单位”、“重合同、守信用企业”称号，被总公司评为“双文明建设先进单位”。（朱方惠）

【建筑工程分公司】 工业与民用建筑工程施工二级资质企业。公司机关驻山东省济南市和平路1号。经理张挺军，党委书记王道福。公司下辖装饰安装工程部、洗熨中心和12个综合工程项目部。职工总数284人，其中干部156人。干部中有专业技术干部134人，占干部总数的85.9%。资产总值10 755.9万元，其中固定资产原值1 362万元、净值857万元，流动资产9 897.6万元。机械、运输设备121台（套），总功率3 161千瓦，人均动力装备率10.94千瓦、技术装备率15 871元。

2001年，承揽工程任务2.868亿元。完成企业总产值15 448.6万元，实现利润92.2万元。职工人均年收入19 800元。年内竣工工程6个，全部评为优良。朔黄铁路DK93+300～DK143+200段综合工程获总公司优质工程奖。（文家珍）

【房山桥梁厂】 国家大型二档铁路钢筋混凝土制品企业，首批取得铁道部桥梁和轨枕生产许可证，是铁道部定点生产预应力钢筋混凝土桥梁、轨枕的主要厂家之一。位于北京市房山区大件路1－7号。其前身为中国人民解放军6012工厂，组建于1954年7月；1984年1月1日集体转业并入铁道部，改称现名；原归总公司工厂局管辖，2001年11月28日划归中铁十四局集团公司管理。厂区占地面积142万平方米，建筑面积31

万平方米。厂长鄂宝生，党委书记杨景良。职工总数1 004人，其中干部268人，工人736人。资产总值22 925万元。工厂拥有用微机控制的桥梁生产线2条、轨枕和岔枕生产线各1条，具有年产桥梁800孔、轨枕70万根、岔枕2 000组的生产能力。主要生产各种跨度预应力铁路简支梁、提速梁、双线整孔实体箱梁、公路梁及各种型号的轨枕、岔枕，同时生产V型折板、异型构件、铝合金及塑钢门窗、镀膜玻璃、涂料、减水剂、腻子粉等多种建筑产品。工厂于1993年3月通过ISO9002标准质量体系认证并取得国内和国际认证证书。工厂大力开拓市政工程市场，形成新的经济增长点。工厂被房山区、北京市、铁道部、中央绿化委员会授予"绿化先进单位"，被北京市授予"花园式单位"、"AAA级信誉企业"、"重合同、守信誉单位"、"首都文明居民区"、"首都文明单位标兵"等称号。

2001年，生产桥梁主体222孔，公路梁30片，轨枕44万根，岔枕704组。完成工业产值10 485万元，实现利润111.5万元。全员劳动生产率5.48万元/人年，年人均收入1.5万元。国有资产保值增值率101.5%，经营性资产收益率0.72%，投资收益上缴率100%，产值利润率1.06%，应上缴款完成率100%。年内开发桥梁、轨枕新产品12种，桥梁合格率100%，一级品率92.84%；轨枕合格率97%。全年无重大人身、设备事故，设备完好率95.7%。全年承揽桥梁963孔、各种轨枕414 847根、岔枕635组，合同总额18 260万元。销售桥梁438孔，各种轨枕392 784万根，岔枕704组，销售产值10 964万元。在大力承揽任务的同时，采取多种措施催收货款1.265亿元。

（黄梅英）

【徐州机械厂】　位于江苏省徐州市中山北路254号。其前身为中国人民解放军6414工厂，组建于1951年；1984年1月1日集体转业并入铁道部，改称现名；原归总公司工厂局管辖，2001年11月28日划归中铁十四局集团公司管理。工厂占地面积25.88万平方米，其中生活用地6.08万平方米，生产用地9.07万平方米。厂长薛保福。职工总数1 024人，其中干部239人（专业技术人员216人）。固定资产原值6 741.2万元、净值5 905.2万元，流动资产10 235.9万元。各类设备389台，原值2 330.25万元、净值1 856万元，设备新度系数0.69。主要产品：空气压缩机、隔膜式压缩机、铁路线路器材、浮动端面密封环、烟草机械、草坪机械及一、二类压力容器、电气动工具、水平旋喷钻机、钢结构件及商品配件等。下辖7个分厂及铁城实业开发总公司、铁建房地产公司、朗威电子工程公司等单位。

2001年，承揽任务2 365万元。完成工业总产值（不变价）1 023.2万元，为年计划的34%；销售产值1 269.5万元。利税－636.3万元。生产气体压缩机24台，道钉46.3万只，螺母28.9万只，封板26万只，浮封环42 538件，压力容器40台，烟机制造30台（套），草坪机械137台（套），两机配件4 591件，其他产品产值72.6万元。

（王国辉）

【重要记载】

▲2月12日　局召开优质工程评审会，评出2000年度局优质工程23项，其中一等奖16项、二等奖7项。

▲2月19日　局召开质量管理小组成果发表会，评出局优秀QC小组5个、先进QC小组14个。

▲2月25日　局召开企业管理委员会，兑现2000年度资产经营承包合同，签订2001年度资产经营承包合同、安全生产责任状和治安综合治理目标管理责任书。

▲3月6日　三处七队女工班被中华全国铁路总工会授予"先进女职工集体"称号。

▲3月14日　共青团山东省委书记刘慧晏、青工部部长赵华一行到局就如何改进和加强企业团的工作进行调研。

▲3月19日　内昆铁路王家梁子大桥、老锅厂三线大桥和株六铁路复线新锅瓦隧道被全国铁道团委、铁道部建设司评为"青年文明号"工程。

▲3月22日　局教育卫生处被中国企业联合会培训工作委员会授予"企业管理培训工作先进集体"称号；授予程玉常"企业管理培训工作先进个人"称号。

▲5月　基础工程处QC小组在全国建筑企业优秀质量管理小组成果发表会上获优秀成果奖。

▲5月19日　电务工程处获中国施工企业管理协会授予的"全国用户满意施工企业"称号。

▲同日　四处承建的沪杭高速公路大蒸港立交桥被中国施工企业管理协会评为"全国用户满意工程"。

▲6月8日　局召开青藏铁路战前动员暨投标表彰大会，王培君局长、韩风险书记到会作动员讲话。局中标青藏铁路二期工程格拉段第3标段，全长51.72公里，投资3.69亿元。

▲6月16日　泰曲高速公路竣工通车。二处担负第2标段施工任务，标段全长9.55公里，投资2.4亿元。

▲同日　中华全国总工会授予四处原菏日复线指挥部五队一工班"全国模范职工小家"称号。

▲6月29日　青藏铁路开工典礼在格尔木南山口隆重举行。江泽民总书记为开工典礼发来贺信，朱镕基总理为开工剪彩。

▲7月1日　铁道部副部长孙永福、团中央书记处书记崔波等为青藏铁路参建单位“青年突击队”代表授旗。

▲7月1日　电务工程处实现连续安全生产5 000天，获总公司授予的“安全生产先进单位”称号。

▲7月18日　山东省省委副书记、济南市市委书记孙淑义视察隧道工程处承建的济南绕城公路黑龙峪隧道。

▲7月19日　安徽省副省长黄跃忠在白福音副局长陪同下，视察局施工的合安高速公路第13标段鸽子墩互通立交桥工程。

▲7月26日　局召开改革与资质就位工作会议，启动全局改制与资质就位工作。

▲7月28日　河北省交通厅副厅长张全到五处六公司承建的京秦高速公路青龙连接线第3合同段王子店隧道工程检查指导工作。

▲8月15日　铁道部副部长蔡庆华在张海舟副局长陪同下，视察二处宝兰二线建设工地。

▲8月20日　交通部副部长胡希捷视察三处施工的青海省首条高速公路——马平高速公路东岗立交桥建设工地，并给予高度评价。

▲8月25日　铁道部副部长孙永福视察局青藏铁路建设工地。

▲9月4日　铁道部副部长蔡庆华一行在局长王培君、指挥长叶禄林等陪同下，视察渝怀铁路武隆隧道出口施工工地。

▲9月10日　中央企业工委慰问团一行70余人在王瑞祥副书记率领下，到渝怀铁路局管区进行慰问演出。

▲9月13日　铁道部副部长孙永福到青藏铁路局管段视察并题词：“建设青藏铁路，再创辉煌业绩”。

▲9月24日　济南市市长谢玉堂视察隧道工程处承建的济南绕城公路黑龙峪隧道。

▲9月28日　四处承建的蓝烟铁路复线二期第3标段工程比原工期提前3个月开通并交付使用。

▲9月30日　经国家工商行政管理局核准、山东省工商行政管理局注册登记发证，局本级改制为中铁十四局集团有限公司，注册资金5.1亿元。

▲10月15日　共青团山东省委副书记孙守刚、青工部副部长许风伦到局检查指导工作。

▲10月18日～20日　局召开工程项目管理工作会议，专题研讨工程项目管理和项目党建、思想政治工作。

▲10月22日～25日　局桥梁工程施工技术交流会在杭州召开。

▲10月24日　经山东省总工会审查登记，局集团公司母、子公司职工持股会全部注册完毕。

▲10月30日　福建省副省长黄小晶一行到一处施工的三明高速公路SA3合同段涌溪大桥工地视察。

▲11月13日　王长利的报告文学《沉重的跨越》获“共和国的脊梁”全国报告文学大型征文二等奖。

▲11月25日～27日　局安全质量现场观摩暨经验交流会在宝兰复线召开。

▲11月28日　按照中铁建劳〔2001〕217、218号文件精神，房山桥梁厂、徐州机械厂划归中铁十四局集团公司管理。

▲12月10日　胶新铁路开工动员大会在局管区临沂北站隆重举行。

▲12月24日　一处、五处参建的芜湖长江大桥和二处承建的京福高速公路泰安西天平立交桥分获中国建筑工程鲁班奖(国家优质工程)。

▲同日　总公司下发中铁建任〔2001〕150号通知，韩风险任局集团公司董事长兼党委书记，杨有诗任副董事长、总经理，于立中任总会计师。

▲12月25日　二处承建的京福高速公路泰安西天平立交桥获山东省建筑工程质量“泰山杯”奖(省优工程)。

▲同日　召开集团公司首届职工持股会会员代表大会和首届一次职工代表大会，选举成立职工持股会理事会，推选职工股股东代表和职工股董事、监事，修订《职代会实施细则》。

▲12月26日　中铁十四局集团有限公司在山东济南召开成立大会并举行揭牌仪式。

▲12月28日　集团公司将基础工程处、隧道工程处、第一建筑安装工程公司，分别组建为路桥、隧道、建筑工程分公司；成立上海、北京、青岛、成都、西安、广州、海外工程分公司。

▲同日　集团公司所属单位名称随集团公司名称变更作相应变更。

(汪丽霞)

中铁十五局集团有限公司

【简况】　中铁十五局集团有限公司为铁路综合工程施工大型一级，公路工程、水利水电工程、市政工程、工业与民用建筑工程施工一级资质企业。机关驻河南省洛阳市瀍河区四通路2号院。原系中国人民解放军铁道兵第五师，1984年1月1日集体转业并入铁道部，改编为铁道部第十五工程局；1999年12月1日改称中铁第十五工程局；2001年10月12日企业改制为中铁十五局集团有限公司。下辖13个子公司、9个直属单位。施工队伍分布在22个省、自治区、直辖市。职工20 548人，其中干部4 379人，工人16 169人。固定资产原值98 163万元，净值59 241万元。主要机械设备1 811台，人均技术装备率9 165.2元、动力装备率4.47千瓦；各类车辆1 000辆，人均技术装备率4 804元、动力装备率5千瓦。综合机械化施工水平85%。年施工能力40亿元以上。1994年在全国500家大型建筑企业名列第22位，在中国行业100家最大经营规模建筑企业排序中名列第12位。1996年和1997年在全国铁路基建系统局级单位中率先通过ISO9002质量体系和英国皇家UKAS国际质量体系双认证。先后荣获河南省"先进企业"、"AAA级信用企业"、"重合同、守信用企业"、"全国优秀施工企业"、"全国精神文明建设工作先进单位"等荣誉称号。

2001年，集团公司完成企业总产值32.67亿元，创建局以来最好成绩，其中施工产值31.57亿元，分别占年度计划的105.2%和102%。

（周文元　王崇森　郑凤华）

【领导人员】

股东会

国有股代表　何能金
　耿杰明
　王炳祥
　张汉云
职工股代表　刘树乐
　曹光彩
　包元群
　张忠璞
职工代表　柴顺林

董事会

董事长　王炳祥
副董事长　张汉云
　尚清喜
国有股董事　王炳祥
　张汉云
　尚清喜
　徐士淮
职工股董事　王大贤
　季　田
　刘树乐
　刘世发
职工代表董事　柴顺林

监事会

监事会主席　姜世杰
国有股监事　姜世杰
　李忠心
职工股监事　张志才
　田仲荣
职工代表监事　赵玉祥

经理层

总经理　张汉云
副总经理　王大贤
　曹光彩
　刘世发
　张忠璞
　张志才
总工程师　包元群
总经济师　（空缺）
总会计师　季　田

党群领导

党委书记　王炳祥（兼）
党委副书记　张汉云
　刘树乐
纪委书记　张志才
工会主席　柴顺林

（周文元　王崇森　郑凤华）

【工程项目指挥机构】 四川指挥部　驻四川省成都市花牌坊街131号。指挥长毛金贵，党委书记李祥福，副指挥长杨玉德、李玉明，安全监察长丁进仁。全年完成投资10 166万元。

宝兰复线工程指挥部　驻陕西省宝鸡市经二路东段10号院。指挥长张海庆，党委书记石胜利，副指挥长董庆秘，党委副书记杨安怀，总工程师徐通礼。下辖6个单位，600余名职工。全年完成投资7 260万元。

华南指挥部　驻广东省龙川县水贝路二号区509号。指挥长李俭仁，党委书记张宝魁，副指挥长刘连松，总工程师吴光明。下辖10个项目部，1 659人。全年完成投资11 964万元。

华东指挥部　驻上海市闵行区莘沥路232号。指挥长兼党委副书记王令振，党委书记申保龙。全年完成投资5 587万元。

西北指挥部　驻乌鲁木齐市青海路4号。指挥长柴顺林，党委书记李云贵、李新民。全年承揽工程任务10 600万元，完成投资10 600万元。

秦沈客运专线工程指挥部　驻辽宁省兴城市建设银行。指挥长田福元，党委书记来永俊，副指挥长刁仲伟，总工程师丁瑞和。辖5个项目部，全年完成投资4 702万元。

朔黄铁路工程指挥部　驻河北省肃宁县工商银行3楼。指挥长杨占朝，党委书记吴兆善，总工程师金国海。辖5个项目部，1 100余人。全年承揽工程任务34 826万元，完成施工产值33 628万元。

内昆铁路工程指挥部　驻六盘水市人民中路双宝大楼4楼。指挥长兼党委书记王大贤，副指挥长杜胜禄，总工程师张建辉。全年完成施工产值6 210万元。

西安南京铁路工程指挥部　驻河南省南阳市北京大道南段建行分理处。指挥长田福元，党委书记张春生，副指挥长吕春元、冯忠荣，总工程师冯忠荣。全年完成投资19 286万元。

（周文元　王崇森　郑凤华）

【职工队伍】　年末职工总数20 548人，干部4 379人，其中行政干部1 641人，占37.47%，党群干部403人，占9.2%。各类专业技术干部3 706人，其中工程专业1 971人，经济专业360人，会计专业366人，卫生专业358人，教师专业251人，政工专业369人，其他专业31人。本科以上学历1 059人，占24.18%；大专1 803人，占41.17%；中专644人，占14.7%；高中以下873人，占19.95%。工人16 169人。技术工人9 650人，其中技师172人，高级技师13人，高级技工1 919人，中级技工3 375人，初级技工1 412人。

（谢丰成　胡三青　张宝家）

【工程施工】　2001年，集团公司承建工程项目112项，涵盖铁路、公路、水利水电、市政、工业与民用建筑、机场等六大施工领域。完成企业总产值32.67亿元，其中施工产值31.56亿元，创历年来完成投资最好成绩。完成主要实物工程量：路基土石方2 388.02万立方米，附属土石方16.95万立方米，挡墙圬工88.54万立方米；桥梁15 532.41延长米；隧道19 780.58延长米；涵渠17 139.95横延米；正线铺轨332.42公里，站线铺轨107.38公里，铺道岔253组，架梁1 444孔；房屋6.44万平方米；通信电缆475公里，信号安装18站，电力线341公里，设备安装1 023台。重点工程完成情况：

西安南京铁路铺架工程　全长309.9公里，共设31站。主要工程量：正线铺轨309.9公里，站线铺轨74.642公里；铺道岔215组，架梁1 402孔及27片道岔梁。2001年10月1日开始由南阳西向西安方向铺架。计划2003年12月31接轨。总投资49 262万元。本年完成施工产值11 841万元。

渝怀铁路　集团公司承建土建第5、20标段工程。主要工程数量：区间路基土石方450万立方米；大中桥33座、8 316.48延长米；隧道10座、6 551延长米；涵洞91座、2 930横延米；轨道工程正线长33.798公里；车站2座；房建1 650平方米。总工期5年，2000年1月1日开工，2005年底竣工。投资54 400万元。本年完成施工产值14 767万元。

京九复线工程　全长27.824公里。主要工程量：区间路基土石方159万立方米，站场土石方9万立方米，路基附属土石方28万立方米；大桥9座、1 708延长米，中桥7座、648延长米，箱型小桥1座；抗滑桩2处、660米；涵洞115座、1 222横延米；隧道4座、1 371延长米；车站改建3座。工期：2001年1月1日～2002年9月30日。总投资12 689万元。

神朔铁路复线铺架工程　主要工程量：正线铺轨131.067公里，架梁512孔，站场技改13站，上碴整道25万立方米，土石方14万立方米，线路加强设备131正线公里，总投资34 826万元。

秦沈客运专线　主要工程量：路基土石方188.45万立方米；特大桥1座、531.4延长米，大桥3座、566.32延长米，中小桥4座；涵洞43座、985.01横延米；跨公路桥7座。总工期1999年9月1日～2001年10月31日。总投资21 508万元。

粤海铁路通道工程　主要工程量：正线铺轨69.285公里，站线铺轨13.91公里，铺道岔46组；铺碎石道碴12.85万立方米；架设32米梁66孔，24米梁23孔，16米梁5孔。总投资1 400万元。

宝兰二线天兰段工程　施工里程23.05公里，总投资8 518万元，总工期16个月。主要工程量：路基土石方53万立方米；桥梁14座、1 803延长米；涵渠35座、362.32横延米；隧道2座、1 339延长米；铺轨30.16公里，架梁66孔。

杭金衢公路工程　长9.525公里。主要工程量：路基填方912 600立方米，挖方996 100立方米；隧道开挖38 400立方米；钻孔灌注桩277根；预制板梁1 263片；浆砌圬工71 945立方米。9.525公里正线和2.694公里连接线土石方及防护工程；隧道1座、185延长米；大桥3座，中桥3座，小桥1座，连接线大桥2座，互通立交桥1座，分离立交桥1座；涵洞16座；通道17座。工期：2000年12月～2003年1月。总投资13 871万元。

昆石公路工程　长2.182公里。主要工程量：双向6车道路基单线长1 644.29米；土石方685 927立方米；挡护及排水工程5 545立方米；涵洞5座、111横延米；阳宗隧道上行线出口段1 365延长米，下行线进口段1 355延长米。工期：2000年11月～2003年4月。总投资12 500万元。

西安绕城高速公路工程　长1 313.16米。主要工程量：桩基400根，承台100个，墩柱200个，预制箱梁

500片，盖梁100片。工期：2001年1月31日～2002年1月31日。年内完成桩基400根，承台100个，墩柱200根，盖梁100片，预制和铺架30米连续箱梁500片，于2001年12月21日顺利完成全部桥梁铺架，受到业主赞扬。

永乐电站工程　全长2 500米。主要工程量：取水口开挖221 500立方米，回填18 010立方米，衬砌混凝土42 597立方米；冲沙槽工程开挖3 810立方米，回填1 430立方米，衬砌混凝土2 645立方米；隧洞开挖230 683立方米，回填、灌浆36 660立方米，衬砌混凝土44 649立方米。工期：2000年1月～2003年2月16日。总投资7 250万元。

湖北清江水布垭电站导流涵洞工程　主要工程量：石方开挖30万立方米，衬砌混凝土6万立方米，打锚杆12 547根，喷混凝土2 207立方米，喷钢纤维混凝土7 260立方米，是集团公司近年来承担的施工断面最大的工程。工期：自2001年3月1日～2002年8月10日。总投资7 268万元。

哈大铁路信号工程　主要工程量：WG－21A室内设备安装18站；安装区间信号机96架；开挖电缆沟119.7公里；敷设电缆556公里；电码化改造18站；安装无绝缘电路252区段；安装地线500处；WG－21A室外设备安装18区间；WG－21A系统调试18区间。工期：2001年4月～2001年12月。11月14日全线开通，工程质量评为优良。　（杨兴堂　徐万鹏）

【经营管理】　工程经营。全年承揽工程任务125项，合同投资总额26.4亿元，为年度计划的75%。其中，路内工程33项，合同金额6.34亿元；路外工程98项，合同金额20.1亿元。尤其是深圳地铁的承揽，拓宽了施工领域。完成企业总产值32.67亿元，其中施工产值31.56亿元。实现利润2 319万元。国有资产保值增值率102.99%，产值利润率0.69%，经营性资产收益率2.42%，资产负债率71.03%；应上缴款完成率100%。

企业改制。按照局《建立现代企业制度实施方案》及局工作会议提出的“深化改革，完善机制，理清思路，理顺体制，上下顺畅，规范科学”的改革总体要求，重点抓了企业改制和各项配套改革工作，制定出《中铁十五局集团有限公司章程》等一系列制度；明确法人治理结构，集团公司和子公司先后建立股东会、董事会、监事会和经理层；集团公司于10月12日正式挂牌成立，9个子公司相继成立，其他子公司挂牌条件基本成熟，标志着公司制改造迈出了坚实的第一步。

工程质量。年内集团公司完成路基土石方1 468.2万立方米，合格率100%；混凝土试件40 468组，合格率100%；水泥砂浆试件18 401组，合格率100%；分项工程一次评定21 612项，合格率100%，优良率95%。全年完成路内外单位工程553项，合格率100%，优良率96%。集团公司评出优质工程12项，获总公司优质工程8项，获铁道部优质工程3项。第二工程有限公司施工的西安市北二环未央路立交桥，荣获2001年度中国建筑工程鲁班奖。

安全工作。认真落实安全生产包保责任制，结合工程施工积极开展“安全周”、“安康杯”安全知识竞赛，组织开展“百日安全无事故”、“五项专项治理”及安全生产大检查活动，提高职工的安全意识，消除事故隐患，实现安全生产目标。年内职工因工死亡1人，死亡率0.06‰；重伤1人，重伤率0.06‰；轻伤7人，轻伤率0.39‰。

基层管理。集团公司于4月召开基层建设工作会，确定2001年为基层建设年，作出《关于加强基层建设工作的决定》，把基层建设作为企业的一项长期战略任务来抓。各单位结合贯彻国务院《关于整顿和规范市场经济秩序的决定》，对开展“基层建设年”活动进行了具体安排和部署，以工程项目部、工程队建设为重点，着力抓好组织建设、规章制度建设、施工现场标准化建设、党的建设，建立职工培训制度，落实工资分配与管理责任制等重点环节。11月，集团公司组织5个工作组，分片对基层建设情况进行全面检查，有力地推动了基层建设。　（周文元　王崇森　郑凤华）

【科技教育】　集团公司年内举办各类专业培训班75期，参训5 629人次；外送培训项目经理290人，“十一大员”1 652人。选送攻读博士学位1人、研究生40人，学历教育专科升本科90人。接收大中专毕业生317人。结合施工生产实际，开展丰富多彩、形式多样的岗位练兵活动，在实践中提高职工素质。

集团公司完成本级“科技信息网”建设，初步形成具有集团特色的信息网络系统。各子公司认真落实集团公司《关于加快信息化建设进程的决定》，先后投入150万元用于网站建设。截止至年底，第一～第六工程有限公司、电务工程有限公司的信息网站已投入使用。集团公司承担16项科研和技术开发项目，投入资金44万元。获国家级优秀工法1项，发布QC成果35项。　（周文元　王崇森　郑凤华）

【公安和综合治理】　全年受理治安案件407起，查处407起，处罚各类违法人员448人，其中警告148人，罚款175人，拘留20人，其他处理105人。立案查处内部职工违反治安管理案件47起，处理违法人员36人。排除施工干扰240起，处置重大斗殴事件17起，

挽回经济损失 170 多万元。（曹权福）

【党群工作】 1．党的工作。(1)思想建设。各级党委中心组认真学习江泽民总书记“三个代表”重要思想和“七一”重要讲话，在加强自身建设的同时，分期分批在全集团科以下干部党员中普遍开展“三个代表”重要思想的集中教育，7 404名干部党员参加教育活动，干部队伍中存在的政治素质不高、事业心不强、作风不实、精神状态不佳等突出问题得到整改。(2)组织建设。集团公司党委以强化领导班子整体功能为着眼点，加大干部考核、调配、交流力度，年内调整处级领导干部61 名，其中提升 38 名，16 名 1982 年以后的大学本科生进入领导班子，7 个处级领导班子实现“双达标”。实施“2.6”人才规划，加强了后备干部队伍建设。各级领导班子认真贯彻党的民主集中制原则，坚持重大问题集体决策，内部团结进一步加强。(3)作风建设。各级党委认真学习贯彻《中共中央关于加强和改进党的作风建设的决定》，召开领导班子专题民主生活会，有针对性地查摆思想作风、工作作风、领导作风、生活作风和学风方面存在的问题，带头改进作风，深入基层解决问题，领导干部的精神面貌有新的改进。(4)思想政治工作。集团公司及所属单位在改革力度大、稳定责任重、生产经营困难多的情况下，注重发挥思想政治工作优势，及时理顺情绪，化解矛盾，保证各项工作顺利进行。针对职工出资购股难的实际，各级展开深入细致的宣传教育工作，确保了两元股东的建立。8 月，在对几个经营单位进行资产重组过程中，用中央的精神统一各单位领导班子的思想，并派出工作组与这些单位一道深入做好资产重组各个环节的思想工作，保证了重大改革的顺利进行。各级党组织紧紧围绕生产经营中心，突出重点、难点工程和安全、质量等关键环节，加强现场思想政治工作，组织开展各种形式的劳动竞赛活动，调动广大干部职工的积极性，确保施工生产取得历史性突破。(5)党风廉政建设。各级党委、纪检监察机关认真贯彻中央纪委第五、六次全会精神，通过深化廉洁自律教育，落实党风廉政建设责任制，采取执法检查、财务审计、企务公开、廉政谈话等形式，抓好源头防腐工作，坚决纠正和查处各类违法违纪问题。全年查处违法违纪案件 23 起，33 人受到党纪、政纪处分，其中处级干部 8 人，开除党籍 4 人，保证了生产经营正常开展。(6)精神文明建设。各级认真实施局“十五”精神文明建设规划，广泛开展各种形式的文明创建活动。工地文明建设“六有”标准得到较好落实，职工思想政治工作研究及治安综合治理工作取得较好成绩。认真组织欢迎中央企业工委慰问团到集团公司渝怀铁路建设工地慰问的准备工作，职工良好的精神风貌受到中央企业工委领导的充分肯定。

2．工会工作。集团公司工会下辖 13 个子公司工会、5 个所属单位工会和集团公司机关工会，工会会员21 435人，专职工会干部 138 人。各级工会组织适时开展“送温暖”活动，协助企业解决拖欠职工工资和息工人员生活费问题，救济困难职工1 754人次，发放救济费 53.91 万元，看望伤病职工 271 人次，保持了队伍稳定。民主管理进一步深化，职代会质量、企务公开水平、集体合同落实兑现率不断提高，全局集团合同签订率达 95％以上。采取有力措施对少数建家滑坡单位进行治理，提出“抗滑、固基、充实、提高”的建家方针，进一步巩固了“三线”建设成果。

3．共青团工作。集团公司团委下辖 18 个子公司团委、2 个团工委、44 个分处级团委、281 个团支部，有专职团干部 23 名，团员3 296名。针对团员青年特点，开展“青年文明号”、“双争一树”竞赛等活动，组织开展“党在我心中”主题演讲、评选第二届“十大杰出青年”活动，在集团公司产生较大影响。总结青年创新创效经验，得到总公司肯定。

（刘家寅　淮行舟　张启亮）

【第一工程有限公司】 铁路综合工程、公路工程施工一级，水利水电工程施工二级资质企业。机关驻山西省侯马市浍滨街 20 号。董事长李文越，党委书记贺爱民，总经理李成水。下辖 13 个分公司、6 个工程指挥部、16 个施工队及医院、学校等单位。职工2 625人，专业技术人员 482 人，其中中级职务 372 人，高级职务45 人。固定资产 1.6 亿元，施工设备 610 余台(套)，总功率37 572千瓦，设备净值8 115.3万元，人均动力装备率 12.5 千瓦、技术装备率 2.7 万元。年施工能力6 亿元以上。

2001 年完成企业总产值44 106万元，其中施工产值43 900万元，分别占年度计划的 112％和 114％。全年在建和新开工项目 22 项，竣工移交项目 13 项。单位工程合格率 100％，优良率 94.2％。承揽工程任务9 项，投资总额34 919万元，占年度计划的 134％。实现利润 19.1 万元。职工人均年收入9 750元。1993 年以来，先后被铁道部授予“全国铁路安全先进单位”、“设备管理优秀单位”、“财务、税收遵纪先进单位”；1995 年荣获山西省“优秀建筑企业”、“重合同、守信用企业”；1999 年～2001 年再次荣获山西省“优秀建筑企业”和“安全生产先进单位”称号；1998 年 9 月通过ISO9002 质量认证和英国皇家 UKAS 认证。

（宁江平）

【第二工程有限公司】 铁路综合工程、公路工程、市政工程施工一级,工业与民用建筑工程施工二级资质企业。机关驻河南省焦作市工业路 518 号。董事长、党委书记李庆林,总经理陈文秀。公司下辖 12 个指挥(项目)部、5 个办事处和 35 个建制工程队。正式员工 2 628人,专业技术人员 456 人,其中高级职务 26 人。固定资产原值12 779万元、净值7 952万元,资产总额 3 亿元。机械设备 760 台(套)。年施工能力 8 亿元以上。

2001 年,完成企业总产值42 629万元,其中施工产值41 689万元。承揽工程任务 29 项,合同总额39 408万元。实现利润 260 万元。2 个工地被集团公司评为先进安全标准化工地;单位工程合格率 100%,优良率 92.3%,获总公司优质工程 1 项,集团公司优质工程 3 项;西安未央路立交桥工程荣获陕西省优质工程"长安杯"、铁道部优质工程一等奖和中国建筑工程鲁班奖;西安西二环高架桥被评为总公司优质工程。北京北四环苏州街立交桥项目部 QC 小组被评为全国工程建设优秀质量管理小组。公司连续六年跻身河南省施工企业 50 强单位,连续七年保持中国建行河南省分行"AAA 级"信誉,公司领导班子连续八年被总公司评为"四好领导班子"。公司 1996 年率先在本系统通过 ISO9002 质量体系和英国皇家 UKAS 质量体系双认证,1998 年率先在总公司系统导入 CIS 现代经营技法。先后被评为"全国优秀施工企业"、铁道部"安全生产先进单位"、"遵守财经纪律先进单位"、"设备管理先进单位"、"铁道部先进党组织",河南省"文明单位"、"施工企业 50 强金冠榜"、"百强企业"、"模范职工之家"、"综合治理模范单位"、"政治工作优秀企业"。公司董事长、党委书记李庆林被河南省授予"五一劳动奖章"。

(公司办公室)

【第三工程有限公司】 铁路综合工程、公路工程、市政工程施工一级,水利水电工程施工二级资质企业。机关驻山西省临汾市五一东路 301 号。董事长高峰,党委书记谷成伦,总经理杨鑫。下辖 8 个分处、1 个指挥部、14 个综合工程队、10 个机械队、2 个基地及办事处、建筑安装大队、橡胶厂、采供站、医院等单位。职工 2 435人,其中干部 498 人,工人1 937人。机械设备 153 台(辆),人均动力装备率 7.4 千瓦。固定资产原值10 886万元,净值6 407万元。全员劳动生产率 101 533元/人年,职工年平均工资10 592元。

2001 年,完成企业总产值35 619.3万元,其中施工产值33 488万元,创历史最好水平。工程质量合格率 100%,优良率 94.1%。全年承揽工程 10 项,合同金额20 959万元。公司先后获省部级优质工程 4 项,地市级优质工程 18 项,优质样板工程 6 项;被山西省评为"先进企业"、"重合同、守信用企业"和"AAA 级信用等级企业"。通过 ISO9002 质量认证及英国皇家 UKAS质量认证。

(杨 玲)

【第四工程有限公司】 铁路综合工程、市政工程施工一级,工业与民用建筑工程、公路工程施工二级资质企业。机关驻山西省侯马市呈王路 41 号。董事长、党委书记谢金康,总经理董志。下辖 8 个分公司、3 个指挥部、5 个直属单位、31 个工程队。职工2 621人,其中干部 432 人。注册资本金7 014万元。机械设备 203 台,人均技术装备率11 116.6元、动力装备率 6.67 千瓦。

2001 年,完成企业总产值34 133万元,其中施工产值33 311万元。实现利润 138.8 万元,人均年工资 8 822元。承揽工程任务 10 项,合同金额16 169万元。单位工程综合评定合格率 100%,优良率 100%,获集团公司优质工程 6 项、优秀质量管理小组 4 个。公司连续六年被中国人民银行山西省分行评为"AAA 级信用企业",先后获山西省"铁路综合先进单位"、集团公司"工程质量管理先进单位"、"安全标准工地建设先进单位"等称号。

(李 戈)

【第五工程有限公司】 铁路综合工程、公路工程、市政工程施工一级,工业与民用建筑工程施工二级资质企业。机关驻河南省洛阳市瀍河区买家街 123 号院。董事长仵运动,党委书记欧先聪,总经理曹仁文。下辖 8 个分公司、17 个工程队、7 个机械队和电务工程队、桥涵顶进队、职工学校、职工医院、物业管理中心等单位。职工2 798人,其中专业技术干部 528 人,专业技工 1 432人。固定资产原值13 603万元,净值7 376万元。机械设备 492 台(辆)。年施工能力 5 亿元以上。

2001 年,完成施工产值40 073万元。完成主要实物工程量:路基土石方 473.3 万立方米,桥梁2 796.3 延长米,隧道 516.7 延长米,正线铺轨 15.2 公里、站线铺轨 7.56 公里,公路 55.5 公里。工程质量合格率 100%,优良率 96.2%。承揽工程 17 项,合同金额 47 256万元。年人均工资10 846元。公司先后荣获"全路安全生产先进单位",河南省"安全生产先进企业"、"省级先进企业"、"质量管理先进企业"、"AAA 级信用企业"、"施工企业 50 强",总公司"科技进步先进单位"、"思想政治工作先进集体",并保持河南省"文明单位"称号。

(阎秋平)

【第六工程有限公司】 铁路综合工程施工一级资质企业。机关驻河南省洛阳市瀍河区邙山路 4 号院。董事长东光宝,党委书记史宝魁,总经理胡亚峰。下辖 7 个工程公司、3 个铺架公司、机械化工程公司、多种经营开发公司、综合经营服务公司、职工医院等单位。职工1 759人,其中专业技术干部 365 人。固定资产原值10 743.62万元,净值7 107.74万元。机械设备 172 台(套),人均技术装备率 3.4 万元、动力装备率 5.3 千瓦。年施工能力 6 亿元以上。

2001 年,完成企业总产值74 337万元,实现利润461 万元。获公司以上优质工程 7 项。在朔黄铁路黄骅港特大桥创日架 32 米梁 10 孔的国内日架梁最高纪录。全年承揽工程 10 项,投资39 728万元。职工人均年收入13 697元。公司连续七年被河南省评为“建筑施工百强企业”,通过河南省“安全资格认证”,获得“省级先进企业”、“省级文明单位”、“AAA 级信用企业”和铁道部“全国铁路安全先进单位”等荣誉称号。获省部级优质工程 5 项,宝兰二线渭河 5 号特大桥获甘肃省建筑工程“飞天奖”。（公司办公室）

【第七工程有限公司】 铁路综合工程、工业与民用建筑工程施工二级资质企业。机关驻河南省洛阳市洛常路 6 号。董事长欧庆堂,党委书记田璐郅,总经理李朝云。下辖 6 个分公司、1 个运输公司、5 个直属项目部、2 个化工厂、1 个金属结构厂。公司是由原中铁十五局实业总公司、机械化工程公司、建筑工程公司于 2001 年 8 月 16 日改制重组而成。职工1 269人,其中干部334 人,工人 953 人。机械设备 127 台(套),人均动力装备率 5.46 千瓦、技术装备率8 418元。

2001 年,完成企业总产值25 406万元,其中施工产值23 918万元,附营产值1 488万元。单位工程合格率100%,优良率 94.4%。获优质样板工程 20 项。承揽任务12 015万元。年人均工资10 713元。公司是河南省“重合同、守信用企业”和施工企业 50 强,并保持洛阳市“文明单位”称号;总公司“‘八五’双文明建设先进单位”。1996 年通过 ISO9002 质量体系认证,1997 年通过英国皇家 UKAS 质量认证。

（黄建民　平　萍）

【电务工程有限公司】 铁路工程及通信、信号、电力、电气化和土木建筑工程施工一级资质企业。机关驻河南省洛阳市白马寺镇。董事长、党委书记李如东,总经理王志国。职工1 557人,其中干部 373 人,工人1 184人。机械设备 78 台(套),原值1 967.63万元、净值1 233.17万元。人均年收入12 000元。

2001 年中标工程 9 项,合同金额12 200万元。完成企业总产值19 711万元,其中施工产值14 498万元。完成实物工程量:通信光缆 475 公里,信号 18 站、240 组联锁道岔,自动闭塞 197 公里,电力架线 314 公里,变配电所 11 座,电气化接触网折合 112.5 条公里,房建3 198平方米。公司秉行“改革创新,科学施工,团结拼搏,争创一流”的创业精神,紧抓时代机遇,推进改革步伐,全面促进“两个文明”建设,1988 年被河南省评为“省级先进企业”,1994 年被命名为河南省“文明单位”,连续十年被铁道部授予“全国铁路先进单位”称号。企业信誉等级被中国建设银行河南省分行评为“AAA”级。（马舟丽）

【西南公司】 铁路综合工程、市政工程、水利水电工程施工二级,工业与民用建筑工程施工三级资质企业。驻四川省成都市犀浦镇珠江路 18 号。党委书记兼经理穆松森(6 月免去经理职务),经理乔水旺(6 月任)。下辖 8 个工程指挥(项目)部、酒店、物业公司。注册资本金1 652.5万元,资产总额4 405万元。职工 367 人,其中专业技术人员 106 人。机械(车辆)设备及检测仪器 170 台(辆、套)。年施工能力 1.5 亿元。

2001 年,完成企业总产值8 342万元。承揽工程任务 5 项,合同金额3 462万元。公司先后被四川省授予“铁路重点建设先进集体”、“文明单位”和“社会治安综合治理先进单位”称号,公司领导班子被集团公司评为“四好领导班子”。（办公室）

【郑州科技工贸公司】 其前身为西南铁路建设工地指挥部郑州材料基地,1984 年 1 月 1 日改称铁道部工程指挥部郑州材料总厂,1990 年 10 月 1 日更名为中国铁道建筑总公司郑州材料总厂,2000 年 1 月 1 日划归中铁十五局。驻郑州市二七区新圃东街 117 号。总经理谢德亮,党委书记王海顺。现有职工 200 人,其中干部 62 人。2001 年完成企业总产值 998 万元。

（邵庆颜）

【都匀桥梁厂】 前身为铁道部第二工程局都匀混凝土预制品厂,组建于 1958 年 3 月;1961 年 10 月与铁道部基建总局都匀工程机械厂合并,成立都匀桥梁厂。工厂先后隶属于铁道部第二工程局、铁道部贵阳铁路局、铁道部基建总局、西南铁路建设总指挥部、铁道兵军管、交通部工电局、铁道部工务局、中国铁路物资总公司;2000 年 8 月,划归中国铁道建筑总公司工厂局管理;2001 年 12 月,划归中铁十五局集团公司管理。驻贵州省都匀市北工区。厂长兼党委书记彭修炳,党委副书记兼纪委书记张庆平。现有职工1 680人,其中工人1 262人,干部 418 人,专业技术干部 292 人。工厂是贵州省百强企业、省级文明单位,连续十一年被贵州省工商局评为“重合同、守信用单位”,连续六年为地方纳税先进单位,银行信用等级为 A 级,通过国际 ISO9000 标准质量体系认证。（苏　俐　覃良生）

【物资有限公司】　驻河南省洛阳市火车西站。总经理李秀山，党委书记刘振生。主要经营金属材料、建筑材料、木材、轨料及配件、化工原材料等。下设2个公司、4个转运站。职工288人，其中干部56人，专业技术人员47人。固定资产1 276万元，流动资产976万元。全年完成材料销售7 800万元，产值807万元，实现利润21万元。

（李定瑞）

【机械设备工程有限公司】　驻河南省洛阳市火车西站。总经理刘贵江，党委书记孙兴发。现有职工307人，其中干部68人，专业技术干部64人。下辖5个建制单位。机械设备80台（套）。

2001年完成企业总产值2 574万元，实现利润9.7万元。生产产品60余种，获国家科技进步三等奖1项、铁道部科技进步二等奖1项、总公司科技进步一等奖6项、局科技进步奖9项，创优质工程8项。

（李新民）

【重要记载】

▲1月6日　总公司党委书记李国瑞在局党委书记王炳祥、局长霍金贵等陪同下到二处检查指导工作。

▲1月8日　株六铁路复线芷江西站—冷水铺站区间全面开通并投入运营。

▲1月20日　由六处施工的神延铁路架梁工程创日架16米梁10孔的全国新纪录。

▲元旦、春节期间　全局筹集“送温暖”资金741.18万元，清理拖欠职工工资623.1万元，走访慰问困难单位17个、特困户257户、困难户866户，伤病残及离退休职工、军烈属、先进人物834人，发放慰问金118.08万元。

▲2月10日　国家重点工程大运线临侯段高速公路开工典礼在临汾市泊庄举行。

▲2月11日　局中标湖北清江水布垭导流洞水电工程，中标价7 668万元。

▲2月22日～25日　局工会召开四届八次全委扩大会议。

▲2月25日　召开局职代会四届六次代表团长联席会，讨论通过《中铁十五局建立现代企业制度总体方案》、《中铁十五局集团有限公司章程》、《中铁十五局集团章程》、《关于加强工会工作和企业民主管理的规定》和《关于成立中铁十五局集团有限公司职工持股会的议案》。

▲2月26日　局党委、局行政召开2001年工作会议，局党委书记王炳祥、局长霍金贵分别做工作报告。

▲3月5日　局党委授予一处、二处、六处、电务工程处、西南公司、机械厂及内昆、神延、朔黄、秦沈、华东、宝天指挥部等12个单位领导班子“四好领导班子”称号。

▲3月6日　总公司任命张汉云、崔连珍为中铁十五局副局长；总公司党委任命张志才、柴顺林为中铁十五局党委常委，张志才为纪委书记。

▲3月19日　二处承建的元磨高速公路元江1号隧道提前106天安全贯通，创造230天贯通超千米隧道的云南省高等级公路隧道施工新纪录。

▲同日　神延铁路铺架比原计划提前41天顺利到达接轨点。

▲3月20日　召开局工会四届九次全委会议，同意董印清辞去局工会主席职务，选举柴顺林为局工会主席；审议通过局持股会章程和实施细则。

▲3月26日　局党委下发“三个代表”重要思想专题教育实施方案，部署“三个代表”集中教育工作。

▲3月　二处承建的陕西省西安市未央路立交桥工程获铁道部优质工程奖。

▲4月3日～4日　局党委召开党风廉政建设工作会议。

▲4月4日　局党委召开党员代表会议，选举出席总公司第一次党代表大会代表。

▲4月15日　神延铁路全线铺通祝捷大会在绥德车站召开，局党委书记王炳祥应邀出席大会。

▲4月25日　铁道部副部长孙永福视察局秦沈客运专线施工现场。

▲4月27日　局党委书记王炳祥当选总公司第一届党委委员。

▲5月6日　铁道部副部长蔡庆华一行冒雨视察秦沈客运专线运架一体机施工现场。

▲5月9日　六处在朔黄铁路肃宁铺轨基地创单班日生产轨排4公里的高产纪录。

▲5月11日　局党委书记王炳祥、总公司总经理王振侯、党委书记李国瑞陪同中央企业工委副书记赵杰兵，视察秦沈客运专线运架一体机架梁作业。

▲5月16日　二处、六处领导班子被总公司党委授予“四好领导班子”称号。二处领导班子连续八年获此称号。

▲5月18日　总公司王振侯总经理传达局党政主管领导职务变动的命令：局长霍金贵升任总公司党委副书记；局党委书记王炳祥兼任局长。

▲5月21日　六处在秦沈客运专线石河2号特大桥创造8小时架设2孔箱梁的新纪录。

▲5月25日　六处在朔黄铁路黄骅港特大桥架梁施工中创单线日架32米10孔的新纪录。

▲5月28日～30日　召开集团公司一届一次职

工代表大会和一届一次职工持股会会员代表大会，审议通过《中铁十五局集团有限公司职工持股会章程》、《中铁十五局集团有限公司职工持股会章程实施细则》、《中铁十五局集团有限公司职工购股、“百含”配股办法》；选举产生职工持股会理事会理事、理事长、副理事长、秘书长。

▲6月8日　局承建的株六复线湖南段交付运营。

▲6月20日　局党委表彰先进基层党委5个，模范党支部5个，五好党支部标兵21个，跨世纪先锋战士3名，六好共产党员标兵54名，优秀党务工作者14名。

▲6月28日　全国劳动模范谢金康参加北京建党80周年庆祝大会，受到中央领导接见。

▲6月29日　局党委召开庆祝建党80周年暨先进事迹报告会，一批先进党组织、优秀共产党员、优秀党务工作者和“十大杰出青年”受到表彰。当晚，局机关举行建党80周年歌咏比赛。

▲7月31日　局施工的昆石高速公路阳宗海隧道下行进口和上行出口，分别创单口月掘进103米和101米的高产纪录。

▲8月10日　总公司党委任命张汉云为局党委副书记。

▲8月12日　召开集团公司首届一次代表团长及专门委员会负责人联席会议。选举公司股东会中的职工代表、董事会中的职工董事、监事会中的职工监事。

▲同日　召开局工会四届十次全委会，讨论修改《关于新时期进一步落实全心全意依靠职工办企业指导方针的实施意见》；选举李祥福为局工会副主席。

▲同日　召开职工持投会理事会第二次会议，选举产生公司股东会中的职工股代表、董事会中的职工股董事、监事会中的职工股监事。

▲8月13日　铁道部副部长蔡庆华、河南省副省长张洪华一行20多人在局长王炳祥陪同下，视察西安南京铁路南阳西站和铺轨基地，对工程质量、进度给予高度评价。

▲8月16日　朔黄铁路二期铺架工程完工，交付临管运营。

▲同日　局召开党政联席会议，专题研究资产重组问题。决定撤销郑州、乌鲁木齐办事处、工贸公司，分别并入二处、电务工程处、六处；机械化工程公司、建筑工程公司和实业公司合并组建建筑机械化工程公司。

▲8月22日　集团公司召开第一次股东会议，选举董事会、监事会成员。

▲9月7日　局党委书记兼局长王炳祥、副局长王大贤、总公司党委书记李国瑞、工会主席夏良振陪同中央企业工委副书记王瑞祥到渝怀铁路铁山坪隧道工地检查指导工作。

▲9月7日～8日　中央企业工委副书记王瑞祥率慰问团到渝怀铁路局管段建设工地慰问演出。

▲9月26日　集团公司召开党员代表会议，选举王炳祥为出席河南省第七次党代表大会代表。

▲9月28日～29日　局纪检监察工作座谈会在洛阳召开，总公司党委副书记、纪委书记彭树贵出席会议。

▲10月12日　中铁十五局集团有限公司正式挂牌成立。中铁十五局党委改称中铁十五局集团有限公司党委。

▲10月13日　西安南京铁路南阳西—西安铺架工程开工，铁道部副部长蔡庆华、河南省副省长张洪华及集团公司董事长王炳祥、副总经理曹光彩出席开工典礼。

▲11月4日　由一处承建的达成铁路万山寺隧道发生拱部塌方质量事故，经抢险于13日恢复正常运行。

▲11月5日　由陕西省、铁道部联合组成的神延铁路初验委员会对神延铁路进行初验，局施工的国内1标、国际9标、10标和神木—绥德铺架顺利通过验收，综合评定为优良。

▲11月8日　全国人大、河南省人大视察团一行30多人在河南省人大副主任钟力生、夏宗勇的带领下，视察集团公司承建的西安南京铁路南阳西站和铺轨基地。

▲11月28日　都匀桥梁厂划归集团公司管理。

▲12月17日　水柏铁路全线铺通。

▲12月21日　由西安办事处和第七工程有限公司合作承建的西安绕城高速公路第7合同段西姜村立交桥提前3个月胜利贯通，交通部部长胡希捷、陕西省交通厅厅长乌小健、集团公司副总经理曹光彩等参加贯通典礼。

▲12月30日　集团公司所属单位党委更名。

▲12月　二公司承建的西安市北二环未央路立交桥工程被评为“全国青年文明号”工程。

▲12月　集团公司荣获“全国安康杯竞赛优胜企业”称号。　（周文元　王崇森　郑凤华）

中铁十七局集团有限公司

【简况】　中铁十七局集团有限公司是铁路综合工程施工(大型)一级资质企业。驻山西省太原市平阳路 266 号。前身系中国人民解放军铁道兵第七师,1984 年 1 月 1 日集体转业并入铁道部,改编为铁道部第十七工程局;2000 年 9 月 28 日划归中央企业工委管理,改称中铁第十七工程局;2001 年 9 月改制为现名。下辖第一～六工程处、建筑工程处、电务工程处、远通工程集团公司和川东、重庆、大同、青岛铧琴、物资总公司以及物业公司、职业教育培训中心、中心医院、株洲战备材料总厂。职工总数13 085人。资产总值306 889万元,其中固定资产原值90 839万元、净值56 034万元,流动资产246 589万元。机械、运输设备2 086台(套),总功率195 104千瓦,人均动力装备率 14.91 千瓦、技术装备率21 338元,机械化施工程度 85%以上。

兵改工以来,先后参加南同蒲、大秦、包神、神朔、侯月、宝中、南昆、京九、西康、朔黄、内昆、株六、神延、长荆、达成、邯济、阳涉、秦沈、菏日、宝兰、西南、洛湛、渝怀、京秦等 30 多条铁路干线和 20 多条铁路专用线,以及大运、烟青、石太、京深、泉厦等 40 多条高等级公路建设。其中,侯月铁路浍寺段被评为全线免验工程;京九铁路泰和赣江特大桥创造国内同类大桥施工工期最短纪录;在南昆铁路劳动竞赛中夺得综合评比第一名;在西康铁路建设中,创造精品工程 5 项,名列全线第一;承建的墩高 110 米的内昆铁路花土坡特大桥为亚洲第一高桥;泉厦高速公路 B 标段在华东六省市高等级公路评比中名列第一;京深高速公路石家庄—安阳段被誉为"河北第一,全国一流";晋城—焦作高速公路丹河石拱桥跨度居世界第一,被列入吉尼斯世界纪录。担负施工的重点工程质量合格率 100%,优良率 95%以上;获国家和省部级"优质工程"奖 38 项、科技成果奖 11 项;开发新技术、新工法 180 余项,其中高墩大跨连续梁施工、深水桥墩基础开挖等 10 余项新技术在国内外处于领先地位。集团公司先后被评为"全国优秀施工企业"、"全国先进建筑施工企业"、"全国建筑安全生产先进集体",连续十三年保持"全国思想政治工作优秀企业"称号。

2001 年,承揽工程任务 118 项,合同投资387 488万元。完成企业总产值306 889万元,其中施工产值297 630万元、多种经营产值9 259万元,实现利润2 253万元。完成主要实物工程量:路基土石方3 311.59万立方米,桥梁29 243延长米,隧道11 094延长米,涵洞24 517横延米,铺轨 53.4 公里,房建 7.66 万平方米。全员劳动生产率125 117元/人年,年人均收入10 644元。国有资产保值增值率 105.7%,经营性资产收益率 2.6%,产值利润率 0.75%,投资收益上缴率 100%,应上缴款完成率 100%。集团公司先后荣获"全国工程建设企业管理现代化成果二等奖"、"半月谈思想政治工作创新奖"和"全国重合同守信用企业"称号。　　(宋育英　陈春财)

【领导人员】

股东会

国有股代表　靳尚忍
瞿观鄞
薛之桂
唐佑光
李左军

职工股代表　郑余近
孙中林
段东明
熊立坤
宋占波

董事会

董事长　瞿观鄞

副董事长　薛之桂
王兆林

国有股董事　瞿观鄞
薛之桂
王兆林
李忠信
李友才

职工股董事　赵　平
万敦炎
熊立坤

职工代表董事　宋占波

监事会

监事会主席　王新武

国有股监事　王新武
汪起帆

职工股监事　王关平
徐炳信

职工代表监事　张文田

经理层

总经理　薛之桂

副总经理　赵　平
郑余近

万敦炎
唐佑光
孙中林
总工程师　段东明
总会计师　李忠信
党群领导
党委书记　瞿观鄞(兼)
党委副书记　薛之桂(兼)
熊立坤
纪委书记　王关平
工会主席　宋占波

（宋育英　唐中国）

【工程项目指挥机构】 内昆铁路工程指挥部　驻云南省昭通市青年路延伸段信联社。指挥长兼党工委书记王宜强。

林六铁路复线工程指挥部(湖南段)　驻湖南省涟源市人民武装部。指挥长兼党工委书记李新国,副指挥长李引明。

林六铁路复线工程指挥部(贵州段)　驻贵州省军区小河干休所。指挥长向寿治。

阳涉铁路工程指挥部　驻山西省左权县辽阳路23号左权宾馆。指挥长兼党工委书记吴玉忠。

菏日铁路工程指挥部　驻山东省莒南县滨海路76号。指挥长兼党工委书记唐佑光,常务副指挥长王夫亮,副指挥长兼总工程师刘艳滨,党工委副书记程贵启。

宝兰铁路二线工程指挥部　驻甘肃省兰州市榆中县兴隆路194号。指挥长兼党工委书记段东明,副指挥长兼总工程师张秋生,党工委副书记滕俊荣。

西安南京铁路指挥部　驻河南省内乡县内峡路2号。指挥长孙中林,副指挥长毛承祖、刘玉杰、董谦,副指挥长兼总工程师郑雁翎,党工委副书记秦峰。

洛湛铁路工程指挥部　驻湖南省益阳市朝阳东路10号。指挥长李新国,党工委副书记黄炳忠。

渝怀铁路工程指挥部　驻重庆市黔江区交通北路62号。指挥长王国钧,党工委书记兼副指挥长许同禄,总工程师孙良标。

渝怀铁路涪陵工程指挥部　驻重庆市涪陵区望州路20号川东电力集团大厦。指挥长文珂,党工委书记梁运胜,副指挥长熊志强,总工程师眭爱宏。

京九铁路复线工程指挥部　驻广东省河源市东源县仙塘镇热水收费站。指挥长郑余近,党工委书记兼常务副指挥长邵光堂。

京秦铁路工程指挥部　驻天津市蓟县东五环南路4号。指挥长陈国生,副指挥长王月幸。

胶新铁路工程指挥部　驻山东省莒县文心中路1号。指挥长王夫亮,党工委书记程贵启,副指挥长王波,总工程师李宏伟。

南京地铁工程指挥部　驻江苏省南京市迈皋桥合班村123号。指挥长兼党工委书记董谦,副指挥长吕建明、戴福亚,总工程师王慧东。

粤海铁路工程指挥部　驻海南省儋州市军屯商业街东一路SA栋3－4号。指挥长邵光堂,副指挥长黄仲奇,总工程师李进驹。

三亚工程指挥部　驻海南省三亚市亚龙湾91003部队招待所。指挥长兼党工委书记万敦炎,常务副指挥长赵瑞亮,副指挥长兼总工程师赵奎银,副指挥长郝占胜、王应权,党工委副书记牟光煌。　（宋育英）

【职工队伍】 年末干部总数3 778人。其中,聘用干部694人,女干部702人,少数民族干部36人;局级干部12人,处级干部311人,科级干部1 225人。各类专业技术干部3 311人,其中高级职务131人,中级职务1 200人,初级职务1 973人;工程技术人员1 879人,卫生技术人员258人,教学人员37人,经济人员305人,会计人员340人,统计人员22人,图书、档案人员8人,新闻出版人员2人,艺术人员3人,政工人员457人。文化结构:大学本科以上1 059人,专科1 487人,中专及高中919人,初中以下313人。年龄结构:30岁以下1 356人,31岁～35岁509人,36岁～40岁466人,41岁～45岁746人,46岁～50岁443人,51岁～54岁179人,55岁以上28人。

工人总数9 307人。其中,女工1 446人,党员2 192人,技术工人6 444人,少数民族工人37人。文化结构:大专以上447人,中专867人,技校1 308人,高中2 490人,初中以下3 279人。年龄结构:25岁以下1 772人,26岁～35岁1 125人,36岁～45岁4 859人,46岁～55岁621人,56岁以上14人。技术工人中,初级工2 750人,中级工1 071人,高级工256人。年内新录用工人357人,其中新招收51人,接收复员退伍军人29人、中专技校生277人。调出17人,调入18人。自然减员19人,终止劳动合同9人,解除劳动合同25人,辞职3人,办理内部退养211人,除名18人,留用察看1人。使用外部劳务8 951人。

（唐中国　鲁衍熙　宋育英）

【铁路工程施工】 在建铁路工程36项,完成投资124 140万元。完成主要实物工程量:路基土石方1 555.46万立方米,桥梁8 570延长米,隧道6 335延长米,涵洞11 623横延米,铺轨53.4公里。重点工程:

渝怀铁路第9标段　位于重庆市涪陵区。局管段

DK126+017～DK132+600、DK137+584～DK140+797,全长 9.969 公里。主要工程量:区间路基土石方 30 万立方米,站场土石方 108 万立方米;隧道 2 座,5 965延长米;大桥 1 座、478.87 延长米,中桥 1 座、87.8延长米;涵洞 15 座,576.04 横延米;铺道碴3.5万立方米;房建20 949平方米。合同投资22 650万元,工期 46 个月。2001 年 1 月 1 日开工,年内完成路基土石方 35 万立方米,占设计量的 25%;隧道1 814延长米,占 30%;桥梁 151 延长米,占 27%;涵洞 289 横延米,占 50%。年内完成投资6 786万元。

渝怀铁路第 18 标段　位于重庆市黔江区。局管段 DK276+300～DK293+135,长 13.824 公里。主要工程量:区间路基土石方 13 万立方米,站场土石方 40 万立方米;隧道 5 座,9 191延长米;大桥 4 座、980.73 延长米,中桥 4 座、372.62 延长米;涵洞 11 座、493.46 横延米;铺道碴 3.8 万立方米;房建2 277平方米。合同投资22 731万元,工期 53 个月。2001 年 2 月 10 日开工,年内完成路基土石方 13 万立方米,占设计量的 25%;隧道2 460延长米,占 27%;桥梁 580 延长米,占 43%;涵洞 354 横延米,占 72%。年内完成投资7 237万元。

宝兰二线第 15 标段　施工里程 K1678+342～K1709+270,长 30.9 公里,合同投资14 643万元。主要工程量:路基土石方 146.9 万立方米;大桥 1 座、123 延长米,中桥 6 座、363 延长米,公跨铁立交桥 5 座、239 延长米;涵洞 60 座、667 横延米;铺轨 36.9 公里,铺道碴 12.9 万立方米,铺道岔 21 组。2000 年 7 月开工,年底线下主体工程完工,已开通并交付区间线路 22 公里。年内完成投资6 200万元,开工累计完成投资 13 301万元。

西安南京铁路第 16 标段　施工里程 DK352+500～DK410+900,长 58.165 公里,合同投资40 011万元。主要工程量:路基土石方 737 万立方米;特大桥 4 座、2 748延长米,大桥 3 座、884 延长米,中桥 9 座、703 延长米,小桥 9 座、172 延长米;涵洞 229 座、5 345横延米;铺道碴 21.9 万立方米;房建13 923平方米。2000 年 5 月开工,年底线下主体工程完工,附属工程完成 80%。年内完成投资22 844万元,开工累计完成投资 32 514万元。

西安南京铁路 W4 标段　位于湖北省随州市。施工里程 DK659+113～DK677+033.4,长 17.56 公里,合同投资7 512万元。主要工程量:区间路基土石方 186.3 万立方米,站场土石方 103.4 万立方米;特大桥 1 座、571 延长米,大桥 4 座、916 延长米,中桥 1 座、46 延长米;涵洞 105 座、3 256横延米;铺道碴 5.3 万立方米;房建4 296平方米。2001 年 5 月 15 日开工,年底完成路基土石方占设计量的 90%,特大桥、大中桥下部主体工程完工,涵洞全部完工。年内完成投资5 230万元。

西安南京铁路 W5 标段　位于河南省信阳市。施工里程 DK677+033.4～DK706+200,长 29.17 公里,合同投资15 379万元。主要工程量:区间路基土石方 366.1 万立方米,站场土石方 52.5 万立方米;特大桥 2 座、2 319延长米,大桥 10 座、2 552延长米,中桥 2 座、205 延长米;隧道 1 座、372 延长米;涵洞 124 座、3 376 横延米;铺道碴 9.9 万立方米;房建2 792平方米。因线路变更设计,2001 年 5 月 15 日开工,年底完成路基土石方 73%,特大桥、大、中桥下部主体工程完工,涵洞全部完工,隧道完成 68%。年内完成投资8 829万元。

洛湛铁路益阳—娄底第 2 标段　施工里程 DK17+967～DK30+000,长 12.033 公里,合同投资9 316万元。主要工程量:路基土石方 139 万立方米;中桥 3 座、196 延长米;隧道 2 座、2 053延长米;涵洞 59 座、1 157横延米;铺道碴8 957立方米。2000 年 12 月 27 日开工,年底完成路基土石方 75%,桥梁完成 50%,隧道完成 46%。年内完成投资5 537万元。

京秦铁路提速改造工程 A4 标段　施工里程 K75+500～K103+000,长 27.5 公里,合同投资11 225万元。主要工程量:路基土石方 10.43 万立方米,级配碎石 2.78 万立方米,路基加固水泥土挤密桩437 200延长米,砂桩65 014延长米,浆砌石9 529立方米;桥梁梁部加固 24 座、42 孔,框构小桥接长 4 座、302.35 延长米;涵洞接长 41 座、249.07 横延米;新建中桥 26 延长米;更换道碴 13.8 万立方米,抽换轨枕 9.02 万根,拆铺道岔 23 组,接建信号房 300 平方米。2001 年 8 月 25 日开工,年底完成路基土石方 7.4 万立方米,占设计量的 55%;水泥土挤密桩全部完成;框构小桥接长 4 座、210 延长米;涵洞接长 41 座、224.12 横延米;备轨枕 7 万根,备道岔 5 组,铺碴 2.3 万立方米。年内完成投资4 440万元。

京九铁路复线龙川—东莞 A3 标段　位于广东省河源市。施工里程 K2145+200～K2173+160,长 27.96公里,合同投资10 175万元。主要工程量:区间土石方 143.74 万立方米,站场土石方 12.58 万立方米;大桥 6 座、1 158.54延长米,中桥 10 座、637.7 延长米,小桥 1 座、62.2 延长米;隧道 2 座,411 延长米;涵洞 133 座、1 427.77横延米;铺道碴 1.82 万立方米,公跨铁立交桥 1 座。2001 年 1 月开工,年底完成路基土石方 151.83 万立方米;桥梁1 551延长米;隧道 299 延长米,涵洞1 406横延米,铺道碴 651 立方米。年内完成投资8 339万元。

胶州—新沂铁路 ZH－11 标段　位于山东省莒县。施工里程 K139＋650～K158＋350，长 19.88 公里，合同投资9 360万元。主要工程量：区间路基土石方 104.58 万立方米，站场土石方 39.82 万立方米；特大桥 1 座、1 307.09延长米，大桥 3 座、823.52 延长米，中桥 4 座、282.76 延长米，刚构中桥 2 座、332.8 延长米，小桥 2 座、54.84 延长米；涵洞 57 座、1 119.97横延米；铺道碴 6.12 万立方米；站线铺轨 4.18 公里。2001 年 11 月 20 日开工，年底完成路基土石方 24 万立方米，特大桥 20 延长米，大桥 15 延长米，涵洞 150 横延米。完成投资1 546万元。

（李　媛　白素萍　宋育英）

【路外工程施工】　在建铁路外工程 133 项，完成投资173 368万元。完成主要工程量：土石方1 756.13万立方米，桥梁20 673 延长米，隧道4 759 延长米，涵洞12 894横延米。重点工程：

杭衢高速公路第 9 合同段　施工里程 K124＋594～K145＋911，长 21.32 公里，合同投资23 854万元。主要工程量：路基土石方 312 万立方米，中小桥 18 座、764 延长米，涵洞 121 座、4 290横延米，立交及天桥 11 座、1 312延长米，路面 46.4 万平方米。1999 年 9 月开工，至年底除路面基层、面层外，其他工程全部完工。年内完成投资5 716万元，开工累计完成15 001万元。

205 国道莱新高速公路 A 合同段　施工里程 K0＋000～K7＋400，长 7.4 公里，合同投资 1 亿元。2000 年 9 月开工，至年底除改线变更设计工程外，其他工程全部完工。年内完成投资4 820万元，开工累计完成投资7 396万元。

福州罗长高速公路 A8 标段　施工里程 K52＋000～K54＋495，长 2.495 公里，合同投资22 889万元。2000 年 5 月开工，至年底，路基土石方、桥梁完成91%，涵洞全部完工。年内完成投资9 972万元，开工累计完成投资15 246万元。

四川万梁高速公路 D2 标段　施工里程：左线 ZK14＋985～ZK15＋760，长 0.775 公里；右线 YK14＋985～YK15＋800，长 0.815 公里。合同投资3 933万元。主要工程量：路基挖方 15.05 万立方米，填方8 374立方米；关家沟特大桥左线长 577 米，右线长 464 米。2000 年 2 月开工，至年底，土石方完成 95%，关家沟特大桥下部主体完工，T 梁预制、架设 50 片；附属圬工完成 73%。年内完成投资3 545万元，开工累计完成投资4 262万元。

厦门环岛路演武路口—厦大白城段　合同投资9 268万元。主要工程量：路基土石方 2.62 万立方米；跨海大桥海中桩基 75 根、陆上 18 根；人行天桥、高架桥各 1 座。2000 年 7 月开工，2001 年 8 月 1 日主体工程完工，9 月 7 日交付运营。累计完成投资9 250万元。

湖北襄十高速公路第 14 标段　施工里程 K383＋700～K387＋976，合同投资8 421万元。主要工程量：路基土石方 53 万立方米，特大桥 1 座，大桥 5 座，涵洞及通道 8 座。2001 年 3 月开工，至年底完成土石方 37 万立方米，占设计量的 70%；桥梁完成 299 延长米，占设计量的 20%；涵洞全部完工。年内完成投资1 568万元。

湖北襄十高速公路第 15 标段　施工里程 K387＋976～K393＋600，长 5.6 公里，合同投资11 948万元。主要工程量：路基土石方 170 万立方米，隧道 1 座、200 延长米，桥梁 3 座、1 324延长米，涵洞及通道 13 座、705 横延米。2001 年 8 月开工，至年底完成土石方 142 万立方米，桥梁 494 延长米，隧道 66 延长米，涵洞全部完工。年内完成投资5 131万元。

河南驻马店—信阳高速公路　施工里程 K12＋100～K23＋600，长 11.5 公里，合同投资17 908万元。主要工程量：路基土石方 209.5 万立方米，大桥 1 座、125.06 延长米，中桥 3 座、195.12 延长米，立交桥 11 座、281.42 米，涵洞 16 座、519.67 横延米，通道 18 座、579.42 横延米。2001 年 8 月开工，至年底完成路基土石方 83.8 万立方米，占设计量的 40%；涵洞及通道全部开工，其中 31 座基础已经完工；桥梁开工 15 座，钻孔桩基完成 184 根。年内完成投资4 108万元。

北京快速轨道交通工程第 10 标段　施工里程 K20＋620～K26＋033，长 5.413 公里，合同投资9 015万元。主要工程量：路基土石方 30 万立方米，高架桥 2 座、3 050延长米。2001 年 3 月开工，至年底立水高架桥全部完工，立水桥车站正进行站内装修。年内完成投资7 015万元。

（李　媛　白素萍）

【经营管理】　工程任务承揽。全面推行区域经营责任制，特别是 9 月以后，根据任务承揽不足问题多次召开会议，调整工作思路，加大奖惩力度，工程经营出现明显转机。全年共承揽工程任务 118 项，合同投资38.75 亿元，占年度计划的 109.15%。其中，铁路工程 21 项，中标额84 371万元，占承揽任务总额的 21.77%；公路 56 项，中标额210 796万元，占 54.4%；房建 20 项，中标额36 189万元，占 9.34%；市政、水利水电及其他工程 21 项，中标额56 132万元，占 14.48%。完成任务较好的单位是：第一工程处54 312万元，第六工程处53 183万元，第二工程处34 763万元。工程经营开辟了新的领域，年内中标南京地铁和海南三亚 1112 军事工程。

企业改革。经过全局职工的共同努力，于 9 月 16

日召开中铁十七局集团有限公司成立大会，改制挂牌工作顺利完成。对第二工程处和西安总公司、第五工程处和西宁总公司、建筑工程处和设备总公司、太原基地和服务公司、第一工程处与大同和青岛总公司、川东和重庆总公司等单位实施资产重组、企业重构，集团资产重组基本结束。全集团精简各级机关富余人员240余人充实到施工一线，280余名年老体弱职工内部退养，机构得到精简，效率得到提高，改革初见成效。所属单位的改制工作正在紧张、有序进行。

安全质量。组织开展多种形式的安全教育培训、"安全生产周"和"安康杯"竞赛活动，深化安全标准工地建设，强化施工现场检查监控，开展安全大检查和安全专项整治，及时消除事故隐患，实现安全生产2 717天，连续七年实现安全年。年内印发《关于加强在建工程质量监督管理工作的暂行规定》，工程质量处于受控状态，单位工程合格率100%，优良率97.8%；分项工程优良率96.9%，其中铁路"三电"工程优良率100%。获铁道部、山西省优质工程3项，总公司优质工程7项。6个QC小组分获山西省、铁道部"优秀QC小组"奖。在建工程质量多次受到业主通报表扬，远通集团公司承建的福宁高速公路A13标、罗长高速公路A8标，在全省质量大检查中均获第一；西安南京铁路局管段被评为全线"精品工程"52项。

财务管理。积极推进企业改制中的财务改革，顺利完成资产清查评估、验资注册登记、集团母子公司股权方案设计、职工配股缴款及新旧制度转换等工作。制定、完善压减银行贷款指标与职工收入挂钩办法，项目经济效益评估、货币资金上交和经费控管等办法，完善了企业内控制度。加大资金运作力度，全年清理欠款1.18亿元；清理、撤并银行账户38个，压减银行贷款2 569万元，调剂内部资金余缺23 359万元，节约利息支出510万元。加强成本费用控制，在西安南京铁路召开责任成本管理与核算现场会，推广经验，提出问题，研究对策；对神延、宝兰等14个铁路工程项目清算清收，核定收入、费用额度和上交比例，规范项目行为；从严控制非生产性开支，实施预算包干和责任包干货币化控管办法，制定工程经营费、业务招待费、离退休人员经费等若干管理规定；顺利完成社会事业性单位的归并和财产清查移交工作。加大财务监督力度，认真开展《会计法》执行情况、会计基础工作和防止企业改制中资产流失"三项"检查；推行项目会计委派制，做好委派人选的考察、推荐、上岗和定期述职考评；实施重要经济事项集体研究决策和"双签"制，制止多头审批、越权审批等，有效地加强了财务管理。

（周惠云　龚光新　宋育英）

【科技教育】　全年科技投入1 750万元，围绕重难点工程积极开展科技攻关。年内下达科技攻关计划32项，完成22项。年内1项科技成果通过铁道部鉴定，1项科技攻关课题列入山西省第二批科技计划，获得资助经费8万元。集团公司评出科技成果15项；5项成果获总公司科技进步奖，其中一等奖1项，二等奖2项，三等奖2项。集团公司认定局级工法8项，3项工法被总公司评为"优秀工法"，8项工法被认定为山西省省级工法，2项工法被认定为国家一级工法。集团公司评出优秀科技论文46篇，9篇论文在总公司获奖，48篇论文在国内各种学术交流中获奖。

教育工作以岗位培训、继续教育为重点，多层次、多形式、多渠道开展各类教育培训，全年共培训职工5 799人次，其中，干部2 184人次，工人3 615人次。年内选送109名项目经理参加培训并领取合格证书，培训、免试办理"十一大员"岗位证书163人，持证上岗项目经理达到737人，"十一大员"持证上岗达到2 639人。送外培训高级技工32人，其中钢筋工4人、材料试验工6人、测量工7人、线路工6人、焊接工2人、电工3人、桥梁装吊工4人。成人学历教育本科录取6人，专科录取24人。职工子女本科录取定向生19人，专科定向生28人。　（田朝霞　汪文革）

【公安与综合治理】　全力维护企业内部稳定，摸排内部重点人员19人、矛盾线索37起，消除不稳定苗头56件；对8名"法轮功"修炼人员进行监控教育。严厉打击各种刑事犯罪活动，侦破各类刑事案件149起，其中大案31起，抓获作案人员196人，铲除犯罪团伙16个。查处治安案件604起、违法人员801人，查处赌博等社会丑恶现象17起；收缴各类民用枪支26支、子弹4 241发、炸药319公斤、雷管2 751枚、导火索2 542米，查处涉爆案件12起，发现并整改隐患24起。处置施工现场阻工等群体事件105起。加强公安队伍建设，在铁道建筑公安局组织开展的分处建设达标创优、派出所建设达标创"十佳"活动中，8个分处、23个工地派出所全部达标。

治安综合治理工作以稳定为中心，以强化责任制为保障，以基层建设为重点，坚持"打防结合、预防为主"的方针，不断加大治安整治力度，打、防、控一体化机制日趋完善。重点部位的人防、技防、物防得到新的加强，内部发案率与2000年同期相比降低18%。内部职工违法犯罪控制有效，全年无职工犯罪，职工违法率控制在0.16%以下；无集体上访，聚众危害治安、罢工、罢课等严重事件；无职工自杀。治安活动再创佳绩，60%的在建工点达到"治安模范工地"标准，机关、基地治安安全达标。　（赵庆栋　杜树铭）

【党群工作】 党的工作。全局有党委38个，党工委93个，党总支10个，党支部362个，党小组709个；党员4 908名，其中女性党员336名。(1)理论学习。集团公司及所属单位党委中心组全年集中学习分别为24次和12次，参学率达到80%以上。先后邀请国务院体改办、中央党校的专家、学者为集团公司和所属党委中心学习组成员及机关处以上干部专题辅导，经测验效果较好。(2)领导班子建设。结合建立现代企业制度，8个工程处调整主管，其中3个处调整党政主管，一批1982年以后大学毕业的年轻干部走上领导岗位。8个处领导班子成员中年龄在45岁以下的66人，占总数的59%。集团公司党委连续八年被总公司评为“四好领导班子”。(3)干部队伍建设。干部人事工作在扩大民主、完善考核、推进交流、加强监督上下功夫，管理人员实行公开竞聘，民主评议不称职票达三分之一的不予上岗。选拔“青年科技拔尖人才”12名、“学科技术带头人”6名。党务干部合格率100%，优秀率60%；35岁以下的大中专毕业生担任建制单位专职书记的36人，占30%。(4)基层党组织建设。对调整编制体制的单位和新组建的工程项目部同步建立党组织。采取召开庆祝大会、知识竞赛、对党旗宣誓、歌咏比赛、健身活动等形式，广泛开展建党80周年纪念和“申奥”活动。年内发展党员115名。(5)思想政治工作和精神文明建设。结合重大改革举措出台及时编发教育提纲，确保改制工作顺利进行。11月，集团公司召开党委工作目标管理暨企业文化建设座谈会，12个单位交流经验。广泛宣传王宜强、梁春水、赵海生、谭芳桃、赵澄明等英雄模范人物的先进事迹。《铁建时报》编辑出版36期。未发生群体上访事件，职工违法率控制在0.16%以下。集团公司被评为“山西省职工思想道德达标十佳单位”，所属单位均保持当地政府授予的“文明单位(标兵)”称号。(6)党风廉政建设。严肃查处违纪、违法案件，年内结案20件，处分18人，挽回经济损失23万元。对原工贸总公司造成亏损的9名责任人给予党纪、政纪处分，同时给予经济处罚。

工会工作。(1)民主管理。企业改制后，局工会主席、副主席分别以职工董事、职工监事的身份进入集团公司董事会和监事会。挑选9名职工代表，对主要工程项目进行为期20天的巡视检查，内容涉及集体合同履行、企务公开、职代会制度落实、职工工资分配、承揽任务和完成产值、企业效益、安全质量及信誉、维护职工合法权益等10个方面共210项内容。(2)完成职工持股会的注册登记，选举产生职工持股会理事，职工持股率达95.6%，保证了企业按期改制挂牌。(3)集团公司和所属单位全部建立企务公开制度。(4)劳动竞赛。集团公司党政工团联合印发《关于开展经济技术创新和建功立业活动的通知》，通过开展活动让“帅才”进班子，让“专才”冒“尖子”，让“歪才”变“金子”，为能手铺“路子”。有192名职工、24个单位受到上级表彰，其中“全国劳动模范”1人，省部级“劳动模范”4人，“火车头奖章”获得者3人，“铁路建设大会战尖兵奖章”获得者18人。(5)“送温暖”活动。全局有特困职工家庭132户、贫困职工家庭102户、一般困难职工家庭147户。年内组织60多个慰问组开展“进万家门、知万家情、解万家难、暖万家心”的“送温暖”活动。(6)职工之家建设。280个应建家单位在全部建成合格职工之家的基础上，建成“先进职工之家”120个、“模范职工之家”57个。渝怀铁路工地“三线”建设得到总公司高度评价。

共青团工作。全局有基层团委16个、团支部222个，团员2 600名、专兼职团干部257人。3月，召开党建带团建工作会议，团组织在改革和资产重组中不断加强。组织开展“学技练功”、科技创新和青年突击竞赛活动，评出集团公司优秀“五小”成果20项，其中1项获山西省优秀QC成果二等奖。“七一”期间，组织开展大龄青年鹊桥联谊会、创建“青年文明号”、向党的生日献礼、评选集团公司“十大杰出青年”等系列活动。全年共创省级“青年文明号”工程8项，8人分别受到共青团中央、总公司团工委等上级团组织的表彰，第四工程处团委被中央企业工委授予“五四红旗团委”称号。

(史全喜　朱　河　燕正安)

【第一工程处】 铁路综合工程施工一级资质企业。机关驻山西省太原市小店区人民北路266号。处长李春道，党委书记潘喜发。下辖11个公司、20个项目部、5个工程段、11个工程队和太原基地、职工医院等单位。职工1 809人，其中干部468人，工人1 341人；技术干部243人，技术工人1 199人。资产总值31 541万元，其中固定资产原值11 211万元、净值6 729万元，流动资产23 722万元。主要机械、运输设备549台(套)，价值9 050万元，总功率27 270千瓦，人均动力装备率15.1千瓦、技术装备率3.1万元，机械化施工程度88%。

2001年，承揽工程12项，合同投资54 321万元。在建工程29项，完成企业总产值30 615万元，其中施工产值30 596万元、多种经营产值19万元。完成主要工程量：路基土石方376万立方米，桥梁3 000延长米，隧道1 247延长米，涵洞3 326横延米，铺道碴8万立方米，房建1.5万平方米。工程质量合格率100%，优良率99%。实现连续安全生产3 717天。全员劳动生产率106 529元/人年，人均年收入10 908元。国有资产保值增值率101%，经营性资产收益率3%，产值利润率 0.7%，投资收益上缴率 100%，应上缴款完成率 110%。年内获铁道部优质工程奖 1 项、局优质工程奖 5 项；开发、应用科技成果 15 项；编写工法 2 项，其中，《双塔架纵向钓鱼法架梁施工工法》被评为国家级工法。（黄保和）

【第二工程处】 铁路综合工程施工一级资质企业。机关驻山西省忻州市建设北路 14 号。处长吴建顺，党委书记张凤鸣。下辖 3 个公司、26 个工程项目部、20 个工程队及综合服务公司、职工医院等单位。职工1 762人，其中男职工1 531人、女职工 231 人；干部 512 人，工人1 250人；技术干部 388 人，技术工人 710 人。资产总值30 277万元，其中固定资产原值11 169万元、净值7 073万元，流动资产18 855万元。主要机械、运输设备 267 台（套），价值7 053.4万元，总功率25 109千瓦，人均动力装备率 20 千瓦、技术装备率 3.5 万元，机械化施工程度 85%。

2001 年，承揽工程任务 16 项，合同投资40 361万元。在建工程 31 项，完成企业总产值40 214万元，其中施工产值40 070万元、多种经营产值 144 万元。完成主要工程量：路基土石方 689.4 万立方米，桥梁3 236延长米，隧道1 082延长米，涵洞7 074横延米，铺道碴 8.8 万立方米，铺轨 26.41 公里，房建1 918平方米。工程质量合格率 100%，优良率 93.9%。实现连续安全生产5 234天。全员劳动生产率133 679元/人年，人均年收入10 877元。国有资产保值增值率 145%，经营性资产收益率 1.33%，产值利润率 0.7%，应上缴款完成率 115%。年内获省部级优质工程奖 2 项，局优质工程奖 5 项，被业主评为“优质样板工程”、“精品工程”38 项；顺利通过 ISO9002 质量体系监督审核和山西省建设委员会组织的安全资格年检；获集团公司“五比五杯”社会主义劳动竞赛第一名。（李晓萍）

【第三工程处】 铁路综合工程施工一级资质企业。机关驻河北省石家庄市中山西路。处长史金洪，党委书记王孟钧。下辖 10 个工程项目部、20 个工程队及职工医院等单位。职工1 866人，其中男职工1 658人、女职工 208 人；干部 553 人，工人1 313人；技术干部 439 人，技术工人1 065人。资产总值31 039.7万元，其中固定资产原值11 586.5万元、净值5 634.1万元，流动资产24 298.4万元。主要机械运输设备 152 台（套），价值7 866万元，总功率19 500千瓦，人均动力装备率 10.5 千瓦、技术装备率13 697元，机械化施工程度 73%。

2001 年，承揽工程任务 6 项，合同投资23 179万元。在建工程 22 项，完成企业总产值30 698.9万元，其中施工产值30 670.1万元、多种经营产值 28.8 万元。完成主要实物工程量：路基土石方 562.1 万立方米，桥梁2 605延长米，隧道1 507延长米，涵洞3 667横延米，铺道碴 6.15 万立方米，铺轨 21.4 公里，房建 212 平方米。工程质量合格率 100%，优良率 95.8%。实现连续安全生产2 918天。全员劳动生产率152 036元/人年，职工年人均收入10 093元。国有资产保值增值率 100%，资产负债率 77.96%，应上缴款完成率 100%。获集团公司“五比五杯”社会主义劳动竞赛“创新杯”，被总公司评为“关心下一代工作先进集体”。（郭永吉）

【第四工程处】 铁路综合工程施工一级资质企业。机关驻山西省晋中市榆次区道北街 39 号。处长高洪丽，党委书记王志英。下辖 10 个工程队、2 个机械运输队、7 个综合队、1 个机械队、16 个项目经理部及铁华大厦、综合服务部、职工医院等单位。职工1 777人，其中干部 356 人，工人1 421人；男职工1 568人，女职工 209 人；资产总值 31 964.5 万元，其中流动资产 24 985.7万元；固定资产原值 9 106.7 万元、净值 5 919.4万元。主要机械、运输设备 425 台（套），价值 4 555.7万元，总功率 36 833 千瓦，人均动力装备率 20.7千瓦、技术装备率25 600元，机械化施工程度 82%。年内新购机械、运输设备 26 台（套），原值 1 677.2万元。

2001 年，承揽工程任务 7 项，合同投资 31 765万元。在建工程 16 项，完成企业总产值36 652.5万元，其中施工产值36 252.5万元、多种经营产值 400 万元，实现利润 381.9 万元。完成主要实物工程量：路基土石方 416.54 万立方米，桥梁5 074延长米，隧道3 576延长米，涵洞3 319横延米，铺轨 11.4 公里。工程质量合格率 100%，优良率 96.5%。实现连续安全生产 4 346天。全员劳动生产率139 971元/人年，年人均收入12 213元。国有资产保值增值率 106%，经营性资产收益率 1.2%，产值利润率 1.04%，资产负债率 79.23%，投资收益上缴率 100%，应上缴款完成率 100%。全年取得科技成果 4 项，工法 5 项；获山西省优质工程奖 1 项，总公司优质工程奖 1 项。处被评为山西省“优秀建筑企业”、“职工宣教工作先进单位”，铁道部“关心下一代工作先进集体”，总公司“先进集体”，晋中市“重合同、守信用单位”。（刘 旭）

【第五工程处】 铁路、公路、市政工程施工一级资质企业。机关驻山西省太原市小店区人民北路 25 号。处长周生文，党委书记王树国。下辖 17 个工程项目部、

19个工程队及太原基地等单位。职工1 857人,其中男职工1 537人,女职工 320 人;干部 522 人,工人1 335人;技术干部 445 人,技术工人1 064人。资产总值29 116万元,其中,流动资产16 726万元,固定资产原值12 912万元、净值7 804万元。主要机械、运输设备435台(套),价值10 330万元,总功率22 211千瓦;人均动力装备率 13 千瓦、技术装备率32 547元,机械化施工程度70%。

2001年,承揽工程任务 10 项,合同投资40 456万元。在建工程 17 项,完成企业总产值37 478万元,其中施工产值37 281万元、多种经营产值 197 万元,人均创利 946 元,上交利润 58.8 万元。完成主要实物工程量:路基土石方 631 万立方米,桥梁2 924延长米,隧道2 303延长米,涵洞3 026横延米,铺道碴 7.95 万立方米。工程质量合格率 100%,优良率 93.5%。全员劳动生产率201 823元/人年,职工年人均收入12 829元。国有资产保值增值率 101%,经营性资产收益率2.51%,产值利润率 0.45%,资产负债率77.42%,投资收益上缴率 100%,应上缴款完成率162.2%。1月通过质量体系认证审核,获国际国内双认证证书;通过山西省劳动厅和山西省建委安全资格认证复审;获总公司科技进步三等奖和局科技进步一等奖各1项。年内处被授予“山西省文明单位”、“太原市文明单位标兵”和“全国质量效益型先进施工企业”等荣誉称号。

(王 虎)

【第六工程处】 公路工程施工一级,市政、工业与民用建筑工程施工二级资质企业。机关驻福建省厦门市莲花南路7号经协大厦。处长刘元豹,党委书记董金周。下辖5个公司、1个项目经理部。职工 392 人,其中男职工 316 人,女职工 76 人;干部 179 人,工人 213 人;技术干部 116 人,技术工人 173 人。资产总值26 261万元,其中流动资产22 978万元,固定资产原值3 986万元、净值2 396万元。主要机械、运输设备 62 台(套),价值2 580.8万元,总功率8 173千瓦,人均动力装备率 16.58 千瓦、技术装备率66 300元,机械化施工程度 88%。

2001年,承揽工程任务 7 项,合同投资51 857万元。在建工程 11 项,完成企业总产值27 191万元,其中施工产值26 476万元,多种经营产值 715 万元,人均创利5 860元。完成主要实物工程量:路基土石方 274万立方米,桥梁4 101延长米,隧道 104.4 延长米,涵洞4 069横延米。工程质量合格率 100%,优良率 100%。全员劳动生产率693 647元/人年,人均年收入19 210元。国有资产保值增值率 108%,经营性资产收益率3.58%,产值利润率 1%,资产负债率 74%,应上缴款完成率 100%。厦门海沧东渡立交桥、石塘立交桥分别被总公司、铁道部评为优质工程,获局优质工程奖 4项;年内处被评为总公司“模范职工之家”、厦门市“文明单位标兵”、福建省“思想政治工作优秀企业”和“重点工程建设先进单位”、山东省“重点工程建设先进单位”。

(温永源)

【建筑工程处】 工业与民用建筑工程施工一级资质企业。机关驻山西省太原市学府街 387 号。处长范作民,党委书记杨启庆。下辖 10 个公司、10 个工程项目部。职工 701 人,其中男职工 576 人,女职工 125 人;干部 275 人,工人 301 人;技术干部 159 人,技术工人180 人。资产总值15 408万元,其中流动资产11 773万元,固定资产原值2 423万元、净值1 701万元。主要机械、运输设备 30 台(套),价值 909 万元,总功率1 774千瓦,人均动力装备率 3.1 千瓦、技术装备率10 313元,机械化施工程度 64%。

2001年,承揽工程任务 16 项,合同投资23 920万元。在建工程 27 项,完成企业总产值7 122万元,其中施工产值6 977万元、多种经营产值 145 万元。完成主要实物工程量:路基土石方 22.74 万立方米,桥梁173.1 延长米,涵洞 276.51 横延米,房建36 458平方米。工程质量合格率 100%,优良率 50%。实现连续安全生产3 792天。全员劳动生产率66 689元/人年,年人均收入9 470元。国有资产保值增值率 100%,资产负债率 62.68%,应上缴款完成率 62.6%。年内获省、市优质工程奖 4 项,其中山西省国家税务局业务综合楼获山西省建设工程“汾水杯”质量奖、山西省新技术应用示范工程;获山西省优秀 QC 小组和优秀质量管理小组奖各 1 项、省级工法 2 项;被山西省授予“优秀建筑企业”称号。5月,通过山西省建设厅安全资格年检审核;9月,通过北京 ISO9002 质量认证中心监督审核。

(陈云龙)

【电务工程处】 铁路电务工程施工一级资质企业。机关驻山西省太原市昌盛西街 18 号。处长冯学彬,党委书记张传友。下辖5个公司、7个工程项目部、23个工程队。职工 512 人,其中男职工 401 人,女职工 111人;干部 214 人,工人 298 人;技术干部 117 人,技术工人 192 人。资产总值11 723万元,其中流动资产9 212万元,固定资产原值3 246万元、净值2 011万元。主要机械、运输设备 47 台(套),价值 631.7 万元,总功率3 896千瓦,人均动力装备率 7.58 千瓦、技术装备率2.3万元,机械化施工程度 97%。

2001年,承揽工程任务 14 项,合同投资18 130万元。在建工程 23 项,完成企业总产值14 368万元,其中施工产值14 293.6万元、多种经营产值74.4万元，上缴利润83万元。完成主要实物工程量：房建3 281平方米，电力站场5个、线路224.8公里、变配电所1个；通信站场15个、线路1.67公里、通信站360个；信号站7个、信号区间线路250公里；接触网16.73公里。工程质量合格率100%，优良率100%。实现连续安全生产6 101天。全员劳动生产率265 285元/人年，人均创利2 033元，人均年收入13 700元。国有资产保值增值率105.8%，经营性资产收益率0.55%，产值利润率0.8%，资产负债率73.6%，应上缴款完成率121%。年内获集团公司科技进步二等奖1项、总公司科技进步三等奖1项；局优质工程奖2项、铁道部优质工程奖1项，铁道部优秀QC小组1个；顺利通过北京ISO9002质量认证中心监督审核和山西省安全资格年度复审。9月被太原市评为“文明单位标兵”。

（宋占印）

【株洲战备材料总厂】　原为中铁建物资集团有限公司管辖企业，2001年11月划归中铁十七局集团有限公司管理，是集生产、经营、储运、装饰于一体的全民所有制企业。驻湖南省株洲市红旗北路附52号。厂长陈家友(8月离任)、王伴年(8月任)，党委书记邹志云(8月离任)、王俊奇(8月任)。总厂占地面积27.36万平方米。职工185人。固定资产原值716万元、净值478万元，流动资产1 418万元。铁路专用线2条，1.067公里；库房16栋，2.35万平方米；混凝土站台及货场6 500平方米。库内有5吨、10吨、15吨桁车各1台，16吨汽车吊1台，5吨叉车2台，3吨装载机2台，20吨、25吨龙门吊各1台。

2001年，总厂与6个生产经营单位分别签订生产经营承包合同书，实行资产经营责任承包。生产各型电机铜线244吨，外委装卸火车皮4 428个，装卸物资26.9万吨。电机线产品通过ISO9002国际认证。全年完成企业总产值1 138万元，实现利润9.9万元。国有资产保值增值率100%，经营性资产收益率0.36%，产值利润率0.9%，资产负债率70.66%。人均创利539元，职工人均年收入12 335元。年内被中铁物资集团公司评为安全生产先进单位。（董明良）

【重要记载】

▲1月8日　局开发的内昆铁路花土坡特大桥“高墩大跨连续梁桥快速施工成套技术”在太原通过铁道部科教司组织的科技成果鉴定，达到国际先进水平。

▲1月9日～11日　局党委四届五次全会暨2001年工作会、五届四次职代会在太原召开。

▲1月10日　第二工程处与西安总公司实施资产重组，原西安总公司撤销；第五工程处与西宁总公司实施资产重组，原西宁总公司撤销。

▲1月16日　局厦门工程处更名为中铁第十七工程局第六工程处。

▲2月13日　第四工程处承建的运三高速公路吴家嘴大桥施工技术，在榆次通过山西省鉴定，整体技术达到国内先进水平。

▲2月21日　局被授予“全国设备管理优秀单位”称号。

▲3月12日　局中标西安南京铁路W4、W5标段，合同投资31 280万元。

▲3月19日　原建筑工程处与机械设备工程总公司和铁源工程总公司实施资产重组，原机械设备工程总公司和铁源工程总公司撤销。

▲3月31日　经山西省工商局核准，中铁第十七工程局改制为中铁十七局集团有限公司，并领取企业法人营业执照。

▲4月3日　局召开2000年度科技成果评审会，评出获奖科技成果23项，认定局级工法14项，获奖优秀技术总结及科技论文52篇。

▲4月4日　局中标京秦铁路提速改造工程A4标段，合同投资11 225万元。

▲4月11日　局长丁原臣调任总公司副总经理。

▲4月12日　经总公司党政领导干部联席会议研究，确定局长由党委书记瞿观鄞兼任，主持党委和行政工作。

▲4月28日　局副总工程师、“全国劳动模范”王宜强应邀参加全国劳模事迹报告团，在北京中南海向中央领导作专场汇报，受到江泽民总书记等党和国家领导人的亲切接见。

▲5月16日　全国内部经济责任审计经验交流会在青岛召开，局作为总公司系统惟一特邀单位参加会议并作典型发言。

▲6月3日　局召开2000年度优质工程评审会，评出优质工程27项，其中一等奖10项、二等奖17项，颁发奖金681 205元。

▲6月19日　云南省省长徐荣凯率省委、省政府有关领导视察内昆铁路昭通车站、花土坡特大桥工地。

▲6月21日　在西安南京铁路全线第一批“精品工程”评比中，局31项工程榜上有名，居总公司系统第一。

▲7月1日　第三工程处高级技师徐春光被中央企业工委授予“优秀共产党员”称号。

▲7月27日　局申报的《施工企业规范化管理运行体系》，在全国工程建设企业管理现代化成果评审会上获二等奖。

▲9月3日　局中标南京地铁一期工程TA18标段，合同投资5 197万元，首次进入地铁市场。

▲9月16日　中铁十七局集团有限公司挂牌成立。

▲9月18日　中华全国总工会书记处书记纪明波到集团公司视察调研。

▲9月19日　内昆铁路全线铺通典礼暨确保开通动员大会在局管段昭通车站举行。

▲9月20日　集团公司中标胶新铁路11标段，长18.928公里，合同投资9 360万元。

▲9月25日　菏日复线局管段28.18公里顺利开通并交付运营。

▲同日　根据中铁建任〔2001〕103号文件和集团公司一届一次董事会决议，聘任：薛之桂为集团公司总经理，赵平、郑余近、万敦炎、唐佑光、孙中林为副总经理，段东明为总工程师，李忠信为总会计师。

▲10月15日　集团公司中标洛湛铁路益娄段工程通信标和信号标，合同投资4 196万元。

▲10月　经中国职工思想政治工作研究会《半月谈》评定，集团公司获《半月谈》思想政治工作创新"双优奖"，并在全国50名"双优奖"中获前10名"特等奖"。

▲11月2日　集团公司中标海南三亚1112工程，合同投资17 450万元，首次进入国防工程领域。

▲11月12日　铁道部、铁二院、兰州铁道学院等单位对花土坡特大桥进行动、静载试验，质量完全达到设计要求。

▲11月28日　总公司、总公司党委决定，将株洲战备材料总厂划归集团公司管辖，于12月21日更名为中铁十七局集团有限公司株洲战备材料总厂。

▲12月9日　集团公司承建的宝兰铁路二线许家台—夏官营区间通过验收并顺利开通。

▲12月26日　集团公司被国家工商行政管理总局命名为首批"重合同、守信用企业"。（宋育英）

中铁十八局集团有限公司

【简况】　中铁十八局集团有限公司前身为中铁第十八工程局，于2001年4月18日改制注册，8月26日正式挂牌成立。系全国首批工程总承包和工程施工总承包一级资质企业，并具有对外承包工程资质。机关驻天津市河西区柳林。下辖9个控股子公司、10个分公司、技工学校、中心医院、子弟学校及15个工程项目指挥部。职工19 384人，其中干部5 426人（专业技术干部4 486人），工人13 958人（技术工人10 469人）。资产总额306 871万元，注册资本70 650万元（其中集团公司53 000万元）。固定资产原值142 555万元，净值74 099万元。机械设备、车辆3 317台（套），总功率256 349千瓦，人均动力装备率14.2千瓦、技术装备率18 095.66元，机械化施工程度85%。年施工能力30亿元以上。

2001年，共承揽工程166项，合同金额509 109万元，首次突破50亿元大关。完成企业总产值367 030万元，其中施工产值348 372万元，多种经营产值18 658万元。实现利润3 917万元。年人均收入14 007元。国有资产保值增值率102.54%，经营性资产收益率2.67%，资产负债率75%，产值利润率1.2%，应上缴款完成率100%。完成主要实物工程量：土石方1 821万立方米，隧道37 414延长米，桥梁22 291延长米，涵渠11 692横延米，房建158 499平方米，均超额完成年度计划指标。科技开发成果显著，科技进步贡献率达50%，年度科技投入186万元，完成科技项目50项，推广"四新"成果46项，获总公司科技进步一等奖2项、二等奖2项、三等奖2项；获集团公司科技进步一等奖4项、二等奖8项、三等奖20项。工程质量优良率89.8%。南昆铁路八渡南盘江特大桥和上海市逸仙路高架桥荣获国家优质工程银质奖，石黄隧道工程被评为"全国用户满意工程"。实现安全生产目标，年度职工因工死亡率为0.043‰，负伤率为0.347‰，均低于上级考核指标。10月11日，集团公司和8个子公司全部通过长城（天津）质保中心质量体系审核，在总公司系统率先获得2000版质量体系认证证书。集团公司共有项目经理428人，其中一级项目经理279人、二级项目经理146人、三级项目经理3人。年内，集团公司被天津市人民政府命名为"重合同、守信誉单位"，被中国建设银行天津市分行评定为"AAA级信用企业"；董事长赵广发被评为2001年度天津市"优秀企业家"、"十佳企业家"和"全国优秀施工企业家"。

（王千永　甘益仲）

【领导人员】

股东会

国有股代表　　霍金贵

赵广发

李永军

张璠琦

吴靖文

职工股代表　　李洪奇

彭道富
刘金林
户海印

董事会

董事长 赵广发
副董事长 李永军
张播琦
刘士彦
国有股董事 赵广发
李永军
张播琦
刘士彦
曾庆道
荆长华
职工股董事 钱延年
杨玉刚
翟仕英
刘树洪
职工代表董事 户海印

监事会

监事会主席 黄少军
国有股监事 黄少军
刘国秀
陈松金
职工股监事 谭明锋
职工代表监事 孔庆亮

经理层

总经理 张播琦
副总经理 钱延年
杨玉刚
翟仕英
李洪奇
彭道富
刘金林
总工程师 雷升祥
总经济师 董广田
总会计师 荆长华

党群领导

党委书记 李永军
党委副书记 赵广发(兼)
张播琦(兼)
刘树洪
纪委书记 陈松金
工会主席 翟仕英(8月离任)
户海印(8月任)

(王千永 甘益仲)

【工程项目指挥机构】 西康铁路秦岭隧道工程指挥部 驻陕西省柞水县营盘镇。指挥长魏贤坤,党委书记苗安洲,副指挥长李培忠、副指挥长兼总经济师杨继明,总工程师郭志强。

秦沈客运专线工程指挥部 驻辽宁省辽中县中心街60号。指挥长赵明传,党工委书记万铁堂,副指挥长张庆伟,副总工程师徐浚。

株六铁路复线工程指挥部 驻贵州省六盘水市。指挥长姚维新,党工委书记吴星丞,总工程师梁双宝。

内昆铁路工程指挥部 驻贵州省威宁县。指挥长杜洪举,党工委书记刘胜(1月离任),总工程师黄健(9月离任)。

西安南京铁路东秦岭隧道工程指挥部 驻陕西省商洛市商州区西荆乡。指挥长杨福清,党工委书记刘永清,副指挥长张旭则、杨继成,总工程师秦培文。

渝怀铁路工程指挥部 驻重庆市彭水县外河坝。指挥长雷升祥,党工委书记刘胜(1月任),副指挥长薛新广、黄成恒,总工程师冯涛。

京秦铁路提速改造工程指挥部 驻河北省迁安市沙河驿宏圆宾馆。指挥长熊也良(7月离任)、杨国良(7月任),党工委书记江朝兴(7月任),副指挥长冯焕富(8月离任),总工程师张雪锋。

青藏铁路工程指挥部 驻西藏安多县。指挥长韩利民,党工委书记李继业,副指挥长李继平、刘卓,总工程师陈鹏。

朔黄铁路工程指挥部 驻山西省盂县温泉疗养院。指挥长熊也良(7月任),党工委书记江朝兴(7月离任),副总工程师王保国。

湖北清江水布垭水利枢纽导流洞工程指挥部 驻湖北省巴东县水布垭工区。指挥长李生宏,党工委书记马伟峰,总工程师宫志群。

天津津滨轻轨交通工程指挥部 驻天津市开发区。指挥长张兴彦,副指挥长黄健、岳运明,总工程师翁卫军。

雁门关隧道工程指挥部 驻山西省代县雁门关乡新庄村。指挥长李洪奇,常务副指挥长罗伯文,总工程师苏在林。

海南工程指挥部 驻海南省三亚市亚龙湾。指挥长李铁翔,党工委书记范业昌,总工程师李春杰。

四川工程指挥部 驻四川省雅安市宝兴县。指挥长刘以升,党工委副书记乔治亚。

沙特阿拉伯项目经理部 驻沙特阿拉伯东部省朱拜尔工业区。项目经理宋霖,党工委书记徐锡国,总工程师张师岸。 (王千永 甘益仲)

【职工队伍】 职工19 384人,其中干部5 426人,工人

13 958人;女职工4 914人。干部中各类专业技术干部4 486人,占干部总数的82.7%;女干部1 034人,占干部总数的19.1%;大学本科以上学历1 623人,大专学历1 826人,分别占干部总数的29.9%和33.7%;35岁以下干部3 071人,36岁～45岁干部1 191人,分别占干部总数的56.6%和21.9%。专业技术干部中,高级职务264人,中级职务1 168人,初级职务3 054人,分别占专业技术干部总数的5.9%、26%和68.1%。

工人中,女工人3 880人,占工人总数的27.8%;技术工人10 469人,占工人总数的75%。文化结构:初中以下5 290人,高中6 239人,技校1 228人,中专740人,大专以上461人。参加工作时间:1968年以前56人,1969年～1978年2 512人,1979年～1988年5 583人,1989年以后5 807人。年龄结构:25岁以下2 931人,26岁～35岁4 048人,36岁～45岁6 267人,46岁以上712人。技术工人中初级技工1 214人,中级技工6 732人,高级技工2 146人,技师365人,高级技师12人。

(刘琳琳　张　巍)

【铁路工程施工】 西安南京铁路　东秦岭隧道,年内正洞掘进3 075米,开工累计掘进4 271米;衬砌年内完成2 546米,开工累计完成3 072米;年内完成成洞2 707延长米,开工累计完成成洞3 556延长米,均超额完成年度计划。平导掘进年内完成3 574米,开工累计完成6 219米,提前7个月到达分界线。正洞2 144米衬砌段被铁道部西安南京铁路建设总指挥部评为综合工程"优质样板段",洞外三桥三涵被评为"精品工程"。桃花铺1号隧道年内TBM掘进机完成4 024米,开工累计完成4 276米,平均月掘进335.37米。6月～7月,创造TBM掘进机月掘进551米的全国最高纪录,荣获总公司通令嘉奖。

西康铁路秦岭隧道　Ⅱ线隧道于8月24日全面完成扩挖任务,为衬砌、铺底施工创造了条件。秦岭终南山特长公路隧道开始横通道施工。

渝怀铁路　工程上场快、准备快、开工快。彭水隧道年内正洞掘进3 219米,衬砌1 057米,折合成洞2 273延长米,进口段光面爆破质量被铁道部蔡庆华副部长称赞为全线第一;其他隧道年内完成1 853延长米,桥梁完成143.6延长米,涵渠完成908.2横延米,土石方完成71.7万立方米,均超额完成年度计划。因施工进度快、工程质量好,多次受到铁道部渝怀铁路建设总指挥部的好评。

青藏铁路　第9标段地处青藏高原腹地,海拔高达4 944米,为全线海拔最高的标段。自6月8日上场以来,本着快速建家、快速开工的原则,迅速组建物资转运站、预制厂、石碴厂,组织职工进行高原冻土施工技术培训,到年底各项施工准备基本就绪。

京秦铁路提速改造工程　是中国第一条对既有铁路进行全面改造的线路,工期紧、质量要求高,线路改造后列车运行时速达到160～200公里。施工中打破常规,对传统施工工艺进行优化,实行全方位监控,实现了安全生产,工程质量逐步提高。

此外,株六、内昆、朔黄、达万、秦沈铁路等收尾及站后工程进展顺利,朔黄铁路线下工程于12月28日顺利通过验收,株六铁路复线于12月30日正式开通运营。

(钱　兵　张秋祥)

【路外工程施工】 福宁高速公路赤岭隧道　施工中攻难克险,通过17条断层发育构造带和6条裂隙密集带,右线于10月20日、左线于11月28日贯通,整座隧道提前48天完工,受到业主的高度赞扬。

延塞高速公路　墩山隧道提前4个月贯通,在业主开展的"工程质量、工程进度、文明施工、内业资料"综合考评中,连续6个月名列全线前茅,被评为"标兵标段",并获业主颁发的100万元奖金。

水布垭导流洞工程　在确保安全生产的同时,狠抓工程质量、进度,1号导流洞上半断面7月1日打到分界线,下半断面9月24日打到分界线;2号导流洞上半断面7月28日打到分界线,下半断面10月28日打到分界线。完成分项工程151项,工程质量合格率100%,优良率95%。在甲方开展的"质量安全月"竞赛活动中,获得惟一的"质量安全月"先进单位称号。

碗米坡电站工程　是湖南省湘西自治州投资最大的电力工程。自3月上场以来,仅用6个月时间实现大江截流,再创"当年进场、当年施工、当年截流"奇迹,受到湖南省及五凌公司高度评价。

海南国防工程　11月8日开工,11月27日开始正洞掘进,实现"当月中标、当月进场、当月进洞施工"目标,施工进展顺利。

此外,大保公路、成南公路、潭邵公路、甬台公路等工程施工进展顺利,工程质量稳步提高。

(张秋祥　黄　欣　张运山)

【经营管理】 企业管理。2001年,集团公司认真贯彻实施"经济强企、质量建企、科技兴企、依法治企"的总体目标,注重企业经营管理战略研究,注重抓好企业改制及资质管理工作,取得显著成绩。8月26日集团公司改制挂牌,并以中铁十八局集团有限公司为核心企业组建中铁十八局集团,进行资产重组和企业重构,初步建立现代企业制度,并着手制定适应新体制运行的企业管理机制和规章制度。加强企业发展战略研究,在总结分析"九五"期间生产经营的基础上,组织制定

《中铁十八局集团有限公司"十五"企业发展规划(草案)》,并经六届一次职代会审议通过,为企业在新世纪实现新发展提供决策建议。5月31日,召开集团公司资质就位工作会议,组织开展新资质申报工作,年内集团公司及所属子公司资质申报资料全部上报。完成集团公司及所属子公司年度营业执照、年度法人代码证年检工作。新申办项目经理资质141人,有资质项目经理达到428人,其中一级项目经理279人、二级项目经理146人、三级项目经理3人,项目经理资质顺利通过复审。年内有2项企业管理现代化创新成果获总公司二等奖,1项获天津市一等奖。

工程承揽。集团公司全年承揽工程166项,总投资509 109万元,完成年度计划的145.5%,首次突破50亿元大关。其中,铁路工程28项,投资100 713万元;公路工程49项,投资282 397万元;水利电力工程23项,投资53 780万元;房建工程23项,投资25 565万元;市政工程35项,投资42 156万元;其他工程8项,投资4 498万元。承揽工程任务前三名是:第五工程有限公司86 907万元,第四工程有限公司82 339万元,第三工程有限公司66 073万元。

多种经营。根据"围绕主业发展多经,服务主业带动多经"的集团公司多种经营发展战略,制定《关于严格执行〈内部市场管理规定〉,促进多种经营快速发展的决定》,加强了内部市场管理工作。举办市场营销培训班,78名多种经营企业厂长、经理和分管领导参加培训,提高了工作能力。开展多种经营"五比"劳动竞赛,电务工程有限公司及第二、第五工程有限公司被评为"五比"劳动竞赛优胜单位前三名。截止至2001年末,全集团公司共有多种经营企业64个,从业人员3 160人,完成营业收入32 348万元,缴纳税金321.6万元,实现利润29.3万元。资产总额17 549.5万元,发放职工工资3 192万元,年人均工资收入10 053元,与2000年同期相比增长9.8%。

(李　琳　赵福明　李若来　刘康玲)

【科技教育】 科技工作。围绕集团公司"十五"科技发展规划目标和年度科技计划要求,坚持走科技兴企之路,为重难点工程保驾护航,科技攻关和新技术开发取得显著成绩。年内3项科研成果通过技术鉴定,获省(市)科技进步奖5项,获总公司科技进步奖6项,评出集团公司科技进步奖32项;获国家级工法2项,总公司级工法5项。

教育工作。紧密结合企业改制实际,年内培训项目经理172人、"十一大员"126人,专业技术干部继续教育308人;举办规范化岗位培训班98期,受训职工4 600人次,年度全员培训率4.85%,工人专业技术培训率26.7%。组织200名职工子女参加内部考试,完成职工子女大、中专班的选拔录取,共招收技工生60人、高级技工生110人、中专生90人、大专生40人,满足了职工子女的升学要求。加强对技工学校和子弟学校的协调、督促和指导工作。(晁庚奇　秦跃新)

【公安与综合治理】 公安工作。紧紧围绕施工生产和提高经济效益这个中心,开展"严打整治"专项斗争,维护企业内部稳定,保证了企业改制和施工生产的顺利进行。全年共立刑事案件168起、破124起,抓获作案分子139名,为企业避免直接经济损失24.3万元。共立案并查处治安案件458起,处罚574人,调解各类纠纷775起。

治安综合治理。以落实治安综合治理领导责任制和开展"创安"活动为主线,以工地安宁、基地安宁为目标,不断加大综合治理力度,全面提高企业的整体防控能力。进一步健全完善治安综合治理领导责任制和目标管理责任制,逐级签订责任书,形成治安保卫责任制网络体系;深入开展"创建安全文明大院"活动,第一工程有限公司机关被河北省涿州市评为"安全文明示范小区";开展为期8个月的"治爆缉枪"专项行动、为期3个月的消防安全专项整治及"狂飙夜查"行动,开展"网上追逃"专项斗争,收缴一批枪支弹药和爆炸物品,消除安全隐患,净化施工队伍,为安全生产奠定了良好基础。(孔晓洲　于三德)

【党群工作】 党的工作。2001年,集团公司党委坚持以党的十五届六中全会精神、邓小平理论和江泽民"三个代表"重要思想为指导,依靠各级党组织和全体职工的共同努力,顺利实现企业改制重大历史转折,企业两个文明建设取得显著成绩。(1)企业改制顺利实施,中铁十八局集团有限公司于8月26日正式成立。(2)领导班子建设进一步优化。集团公司党委围绕深化改革、促进发展、维护稳定三大任务和领导班子作风建设,深入开展"三个代表"重要思想学习教育和作风整顿,指导子公司和分公司领导班子开展加强作风建设专题民主生活会。随着企业改制,调整集团公司和所属子公司、分公司领导班子,各级领导班子的年龄、文化和知识结构进一步优化,经营管理能力进一步提高。(3)干部队伍素质有新的提高。加强干部队伍党风廉政建设,各级党政主管与所属单位党政主管签订党风廉政建设目标责任书275份。3月,开展"党风廉政教育宣传月"活动,5 007名党员干部参加"国有资产与法律"知识竞赛,提高了广大党员干部遵纪守法的自觉性。5月～11月,开展"学法规、学党纪"的"双学"活动,338名副处以上党员干部和40名纪检监察干部参加“双学”知识竞赛，平均得分90分以上。集团公司纪委作出领导干部廉洁自律5项规定，通过检查发现134名领导干部拒收现金、礼品折合人民币84.3万元。对拟提升的35名处以上领导干部和258名科级干部进行任前公示，保证了任用干部质量。年内处分违纪党员干部30人，追究责任29人，增强了干部队伍的廉洁自律意识。(4)基层建设有新突破。在渝怀铁路项目部党委和下属3个党支部进行“三个代表”教育试点工作，取得丰硕成果，受到总公司检查组的好评。纪念建党80周年，组织开展“建党年”和“党建杯”系列教育、表彰活动，树立先进基层党组织标兵单位10个、优秀党务工作者和优秀共产党员标兵各10名，其中有5个基层党组织、5名党务工作者和9名共产党员受到总公司党委和天津市城建工委表彰，1名党员被天津市委授予“优秀共产党员”称号。(5)思想政治工作取得新成效。以青藏铁路、东秦岭隧道、桃花铺1号隧道等重点工程为主战场，狠抓形势任务教育和现场宣传鼓动工作，增强广大职工完成任务的自觉性。开展企业改制重大意义教育，激发广大职工改制热情，对群众普遍关心、反映强烈的热点问题进行专题讨论，理顺情绪、统一思想，保证改制顺利进行。加大新闻报道及对外宣传力度，年内在中央级报纸刊稿658篇，行业及地方报刊稿282篇，有4部电视片获奖，新闻报道再次名列总公司系统第一名。

工会工作。集团公司各级工会组织广大职工深入学习“三个代表”重要思想及新修订的《工会法》，落实“依靠”方针，突出维护职能，围绕中心、服务大局，深化企务公开，强化民主管理，抓好建家建线，履行集体合同，搞好劳动竞赛和立功创模，加强工会自身建设，为企业改制、发展与稳定做出新贡献。年内集团公司工会被评为“天津市民主管理工作先进单位”。

共青团工作。集团公司团委紧密围绕企业中心工作，以服务企业、服务青年为宗旨，积极开展“创建青年文明号”、“争当青年岗位能手”、“青年创新创效”、“安全生产示范岗”等主题鲜明、富有特色的活动，团组织的凝聚力和战斗力明显增强，较好地发挥了生力军和突击队作用。年内，获省部级以上表彰的先进集体6个、先进个人7人，集团公司承建的内昆铁路李子沟特大桥被中央企业工委、共青团中央命名为“全国青年文明号”工程；渝怀铁路工程指挥部指挥长雷升祥被共青团中央、国家经贸委、劳动和社会保障部联合评选为“全国青年岗位能手”。　（肖乾文　王淑琴　王焱　黄新礼　温新生　钟兴兵）

【第一工程有限公司】　前身为中铁第十八工程局第一工程处，于8月28日改制为中铁十八局集团公司第一工程有限公司。机关驻河北省涿州市冠云路。系铁路综合工程、市政工程、工业与民用建筑工程施工一级及大Ⅱ型水利水电工程施工资质企业。董事长兼总经理邓中才，党委书记朱思理。公司下辖9个项目部、2个工程指挥部和机械化工程公司、工贸公司、职工医院等14个建制单位。职工2 143人，其中干部819人，工人1 324人。机械设备292台(套)，净值3 167万元，总功率38 137千瓦，人均动力装备率17.8千瓦。年施工能力6亿元以上。

2001年，承揽工程任务7项，合同总额33 250万元。完成生产经营总额45 028万元，企业总产值44 496万元，其中施工产值42 881万元，多种经营产值1 615万元。企业收益2 536万元，实现利润498万元，产值利润率1%。职工年人均收入13 375元。完成实物工程量：土石方278.4万立方米，隧道7 014延长米，桥梁3 908延长米，涵渠2 121横延米。分项工程优良率91.3%，单位工程优良率96.2%，获铁道部优质工程1项，集团公司优质工程1项。西北工程指挥部获天津市“‘九五’立功先进集体”称号；公安分处被铁道建筑公安局评为优秀公安分处，并荣立集体三等功；财务部被总公司评为财务会计工作先进单位；第三项目部承建的甘肃省山丹县冷龙岭引水隧道出口段工程创“国内同类引水隧道工程海拔最高、月平均掘进最长纪录”。　（公司办公室）

【第二工程有限公司】　前身为中铁第十八工程局第二工程处，于10月10日改制为中铁十八局集团公司第二工程有限公司。机关驻河北省唐山市新区光华道8号。系铁路综合工程、公路工程、市政工程、工业与民用建筑工程施工一级，水利水电、火电工程施工二级资质企业，河北省“AAA级资信企业”。董事长兰远钧，党委书记陈涛，总经理刘洪德。公司下辖8个工程公司、13个工程项目部及成都办事处、裕园酒店等单位。职工2 260人，其中干部828人，工人1 432人。资产总额33 296万元，机械设备349台(套)。年施工能力5亿元以上。

2001年，共承揽工程任务18项，合同金额45 000万元。完成施工产值47 000万元，实现利润498万元。单位工程优良率77.8%，创国家优质工程1项、部优质工程1项、总公司优质工程3项、集团公司优质工程7项。于8月30日顺利通过长城(天津)质量保证中心ISO9001:2000质量管理体系认证。年内，公司被中华全国总工会授予“全国模范职工之家”称号，公司领导班子被集团公司评为“四好领导班子”；机械施工七队被天津市授予“劳动模范集体单位”称号，内昆铁路李子沟特大桥青年突击队被评为“天津市十大标杆青年突击队”,该工程被命名为“全国青年文明号”工程;公司团委被天津市评为“五四红旗团委创建单位”,基地居民小区继续保持“河北省示范小区”和“花园式小区”称号。 (王宏祥)

【第三工程有限公司】 前身为中铁第十八工程局第三工程处,于10月15日改制为中铁十八局集团公司第三工程有限公司。机关驻河北省涿州市冠云路。系铁路综合工程、公路工程、市政工程、工业与民用建筑工程、水利水电工程施工一级,邮电通讯工程施工三级资质企业。董事长张明泉,党委书记袁瑞喜,总经理李兰勤。公司下辖10个工程分公司和电力、通信、工贸分公司及10个工程项目部、物业管理中心等单位。职工2 543人,其中干部1 039人,工人1 504人。机械设备540台(套),总功率55 261千瓦,综合机械化施工能力达90%以上。年施工能力5亿元以上。

2001年,承揽工程任务21项,合同金额89 355万元。完成企业总产值55 820万元,其中施工产值54 670万元,多种经营产值1 150万元。实现综合效益536万元。完成主要实物工程量:路基土石方320.7万立方米,隧道4 542.5延长米,桥梁977延长米,涵渠518横延米,敷设电缆、光缆13.5条公里,架设电力线80.4公里。工程质量合格率100%,优良率94.7%。天津开发区污水处理厂工程被评为国家优质工程,广渝公路华蓥山隧道和京福高速公路济泰路第二合同段被评为铁道部优质工程,神延铁路周家湾延河特大桥被评为全线“优质样板工程”,秦沈客运专线7项工程被评为全线“优质样板工程”、2项被评为全线“精品工程”、12项工程被评为集团公司优质工程。

(姬红伟)

【第四工程有限公司】 前身为中铁第十八工程局第四工程处,于10月18日改制为中铁十八局集团公司第四工程有限公司。机关驻河北省高碑店市和平路39号。系铁路综合工程、公路工程、市政工程、工业与民用建筑工程、水利水电工程施工一级资质企业。董事长程文才,党委书记刘月秋,总经理王德仙。公司下辖6个工程分公司和路桥、铺架、电信、公贸、生活服务公司及2个桥梁厂、6个工程项目部等单位。职工3 177人,其中干部1 268人,工人1 909人。固定资产29 784万元,机械设备625台(套)。年施工能力10亿元以上。

2001年,共承揽工程任务29项,合同金额108 379万元。完成企业总产值76 009万元,其中施工产值74 245万元,实现利润510万元。职工年人均收入12 496元。国有资产保值增值率103%,上缴款完成率100%,资产负债率89%。完成主要实物工程量:土石方622万立方米,隧道12 215延长米,桥梁4 607延长米,涵渠58 085横延米,铺轨2公里,架梁125孔,房建1 754平方米。单位工程合格率100%,优良率95%。完成科研项目8项,获铁道部优质工程2项、集团公司优质工程5项。年内,有1个单位获天津市“‘九五’立功先进集团”称号,1人荣获天津市“‘九五’立功奖章”,1人获总公司“三八红旗手”称号。对外报道工作获总公司“八连冠”佳绩。 (郭建军)

【第五工程有限公司】 前身为中铁第十八工程局第五工程处,于10月24日改制为中铁十八局集团公司第五工程有限公司。机关驻河北省高碑店市兴华北路10号。系铁路综合工程施工一级资质企业。董事长范成国,党委书记严志成,总经理苗福启。公司下辖11个工程分公司和华东、大都、修造公司及3个工程项目部、石家庄办事处、多种经营开发总公司等单位。职工2 758人,其中干部1 288人,工人1 470人。资产总额68 000万元,机械设备原值26 000万元、净值15 000万元。年施工能力8亿元以上。

2001年,承揽工程任务52项,合同金额101 108万元。完成企业总产值80 525万元,其中施工产值63 669万元,多种经营产值784万元。工程质量合格率100%,优良率96.2%。上海市逸仙路高架桥荣获国家优质工程银质奖,西安帽耳刘立交桥、松原公铁立交桥获总公司优质工程奖。杜绝职工因工亡人事故。公司政研会被总公司评为“优秀政研会”,三分公司党委被天津市城建工委评为“先进基层党组织”。

(公司办公室)

【电务工程有限公司】 前身为中铁第十八工程局电务工程处,于10月16日改制为中铁十八局集团公司电务工程有限公司。机关驻河北省高碑店市兴华北路5号。系铁路通信、信号、电力工程施工一级,铁路电气化、送变电和电信工程施工二级资质企业。董事长兼总经理田恒开,党委书记马庆武。公司下辖6个工程分公司和多种经营公司。职工1 263人,其中干部316人,工人947人。机械设备72台(套),总功率2 626.78千瓦;仪器仪表等施工设备1 000台(件),总价值1 200万元。年施工能力3亿元以上。

2001年,承揽工程任务22项,合同金额9 289万元。完成生产经营总额8 837万元,企业总产值8 307万元,其中施工产值8 107万元,多种经营产值200万元。实现利润196.4万元。产值利润率2.36%,国有资产保值增值率104.6%,应上缴款完成率100%。职工年人均收入16 828元,同比增长14.95%,股东分红利率3.7%。工程质量合格率100%,分项工程优良率98.04%,单位工程优良率100%。年内获集团公司优质工程1项,安全生产标准工地1个,优秀QC成果1项。连续安全生产3 183天,实现第9个安全生产年。

(公司办公室)

【建筑安装工程有限公司】 前身为中铁第十八工程局建筑安装工程处,于10月19日改制为中铁十八局集团公司建筑安装工程有限公司。机关驻河北省高碑店市迎宾路8号。公司以市政、工业与民用建筑和机电、化工设备安装工程为主项,系铁路工程、公路工程、市政工程、水利电力工程施工二级资质企业,并具有锅炉安装与修理、压力管道与压力容器安装、起重电梯、自动消防系统等工程施工资质。董事长兼总经理傅建军,党委书记李铁军。公司下辖2个分公司、1个燃气公司、12个工程项目部。职工1 350人,其中干部312人,工人1 038人。总资产11 000万元,机械设备200台(套)。年施工能力3亿元以上。

2001年,承揽工程任务37项,合同金额13 200万元。完成企业总产值12 855万元,实现利润116万元。人均创利28 547元,职工年人均收入11 304元,缴纳税金465万元。工程质量合格率100%,优良率97%。天津城建学院综合楼、石家庄西郊供热站工程被集团公司评为"安全质量标准工地";大连轻轨、丹拉公路、东胜引黄工程被当地质检部门评为优良工程;烟台平安大厦工程被山东省评为省级"安全文明工地";获总公司优秀QC成果1项,集团公司优秀QC成果1项。安全生产形势良好,企业综合实力不断增强。年内,公司通过长城(天津)质量保证中心监督审核,被中国建设银行河北省分行命名为"AAA级信用企业",被河北省工商局评为"重合同、守信誉企业"。

(隋建丛 李沱)

【北京中铁大都工程有限公司】 由原北京中铁大都工程公司和原四处大都公司合并重组而成。于10月26日改制为北京中铁大都工程有限公司。机关驻北京市大兴区西红门镇。系工业与民用建筑工程施工总承包二级资质企业。董事长赵登宪,党委书记兰伯超,总经理沈大庆。公司下辖8个直属项目部。职工1 600人,其中干部400人,工人1 200人。固定资产532.21万元,机械、车辆115台(套),原值507.56万元、净值148.66万元。年施工能力2亿元以上。

2001年,承揽工程任务4项,合同金额15 000万元。完成施工产值9 335万元。职工年人均收入13 548元。完成实物工程量:土石方66万立方米,涵渠422横延米,房屋建筑面积45 444平方米。工程质量合格率100%,优良率85%。京通G9号楼工程荣获北京市"长城杯"和总公司"安全质量标准工地"称号;宝兰铁路宝天段工程荣获集团公司"安全质量标准工地"称号。连续安全生产2 372天,实现第7个安全生产年。

(辛威)

【中铁金属结构公司】 始建于1970年,原为中国人民解放军第6619工厂;1997年更名为涿州中铁建筑金属结构总厂,隶属中国铁道建筑总公司工厂局;2001年11月28日划归中铁十八局集团公司管理,改称现名。机关驻河北省涿州市涿固路31号。公司是以高层建筑钢结构、电站锅炉支架、工业厂房钢结构和桥梁钢结构产品制作和安装为主的钢结构制造一级资质企业,是中国钢结构协会会员和中国建筑金属结构委员会常务理事会会员单位、河北省劳动厅指定的锅炉压力容器焊工培训考试基地,受河北省劳动厅委托负责焊工证的发放工作。1998年5月获建设部颁发的钢结构、网架工程施工一级资质证书,同年8月通过北京9000认证中心与英国皇家认证中心质量体系认证。拥有钢结构、压力容器制造质量保证体系,设有中心计量室、理化试验室、无损探伤室、焊接试验室、CAD设计中心,是国家二级计量合格单位。公司经理司尚荣,党委书记时盈亮。下辖涿州分厂、紫荆关分厂、安装公司、乙炔站和铁路罐车检验站。职工1 062人,其中干部323人,工人739人。注册资金3 400万元。固定资产原值10 748万元、净值7 557万元,资产总额16 967万元。钢结构加工设备463台。年钢结构生产能力12 000吨,产值6 000万元以上。

2001年,承揽钢结构生产任务11 371.62吨,合同总价6 466万元。完成钢结构产品10 031.2吨,实现产值4 110.78万元。年内通过ISO9002质量体系复审换证,被中国农业银行河北省保定市支行命名为"AAA级信用企业"。

建厂30余年来,累计完成各类钢结构产品21万吨,产品遍布全国28个省、自治区和直辖市,曾在引滦入津、北京西站、天津彩虹大桥、国家粮食储备库天津直属粮库、中国银行大厦、北京站修复工程、宁夏大坝电厂、菲律宾奎松电厂、盘山电厂、邯峰电厂、黔北电厂等国内外和地方重点工程项目建设中发挥了重要作用。

(公司办公室)

【重要记载】

▲1月1日 福建省省委书记宋德福视察华东公司承建的罗长高速公路红山隧道建设工地,并慰问参建职工。

▲1月8日 西康铁路正式投入运营。

▲1月19日　总公司王振侯总经理率机关春节慰问组在局长赵广发陪同下，慰问五处和大都公司在京施工职工。

▲1月　局对处级领导班子进行全面考核和综合评比，7个单位领导班子被评为局"四好领导班子"。

▲2月4日～6日　局召开2001年工作会暨六届一次职代会，审议通过《企业"十五"发展规划》，民主评议12名局级领导干部。

▲2月11日　局中标湖北清江水布垭水利枢纽导流洞工程，合同金额12 301万元。

▲3月4日　神华集团公司总经理陈必亭、副董事长罗云光、朔黄铁路公司总经理薛继连和党委书记白东升等领导在局党委书记李永军陪同下，视察局承建的朔黄铁路肃黄段路基标准段工程。

▲4月17日　局团委纪念建党80周年，举办"心中的旗帜"演讲比赛。

▲4月30日　中华全国总工会授予二处工会"全国模范职工之家"称号。

▲4月　局长赵广发被天津市人民政府授予"劳动模范"称号。

▲4月　局中标京秦铁路提速改造工程B1标段，全长50.82公里，合同金额14 866万元。

▲5月4日　局渝怀铁路工程指挥部指挥长雷升祥被共青团中央、国家经贸委、劳动和社会保障部联合评为2000年度"全国青年岗位能手"。

▲5月31日　局中标青藏铁路格拉段9标段工程，长46.72公里，投资总额46 409万元。

▲6月6日　内昆铁路李子沟特大桥被中央企业工委、共青团中央命名为2000年度"全国青年文明号"工程。

▲6月17日　陕西省省委书记李建国在局党委书记李永军陪同下，视察西安南京铁路桃花铺1号隧道工地，高度评价TBM工程公司是一支智力密集型、有巨大发展潜力的现代化施工队伍，在陕西打出了声威，为陕西人民做出了巨大贡献。

▲6月26日　西安南京铁路桃花铺1号隧道TBM掘进机施工创单口月掘进551.818米的全国最高纪录。

▲7月1日　全局有5个基层党组织、5名党务工作者和9名共产党员，受到总公司党委和天津市城建工委表彰，其中1人被天津市委评为优秀共产党员。

▲7月10日　副局长杨玉刚在北京人民大会堂参加南昆铁路八渡南盘江特大桥和上海市逸仙路高架桥工程国家优质工程奖颁奖仪式。

▲7月18日　局中标沙特阿拉伯朱拜尔公路工程，合同金额21 800万元。

▲7月　局工会、三处一公司工委被天津市总工会评为"企务公开民主管理达标先进单位"。

▲8月1日　经中国建设银行天津分行信用等级评定委员会评定，中铁十八局集团有限公司为"AAA级信用企业"。

▲8月5日　尼日利亚包奇州政府代表团应邀来局考察访问，受到天津市副市长王述祖接见。

▲8月23日　局工会召开六届一次职代会主席团成员和各代表团团长会议，审议通过《中铁第十八工程局建立现代企业制度总体实施方案》、《中铁十八局集团有限公司章程》和《中铁十八局集团章程》，选举产生进入董事会、监事会的职工代表。

▲8月25日　TBM工程公司中标西安机场六村堡立交桥工程，合同金额17 800万元。

▲8月26日　中铁十八局集团有限公司和中铁十八局集团正式挂牌运作，建立以公司制为主的现代企业制度，确立新型法人治理结构。

▲8月　中共中铁第十八工程局委员会更名为中共中铁十八局集团有限公司委员会。

▲9月14日～16日　梅坎铁路B标段工程顺利通过铁道部及上海铁路局组织的初验，工程质量获全线第一名。

▲9月19日　内昆铁路全线铺通庆祝大会在云南省昭通市召开，铁道部部长傅志寰、云南省省委书记令狐安，四川、贵州省和总公司领导及集团公司副总经理杨玉刚、内昆铁路指挥长杜洪举出席铺通庆典。

▲9月25日　在天津市第三届"十杰百优"青年岗位能手终评会上，集团公司西康铁路工程指挥部郭志强被评为"十大杰出青年岗位能手"，大都公司刘玉伟被评为"优秀青年岗位能手"。

▲9月27日　集团公司中标新原高速公路雁门关隧道6B合同段工程，长5 175米，合同金额24 000万元。

▲9月26日～28日　集团公司中标京福高速公路FA1、FA6标段和山东胶新铁路第12标段工程，合同金额55 719万元。

▲9月28日～29日　集团公司在西安南京铁路东秦岭隧道工程指挥部召开项目标准化管理暨建家建线现场会，表彰23个现场标准化管理及建家建线先进单位。

▲10月10日　甘肃省山丹县冷龙岭引水隧道出口段工程，被中国企业联合会、中国企业家协会认定为"创国内同类引水隧道工程海拔最高、月平均掘进最长纪录"。

▲10月11日　集团公司和所属8个子公司全部通过长城(天津)质量保证中心ISO9001:2000标准质

量体系审核，在总公司系统率先获得 2000 版质量体系认证证书。

▲10 月 29 日～11 月 1 日　集团公司工会主席户海印当选为天津市总工会第十四届委员会委员。

▲11 月 2 日　集团公司中标海南省亚龙湾国防工程第 2 标段，合同金额12 560万元。

▲11 月 8 日　尼日利亚总统奥巴桑乔两次接见在该国检查指导工作的集团公司董事长赵广发一行，并进行亲切友好的交谈。

▲11 月 9 日　西藏自治区主席列确及部分人大代表视察集团公司青藏铁路建设工地。

▲11 月 22 日　集团公司承建的西安南京铁路东秦岭隧道平导提前 7 个月率先打到分界线，并创造小断面人工钻爆日掘进 25.1 米、月掘进 406.8 米，平均月掘进 292.5 米三项全国最高纪录。

▲11 月 29 日　根据总公司、总公司党委决定，集团公司接收涿州中铁建筑金属结构总厂、高碑店材料总厂、高碑店新型建材厂、华北办事处和华东办事处上海铁城饭店等 5 个单位。

▲11 月　集团公司党委副书记刘树洪率工作组在渝怀铁路项目部进行“三个代表”教育试点，取得较好效果，得到总公司肯定。

▲12 月 14 日　集团公司中标治理深圳河第三期第 2 标段 A 合同段工程，合同金额10 140万元。

▲12 月 30 日　铁道部、湖南省、贵州省在贵阳站联合举行株六铁路复线全线开通暨表彰大会，集团公司副总经理杨玉刚、株六复线指挥部党工委书记吴星丞参加大会。

▲12 月　集团公司新闻报道再获总公司系统第一名，有 11 篇稿件获总公司好新闻奖，4 部电视片获奖，取得路内好新闻、路外好新闻、电视好新闻 3 个奖项“满堂红”。第二、三、四、五、电务和建筑工程有限公司被评为总公司新闻报道先进单位。

（王千永　甘益仲）

中铁十九局集团有限公司

【简况】　中铁十九局集团有限公司是铁路综合工程、公路工程、市政工程、工业与民用建筑工程施工一级，设备安装工程、火电工程、水利水电工程施工二级资质企业。机关驻辽宁省辽阳市和平路 17 号。下辖第一～第五工程有限公司、电务工程有限公司、华南工程有限公司、机械化工程公司、建筑工程公司、物资总公司、物业管理中心、计量测试中心、设计院、职工中心医院及大连、北京办事处。职工 14 033 人。资产总额 260 000万元。年人均工资收入10 448元，比 2000 年增长 5.3%。

2001 年，承揽工程任务 116 项，合同总额422 456万元。完成企业总产值325 807万元，其中完成施工产值318 169万元，实现综合效益16 229万元。在建工程 186 项，竣工移交 76 项。完成主要实物工程量：土石方2 455万立方米；桥梁17 752延长米，隧道27 546延长米，涵渠14 756横延米，铺轨 157.3 公里，铁路架梁 157 孔，公路架梁 156 孔，公路路面 178.2 万平方米；房建 122 814平方米。各施工单位于 10 月顺利通过辽宁省经贸委组织的安全认证，全年未发生重伤以上等级事故，被总公司授予 2001 年度“安全生产先进单位”称号。一公司参建的吉长高速公路工程获国家优质工程金质奖，三公司承建的哈大电化金州编组站工程获 2001 年度“中国建筑工程鲁班奖”。　（张　莹）

【领导人员】

股东会

国有股代表	何能金
	李克金
	左春文
	刘汝臣
	耿杰明
职工股代表	刘汉志
	史俊奉
	陈尚贵
	栾显国
	向晋山

董事会

董事长	李克金
副董事长	左春文（兼）
	刘汝臣（兼）
	尚清喜
国有股董事	李克金
	左春文
	刘汝臣
	尚清喜
	徐士淮
职工持股会董事	刘汉志
	葛永利
	史俊奉
	王振明
职工代表董事	向晋山

监事会

监事会主席	姜世杰
国有股监事	姜世杰
	李忠心
职工股监事	李志国
	张玉华
职工代表监事	张　辉

经理层

总经理	刘汝臣
副总经理	刘汉志
	史俊奉
	陈尚贵
	王跃进
总工程师	栾显国

党群领导

党委书记	左春文
党委副书记	李克金(兼)
	刘汝臣(兼)
	葛永利
	王振明
纪委书记	王振明
工会主席	向晋山

(人事部)

【工程项目指挥机构】 西安南京铁路工程指挥部　驻湖北省随州市。指挥长东升华。

朔黄铁路工程指挥部　驻河北省石家庄市平山县东回舍镇东回舍村。指挥长栾显国。

西南工程指挥部　驻贵州省六盘水市钟山西路外贸大楼91号。指挥长刘汝臣。

秦沈客运专线工程指挥部　驻辽宁省葫芦岛市绥中县中央路一段15号农业银行院内,指挥长史俊奉。

宝兰复线工程指挥部　驻甘肃省陇西县84976部队。指挥长葛永利。

京九复线工程指挥部　驻广东省惠州市小金口镇金泰路1号。指挥长邓万宝。

洛湛铁路通道工程指挥部　益娄段驻湖南省桃江县灰山岗国土管理所,负责人许兴伟;邵永段驻湖南省永州市东安县芦红镇吴家桥,负责人高仕贤。

(张　莹)

【职工队伍】 职工总数14 033人,其中干部4 213人,工人9 820人。技术工人8 878人,其中初级技工1 500人,中级技工5 118人,高级技工627人,技师218人,高级技师5人。年内接收技校、中专生220人,退伍军人30人。干部中专业技术干部3 685人,其中高级职务157人,中级职务837人,初级职务2 691人;研究生5人,本科993人,大专1 745人,中专725人,高中405人,初中以下340人。年内接收大专院校毕业生61人,其中工程类专业47人。

(陈培贵　程克林　王立昆)

【工程施工】 2001年,在建工程115项,总投资46.5亿元。其中,铁路工程37项,投资16.15亿元,占34.7%;公路工程37项,投资20.25亿元,占43.6%;其他工程41项,投资10.08亿元,占21.7%。在建项目主要集中在华东、西北和西南地区,分别占总投资的24.9%、21.7%和18.6%。

渝怀铁路　完成产值12 015万元。开工累计完成主要工程量:路基土方25.8万立方米,占设计量80.95万立方米的31.9%;桥梁完成589延长米,占设计量1 506.13延长米的39.1%;涵洞完成302横延米,占设计量456.16横延米的66.2%;隧道5座开工4座,完成5 542延长米,占设计量15 397延长米的36%。黄草隧道、桐子岭隧道及杉树陀隧道等5项工程被建设单位评为"精品工程"。

株六复线　年内铺轨68.66公里,架梁83孔,9月全部完工,比合同工期提前3个月。

秦沈客运专线　6月24日箱梁预制完工,提前工期16天,创造日生产2片24米箱梁的好成绩。

宝兰复线　年内西段路基土石方、涵洞、桥梁、铺轨相继完工,11月通过竣工验收。东段5月1日开工,路基土石方完成16万立方米,占设计量70万立方米的22.9%;桥梁完成692延长米,占设计量927.98延长米的74.6%;涵洞完成130横延米,占设计量190.85横延米的68.1%。

西安南京铁路　站场土方及桥梁主体工程已完工;区间路基土方完成165万立方米,占设计量187万立方米的88.2%;涵洞87座、2 135.11横延米,开工83座,73座主体工程完工。

洛湛铁路　邵永段总投资20 037万元,全年完成投资12 882万元。1月开工。年内完成区间土石方159.1万立方米,占设计量200.27万立方米的79.4%;站场土方完成61.3万立方米,占设计量67.6万立方米的90.6%;桥梁12座、2 825.35延长米,开工11座,特大桥主体工程已完工;涵洞93座、2 525.39横延米,75座主体完工,累计完成2 178.7横延米;隧道7座、1 865延长米,完成1 061.6延长米。娄益段总投资10 085万元,全年完成5 715万元。3月1日开工。区间土石方完成62.5万立方米,占设计量115.9万立方米的53.9%;站场土石方完成30.3万立方米,占设计量63.15万立方米的48%;桥梁12座、1 057.31延长米,开工 11 座;涵洞 107 座、1 899.06横延米,开工 98 座,50 座主体完工,累计完成1 430横延米。

京九复线　总投资15 400万元,开工累计完成12 040万元。区间土方完成 153.8 万立方米,占设计量165.1 万立方米的 93.2%;站场土方完成 27.4 万立方米,占设计量 33.6 万立方米的 81.5%;桥梁 22 座、1 153.48延长米,开工累计完成1 086延长米,其中 11 座主体工程已完工;涵洞 146 座、1 349.57横延米,开工累计完成1 280横延米;隧道 3 座、1 031延长米,开工累计完成 750 延长米。

昆石高速公路阳宗隧道　1月 20 日进洞,年内完成 841 延长米,占设计量1 356延长米的 62%。

西安绕城公路　路基主体完成,桥梁完成1 766延长米,占设计量2 082延长米的 84.8%。

盘海高速公路路面工程　垫层、底基层、基层 35 178单幅延长米及粗粒式设计36 381单幅延长米全部完工。

本丹高速公路　6 月全面开工,垫层和底基层均完成设计量60 314和61 794单幅延长米的 96%,基层完成设计量61 794单幅延长米的 91%。

深圳东部供水隧洞　全长3 720米,12 月 26 日顺利通水。年内完成成洞2 626.3延长米。

襄渝铁路大巴山隧道病害整治工程　7 月 1 日开工,年内正洞完成 275 延长米,占设计量 450 延长米的 61.1%;单侧水沟完成2 782米,占设计量5 328米的 52.2%。

馋兰公路土家湾隧道　全长2 539延长米,9 月完成隧道开挖和衬砌。　（张 莹）

【经营管理】　工程承揽。2001 年承揽工程 116 项,合同投资422 456万元。一是投资量大的中标项目多,5 千万元以上项目 32 项,合计投资303 640万元,占承揽总额的 71.9%;二是公路工程承揽额大,全年承揽公路工程 34 项,投资232 866万元,占承揽总额的 55.1%;三是成功中标南京地铁工程,投资14 130万元,拓宽了施工领域。

施工管理。全年完成企业总产值325 807万元,其中完成施工产值318 169万元。完成土石方2 455万立方米,隧道27 546延长米,桥梁17 752延长米,涵渠 14 756横延米,正线铺轨 157.3 公里、站线铺轨 12.1 公里。质量管理形成层层有目标、人人有责任、每道工序都有落实的创优机制,单位工程合格率 100%,优良率 96.8%,创省部级优质工程 2 项、国家优质工程金奖 1 项、中国建筑工程鲁班奖 1 项、总公司优质工程 4 项。

企业管理。制定出台《工程项目部管理行为规范》,7 月下旬集团公司召开《规范》宣传贯彻动员大会,举办两期"工程项目管理培训班",478 名项目经理、书记、三总师及机关有关人员参加培训。大力推行责任成本管理,全面推行项目评估和二次预算分割,有效地防止了项目效益流失。集团公司机关招待费大幅压减,办公用品集中统一采购。全年精简会议 22 个,压缩表彰项目 19 个,节省资金 27.4 万元。在京九复线、洛湛铁路通道推行集团公司内部总包和分包管理,减少管理层次,综合效益、质量、安全、工期等方面呈现良好的运行状态。通过招标采购国产设备 28 台,节约资金 132 万元;采购进口设备 13 台,节约资金 587 万元;组织物资采购招标 70 次,节约资金 837.8 万元。进一步规范外部劳务管理,坚持集体讨论确定分包队伍和分包工程,实行工程履约保证金制度,签订比较规范的分包合同。一公司审签外包劳务合同 19 份,节约投资1 329万元,收取合同审签费 26.8 万元。从严管理,乱办实体、乱投资、乱借出资金与营业执照、乱担保等"四乱"行为得到根治。

企业改制。集团公司机关、公司及所属基层公司、项目部实施结构调整和资产重组,撤销兰州、长春办事处和机械配件站。深化人事制度改革,对公司领导班子和机关处职干部、科级干部进行民主评议和民主测评,实施尾数淘汰,全面推行竞聘上岗、任前公示和试用期制度。探索用工制度改革,依法终止原美迪亚服装厂 98 名工人的劳动合同,建立离岗内退制度,按照"双向选择、竞争上岗、择优聘用"原则,减少接收安置计划内定向委培的中专和技校毕业生 183 人。顺利完成小屯前进水泥厂职工分流安置工作,接收安置在岗职工 328 人、离退休人员 396 人。顺利实施企业改制,集团公司于 12 月 26 日改制挂牌,各公司在年底前完成改制挂牌工作。　（张 莹）

【党群工作】　党的工作。集团公司党委认真贯彻落实江泽民总书记"三个代表"重要思想和党的十五届五中、六中全会精神,确定"占市场、强管理、兴科教"三大战略和"适度规模、优化格局、提高效益"的管理思路,开展"统一思想、加快发展"的主题教育,收到树立信心、振奋精神、统一思想、凝聚人心的实效。加强改革中的思想政治工作,有针对性地抓好改革形势任务教育,较好地解决机构精简和人员分流的思想障碍;深人调查研究,广泛听取各方面意见,确立符合企业实际的改革办法,切实为职工解决实际问题;研究制定职工离岗、内部退养、配送股优惠政策和分流安置富余人员方案;加大"送温暖"和扶贫帮困力度,保证了队伍稳定和各项改革任务的顺利进行。各级党委加大项目管理力度,工程项目规范管理取得初步成效;加大经营承揽力度，党政领导共同分析市场形势，确定经营策略，把握承揽主攻方向，工程任务承揽取得好成绩；加大重难点工程保证力度，深入开展打好提高经济效益攻坚仗和安全生产翻身仗的再宣传、再发动，广泛开展“我为企业创新增效”和“安全在我心中”、“效益在我手中”主题教育活动，保证了施工生产任务的圆满完成。认真实践“三个代表”要求，加强领导班子和干部队伍建设。在理论学习上切实提高党委中心组学习质量，在考核、管理上通过召开职代会，先后对 116 名处级领导干部进行公开述职和民主评议，实行尾数淘汰；在干部人事制度改革上，下放工程处处长助理、三总师副职、纪委副书记、工会副主席的任免权，为 303 名干部办理了离岗、内退手续；在党风廉政建设上，加强对决策程序、资金发放、物资采购的监督检查。集团公司党委制定《关于基层党组织书记队伍建设三年规划》、《关于建立工程项目部(公司)领导班子大事集体决策制度的规定》、《局处党委领导抓基层党建和思想政治工作联系点制度》，对基层党建工作实施有力指导。年内集团公司党委组成两个督查组，对 22 个基层党委、38 个基层党支部的党建工作和项目部思想政治工作情况进行重点抽查，选拔充实基层党组织书记 31 名，岗位交流和交叉任职 30 名，储备培训 98 名，基层党建取得突破。“七一”期间，集团公司党委表彰 10 个先进基层党组织、10 名模范共产党员、10 名优秀党支部书记，有 3 名党员、1 名党务工作者受到总公司党委和辽宁省委表彰。三公司领导班子连续两年被总公司党委评为“四好领导班子”。

工会工作。各级工会组织围绕改制和加强基层建设两条主线，在维护职工劳动权利、经济利益、政治权利和物质文化需求方面做文章，重点工作取得突破。一是民主管理进一步深化。建立企务公开向职代会报告制度，公开的内容更加细致具体，职工关心的热点、难点、焦点问题得到及时、真实、有效的公开。职代会民主评议领导干部做到评议结果与干部奖惩相结合。集团公司工会派出两个督查组对 37 个基层单位进行综合督查，取得明显效果。二是建家建线稳中有进。面向重点工程、面向基层，加强建家建线工作，先后派出 16 个工作组深入基层，抓点带面，推动建家建线工作深入开展。三是劳动竞赛机制创新。重新制定《劳动竞赛评比办法》，调整竞赛组织、完善竞赛机制、创新竞赛方式，各基层工会通过对口赛、对手赛、台阶赛、班组赛、攻坚赛、夺标赛等多种形式，促进施工生产大面积创优创效。征集合理化建议 186 条，小改小革 109 项，直接或间接创造经济效益9 000万元。四是筹建职工持股会进展顺利，职工配股工作圆满完成。五是维护工作重点突出，帮困扶贫力度加大。第三批领导干部帮扶的 95 户困难户 89 户脱贫，第四批帮扶工作即将启动。继续推进职工互助补充保险，年内救助两批 320 户，救助金额 40 万元。“送温暖”累计走访慰问职工家庭 871 户，发放慰问金 12.7 万元。对部分特困职工给予特殊帮助，给予 30 户没有配股能力的职工每人赠送5 000股，为 25 户特困职工免除取暖费，为大病及特困职工发放救济款 30 余万元。

共青团工作。集团公司团委团结带领广大团员、青年紧紧围绕企业生产经营争先创优，完成创新成果 102 项，创造直接经济效益2 000万元。申报省(部)级“青年文明号”工程 2 项、总公司“青年文明号”工程 8 项。围绕施工生产开展创新创效活动，一公司渝怀铁路项目部创新创效经验在总公司青工创新创效现场推进会上推广。以劳动竞赛为载体，“双争”活动不仅推动了工程创优，而且使青年人才脱颖而出，孙公新被推荐为总公司“十大杰出青年”候选人，李华伟、于涛分别受到总公司、辽宁省表彰。以“心中的旗帜”、“党在我心中”、“我身边的共产党员”为主题，组织演讲赛 7 场；“五四”期间开展以“减员能否增效”为主题的首届青年辩论赛，加强了爱企、爱岗教育。召开青年联谊会为 246 对大龄青年牵线搭桥，二公司 为 14 对新人举行集体婚礼。以“青年志愿者”活动为载体，开展献爱心活动，青年服务队为社会办好事 100 余件，向“希望工程”捐款5 000多元。三公司 、四公司和机械化公司团支部在洛湛铁路施工中组织青工为驻地修建公路 10 余公里。

（张　莹　万久平）

【第一工程有限公司】 铁路综合工程、公路工程、工业与民用建筑工程施工一级及火电工程、市政工程、水利水电工程施工二级资质企业。国家二级企业，辽宁省“重合同、守信用单位”，“信誉(AAA)特级企业”。机关驻辽宁省辽阳市白塔区卫国路 9 号。董事长兼总经理孙公新，党委书记兼副董事长富德春。下辖 12 个公司、13 个项目部及房产公司、多种经营公司、日照基地等单位。职工3 048人，其中干部 660 人，工人2 388人。固定资产净值4 930万元。机械设备 414 台，总功率27 070千瓦，人均动力装备率 8.73 千瓦、技术装备率 1.01 万元，综合机械化施工程度 65%以上。

2001 年，承揽工程 37 项，合同总额104 171万元。完成企业总产值67 645万元，其中施工产值67 426万元。职工年人均收入10 044元。公司参建的吉长高速公路获国家优质工程金质奖。

（刘学静）

【第二工程有限公司】 铁路综合工程、公路工程、市政工程施工一级及航务工程施工三级资质企业。机关驻辽宁省辽阳市南郊街 135 号。董事长兼总经理王跃进，党委书记兼副董事长郑振志。下辖22个公司、3个办事处及职工医院。职工2 405人，其中干部661人。机械设备407台，固定资产原值14 035.5万元、净值7 059.5万元，总功率33 081.6千瓦，人均动力装备率13.33千瓦、技术装备率24 393元，机械化施工程度80%。

2001年，承揽工程30项，总投资156 868万元。在建工程64项，竣工交付18项。完成企业总产值63 868万元，实现综合经济效益4 572万元。全员劳动生产率184 005元/人年，年职工人均收入13 249元。工程质量合格率100%，优良率94.7%。

（夏玉环）

【第三工程有限公司】 铁路综合工程、公路工程施工一级及市政工程、工业与民用建筑工程、设备安装工程施工二级资质企业。机关驻辽宁省辽阳市南郊街137号。董事长兼总经理王学忠，党委书记兼副董事长江志明。下辖8个工程公司、2个基地及盘锦农场和成都、广州办事处。职工2 334人，其中干部710人。固定资产净值1.64亿元，人均动力装备率30千瓦、技术装备率6.5万元。

2001年，承揽工程任务8.3亿元，完成企业总产值8.1亿元。工程质量合格率100%，优良率95.5%。连续十五年实现安全生产。

（房思文）

【第四工程有限公司】 铁路综合工程施工一级资质企业。机关驻内蒙古自治区通辽市和平路16号。董事长兼总经理孔令健，党委书记兼副董事长匡福。下辖12个工程公司、3个项目部、2个物业公司及铺架总公司、铁路运输公司。职工2 838人，其中干部578人。机械设备370台，原值9 993万元、净值3 595万元，总功率20 770千瓦，人均技术装备率11 983元、动力装备率5.5千瓦；车辆140台（辆），总价值2 097万元，总吨位469吨，总功率43 131千瓦。

2001年，承揽工程任务2.74亿元。完成企业总产值48 700万元，其中施工产值48 693万元。年人均工资10 400元。工程质量合格率100%，优良率97.5%。

（许丽波）

【第五工程有限公司】 工业与民用建筑工程、铁路综合工程、机场跑道工程、设备制造与安装工程施工一级，市政工程施工二级，公路工程施工三级资质企业。机关驻辽宁省辽阳市繁荣路徐往子街3号。董事长兼总经理安康，党委书记兼副董事长姜春林。职工1 386人，其中干部601人。固定资产净值4 147万元。机械设备774台，总功率19 471千瓦，人均动力装备率14.53千瓦、技术装备率21 962元。

2001年，承揽工程任务4.1亿元。完成企业总产值35 928万元，其中施工产值35 357万元。年人均收入9 244元。工程质量合格率100%，优良率95.2%。

（赵艳萍）

【电务工程有限公司】 承担路内外通信、信号、电力、电气化工程施工并负责集团公司通信联络。机关驻辽宁省辽阳市和平路17号。下辖通信、信号、电力、电气化、设备安装工程公司和通信中心。职工856人，其中干部629人。资产总额3 624万元。机械设备、仪器仪表298台（套），总功率2 840千瓦，设备净值863万元，完好率96%。年施工能力2亿元。

2001年，承揽工程任务18 000万元。完成企业总产值11 583万元，其中施工产值11 481万元，实现利润192万元。

（姜海威）

【华南工程有限公司】 机关驻广东省珠海市拱北港昌路111号。董事长兼总经理邓万宝，党委书记兼副董事长夏志炳。下辖8个公司、1个工程指挥部。职工155人，其中干部77人。资产净值659万元。

2001年，承揽工程任务11 000万元，完成企业总产值10 260万元，其中施工产值8 567万元。工程质量合格率100%，优良率90%。

（杨　洁）

【机械化工程公司】 机械工程、矿山建筑安装工程施工二级，铁路综合工程、工业与民用建筑工程施工三级资质企业。机关驻辽宁省辽阳市南郊街13号。经理孙殿富，党委书记唐国荣。下辖6个分公司。职工630人。固定资产净值1 356万元。

2001年，承揽工程6项，在建工程13项。完成施工产值12 927万元。年人均收入10 514元。工程质量合格率100%，优良率97%。

（王思教）

【建筑工程公司】 工业与民用建筑工程施工三级资质企业。机关驻辽宁省辽阳市白塔区徐往子街3号。经理王树功，党委书记刘佩锋。下辖3个工程公司、预制厂。职工250人，其中干部67人。固定资产原值2 545万元、净值1 176万元。机械设备139台，总功率2 419千瓦，设备原值813.3万元、净值520.9万元，人均动力装备率10.3千瓦、技术装备率22 260.7元。

2001年，完成企业总产值3 784万元，其中施工产值3 251万元。职工人均年收入11 540元。工程质量合格率100%，优良率97%。

（李广威）

【物资总公司】 1999年6月，局物资公司与机关物资处合并成立物资公司,为局直属单位,实行独立核算,自负盈亏;2001年,物资公司改制为集团公司下属分公司,更名为中铁十九局集团有限公司物资总公司。机关驻辽宁省辽阳市和平路17号。总经理杨德武。2001年实现销售总额2 700万元。 (祁晓忠)

【重要记载】

▲1月中旬 集团公司机关进行机构调整,部门由37个减至27个,人员由365人减为240人,科室由73个调整为40个;处级干部由111人减到69人。通过干部述职、民主测评、竞聘上岗,尾数淘汰处级干部3人、科级以下干部5人,9名处级干部降职使用,33名处以下干部重新调整岗位或离岗。

▲4月2日～9日 集团公司机关举办公文处理及公文写作培训班,160余人参训。

▲8月22日 成立企业改制领导小组,局长李克金、党委书记左春文任组长,纪委书记王振明为常务副组长,工会主席向晋山为副组长,企业改制工作正式运行。

▲9月5日 局在青海马平高速公路项目部召开隧道湿式作业现场会,李克金局长到会强调大力推行隧道施工喷锚湿式作业,切实做好尘毒治理工作。

▲12月26日 中铁十九局集团有限公司正式挂牌运行。所属子公司于12月底完成改制挂牌工作。

(张玉武)

北京中铁建设有限公司

【简况】北京中铁建设有限公司是工业与民用建筑工程施工总承包一级资质企业,拥有对外承包工程经营权。公司机关驻北京市丰台区吴家村路1号。其前身是中国人民解放军89134部队(铁道兵独立建筑团),1984年1月集体转业并入铁道部,曾先后称铁道部工程指挥部建筑工程处、中国铁道建筑总公司北京工程公司、北京中铁建筑工程公司,2001年8月公司改制定为现名。公司以建筑业为主,经营范围囊括建筑工程施工、装饰装修、建筑幕墙施工、设备安装、消防工程施工、机械化吊装和运输、土石方施工、商品混凝土生产和输送、电梯安装及改造、建材供销、模板架构件租赁和加工、工程机械车辆设备租赁和修理、房地产开发、工程造价咨询等。公司下辖北京分公司、北方分公司、西北分公司、澳门分公司、厦门分公司、天津分公司、珠海分公司、成都分公司等8个区域性分公司和机械运输分公司、设备安装分公司、装饰幕墙分公司、商品混凝土分公司等4个专业分公司及北京市中铁建工物资公司、北京中铁电梯专业技术公司、北京市中铁建机械设备租赁中心、北京佳汇房地产开发有限公司等控股子公司。公司先后被评为"全国最佳施工企业"、"全国优秀施工企业"、"全国用户满意施工企业",先后荣获"火车头奖杯"和全国"五一劳动奖状";公司于1996年在总公司系统率先通过ISO9002国际质量体系认证,2000年通过ISO14001环境管理体系国内认证和国际UKAS认证;公司连续八年被北京市评为"重合同、守信用单位"、全国"重合同、守信用单位",连续十余年保持资信等级"AAA"级,各项经济技术指标居全国同行业领先水平,被列入中国建筑业50强。

公司现有职工2 330人,其中干部1 144人;大、中专以上毕业生1 002人,占干部总数的87.6%;高级工程技术人员42人。拥有总资产17.33亿元,其中固定资产原值2.053亿元、净值1.368亿元,流动资产15.276亿元,其他资产517万元。机械、车辆设备1 196台,年内新购机械、车辆56台,价值571.2万元,人均动力装备率5.6千瓦、技术装备率2.8万元,新度系数0.69。

2001年,完成企业总产值15.13亿元,其中完成施工产值13.70亿元。实现利润3 018万元,上缴税金5 284万元。全员劳动生产率27 686元/人年,人均创利税37 007元。产值利润率1.99%,资产负债率78.79%,流动比率1.12,速动比率1.06。

(马方)

【领导人员】

股东会

国有股代表 靳尚忍

李左军

李 黎

王 军

汪文忠

职工股代表 王嘉福

许士靖

庄初最

孙金城

郭建平

董事会

董事长 李 黎

副董事长 王 军(兼)

王兆林

汪文忠

国有股董事　李　黎
王　军
王兆林
汪文忠
李友才
职工股董事　张允顺
齐进军
易善健
职工代表董事　王嘉福
监事会
监事会主席　王新武
国有股监事　王新武
汪起帆
职工股监事　许士靖
赵文泉
职工代表监事　张建强
经理层
总经理　汪文忠
副总经理　张允顺
庄初最
孙金城
郭建平
吴成木
总工程师　贯　洪
总会计师　易善健
党群领导
党委书记　王　军
党委副书记　齐进军
纪委书记　许士靖
工会主席　王嘉福

（马　方）

【生产经营】　工程承揽。2001 年，公司调整经营战略，经营人员目标明确，不断优化投标方案，对施工组织设计、标书编制、工程签约、业主考察等每一个环节都精心策划，强力攻关。经过艰苦努力，全年承揽工程任务 18 项，工程投资 17.4 亿元，总建筑面积 107.4 万平方米，超额完成年度计划。

工程施工。全年在建工程 43 项，总投资 53.47 亿元，建筑面积 293.5 万平方米，完成实物工程量 59.1 万平方米；竣工工程 13 项，竣工面积 60.93 万平方米。年内有中科院图书馆、炎黄大厦、御景园 1 号楼、金鼎 19 号楼、蓝星招待所、铁道部二区住宅楼、草桥二期工程、总公司 29 号住宅楼、中组部住宅楼、嘉和丽园、创业大厦、北京大学校史馆、林业大学住宅楼等工程全部按合同工期提前完工。

工程质量。公司着力推行“精品名牌”战略，加大工程质量监管力度，增强全员创优意识，深入贯彻 ISO9000 标准，加强对施工过程的有效监控，对采购物资材料严把质量关，对外部劳务和分包单位进行严格选择和管理，强化质量监督检查，促进了工程质量的全面提高。年内竣工工程全部达到优质，获区县级优质样板工程 8 项、总公司优质工程 7 项、北京市结构“长城杯”工程 6 项、北京市优质工程 3 项、国家优质工程 1 项。北京市西城区工会大厦、铁科院培训中心大楼、中组部红庙住宅楼、国家计委办公配楼、北京宣武区汽车一场住宅小区 2 号楼、北京洲际大厦、珠海地方税务局办公综合楼获总公司优质工程奖；中科院图书馆档案馆、中国自然灾害减灾中心、铁道部二区 10 号住宅楼、御景园 1 号住宅楼、林业大学 1 号楼、总公司 29 号楼获北京市结构工程“长城杯”奖；中组部红庙住宅楼、铁科院培训中心大楼、铁道部党校第二教学楼获北京市优质工程奖；北京翠宫饭店获国家优质工程银质奖。

安全生产。公司坚持“安全第一、预防为主”的方针，通过开展“安全周”、“安全月”、“百日安全无事故”和安全质量标准化工地建设活动，增强全员安全意识，安全生产责任制得到有效落实，实现安全生产目标。中鑫花园、太阳宫、永定路、皇亭子、北大科技楼等工程项目被评为 2001 年“北京市文明安全工地”，中鑫花园、北大科技楼项目被总公司评为 2001 年度“安全质量标准化工地”；金融中心项目被北京市建委推荐为“文明安全工地”上报建设部。公司在建工程现场达标率为 100%。

企业管理。公司深入贯彻 ISO9002、ISO14000 标准，不断完善质量保证体系和环境保护体系，通过内审、外审保证质量、环保体系的有效运行，顺利通过认证机构的年度监督审核和复评审核。公司加强企业资质管理工作，变更营业执照经营范围，增加境外工程承包、材料出口、外派劳务等项目，按时完成营业执照年检工作。根据建设部资质就位要求，认真做好工程业绩的收集整理及各种数据库的建立工作，努力提高申报质量，确保一次申报成功。公司荣获中国工商总局 2001 年度“重合同、守信誉企业”称号。

成本管理。公司坚持月度、季度、年度核算与工程竣工核算制度，坚持每季召开工程成本分析会议，及时掌握公司资金拖欠、财务成本、验工计价和物资消耗状况，强化成本过程控制。通过加强成本核算，广泛推广应用新技术、新材料、新工艺，有效降低了生产成本。

科技攻关。施工中，积极推广应用建设部 10 项新技术、新工艺和新材料，提高了施工质量和工作效率。专业技术人员深入施工现场，通过技术革新、自主研制生产各种非标模板、大型组合钢模板，满足了施工生产的需要。年内公司有多项 QC 成果、施工工法获铁道部、总公司级 QC 成果奖和科技进步奖。公司实验室通过国家技术监督局组织的计量认证，由国家二级晋升为国家一级，提高了对外经营能力。

人才管理。公司重视人才管理与培养，努力提高职工队伍素质。对年内接收的 54 名大学毕业生组织实施了岗前培训教育，对 2000 年接收的 46 名大学生组织了定级考核，对参加职称评聘的 87 人进行了民主测评和业务考核。全年共委外培训 180 人次，组织 81 名特殊工种作业人员参加操作取证、复审培训，新申报 24 名房建工程项目经理资质。

资金管理。公司年初取得中国建设银行"AAA"级信用等级，授信 1.8 亿元。坚持计划用款，通过对投资、融资项目的分析、论证，减少了资金风险。2001年，公司产值增加，银行贷款比 2000 年同期减少2 500万元，存量资金比 2000 年大幅度增长。公司加大工程款清欠回收力度，通过法律诉讼回收拖欠款9 550万元。东黎广场、胜古庄、信通大厦、京鼎大厦、北京站地区管理处等工程经济纠纷案圆满解决，维护了公司合法利益。

物资管理。严格执行物资采购招投标制度，使工、料、机费用得到有效控制。公司全年共评审各类合同3 100份，涉及金额 7.1 亿元，仅竹胶合板招标采购一项，就为公司节约资金 18 万元。各单位在合同的拟定、审核、签订、盖章过程中层层把关，降低了采购成本，提高了经济效益。

设备管理。公司注重设备管理。进一步加强机械设备、车辆的制度化、标准化和规范化管理，规范和完善公司《机械设备管理细则》，全年新增设备 27 台，新增车辆 15 台，报废设备 64 台(辆)。

劳务管理。公司从企业发展的战略高度，加强对劳务队、分包商的管理，充分利用外部资源，增强企业的整体竞争实力。通过健全对劳务队、分包商的审查、考察、选拔、评估、考核、淘汰等管理制度，提高了公司的施工能力。全年审查分包商 138 个、施工队 15 个，向北京市建委申请10 000名用工指标，签订环保协议书 103 份，满足了工程项目需要。公司重视外部劳务的日常管理，定期对民工住房、食堂、生活区进行检查，改善生活设施，把民工队伍纳入公司的规范化管理轨道。

综合治理。各单位普遍成立综合治理领导小组，由主管领导亲自负责，通过开展普法教育，严格治安、消防、卫生、疫情管理，净化了企业内部环境。开展"追逃"专项斗争，加大治安整治力度，全年受理刑事案件 18 起、破获 14 起，抓获作案人员 18 人，处理内部纠纷 68 起，确保了企业内部稳定和生产经营的顺利进行。

后勤保障。为职工建立基本养老保险、工伤保险、失业保险、医疗保险、一次性追加补充养老保险、职工补储养老保险等 6 个险种，企业社会保障体系基本形成。完成售房计价、临时房屋调配、建立住房档案和公积金帐户等工作，积极做好职工住宅和办公楼的水、暖、电供应与维护，加强物业管理，改善了职工居住环境。2001 年，公司获北京市"卫生工作先进单位"，石景山区"绿化先进单位"、"'三五'普法先进单位"、"无偿献血先进单位"，万寿路地区"计划生育工作红旗标兵单位"称号。 （马 方）

【企业改制】 根据总公司企业改革的总体部署，公司被定为总公司系统第一批改制单位。为此，公司成立以企业法人代表为组长的改制工作领导小组，对公司改制实施全面策划，制定《公司建立现代企业制度总体实施方案》、《北京中铁建设有限公司章程》、《设立职工持股会方案》、《职工持股会章程》等改制文件，并经四届七次职代会讨论通过。公司对员工密切关注的股权设置、持股会章程等问题进行了广泛深入的宣传。广大员工对公司的发展前途充满信心，踊跃缴纳股金、认购股权，有的职工以抵押贷款入股。对 49 名有特殊困难的职工，公司动用补储养老保险，划转使用一次性追补金 48.8 万元。8 月 21 日，公司分别召开首届股东会、董事会、监事会，选举产生公司第一届董事会、监事会，组成公司法人治理结构。8 月 28 日，隆重召开北京中铁建设有限公司挂牌成立大会。因公司改制工作速度快、效果好，总公司领导给予高度评价。年内公司调整内部结构，施工三、四队合并重组，撤销四队并入七队。7 月，经资产评估，将中铁汽车出租公司整体出售，精干了主业。年龄偏大、没有技术专长的老职工办理内部退养，减轻了企业负担。12 月，按照总公司资产重组、企业重构的统一部署，工厂局北方建筑公司并入公司，并顺利完成交接工作。 （马 方）

【党群工作】 党的工作。公司各级党组织紧密围绕生产经营中心，以领导班子建设和建立现代企业制度为重点，按照"三个代表"要求和党的十五届六中全会精神切实加强和改进党的工作。公司按照中央企业工委和总公司党委的部署，按照"三讲"教育的基本精神，认真检查、分析领导班子成员精神面貌、企业改革发展形势、党群干群关系和党组织凝聚力等方面的情况，针对存在的问题进行集中整改。先后对 9 个基层单位的领导班子进行考核调整，对 5 名拟提升的干部分别进行考核和民主测评。结合建立现代企业制度，在各级领导班子中广泛开展企业改制有关政策、法律法规和业务知识的学习教育，使各级领导干部在思想上高度重视，在行动上保持一致。大力选拔、培养和使用年轻干部,121名大学毕业生走上各级领导和管理岗位。公司所属46个主要生产经营单位结合领导班子民主生活会,认真总结经验教训,分析解决突出问题,研究制定班子建设和改革发展规划,大胆探索和实践现代企业制度下的企业改革发展新举措。公司党委坚持把基层党组织建设作为企业强本固基的大事来抓,指导4个基层党委、35个基层党支部完成换届选举工作,41名专兼职党组织书记、副书记全部当选。先后对7名基层党组织书记进行交流,调整充实了一批薄弱党支部的领导力量。年内创党员先锋岗480个,建红旗责任区68个,表彰优秀共产党员56名、优秀党务工作者11名、先进党支部10个。公司党委被中央企业工委授予"先进基层党组织"荣誉称号。结合公司改制,及时编发宣传教育提纲,加大对改制的宣传教育力度。认真贯彻江泽民总书记"七一"讲话、党的十五届六中全会决定和《公民道德建设实施纲要》精神,紧密结合企业实际,及时安排学习教育,保证企业改革和生产经营顺利进行。党政领导深入基层解决实际问题,在施工一线召开各种形式的职工思想分析会28次,较好地解决了职工的思想认识问题和工作中的实际问题。修订完善10项宣传思想工作制度,评选表彰文明单位8个、文明职工21名。年内在各种报刊、电台、电视台刊(播)稿152篇,扩大了企业知名度,树立了企业良好形象。按照总公司党风廉政建设工作会议部署,在全体党员干部中开展"学法规、学党纪"、"查找问题、剖析原因、吸取教训"的学习教育活动;公司纪委组织制定中层以上领导干部廉洁自律"五不准",较好地规范了领导干部的行为;进一步强化监督制约机制,修订完善18项党风廉政建设规章制度。年内评选表彰廉政建设先进单位5个、先进个人8名,查处违纪案件5起,处分党员干部5人。

工会工作。结合公司改制,认真做好职工认股工作,公司1 973名职工出资认购股份5 791.6万元。积极维护企业整体利益和职工切身利益,对解除劳动合同的职工和调整工作岗位的职工进行耐心细致的思想工作。以基层为主开展多种形式的劳动竞赛,获总公司劳动竞赛优胜单位第二名。组织召开四届七次职工代表大会,审议通过《公司建立现代企业制度总体实施方案》等5项规定。 (马 方)

【重要记载】

▲2月18日 公司变更营业执照经营范围,增加承包境外工业与民用建筑工程和境内国际招标工程项目。

▲3月 公司总承包施工的北京翠宫饭店工程获国家优质工程银质奖。

▲4月13日 公司总经理范德调任总公司副总经理,公司党委书记王军兼任公司总经理。

▲5月11日 国务院副总理温家宝视察北京永定河滞洪水库建设工地,公司承建的19标段土方工程受到一致好评。

▲5月31日 公司顺利通过ISO9000质量体系认证中心年度审核。

▲6月8日 召开公司四届七次职工代表大会,审议通过《公司建立现代企业制度总体实施方案》等规定。

▲6月14日 顺利通过国家环保总局华夏环境管理体系审核中心的年度监督审核。

▲6月25日 《工程技术通讯》创刊,公司总工程师贾洪兼任主编。

▲6月27日 公司被中国建设银行授予"AAA"级资信等级企业称号,获得银行综合授信1.8亿元。

▲7月9日 撤销北京中铁汽车出租公司。

▲8月10日 李黎任公司董事会董事长,汪文忠任公司总经理。

▲8月21日 公司分别召开首届股东会、董事会、监事会一次会议,选举产生公司第一届董事会、监事会,组成公司法人治理结构。

▲8月28日 召开北京中铁建设有限公司改制成立大会,总公司王振侯总经理、建设部姚兵等领导出席会议并做重要讲话。

▲9月28日 公司在北京市怀柔县注册成立北京佳汇房地产开发有限公司,法人代表李黎。

▲11月1日 国家环保总局王玉庆副局长视察公司承建的国际金融中心建设工地,公司环保工作受到高度评价。

▲11月28日 工厂局北方建设公司并入北京中铁建设有限公司。

▲12月24日 公司实验室由国家二级晋升为国家一级。

▲12月30日 中铁二十局城建总公司并入北京中铁建设有限公司。 (马 方)

北京铁城建设监理有限责任公司

【简况】 北京铁城建设监理有限责任公司成立于

1996年1月,1998年11月完成股份制改革。王鉴为法定代表兼总经理。公司定员15人,设办公室、财务部、监理部、开发部。下辖成都分公司、电信分公司和11个项目监理站。监理业务范围:铁道建筑、公路建筑、工业与民用建筑、市政工程(含地下铁道)、机场、水电及通信、信号、电力工程建设监理及技术咨询、工程咨询、技术服务。2001年,共承揽西康铁路第7标段、包西铁路神木—延安北段、朔黄铁路肃黄段AJ-1标段、西安南京铁路西合段土建、赣龙铁路福建段第5标段、株六铁路复线增建二线A-F、Ⅰ标段、青藏铁路格尔木—拉萨段、成都三环路人南立交桥、佳木斯松花江特大桥、长沙湘江南大桥、贵阳火车站新站房、总公司机关高层住宅楼群等23项监理工程任务,监理工程建安投资约130亿元。已完成监理工程总投资额85亿元。公司西安南京铁路六安监理站被铁道部西安南京铁路建设总指挥部评为2001年度优秀监理站;神延铁路监理站在全线评比中荣获第一名,公司在同行业和社会上具有良好信誉。　　(梁振文)

【经营管理】　2001年,公司完成企业总产值1 042万元,实现利润46.26万元。年末资产总额598.59万元,负债总额347.45万元,所有者权益251.14万元。国有资产保值增值率107.22%,经营性资产收益率11.16%,资产负债率58.04%,产值利润率4.38%,应上缴款完成率100%,超额完成总公司下达的各项经营指标。全年共承揽监理工程7项,建安总投资约33亿元,合同监理费1 533万元。　　(梁振文)

【监理工程】　绥佳铁路佳木斯松花江特大桥工程　该桥全长2 338.45延长米,钻孔桩403根,主跨96米+2 128米+96米,主桥设计为钢桁梁,引桥设计为57×32米预应力混凝土梁。总监理工程师邵青海。大桥主体工程已完工。由于监理人员认真贯彻公司规章制度,严格监理,严把施工组织设计、原材料检验、测量放线、施工工艺操作关,关键工序实行旁站监理制,单位工程执行开工申批制,隐蔽工程检查执行"三检制",工程质量受到铁道部工程质量监督总站哈尔滨监督站的肯定。

西安南京铁路西合段线下及铺碴整道工程　全长100.09公里。主要工程量:路基土石方761万立方米,特大桥1座,大、中、小桥36座,涵渠508座,公路跨线桥31座,路基防护砌石43.2万立方米,土方46万立方米。工程点多、线长,桥梁钻孔桩多。监理站下设3个分站,12个监理组,共派驻46名监理工程师,黄平西任总监理工程师。监理人员认真贯彻执行"守法、诚信、公平、科学"的监理准则和"自主、独立"的工作原则,严格实行关键工序旁站监理,大小工程一律按照监理程序办理,保证监理工作的有效性和施工管理的有序性,各类工程开工前必须先作出样板,由样板引路,带动工程一次达标。工程质量良好,受到铁道部西安南京铁路建设总指挥部的高度评价。

青藏铁路格尔木—拉萨段工程　纵贯青海、西藏两省区,跨越青藏高原。线路北起青海省格尔木市,沿青藏公路南行,途经纳赤台、五道梁、沱沱河、雁石坪,翻越唐古拉山口进入西藏自治区境内,经安多、那曲、当雄、羊八井至西藏自治区首府拉萨市,全长1 142公里。铺架标段位于青藏铁路北端南山口—冻土北界,线路长度109.03公里,铺架276孔预应力混凝土梁,其中32米梁186孔,24米梁15孔,16米梁19孔,12米梁6孔,8米梁50孔。总监理工程师敬廷银率4名监理工程师于2001年7月1日进驻现场。高原气压低,风沙大,气温多变,生活条件艰苦,但监理人员以高度负责的工作姿态,不怕艰难的大无畏精神,严格把好工程质量关,多次受到甲方的好评。

赣龙铁路福建段工程　全长157.8公里。该线经过地区地形复杂,工程技术难度大,路基土石方281万立方米,路基挡护5.7万立方米,涵渠88座、2 729.82横延米,特大桥2座,大桥5座,隧道9座、14 285延长米。总监理工程师尹玉练率领5名监理工程师于2001年12月8日进驻建设工地,制订《监理规则》、《工程监理细则》,坚持"规范化、标准化、科学化"工作方法,按照铁道部提出的"快速、有序、优质、高效"的建设方针,切实抓好"质量、工期、投资"三项控制,严格按照监理程序办事,使监理工程质量始终处于受控状态。

(梁振文)

【监理培训】　根据2001年度公司教育培训计划,选送34人参加由铁道部建设管理司主办,分别在长沙铁道学院、天津第三勘测设计院、西南交通大学举办的铁路监理工程师培训和资格考试,全部获得桥隧、线路、工业与民用建筑、"四电"等专业的铁路监理工程师资格证书。13人获得铁道部建设管理司颁发的全国铁路总监理工程师资格证书。到2001年底,监理公司累计有26人获得国家级监理工程师资格证书,178人获得铁道部和省市建委颁发的监理工程师资格证书。

(梁振文)

8 月 26 日，东北办事处召开 ISO9000 国际质量体系认证颁证大会。（刘林华 摄）

全资子公司

本栏责任编辑　刘贤福

中铁第十六工程局

【简况】 中铁第十六工程局是铁路综合工程施工(大型)一级以及公路工程、市政工程、工业与民用建筑工程、水利水电工程施工一级资质企业,同时拥有对外承包工程、劳务合作经营资格。局机关驻北京市朝阳区红松园北里甲2号。其前身系中国人民解放军铁道兵第十一、十三师合编后的铁道兵第十一师;1984年1月随铁道兵并入铁道部,改称铁道部第十六工程局;2000年1月改称现名。原辖5个综合工程处、6个专业化工程处(公司)、12个办事处;2001年11月,总公司在资产重组、企业重构中,将铁路运输处、秦皇岛办事处划归中铁十六局管理。2001年末资产总额274 114万元,其中固定资产原值91 444万元、净值57 780万元。机械设备1 026台,运输车辆705台,总功率156 070千瓦,人均技术装备率21 377.45元、动力装备率13.46千瓦,综合机械化施工水平达90%。

2001年,承揽工程任务158项,投资总额460 859万元。完成企业总产值320 629万元,其中完成施工产值309 356万元,分别比2000年同期增长22.6%和25.3%。实现利润2 298万元。完成主要实物工程量:路基土石方2 329.2万立方米,隧道25 269延长米,桥梁22 778延长米,涵渠15 454横延米,铺轨64.2公里,通信线路563.1条公里,供电线路201.5公里,公路74.8公里,房屋建筑面积30.9万平方米。产值利润率0.7%,成本降低率6.1%,国有资产保值增值率105.12%,经营性资产收益率2.9%,资产负债率70%。

兵改工以来,局坚持"开拓、务实、顽强、进取"的企业精神,积极投入国家重点工程建设,先后参建、承建了大秦铁路、京九铁路、南昆铁路、"312"国道、北京八达岭高速公路以及北京地铁、广州地铁、上海地铁与磁悬浮列车示范线项目等一大批国家重点工程,获国家优质工程金奖2项、中国建筑工程鲁班奖6项、中国土木工程詹天佑大奖3项、省部优质工程奖39项。其中,2001年获中国土木工程詹天佑大奖2项、中国建筑工程鲁班奖2项、省部优质工程奖4项。全局实现连续52个月安全生产无事故。局曾先后获得"全国先进施工企业"、"全国施工技术进步先进企业"、"全国思想政治工作先进企业"、"全国'安康杯'竞赛先进单位"、"全国施工企业管理优胜奖"等荣誉。

(刘承宝)

【领导干部】

行政系统

局长	陈树林
副局长	汪昭富
	王北京
	刘再华
	张永宝(3月任)
	刘安金(3月任)
总工程师	胡万毅(5月逝世)
总经济师	覃正标
总会计师	李忠钦
副总工程师	吴存文
	方利成
	韦昌云
	江拔其
	程红彬
	易国华
副总经济师	严木根
	刘纪明
	罗大林
	范卫东
	李贞凤
	李文荣
	李瑞华
	金跃良
副总会计师	潘光武

党群系统

党委书记	沈柏铭
党委副书记	侯向东(3月任)
纪委书记	侯向东(兼)
工会主席	叶如春
纪委副书记	翁思栋
工会副主席	毛国屏
	李禄宁

(阎晓萍)

【工程项目指挥机构】 朔黄铁路工程指挥部　指挥长兼党工委书记刘安金。驻河北省黄骅市丰泽宾馆。

内昆铁路工程项目经理部　项目经理王北京,常务副经理韦昌云,党工委书记李贵。驻贵州省威宁县中水镇。

株六复线工程项目经理部　项目经理王新民,党工委书记岳彩平。驻湖南省怀化市迎丰中路2号。

粤海铁路工程项目经理部　项目经理杨元凤,党工委书记郭其聪。驻海南省海口市滨海大道288号。

北京地铁工程指挥部　指挥长李瑞华。驻北京市朝阳区水碓子东里7号。

地下工程指挥部　指挥长潘秀明，党委书记王世平。驻北京市西城区西单钟声胡同2号楼。

新长铁路工程项目经理部　项目经理江拔其，党工委书记沈仲岳。驻江苏省如皋市如城镇许庄村。

新长铁路工程第二项目经理部　项目经理范仲邦。驻浙江省长兴县车站西路。

塞浦路斯工程项目部　项目经理吴存文。驻塞浦路斯共和国利马索市伊米尔村。

秦沈客运专线工程指挥部　指挥长赵家明，党工委书记戴生堂。驻辽宁省兴城市铁北路14号。

西黄铁路工程指挥部　指挥长陈中飞。驻北京市宣武区南蜂窝路9-2号。

黎南复线项目经理部　项目经理范卫东，党工委书记王寿法。驻广西壮族自治区南宁市那洪镇旧槎路。

西安南京铁路工程指挥部　指挥长郑太平，党工委书记王国栋。驻陕西省商南县长新路。

上海磁悬浮工程项目经理部　项目经理兼党工委书记江拔其。驻上海市浦东新区北蔡镇川北公路1158号。

漳诏高速公路项目经理部　项目经理李贞凤，党工委书记黄明成。驻福建省云霄县莆美镇莆政路29号。

渝怀铁路工程指挥部　指挥长易国华，常务副指挥长常艄东，党工委书记王廷贤。驻重庆市黔江区新华西路建行大楼西楼。

京秦客运通道提速改造工程指挥部　指挥长李文荣，常务副指挥长李洪柱，党工委书记潘昆端。驻河北省秦皇岛市海港区。

盾构工程项目经理部　项目经理陈广亮，党工委书记兼项目副经理吴煊鹏。驻深圳市福田区中心公园内。　（刘承宝）

【职工队伍】　2001年，全局职工13 880人，其中男职工11 333人，女职工2 547人；干部4 215人，工人9 665人。干部中，女干部758人，占干部总数的17.98%；少数民族干部139人，占干部总数的3.3%；管理干部2 010人，占干部总数的47.69%；纯专业技术干部2 205人，占干部总数的52.31%。技术干部中，有专业技术职务的3 633人，占干部总数的86.19%，其中高级职务207人，中级职务1 148人，初级职务2 278人，分别占技术干部总数的5.7%、31.6%、62.7%。学历结构：研究生以上20人，大学本科1 218人，大学专科1 439人，中专703人，高中405人，初中及以下430人，分别占干部总数的0.47%、28.9%、34.14%、16.68%、9.61%和10.2%。专业结构：工程系列2 022人，卫生系列31人，经济系列337人，会计系列395人，统计系列39人，教育系列62人，政工系列454人，档案、新闻、艺术系列12人。年龄结构：25岁以下385人，26岁～30岁1 068人，31岁～35岁497人，36岁～40岁583人，41岁～45岁731人，46岁～50岁509人，51岁～59岁101人。

工人中，大专以上毕业442人，占工人总数的4.6%；中专、技校毕业1 180人，占工人总数的12.2%；高中毕业4 047人，占工人总数的41.9%；初中以下文化程度3 996人，占工人总数的41.3%。女职工1 789人，占工人总数的18.5%。技术工人8 490人，其中25岁以下984人，占11.6%；26岁～35岁2 195人，占25.9%；36岁～45岁4 549人，占53.6%；46岁～55岁708人，占8.3%；56岁以上54人，占0.6%。年内接收复员退伍军人17人，接收中专、技校毕业生19人；调出153人，退休19人，终止劳动合同154人，解除劳动合同252人，辞职4人，开除、除名16人。

（阎晓萍　危跃荣）

【铁路工程施工】　2001年，全局承担铁路建设项目30余项，其中新开工6项、竣工投产10项，完成工程任务总额130 750万元。

朔黄铁路　承建肃黄段A-8标段工程，起讫里程DK539+200～DK554+000，长14.8公里。2000年6月开工，2001年5月竣工，质量评定优良。累计完成投资9 277万元，其中年内完成5 232万元。完成主要实物工程量：路基土石方115.7万立方米，桥梁371延长米，涵渠534横延米，正线铺轨14.8公里，站线铺轨4.6公里，通信线路87.2公里。

内昆铁路　承建DK394+920～DK424+300段工程，长28.679公里，位于贵州省威宁县境内。1998年8月开工，2001年铺通。累计完成实物工程量：路基土石方203.7万立方米，隧道1 599延长米，桥梁3 494延长米，涵渠1 657横延米，挡护圬工3.6万立方米。

秦沈客运专线　承担A-6标段、B28-7标段和B28标段道碴生产任务。投资总额17 523万元，其中A-6标段15 243万元、B28-7标段1 598万元、B28标段682万元。主要工程量：路基土石方258万立方米，桥梁9座、1 483.39延长米，涵洞56座、1 519.02横延米；24米单线箱梁运架114孔、228榀；道碴10万立方米。年内3个标段工程全部完工，完成投资4 155万元。开工累计完成投资14 781万元。

西安南京铁路　承担A土-14标段施工任务，起讫里程DK235+841～DK296+600，长45.688公里，地处陕西省商南县和河南省西峡县境内。主要工程量:土石方916万立方米,附属圬工28万立方米,桥梁22座、7 338延长米,隧道7座、3 215延长米,涵渠162座、6 747横延米,车站5座,房建8 015平方米。合同投资5.04亿元。2000年5月开工。截止至2001年底,累计完成投资38 954万元,其中年内完成投资29 088万元。开工累计土石方完成97.3%,附属圬工完成75%,桥梁完成85.7%,隧道完成90.4%,涵渠完成99%。

黎南铁路复线　承担站前工程V标段施工任务,局管区由南宁南站—那罗车站,长6.886公里,总投资约1.5亿元。主要工程量:路基土石方51万立方米,附属圬工6.3万立方米,中桥2座、171.61延长米,涵洞11座、173横延米,隧道1座、2 220延长米,铺轨7公里。合同工期17个月。2000年10月1日开工。截止至2001年底,累计完成投资12 071万元。完成主要实物工程量:路基土石方51万立方米,路基附属圬工6.2万立方米,桥梁117延长米,涵洞173横延米,隧道2 009延长米。

渝怀铁路　承担第21、22标段及第38标段2座隧道施工任务。合同投资约4.6亿元,其中21标段22 890万元、22标段19 277万元。主要工程量:土石方22万立方米,浆砌圬工2万立方米,桥梁6座、1 651.96延长米,涵洞4座、128.96横延米,隧道4座、16 430延长米,车站1座。局管段工程地质复杂,施工环境艰苦,桥隧长度占总长的95%。2001年4月开工,计划2005年6月竣工。年内完成投资14 723万元。完成实物工程量:土石方14万立方米,隧道3 743延长米,桥梁587延长米。

株六复线　承担第6标段施工任务,起讫里程K385+600～K420+000,长34.4公里。1998年6月开工,2001年12月11日提前一年顺利通过甲方验收。完成主要实物工程量:土石方136.6万立方米,隧道4座、1 814延长米,桥梁10座、1 096.72延长米,涵洞85座、993横延米,铺道碴11.81万立方米,正线铺轨35.48公里,站线铺轨3.5公里。累计完成投资24 962万元。

胶新铁路　承建ZH-1标段工程,全长12.76公里,位于山东省胶州市境内。工程投资9 438万元,合同工期28个月。2001年11月开工,计划2004年4月竣工。主要工程量:路基土石方85.4万立方米,桥梁13座、1 648.99延长米,涵洞55座、1 155.32横延米,正线铺轨18.712公里。年内完成投资89万元。

京秦铁路提速改造工程　承担B4标段施工任务。局管区起自京秦铁路北戴河站,经南大寺站,止于秦皇岛站及秦东联络线终点,共3站2个区间,全长28.15公里,总投资1.03亿元。主要工程量:路基土石方27.9万立方米,桥梁5座、248.1延长米,加固桥梁3座、32孔,涵洞7座、92.1横延米;拆除线路19.14公里,铺轨33.44公里,改移、改拨道23.04公里,抽换钢轨1.14公里,抽换轨枕4.1公里,粒料道床12.4公里,拆旧道岔66组,铺新道岔69组,拨移道岔21组;通信、信号工程28.16公里;房建1 100平方米,给排水管道7.7公里。2001年8月开工,计划2003年4月建成。年内完成投资2 000万元。　(刘承宝)

【路外工程施工】　2001年,全局承建1 000万元以上的公路、地铁、市政、机场、码头、水利水电及房建工程项目136项,其中年内新开工66项、建成投产73项,完成投资183 018万元。

北京城市轨道交通工程　西直门—东直门全线长40公里,局承担上地车站、02标、12标、15-1标、15-2标共5个标段的施工任务,合同投资20 942万元。(1)上地车站:位于海淀区上地村,合同投资839万元。车站总长120.4米,宽35.63米,高9.3米,建筑面积4 406平方米,为双层三跨结构。1999年12月开工,2001年底车站主体完工。(2)02标段:位于海淀区大钟寺—五道口,包括大钟寺车站、北三环西路桥、区间路基、知春路车站、五道口车站,合同投资4 316万元。2000年9月26日开工。至2001年底,北三环西路桥及区间路基已竣工,3个车站主体完工。(3)12标段:合同投资3 835万元,全长5 740米,包括太阳宫车站、望京西车站、单体桥4座、涵洞9座、区间变电所2座及区间路基工程。2001年4月30日开工,年内除曹惠路桥外,主体工程基本完工。(4)15-1标段(东直门车站):投资9 307万元,车站面积13 389平方米。该站是一座单层地下车站,与拟建的东直门交通枢纽局部、机场高速铁路及地面开发建筑合建在一起。主体结构南北长160.2米、东西宽71.5米,为框架结构,采用明挖法施工。2001年8月1日开工,年内车站基坑土方开挖全部完工,并完成部分基础钢筋混凝土施工。(5)15-2标段:投资2 645万元,长288.5米,其中21米为明挖段,267.5米为暗挖段。2001年2月15日开工,年内明挖段、风道开挖及折返线正线中洞开挖和二衬全部完成。

北京地下铁道工程　承建八通线04标段工程,包括车站1座、区间高架桥1 427.16延长米,合同投资6 849万元。2001年12月25日开工。

上海磁悬浮列车示范线　位于上海市浦东新区,起自地铁2号线龙阳路车站,止于浦东国际机场,正线全长29.863公里。局承建主线工程Ⅰ标段及主线总体工程第一标段,合同投资29 594万元。Ⅰ标段工程分第一、四两个施工段:第一施工段自地铁2号线龙阳路车站南侧—华夏中路,长5.31公里;第四施工段自三星河—川南奉公路西侧,长4.99公里;线路总长10.302公里。主要工程量:475个桥墩的建造,839榀轨道梁的运架、精调定位及359米钢箱的运架,钢梁上部轨道板的安装与精调定位,合同价26 639万元。主线总体工程第一标段系附属工程,合同价2 955万元。2001年6月1日开工。年内完成投资23 831万元,占合同价的80.5%。

广州地铁2号线　承担晓港站—江南西站区间隧道及江南西站施工任务。区间隧道工程左线长991.055米,右线长955.95米;5号线延伸段左线长156.441米,右线长178.794米,合同投资13 468万元。2000年5月28日开工;2001年9月28日区间隧道顺利贯通。年内完成投资8 582万元,开工累计完成投资12 920万元。江南西站合同投资10 169万元。站厅与站台为分离布置形式,施工中采取主体暗挖、局部盖挖工法。1999年8月8日开工,2001年2月16日主体结构封顶,比合同工期提前52天。经验收,工程质量优良。

广州地铁3号线　承担试验段工程客村—新窖南区间隧道施工任务,长479.433米,合同投资5 738万元。2001年12月26日开工,工期22个月。

南京地下铁道工程　承担张府园和新街口车站施工任务。张府园车站位于建邺路与中山南路交叉口处,全长216米,宽17.6米,为地下两层岛式结构。站台宽10米,车站标准段长142米,埋深15.4米,采用明挖法施工,合同投资5 061万元。2000年12月28日开工。截止至2001年底,完成投资4 629万元,占合同价的91%。新街口车站位于新街口广场附近,是1号线与3号线之间的换乘站。地下三层岛式结构,地下一层为商业层,地下二层为站厅层,地下三层为站台层,车站共设15个出入口、3个风亭,总建筑面积33 844平方米。车站长362.703米,宽24.2米(局部宽36.55米),高17.24米(局部19.03米),采用盖挖逆作法施工。2001年12月8日开工,计划2003年12月30日竣工。预算总造价14 036.88万元。

深圳地铁盾构工程　承担华强路—岗厦站区间隧道盾构设计、施工总承包任务。区间隧道总长3 471.6米,其中左线长1 743.5米,右线长1 728.1米,总投资12 110万元。2001年4月24日开工,年内完成投资2 435万元。完成地下连续墙26幅,中间盾构始发井主体结构3 039立方米。

福建漳诏高速公路　承担A7合同段和路面B2合同段施工任务。A7合同段工程位于云霄县境内,长17.15公里,概算投资22 916万元。主要工程量:土石方308.9万立方米,软基处理1.7公里,桥梁23座、1 254延长米,隧道2座、3 946延长米,涵洞69座、2 330.4横延米。2000年4月30日开工,计划2002年4月30日竣工。2001年完成投资13 540万元,开工累计完成投资22 643万元,占合同价的99.8%。路面工程B2合同段全长38.5公里,工程投资18 963万元。2001年12月开工,年内完成投资750万元。

福建福宁高速公路　承担A15－2、A16合同段施工任务,长6.942公里,总投资约2亿元。主要工程量:土石方245.8万立方米,软基处理1.05公里,桥梁11座、1 746.24延长米,联拱式隧道1座、505延长米,分体式隧道1座、1 070延长米,涵洞17座、742.8横延米。2000年6月开工,计划2002年4月竣工。2001年完成投资13 666万元,开工累计完成投资17 458万元,占合同价的87%。　(刘承宝)

【经营管理】　2001年,全局承揽任务和完成投资均创历史新高,企业发展势头良好。

承揽任务。全年承揽工程任务158项,投资总额46亿元,为年度计划30亿元的153%。其中,铁路工程51 432万元,占11%;公路工程194 293万元,占42%;市政工程74 390万元,占16%;工业与民用建筑工程44 110万元,占10%;机场、码头工程13 532万元,占3%;水利电力工程32 755万元,占7%。年内,开辟了上海磁悬浮列车示范线、深圳地铁盾构工程、海南国防工程、西气东输工程等新的施工领域;工程处承揽工程中标率提高,投资比重增大;在地铁施工领域继续保持了优势。

施工生产。全年完成企业总产值32亿元,为年度计划29.6亿元的108%,其中施工产值31亿元,为年度计划27.9亿元的110%。实现稳产、高产目标,完成桥梁、隧道、涵洞、铺轨、房建等实物工程量增幅较大,各单位、各工程项目部均超额完成年度计划。

项目管理。劳务选用及设备、材料采购招标制度全面实施,《工程项目经营管理若干暂行规定》、《预算员委派管理暂行办法》颁发执行,工程项目管理进一步规范。项目先评估、后分割,干前测算、干中核算、干后清算形成制度。经济运行监控体系进一步完善,据不完全统计,年内仅局组织进行的物资材料、设备、劳务招标,就节约资金2 300万元,降低成本30%左右。完成局管项目预算评估、分割19个,分割投资23亿元,完成局管项目清算10个。通过及时评估、分割、清算,对于理顺项目的内外经济关系、加强内控发挥了很好的作用,促进了项目盈利水平的提高和企业效益的增长。

资本经营。2001年,局抓住机遇、审慎决策,参与证券市场投资，收益220万元；掰出职工配股资金1 800余万元购买2台电力机车，已上线运营创收；利用1.1亿元德国低息贷款购买2台地铁盾构机，壮大了自身地铁施工优势；盘活局属单位部分闲置设备、房产、土地等不良资产，改善了经营状况。

安全质量。坚持“安全第一，预防为主”的方针，以“规范管理，强基达标”为主题，强化安全生产教育，狠抓施工现场监控，以专项整治为重点，及时消除事故隐患，实现年度安全生产目标，受到总公司通报表彰，荣获“北京市‘安康杯’竞赛优胜单位”称号。截止至2001年底，局连续52个月实现安全生产。全局职工工程质量意识普遍提高，保持了良好的工程创优势头。全年评定分项工程15 989项，合格率100%，优良率90.6%；评定单位工程266项，优良率93.2%。年内，北京地铁复八线王府井—建国门段综合工程、芜湖长江大桥获中国建筑工程鲁班奖(国家优质工程)；南昆铁路清水河大桥、北京八达岭高速公路二期工程获中国土木工程詹天佑大奖；芜湖长江大桥、朔黄铁路DK2+430～DK93+300段工程、227国道青海大阪山隧道获铁道部优质工程奖；宜昌市云集隧道获湖北省“楚天杯”奖。获国家优秀QC小组3个、铁道部优秀QC小组3个、总公司优秀QC小组4个。

(刘承宝)

【科技教育】 科研开发。立足施工现场开展技术创新年活动，加速科技成果转化，取得明显成效。大吨位运架梁设备与技术、大跨度连拱隧道施工技术、磁悬浮列车示范线施工中的超深钻孔桩与精密调位技术、地铁桩基置换及盾构技术等广泛运用，有的已形成技术优势。“复杂地质艰险山区修建大能力南昆铁路干线成套技术”和北京地铁“城市松散含水地层复杂洞群浅埋暗挖施工技术”分获国家科技进步一、二等奖；“长梁山隧道施工技术研究”，由铁道部推荐申报国家科技进步奖；4项成果获总公司科技进步奖；盾构机研制及“渝怀铁路复杂地质长大隧道施工技术”，被铁道部列为科研资助项目；3项工法被评为国家级工法。青海大阪山公路隧道“高海拔高寒隧道综合施工技术”通过北京市科技成果鉴定，整体技术达到国内领先水平，防排水、防冻胀技术达到国际先进水平。局编制的《青藏铁路高原多年冻土区隧道工程质量检验评定及验收标准》，经铁道部建设管理司审查并颁发试行，填补了国内空白，为青藏铁路施工提供了技术支持。

教育培训。以职工岗位培训和继续教育为重点，年内举办各类培训班52期，培训职工3 470人次，其中局举办14期短期培训班，培训920人次；参加总公司以上培训360人；参加院校及地方单位培训260人。选拔37人参加有关院校工程硕士班学习深造。据不完全统计，全局职工参加大专以上函授学习40人，专升本学习30人。职工学校和段队夜校举办工前、岗前培训38期，培训职工1 930人次。

(郭秀琴　孙家菊)

【公安与综合治理】 2001年，公安处以“三项教育”为契机，内强素质，外塑形象，充分发挥公安机关的职能作用，努力创造良好的治安环境。全年共出动警力842人次，破获刑事案件156起，抓获犯罪嫌疑人243人，查处治安案件421起，调解各类纠纷751起，处理违法人员555人，追缴赃款赃物总价值235万元；组织消防检查91次，整改隐患40处。认真推行治安综合治理领导责任制，加大综合治理量化考核力度，维护了企业和社会稳定。年内，3人荣立三等功，3人被评为铁道建筑公安局优秀民警，六分处第三派出所被共青团北京市委授予“青年文明号”称号。

(陆　菲)

【党群工作】 党的建设。全局有党委75个、党总支5个、党支部388个，党员6 435人。局党委全面部署、认真组织江泽民总书记“三个代表”重要思想、“七一”重要讲话和党的十五届六中全会《决定》的学习教育，在局、处领导班子和党员队伍中形成转变作风、努力实践“三个代表”的良好氛围。三处在机关机构改革、减员增效等方面推出新举措，发展势头迅猛，取得年承揽任务11.1亿元的历史最好成绩。二处、三处党委及3个基层党组织、10名优秀党员和优秀党务工作者分别受到总公司党委、北京市城建党工委表彰；8个处领导班子被局评为“四好领导班子”。各级党组织和广大党员在全局开展的“献良策、创佳绩、做表率”活动中，涌现出一批关心企业、顾全大局、不计报酬的先进典型，充分发挥了党组织的战斗堡垒作用和共产党员的先锋模范作用。局出台《关于加强基层建设的规定》，推行用人、用工和分配制度改革，段、队两级领导班子年龄、知识结构得到改善；一批项目管理、“三项招标”、单价承包的新鲜经验在全局推广，向管理要质量、向管理要效益，已成为各单位的自觉行动，基层管理水平普遍迈上新台阶；各级党组织坚持“两手抓、两手硬”的方针，把思想政治工作融入项目建设的全过程，局修订《文明工地建设管理办法》，把创建安全标准工地和治安模范工地纳入文明工地建设之中；围绕再创承揽任务、完成产值“两个新高”的年度生产经营目标，各级党政工团组织发挥政治优势，运用各种激励措施，调动全局职工的积极性、创造性，营造了浓厚的大干氛围，为企业赢得了效益和信誉。纪检监察部门加大“源头防腐”工作力度，出台《局资产保全监管办法》及“三项招标”制度，着力从源头上预防腐败。深入开展执法、效能监察，对79个单位进行国有资产检查，15次参与设备购置、物资采购和外部劳务招标工作，经济效益明显。推行党风廉政教育谈话制度，开展以"三项教育"、"四项活动"为主要内容的党风廉政宣传教育活动，加大责任追究力度，党风廉政建设责任制度进一步落实。局《资产保全监管办法》和"三项招标"工作经验，分别被建设部、中央企业纪工委和总公司转发。局纪委、监察处被评为北京市"先进纪检监察组织"。

工会工作。局工会组织广大职工学习、宣传新《工会法》，全面贯彻落实中华全国总工会关于"五突破一加强"的工作目标，积极围绕企业改革、发展和稳定大局开展工作。一是坚持高起点、高标准，深化职工之家建设。各级工会组织围绕局党委关于全面加强基层建设的总体思路，从建家建线等基础工作抓起，全局新上工点职工的居住环境、物质文化生活条件有了较大改善，建家建线起到内聚人心、外树形象、促进施工生产任务完成的重要作用。年内，局西南项目部被总公司评为"建家建线模范单位"，局长陈树林、党委书记沈柏铭、工会主席叶如春、局西南项目部指挥长郑太平、党工委书记王国栋被总公司评为"建家建线模范领导干部"，受到总公司通报表彰和奖励；四处机运一公司被中华全国总工会授予"全国模范职工之家"称号。二是认真贯彻中华全国总工会《关于实施群众性经济技术创新工程的意见》和中华全国铁路总工会《关于实施"火车头经济技术创新工程"的意见》，把群众性经济技术创新寓于劳动竞赛之中。局、处先后开展"双百"劳动竞赛、"安康杯"竞赛等活动，在队与队、工班与工班之间开展"对口赛"、"对手赛"、"单机单车核算"等竞赛，取得较好的经济效益和社会效益。局被北京市评为"安康杯"竞赛优秀组织单位，一、二、四处被北京市评为"安康杯"竞赛先进企业；三处被北京市授予"经济技术创新先进企业"称号。有4人获北京市劳动模范、首都劳动奖章、火车头奖章；217人受到局以上单位的表彰、奖励。三是企务公开向深层次拓展，民主管理工作不断深化。年内，局工会先后转发三处《突出"三大"公开，促进企业发展》、四处一段《拓展领域，抓好落实，全心全意依靠职工群众办企业》和三处第一路桥公司《抓好队级企务公开，促进基层民主管理》的经验，起到典型引路的作用。四是落实兑现集体合同，积极维护职工权益。局工会依据国家劳动法规，针对企业实际情况，重新制定2001年局集体合同，严格执行中央提出的"两个确保"方针，落实职工最低工资标准和最低生活保障，加强集体合同履行情况的监督检查，全局没有发生新的拖欠，尤其是"两个确保"落实得比较好。五是建立互助合作保障体系，积极开展"送温暖"活动。坚持工会干部对特困户承担"第一责任人"制度，对276户困难职工、116户中困职工、241户重困职工，在扶贫帮困上给予重点救助。加大职工互助保险工作力度，筹集"送温暖"基金，解决职工生活困难问题，稳定了职工队伍。六是组建职工持股会，认真做好职工配股工作。配合企业改制，3月局召开首届职工持股会会员代表大会，通过《局职工持股会章程》、《"百含"划转职工股份及职工出资方案》，成立职工持股会理事会。全局职工持股总额3.07亿元，其中投入母公司2.46亿元，为母公司总股本的44%；投入子公司0.61亿元。

共青团工作。局团委下辖22个处级团委(工委)、60个段级团委(总支)、174个团支部，有1 159名团员，26名专职团干部。2001年，局团委紧密围绕企业中心工作，以加强青年思想政治教育为重点，以创新、创效和创建"五四红旗团委"活动为载体，全面推进青年"学习成才、文明先锋、岗位创优"三大行动，坚持以党建带团建，切实加强团的基层组织建设和团干部、团员队伍建设，积极探索与企业改制相适应的工作机制，团结带领团员青年为实现企业的奋斗目标建功立业，取得突出成绩。创建总公司以上"青年文明号"工程6项，4人获总公司以上"青年岗位能手"称号；11支"青年突击队"获北京市"优秀青年突击队"荣誉，其中3支荣获北京市"优秀青年突击队标杆"称号；有9个团委、团支部和5名团干部、共青团员受到总公司团工委、北京市团市委表彰。　（杜继朝　陈晓林　孙小平）

【第一工程处】 铁路综合工程、公路工程、市政工程施工一级，工业与民用建筑工程、水利水电工程施工三级资质企业。处机关驻北京市顺义区府前东街15号。处长艾有高，党委书记周万义。下辖6个工程段及路桥公司、物业管理中心、机关服务中心、职工医院和3个多种经营实体。职工1 988人，其中专业技术干部402人。机械设备752台(套)，人均动力装备率14.5千瓦、技术装备率15 570.3元，机械化施工程度80%。

2001年末，全处资产总额27 006万元，其中固定资产原值8 505万元，净值5 497万元。承揽工程任务64 095万元。完成企业总产值53 117万元，其中施工产值52 246万元。完成主要实物工程量：土石方373.9万立方米，桥梁4 414延长米，涵洞4 145横延米，隧道6 075延长米，房屋建筑4 020平方米，铺轨0.495公里。实现利润259万元，人均创利1 328元，职工年人均收入10 322元。国有资产保值增值率105%，经营性资产收益率4%，产值利润率0.5%，应上缴款完成率100%。

处先后被评为北京市"市级先进企业"、"优秀管理企业”、“资信一级企业”、“首都精神文明单位”、“北京市‘安康杯’竞赛先进单位”。企业遵循“兑现合同承诺，留下时代精品”的质量方针，创建19项国家或省部优质工程，其中京九铁路吉赣段、北京地铁王府井—建国门区间获中国建筑工程鲁班奖；北京八达岭高速公路清华东路立交桥获北京市“长城杯”奖。有26项科技成果获局以上优秀成果奖，51项QC成果获局以上奖励。（何春喜）

【第二工程处】 铁路综合工程、市政工程施工一级，公路工程、水利水电工程施工二级资质企业。处机关位于天津市河东区万新村三区。处长王正寿，党委书记吴秀义。处下辖5个综合工程段及机械化工程段、建筑工程段、地铁工程段、多种经营公司、机械修理厂、物资公司、机运公司、职工医院、铁道招待所等单位。年末职工2 427人，其中干部708人，工人1 719人。固定资产原值10 854.41万元，净值6 121.97万元。机械设备226台，运输车辆58辆，人均动力装备率10.43千瓦，施工机械利用率48%，设备新度系数0.512。

2001年，承揽工程任务7.2亿元，占年度计划的139%。完成企业总产值5.7亿元，其中施工产值5.6亿元。全年实现利税总额1 906.97万元，实现利润276万元。完成主要实物工程量：土石方377万立方米，桥梁2 104延长米，隧道5 702延长米，涵洞1 874横延米，铺轨39公里，房建23 336平方米。工程质量优良率92.3%。参加施工的北京地铁复八线工程获北京市优质工程“长城杯”奖和铁道部优质工程一等奖；获国家级优秀QC小组2个，总公司优秀QC小组1个，天津市优秀QC小组2个。处被中国施工企业管理协会评为“全国优秀施工企业”，获“北京市‘安康杯’竞赛先进单位”、总公司“科技进步先进单位”等荣誉；处领导班子被总公司评为“四好领导班子”。

（孙　丽　唐莉萍）

【第三工程处】 铁路综合工程、公路工程施工一级，水利水电工程、市政工程、工业与民用建筑工程施工二级资质企业。处机关驻浙江省湖州市湖东铁路新村。处长孔文亚，党委书记郭品云。下辖7个建筑安装工程公司和多种经营公司、物业管理服务中心等单位。职工1 718人，其中干部640人，工人1 078人。

2001年，承揽工程任务20项，总投资11.14亿元，为年度计划4.5亿元的248%。完成企业总产值54 388万元，其中施工产值54 268万元。实现利润412万元。完成主要实物工程量：土石方291万立方米，隧道2 506延长米，涵洞1 384横延米，桥梁10 799延长米。工程质量优良率97%。国有资产保值增值率103%，经营性资产收益率6.02%，资产负债率72%，产值利润率0.74%，应上缴款完成率100%。参建的芜湖长江大桥荣获中国建筑工程鲁班奖，承建的沙蔚铁路永定河特大桥获全国煤炭系统优质工程。3人荣获铁道部“火车头奖章”，处领导班子连续三年被评为“四好领导班子”。（邢咏萍）

【第四工程处】 铁路综合工程、水利水电工程施工一级，公路工程、工业与民用建筑工程施工二级资质企业。处机关驻北京市怀柔县迎宾中路2号。处长张云波，党委书记王义兴。处下辖6个段、5个公司及医院、宾馆、物业中心。职工1 947人，其中干部734人，工人1 213人。资产总额38 732万元，其中固定资产原值11 874万元、净值7 791万元，流动资金28 419万元。机械、运输设备158台（套），总功率12 602千瓦，人均动力装备率7.7千瓦、技术装备率33 800元。

2001年，完成企业总产值51 800万元，其中施工产值46 882万元，分别占年度计划的104%和102%。承揽工程任务56 075万元，占年度计划的112%。完成主要实物工程量：土石方512万立方米，桥梁2 206延长米，涵渠3 359横延米，隧道2 280延长米，正线铺轨14公里，房建118 537平方米。承建的北京地铁王府井站荣获中国建筑工程鲁班奖，宜昌云集隧道荣获湖北省优质工程“楚天杯”奖，获省部优质工程2项、总公司优质工程4项、局优质工程4项，获国家级工法1项。处被北京市评为“用户满意企业”，被铁道部授予“火车头奖杯”及“设备管理优秀单位”称号，机运一公司获“全国模范职工之家”称号，处领导班子连续六年被总公司评为“四好领导班子”。（韦增贵）

【第五工程处】 铁路综合工程、公路工程、市政工程施工一级，工业与民用建筑工程、水利水电工程施工二级资质企业。处机关驻河北省唐山市新区光华道2号。处长杨中发，党委书记薛其富。下辖6个工程公司、7个直属单位、13个项目部。职工1 723人。机械、车辆176台（辆），固定资产原值5 461.21万元，净值2 363.38万元，主要机械设备完好率91%，利用率65%。设备总功率11 024千瓦，人均技术装备率10 466元、动力装备率6.39千瓦。

2001年，在建工程18项，完成施工产值20 450万元，实现利润75万元。完成主要实物工程量：土石方254.3万立方米，隧道2 103延长米，桥梁2 220延长米，涵洞1 048横延米，站线铺轨3.2公里，铺道岔7组。国有资产保值增值率101%，经营性资产收益率1.1%，资产负债率61%，产值利润率0.37%。

兵改工以来，坚持“兑现合同承诺、留下时代精品”

的质量方针,建成一批精品工程。大秦铁路二期工程、南昆铁路清水河大桥荣获中国建筑工程鲁班奖;清水河大桥荣获2001年度中国土木工程詹天佑大奖;大秦铁路一期工程、唐山市启新立交桥等10余项工程获省部优质工程奖。企业先后荣获北京市“文明单位”、河北省“30强建筑企业”、河北省“10家最佳经济效益建安企业”等称号。连续十年被评为唐山市“重合同、守信用企业”,连续七年被评为河北省“重合同、守信用企业”。(王中仁)

【北京金铁龙工程实业开发公司】 1993年5月5日,经北京市朝阳区工商行政管理局登记注册正式成立,注册资金2 792.8万元。1993年7月12日,经建设部核准为市政建设工程施工一级资质企业。2001年12月28日,公司在北京市工商行政管理局更名注册,营业执照由北京金铁龙工程实业开发公司更名为中铁十六局集团公司第六工程有限公司。公司机关驻北京市石景山区八大处高科技园区双园路9号。经理胡继州,党委书记黄德煜。

2001年,承揽工程任务7 029万元,为年度计划的127.8%。完成企业总产值7 669.5万元,为年度计划的127.8%。(赵全明)

【机械化工程处】 铁路综合工程施工二级资质企业。处机关驻北京市密云县密云镇新北路。处长李志军,党委书记李新权。下辖4个工程公司和汽车修理厂。职工544人,其中干部186人,技术工人334人。机械设备67台(套)、运输车辆32台,设备净值4 500万元,综合机械化施工水平85%以上。

2001年,承揽工程任务2.18亿元。完成施工产值10 031万元。完成主要工程量:土石方99万立方米,桥梁191延长米,涵渠711横延米,铺道碴0.8万立方米,公路24.5公里。(赵春生 郝月喜)

【电务工程处】 铁路电务工程施工一级资质企业。处机关驻北京市朝阳区楼梓庄乡皮村北巷甲2号。处长王志林,党委书记周瑾。下辖电力、信号、综合工程公司和机关电话所。职工283人,其中干部97人,工人186人。企业资本金2 400万元,生产用固定资产1 223万元。

2001年,承揽工程任务6项,投资额5 000余万元。完成施工产值8 510万元。完成主要实物工程量:通信线路477.1条公里,供电线路201.5公里。(邢桂华)

【铁路运输处】 集铁路运输、工程施工、多种经营为一体的铁路综合工程施工二级资质企业。处机关驻河北省高碑店市兴华北路17号。其前身系中国人民解放军铁道兵新线铁路临时管理处,始建于1954年12月;1984年1月随铁道兵部队并入铁道部,改称铁道部第十八工程局新建铁路运输处;1988年2月归属铁道部工程指挥部管理,改称铁道部工程指挥部铁路运输处;1989年6月更名为中国铁道建筑总公司铁路运输处;2001年11月,在总公司资产重组、企业重构中划转中铁十六局管理,更名为中铁十六局铁路运输处。处长张永宝(3月离任)、房光辉(3月兼任),党委书记房光辉。下辖5个专业段、铁路运营指挥部、3个公司、2个厂(所)、3个基地、3个工程项目部和北京办事处。职工2 555人,其中专业技术干部264人,技术工人1 271人。资产总值7 750万元,其中固定资产原值4 294万元、净值3 137万元,流动资产3 828万元,长期投资785万元。机械设备160台(套),车辆46台(含铁路机车12台),设备总功率52 525千瓦,人均技术装备率45 910元、动力装备率27.92千瓦,综合机械化作业水平90%以上。

2001年,处按照“三抓三放三要”的总体思路,下大力抓好“上机车、盯重组、抓效益、摸家底”四项重点工作,有力地促进了各项工作的稳定发展,两个文明建设取得显著成效。神朔铁路实现安全运输365天,完成重车运输478列、30 062辆,运送货物185.4万吨,机车走行34.2万公里,完成货物周转量33 100.7万吨/公里。继续巩固、发展与包神铁路有限公司长期密切合作关系,积极参与工作,主动搞好配合,截止至年底,包神铁路实现连续安全生产2 221天,完成货运量1 258万吨。完成施工产值2 865万元,内昆铁路完成收尾配套工作,西安南京铁路商南段工程受到业主好评,秦沈客运专线桥面系工程6月开工,完成任务过半。完成青岛啤酒集团(郴州)有限公司总造价1 500万元啤酒生产线扩建改造土建工程。狠抓多种经营实体的清理整顿,扶持和巩固已有的支柱产业,对亏损单位实施撤编、兼并、租赁、承包,多种经营初步实现由粗放经营向集约经营的转变。全年完成企业总产值4 665万元,其中铁路运输产值1 040万元,施工产值2 370万元,多种经营产值955万元,其他产值200万元。实现利润103万元。经营性资产收益率5.36%,资产负债率64.14%,产值利润率2.25%,上缴款完成率100%。(张雅丽)

【重要记载】

▲1月16日 中共中央政治局常委、国家副主席胡锦涛偕夫人刘永清在中国驻塞浦路斯大使馆,接见局塞浦路斯项目部经理吴存文、副经理傅平、高伟等中

资机构代表并合影留念。

▲1月15日～16日　召开局党委四届三次全会暨2001年度工作会议。

▲1月18日　总公司王振侯总经理、靳尚忍副总经理等到局承建的北京城市轨道交通工程大钟寺车站建设工地检查指导工作、慰问一线职工。

▲3月21日　第二工程处荣获2000年度“全国优秀施工企业”称号。

▲3月28日　局中标深圳地铁一期工程7标段盾构工程，合同投资1.21亿元。这是局承揽的第一个盾构施工项目。

▲3月　总公司任命：张永宝、刘安金为中铁十六局副局长；侯向东为中铁十六局党委副书记兼纪委书记。

▲4月10日　局召开工程处党委书记座谈会。党委书记沈柏铭要求：工程处机关机构改革按照三处模式进行，机关总定员控制在97人以内。7月5日，各工程处机构改革工作基本完成。

▲4月25日　局承建的朔黄铁路长梁山隧道被中央企业工委命名为“青年文明号”工程。

▲5月24日　局中标上海磁悬浮列车示范线Ⅰ标段工程，合同投资2.586亿元。

▲同日　第一工程处研究开发的青海大坂山公路隧道“高海拔高寒隧道综合施工技术研究”通过北京市科委组织的科研成果鉴定。

▲5月26日　局总工程师、教授级高级工程师、北京市人大代表胡万毅因汽车肇事在河北定州罹难，终年42岁。

▲5月　第三工程处芜湖长江大桥工程指挥部荣获铁道部“火车头奖杯”；宫思夏、赵玉坤荣获铁道部“火车头奖章”；夏雷荣获“首都劳动奖章”。

▲6月20日　经过建筑装修处职工8天紧张施工，“世界三大男高音歌唱家紫禁城广场音乐会”临时看台搭设工程竣工。该看台以其在同类工程中施工面积最大、用料最多、用时最短，荣获上海“大世界基尼斯之最”。

▲7月19日　中共中央政治局委员、上海市市委书记黄菊和上海市市长徐匡迪等视察上海磁悬浮列车示范线工程，亲切接见陈树林局长及项目部负责人。

▲8月5日　局依托朔黄铁路长梁山隧道研究开发的“复杂地质条件下特长双线隧道施工综合技术”，通过北京市科委组织的科技成果鉴定。

▲9月20日　第四工程处承建的宜昌云集隧道荣获湖北省优质工程“楚天杯”奖。

▲9月　第三工程处承建的沙蔚铁路永定河特大桥被评为2001年度全国煤炭系统优质工程。

▲10月19日　局承建的塞浦路斯罗密欧高架桥右线工程建成通车。

▲11月6日　总公司党委书记李国瑞、副总经理何能金率各集团公司领导一行37人，在刘再华副局长陪同下，观摩、考察局承建的上海磁悬浮列车示范线第四施工段工程。

▲11月16日　局利用德国政府贷款采购2台盾构机合同签字仪式在北京举行。国家计委、财政部、铁道部及总公司有关领导和张永宝副局长出席签字仪式。

▲11月28日　总公司决定，将铁路运输处、秦皇岛办事处划归中铁十六局管理。12月，交接工作完成。

▲12月4日　成立局神朔铁路运营部，为局常设机构。

▲12月16日　局购置的2台电力机车投入神朔铁路试运营。

▲12月　第五工程处副总工程师孟宪忠荣获铁道部第五届詹天佑科学技术成就奖；局副总工程师江拔其、地下工程指挥部副指挥长都海江荣获“全国优秀项目经理”称号；副局长汪昭富、第三工程处副处长章德贤荣获“全路优秀项目经理”称号。

▲12月　局纪委、检察处被评为北京市“纪检监察先进单位”；局党委副书记兼纪委书记侯向东受到中纪委、监察部通令嘉奖；纪委副书记翁思栋被评为北京市“优秀纪检监察干部”。

▲12月　局荣获北京市“经济技术创新优秀组织单位”、“北京市‘安康杯’竞赛优秀组织单位”称号；第三工程处荣获北京市“经济技术创新先进单位”称号；第一、二、四工程处荣获“北京市‘安康杯’竞赛先进单位”称号。　（刘承宝）

中铁第二十工程局

【简况】　中铁第二十工程局是铁路综合工程施工大型一级资质企业，同时具有公路、市政、水利、工业与民用建筑和承包国（境）外铁路综合工程施工资质。局机关驻陕西省咸阳市文林路。局下辖6个综合工程处、电务工程处、第六工程总公司、海外工程公司、房地产开发有限公司、西安工程指挥部、疗养院、中心医院、西安卫校、乐山基地、工程机械厂、物资总公司、铁原工贸公司、技工学校、物业管理公司、北京办事处。职工15 561人。固定资产原值94 413万元、净值67 293万元，其他资产8 189万元，流动资产145 679万元。机械、运输设备3 126台（辆），其中机械设备2 287台（套），新度系数0.78，完好率95%、利用率69%；车辆839台，新度系数0.68，完好率93.2%，运输车辆利用率53.6%。总功率218 423千瓦，人均技术装备率26 461元、动力装备率14千瓦。全年增加固定资产31 965万元，其中施工机械14 573万元，运输设备5 127万元，生产设备4 786万元，仪器及试验设备97万元，房屋及建筑物6 628万元，其他754万元。上缴税金8 407万元，支付劳保统筹2 112万元，管理费上缴完成100%。

2001年，承揽工程76项，合同总额41亿元。完成企业总产值320 275万元，其中施工产值301 638万元，附营产值18 637万元。实现利润889.8万元。完成主要实物工程量：土石方4 167万立方米，隧道14 030延长米，桥梁9 303延长米，涵渠43 411横延米，正线铺轨37.38公里、站线铺轨5公里，铺道岔22组，架梁1 829孔，房建84 324.5平方米，通信及信号5公里，电力及牵引供电506公里，给排水管道6.41公里，圬工675.9万立方米，公路165.9公里（其中高速公路108.75公里）。全员劳动生产率127 230元/人年。年人均工资8 772元。国有资产保值增值率98.5%，资产负债率73%，产值利润率0.28%，经营性资产收益率1.09%。钢材、木材、水泥、油料节约率分别为2.5%、2.58%、5.36%、4.3%。单位工程合格率100%，优良率93.3%；房建工程合格率100%，优良率69.2%。获"全国用户满意工程"1项、铁道部优质工程3项、总公司优质工程6项；获部、省优秀QC小组5个；获总公司"青年文明号"工程2项；获四川省"工程质量信得过单位"称号。保持陕西省"AAA信用企业"荣誉，局基地被陕西省委、省政府评为"文明小区"。局及所属10个法人单位全部通过ISO9002质量体系认证。局领导班子被总公司评为2000年度"四好领导班子"。

（孟繁荣）

【领导干部】

行政系统

局长	余文忠
副局长	唐万夫
	王冠峰
	马登峰
	郝趁义
	周　富
总工程师	余　量（3月任）
总会计师	王昭权
调研员	冯国兴（4月退休）
	赵文轩（10月退休）
局长助理	荣步军
副总工程师	余　量（3月免）
	王继红（1月免）
	冯建虎（1月免）
	夏征河（1月任）
	赵崇科（1月免）
	吴应明（8月任）
副总经济师	陈文珍
	郭红琦（1月任）
	张广元（1月任）
	蒋锡银（1月任）
副总会计师	王耀华

党群系统

党委书记	周玉成
党委副书记	王景柱
纪委书记	吴凤仪
纪委副书记	陈志平（1月任）
	张辉武（1月任）
工会主席	李克林
工会副主席	辛平安（1月任）

（李向阳　孟繁荣）

【工程项目指挥机构】 内昆铁路工程指挥部　指挥长张望珍。驻贵州省威宁县。

西安南京铁路工程指挥部　指挥长赵崇科，党委书记雷积贤。驻陕西省丹凤县。

长荆铁路工程指挥部　指挥长危江。驻湖北省钟祥市。

宝兰复线工程指挥部　指挥长王广建，党委书记戴云福。驻甘肃省天水市北道区。

洛湛铁路工程指挥部　指挥长愈忠安，党委书记田呈新。驻湖南省娄底市娄星区。

秦沈客运专线工程指挥部　指挥长兼总工程师薛琪，党委书记牛顺卿。驻辽宁省锦州市南。

渝怀铁路工程指挥部　指挥长周富，党委书记张志军。驻重庆市武隆县白马镇。

青藏铁路工程指挥部　第一指挥长余量，指挥长况成明；党委书记王树文、陈文珍。驻青海省格尔木市。

胶新铁路工程指挥部　指挥长周玉山，党委书记何先平。驻山东省诸城市。（李向阳　孟繁荣）

【职工队伍】 年末职工15 561人。干部4 673人，其中女干部937人，局级干部13人，处级干部263人，科级干部835人。干部中专业技术干部3 843人，其中高级职务 196 人，中级职务1 016人，初级职务2 629人；工程技术人员2 031人，占技术干部总数的 52.8%。文化程度：研究生 8 人，大学本科 857 人，大学专科1 275人，中专1 210人，其他1 323人。从工人中聘用干部1 255人，占干部总数的 26.8%。年内新增干部 397人，其中转正定级 299 人，聘用干部 88 人；干部减少186 人，其中退休 28 人，解聘 116 人，调出 18 人，死亡5 人，除名 16 人，入学深造 3 人。

工人9 931人，其中女工2 540人。工人中技术工人6 469人，其中高级技师 7 人，技师 182 人，高级技工1 660人，中级技工3 393人，初级技工1 227人。文化程度：大专以上 264 人，中专 610 人，高中4 104人，初中以下3 590人。年内新增工人 301 人，其中接收中专毕业生 153 人、技校毕业生 123 人，安置复员转业军人25 人；减少工人 445 人，其中调出 15 人，退休 394 人，死亡 9 人，解职 4 人，解除劳动合同 9 人，开除 3 人，除名 9 人。　　（党社军　赵传琴　孟繁荣）

【铁路工程施工】　在建铁路工程 28 项，完成工程任务总额 10.24 亿元。重点工程有：

内昆铁路　承建 DK147 + 000～DK161 + 910 段工程，长 31.767 公里，合同投资 4.36 亿元，合同工期60 个月。1998 年 6 月 30 日开工。主要工程量：土石方 390 万立方米；大桥 9 座、2 362.99延长米，中桥 3座、241.41 延长米，小桥 1 座、16 延长米；隧道 3 座、3 756延长米，其中朱嘎隧道2 597延长米；涵洞 88 座、2 980横延米；房建 2.7 万平方米；软土路基 3 段、长 2公里。2001 年完成投资3 600万元。3 座桥梁、6 座涵洞被评为“精品工程”。1 月 17 日顺利通过贵阳分局初验，路基、隧道、桥涵均被评为“优良工程”。

长荆铁路　承建 12 标段工程，长 14.91 公里，总投资6 220万元。主要工程量：路基土石方 130 万立方米，路基基床填渗水土17 232立方米，铺设土工布51 378平方米，路基附属及加固圬工48 223立方米；大桥 2 座、526.66 延长米，中桥 2 座、165.35 延长米，跨铁(公)路桥 8 座、349.7 延长米；涵渠 83 座、1 717横延米；道床面碴22 282立方米，底碴10 736立方米，人工铺设 50 公斤重轨 15.89 公里。1999 年 8 月 18 日开工，2001 年 12 月竣工。12 项工程获“样板工程”称号。

秦沈客运专线　主要承担 B28－4、B28－8 标段33 座桥梁计 87 孔、172 榀 24 米单线箱梁的预制和架设任务，总投资6 700万元。2000 年 3 月 15 日开工，2001 年 12 月竣工。制梁于 2001 年 7 月 28 日完成，架梁于 2001 年 10 月 30 日完成。

西安南京铁路　承建西安—合肥段第 12、17 标段工程。12 标段位于陕西省丹凤县，起讫里程为 DK209 + 100～DK224 + 300，长 15.2 公里，合同投资 3.1 亿元。主要工程量：土石方 268.76 万立方米；隧道 10座、4 889延长米；特大桥 2 座、1 193.7延长米，大、中桥 17 座、2 555.2延长米；涵洞 21 座、1 242.83横延米；车站 2 座。2000 年 5 月 28 日开工。2001 年完成主要工程量：土石方 48 万立方米，站场土石方 94.4 万立方米；特大桥 460 延长米，大桥1 251延长米，中桥 207 延长米；涵洞 430 横延米；隧道1 774延长米；铺道碴 0.2万立方米。12 项工程被评为“优质样板工程”，12 项工程获“精品工程”称号。17 标段位于河南省镇平县境内，起讫里程为 DK410 + 900～DK428 + 802.64，长17.9 公里，合同投资 1.05 亿元。主要工程量：土石方187.9万立方米；特大桥 1 座、731.98 延长米，中、小桥13 座、498.46延长米；涵洞 88 座、1 892.53横延米；车站 2 座；软土路基处理 2 段。2000 年 5 月 28 日开工。2001 年完成主要工程量：土石方 111.5 万立方米，站场土石方 35.8 万立方米；特大桥 319 延长米，中桥332 延长米，小桥 56 延长米；涵洞 530 横延米；铺道碴6.4 万立方米。2 项工程获“优质样板工程”、8 项工程获“精品工程”称号。

宝兰铁路复线　承建宝天段第 6 标段工程，位于甘肃省天水市北道区境内，起讫里程为 DK1300 + 000～DK1303 + 082.1，长 3.082 公里，合同投资 1.38 亿元。主要工程量：双线大桥 2 座、462 延长米，四线大桥 2 座、560 延长米，双线隧道 3 座、1 556延长米，涵洞2 座。2000 年 10 月 1 日开工。2001 年完成桥梁1 544延长米，隧道1 045延长米。

洛湛铁路　承建益娄段第 8 标段工程，位于湖南省娄底市湘乡境内，起讫里程为 DK96 + 955～DK117 + 800，长 9.531 公里，合同投资6 822.8万元。主要工程量：土石方 120.7 万立方米，浆砌片石65 018立方米，干砌片石22 239立方米；桥梁1 865.1延长米；涵洞37 座、1 064.45 横延米。2000 年 12 月 27 日开工。2001 年完成路基土石方 73 万立方米，浆砌圬工35 000立方米，干砌片石8 000立方米；桥梁1 865.1延长米；涵洞 875 横延米。西阳河特大桥被评为“优质样板工程”。

渝怀铁路　承建第 11 标段工程，长 19.106 公里，合同投资 4.16 亿元。第一段位于重庆市江北区，起讫里程 DK40 + 935～DK42 + 173.17(西昌河特大桥)，正线长 1.238 公里；第二段位于重庆市涪陵区武隆县境内，起讫里程 DK164 + 360～DK182 + 450，正线长17.868公里。主要工程量：隧道 6 座、16 018延长米，桥梁 8 座、2 511.16延长米，桥、隧占线路长度的 97%；车站 1 座，路基 540 米；土石方 14.45 万立方米；涵洞 4座、44.27 横延米。2001 年 1 月 1 日开工。年内完成投资10 060万元。完成特大桥383延长米，大桥430延长米；隧道2 683延长米。白马2号三线大桥被评为“优质样板工程”。

青藏铁路　承建格拉段第7标段工程，位于五道梁—沱沱河之间，起讫里程DK1131+850～DK1168+000，长36.02公里，包含北麓河厚层地下冰路基试验段及风火山隧道试验段，合同投资8.48亿元。主要工程量：路基土石方358.8万立方米，圬工2.27万立方米，铺设土工格栅27.56万平方米，铺设土工膜6.55万平方米，通风路堤铺设混凝土管及PVC管7 866米；二道沟会让站站场土方30万立方米；特大桥3座；矩形涵52座，盖板涵3座，圆涵2座；单线隧道1.338公里。本段工程主要为低温基本稳定多年冻土区，局部分布高温不稳定多年冻土和高温极不稳定多年冻土，广泛分布有含土冰层、高含冰量冻土和厚层地下冰；风火山隧道为世界上海拔最高(轨面海拔4 905米)的高原多年冻土隧道，施工难度大。北麓河厚层地下冰路基试验段于8月20日开工，风火山隧道试验段于10月12日开工。年内2个试验段共完成投资1.2亿元。完成实物工程量：风火山隧道54.7延长米，桥梁35延长米，涵洞161横延米，路基土石方55万立方米，预制构件3 791立方米。

胶新铁路　承建第6标段工程，位于山东省诸城市境内，长11.7公里，总投资8 700万元。主要工程量：路基土石方95.5万立方米；淮河1号特大桥887.31延长米，芦河大桥152.57延长米，中桥3座、181.28延长米，小桥1座、27.43延长米，206国道公路桥1座、75延长米；涵洞24座、441.77横延米；正线铺轨11.7公里，站线铺轨4.42公里，铺道岔11组；附属圬工9 800立方米。2001年11月1日开工。年内完成路基土石方45万立方米，桥梁102延长米，涵洞100横延米。

朔黄铁路　完成通信干线电缆20公里，光缆20公里，安装通信站3座；电力高低压线路15.6公里，电缆线路70公里，安装变配电所3座。完成工程投资1 666万元。

襄渝铁路　完成高压线路80.97公里，电缆线路34.81公里。完成工程投资2 000万元。

机械化整道　年内整道1 412公里，其中朔黄铁路82公里，京九铁路630公里，秦沈客运专线150公里。完成施工产值1 063万元。　　(盛　辉　孟繁荣)

【铁路运输】　神朔铁路运输　年内发送列车825列，运载货物185.8万吨，安全行车34.63万公里，实现连续安全生产2 004天。

青临铁路运输　年内完成运量77.9万吨，安全行车4.14万公里。完成产值78.28万元，安全生产464天。　　(孟繁荣)

【路外工程施工】　在建铁路外工程117项，完成工程任务总额21.5亿元。重点工程有：

沿江高速公路第3标段工程　位于江苏省常熟市，长10.355公里，投资2.3亿元。主要工程量：大桥2座，中桥4座，主线跨分离式立交桥4座，箱型通道21座，箱型涵洞7座，圆管涵11座。2001年7月10日开工。年内完成投资10 149万元。

锡宜高速公路X2标段工程　位于江苏省无锡市，长1.021公里，投资6 769万元。本工程为跨沪宁铁路和京杭大运河特大桥。主桥跨沪宁铁路，为1－75米刚架系杆拱桥；跨京杭大运河为1－90米刚架系杆拱桥；引桥为逐孔现浇钢筋混凝土连续箱梁。2000年11月开工，2002年4月竣工。

宁杭高速公路工程　位于江苏省溧阳市，长7.2公里，投资9 988万元。主要工程量：大桥1座，中桥2座，匝道桥2座，机耕天桥1座，双喇叭型互通式立交1处，通道17座，涵洞30座。2000年12月开工，2002年4月竣工。

西安南绕城公路工程　长1.364公里，投资14 287万元。土方53 000立方米。桥梁上部结构：右半幅为四联(20.071＋6×20.143＋20.071)米预应力混凝土连续箱梁＋8×20米简支钢箱梁＋(5×20＋6×20)米预应力混凝土连续箱梁＋12×20米简支钢箱梁＋5×20米预应力混凝土连续箱梁；左半幅为四联(20.071＋6×20.143＋20.071)米预应力混凝土连续箱梁＋5×20米预应力混凝土连续箱梁＋8×20米简支钢箱梁＋(5×20＋6×20)米预应力混凝土连续箱梁＋12×20米简支钢箱梁；下部结构为双柱及多柱式圆型桥墩、钻孔浇注桩及扩大基础。2000年11月26日开工，2001年11月26日竣工。

合安高速公路工程　位于安徽省桐城市境内，长10公里，总投资6 230万元。主要工程量：路基填方771 419立方米，挖方114 979立方米，石灰土底基层262 430平方米；圆管涵及倒虹吸45道、1 768.55横延米，盖板涵4座、168.44横延米，人机通道17座、508.35横延米；大桥1座、219.16延长米，跨线桥6座、447.28延长米，浆砌片石17 619立方米。1999年1月20日开工，2001年9月底完工。

界阜蚌高速公路工程　位于安徽省太和县境内，长6.331公里，总投资5 582万元。主要工程量：路基填方69.3万立方米，挖方5 367立方米，石灰土底基层1.7万平方米；涵洞19座、634.22横延米；中、小桥11座、324.05延长米；预制块浆砌排水沟4 894米。2000

年6月1日开工,2002年3月底完工。

蒙蚌高速公路第10合同段　位于安徽省怀远县境内,长10.3公里,投资6 375万元。主要工程量:路基挖方4.2万立方米,填方124万立方米;小桥15座、334延长米,立交桥2座、104.28延长米;涵洞33座。2001年9月20日开工。　(孟繁荣)

【经营管理】 工程承揽。全年承揽工程76项,合同总额41亿元。其中,铁路工程26项,合同额16.1亿元;公路工程32项,合同额20.7亿元;其他项目18项,合同额4.2亿元。局及一处、四处分别被总公司评为2001年度经营工作先进单位。

企业改革。按照"小机关、大服务"原则,年初对局机关编制定员进行调整,部门由41个精简为25个,人员由332人精简为198人。机关人员与主管领导层层签订责任目标合同,进一步明确各级人员职责,优化了资源配置。制定"十五"企业发展规划和"三步走"发展战略,举办3期项目经理培训班,358人接受培训。制定《项目管理办法》、《工程队建设评比办法》,提高了项目管理水平。同步贯彻ISO9000标准(2000版)、ISO14000标准和OHS18000标准,进一步夯实企业基础工作,增强了企业竞争能力。

安全质量。坚持"安全第一、预防为主"的方针和"从严治本,基础取胜"的指导思想,以人为本,落实责任,狠抓源头,先后对679名特种作业人员进行复审培训,办理45名锅炉压力容器特种岗位证书。局评出"安全质量标准工地"22个,评为总公司"安全质量标准工地"3个、西安市"文明工地"1个。全年发生因工伤亡事故6起,因工死亡2人,非责任死亡3人,轻伤6人。因工责任死亡率0.13‰,轻伤率0.39‰。围绕局年度总体质量目标,组织260多人次参加ISO9000质量体系、ISO14000环境保护体系和职工健康安全体系审核员和文件编写培训班,全面开展质量标准工地建设和QC小组活动,创出一大批优良工程。工程质量合格率100%,优良率93.3%;局评出优质工程18项,获铁道部优质工程3项、总公司优质工程6项,获"全国用户满意工程"1项。局评出优秀质量管理小组21个,获陕西省优秀质量管理小组3个、铁道部优秀质量管理小组2个。获总公司"青年文明号"工程2项、陕西省"青年文明号"工程1项、湖北省"青年文明号"工程1项,局和三处分别获四川省"工程质量信得过单位"称号。

财务管理。认真贯彻执行新《会计法》,继续推行会计委派制,强化了工程项目财务管理。加大资金清欠力度,全年共收回外欠款2.4亿元,保证了生产经营的正常运行。局、处领导亲自带领计划、合同、财务等部门人员,深入每个新开工的工程指挥(项目)部进行成本预测和评估,推行定额成本,签订目标责任合同,硬化上缴款指标。加强会计基础工作,历时3个月,对全局会计基础工作标准化建设工作进行考核、评比,提高了财务管理水平。

(强　辉　高明德　邓加成　廖孝德)

【科技教育】 科技工作。以提高企业竞争实力和经济效益为目的,围绕铁路、公路、市政、房建四大领域,积极开发、推广桥梁、隧道、路基、轨道、机械、电务、房建、管理等专业的重大关键技术;加强领导,更新观念,深化科技体制改革,建立企业创新体系,构筑企业技术优势和竞争优势;编制《局"十五"科技发展规划及2010年中长期发展规划》,促进企业在新世纪实现新发展;年内,局安排科技开发项目21项,资助金额73.5万元。4项工法被评为总公司优秀工法,2项被评为铁道部优秀工法,1项被评为国家级工法;3项成果获总公司科技进步奖,9篇论文获总公司优秀论文奖。

教育培训。全年举办各类培训班50期,培训2 882人;选送20名在职干部参加工程硕士研究生班学习;参加学历教育职工308人;招收技校生224名。对考入普通高校的117名本科生、6名大专生及5名获国家级学科竞赛前3名的职工子女颁发奖金12.3万元,激发了职工子女的学习热情。

(刘建侠　杨鹏演　孟繁荣)

【公安与综合治理】 全局有公安分处7个、公安派出所20个,公安干警118人。贯彻"稳定压倒一切"的方针,严格实行领导责任制和"一票否决制",狠抓治安综合治理各项措施的落实,维护了企业稳定和正常的工作、生活秩序。年内受理治安案件558起,查处558起,处罚各类违法人员680人;立刑事案件146起,破获130起,抓获犯罪嫌疑人148人,打掉犯罪团伙13个,抓获团伙成员44人;加强危爆物品管理,收缴炸药21.25公斤,雷管118枚,导火索25米,查获非法枪支2支,子弹496发。12月12日,将"970"诈骗案犯罪嫌疑人姜锦江、曹玉梅缉拿归案,避免1 500余万元国有资产流失。公安处被铁道建筑公安局评为先进公安处,第一公安分处被评为优秀公安分处,第一公安分处第一派出所连续四年被评为"十佳派出所";第八、一公安分处分别被铁道建筑公安局评为"缉枪治爆"先进单位和陕西省公安厅"规范执法单位"。局评出"治安综合治理先进单位"5个、"治安模范工地"8个、"治安模范单位"9个、"安全文明院区"4个,"治安综合治理先进个人"15人。　(许学军　孟繁荣)

【党群工作】 党的工作。全局有党委59个、党总支6个、党支部259个、党小组699个,党员5 067人。2001年,局党委以江泽民总书记“三个代表”重要思想为指导,紧紧围绕企业改革发展实际和“三步走”战略目标,充分发挥各级党委的政治核心作用、党支部的战斗堡垒作用和党员的先锋模范作用,促进了企业改革发展。(1)领导班子建设。大力加强领导班子思想政治建设,认真开展创建“四好领导班子”活动,一处、五处、电务工程处、中心医院、物资总公司领导班子被评为局2000年度“四好领导班子”;局和三处领导班子被总公司评为“四好领导班子”。按照“双达标”要求,年内调整处级领导班子成员51人,6个综合工程处领导班子全部实现“双达标”。选送28名处级领导干部参加总公司组织的领导岗位任职资格培训。(2)党组织建设。结合撤段强队工作,建立健全基层党组织,在民主推荐、公开竞聘基础上配齐配强队级党支部班子;举办党支部书记培训班两期,90人参加培训,提高了党支部书记队伍的整体素质;继续深入开展“创岗建区”和创建“五好党支部标兵”活动,33个党支部被局党委评为“五好党支部标兵”。(3)党员队伍建设。以“选树一个典型、表彰一批先进、进行一项教育、过好一次专题组织生活、举办一场歌咏比赛、召开一次座谈会、举办一次摄影图片展”为主要内容,广泛开展纪念建党80周年庆祝活动。“医务工作者的榜样”刘玉湖及祝建周、邓永珠、陈家忠分别被总公司党委、陕西省委评为优秀共产党员,穆占全、吴凤仪被总公司党委评为“优秀党务工作者”;局党委评出“优秀共产党员”58名、“优秀党务工作者”30名。(4)宣传思想工作。下发《局“十五”思想政治工作规划》,编写《实现三步走,人人作贡献》和《树雄心、立壮志,誓夺青藏铁路施工的全面胜利》等宣传教育提纲,紧紧围绕企业中心工作,开展企业改制和改革形势任务宣传教育。在全国性报(台)刊(播)稿585篇,《中国铁道建筑报》刊稿530篇;局《开路先锋报》出报52期,《企业建设》杂志出版6期。(5)精神文明建设。年初,局领导与局属单位领导签订文明创建目标责任合同,并下达具体创建目标,定期进行督促、指导。局被陕西省委、省政府评为“文明单位”,三处被陕西省委、省政府评为“文明单位标兵”,五处被河南省委、省政府评为“文明示范单位”;一批单位被当地政府评为“文明单位”。(6)党风廉政建设。3月19日,局召开党风廉政建设工作会议,制定下发《关于清理领导干部私人集资购买设备的通知》,参加自查的各级干部3 245人,共清理出私人集资购买的各种机械设备和车辆20种、96台(辆)。全年收举报信89件,立案30件、结案30件,党纪处分7人,政纪处分34人,为企业挽回经济损失15.36万元,避免经济损失72.24万元。查处100万元以上亏损项目6个、100万元以下亏损项目3个、100万元以上亏损单位2个,涉及金额2 269.54万元,直接责任者受撤职处分2人、降级处分2人、政纪处分15人,赔偿经济损失149 625元。局纪委、监察处分别被中共陕西省委企业工作委员会授予“先进纪委”、“先进监察室”称号。

工会工作。全局有工会组织19个,工会会员14 952人,工会专职干部87人。(1)企务公开。局属各单位、工程指挥部、工程队均建立了企务公开制度,公开的内容逐步由职工切身利益问题向生产经营领域延伸,在干部选拔任用、物资采购、机械设备购置等方面均实行公开,采取多种形式向职工亮家底、讲实情,广泛听取意见和建议,形成畅通的企务公开渠道,职工对企务公开的满意率达85%以上。(2)劳动竞赛。积极开展以“五比四创”和“三保一创”为主要内容的社会主义劳动竞赛活动,局获中华全国总工会、国家经贸委颁发的“全国‘安康杯’竞赛优胜企业”称号,郭祥军、邹国谨获陕西省劳动模范称号,六处获陕西省“先进集体”称号,电务工程处获“火车头奖杯”,2人获“火车头奖章”;中心医院获总公司“劳动竞赛优胜单位”称号,二处获总公司“先进集体”称号,10人获总公司“铁路建设大会战尖兵”奖章;局评出“五比四创”社会主义劳动竞赛优胜杯获得单位9个、“三保一创”杯劳动竞赛优胜单位3个,表彰先进(生产)工作者30人、“十大科技创新能手”10人、“十大杰出工人”10人。(3)职工之家建设。第五工程处被陕西省总工会授予“模范职工之家”称号,4个单位被总公司评为“模范职工之家”、4个工会小组被评为“模范职工小家”。(4)“送温暖”活动。全局共筹集“送温暖”资金631.224万元,看望、慰问困难单位4个,特困职工127人、重困职工213人、困难职工465人,离退休人员379人,劳动模范15人,伤病残职工53人。(5)体育活动。参加咸阳市第七届运动会,获得4枚金牌、1枚银牌、1枚铜牌;获总公司门球锦标赛第二名和女子气排球比赛第二名;局举办第六届职工羽毛球锦标赛。局获中华全国总工会授予的“大众体育展示活动优秀组织推广奖”。

共青团工作。全局有团委14个、团总支2个、团支部146个,团员2 485人。局团委注重团干部综合能力培养,培训专兼职团干部60人。积极开展“创新创效”、“青年突击队”、“导师带徒”等活动,组建青年突击队36支,自发结“导师带徒”对子82对。局评出“青年文明号”工程12项、“优秀青年突击队”14支、“优秀青年岗位能手”28人;被评为总公司“红旗团委”2个、“红旗团支部”2个、“红旗团委创建单位”2个、“红旗团支部创建单位”2个,“青年文明号示范工程”1项、“青年文明号”工程1项,“十大杰出青年”1人、“优秀团干部”2人、“优秀共青团员”2人；1人获中央企业团工委“优秀青年岗位能手”称号；被评为陕西省“青年文明号”工程1项、“青年文明号示范单位”1个，“优秀青年岗位能手”1人、“优秀青年企业家”1人、“青年突击手”1人、“优秀共青团员”1人、“青年突击手标兵”和“十大杰出青年”提名奖1人；被评为湖北省“青年文明号”工程1项，“优秀青年岗位能手”3人。

（张权伟　舒胜龙　李海明　孟繁荣）

【第一工程处】　铁路综合工程、公路工程、市政工程施工一级资质企业。处机关驻江苏省苏州市新区长江路561号。处长刘代文，党委书记康义初。职工2 493人，其中干部609人，专业技术干部423人，技术工人883人。下辖18个专业工程队、7个专业公司。固定资产净值11 057万元，流动资产16 061万元。机械设备733台，车辆116台，总功率31 693千瓦，人均技术装备率20 254元、动力装备率12.4千瓦。

2001年，承揽工程15项，投资总额10.1亿元。完成企业总产值6.3亿元，其中施工产值6.13亿元，多种经营产值1 400万元。实现综合效益3 004.5万元。全员劳动生产率11.3万元/人年，职工年人均收入10 500元。工程质量合格率100%，优良率95%以上。通过ISO9002质量体系认证，被江苏省苏州建设银行评为“AAA级信用企业”。

（张君奇　孟繁荣）

【第二工程处】　铁路综合工程、公路工程、市政工程、地下深基础工程施工一级资质企业。处机关于2001年12月16日由陕西省渭南市迁到云南省昆明市官渡区关上中路星河民居。处长胡平原，党委书记陈志平（1月免）、刘杰（1月任）。职工2 052人，其中专业技术干部403人。下辖16个专业工程队、3个办事处及物业管理公司。机械、车辆480台，原值12 183.7万元、净值8 141.61万元，总功率27 253千瓦，人均动力装备率13.2千瓦、技术装备率34 995.79元。年施工能力5亿元以上。

2001年，承揽工程4项，总投资31 630万元。完成企业总产值51 297万元，实现综合效益2 900万元。年内发生因工亡人事故1起。工程质量合格率100%，优良率93.5%。获总公司优秀QC成果1项，2座隧道被甘肃省评为“精品工程”。处通过ISO9002质量体系认证，被陕西省评为“先进企业”和“AAA级信用企业”。　（靳太荣　孟繁荣）

【第三工程处】　铁路综合工程、水利工程、公路工程施工一级资质企业。处机关驻陕西省咸阳市文林路北。处长蒋锡银（1月免）、王继红（1月任），党委书记陈宗和。职工2 542人，其中干部842人，专业技术干部655人，技术工人1 379人。下辖17个专业工程队、建筑队、机械化公司、物业公司、测试中心、医疗保险中心、重庆办事处、兰州办事处。固定资产原值13 733.4万元、净值11 166.2万元。机械设备200台（套）、车辆130台，设备完好率93%、利用率77%。年施工能力5亿元以上。

2001年，承揽工程11项，总投资4.9亿元。完成企业总产值5.19亿元，实现综合效益2 646万元。单位工程合格率100%，优良率93%。湖北恩施朝东岩隧道被总公司评为“安全质量标准工地”；处被四川省评为“工程质量信得过单位”，被陕西省授予“文明单位标兵”和“重合同、守信用单位”称号；处党委被总公司党委评为“十佳先进党组织”。（夏文斌　孟繁荣）

【第四工程处】　铁路综合工程施工一级、公路工程施工二级资质企业。处机关驻山东省青岛市高科技工业园区。处长梁荣（6月免）、郭祥君（6月任），党委书记吕全功（6月免）、梁荣（6月任、9月免）、王树文（11月任）。职工2 551人，其中干部609人，专业技术干部433人。下辖19个专业工程队。机械设备121台（套），完好率93%，利用率69%；车辆132台，完好率92%，利用率50%。机械、车辆总功率20 716.5千瓦，人均动力装备率8.12千瓦、技术装备率15 434.99元，机械设备新度系数0.78，车辆新度系数0.69。年施工能力5亿元以上。

2001年，承揽工程14项，投资总额5.3亿元。完成企业总产值4.11亿元，实现综合效益2 440万元。工程质量合格率100%，优良率91%。处连续十年被陕西省人民政府授予“重合同、守信用企业”称号。洛三高速公路有4项工程被评为“精品工程”。通过ISO9002质量体系认证。被青岛市崂山区评为“精神文明建设先进单位”，郭祥君获陕西省劳动模范称号。

（曾学斌　孟繁荣）

【第五工程处】　铁路综合工程施工一级，公路工程、市政工程及地基与基础工程施工二级资质企业。处机关驻河南省洛阳市瀍河区邙山路10号。处长贾吉利，党委书记穆占全。职工1 086人，其中各类专业技术人员253人。下辖9个工程公司、建安队、铁路运输公司、机械化整道公司、储运站、综合服务中心。固定资产7 798万元，机械设备162台（套），车辆81台，机车7台，总功率4 966千瓦，人均技术装备率21 000元、动力装备率48千瓦，设备新度系数0.76。年施工能力3亿元以上。

2001年,承揽工程8项,投资总额26 142万元。完成企业总产值20 064万元,实现综合效益1 465万元。人均创利1.41万元,全员劳动生产率17.93万元/人年。在建工程17项,工程质量合格率100%,优良率96.4%。被业主评为“优质样板工程”5项,“精品工程”1项。处被河南省授予“文明示范单位”称号,被河南省评为“建筑企业综合实力50强”企业,被陕西省评为“模范职工之家”,被河南省评为“卫生工作先进单位”,被洛阳市评为“家庭文明创建示范社区”。通过ISO9002质量体系认证。 (朱秀琴 孟繁荣)

【第六工程处】 工业与民用建筑工程施工一级、铁路综合工程施工二级资质企业。处机关驻陕西省咸阳市机场路。处长杨惠民,党委书记尹胜章(1月免)、黄锦波(1月任)。职工1 850人,其中专业技术干部475人。下辖19个工程队、机械租赁公司、工贸公司、物业公司、计量测试室、医疗保险中心、青岛办事处。固定资产9 299.4万元,机械设备882台(套)。年施工能力4亿元以上。

2001年,承揽工程12项,投资总额3.54亿元。完成企业总产值3.51亿元,实现综合效益2 387.52万元。实现连续安全生产6 595天,获总公司“安全质量标准工地”1个,被评为局安全生产先进单位。获总公司优质工程2项、优秀QC小组1个,获陕西省质量信得过班组1个,获“全国用户满意工程”1项。处获陕西省“先进集体”称号。通过ISO9002质量体系认证。

(温素华 孟繁荣)

【电务工程处】 铁路电务工程施工一级、送变电工程施工二级资质企业。处机关驻陕西省咸阳市机场路。处长李国华,党委书记扈库生。职工300人,其中专业技术干部114人。下辖4个工程公司、通信中心、物业管理公司。固定资产1 566万元,流动资金2 300万元。机械及仪表设备150台(套),总功率160千瓦。年施工能力2亿元以上。

2001年,承揽工程9项,投资总额1.23亿元。完成企业总产值1.26亿元,实现综合效益1 052.4万元。连续实现第16个安全生产年。工程质量合格率100%,优良率96%,被业主评为“优质工程”2项。处被铁道部授予“火车头奖杯”,被总公司授予“模范职工之家”称号,被陕西省授予“优秀基层党组织”称号,被咸阳市授予“文明单位标兵”称号。通过ISO9002质量体系认证。 (白小波 孟繁荣)

【重要记载】

▲1月15日～17日 局机关进行机构改革,职能部门由41个减到25个,减幅达39%;机关定员由332人减到198人,减幅为40%。

▲1月18日 总公司王振侯总经理、杨海峰副总经理在余文忠局长陪同下,到西安南京铁路桥耳沟3号隧道工地检查指导工作。

▲2月5日～6日 召开局五届六次职代会、局党委四届十一次全会暨2001年度工作会议,确立局“三步走”战略发展目标,制定局“十五”规划。

▲2月21日 局中标深圳地铁第1期工程第6标段,总投资1.43亿元。

▲2月 五处、物资总公司相继被河南省、陕西省授予2000年度“省级文明单位”称号,局机关获“省级文明小区”称号。

▲3月6日 局中标青藏铁路格拉段第7标段工程,长37.17公里,总投资8.5亿元,其中有世界海拔最高的铁路隧道——风火山隧道(轨面海拔4 905米)。

▲3月11日～27日 局举办项目经理培训班,130人参训。

▲3月 由第六工程总公司承建的信保大厦获兰州市“优良工程”称号。

▲4月10日 局再次中标深圳地铁一期工程第14标段。

▲4月21日 局中心医院隆重举行“咸阳市公安法医创伤医院”挂牌仪式。

▲4月26日 局工程机械厂代表总公司、中铁二十局,参加中央心连心艺术团在西安举办的“一路同行”大型文艺演出活动。

▲4月27日 山西省交通厅厅长王晓林率设计院、质检站、监理公司、当地政府领导和新闻记者70余人,现场观摩四处承建的临侯高速公路文明施工情况,对现场管理给予高度评价。

▲5月5日 铁道部副部长蔡庆华一行14人在局党委书记周玉成陪同下,视察秦沈客运专线锦州南制梁场。

▲5月11日 中央企业工委副书记赵杰兵在总公司党委书记李国瑞、总经理王振侯、副总经理丁原臣、夏国斌等陪同下,视察秦沈客运专线施工现场。

▲5月14日 山西省省长刘振华、副省长杜五安带领省政府有关厅局领导,专程到二处承建的晋祠高架桥工程施工现场视察,对现场管理和工程质量十分满意。

▲5月 四处连续十年获陕西省“重合同、守信用企业”称号。

▲5月 电务工程处荣获中华全国铁路总工会颁发的2001年度“火车头奖杯”。

▲6月8日 局党委颁发《关于授予刘玉湖“医务

工作者的榜样”称号的决定》。

▲6 月 19 日　交通部副部长胡希捷在陕西省交通厅厅长乌小健等陪同下，视察一处参建的西安绕城公路工程。

▲6 月 27 日　局隆重举行庆祝建党 80 周年歌咏比赛。

▲6 月 29 日　青藏铁路格拉段工程开工典礼分别在格尔木和拉萨两地同时举行。余文忠局长、余量总工程师、况成明指挥长及 200 余名参建职工出席开工典礼。

▲7 月 1 日　局与陕西电视台共同举办庆祝建党 80 周年“中铁二十局杯”大型电视歌会——《东方的太阳》。

▲同日　共青团中央、全国铁道团委在格尔木南山口举行万人大会，团中央书记处书记崔波、铁道部副部长孙永福为青藏铁路“青年突击队”授旗。

▲7 月 5 日　六处施工的西宝公路北线七星河特大桥被共青团陕西省委评为“青年文明号”工程。

▲7 月 31 日　四处中标天津市城市轨道交通工程 F 标段。

▲8 月 3 日　工程机械厂生产的“中铁牌”系列压路机通过中国质量检验协会的严格检测，获得“国家权威检测合格产品证书”和铜牌。

▲8 月 7 日　江苏省交通厅厅长章俊元率省交通、交管部门领导 60 余人，视察一处施工的宁杭高速公路工地，称赞“中铁二十局是一支能打硬仗的优秀施工队伍”。

▲8 月 25 日　铁道部副部长孙永福在局党委书记周玉成等陪同下，专程视察局青藏铁路北麓河路基试验段工地。

▲8 月 26 日～28 日　中华全国铁路总工会主席黄四川、总公司工会主席夏良振在局工会主席李克林陪同下，察看局青藏铁路工地医院、职工食堂、职工宿舍和风火山隧道工地，慰问参建职工。

▲9 月 9 日　铁道部副部长蔡庆华在王冠峰副局长陪同下，视察局洛湛铁路建设工地。

▲9 月 11 日　中央企业工委副书记王瑞祥率慰问团，在总公司党委书记李国瑞、工会主席夏良振、局党委书记周玉成陪同下，对渝怀铁路参建职工进行慰问演出。

▲9 月 16 日　总公司工会主席夏良振在局工会主席李克林陪同下，到渝怀铁路建设工地检查指导建家建线工作。

▲9 月 19 日　铁道部副部长蔡庆华率各局代表和新闻记者，在局长余文忠、指挥长张望珍陪同下，视察局内昆铁路建设工地并给予高度评价。

▲9 月 25 日　局团委六届三次全会在咸阳召开。

▲9 月 30 日　铁道部副部长孙永福在局党委书记周玉成、总工程师余量陪同下，视察青藏铁路风火山隧道和北麓河厚层地下冰路基试验段工地，并分别题词：“奋战高原，科技攻关，建设世界第一高隧”、“中铁二十局北麓河试验段。”

▲9 月　局中标胶新铁路工程第 6 合同段。

▲10 月 19 日　交通部部长黄镇东、江苏省省长季允石及交通厅厅长章俊元在一处处长刘代文、党委书记康义初陪同下，视察通启高速公路建设工地。

▲11 月 14 日　陕西省省长程安东在省交通厅厅长乌小健等陪同下，视察一处承建的榆靖高速公路 N3 标段硬地梁河特大桥工地。

▲11 月 22 日　铁道部工程管理中心主任施德良及渝怀铁路建设总指挥部总指挥长何明新一行，到渝怀铁路局管区白马 2 号隧道出口检查指导工作。

▲11 月 26 日　局与北京科技大学共同研制的世界海拔最高的风火山医用制氧站建成投产，解决了青藏铁路施工中的一大难题，同时也填补了世界高海拔地区制氧技术空白。

▲12 月 19 日　陕西省精神文明建设检查团到局考核验收省级文明单位创建工作。

▲同日　神华铁路有限责任公司在河北省平山县西柏坡火车站举行朔黄铁路神木段通车典礼暨表彰大会。六处职工杨春元荣获“火车头奖章”。

▲同日　铁道部副部长蔡庆华视察朔黄铁路“四电”工程，对中铁二十局电务处“四电”率先成功开通给予高度评价。

▲12 月 20 日　二处在云南省昆明市挂牌办公。

▲12 月 30 日　总公司将中铁二十局城建总公司划归北京中铁建设有限公司管理。　（孟繁荣）

中铁路桥集团有限公司

【简况】　中铁路桥集团有限公司系根据《总公司、总公司党委关于部分直属单位结构调整资产重组的决定》（中铁建劳〔2001〕218 号文），以养马河桥梁厂为基础，与川东水泥厂、西南办事处共同组建而成。公司位于四川省成都市东门街 84 号。下辖中铁养马河工程股份有限公司、川东水泥厂、成都中铁建西南物资有限公司、中铁养马河管理公司 4 个单位。职工2 781人。

2001 年，完成工业总产值3.845亿元，实现销售收入 3.618 亿元，实现利税2 627万元，其中利润1 307.4

万元。养马河桥梁厂被评为“全国思想政治工作优秀企业”、四川省“思想政治工作先进单位”和“企业民主管理先进单位”，连续被四川省委、省政府评为“最佳文明单位”；川东水泥厂继续保持四川省“文明单位”称号。　　（赵　建）

【领导干部】

行政系统	
总经理	王长留（12月任）
副总经理	钟安明（12月任）
	田宝华（12月任）
	喻丕全（12月任）
总工程师	田宝华（12月兼任）
党群系统	
党委书记	千天成（12月任）
党委副书记	王长留（12月兼）
	辛　义（12月任）
纪委书记	辛　义（12月兼任）
工会主席	吴振宇（12月任）

（陈绍昆）

【经营管理】　生产经营。全年完成工业总产值3.845亿元，实现销售收入3.618亿元、实现利税2 627万元。其中，养马河桥梁厂完成工业总产值1.96亿元，完成销售收入1.91亿元，实现利税2 036万元，实现利润1 200万元；西南办事处完成销售产值1.08亿元，实现销售收入9 720万元，实现利税115万元，实现利润87万元；川东水泥厂完成工业总产值8 050万元，实现销售收入7 360万元，实现利税476万元。2001年，养马河桥梁厂签订任务合同19项，合同总额4.21亿元；西南办事处承揽物资供应任务1.3亿元；川东水泥厂签订水泥销售合同28万吨，合同总额6 440万元。

企业改革。按照总公司改革改制的总体部署，养马河桥梁厂系总公司工业系统第一家完成股份制改造的企业，中铁养马河工程股份有限公司于12月18日在成都国际会展中心举行挂牌仪式，正式挂牌运行；西南办事处系总公司物资系统第一家完成公司制改造的单位，成都市工商行政管理局于12月24日正式颁发“成都中铁建西南物资有限公司”营业执照，建立起规范的法人治理结构，加大内部三项制度改革力度，初步建立职工能进能出、干部能上能下、工资能高能低的运行机制。同时，按照国家和地方政府的有关政策，积极稳妥地做好医疗保险、后勤服务等移交、分立工作，减轻了企业负担。

企业管理。一是强化经营承包责任制，取得明显的经济效益。二是强化质量管理，认真贯彻执行ISO9000标准，坚持以“用户满意为最高标准”的质量理念，加大质量监控力度，落实质量责任制，产品质量有新的提高。三是强化成本管理，加强资金集中管理和统一调配，严格费用包干使用制度，加强生产单位的成本核算和考核，提高资金周转率和利用率；物资供应坚持广开料源渠道、货比三家的原则，大宗材料采购一律实行公开招标，同时加强物资消耗定额控制，降低了生产成本。四是强化安全、设备和现场管理，认真贯彻“抓生产必须抓安全”的方针，健全安全生产制度，开展安全生产大检查，加强对专、兼职安全员的业务培训，进一步落实安全生产责任制；加强设备管理，做到设备管理微机化、网络化，增强设备调配的计划性、科学性，提高了设备使用效能；加强生产现场管理，做到工完料尽场地清，生产现场规划合理、整洁有序。

（陈绍昆　赵　建）

【新产品开发】　养马河桥梁厂在实现跨座式单轨PC梁产业化的基础上，利用相关技术成功地开发出磁悬浮列车导轨梁，填补了国内技术空白，获得国家专利，并以领先的技术优势承揽到上海磁悬浮列车快速交通示范线导轨梁生产任务4.1亿元。川东水泥厂实现水泥生产“三突破”：一是首次生产、销售普通P.052.5R等级水泥；二是根据用户要求，试制出高速公路半刚性路面施工需要的专用水泥；三是打破水泥混合材料单一的模式，降低了生产成本。　（陈绍昆　赵　建）

【教育培训】　年内，组织开展29个工种的职业技能鉴定，303名职工通过鉴定；举办各种培训班41期，培训职工2 947人次，其中送外培训50人次；有84名干部职工通过自学考试或成人教育接受学历教育。

（陈绍昆　赵　建）

【党群工作】　1.党的组织建设。各级党委坚持中心组学习制度，重点学习江泽民总书记“三个代表”重要思想、党的十五届六中全会《决定》及现代企业制度有关知识，学习中注重联系实际、解决现实问题，进一步提高领导班子成员和各级干部的政治思想素质及经营管理能力。认真贯彻党的民主集中制原则，制定并实施决策前的平等研究、决策中的民主讨论、决策后的协调统一和决策失误的责任追究制度。加强基层党组织建设，深化“创岗建区”活动，开展党员身边无事故、无次品、无违章违纪的“三无”活动，增强广大党员的先锋模范意识，充分发挥党组织的政治保证、思想保证和权力制衡作用。切实加强作风建设，在各级领导班子成员和领导干部中倡导求实、求是、求效的作风。坚持党内民主生活会制度，大力推行岗位轮换制，做好干部离任审计工作，充分调动群众民主监督的积极性。发挥企业职工代表大会的监督职能，积极推行企务公开和民主评议企业领导人员制度，实现有效的民主监督。

2. 思想政治工作。始终坚持“两手抓、两手硬”的方针，思想政治工作紧密结合生产经营和职工队伍实际，突出“一个重点”，即以信念、理想和信任教育为重点。“两个坚持”，即坚持行之有效的方式、方法和制度，坚持精神文明创建活动，孕育优良企业文化，努力培育“四有”职工队伍。“三个结合”，即结合企业深化改革实际，积极做好思想先导和稳定人心的工作；结合企业发展实际，做好鼓舞士气、激励人心的工作；结合职工思想实际，把“立行”与“立言”结合起来。“四个创新”，即领导体制创新，管理和考核机制创新，教育内容创新，工作方法创新，取得良好效果。

3. 工会、共青团工作。各级党委切实尊重和保证职工群众的主人翁地位，维护职工的合法权益，保障职工的民主权利。坚持和完善以职工代表大会为基本形式的民主管理、民主评议、民主监督制度，大力推进和完善企务公开。各级工会、共青团组织紧紧围绕企业中心任务和党委中心工作，根据各自特点，积极主动、独立负责地开展活动，发挥了应有作用。

（陈哲华）

【重要记载】

▲1月5日～12日　养马河桥梁厂厂长王长留、总工程师田宝华参加由上海磁悬浮交通发展公司组织的考察团，赴德国考察磁悬浮列车交通工程。

▲2月7日　重庆市常务副市长甘宇平一行视察养马河桥梁厂重庆轻轨生产基地。

▲2月19日　养马河桥梁厂组建上海磁悬浮列车导轨梁工程指挥部。

▲3月16日　养马河桥梁厂自行研制开发的城市跨座式单轨PC梁获2000年度“四川省优秀新产品二等奖”。

▲3月　川东水泥厂5个主要车间实行分厂制。

▲4月　工厂局任命田宝华为养马河桥梁厂副厂长兼总工程师；幸义为党委副书记兼纪委书记；吴玉兰为党委副书记兼工会主席。

▲4月　田宝华获中央企业工委授予的“青年岗位能手”称号。

▲6月18日　总公司总经理王振侯到西南办事处检查指导工作。

▲8月10日　养马河桥梁厂简阳燃气化工公司发生液化气爆炸重大事故，致使3人死亡、5人受伤。

▲11月2日　国务院总理朱镕基、德国总理施罗德为上海磁悬浮列车导轨梁起运剪彩，并亲切接见养马河桥梁厂厂长王长留、总工程师田宝华。

▲11月22日　四川省总工会为成都中铁建西南物资有限公司颁发社团法人证照。

▲11月28日　总公司、总公司党委决定，以养马河桥梁厂为基础，与川东水泥厂、西南办事处共同组建中铁路桥集团有限公司。

▲12月3日　总公司任命干天成为成都中铁建西南物资有限公司董事长。

▲12月10日　总公司王振侯总经理、李国瑞书记在北京召集中铁路桥集团公司领导班子成员开会，对组建中铁路桥集团公司提出要求。

▲12月18日　由养马河桥梁厂发起，联合铁道专业设计院、中铁宝桥股份有限公司等五家企业共同设立的“中铁养马河工程股份有限公司”正式挂牌成立。总公司党委书记李国瑞、副总经理靳尚忍、党委副书记彭树贵及四川省、成都市有关领导到会祝贺。

▲12月24日　西南办事处改制工作全面完成。成都市工商行政管理局正式颁发“成都中铁建西南物资有限公司”法人营业执照。

▲12月　经中铁路桥集团公司研究决定，成立中铁养马河管理公司（非建制单位），作为集团公司下属单位，对养马河桥梁厂非经营性资产和留守人员实施全面管理。（陈绍昆　赵　建　王平川　周　翔）

·中铁养马河工程股份有限公司·

【简况】　中铁养马河工程股份有限公司（以下简称铁马股份）原驻四川省简阳市养马镇，12月搬迁至成都市东门街84号。2001年12月18日改制挂牌。法定代表人王长留，注册资本5 000万元，固定资产8 000余万元。现有职工1 309人，其中专业技术人员213人，具有创新开发能力的中高级工程技术人员48人。拥有上海、重庆、珠海、六盘水、宝鸡、养马河等生产基地。主要从事预应力钢筋混凝土铁路桥梁、轨枕，跨座式城市单轨交通PC梁和磁悬浮列车导轨梁的生产、销售及工程施工。公司具有较强的科技创新实力和市场开发能力，自行研制开发的跨座式单轨PC梁、磁悬浮列车导轨梁属国内首创，获得国家专利，填补了国内技术空白，达到国际先进水平。成功地将其技术和产品运用到西部大开发10大重点工程之一的重庆市较场口—新山村轻轨2号示范线和世界第一条商用磁悬浮列车上海浦东机场—陆家咀示范线。（赵　建）

【领导人员】

股东会

国有法人股代表　王长留

钟安明
幸　义
陶春明
吴玉兰
田宝华
张庆军
刘顾集

其他法人股代表	姚圣法
	肖春华
	麻三松
	田小元
	张玉琨
董事会	
董事长	王长留
国有法人股董事	王长留
	钟安明
	幸　义
	陶春明
	田宝华
	张庆军
	刘顾集
	王长安
其他法人股董事	姚圣法
	李　毅
	麻凤英
	田小元
	陆宁秋
监事会	
监事会主席	吴玉兰
国有法人股监事	余仁碧
其他法人股监事	樊纪国
职工监事	吴玉兰
经理层	
总经理	张庆军
副总经理	刘顾集(兼)
	王长安
总经济师	窦财元
党群领导	
党委书记	刘顾集
党委副书记兼纪委书记、工会主席	吴玉兰

（赵　建）

【生产经营】 2001年，面对激烈的市场竞争，公司提出并实施“三创新一加强”（思想创新、科技创新、制度创新、加强管理）经营战略，生产经营取得新成绩。全年承揽任务19项，合同总额4.214亿元，回收资金1.98亿元。实现工业总产值1.96亿元，完成销售收入1.91亿元，实现利税2 036万元，其中利润1 200万元。产值、销售收入、利税、利润与2000年同比分别增长65.1%、135.1%、90.5%、426.9%，创历史最好水平。（赵　建）

·川东水泥厂·

【简况】 川东水泥厂驻四川省渠县三汇镇。系四川省工业企业500强、四川省非金属矿物制品工业企业最大规模20强、四川省“重合同、守信用企业”。拥有2条Ø3.0×100.94米湿法回转窑和2条Ø2.8×10米盘塔式机立窑生产线，设计生产能力为年产矿渣硅酸盐水泥50.8万吨。在岗职工1 093人，其中中级以上专业技术人员72人。主要产品有“华蓥山牌”硅酸盐水泥两大类四个品种：P.S32.5、P.S42.5、P.032.5R、P.042.5R。产品广泛运用于桥梁、隧道、大坝、机场、高速公路、高层建筑等大中型工程建设。

（王平川）

【领导干部】

厂长	喻丕金
副厂长	文晓耕
	朱银洲
	张永华(10月任)
总工程师	吴　平
总会计师	田培根
党委书记	吴振宇
党委副书记	黄宽成(11月任)
纪委书记	周家治(兼)
工会主席	周家治

（王平川）

【生产经营】 2001年，生产水泥34.41万吨，销售水泥34.87万吨。完成工业总产值8 050万元，实现销售收入7 360万元，上缴税金571万元，实现利润20.4万元。（王平川）

·成都中铁建西南物资有限公司·

【简况】 成都中铁建西南物资有限公司（以下简称西南物资公司）驻四川省成都市一环路北一段113号。原为总公司物资局所属西南办事处，2001年12月改制，改称现名。现有职工108人，其中干部43人，工人65人。主要负责内昆、渝怀、新长、秦沈等新建铁路物资供应及总公司系统过往人员的接待服务。同时,坚持“一业为主、多种经营”的指导思想,大力发展第三产业,经济效益不断提高。（周 翔）

【领导干部】

主任	干天成(12月改任西南物资公司董事长)
副主任	杨秀安(12月改任西南物资公司副董事长)
	陈怀润(12月改任西南物资公司总经理)
	郑述平(12月改任西南物资公司副总经理)
总经济师	罗绍君(12月改任西南物资公司副总经理兼总经济师)
总会计师	郑述平(12月兼任)
党委书记	干天成(12月免)
	杨秀安(12月任)
纪委书记	李明信(兼)
工会主席	李明信(11月任调研员)

（周 翔）

【经营管理】 2001年,完成销售产值1.08亿元,实现销售收入9 720万元,实现利润87万元。全员劳动生产率7.6万元/人年,职工年人均收入2.8万元。党的建设、职工教育、行政管理、安全生产、治安综合治理和计划生育工作跨上新台阶。领导班子被中铁物资集团公司评为2000年度“四好领导班子”。（周 翔）

中铁物资集团公司

【简况】 中铁物资集团公司机关驻北京市复兴路40号院。其前身是中国铁道建筑总公司物资局,组建于1990年3月;1999年9月27日改组为中铁建物贸公司;2000年12月4日更名为中铁建物资集团有限公司;2001年11月28日,根据《总公司、总公司党委关于部分直属单位结构调整资产重组的决定》,组建中铁物资集团公司。集团公司机关设职能部门8个,职工65人。下辖东北、华东、中南、西北办事处及石家庄材料总厂和成南、上界高速公路项目(指挥)部。

2001年,完成企业总产值43 840万元,实现利润－836万元。国有资产保值增值率93%,经营性资产收益率－14.7%,产值利润率－1.9%,资产负债率75.4%。上缴款未完成,主要原因是划转出的单位财务报表亏损数额巨大。（陈 良 肖 鹏）

【领导干部】

总经理	冯代德
副总经理	杜宝新
	孙廷台
党委书记	索相福
党委副书记	刘茂芝
	马玉亮(12月任)
纪委书记	马玉亮(兼)

（肖 鹏）

【职工队伍】 年末职工743人,其中干部404人,女干部71人;工人339人,其中女工人85人。（季利平 陈广文）

【固定资产及技术设备】 固定资产原值16 912万元、净值13 716万元。铁路专用线8条、1 548延长米,库房9.93万平方米,车辆32台,机械47台。（刘 芳 吴玉波）

【经营管理】 1.生产经营。各单位在严峻的经营形势下,带领职工迎难而上,开拓市场,取得一定成绩。东北办事处积极开展经营创新、管理创新,确定2001年为企业“形象年、发展年”,全年完成产值18 549万元,实现利润37万元。西北办事处继续坚持物资供应、工程经营、旅游服务三位一体的经营格局,全年完成产值2 200万元,实现综合效益35万元。

2.企业改革。西南办事处作为总公司改制试点单位,领导重视,行动迅速,周密安排,狠抓落实,年内完成资产评估和产权界定工作,进行结构调整和资产重组,建立公司法人治理结构和工作机构,已办理完公司工商注册登记。集团公司机关和所属单位也做了大量的改制前期准备工作。适应企业发展需要,公司机关及东北办事处、中南办事处、高碑店材料总厂、株洲战备材料总厂、鹰潭战备材料总厂等单位对机构及人员做了大幅度调整,精简职能部门,充实经营创收部门。在调整机构过程中,集团公司实行处以上干部任前公示,科以下干部竞聘上岗、双向选择,并对部分经营管理者实行竞争上岗;一些单位对中层以下管理人员实行竞聘上岗、下岗分流、减员增效和再就业工程。8月,总公司决定将西北办事处储运公司和康乐园划归中铁二十局管理;11月,总公司决定将华北办事处、西南办事处、高碑店材料总厂、株洲战备材料总厂、鹰潭战备材料总厂、新型建材厂和上海铁城饭店划出;将石家庄材料总厂划入,进行资产重组、企业重构。集团公司加强组织领导,确保工作不断、秩序不乱、人心不散,顺利完成交接工作。根据总公司关于撤销绥芬河办事处的决定,集团公司成立专门工作组完成善后处理事宜。推行社会保险制度改革,建立养老保险数据库,推行失业保险,调整事业保险交费比例;实施医疗保险制度改革,重新建立医疗保险个人帐户;在生育保险、工伤保险等方面做了大量基础工作。

3. 企业内部管理。认真贯彻《国有大中型企业建立现代企业制度和加强管理的基本规范(试行)》,紧密联系实际,制定和完善职工日常管理、生产经营管理、外部劳务管理、物资采购管理、安全生产管理、车辆设备管理、通讯工具使用管理、档案管理、招待费开支管理等一系列规章制度,有效地节约开支、降低成本。认真贯彻《会计法》,增强财务人员的法制观念,严格财务审批制度,控制经费开支,强化资金管理,提高了资金使用效率。加大债权债务清理力度,按照总公司要求组成工作组,对中南办事处的债权债务进行清理,基本摸清了底数,并成立清理领导小组,分工负责,责任到人,狠抓落实,已初见成效。其他单位也积极清理外欠款,全年共收回外欠款4 635万元,缓解了资金紧张状况。严格执行"安全第一,预防为主"的方针,层层签定并落实安全生产包保合同,组织开展"安全生产周"、"安康杯"知识竞赛和创建"安全标准车间"、"安全标准工地"活动,全系统实现安全生产目标。东北办事处储运公司被总公司评为"安全标准车间",集团公司受到总公司表彰奖励。各单位普遍增强质量意识,坚持"依靠质量占领市场,依靠质量谋求发展,依靠质量提高效益"的指导思想,东北办事处和西南办事处工程公司通过ISO9002质量体系认证。加强审计监督,集团公司对6个单位进行法人离任经济责任审计,对2个单位的财务收支情况进行审计,对机关5个小公司2000年度生产经营损益情况进行审计。各单位认真贯彻总公司审计工作会议精神,开展内部审计,严肃财经纪律,强化约束机制,促进了经营管理水平的提高。

4. 物资供应。积极构建与路内外物资市场的营销网络,采取合纵联横的方法,内外、上下联手投标竞争,先后承担内昆、渝怀、朔黄、秦沈、西安南京等重点铁路工程和其他工程的物资供应任务。在开展物资营销中,积极推行代理制等现代流通方式,改善经营作风,提高服务质量,受到建设和施工单位的好评。东北办事处重合同、守信用,准确把握市场脉搏,不断扩大市场份额,与全国30余家大型生产企业保持着稳定的联营、代理、代销业务。西北办事处南阳物资储备基地坚持发料到现场,赢得铁道部西安南京铁路建设总指挥部及施工单位的称道。

5. 多元经营。中南办事处把工程经营作为创收的主要渠道,在总结经验教训的基础上及时调整经营战略,强化内部管理,提高队伍素质,认真抓好在建项目施工管理,为寻求新的发展机遇奠定良好基础。西北办事处工程公司从小工程起步,积极稳妥地滚动发展,年内为工程局承揽任务1.069亿元,自行完成建安产值711.5万元,实现利润40万元。上界高速公路工程指挥部承建的G2合同段工程,是重庆市环城高速公路重、难点控制工程,地质条件差,技术含量高,质量要求严,设备投入多。指挥部精心组织,敢打硬仗,坚持工前交接、工中指导、工后检查,2001年10月工程竣工,工程质量优良。成南高速公路项目经理部克服工期紧、任务重、资金紧张等困难,满足业主阶段性工期要求。南充绕城高速公路项目部施工设备、人员已进场,便道已修通,并开始修筑试验段工程。西安夏威夷酒店抓住"旅游热"机遇,严格管理,全员公关,规范服务,恢复"二星级涉外饭店"信誉,全年营业收入390.5万元,还外欠款80万元,上缴利润15万元。西南办事处铁宾、铁西招待所,采取网络宣传、户外广告、接送旅客等方式,全年完成营业收入456.5万元,超额完成年度经营任务。各单位认真总结多种经营经验教训,加强市场调研预测,实行科学民主决策,选上一些新的经营项目,有的已取得可观的经济效益。鹰潭战备材料总厂的房地产开发项目,既成为该厂的主要收入来源,也促进了仓储业务的发展,给企业带来生机和活力。

6. 本级经营。集团公司机关加大本级经营创收工作力度,内合外联,勇创市场,均完成或超额完成承包指标。金属材料部和非金属材料部及时捕捉市场信息,主动开拓市场,争取有关单位的支持与协作,创收能力不断提高,大幅度地超额完成承包指标。经营部在技术力量、资金均不足的情况下,积极参与工程投标,中标南充绕城高速公路工程,合同投资3 300万元。工程项目部积极参与路内外物资供应的投标工作,创造出良好的经济效益。通达工程公司坚持用质量树信誉,靠信誉开拓市场,全年完成建筑工程5 000平方米,施工产值达1 200万元。宏远物资经销中心、珠海华铁公司、大路工贸有限责任公司结合各自特点,积极参与市场竞争,取得一定的经济效益。

(刘茂芝　朱继前)

【党群工作】 1. 落实"三个代表"重要思想,领导干部的思想政治素质不断提高。各单位党委始终坚持把理论学习放在首位,重点学习江泽民总书记"七一"讲话和《中共中央关于加强和改进党的作风建设的决定》,坚持理论联系实际的学风,着眼于对实际问题的理论思考,有6名党政领导干部撰写学习体会文章,促进了领导干部思想观念的转变，保证了各项改革举措的顺利实施。

2. 围绕企业改革与生产经营，基层党建和思想政治工作扎实有力。集团公司党委结合实际，制定下发《关于加强基层党的建设和思想政治工作的实施意见》，对物资系统党的建设和思想政治工作、培养"四有"职工队伍、企业两个文明建设起到推动作用。各单位党委坚持以创"四好领导班子"活动为载体，在贯彻民主集中制、落实"三重一大"集体决策方面取得明显进步，东北、西北、西南办事处领导班子被评为集团公司"四好领导班子"。以庆祝建党80周年为契机，组织广大党员和入党积极分子参加纪念中国共产党成立80周年知识竞赛，参赛率达在职党员总数的98%。各单位以"创先争优"为目标，切实加强党支部建设和党员队伍建设。东北办事处在全处党员中开展"困难面前有党员，艰苦岗位有党员，突击任务有党员；党员身边无事故，无违章违纪，无落后群众；党员对岗位职责清楚，对工作认识清楚，对身边职工思想状况清楚"的"三有、三无、三清楚"活动，收到良好效果。西北办事处南阳基地党工委组织党员干部全心全意为施工一线服务，千方百计扩大材料供应范围，受到施工单位的好评。7月，集团公司党委在华东办事处召开党支部建设座谈会，表彰一批先进党支部、优秀党务工作者和优秀党员，充分调动了广大党员为企业改革发展多作贡献的积极性。各单位紧紧围绕企业改革和生产经营中心任务，加大思想政治工作力度。华东办事处党委针对新铁城饭店职工在资产重组、企业重构中出现的思想问题，通过耐心细致的思想工作，使他们放下思想包袱，愉快地服从分配。中南办事处党委在企业生产经营面临的严峻形势面前，有针对性地做思想引导工作，使全处上下形成坚定信心、顾全大局、团结协作、共渡难关的良好氛围。集团公司政研会贴近企业中心工作，深入基层调查研究，不断探索新形势下的思想政治工作途径，总结新经验，推广新成果，对保持职工队伍稳定发挥了重要作用，被总公司评为优秀政研会。

3. 以加强领导班子建设为重点，干部队伍结构有明显改善。集团公司加大领导班子考核力度，年内对华北、西北办事处和高碑店材料总厂、株洲战备材料总厂、新型建材厂领导班子进行考核、调整，先后任免处级干部15人，提拔副处级干部18人。对新提拔的副处级干部均采取任前公示制，增加了透明度。加大人事干部制度改革力度，东北、中南办事处和高碑店材料总厂、株洲战备材料总厂、鹰潭战备材料总厂等单位，在中层领导干部和公司经理中实行竞争上岗，择优聘用。同时，制定干部提前离岗办法，打破干部职务终身制，为建立一支能上能下、能进能出、充满活力的干部队伍进行了积极尝试。年内，集团公司接收大专院校毕业生17人，派出6名领导干部参加国家行政学院培训，推荐专业技术职务评聘13人，充实了专业技术干部队伍。

4. 加大源头治理力度，党风廉政建设取得较好成绩。组织党员领导干部和纪检监察干部开展"学法规、学党纪"党风廉政教育活动，东北办事处采取专题培训的方法，组织管理人员学习《合同法》、《公司法》、《招投标法》等法律知识，增强依法经营观念。各单位均签订党风廉政建设责任书，坚持把党风廉政建设同生产经营、党的建设和思想政治工作同布置、同检查、同考核、同评比，东北、西北、西南办事处和株洲、鹰潭战备材料总厂还将责任目标层层细化，层层落实，责任到人，促进了党风廉政建设责任制的落实。坚持把查办案件工作作为加强党风廉政建设和反腐败斗争的突破口，全年受理群众来信和电话举报25件，初步核实案件线索10件，其中经济案件8起，挽回经济损失3万余元。

5. 完善民主管理制度，工会、共青团作用得到充分发挥。各单位工会紧紧围绕企业中心工作，以民主管理为主线，以"两个维护"为重点，全面落实工会的四项基本职能，充分发挥党联系群众的桥梁作用。认真组织职工学习新《工会法》，全面推行企务公开和平等协商、签订集体合同工作，职工民主管理、民主监督权利得到较好发挥。华东、西南办事处、新型建材厂分别召开工会会员大会，顺利完成工会换届选举工作。元旦、春节期间，共筹集"送温暖"资金16.4万元，由工委牵头、集团公司领导亲自带领慰问组，对困难企业和贫困职工进行走访慰问。共青团组织开展"学雷锋、做好事、献爱心"活动，较好地发挥了团员青年在两个文明建设中的作用。　　（刘林华）

【重要记载】

▲2月　集团公司党委授予东北办事处主任申兆军、西北办事处党委书记张和"优秀党政一把手"称号；授予东北办事处、西北办事处、高碑店材料总厂领导班子"四好领导班子"称号。东北办事处领导班子被总公司党委评为2000年度"四好领导班子"。

▲3月8日　集团公司工作会议在北京召开。

▲3月27日　集团公司召开党员代表会议，选举索相福、冯代德、朱玉良为出席总公司第一次党代会的正式代表。

▲4月6日　总公司总经理王振侯到东北办事处检查指导工作。

▲6月14日　总公司党委副书记霍金贵到东北办事处检查指导工作。

▲6月19日　集团公司党委表彰先进基层党支

部10个,优秀党务工作者11名,优秀党员11名。

▲7月16日　集团公司党委在华东办事处召开党支部建设座谈会。

▲同日　东北办事处获中国船级社质量认证公司颁发的ISO9002质量体系认证证书。

▲8月6日　东北办事处获英国皇家认可委颁发的UKAS国际质量体系认证证书。

▲8月8日　总公司决定,将西北办事处储运公司和康乐园划归中铁二十局管理。

▲8月16日　总公司决定撤销绥芬河办事处。

▲8月26日　东北办事处举行质量体系认证"双证"颁发仪式,总公司副总经理扈振衣及中铁物资集团公司总经理冯代德等出席颁证仪式。

▲8月29日　总公司党委副书记彭树贵到东北办事处检查指导工作。

▲11月28日　总公司决定:中铁建物贸公司机关及所属东北办事处、华东办事处、中南办事处、西北办事处组建中铁物资集团公司;石家庄材料总厂划归集团公司管理。西南办事处划归中铁路桥集团公司;鹰潭战备材料总厂划归中铁十一局集团公司;株洲战备材料总厂划归中铁十七局集团公司;高碑店材料总厂、高碑店新型建材厂、华北办事处和华东办事处新铁城饭店划归中铁十八局集团公司。

▲12月10日　总公司任命马玉亮为中铁物资集团公司党委副书记兼纪委书记。

▲12月31日　总公司、总公司党委下发中铁物资集团公司机构编制指导意见。

▲2001年　东北办事处领导班子分别被总公司党委和中铁物资集团公司党委评为"四好领导班子"。

(刘林华　肖鹏　程华　李燕鑫)

·工程项目部·

【重庆上界高速公路工程指挥部】　驻重庆市界石镇张家岗,为总公司直属项目部,由中铁物资集团公司直接领导和管理。指挥长冯代德,党工委书记李公文,常务副指挥长兼总工程师朱玉良,副指挥长杨祖圣。指挥部定员24人,下设办公室、工程技术部、计划统计部、安全质量部、物资设备部、财务部。由中铁武汉工程公司负责施工。

指挥部主要承担重庆上界高速公路三王岗隧道左、右线出口端施工。主要工程量:左线隧道长504延长米,右线隧道长461延长米,隧道出口路基工程1.378公里;挖方15万立方米,填方42万立方米,石拱涵1座、55.5横延米,外涵1座、89横延米。总投资6 000万元。2001年4月30日,主体工程按时竣工,工程质量合格率100%,优良率90%以上,多次受到业主好评。

(肖鹏)

【成南高速公路项目经理部】　驻四川省蓬溪县大石镇。成立于1999年10月,为总公司派出机构,由中铁物资集团公司直接领导和管理。项目经理兼党工委书记冯代德,常务副经理王金锋,副经理兼总工程师唐锦耀,总会计师龚启荣,党工委副书记安永平。项目部设综合办公室、工程部、计划财务部、物资设备部,现有职工13人;下设路基公司、桥梁公司,有施工技术人员71人。

项目经理部主要承担成都—南充高速公路K149+000～K157+185.76段工程。主要工程量:路基土石方334万立方米,桥梁6座、959.63延长米,涵洞30座、1 485.87横延米,路基排水及防护工程6万平方米。总投资7 000万元。

截止至2001年底,完成投资6 215万元,占总投资的88.8%。土石方、涵洞全部完工;完成路基排水及防护工程4.72万立方米,占工程总量的78.67%;铺筑路基底基层1.89万立方米,占工程总量的34.27%;桥梁桩基浇筑200根,墩桩完成156根,均占工程总量的100%;生产20米跨度预应力混凝土空心板梁720片,并全部装配完毕,桥面系铺装完成85.5%。项目部强化职工质量意识,加强质量管理,工程质量基本达到业主要求。把施工安全放在首位,认真落实《施工安全管理办法》、《安全生产包保责任制》、《爆破物品管理办法》,年内未发生重大伤亡责任事故。

(安永平)

·东北办事处·

【简况】　中国铁道建筑总公司东北办事处驻辽宁省沈阳市大东区东北大马路337号。是集物资贸易、仓储运输、工程信息等为一体、具有独立法人资格的全民所有制企业,鞍钢10家国家级代表单位之一。现有职工266人,其中专业技术人员95人,大专以上学历126人。下辖物资贸易部、仓储运输部、多种经营部及兴城材料厂、招待所、徐州公司等经营单位。固定资产3 983.9万元。有12.5万平方米料场及站台,1.5万平方米封闭库房,15吨30米跨度龙门吊4台,6条铁路专用线共1 112延长米。年货物吞吐量35万吨,最大吞吐量达60万吨。仓储运输实行24小时优质服务,得到社会广泛好评,连续多年被沈阳市评为"重合同、守信誉单位"。年内办事处被中国投资咨询公司认定为银行资信等级"AAA"单位。

(程华)

【领导干部】

主任（总经理）	申兆军
常务副主任（常务副总经理）	张宝起
副主任（副总经理）	祁世和
	李庆生
总会计师	吕瑞光
党委书记	董佃俭
党委副书记	申兆军（兼）
纪委书记	祁世和（兼）
工会主席	李继清

（程　华）

【经营管理】　2001 年，办事处通过“中国国家认可委”和“英国皇家认可委”质量体系双认证。全年完成产值 2.01 亿元，实现净利润比 2000 年同期增长 250%，职工收入同比增长 12.2%，职工人均福利开支1 272元；向国家缴纳税金 151.1 万元，向上级主管机关上缴各种费用 308 万元。固定资产投资 540 万元。

物资贸易部中标朔黄铁路重轨供应工程，开创办事处投标史先河。徐州公司除经营重轨、大型建材等产品外，重点开发建材市场，物资销售网络辐射到上海、济南、南京、郑州等地，在当地享有良好的信誉和知名度，为企业开辟了新的经营领域，确立了新的经济增长点。

企业改革不断深化，继续实行竞聘上岗、招收大学生及放宽职工离岗条件等政策；实行全面目标管理，年初除继续与各经营单位签订经济承包合同外，又与各职能部门负责人签订考核承包合同，将指标层层分解，细化考核办法。年底，物资贸易部和仓储运输部均超额完成考核指标，创历史最好成绩。

认真贯彻江泽民总书记“三个代表”重要思想，对办事处库区、办公区设施进行技术改造，对家属区进行整体美化、绿化，成为该地区花园式家属区，多次受到当地政府表扬。设立专项“主任基金”，对考人重点高中、大学的员工子女及“五好家庭”和作出突出贡献的员工实施奖励，年内有 8 名员工子女获得该项基金，奖励总额 1.6 万元。　（程　华）

·华东办事处·

【简况】　中国铁道建筑总公司华东办事处驻上海市长乐路 462 号。现有职工 64 人，其中干部 38 人，工人 26 人。主要任务：以市场为导向，开展物资流通工作；搜集工程信息，承揽工程任务；为总公司系统提供服务；坚持“三位一体”的经营格局，努力提高经济效益。

（韩　芸）

【领导干部】

主任	张家荣
副主任	王买章
	程建峰
	李金荣
党委书记	张家荣（兼）
党委副书记	季树龙
纪委书记	季树龙（兼）
工会主席	季树龙（兼）

（韩　芸）

【经营管理】　坚持解放思想、实事求是的思想路线，紧紧围绕生产经营和提高效益中心，深化企业改革，拓宽经营渠道，努力开创生产经营新局面。全年完成企业总产值2 030万元，实现利润 25 万元。

坚持“三位一体”的经营格局，加强物资流通管理，加大工程任务承揽力度，积极寻找发展出路。加强增收节支工作，改善新铁城饭店经营管理，扭转经营亏损局面。想方设法盘活存量资产，压缩非生产性开支，坚持“一支笔”审批制度，全年节约开支 10 万元。制定、完善企业管理规章制度，层层落实，责任到人，奖罚分明，为企业发展铺路架桥。加强安全教育，落实安全制度，实现安全生产目标。　（韩　芸）

·中南办事处·

【简况】　中国铁道建筑总公司中南办事处驻湖北省武汉市武昌区丁字桥路 27 号。现有职工 89 人，其中干部 42 人，工人 47 人。主要负责总公司系统中南地区的物资保障，承揽、承建工程，开展多种经营业务。

（李燕鑫　严　丽）

【领导干部】

主任	杨池林
副主任	石述明
	徐建平
总会计师	陈登成
党委书记	张恒志
纪委书记	周焰宏（兼）
工会主席	周焰宏

（李燕鑫）

【经营管理】　工程经营。年初，处党委确定以工程经营为办事处主要创收渠道。由于建筑市场竞争激烈，没有承揽到新的工程任务。为此，办事处调整经营战略，强化内部管理，提高队伍素质，加强韶关五里亭大桥和金银湖等在建项目管理，为寻求新的发展创造条件。

物资经营和物业管理。建立、完善《经营承包奖惩办法》、《房屋出租管理规定》等规章制度。物资经营部在市场营销疲软的大环境下，完成年初制定的工作目标。物业管理部克服地理位置偏、交通不便、设备陈旧等困难，主动向市场找“财路”、揽“客源”，保证闲置用房有效出租，取得一定的经济效益。

债权债务清理。处党委对债权债务“老大难”问题进行集中清理，取得实质性进展，挽回经济损失 315 万元。（严　丽）

·西北办事处·

【简况】 中国铁道建筑总公司西北办事处驻陕西省西安市友谊东路 150 号。现有职工 90 人，其中干部 41 人，工人 49 人。主要负责西安南京铁路物资供应；搜集工程信息并协助承揽工程任务；负责总公司系统的接待服务和驻西安单位的牵头、协调工作。

（俞海泳）

【领导干部】

主任	王保权
副主任	刘文明
总会计师	李荣辉
党委书记	张　和
纪委书记	李荣辉（兼）
工会主席	张前升

（俞海泳）

【经营管理】 坚持物资供应、工程经营、旅游服务“三位一体”的经营格局。全年完成产值2 200万元，实现综合效益 35 万元。

工程经营。全年协助工程局（集团公司）承揽工程任务 1.096 亿元。工程公司完成建安产值 780 万元，实现综合利润 56.7 万元。被办事处评为“先进单位”。

物资供应。年内西安南京铁路南阳物资储备基地供应水泥 31 万吨，钢材 1.6 万吨，钢轨93 052吨，道岔 133 组，鱼尾板 667 吨，混凝土轨枕216 421根，桥梁支座 207 孔，零配件 65 公里，油岔枕1 335立方米，桥梁 147 孔，得到铁道部西安南京铁路建设总指挥部及施工单位的好评。物资公司完成产值 600 万元，上缴管理费 40 万元，实现综合利润 13 万元。

旅游服务。西安夏威夷酒店抓住“旅游服务热”大好机遇，强化管理，全员公关，全年完成营业收入 390.5 万元；九龙潭旅游风景区年创收 7 万元。

财务管理。积极做好储运公司、康乐园的资产审计并向中铁二十局移交。加大外欠款清收力度，继续回笼资金。（俞海泳）

·石家庄材料总厂·

【简况】 石家庄材料总厂驻河北省石家庄市桥东区工人街 22 号。厂区占地面积 12.95 万平方米。主要担负总公司系统施工机械及配件、汽车及配件、机电设备、通信器材、钢轨及铁路构件的供应任务。职工 174 人，其中干部 118 人，工人 56 人。房屋建筑面积 10.51 万平方米，其中仓储库房 240 栋，面积 8.43 万平方米。车辆 9 台，机械设备 35 台（套）。固定资产原值 4 915.8万元，净值4 158.7万元。铁路专用线 2 条，备有 20 吨龙门吊 1 台、35 吨吊车 1 辆，可向全国各地发运整车、零担货物，开展库房出租及物资代储代发业务。总厂以提供“优质产品、优惠价格、优质服务”为宗旨，竭诚为客户服务。（孙金华）

【领导干部】

厂长	聂德怀
副厂长	郝树杭
	谢兴沛
总经济师	冯兆林
总会计师	刘振兴
调研员	冯振春
	王存德
	尹世森（4 月退休）
	高启第
党委书记	徐贵立
党委副书记	聂德怀（兼）
纪委书记	徐贵立（兼）
工会主席	杨增华

（孙金华）

【经营管理】 2001 年，完成产值1 500万元，实现经营、销售收入1 200万元，实现利润 45 万元，上缴管理费用 65 万元，上缴国家税费 45 万元。国有资产保值增值率 101%。年内完成基建投资 419.3 万元，新建、改建、续建及维修项目 318 项，房建总面积7 200平方米。其中，续建综合楼 1 栋，建筑面积4 260平方米；改、扩建游泳馆儿童嬉水池，建筑面积1 563平方米；翻建库房 2 栋，建筑面积1 274平方米；快乐谷大酒店改造面积797平方米；加工制造提升机6台，投资6.9万元；硬化厂区道路及场地3 800平方米。总厂被石家庄市地税局评为2001年度“纳税先进单位”；被河北省工商行政管理局授予“重合同、守信用企业”称号。

（孙金华）

北京铁建工贸集团公司

【简况】　北京铁建工贸集团公司驻北京市复兴路40号。2001年11月，根据《总公司、总公司党委关于部分直属单位结构调整资产重组的决定》(中铁建劳〔2001〕218号文)，由总公司机关服务中心、北京中铁建印刷厂、工厂局所属北京海石丰工业科技开发公司组建成立北京铁建工贸集团公司，为总公司所属全资子公司，对所管理的国有资产负保值增值责任。下辖北京海石丰工业科技开发公司、北京铁建工贸公司、北京中铁建印刷厂、北京中铁五棵松饭店、北京铁建招待所、物业管理部、北京铁建医院和北京中铁天宏建筑工程有限公司、玉泉东市场。职工956人。集团公司机关下设办公室、经营开发部、财务部、劳动人事(干部)部、党委工作部、纪检监察部、工会女工委员会(工会办公室)等7个部门。定员32人。主要职责是：负责所属单位的经营管理、行政管理、党的建设和思想政治工作，以及总公司机关的社会事务工作。（孙友霞）

【领导干部】

行政系统

总经理	李晓莹
副总经理	王成贵
	郝振福
	刘占强
总会计师	任大有

党群系统

党委书记	唐　烈
党委副书记	李晓莹(兼)
	吕殿义
纪委书记	吕殿义(兼)
工会主席	王保民

（孙友霞）

【职工队伍】　年末职工总数956人，其中干部287人。干部中大专以上文化程度185人，中专以下102人；各类专业技术干部169人，其中高级职务15人，中级职务75人，初级职务79人。工人669人，其中女职工314人。工人中大专以上文化程度46人，中专35人，高中299人，初中以下289人；技师53人，高级技工57人，中级技工23人，初级技工82人。

（孙友霞）

【经营管理】　1.加大创收力度，超额完成年度计划。全年经营性单位计划收入5 348.1万元，实际收入5 740.1万元，为年度计划的107.3%；非经营性单位计划收入1 960万元，实际收入2 413.9万元，为年度计划的123.2%。各单位结合各自特点，紧紧抓住主业，拓宽经营渠道，实行多元化经营，挖掘潜力，加大创收力度。北京铁建医院增加门诊病床，开设专家门诊，实行奖金工效挂钩，完善岗位责任制，提高了经济效益。物业管理部完善有偿服务收费办法，签订服务合同，使物业服务收费有了可靠的制度保证。一些单位在盘活资产方面动脑筋、下功夫，积极组织闲置房屋出租或开发利用，尤其是北京中铁五棵松饭店在盘活资产方面力度大、成效明显。机关汽车队、文化活动中心转变观念，严管理、细算账，取得明显效果。北京中铁建印刷厂全年完成产值800万元，承印10余家报纸、22种期刊，在同行业中有一定的知名度。

2.深化内部改革，构筑新的企业管理体制。根据《总公司、总公司党委关于部分直属单位结构调整资产重组的决定》精神，按照有利于专业化管理、集约化经营、集团化发展的原则，对所属14个单位进行结构调整和资产重组，将北京中铁建第三招待所、机关食堂并入北京铁建招待所；将机关汽车队、幼儿园、文化活动中心并入物业管理部，初步构建起集团公司框架。从不同企业的实际出发，采取一系列可行措施，逐步建立起适应企业生存与发展的管理体制和运行机制。

3.提高服务质量，创造良好的经济效益。针对集团公司所属单位的主业基本都是服务行业、工作质量直接影响公司声誉的特点，坚持以服务求生存、以服务求发展、以服务求效益的工作方针，各单位制定服务措施，规范服务标准，严格监督检查，服务工作有新的起色；推行目标管理，强化经营力量，控制成本和管理费用，取得良好的经济效益，树立了良好的企业形象。

（孙友霞）

【机关服务中心工作会议】　2月23日～25日在北京召开。会议总结2000年工作，表彰先进，讨论修改《机关服务中心减员分流实施意见》、《机关服务中心党委2001年政治工作要点》和《综合考核奖惩办法》，中心领导与所属单位领导签订服务合同和安全包保责任书。总公司王振侯总经理、邹才华副总经理等到会讲话。

（孙友霞）

【房地产管理】 机关房地产部为总公司机关房地产主管部门,负责单元住房调配、售购及相关手续的办理和房屋维修改造工作。2001年1月~6月,对总公司机关及直属单位2 175名职工住房进行普查登记,建立职工住房微机档案。协商解决玉泉路65号院9、10号楼与汽车八厂和小屯路4号院1、2号楼与小瓦窑大队联建住房的产权问题,并办理产权所有证,两处共售房122套,个人产权证已发放到户。完成总公司机关28、29号楼的旧房回购及新房出售的产权过户手续,共回购旧房330套,售出新房378套,收缴售房款约2 000万元。截止至2001年底,共分配住房624套。年内承担房屋大修项目18项,完成投资211.9万元;更新改造项目3项,完成投资40.2万元。 (李秀萍)

【党群工作】 集团公司下辖4个处级党委、34个党支部,有党员479人。2001年,各级党委紧紧围绕企业经营、服务中心工作,充分发挥党委政治核心和党支部战斗堡垒作用,取得两个文明建设双丰收。

1. 联系实际加强政治理论学习。各级党委把提高党员干部理论修养作为一项重要工作来抓,坚持党委中心组学习制度,组织党员干部学习江泽民总书记"七一"讲话、"三个代表"重要思想和党的十五届六中全会《决定》,注重理论联系实际,着力解决企业改革发展中的现实问题,党员干部的思想政治素质明显提高。

2. 加强领导班子和干部队伍建设。各级党委把加强领导班子思想政治建设和提高班子成员整体素质作为一项重要工作来抓,选派领导干部参加总公司党校、国家行政学院学习;以党的十五届六中全会《决定》为指南,召开作风建设专题民主生活会,广泛收集意见,剖析存在问题,制定整改措施,加强干部作风建设;认真贯彻民主集中制原则,集团公司党委制定《领导班子重大问题集体讨论制度》、《领导班子重要工作情况通报制度》、《领导班子重大问题请示报告制度》;修订完善《干部管理暂行办法》,全年共考核干部38人,任免干部23人,并对部分单位进行干部调整、交流。

3. 有效发挥党的政治核心作用。2001年,集团公司面临改革、经营、服务等繁重任务,集团公司党委注重加强基层党组织建设,举办党支部书记培训班,积极探索做好新时期思想政治工作的新思路、新方法;在基层党组织中开展"学、评、查、改"活动,切实解决党支部建设中存在的突出问题;结合庆祝建党80周年,组织党员参加党的知识竞赛,举办"党在我心中"主题演讲比赛等,进一步提高了党组织的凝聚力和感召力。年内,北京中铁建印刷厂党委被总公司评为"四好领导班子",1人被总公司党委授予"十佳优秀共产党员"称号,5人被直属机关党委授予"九五"期间"优秀共产党员"称号。

4. 精神文明建设成效显著。各级党委、支部把加强精神文明建设和开展"争先创优"活动贯穿到各项工作中,继续在党员中深入开展"创党员先锋岗"、"建红旗责任区"活动,共评出"党员先锋岗"32个、"红旗责任区"27个;组织开展"学党章、找差距、比贡献"的"三看三比"活动,使单位全面建设和经营服务工作呈现新面貌;在全体职工中开展"优质服务百日竞赛",利用墙报、板报、标语等形式,积极宣传企业形象。10人被机关服务中心授予"十佳优秀服务标兵"称号,计划生育工作被机关计划生育委员会评为先进单位。年内向内蒙古等灾区捐款8 200元,捐物980件。

5. 工会、共青团工作成绩突出。集团公司党委加强对工会和共青团组织的领导,指导其独立自主地开展活动。各级工会组织在职工参政议政、开展群众性精神文明创建活动、加强女职工教育管理等方面做了大量工作。共青团组织结合青年特点,认真开展优质服务和岗位奉献活动,引导青年岗位成才,为企业发展培养合格接班人。 (韩 晶)

·北京海石丰工业科技开发公司·

【简况】 北京海石丰工业科技开发公司驻北京市石景山区玉泉路65号。是经铁道部批准设立的独立企业法人,为总公司分支机构、全民所有制企业。法人代表李子山。2001年11月,公司划归北京铁建工贸集团公司管理。公司机关下设综合部、经营部、财务部。现有职工65人。注册资金500万元。 (张燕峰)

【领导干部】

总经理	王成贵
副总经理	惠长安
	黄 潭
	范玉峰
党委书记	孟昭忠

(张燕峰)

【经营管理】 2001年,公司经营范围涉及商贸、装饰、餐饮、旅店服务业等。全年营业收入457万元,承揽装饰工程150万元。 (张燕峰)

·北京铁建工贸公司·

【简况】 北京铁建工贸公司是总公司附属全民所有制企业,自主经营、独立核算、自负盈亏的经济实体。1985年10月成立,前身系铁道部工程指挥部机关服务公司，1989 年改称北京铁建工贸公司。1998 年 11 月在北京工商行政管理局重新登记注册，注册资本 300 万元。2001 年 5 月，总公司决定将北京铁建工贸公司并入总公司机关服务中心；11 月，划归北京铁建工贸集团公司管理。公司机关设办公室、经营开发部、财务部。下辖北京铁建商场、北京中铁建机电设备供应总站、中国铁道建筑总公司保险代理部、熙元名都酒楼。职工 180 人。公司除经营百货、副食、家用电器、机电设备、建筑材料、五金交电、文化用品等项目外，积极拓展营销渠道，开展闲置房屋租赁业务，寻求效益增长点。　（薛玉山　宋秋生）

【领导干部】

总经理	郝振福
副总经理	李荣辉
	陈　平
	唐国荣
党委书记	郝振福（兼）
党委副书记	石兴国
纪委书记	石兴国（兼）

（薛玉山　宋秋生）

【经营管理】　2001 年，由于公司管理混乱，经营不善，普遍亏损，负债严重。全年完成主营业务收入 532 万元，其他业务收入 411 万元，投资收益 13 万元，收支相抵亏损 522 万元，不良资产达1 082万元。5 月，机关服务中心工作组进驻工贸公司；9 月，公司组建新的领导班子，制定改革措施，实施机构重组、人员分流，清理不良资产，理顺经济关系。年内分流职工 28 人，内部退养 59 人，提前离岗 11 人。新领导班子成立后，内抓盘活资产，机构重组，健全规章制度，强化规范管理；外抓市场定位，捕捉商机，开辟长项业务，创建支柱产业，公司面貌发生明显变化。由于不良资产较多，公司面临的形势依然严峻。　（薛玉山　宋秋生）

·北京中铁建印刷厂·

【简况】　北京中铁建印刷厂是总公司机关直属企业，实行自主经营、独立核算、自负盈亏的经济实体，国家新闻出版署批准的国家级书刊印刷定点企业。2001 年 11 月，划归北京铁建工贸集团公司管理。机关设行政办公室、党委办公室、生产经营科、财务科、物资科、技术设备科。下辖照排车间、印刷车间、装订车间、铁印宾馆。职工 168 人。生产面积4 756平方米。固定资产1 950万元，流动资产 700 万元。各种印刷设备 50 多台（件），主要有北大方正激光照排主机系统 2 套，586 大屏幕排版机 2 套，586 排版、录入两用微机 6 套，书刊编辑机 2 套，录入机 4 台，激光扫描仪、大型照像机、预制感光晒版机、烤版机各 1 台，以及全套印刷、装订设备。年内购买彩色激光照排系统一套，填补了彩色制版工序中的空缺，形成一条自动化控制、初具规模的流水生产线。主要经营范围为书刊、报纸、期刊、表格、商标，能承接彩色封面、彩色插页、画册、广告宣传品、杂志等印刷业务。年排字量8 500万字，印刷用纸 10 万令，装订 5 万令。　（马桂荣）

【领导干部】

厂长	刘占强
副厂长	刘文生
	李保生
总会计师	孟翠田
党委书记	高中坤
工会主席	马桂荣

（马桂荣）

【经营管理】　2001 年，北京中铁建印刷厂坚持“广揽任务，发展书刊、期刊、报纸客户，慎重经营临时书刊印刷”的经营方针，加大承揽任务力度，挖掘内部潜力，激发职工的主人翁责任感，在日常管理中体现“严、细、精”三字作风，即质量要求严格、工序操作细致、产品精益求精；各车间开展“产品质量竞赛月”活动，在制版、印刷、装订三个主要工序举办个人技术比赛和产品质量评比，评出“质量管理先进单位”5 个、“技术能手”7 人。年内有 25 种期刊被北京市印刷质量监督检测站评为优质产品，有 1 种书刊被评为市级优质产品。全年完成销售收入1 457万元，实现利润 28.6 万元。　（马桂荣）

·北京中铁五棵松饭店·

【简况】　北京中铁五棵松饭店是北京铁建工贸集团公司所属全民所有制企业，其前身是总公司第一招待所。位于北京市海淀区五棵松路 91 号。占地面积 2.2 万平方米，客房建筑面积 2.1 万平方米。设有客房 171 间，床位 302 张，内设餐厅、歌舞厅、商务中心、健身、美容美发、预定车票、打字复印、传真等配套服务设施。现有职工 200 名，其中干部 30 名。下设办公室、财务部、保安部、客房部、销售部、工程部、酒楼、职工餐厅、居委会。　（索峰森）

【领导干部】

总经理	周步科

副总经理	张　品
	朱国超
党委书记	吕殿义(12月调任)
工会主席	林长宝

(索峰森)

【经营管理】 2001年,饭店以市场为导向,紧紧围绕"升级上星"的经营工作中心,内抓管理,外闯市场,团结务实,开拓创新,服务质量、管理水平明显提高。全年接待会议50个、团队72个,顾客63 298人次,床位利用率59%,比2000年提高11.3个百分点;完成营业收入926万元,比2000年增收33万元;实现利润40万元。同时,按照二星级饭店标准进行硬件设施改造,已安装电梯与电子门锁,改建广场,安装广场灯、礼花灯,美化了环境。2001年12月,海淀区旅游局正式批准饭店为涉外二星级饭店。饭店被评为海淀区"综合治理先进单位"、"消防安全先进集体"、"交通安全先进单位",被总公司直属机关党委评为"先进单位";周步科被总公司评为"经营先进个人",吕殿义被直属机关党委评为"优秀党务工作者"。 (索峰森)

·北京铁建招待所·

【简况】 北京铁建招待所为总公司机关直属全民所有制企业,其前身是铁道部工程指挥部机关招待所。2001年11月,划归北京铁建工贸集团公司管理。位于北京市复兴路40号院内。建筑面积4 326平方米。设有客房106间,床位218张。招待所内设餐饮、购物、美容美发、洗衣、订票、传真等服务设施,院内设有游泳馆、保龄球馆、健身房、娱乐室、舞厅、桑拿等,可为旅客提供服务,是会议、团体旅游的理想场所。现有职工59人,其中干部9人。下设总务室、客房部、餐饮部。主要承担总公司所属单位来京办事、过往人员和各类会议的接待服务,同时向社会开放,接待外部人员食宿。 (黑志华)

【领导干部】

所长	石兴国
党支部书记	解亚文
副所长	黑志华
	陈增社(12月任)

(黑志华)

【经营管理】 2001年,招待所以服务和效益为中心,内抓服务,外塑形象,挖潜增效,开展优质服务竞赛活动,加强职工队伍的职业道德建设,完善动态用工管理和效益工资制度,调动职工的工作积极性和主动性。全年共接待会议、团体46个,旅客22 030人次,完成营业收入570万元,实现利润40万元,床位利用率达72%,是近年来营业收入最好的一年,超额完成资产经营5项指标。 (黑志华)

【北京中铁建第三招待所】 位于北京市复兴路40号院内。为北京铁建工贸集团公司所属全民所有制企业。所长陈继生,副所长龚仁群。现有从业人员20人,其中管理人员6人。设有客房57间,140张床位。招待所以"提供优质服务"为宗旨,以经济效益为中心,面向社会,广揽客源,成立外联组,主动与外地旅行社、列车取得联系,收到一定的成效。全年共接待旅客3万人次,营业收入94万元,床位利用率60%。 (龚仁群)

【机关食堂】 现有职工13人,其中干部2人。主任陈平,副主任苏国涛。现有烹饪技师2名,特级厨师5名。餐厅分上下两层:一楼餐厅专为机关干部职工提供就餐服务;二楼餐厅主要接待旅游团体及零星用餐、婚庆家宴、包餐、单炒等服务,设有4个雅间,各种设备、设施齐全,服务周到热情。两层餐厅可同时接待400人就餐。2001年,机关食堂除总公司补贴16万元外,80%的经费来源依靠经营创收。食堂职工面对压力,积极解放思想,锐意改革,不断拓宽经营渠道,扩大经营范围,对餐厅实行酒店式管理,以低廉的价格、优质的服务、可口的饭菜赢得消费者,取得较好的经济效益;副食品供应厅以社区居民需求为主导,不断增加副食品花样和蔬菜供应品种,既方便社区群众生活,又提高了经济效益,圆满完成机关服务中心下达的经济指标。 (苏国涛)

·物业管理部·

【简况】 物业管理部是总公司机关服务中心所属独立核算单位,主要负责总公司机关办公及住宅区物业管理。现有职工128人,其中干部10人。下设办公室、财务室、收费管理所和10个建制班。工作范围:负责房屋建筑、公用设施的修缮、管理工作;负责机关办公区、居民区水、电、暖供给及费用代收代缴和其他物业管理费用的收缴工作;负责大院办公区、住宅区的绿化、消防及卫生保洁工作。物业管理建筑面积191 430平方米,其中办公区66 389平方米,住宅区125 041平方米。物业管理实行合同管理,由物业管理部按照《总公司机关物业管理服务费用结算暂行办法》,与总公司机关和机关所属单位签订缴费合同。

(于永志　钟和长)

【领导干部】

经理　　于永志

党支部书记　　李荣辉(7月调任)

副经理　　董守生

董启宽

杨明荣

（于永志　钟和长）

【经营管理】　2001年,收取物业管理费180.1万元,代收代缴水费80万元、电费288.1万元、房租费25.6万元、采暖费176.6万元,其他收入81.3万元。全年累计收入831.7万元。年内供电810.3万度,自备井供水60万吨,维修基础设施4 559处次,清扫装运垃圾2 613.6吨;配合电梯公司对4部电梯进行大修,配合北京市劳动和社会保障局对院内12部电梯进行年检验收,协助北京市锅炉所对供暖锅炉进行检验;接待会议服务564次,供应开水1 554炉,清洗桌布、椅套3 123件;绿化补栽花草、树木1 796株,挖运土86立方米,平整草坪951平方米。年内,总公司机关被评为中央国家机关"爱国卫生先进单位",机关大院被评为北京市"安全文明居民区";物业管理部被评为"北京市先进供暖单位"。（于永志　钟和长）

【机关汽车队】　现有职工59人,其中干部5人。队长陈炎森,党支部书记刘绍品,副队长扈安国。下设2个驾驶班,1个维修班。现有各种车辆40台。主要承担总公司领导、机关、直属单位的工作、生活、会议和总公司所属单位来京办事人员用车。全年出车21 917台次,安全行使876 673公里。车辆大修4台次,小修547台次,外修12台次。全年创收336万元,超额完成计划指标56万元。在党员中开展"学党章"、"三看三比"、"创岗建区"活动,充分发挥党支部战斗堡垒和党员先锋模范作用;在职工中开展"优质服务百日竞赛"活动,制定服务标准、履行服务承诺,1人在"优质服务百日竞赛"活动中被机关服务中心评为"服务标兵"。认真落实安全行车责任制,全年杜绝严重违章和甲方等级责任事故,被北京市评为"交通安全先进单位"。

（刘绍品）

【机关幼儿园】　现有职工50人,其中干部22人。党支部书记兼园长高广玲,副园长杨晨华(9月任)、刘芳、杨守连。下设9个教学班,收托幼儿270名。幼儿园员工转变思想观念,提高服务质量,扩大服务范围,注重幼儿素质培养,开展不同形式的体育活动,取得良好成绩。5月,参加北京市幼儿体操比赛获甲组一等奖;6月,顺利通过海淀区教委复验。全年创收158万元,创历年最好水平。（杨晨华）

【机关文化活动中心】　位于北京市复兴路40号院内。现有从业人员61人,其中正式工23人。经理张国良(9月免),党支部书记赵虎山。主要经营项目有游泳馆、桑拿洗浴部、多功能歌舞厅、保龄球馆、乒乓球馆、美容美发厅、冷饮部等。中心坚持以优质服务为宗旨,以拓宽市场为导向,以经济效益为中心,健全规章制度和岗位职责,强化职工教育培训,取得良好的经济效益。全年营业收入300余万元,其中游泳馆接待顾客10万人次,创收180万元;美容美发厅实行个人承包经营,已初见成效。（绳希敏）

·北京铁建医院·

【简况】　北京铁建医院位于北京市复兴路40号院内。其前身是总公司机关门诊部,2001年12月24日改称现名。主要从事常见病与多发病诊治、急诊救护、卫生防疫工作;为总公司机关及直属单位干部、职工、家属提供医疗服务。现有职工48人,其中医疗技术人员43人。年内投资110万元新购彩色多普勒B超机1台、全自动麻醉仪1台。（包从伟）

【领导干部】

主任　　郭宏田

副主任　　孟令平

（包从伟）

【经营管理】　2001年,医院改革奖金分配制度,将职工收入与效益挂钩,建立奖勤罚懒的激励机制,有效地调动了全体人员的创收积极性。全年共接诊病人47 025人次,检查治疗69 676人次,医疗业务收入530万元。完成医院组建工作,经北京市海淀区卫生局批准,北京铁建医院于2001年12月31日取得执业许可证。（包从伟）

·其他经营实体·

【北京中铁天宏建筑工程有限公司】　位于北京市复兴路40号。成立于1999年6月,系建筑装饰装修工程施工二级资质企业,注册资金500万元。总经理黄茂祥,副总经理许宜彬。公司设办公室、工程技术部、经营核算部、物资部、财务部。现有正式员工8人,其中干部4人,专业技术人员实行社会招聘。具有独立承接现代建筑装饰工程、仿古建筑装饰工程、设备安装工程等施工能力。公司以“质量第一、信誉为本、服务顾客、造福社会”为经营宗旨,坚持以质量管理为主线,以项目管理为重点,注重科技攻关和新技术开发,广泛采用新技术、新工艺,不断提高生产经营能力和市场竞争能力,工程质量合格率100%、优良率95%,受到社会各界及业主好评。全年承揽工程12项,完成施工产值1 079万元。 (黄茂祥)

【玉泉东市场】 是北京铁建工贸集团公司和地方政府合作投资经营的贸易市场。现有市场管理人员26人,其中北京铁建工贸集团公司11人,北京万寿路街道办事处星团工贸集团公司15人。由北京万寿路街道办事处星团工贸集团公司总经理李国喜担任董事长,北京铁建工贸集团公司副总经理郝振福担任副董事长,北京铁建工贸公司副总经理逄常清任副总经理兼党支部书记。玉泉东市场坚持“为社区服务、为居民服务”的宗旨,根据市场需求变化,及时调整商品区域布局及摊位数量,采取调整摊位租金、降低押金等灵活多变的经营方式,减轻商户负担,提高摊位出租率,为商户创造宽松的经营环境,得到消费者的信赖。玉泉东市场主要经营农副产品、服装鞋帽、文体百货等,年内有摊位746个,出租率95%以上。全年完成营业收入419万元。 (逄常清)

昆明中铁机械厂

【简况】 昆明中铁机械厂驻昆明市官渡区金马镇大羊方旺384号。占地面积31.2万平方米。职工1 065人,其中专业技术干部338人。固定资产原值19 346万元,净值6 675万元。机械设备634台,设备原值6 167万元。主要产品有D08-32型捣固车、D09-32型连续式捣固车、CD08-475型道岔捣固车、WD320型动力稳定车、SPZ-200型配碴整形车、SRM80型清筛机、QQS-300型清筛机、QQS-550型清筛机、QQS-450型清筛机、QCL-300型全断面道床处理机、DG-32Ⅱ型捣固车等,产品遍布全国各铁路局,在国内铁路养路机械市场占有很大的份额。2001年,工厂在贯彻ISO9002质量保证体系基础上,完成ISO9001:2000版质量保证体系的升级换版,并通过认证机构审核。 (莫 斌)

【领导干部】

厂长	董朝兴
副厂长	苏太贤
	马云昆
	黄兆祥
	江 河
总工程师	沈德明
总会计师	王学武
党委书记	王尊贤
党委副书记	张天祯
纪委书记	张天祯(兼)
工会主席	张天祯(兼)

(莫 斌)

【生产经营】 2001年,完成工业总产值不变价24 766万元(现价36 572万元);实现销售收入30 231万元;实现利税4 801万元,其中利润1 106万元。国有资产保值增值率108%,经营性资产收益率9%,资产负债率78%,销售利润率5.7%,应上缴款完成率100%。全员劳动生产率(不变价)228 891元/人年,职工年人均收入比2000年增长18.22%。全年共生产大中型养路机械44台,其中D08-32型捣固车12台,D09-32型连续式捣固车6台,WD320型动力稳定车10台,SRM80型清筛机4台,SPZ-200型配碴整形车12台;引进国外技术国产化生产的四种小型机械70台(套)。年内国际投标中标3次,合同总金额4 200万美元;国内订货中标3次,合同总金额8 638万元。 (莫 斌)

【新产品开发】 年内完成D09-32型连续式捣固车试制并通过技术评议,样机于2001年4月下线出厂;完成CD08-475型道岔捣固车技术消化和样机组装调试。这两种车型都是铁道部重点技术引进项目。自主开发QQS-550型清筛机、QQS-450型清筛机和DG-32Ⅱ型捣固车并投入生产,在样机试制过程中已签订4 300万元合同,显示了新产品开发能力。与奥地利普拉塞公司合作,为铺轨车配套的平板车开发已投入生产;与华科公司联合研制的物料输送车完成初步技术设计;与铁道部专业设计院联合开发的轨枕抽换机正在做方案设计研究;青藏铁路专用大型养路机械完成方案设计和方案评审;引进ROBEL公司技术生产的四种小型机械已通过铁道部技术评议和安全审查。 (莫 斌)

【重要记载】

▲1月10日 铁道部副部长孙永福在昆明铁路局局长齐文超、副局长尤忠涛陪同下,到厂考察产品结构、生产经营状况、生产能力、技术引进与新产品开发

工作,对工厂的大型养路机械国产化事业给予充分肯定。

▲1月12日　工厂召开七届六次职工代表大会和十二届三次会员代表大会。

▲2月23日～26日　工厂局2001年工作会议在厂召开,总公司副总经理靳尚忍到会讲话。

▲4月12日　工厂隆重举行D09－32型连续式捣固车国产化样车出厂剪彩仪式。铁道部运输局副局长卢祖文、机械设备处处长郑中立、广州铁路集团公司工务处处长方路、奥地利普拉塞公司销售与合作经理拉齐勒出席剪彩仪式。

▲7月18日　工厂召开七届七次职工代表大会。

▲8月27日　北京铁路局与工厂签订购买2台QQS－550型清筛机、2台DG－32Ⅱ型捣固车、1台D08－32型捣固车和1台WD320型动力稳定车采购合同,合同总金额4 353万元。

▲10月16日～17日　在北京召开的"小型养路机械成套设备研制"科研成果技术审查会上,工厂引进德国ROBEL公司技术生产的四种小型养路机械通过铁道部技术审查,为工厂大、中、小型养路机械并举战略添砖加瓦。

▲12月13日　工厂《利用外国政府贷款购置关键设备技术改造可行性研究报告》在北京通过专家评审。这次技改将对工厂提高产品质量、生产效率,顺利完成铁道部"十五"机械装备计划起到促进作用。

▲12月21日～23日　工厂通过中国船级社质量认证公司质量管理体系换证复评和ISO9001:2000版认证注册审核。　　　　（莫　斌）

昆明中铁机械厂生产的CD08－475型道岔捣固车样车出厂。图为出厂剪彩仪式。　　　（莫　斌提供）

国内工程公司承建的浙江玉环围垦蓄淡二期堵坝工程顺利合龙。 （屈立军 摄）

分公司

特载 | 大事记 | 概况 | 工程施工 | 经营管理 | 综合管理 | 资产经营 | 科技教育 卫生 文化 | 党的工作 | 工会 共青团 | 控股子公司 | 全资子公司 | 分公司 | 其他单位 | 人物 | 统计资料 | 文件选编 | 附录

本栏责任编辑 刘贤福

国内工程公司

【简况】　根据《总公司、总公司党委关于部分直属单位结构调整资产重组的决定》(中铁建劳〔2001〕218 号文),于 2001 年 11 月 28 日组建中铁工程公司(总公司国内工程部),将原总公司工程承包部、深圳工程部、中铁工程有限公司、海南分公司、电务分公司及总公司本级项目部(内昆、秦岭、秦沈、丹凤工程指挥部除外)、铁路运营指挥部、卡特彼勒产品北京服务部一并划入该公司管理;原中铁工程有限公司所属石家庄材料总厂划入中铁物资集团公司管理。根据总公司、总公司党委《关于颁发国内工程公司机构编制指导意见的通知》(中铁建劳〔2001〕253 号文)精神,将中铁工程公司更名为总公司国内工程公司,同时称总公司国内工程部。公司机关定员 42 人,公司领导职数 9 人。机关设办公室、生产管理部、计划经营部、财务部、劳动人事部(党委干部部)、党委工作部、纪检监察部、工会办公室等 8 个部门。

根据公司、公司党委《关于总公司国内工程公司机关编制和所属单位调整重组的通知》(国内劳人〔2002〕1 号文)精神,公司对下属单位按三个专业类型进行调整重组:(1)以原深圳工程部、海南分公司、重庆分公司、天津分公司、厦门分公司为基础,组建 5 个以提供工程信息、协助承揽任务、经营物业为主的专业化公司,负责所在区域的工程信息跟踪、任务承揽、资产物业经营和管理。(2)组建 5 个以施工生产为主的专业化工程处,主要负责施工生产、任务承揽,谋求滚动发展。以原中铁工程有限公司机械化整道分公司、秦沈客运专线焊轨中心为基础,组建线路工程处;以原中铁工程有限公司京珠、内昆、玉环、镇平、砚平工程指挥(项目)部为基础,组建机械化工程处;以原中铁工程有限公司丹凤、昆石工程指挥(项目)部、吊装队、良乡基地钻机队为基础,组建桥隧工程处;以厦门分公司为基础,组建厦门工程处;以原电务分公司为基础,组建电务工程处;(3)保留 5 个服务保障型单位,即铁路运营指挥部、良乡生产基地、房山设备基地、卡特彼勒产品北京服务部、进口机械服务中心,按公司直属单位管理,主要承担施工生产的服务保障任务。　(汪本清　钟秋菊　万红梅)

【工作综述】　2001 年 11 月 28 日,《总公司、总公司党委关于部分直属单位结构调整资产重组的决定》颁发后,国内工程公司加强对重组工作的组织领导,多次召开党委会、总经理办公会和党政领导联席会议,研究贯彻《决定》的具体意见,提出重组工作具体部署。12 月 16 日,召开公司第一次领导干部会议,传达贯彻总公司、总公司党委两个《决定》精神,部署资产重组、企业重构工作。12 月下旬,公司主要领导亲自带队到部分重组单位调查摸底,掌握情况。同时,组织公司领导班子成员到北京中铁建设有限公司等单位学习取经,结合公司实际,制定企业管理、经营管理、施工生产、工程项目管理、人事劳资管理等方面的规定、办法。通过各级领导抓思想教育、抓队伍稳定、抓工作落实,由于思想认识到位、工作到位、机构编制到位、内部重组到位、人员安置到位,整个重组工作进展比较顺利。截止至 2001 年 11 月,国内工程公司总资产57 886.79万元,其中固定资产31 414.79万元。

(万红梅)

【国内工程公司领导干部】

行政系统	
总经理	刘国志
副总经理	许顺生
	熊升品
	瑶建明
总工程师	王在仁
总会计师	柴　纹
调研员	吴　震
党群系统	
党委书记	王参军
党委副书记	刘国志
	牛树江
纪委书记	牛树江(兼)
工会主席	王怀尧

(汪本清　钟秋菊)

【职工队伍】　年末职工总数 364 人。其中,男职工 274 人,女职工 90 人;干部 242 人,工人 122 人;研究生 7 人,本科 135 人,大专 102 人,高中、中专 70 人,初中以下 50 人。专业技术干部 188 人,其中高级职务 46 人,中级职务 82 人,初级职务 60 人。

(汪本清　钟秋菊)

·中铁工程有限公司·

【简况】　中铁工程有限公司是铁路综合工程施工二级资质企业,于 1999 年 7 月 21 日成立,前身是总公司机械工程分公司。机关驻北京市石景山区鲁谷路

74号。机关设办公室、党委工作部、企业管理部、计划经营部、工程技术部、安全质量部、设备物资部、机械租赁部、财务部、人事劳资部等10个部门;下辖石家庄材料总厂、厦门分公司、重庆分公司、天津分公司、机械化整道分公司、进口机械服务中心、良乡基地、房山设备基地及内昆铁路工程指挥部、丹凤铁路工程指挥部、秦沈客运专线工程指挥部、昆石高速公路工程指挥部、砚平高速公路工程指挥部。职工367人。大型机械设备91台(套),设备完好率95%,利用率70%。固定资产原值37 306万元、净值27 487万元,流动资金8 082万元。

2001年,完成企业总产值24 279万元,其中施工产值21 817万元。人均创利36 717元,全员劳动生产率76 156元/人年。国有资产保值增值率101.8%,经营性资产收益率2.24%,产值利润率5.43%,资产负债率44.82%,投资收益上缴率100%,应上缴款完成率100%。

根据总公司、总公司党委《关于部分直属单位结构调整资产重组的决定》,于2001年11月28日组建中铁工程公司,后更名为国内工程公司(总公司国内工程部),中铁工程有限公司划归国内工程公司管理。

(万红梅　蔡晓斌　钟秋菊)

【领导干部】

行政系统

总经理	刘国志
副总经理	郝明泉
	徐才宝
	赵成堂
	李同果
总工程师	徐高山
总会计师	柴　纹
调研员	姚凤昌
总经理助理	雷　丁
	徐冬青
副总工程师	何晓彦
	张开柏
	吴　烨
副总经济师	汪本清

党群系统

党委书记	彭庆华
党委副书记	王怀尧
纪委书记	王怀尧(兼)
工会主席	吴　震
工会副主席	陈鹤松

(汪本清　钟秋菊)

【经营管理】 2001年,公司经营工作进一步规范和加强,经营专职人员由2人增加到5人,加大硬件投入,提高了投标工作效率。全年跟踪信息78条,资格预审11项,组织投标6次,承揽工程任务3.3亿元,创公司年承揽工程任务最高纪录。同时,协助所属单位进行工程投标,使厦门、天津分公司承揽任务取得突出成绩。

公司内部经营管理逐步加强,在ISO9000贯标认证和建立内部经济核算体系的基础上,重点加强内部经营管理基础建设,严格按照规定进行概算分割和核算,强化项目成本管理;对工程和劳务分包进行评审,协助项目部进行成本控制;积极研究探索加强内部核算工作的新途径、新办法,下发《＜中铁工程有限公司合同管理暂行办法＞补充规定》和《关于严肃管理纪律、严格审批程序的紧急通知》,有效地加强了公司的成本核算和合同管理工作。(温　静)

【工程管理】 工程项目管理。进一步完善公司对在建项目的管理,严格按照质量体系程序文件要求操作;对工程分承包方进行综合年审,下发《合格工程(劳务)分承包方名册》,清除不合格外部劳务队伍,加强了施工队伍管理;组织召开昆石、砚平项目部质量策划会议,下发了工程质量策划决定。

科技创新。着眼于提高公司的施工技术水平,积极推广应用新材料、新技术、新工艺,组织、指导各指挥(项目)部参加总公司优秀技术总结、优秀论文及优秀工法评选活动,有1篇论文获总公司优秀论文二等奖,填补了公司空白;组织编写《秦沈客运专线长轨条基地焊接技术》,并申报"中国铁道科学技术奖"。

施工过程控制。定期了解各项目部施工情况,分析施工生产形势,针对存在问题提出具体整改要求。在陕西丹凤组织召开公司施工生产现场会议,针对施工进度、工程质量、劳务分包控制及新材料、新技术、新工艺推广应用等问题对在建项目进行全面检查,及时提出整改方案,为领导决策提供依据。狠抓在建工程质量通病和安全隐患整改,起到防患于未然的作用。(邸玉环)

【安全质量】 2001年,公司健全项目部安全质量组织机构,完善管理制度,认真落实安全质量责任制,组织安全质量大检查,全面开展安全质量标准工地建设,取得良好效果。工程质量合格率100%,分项工程优良率95.5%,单位工程优良率99.2%,创公司工程质量历史最好成绩。西安南京铁路桃花铺1号隧道出口被总公司授予"安全质量标准工地"称号,并被铁道部西安南京铁路建设总指挥部评为"精品工程";镇平指挥部一座大桥、一座框架桥、一座盖板箱涵被铁道部西安南京铁路建设总指挥部评为“精品工程”,路基被评为“优质样板工程”;玉环漩门二期堵坝挡潮工程已申报浙江省水利工程质量最高奖——“钱江杯”;砚平项目部承建的 K0+405 通道涵被业主评为“样板工程”,云南省电台、电视台多次进行报道,提高了公司的信誉和知名度。

牢固树立“安全第一”的指导方针,从公司到项目部层层落实安全生产责任制,将安全生产纳入施工组织、施工工艺,杜绝了施工事故发生。昆石高速公路8-2段隧道工程地质极为复杂,昆石指挥部攻难克险,保证了安全施工;西安南京铁路桃花铺 1 号隧道 TBM 掘进机拆卸洞高 19 米、宽 14 米,施工难度大,丹凤工程指挥部多次研究制定安全生产方案,确保了施工的顺利进行;机械化整道分公司在秦沈客运专线整道施工中,安全、优质、高效地完成施工任务,受到铁道部领导的表扬。年内发生重大交通事故 1 起。

(李玉珠)

【企业管理】　年初,在充分调研的基础上,制订《公司领导和机关职能部门岗位工作职责》,使机关各项管理工作走上规范化管理轨道。6 月,北京 ISO9000 质量认证中心对公司进行第一次监督审核,公司对不合格项进行跟踪纠正、及时整改,得到外审组的好评。认真贯彻 2000 版 GB/T19001 标准,修订公司程序文件和质量手册,抽调 21 名内审员参加由建设部和国家质量体系认可委举办的 2000 版新标准培训,为公司质量体系运行奠定了良好基础。企业营业执照、组织机构代码及项目经理资质于 4 月顺利通过年审。6 月,公司资质增加“铁路综合工程施工”项目,扩大了经营范围,为资质升级工作打下基础。2 月,公司开始资质就位的准备工作,共收集工程资料 32 份,其中有代表性的工程业绩 19 项,拟申报铁路综合工程施工特级资质和市政工程施工总承包一级资质及堤防、土石方、隧道工程施工一级资质。　(吴金玲)

【设备管理】　年内,调拨大型设备 36 台(套),保证了昆石、砚平项目部施工生产的顺利进行。通过国际招标,采购价格低廉、技术性能先进的高速铁路辅轨机,满足了秦沈客运专线铺轨需要。组织设备大检查,及时纠正设备管理中存在的问题,保证了设备的正常使用。完成进口设备的资产划分工作,公司留用进口贷款设备 74 台,原值 2.1 亿元;划转各局进口设备 121 台,原值 2.58 亿元、净值 1.8 亿元。配合工程施工,往施工现场发运设备 31 台(套);进口机械服务中心发送配件 560 余件,交机培训 50 余人次。完成卡特彼勒 966G 轮胎式装载机、日本小松 D355A-3 履带式推土机等设备引进工作,妥善解决了进口设备遗留问题。　(杜以军　肖瑞文)

【党群工作】　党的工作。公司党委下设 2 个基层党委、7 个党工委、24 个党支部,共有 198 名党员。(1)领导班子建设。坚持党委中心组学习制度,领导班子成员的思想政治素质和把握全局、驾驭市场的能力进一步提高,团结协作进一步增强。认真贯彻落实党风廉政建设责任制和领导干部廉洁自律的规定,结合典型案例抓警示教育,利用刘清华、王宜强等先进人物事迹抓示范教育,增强了班子成员的防腐拒变能力。(2)思想作风建设。各级领导带头学习江泽民总书记“七一”讲话、“三个代表”重要思想和党的十五届六中全会《决定》,结合工作实际,狠抓落实,工作作风明显转变。(3)思想政治工作。以建设“四有”职工队伍为目标,全方位、多层次、多渠道地开展经常性的思想政治工作,化解矛盾,鼓舞斗志,保持队伍稳定,促进了施工任务的完成;通过纪念建党 80 周年开展“五个一”系列活动,激发了全体职工爱党、爱国、爱企业的热情;以召开基层党建及思想政治工作座谈会为契机,交流思想政治工作经验,探讨新时期做好思想政治工作的新方法,推动了思想政治工作的深入开展。(4)基层党组织建设。根据工作需要,配齐所属项目部党工委书记和党支部书记,批准成立 1 个基层党委、2 个党支部,对所属党组织书记进行了一次理论和业务培训。“七一”表彰 3 个先进党支部、3 名优秀党务工作者和 26 名优秀党员,并选树“十大党员标兵”。(5)党风廉政建设。结合典型案例以案施教,开展深入的党风党纪教育。召开公司第一次党风廉政建设工作会议,总结交流经验,研究部署今后一个时期的重点工作。在全公司范围内开展“三项执法”监察和纪检工作专项检查活动。(6)精神文明建设。在施工一线深入开展路地共建精神文明活动;在重大节日期间开展丰富多彩的文化娱乐活动;积极响应上级号召,开展义务献血、捐资助教和为灾区捐款、捐物等公益活动,陶冶了职工情操。

工会工作。围绕生产经营中心开展“五比四创”劳动竞赛活动,加强施工现场宣传鼓动工作,有效地促进了施工进度、提高了工程质量。年内涌现出 3 个劳动竞赛先进单位,有 6 人分别荣获总公司先进生产者、铁路建设大会战尖兵奖章、劳动竞赛优秀组织者、“三八”红旗手、读书自学先进个人和“文明家庭”等荣誉。认真开展“送温暖”活动,看望慰问困难职工;关心大龄青年婚恋,积极为他们当“红娘”;为 26 名职工改善住房条件、14 名已婚职工解决单元住房、30 名单身职工解决集体宿舍。开展丰富多彩的文体活动，年初组织新春团拜会；“三八”妇女节组织女职工参加“迎奥运”、看新北京、登中央电视塔活动；组织机关职工到密云水库消夏。认真开展计划生育宣传活动，被总公司评为“计划生育先进单位”。

共青团工作。围绕党的中心工作，在团员、青年中深入开展爱国主义、集体主义教育和“双争双创”、劳动竞赛活动，为圆满完成施工任务作出积极贡献。公司承建的西安南京铁路桃花铺1号隧道工程被全国铁道团委授予“青年文明号”称号。此外，还组织团员、青年积极参加“北京绿色环保志愿者行动”和“保护母亲河”活动。（成 荣　屈立军）

【厦门中铁建设公司】 位于福建省厦门市莲花新村香莲里23号。成立于1993年5月。经营范围：主营市政、公路、铁路、工业与民用建筑、水利水电、装饰装修工程施工及房地产开发与经营。公司下设机械队及若干工程项目部。职工115人，其中干部88人。2001年，承揽工程11项，合同投资25 439.05万元。完成企业总产值8 000万元，实现利润192万元。其中，厦门莲黄隧道4 858万元，完成1 800万元；泉州江滨路改造工程A标段2 409万元，完成1 600万元；泉州江滨路改造工程C标段2 550万元，完成1 300万元；厦门鸿图大厦工程协议价4 700万元；厦门174医院病房大楼工程合同价4 480.73万元，完成500万元；晋江中谷国家储备粮库工程合同价1 650.65万元，完成600万元；厦门慧景城地下室工程合同价1 709万元，完成700万元；龙岩适中经抚市至三层岭公路工程C5标段，长5.428公里，工程投资1 381.67万元，完成300万元；厦门激湘大厦水电装修工程700万元，主体及装修工程共完成1 000万元；厦门航空港会议中心酒店工程650万元，完成100万元；莆田434国防工程350万元，完成100万元。厦门云顶隧道月掘进232米，创全国同类隧道施工纪录，受到交通部黄镇东部长及福建省领导的高度赞扬。

公司现有存量土地58 122.8平方米，其中海沧别墅用地15 563.65平方米，杏林“中铁花园”8 400平方米、“中铁广场”24 159.15平方米，厦门中铁实业公司机械维修中心用地10 000平方米。杏林“中铁花园”和“中铁广场”两宗地块已与厦门大唐房地产有限公司签订合作开发协议，协议价2 789.2万元，回收土地签约合同款692万元；集美工程欠款抵大唐购地款1 200万元，回收800万元，共回收土地资金1 492万元。（孙锡寿）

【天津分公司】 位于天津经济技术开发区黄海路8号森泰小区。主要以承揽任务、施工生产为主。经理兼党工委书记刘振国。正式职工3人。固定资产原值188.1万元、净值181.7万元，资产总值313.4万元。

2001年，承揽工程5项，工程投资1 700万元。完成企业总产值810万元，全面完成承揽任务及上缴款等指标。年人均收入12 000元。（李 坛）

【重庆分公司北碚商场】 于1999年3月组建，位于重庆市北碚区云泉路86号。经理马万里。职工11人。营业面积3 672.35平方米，固定资产760万元。（文万琴）

【进口机械服务中心】 于1999年在原北京英格索兰、沃尔沃、维尔特、力寰4个机械产品服务部的基础上组建，其管理体制实行董事会领导下的总经理负责制。总经理徐政志，职工23人。中心下辖4个服务部，分别由美国英格索兰远东公司、香港力寰股份公司、瑞典沃尔沃公司、德国维尔特公司、中国土木工程集团公司与中国铁道建筑总公司共同组建，由中国铁道建筑总公司具体经营。主要承担4家国外公司的整机销售，代理其产品维修、技术服务和零配件寄售业务。中心设有国外公司在中国设立的惟一保税仓库，是中国对外贸易经济合作部认可的定点服务单位。此外，中心负责公司进口机械设备的维修、保养。

2001年，完成产值856万元，实现利润22万元。产值利润率2.86%，经营性资产收益率3.42%，国有资产保值增值率104.97%，上缴款完成率100%。中心努力开拓市场，与19个省（市、自治区）铁路、公路、石油、煤炭、水利和城建6个行业的200余家客户，建立了业务关系，承担国外公司的零配件销售及技术咨询、现场维修，为用户提供一条龙服务。全年配件报价413份，下订单267份，结算265份；整机大修5台，发动机大修5台，项修7台。同时，中心开拓网络经营，在西安、成都设立2个分部，拟在昆明、黑龙江再建立2个分部，为更好地开拓市场奠定基础。（樊 欣）

【机械化整道分公司】 为中铁工程有限公司和中铁二十局五处共同出资组建的股份制公司。公司经理雷丁，党工委书记权金满。职工35名。设备18台（套），固定资产3 000万元。年机械化整道能力2 000公里。

2001年，先后承担朔黄、京九、内昆铁路及秦沈客运专线机械化整道任务，全年累计整道1 800公里，产值1 100万元。工程质量合格率100%，优良率96%，取得良好的社会信誉和经济效益。12月5日～

9日，铁道部在秦沈客运专线山海关—绥中段进行线路内燃动车组试验，试验时速达214公里，为中国新线铁路建设最高时速，受到铁道部领导高度赞扬。（李　华）

【内昆铁路工程指挥部】　1998年6月成立。驻贵州省六盘水市经济开发区钟山中路5号。指挥长徐冬青，党工委书记陈鹤松。主要承担内昆铁路六盘水枢纽DIK241+550～DIK242+200段工程。共有路基土石方83.5万立方米及部分附属工程，站后房建工程3 863平方米。

2001年，主要进行站前工程收尾及站后房建工程和竣工文件编制工作。年内完成路基边坡干砌石方2 800立方米，路基边坡清刷整修4万余平方米；房建工程完成1 800平方米。全年完成施工产值102万元。指挥部制订《站后工程施工管理办法》，严把质量关，大跨度薄壁雁形板施工质量内实外美，成为站后房建工程的新亮点。竣工资料编制质量受到成都铁路局档案馆称赞。工程质量受到铁道部内昆铁路建设指挥部、成都铁路局、监理公司等单位高度赞扬，为工程顺利验交打下良好基础。（邓　飞）

【丹凤工程指挥部】　1999年底成立。驻陕西省丹凤县铁峪铺镇。承担西安南京铁路桃花铺1号隧道出口段和十里铺隧道工程施工任务。指挥长汪益斌，副指挥长倪振利、马杰、万武明，总工程师马杰(兼)。职工9人。机械设备8台，总功率1 531千瓦。

2001年，完成产值3 450万元，占年度计划的104.55％，工程进展顺利。（高英刚）

【昆石高速公路8－2合同段项目经理部】　为总公司派出机构，受总公司法定代表人委托，全权负责工程项目的组织实施。驻云南省宜良县草甸乡。项目经理徐冬青，党工委书记吴卫东。下设机械队、掘进队、衬砌队。项目部现有职工235人，其中干部25人。资产总值3 499万元。现有设备14台(套)，价值2 183万元，总功率1 750千瓦，人均动力装备率7.5千瓦，机械化施工程度100％。

2001年，项目部克服阳宗隧道塌方、涌水等困难，在施工生产、工程创优、科技攻关、安全生产和工程质量等方面取得显著成绩。全年完成产值7 319.58万元。上行线掘进860米，衬砌705米；下行线掘进710米，衬砌480米；隧道外工程完成设计量的94％。国有资产保值增值率、经营性资产收益率、产值利润率、投资收益上缴率、应上缴款完成率等主要经济指标均完成年度计划，人均年收入突破20 000元。施工中，开展“百日大干”、“安全质量标准化工地”创建活动和组织“五比四创”劳动竞赛，取得满意的效果。编制实施性施工组织设计，规范技术工作程序；组织开展业务培训，设置工序质量检查人员，有效地控制了各工序的施工质量。项目部进行内部优化组合，实行全新的用人机制，提高了劳动生产率和工作效率。成立QC小组，针对施工中的难点课题进行攻关，先后解决隧道初喷平整度、隧道湿喷、加快二次衬砌进度等一系列难题，获2001年度工程质量奖。认真贯彻“安全第一、预防为主”的指导方针，成立安全生产领导小组，制定安全生产规章制度，印发《安全生产奖罚细则》，签订项目经理、总工程师、施工队长、工班长安全生产责任状，不定期地组织安全大检查，消除事故隐患，实现全年安全生产目标。（马凌空）

【秦沈客运专线工程指挥部】　成立于2000年2月。指挥长张开柏，副指挥长贾心全，总工程师王培红。主要承担秦沈客运专线B26－1标段长钢轨焊接任务。年内，按照铁道部秦沈客运专线建设总指挥部及总公司指挥部的部署，狠抓安全质量，积极开展“五比四创”劳动竞赛活动，一次性通过进口法国钢轨的各项型式试验，进行长钢轨焊接周期性试验27次，焊接250米合格长钢轨1 543根，装运长轨条1 392根，卸短轨231车、24 500吨，完成年度计划的115％，焊接质量达国内先进水平。在10月19日进行的线路动力综合试验中，试验时速达到215公里。年内铁道部副部长孙永福、中央企业工委副书记赵杰兵及总公司王振侯总经理、李国瑞书记等领导先后到焊轨中心视察工作并给予高度评价。指挥部积极推行科技创新，成立科技攻关领导小组，由指挥长张开柏任组长、副总工程师刘海滨任副组长，抓质量、攻难关，根据焊接技术条件及高速铁路长钢轨焊接规范，深入实践，对每一道工序、工艺流程进行认真细致的研究，掌握了大量技术新、工艺精的焊接技术，编写的《长钢轨基地(工厂)接触焊接工法》被总公司认定为2001年度企业级工法。（贾心全）

【砚平工程项目部】　成立于2001年4月。项目部驻云南省砚山县听湖山庄。负责承建砚平高速公路K0+000～K7+472.09合同段施工任务，工程投资5 353万元。工期2001年4月～2002年12月。指挥长徐高山，党工委书记刘保华。职工20人。主要工程量：土石方87.6万立方米，中桥3座、天桥4座、小桥4座，通道9座，涵洞17座，防护工程7万立方米。2001年，共完成产值2 850万元，占工程总投资的

53.2%。完成土石方18.5万立方米,中桥0.5座、小桥1.5座,通道8座,涵洞11座,防护工程2万立方米。年内获砚平高速公路建设指挥部颁发的工程质量单项奖和"路地共建精神文明先进单位"称号。

(王 伟)

·电务分公司·

【简况】 电务分公司(保留总公司电务部名称)为总公司分支机构,于1998年11月1日正式运转,1999年3月5日注册中国铁道建筑总公司电务分公司,取得非法人营业执照,注册资金500万元。主要承担总公司本级经营,为机关提供通信服务,行使电务行业管理职能。熊升品任分公司经理兼党委书记,陈洪峰任副经理兼纪委书记,白会芳任副经理兼总工程师。机关设办公室、经营开发部(施工技术部)、安全质量管理部、计划财务部,下辖通信中心、第一项目部、第二项目部、销售中心。职工68人,其中干部25人,干部中技术干部22人。经总公司批准,2001年6月25日与中铁十四局集团公司电务工程处共同出资注册成立"北京中铁电通电气化工程安装有限公司",为独立法人单位,注册资金700万元,经铁道部审查批准为铁路电务工程施工二级资质企业。为开拓电务监理市场,于2001年11月7日成立"北京铁城建设监理有限责任公司电信分公司",为非法人单位,主要负责电务工程监理。2001年11月28日,电务分公司划归国内工程公司管理。2001年,承揽工程任务1 271万元,其中电务工程971万元,工程监理300万元,为年度计划的141%。完成施工产值1 400万元,其中电务工程1 200万元,工程监理200万元,为年度计划的280%;完成其他产值450万元,为年度计划的100%。创收400万元,为年度计划的100%。实现利润6万元,为年度计划的150%。职工收入较2000年增加15%,提前一年实现经费自给。

(李 娟 张德锋)

【工程施工】 (1)中国联通新疆二干光缆线路工程为精河县境内231公里光缆的敷设及设备安装,工程总投资1 172.8万元。2001年4月开工,当年9月竣工,被评为省优质工程。(2)和静变至和硕变110千伏输电线路工程包括和静县境内和静变至和硕变110千伏输电线路工程43公里线路架设及设备安装,工程总投资688万元。2001年9月开工,当年12月竣工。被评为省优质工程。(3)空军故城机场光缆工程,包括机场光缆传输站至济南军区德州光缆传输站43公里4芯光缆工程,总投资64.5万元。2001年4月开工,当年5月竣工,工程质量被评定为优良。

(张德锋)

【工程监理】 (1)铁通京沪穗高速环设备安装工程,共2 314公里,建设北京—上海32波2.5GDWDM系统,包括DWDM设备、SDH设备、网管设备、电源及其他附属设备的安装,共37站。监理费用17万元。2001年4月开工,当年7月竣工。工程质量评定为优良。(2)铁通湖北、河南、四川、陕西分公司西南环传送网工程,包括43个通信站DWDM和SDH设备、网管设备、电源及其他附属设备的安装,共2 999公里。监理费用25.3万元。2001年7月开工,当年10月竣工。工程质量评定为优良。(3)铁通东北环传送网工程,铁路光缆全长9 668公里,设备安装121站,包括DWDM设备、SDH设备、网管设备、电源及其他附属设备的安装。监理费用54.5万元。2001年9月开工,当年12月竣工。工程质量评定为优良。(4)朔黄铁路通信、信号工程,通信方面包括光电缆(HEYFL23)干线敷设83.25公里,1 000线程控交换机1套,数字光传输设备2套,站场通信设备8套,无线列调电台9套;信号方面包括6502电气集中,6站66组连锁道岔。监理费用51万元。2001年5月开工。被朔黄铁路有限公司评为先进单位。(5)铁通洛阳—襄樊光电缆线路工程,包括敷设光缆385公里,敷设对称电缆400多公里。监理费用38.5万元。2001年11月开工。(6)中国网通泰安、滕州机房改造工程,包括泰安通信业务机房,面积650平方米;滕州通信中继机房,面积220平方米。2个通信机房承重加固及装修、通信电源系统、动力及监控系统、综合布线系统、空调系统、消防系统、油机系统、保安监控系统施工。监理费用8万元。2001年10月开工,当年11月竣工。工程质量被评为优良。(7)枣庄西、兖州、固镇通信机房为网通的3个中继机房,面积200平方米,包括通信机房承重加固及装修、机房电气改造、机房空调系统安装及给排水改造、机房消防报警联动及气体灭火系统、通信电源系统安装、通信机房接地系统、通信机房高低压设备安装、综合布线系统、动力环境监控系统、保安监控系统的施工、发电机安装等。监理费用4万元。2001年11月开工,2002年2月竣工。工程质量被评为优良。(8)中国网通湖南、广东段机房改造工程,包括4个业务机房、8个中继机房的承重加固及装修、电气改造、空调系统安装及给排水改造、机房消防报警联动及气体灭火系统、通信电源系统安装、通信机房接地系统、通信机房高低压设备安装、综合布线系统、动力环境监控系统、保安监控系统的施工、发电机安装等工程。监理费用44万元。

2001年11月开工。(9)中国网通南京—扬州—泰州—南通—苏州长途管道光缆工程,全程敷设2条40/33毫米HDPE管道,全程敷设1条24芯光缆;江都、邵泊段,全程敷设1条HDPE管道,总里程600公里。监理费用48.6万元。2001年11月开工。

(张德锋)

【通信增值服务】 年内新开来电显示和互联网等增值服务,与有关单位合作开办面向社会的网站服务;完成"834"局改"518"局工作,及时开通7号信令;完成对北京地区直属单位的114查号联网;随着中国电信和铁通电话费率的调整,及时完成总公司在北京地区直属单位的费率调整;完成总公司机关29号楼等住房调整后的电话搬迁、18号楼新增电话线工程及总医院中继光缆工程,到11月底总公司机关的电话线路改造工程全部完成,全年新增电话用户303户,新增来电显示用户359户。(李 娟)

【电务行业管理】 电务分公司作为总公司电务行业的对外窗口,认真贯彻执行铁道部各项电务工作技术政策,组织新技术与新工艺推广,协调总公司系统通信网及无线电的管理;参与秦沈铁路等电务工程施工技术标准的制定和审定;转发铁道部和信息产业部有关技术政策;对铁路电务工程投标进行协调并推荐施工单位;召开总公司系统通信网座谈会,统一总公司系统通信网加入铁通网的方案及电话拨叫方法;按要求统计呈报无线电设备使用报表;制定印发总公司系统传真电报统一格式及管理办法;组织电务施工单位开展新技术、新工艺培训和推广,较好地发挥了电务行业管理职能作用。(李 娟)

·海南分公司·

【简况】 海南分公司为总公司直属分公司,于1994年6月30日经海南省工商行政管理局核准登记注册成立。位于海南省海口市海甸四东路富怡公寓8-1号。分公司经理兼党工委书记许顺生,副经理吕黔生、陈恳。海南分公司与海南办事处为一个机构两块牌子,许顺生任海南办事处主任。分公司下设办公室、工程部、财务部,现有职工10人。主要职责和任务:根据国家工商行政管理局批准的总公司经营范围,承揽工程任务,开发与工程相关的实业和第三产业,协调、管理总公司在海南地区的施工队伍。

(毛昌成)

【工作综述】 海南分公司坚持以经济效益为中心,强化自我生存和发展能力。在健全规章制度、加强内部管理的同时,加大工程任务承揽力度,年内先后承揽长江重要堤防工程湖北阳新段、安徽无为汤沟段、贵阳铁路枢纽工程、广东韶关五里亭大桥基础工程、山东青岛同三高速公路及湖北荆南堤防加固工程,总投资约1.6亿元,彻底扭转经营被动局面,使公司发展呈现良好势头。全年完成施工产值2 102万元,实现净利润46万元,全面完成国有资产保值增值率等五项考核指标。(毛昌成)

·深圳工程部·

【简况】 深圳工程部为总公司直属单位。2001年2月12日由深圳市罗湖区红岭南路44号迁往罗湖区新安路森威大厦雍景园12层。总指挥长吴宝生,党工委书记牛树江,副总指挥长宁卫东,总会计师陈茂仕。下设综合办公室、工程技术部、经营部、财务部。

2001年7月,深圳工程部在中标广东省东深供水改造工程BⅢ$_2$标段的基础上,又中标该工程第6、7分水口,合同总额3 000万元。6月,深圳工程部与中铁十五局集团公司合作中标深圳市地铁第一期工程4A标段,合同总额7 597.8万元,合同工期17个月。按合同要求,圆满完成治理深圳河第二期工程合同A标段施工任务,被广东省水利厅及深港两地政府授予"文明工地"称号。2001年8月12日,深圳市政府授予"科技进步二等奖"。

根据《总公司、总公司党委关于部分直属单位结构调整资产重组的决定》和《总公司、总公司党委关于颁发国内工程公司机构编制指导意见的通知》精神,深圳工程部于2001年11月28日由总公司工程承包部划转到总公司国内工程公司。李同果任工程部总指挥长兼党工委书记,宁卫东任副总指挥长兼党工委副书记,刘颖杜任副总指挥长。(苏合领)

【深圳市东部供水网络干线工程】 1999年1月15日,深圳工程部中标深圳市东部供水网络干线工程D标段2号隧洞,合同工期23个月,合同总额4 991.5万元。项目经理吴宝生、常务副经理戴福林、副经理刘华生,总工程师周振玉。下设工程部、计划部、综合部。该项目于2001年8月13日顺利竣工移交。

(苏合领)

【广东省东深供水改造工程】 东深供水改造工程是向香港、深圳以及东莞城乡提供饮用水和工农业用水的跨流域大型调水工程。工程引水渠道100万立方米/小时,年平均引水23.73亿立方米,其中香港11

亿立方米、深圳 8.73 亿立方米、东莞 4 亿立方米。输水线路从东江太园泵站到深圳上埔雁田隧洞进水闸，总长 51.7 公里，主要建筑物有供水泵站、明槽、箱涵、隧洞及渡槽等。深圳工程部于 2000 年 9 月中标 $BⅢ_2$ 标段工程，总长1 200米，包括契爷石水明槽和隔水倒虹吸两个单位工程。工程中标价4 661万元，总工期 22 个月。项目经理吴宝生，常务副经理黄兴富，总工程师朱小刚。东深供水总指挥部要求 2002 年 8 月 28 日完成主体工程，2002 年底金湖泵站以北通水。2001 年，该标段明槽、围堰、倒虹吸等重点工程全面开工，完成产值2 350万元。（苏合领）

·卡特彼勒产品北京综合服务部·

【简况】 卡特彼勒产品北京综合服务部(以下简称卡特服务部)，是中国铁道建筑总公司、中国机械进出口总公司、北京市丰台区小瓦窑农工商联合总公司三方共同投资的全民与集体所有制联营企业，是国家对外贸易经济合作部进口机电仪产品维修、零配件寄售定点单位。挂靠中国铁道建筑总公司，1990 年 1 月 1 日正式开业。主营维修、保养卡特彼勒工程机械，经销卡特彼勒公司以寄售方式提供的零备件；兼营卡特彼勒工程机械的技术咨询。经营面积10 700平方米，其中营业楼2 000平方米、保税仓库1 700平方米、维修车间1 850平方米。注册资金 813 万元，固定资产原值1 019.8万元。卡特服务部以寄售方式累计销售配件5 780万美元，完成修理产值8 698万元人民币。1992 年被北京海关授予"信得过企业"称号，2000 年 8 月同北京海关实现计算机联网。从美国卡特彼勒公司引进 60 万美元的专用修理、检测设备，业务、技术人员经过专门培训，并有美国卡特彼勒公司常驻专家进行技术指导，能够完成卡特彼勒工程机械的各项修理任务。卡特服务部下设四部一室，现有正式职工 59 人。生产经营设施配套，技术力量雄厚，形成配件销售、机械修理、机械租赁三位一体的经营格局，可为用户提供"一条龙"优质服务。

2001 年，完成企业总产值4 095万元，实现利润 -39万元。国有资产保值增值率 95.42%，资产负债率 54.66%，产值利润率 -0.95%，应上缴款完成率 100%，经营性资产收益率 -5.02%。（王德运 魏桂玲）

【配件销售】 卡特服务部拥有国内最大的保税仓库，库存配件 200 余万美元。配件供应系统与美国卡特彼勒公司远东地区的新加坡联网，为全国用户提供纯正的卡特彼勒配件，从询价、报价、订件、结算到提货、发运可为用户提供一条龙服务。全年销售配件 396 万美元，管理费收入 247 万元，实现利润 122 万元。完成报价单2 580份；海运货 23 次、280 万美元；空运货1 126次、176 万美元；代用户发货 653 票、69 万美元。（王德运 魏桂玲）

【机械修理】 全年完成修理产值 698 万元，实现利润 41 万元。油泵间检测调试 125 台，修复链轨 53 条，创历史最好水平。完成整机大修 8 台，发动机大修 11 台，变速箱大修 6 台，小总成件大修 46 件。外修 832 人天，231 人次。（王德运 魏桂玲）

·铁路运营指挥部·

【简况】 铁路运营指挥部于 1998 年 10 月组建，原为总公司本级经营单位，2001 年 11 月 28 日划归国内工程公司管理。主要职责是：代表总公司与神华集团及铁路公司签定承包运营合同；负责神朔、包神、朔黄铁路临管运营的管理组织、技术指导和安全管理；负责临管运营运输动力和牵引列车测算与试验；负责制定承包运输方案、编制组织定员和运营组织计划；负责临管运营成本、收益分析，编制财务预、决算报告；组织承揽铁路运营和工程建设任务。编制定员 14 人。田更生任指挥。下设办公室、技术调度室、计划财务室。为适应神朔铁路电力机车牵引大列运输需要，年内成立"运营联合体"，即神朔铁路运输部。铁路运营指挥部办公地点分别设在总公司机关和神朔铁路神木北站。（杨继彤）

【工作综述】 2001 年，是神朔铁路牵引运输方式实现重大变革的一年。在完成由蒸汽、内燃机车牵引小列分段运输向内燃三机重联牵引大列全程运输的基础上，年初实现由内燃牵引大列运输向电力机车并联牵引运输的转变，年底又组织新购电力机车投入运营，使运输能力翻番，再创神朔铁路开通运输以来的新记录。现有韶山 SS_4 改进型电力机车 16 台、韶山 SS_1 型电力机车 5 台(代管)，DF_1、DF_4 和 DFH_5 型内燃机车 8 台。大柳塔—神木北段采用韶山 SS_1 型电力机车担当小运转牵引运输，牵引总重2 800吨，承担货物集结、编组和调车作业任务；神木北—朔州西段采用韶山 SS_4 型电力机车双机重联牵引大列运输，牵引总重5 800吨，承担神朔铁路部分货物牵引运输任务。年内完成电力机车牵引运输5 962列/379 056辆，运送货物2 312万吨，机车总走行 101 万公里，机车周转时间 19.2 小时，完成货物周转量126 622万吨公里,实现运输产值2 724万元。连续六年实现"安全生产年"目标。其中,大柳塔—神木北段韶山 SS_1 型电力机车小运转牵引运输完成牵引重车2 042列/320 887辆,运送货物1 955万吨,完成货物周转量62 868万吨公里,实现运输产值 662 万元,日均牵引6.67 列,机车总走行 33.8 万公里,平均日车公里 223正线公里/台,单机日产量 72 万吨公里;神木北—朔州西段韶山 SS_4 型电力机车双机重联牵引运输完成大列运输 920 列/58 169辆,运送货物 356.8 万吨,完成货物周转量63 755万吨公里,实现运输产值 357 万元,日均牵引 2.5 列,机车总走行 67.2 辆,平均日车公里 477 正线公里/台,单机日产量 81 万吨公里。全年交接列车9 230列,安全调车作业38 506钩,列车技检19 588列、107 万辆,编组列车4 172列,保证了运输任务的完成。坚持安全生产"有序可控,基本稳定"原则,从人员素质、设备质量、规章制度、安全管理、干部作风五个方面加强安全基础建设,对关键工种、关键作业岗位、关键时间和关键地段都制定了相应的管理规定和工作制度,做到任务到人、管理到人、责任到人、检查到人,确保安全制度落实和标准化作业。全年杜绝铁路行车险性以上事故,消灭人身伤亡事故,实现电力机车牵引运输安全生产年。（杨继彤）

【新购铁路运输设备】 5月23日,总公司召开购置运输设备专题会议,决定购置韶山 SS_4 改进型电力机车12 台,购置费11 160万元。电力机车于 10 月 12 日验收交接,12 月 28 日正式投入神朔铁路运营。

（杨继彤）

【技术培训】 根据电力机车牵引运输特点,组织制定《神朔铁路韶山 SS_4 型电力机车双机牵引 66 辆货物列车机车乘务员一次作业程序》,对电力机车乘务人员采取驻厂培训、外聘授课、现场讲解、跟班上车等形式进行强化培训,建立审核考评制度,规范标准化作业。全年组织专业技术培训 800 小时,参训1 600人次,考核 3 批电力机车乘务员,提高了乘务人员的整体素质。（杨继彤）

【组建神朔铁路运输部】 根据总公司《神朔铁路运输工作会议纪要》和《神朔铁路运输组织管理办法》精神,为加强总公司对神朔铁路运营单位的协调管理,确保运输安全畅通,决定将神朔铁路各运营单位汇成的"运输联合体"组建为"神朔铁路运输部",由铁路运营指挥部负责管理。神朔铁路运输部主要成员有中铁十五局集团公司六处、中铁十六局运营部、中铁二十局五处和铁路运输处。（杨继彤）

·广东韶关五里亭大桥项目部·

【工程综述】 五里亭大桥是韶关市重点市政工程,由总公司总承包施工。2001 年 11 月中标,12 月组建总公司广东韶关五里亭大桥项目部,定编 16 人。项目经理辛双六,党工委书记刘文杰,副经理徐建平,总工程师王克太。主桥由中铁十四局集团公司隧道处施工,东西引桥由中南办事处施工。合同投资4 858万元。2001 年 1 月开工。年内完成钻孔桩1 714延长米,墩柱 54 根,折合成桥 225 延长米。完成投资2 047万元,占总投资的 43%。

五里亭大桥横跨武江,全桥长 525 米,其中主桥长 190 米,引桥长 335 米。主桥采用新颖的拱梁组合结构,两条钢管混凝土拱如彩虹高耸在桥面以上 30米,气势宏伟。引桥下部结构采用无承台、无盖梁单桩单柱式结构;上部结构为单箱六室连续箱梁。大桥120 米钢管混凝土拱—连续梁桥为国内同类型桥梁的最大跨径,作为标志性建筑,将成为粤北古城韶关的一道亮丽风景。大桥采用大直径变截面桩基础、中桥箱梁预制顶推施工、引桥移动模架施工、钢管拱安装,施工难度大;钻孔桩要求无沉碴、无泥浆护套,预应力采用平行钢丝 HM 锚体系单束循环张拉,技术要求高,每个环节都要有严格的施工工艺控制。

（贾晓煜）

海外公司

【简况】 海外公司,又称总公司海外部、总公司外事办公室。为适应拓展海外市场需要,经总公司 2001年第 6 次党政领导联席会议研究决定,于 7 月 24 日将海外部改为海外公司。海外公司经营范围即国家对外贸易经济合作部批准的总公司对外经营范围。工作职能:保证总公司授权管理的国有资产保值增值;经总公司授权,自行组织和实施对外工程承包、劳务输出、进出口贸易等经营活动;负责总公司境外机构的经营活动和日常管理;负责总公司的外事工作。

根据《总公司、总公司党委关于将海外部改为海外公司的通知》精神,海外公司按总公司所属分公司登记注册,实行内部模拟法人管理,独立核算,自负盈亏,实行总经理负责制;成立党委和纪委;协调、指导总公司系统外经工作,仍保留总公司海外部名称,并承担总公司外事办公室职能。公司机关定员30人，设办公室、工程部、劳务部、贸易部、计划财务部等部门。

2001年，签订工程承包和劳务合同13份，新签合同额6 340万美元。完成营业额9 705万美元。向境外派出管理干部和技术工人257名，年末在外人数1 087人。全年办理临时因公出国团组127个，出访29个国家和地区，出访人数408人次。总公司连续六年入选“全球225家最大承包商”和“国际225家最大承包商”行列，名列第154位。（郭子岩）

【领导干部】

行政系统

总经理　林荣新

副总经理　龙兴邦（兼）

陈东生（兼澳门公司总经理）

郝桂林（兼香港公司总经理）

武宪功（兼新加坡公司总经理）

屈京康

李学元

总工程师　初厚才

党群系统

党委书记　龙兴邦

党委副书记　林荣新（兼）

纪委书记　屈京康（兼）

（郭子岩）

【国际建筑市场考察】 总公司认真贯彻江泽民总书记关于“走出去”的发展战略，积极开展国际建筑市场调查。年内，组成由扈振衣副总经理带队，海外公司和中铁十四、十八局集团公司参加的总公司考察团，对阿曼和阿拉伯联合酋长国建筑市场进行市场调查。考察团通过拜会两国政府官员和商界知名人士，拜见中国驻阿曼大使馆官员，对阿曼和迪拜的房建、道路、工业开发区及施工机械二手市场等进行实地调查，了解了工程投标程序并获得有关投标文件，为开辟新的国际市场做了一定准备。中国驻阿曼特命全权大使赵学昌在听取考察团汇报后，表示大力支持总公司进入阿曼建筑市场。此外，总公司还分别组团对伊朗、蒙古等国的工程项目进行了实地考察。

（郭子岩）

【境外工程承揽】 总公司领导十分重视境外工程承揽，多次召开投标工作专题会议研究投标方案，在海外公司的统一组织下，抽调各集团公司及北京中铁建设有限公司精兵强将参加国际工程投标。在香港东部铁路投标中，总公司参加5个联合体、共递交12个标段的资审文件，中标CC－1850合同段工程，合同额46 280万港元，总公司占联合体25%的份额，基本实现既定目标。由于在香港取得后续工程，国家对外贸易经济合作部批准总公司在香港设立永久性公司。中铁十八局集团公司完成尼日利亚铁路改造项目后，又先后承揽到4项后续工程，建成并投产1个碎石厂，成功地在尼日利亚注册成立中铁十八局集团尼日利亚有限公司（EEC），在尼日利亚站稳了脚跟。目前正继续跟踪工程项目，有望进一步扩大战果。2001年7月18日，中铁十八局集团公司中标沙特阿拉伯朱拜尔公路工程项目，总投资2 642万美元。此外，海外公司还组织中铁十一、十二、十四、十五、十六、十八局集团公司（工程局）等单位，采取内部联合、内外联合等方式，参加伊朗轻轨、伊拉克南北铁路投标，受到业主和合作伙伴好评；完成新加坡地下铁道、曼谷新机场等工程项目资格预审；组织跟踪沙特阿拉伯、印度尼西亚、利比亚、乍得、尼泊尔、俄罗斯、伊朗等国的疏沙、铁路、桥梁等工程项目；完成总公司参加阿拉伯联合酋长国国际工程展览有关资料准备工作。

（郭子岩）

【公开招聘外经人才】 海外公司根据总公司领导指示，制定《人才招聘办法》，首先面向总公司系统公开招聘从事外经工作的中层干部和特殊专业人才。年内，外语和计算机考试已结束，招聘工作正在按既定程序顺利进行。（郭子岩）

·海外工程·

【香港工程】 （1）西部铁路CC－213合同段，即屯门中心站工程，业主为香港九广铁路公司。总公司与香港建设、艾铭、光大联合体（HKACE JV）中标，中标价13.527亿港元，总公司占联合体25%的份额。1999年7月30日开工，工期52个月。2001年完成营业额6.78亿港元，开工累计完成10.88亿港元。（2）西部铁路CC－212合同段，即兆康车站工程，业主为香港九广铁路公司。总公司与香港建设、艾铭、光大联合体（HKACE JV）中标，中标价13.857亿港元，总公司占联合体25%的份额。1999年7月30日开工，工期52个月。2001年完成营业额7.36亿港元，开工累计完成10.87亿港元。（3）西部铁路CC－1820合同段，即北段铺轨工程，业主为香港九广铁路公司。总公司与俊和、恒利、昆士兰联合体（CHCQ JV）中标，中标价4.3亿港元，总公司占联合体20%的份额。1999年9

月6日开工，工期54个月。2001年完成营业额1.9亿港元，开工累计完成3.04亿港元。(4)西部铁路CC－202合同段，即元朗站和朗屏站工程，总公司与香港建设、艾铭联合体中标，中标价17.61亿港元，总公司占联合体15%的份额。1999年10月4日开工，工期49个月。2001年度完成营业额8亿港元，开工累计完成14.13亿港元。(5)西部铁路CC－1810项目轨枕、岔枕和电缆槽供应，采购商为香港礼顿—澳洲铁路联营体，合同额971万港元。2000年5月签约，供应轨枕32 765件、岔枕4 341件、电缆槽9 410件。2001年完成营业额731.6万港元，开工累计完成735.6万港元。年内生产轨枕28 015件、岔枕4 996件、电缆槽12 638件，向采购商供应轨枕23 880件、岔枕4 996件、电缆槽9 174件。(6)西部铁路CC－1820项目FST浮动板轨道混凝土预制件供应，采购商为俊和—恒利—中铁—昆士兰联合体，合同额4 557万港元。2000年8月签约，供应轨道板预制件20 276件。2001年完成营业额2 689万港元，开工累计完成2 782万港元。年内生产预制件19 908件，供应16 055件。(7)西部铁路CC－1820项目龙门吊供应，采购商为俊和—恒利—中铁—昆士兰联合体，合同额353万港元。2000年12月签约，供应移动式30吨龙门吊及移动式40吨龙门吊。2001年已完成供货合同。(8)东部铁路CC－1850合同段，业主为香港九广铁路公司。2001年4月25日，俊和—恒利—中铁联合体中标，合同额3.698亿港元，总公司占联合体25%的股份。2001年6月4日开工，工期42个月。主要承担东部铁路支线12.7公里的路轨工程。(9)GE/2000/04斜坡治理工程为香港政府工程，业主为香港土木工程署，合同额5 000万港元，工期24个月，2000年9月签约。2001年完成营业额4 286万港元，开工累计完成4 599万港元。(10)GE/2001/07斜坡防护工程为香港政府工程，业主为香港土木工程署，合同额7 000万港元，工期36个月。2001年5月开工，年内完成营业额85万港元。　(郭子岩)

【澳门工程】　承建VTO公路及VU3.1公路工程，合同额4 214万元澳门币(约合4 340万元人民币)。2001年11月5日开工，年内完成营业额1 675万元澳门币(约合1 725万元人民币)。　(郭子岩)

【沙特阿拉伯工程】　2001年7月18日，中铁十八局集团公司中标沙特阿拉伯朱拜尔公路工程，新建4.6公里6车道高速公路。位于沙特阿拉伯东部省朱拜尔工业区，由沙特阿拉伯政府投资，合同额9 909万里亚尔(约合2 642万美元)。2001年8月2日开工。主要工程量：路基土石方116.7万立方米，大桥1座、334米，中桥2座，拱涵3座。该项工程是总公司系统进军沙特阿拉伯建筑市场的第一项工程。　(郭子岩)

【尼日利亚工程】　(1)沙地电力工程，位于尼日利亚包奇州，由中铁十八局集团公司承建。主要工程量：18公里33千伏电力线架设，8公里0.415千伏电力线架设，3台变压器安装。总投资5 335.6万奈拉(约合43.7万美元)。2000年5月开工，9月竣工，2001年2月26日举行通电剪彩仪式。(2)阿扎里公路工程，为尼日利亚阿扎里镇城市道路改造工程，由中铁十八局集团公司负责设计施工总承包。该项目先期工程11.25公里，合同额3.25亿奈拉(约合266.7万美元)。2000年9月开工，2001年2月主体工程完工。后续工程3.44公里，2001年9月28日竣工，尼日利亚总统奥巴桑乔出席竣工典礼。(3)米绍公路工程，位于尼日利亚包奇州，为米绍镇城市公路改造工程，全长8.4公里，合同额2.22亿奈拉(约合182.2万美元)。由中铁十八局集团公司承建，2001年1月24日开工。(4)吉卡公路工程为尼日利亚尤比州新建公路工程，全长41公里，合同额13.75亿奈拉(约合1 127万美元)。合同工期：2001年5月～2003年5月。由中铁十八局集团公司承建，2001年5月15日开工，尼日利亚副总统出席开工典礼。　(郭子岩)

【塞浦路斯工程】　罗密欧高架桥工程，位于塞浦路斯利马索—帕福斯高速公路阿斯普洛斯—卡特拉投罗密欧第2合同段K11＋317.5米处。全桥设在1 257米的圆曲线上，左线长419.64米，右线长424.6米，桥宽26米，由间隔2米的两幅独立等半径桥梁组成。中国万宝公司为总承包商，中铁十六局分包罗密欧高架桥施工任务，合同额518万美元。1998年3月18日开工，2001年尚在施工。　(郭子岩)

·中国铁道建筑(香港)有限公司·

【简况】　中国铁道建筑(香港)有限公司驻香港九龙九广铁路红磡铁路大楼207室。2000年1月27日，经对外贸易经济合作部、铁道部和中央人民政府驻香港特别行政区联络办公室批准，同意总公司在香港设立一次性项目公司，负责香港西部铁路4个标段工程建设的组织实施。2001年4月，总公司所在联合体中标香港东部铁路CC－1850合同段后，对外贸易经济合作部于11月20日批复同意将中国铁道建筑(香港)有限公司转为在港永久性公司，为总公司驻香港常设机构,直属总公司海外公司领导。经营范围为在港承建工程项目及与工程项目有关的设备、物资等进出口贸易。公司注册资金600万港元。董事长王振侯,总经理郝桂林。内派人员编制7人。

(郭子岩)

【工作综述】 2001年,中国铁道建筑(香港)有限公司代表总公司积极履行香港西部铁路中标4个标段的股东职责,建立完善的分包管理体系,参与联合体对工程项目的管理,加强项目成本控制,全年完成营业额8 000万港元。香港西部铁路4项工程索赔7亿余港元。积极开拓国际市场,先后参加20余个工程项目的资格预审和投标工作,中标香港东部铁路CC-1850合同段和香港政府工程GE/2001/07斜坡治理项目及CC-230轻铁轨枕供应项目,全年新签合同额7 355万港元。公司在全力管好在建项目的同时,坚持一业为主、多种经营并举的经营方针,积极了解资本市场,参与资本运作,增强了公司依法经营和规避风险的能力。 (郭子岩)

·中铁(澳门)有限公司·

【简况】 中铁(澳门)有限公司驻澳门新口岸友谊大马路南方大厦1楼M座。1989年6月28日,经对外贸易经济合作部、铁道部、国务院港澳办公室批准,同意总公司在澳门设立一次性项目公司,并在澳门正式注册,主要负责澳门松山隧道建设。在新华社澳门分社的关心支持下,公司陆续承建了多项后续工程。对外贸易经济合作部于1993年4月19日批准将中铁(澳门)有限公司转为永久性公司,为总公司驻澳门常设机构,直属总公司海外公司领导,继续在澳门承建工程。1998年,公司当选为澳门中国企业家协会常务董事会董事成员;1999年被接纳为集体会员。经营范围:承包工程和工程勘测设计;从事进出口贸易和房地产开发;从境内向澳门输出劳务;为总公司系统提供境外工程信息。总经理陈东生。现有人员11人,其中内派6人。 (郭子岩)

【工作综述】 2001年,中铁(澳门)有限公司在澳门建筑市场小、政府工程项目少、市场竞争十分激烈的情况下,先后参加12项工程投标,中标VU3.1公路改造项目,并于2001年10月17日开工。全年新揽工程合同额4 016.6万元,完成营业额1 924.8万元,实现利润31万元,较好地完成了年度经营任务。公司注重工程质量和企业信誉,对已建成的西望洋花园工程进行彻底维修,通过了业主的验收。加强公司内部建设,年内新购写字楼400平方米。 (郭子岩)

·珠海铁城实业公司·

【简况】 珠海铁城实业公司驻广东省珠海市拱北美景花园27幢6A。为总公司直属单位,归总公司海外公司直接领导。公司经理黄兴富。正式职工13人。

(郭子岩)

【工作综述】 2001年,珠海铁城实业公司以立足本地求发展、拓展广东水利市场为工作重点,加大承揽工程力度,加强工程项目管理,确保安全、质量、工期,基本完成经营指标。全年承揽工程任务4 618万元,完成营业额1 329万元,盈亏持平,初步扭转亏损局面。年内获得珠海市政工程资质,为开拓本地市场创造了条件。公司加强内部管理,健全规章制度,完善内控机制,增强竞争意识,使企业逐步走上制度化、规范化、科学化管理轨道。 (郭子岩)

铁道建筑研究设计院研制的“加劲式可调膺架梁”获得国家适用新型专利。图为膺架梁应用于秦沈客运专线现浇梁施工。（黄孝民 摄）

其他单位

特载 | 大事记 | 概况 | 工程施工 | 经营管理 | 综合管理 | 资产经营 | 科技 教育 卫生 文化 | 党的工作 | 工会 共青团 | 控股子公司 | 全资子公司 | 分公司 | 其他单位 | 人物 | 统计资料 | 文件选编 | 附录

本栏责任编辑　杨启燕

铁道建筑研究设计院

【简况】　铁道建筑研究设计院是以铁道建筑应用技术开发研究、工程勘察设计为主的科研机构，涵盖工程施工技术研究、施工机械研制、工业与民用建筑勘测设计、铁道工程建设与抢修、地基处理、工程爆破、工程监理、工程技术咨询以及工程实验检测等领域。下辖道路工程研究所、桥梁工程研究所、隧道及地下工程研究所、爆破工程研究所、建筑材料研究所、工程机械研究所、交通工程抢修研究所、建筑设计事务所、岩土公司、工程设计处、工程监理部、科技信息中心、铁兵爆破公司、造桥公司、工程实验检测中心及各专业实验室，在上海设有分院。驻北京市大兴区康庄路9号。

2001年，是院发展史上具有重要转折意义的一年。院转制为科技型企业，注销科研事业单位代码，成为独立的企业法人，科研、经营进一步市场化，政务、财会、劳资、人事等开始全面向企业管理模式转变。全年共完成企业总产值5 825万元，比2000年增长16.55%。　（方长安）

【领导干部】

院　长	韩风险（5月离任）
	娄德兰（5月任）
副院长	钟启林
	娄德兰（5月离任）
总工程师	赵青山（2月退休）
副总工程师	李书正
党委书记	李明成（3月退休）
	张良才（5月任）
党委副书记	韩风险（兼，5月离任）
	娄德兰（5月任，兼）
	韩恭成
纪委副书记	王俊华
工会主席	周书传

（郝淑平）

【职工队伍】　年末职工总数286人，其中男职工232人，女职工54人；干部221人，工人65人；大专以上203人，中专15人，高中32人，初中以下36人。干部中，专业技术干部191人，行政干部13人，政工干部10人；专业技术人员208人，其中高级职务75人，中级职务70人。科研一线人员200人，机关工作人员34人，其他人员11人，物业管理41人。

（郝淑平）

【科技经营】　全年共承担科研项目46项，其中部级项目18项，包括新立5项、延续12项、收尾1项；总公司项目28项，包括新立10项、延续16项、收尾2项；46个项目中含战备项目8项。全年实现科技性收入1 100万元。院自筹资金89万元，用于科研项目经费补贴，其中补贴总公司项目35.5万元，补贴院内预研项目13.5万元，补贴战备科研项目40万元。

（刘　嘉）

【科技成果】　全年取得国家实用新型专利2项，获国家级工法1项，被总公司评为优秀论文2篇。

（刘　嘉）

【科技设施】　投资38.5万元用于科研基础建设，购置25台微机、打印机及辅助设备；充实、完善院企业内部网，促进科研信息沟通与交流；购进部分科研测试仪器、科技图书和资料。　（刘　嘉）

【科研活动】　1. 秦沈客运专线科研项目完成较好。箱型梁架设设备及箱型梁造桥机研制项目采用架造一体机的方式完成2个课题，1月通过技术设计审查，7月通过国家经贸委的检查和考察，9月召开架造一体机现场观摩会，通过现场考察和评审，认为该机设计合理、指标先进，适应秦沈客运专线施工需要；一次铺设跨区间无缝线路关键技术——铺轨机研制项目通过国家经贸委和铁道部阶段评审，为国产化研制立项奠定基础；路基施工质量监控测试仪器研制项目，产品化市场前景良好，2002年1月将召开成果鉴定会，为成果转化和仪器公司的成立创造了条件；与铺轨机项目密切联系的高速铁路道床施工装备及工艺研究、一次铺设无缝线路设备研制及工艺研究、钢轨现场焊接设备及工艺、标准研究和轨道整修、打磨、整形工艺及检测方法研究等4个项目，即将完成课题研究报告并结题。

2. 加强科研管理过程控制，一批在研项目顺利进入评审阶段。扩底桩钻具研制项目是收尾项目，年内通过科技成果评审，认为该钻具为扩底桩施工提供了一种新型钻具，属国内首创，主要技术性能达到国内领先水平，正结合青藏铁路有关工程对扩底桩钻具及工艺作进一步研究。铁路通用便梁（B型梁）研制属平战结合项目，年内完成设计初审，课题组正进一步完善设计，组织试生产，并进行动、静载试验。孔隙率检测方法和标准的试验研究与K30测试精度影响因素的研究是铁道部建设司工程建设规范科研项目，年内通过成果评审；K30测试精度影响因素的研究在顺利通过评审后即将纳入土工试验规范。

3. 青藏铁路冻土施工技术研究项目进入实质性

阶段。青藏铁路冻土施工技术研究在科研项目中占有很大比重,科研人员在高原、高寒、缺氧等恶劣自然环境中,完成扩底桩在青藏铁路多年冻土地区的应用研究、青藏铁路多年冻土路基施工技术与质量检测控制技术研究、新型保温材料在多年冻土路基工程中的应用试验研究,这些项目将进入现场试验阶段。

4.加强产学研联合,国家科研项目取得初步进展。通过与清华大学的联合,院申报国家科技部科研条件项目2项和科学仪器设备改造升级项目1项,并已批准立项,合同额60万元,为院进一步在国家科技部立项创造了条件。

5.延续项目进展顺利。既有铁路基床表层加固道床成孔机研制和水泥土挤密桩夯实机研制属既有线加固技术项目,已完成样机试制,正进行厂内性能试验,预计2002年完成现场工业性试验;菱形挂篮的制式化研究已完成技术设计;高速铁路现浇梁轻型可调膺架研制继2000年完成技术设计审查后,年内经进一步完善,正在准备鉴定文件;中等跨度应急抢修钢桥成套器材研制已完成方案设计;相邻隧道安全施工技术研究是铁道部科教司项目,已完成现场测试和技术研究,正准备提交课题研究报告;轨底打磨机研制已完成方案设计并进一步完善;城市轻轨造桥机快速施工技术及设备研制,已完成2套设备试制,并在武汉进行现场试用,反映良好;六四式铁路军用梁改进已完成方案设计并上报;铁路高墩抢修研究进展顺利;多年冻土爆破施工技术研究正进行现场试验准备;露天深孔水压爆破爆压的测定已完成研究报告并结题上报。

(刘　嘉)

【综合管理】 行政事务管理。12月28日,院在国家工商总局进行注册登记,完成由事业单位向企业单位的体制转变,路桥公司取得综合工程二级施工资质。适应脱钩改制和加强管理的需要,院制定《全员聘任制试行办法》、《差旅费报销标准》、《职工互助合作保险基金会暂行办法》、《院章程》、《固定资产管理暂行办法》、《项目管理暂行办法》等10多项规章制度。完成改制后工资标准调整和院属企业的登记、年检等工作,建立职工互助合作保险基金,完成在职和退休职工加入社会养老保障体系、职工医疗保险的前期准备工作。在岗位考核的基础上,组织实施全员聘任制,9名35岁以下科技干部低职高聘。

劳资人事管理。年内,院全员聘任制工作正式启动,完成社会保险、建立企业工资制度等一系列基础工作。全年接收毕业生8人,其中博士生1人,本科生7人。31人参加专业技术职务评聘,其中高级职务7人,中级职务11人,初级职务13人。3人获詹天佑铁道建筑专项基金奖。年内调入4人,调出5人,9人办理退休手续。

财务管理。年内,为保证院在体制改革中各项经济工作顺利进行,及时提供各种数据资料;与科技经营处协作,完成院及下属监理公司的产权登记;不断完善财务制度,制定《院差旅费报销标准》、《院预算管理办法》、《院备用金管理办法》。进一步完善会计人员委派制度,年内派专职财务人员到内昆铁路岩溶注浆项目部和造桥公司渝怀铁路项目部加强工程项目资金管理,促进了全院资金回笼。年底,全院会计核算实现电算化。

安全质量管理。建立健全院安全委员会和各项安全质量规章制度,逐级签定安全生产包保责任书,推行风险抵押制度,通过事故案例分析对职工进行安全质量教育,派出工作组到工地检查指导安全生产,全年无职工因工死亡和工程质量事故。

物业管理。物业管理中心现有职工41人,其中干部18人,工人23人。下设办公室、物业管理部、生活服务部、经营开发部。主要负责全院房屋管理、水电暖、绿化卫生、保卫收发、医疗、通信、职工就餐、幼儿入托、打字复印晒图、档案管理、对外接待、纯净水生产与供应、基建维修、器材租赁等。年内,投资21万元,修建6号住宅楼室内外天然气工程,住户按时入住;投资约2万元安装5、6号住宅楼有线电视;根据大兴区政府要求,投资16.6万元拆除南平房919.2平方米,种植草坪2 700多平方米,美化了环境;投资30余万元,改造招待所客房;投资6万元,维修改造职工食堂操作间设备、改造铁路电话和购置幼儿园娱乐设施等。年内办理调房、换房103户,办理职工购房产权证24份,办理住房装修手续98户,清运垃圾200余车。院连续八年被评为北京市卫生红旗单位,计划生育和庭院绿化美化被大兴区评为先进单位。

(方长安　郝淑平　石耀伟　孙　鹏　徐万良)

【党群工作】 1.党的工作。院设党委1个,党支部19个,党小组28个,有党员219人。(1)领导班子建设。6月,院领导班子进行调整,党委"一班人"紧紧围绕科研经营中心任务开展工作,锐意改革,勇于创新,充分发挥党委的政治核心作用,认真贯彻民主集中制,"三重一大"问题集体研究,班子成员遇事主动互相沟通,积极参与集体领导,不断提高决策水平和工作效率。贯彻落实《中共中央关于加强和改进党的作风建设的决定》,认真执行党风廉政建设责任制,高标准严要求,转变工作作风,院领导班子连续七年被总公司评为"四好领导班子"。(2)基层组织建设。加强工地党支部建设,举办党支部书记岗位培训班,提高党支部书记队伍的整体素质,2 个党支部被评为院“五好党支部”,12 名党员被评为院“六好共产党员”。(3)思想政治教育。认真组织党员干部学习江泽民总书记“七一”重要讲话和“三个代表”重要思想,“七一”期间,组织全院党员参加中组部、中宣部组织的党的知识竞赛,基本做到每个党员一份答卷。(4)宣传报道工作。全年在《科技日报》、《中国铁道建筑报》等报纸刊稿 33 篇。院党委利用院局域网登载报告文学《一片忠诚献秦沈》,宣传秦沈客运专线监理站的先进事迹;登载长篇通讯《德馨技高续丹青》,介绍长年奋战在 TBM 掘进工地的教授级高级工程师万治昌的先进事迹,展示院老一代知识分子的风采。(5)纪检监察。院党委把反腐倡廉作为党建的一项重要工作来抓,坚持“党委统一领导,纪委组织协调,部门和单位各尽其责,依靠群众支持和参与”的领导体制和工作机制,积极参加总公司党委组织的“学法规、学党纪”知识竞赛。通过上党课、组织观看反腐倡廉电视专题片等形式,使党员受到深刻的思想教育。坚持监督关口前移,做好事前防范,从源头上采取预防措施,监控重点工程项目和科研合同开支,严格执行责任分析、考核、追究制度,年内未发现领导干部和党员有违法乱纪行为。

2. 工会工作。组织召开第三届职代会第 17 次代表扩大联席会议,审议《院全员聘任制试行办法》,开展“送温暖”活动。年内被评为总公司先进工作者、铁路建设大会战尖兵、先进女职工各 1 名,文明家庭 1 户;表彰院先进集体 7 个、先进个人 17 名、优秀工会积极分子 17 名,文明家庭 2 户。

3. 共青团工作。年内对全体团员进行重新注册登记,进一步加强团员的组织管理,增强团员的组织观念。为纪念建党 80 周年,组织全院青年职工参加电视《明星大擂台》节目录制。院工程项目部开展创“青年突击队”、“安全质量标准工地”竞赛。开展“奉献一片爱心,挽救一条生命”募捐活动,为兴城疗养院一位患白血病的学生捐款4 155元。年内表彰院优秀团员 5 名,被评为总公司优秀团员 1 名、红旗团支部 1 个、红旗团支部创建单位 1 个。

(王俊华　周书传　方长安)

【道路工程研究所】　有工程技术人员 10 人,其中高级工程师 5 人。下设线路、地质路基与线路机械 3 个专业组和 1 个土工实验室。年内完成科技任务 24 项,其中纵向科研课题有秦沈客运专线一般填料路基施工工艺、检测方法和标准的实验研究,孔隙率检测方法和标准的实验研究,既有线路基加固成孔机研制,挤密桩加固夯实机研制,气囊式容积仪研制等 5 项。完成横向任务 19 项,其中岩土工程勘察设计 11 项,岩土工程设计、治理 6 项,岩土工程监测、检测 2 项。

(富志根)

【桥梁工程研究所】　有工程技术人员 12 人,其中教授级高级工程师 1 人,高级工程师 2 人。下设桥基、桥梁 2 个专业组。2001 年新签合同 180 万元。共承担纵向课题 5 项,其中“扩底桩钻具研制”项目通过铁道部评审;“深水基础施工技术研究”已结题;“可调膺架研制”已进行工业性试验,正准备鉴定材料;“制式挂篮研究”完成技术设计,准备在渝怀铁路乌江大桥上应用;“青藏铁路扩底桩应用”完成钻孔工艺试验。完成横向技术服务项目 13 项,参加重点、难点工程建设,在一些方面取得突破:桥梁施工技术方面,为中铁十二局集团公司提供当前国内跨度最大的自锚式悬索桥桂林丽泽桥的技术咨询和服务;承担总公司系统修建的最大跨海大桥福建八尺门海湾大桥的技术服务工作;参与渝怀铁路重点工程乌江、阿蓬江大桥的技术攻关。年底,与中铁十二局集团公司合作承揽总公司系统第一座斜拉桥兰州小西湖黄河桥工程。年内参加铁道部组织的《青藏铁路施工暂行规范》、《青藏铁路验收暂行规范》、总公司组织的《钢管拱施工工艺细则》、《桥梁膺架现浇施工的有关技术规定》的编写工作。内昆铁路乌家坪大桥施工技术获贵州省科技进步三等奖,重庆鹅公岩长江大桥施工技术和冲击反循环钻机获总公司科技进步一等奖,长江轮渡北栈桥施工技术获总公司科技进步二等奖。

(纪尊众)

【隧道及地下工程研究所】　主要从事隧道及地下铁道工程的科研、咨询及技术培训。有工程技术人员 6 人,其中高级工程师 4 人。全年共承担纵横向任务 12 项,新签合同额 98 万元。广州地铁在繁华市区内施工,区间隧道上方为广州市交通干线,两侧建筑物众多,路下管线密布,隧道具有地质条件差、开挖跨度大、断面变化多、埋深浅等特点,技术人员通过制定两大跨浅埋区间隧道六导洞施工方案、流沙地段注浆堵水控制沉降措施、微振控制爆破措施等技术服务,保证了该项工程的顺利进行,经验收被评为优良工程。(张成满)

【交通工程抢修所】　有工程技术人员 16 人,其中高级工程师以上 4 人。年内完成六四式铁路军用梁恢复生产并局部修改设计、秦沈客运专线架造一体机协作攻关、铁路通用便梁研究、多用途钢塔架和多用途工程浮箱研制。横向任务完成木兰溪钢管拱桥设计、公伯峡钢管拱桥缆索吊机技术服务和全桥静动载监测、韶关五里亭大桥施工技术服务、广东东深供水大体积移动模架设计等。全年完成合同额 240 万元。

（陆立太）

【工程机械研究所】 现有科研人员12人，其中部级专家2人，教授级高级工程师3人，高级工程师3人，詹天佑奖获得者2人，享受政府特殊津贴2人。主要从事大型铁路施工设备及施工方法研究，设铺轨机组、架桥机组、机电组和结构组4个专业组。2001年完成横向任务8项：香港西部铁路八乡车库成套设备研制、全液压转运龙门吊研制、印度尼西亚钢轨修复焊接工厂标书编写、武汉轻轨梁部施工设备研制、战斗型架桥机改造、TP16铺轨机二号车研制、青藏铁路铺架设备研究、铺架设备改造大修等，其中全液压转运龙门吊是国内第一台在车面轨道上走行的龙门吊。完成纵向课题10项，其中JZ-24型架造一体机完成现场试用，PC-NTC型铺轨机组研制进一步完善设计，并重新进行设备配套和优化，在秦沈客运专线铺轨100公里。

（陈 浩）

【建筑材料研究所】 有工程技术人员10人，其中高级工程师5人。下设混凝土研究室、建筑仪器研究室、建材试验室和实验工厂。混凝土室主要从事高强及高性能混凝土的研究、外加剂研制、特种混凝土技术服务等，年内承担秦沈客运专线4座大桥的混凝土技术服务。建筑仪器研究室主要研制建材及路基工程试验仪器、设备，研制生产的混凝土试件标准养护设备、整体式混凝土塑料试模和K30平板载荷测试仪等产品在全国拥有大批用户，取得良好的社会及经济效益；承担的铁道部课题“动态变形模量测试仪”，完成室内、室外全部实验工作。全年仪器、设备销售30余台（套），试模4 000多个，收入70余万元。建材试验室主要从事建筑材料试验、混凝土强度、缺陷检测、基桩质量检测等，完成总公司内昆铁路六盘水—昭通段10余座隧道衬砌质量检测和10余座桥梁及桩基工程的检测。

（杨永强）

【爆破工程研究所】 有工程技术人员7人，其中教授级高级工程师3人，高级工程师3人。下设爆破、测试2个专业组和1个爆破实验室。主要从事爆破技术研究，工程爆破的设计、施工、安全监测及爆破技术咨询。全年承担纵向课题3项，其中延续课题“峒室爆破计算机系统设计与评估”、“露天深孔水压爆破爆压的测定”已完成研究报告并结题；新立课题“多年冻土爆破施工技术研究”已联系工地、收集资料，并进行爆破器材的选型试验。承担横向任务8项。全年实现综合利润75万元。

（宋宇明）

【科技信息中心】 有技术干部9人，其中教授级高级工程师1人，高级工程师1人。下设计算机组、图书资料组。计算机组主要负责管理和维护全院的计算机设备及网络，收集和发布各种信息，同时进行应用程序的开发和自有软件的销售；图书资料组主要负责管理全院图书期刊、主持铁路基建情报网第三分网以及一些翻译工作。年内承担或参加纵、横项任务各5项，纵向课题结题2项，横向任务完成2项。其中，“YLHCAD园林绿化辅助设计绘图及概预算系统”和“DBS峒室爆破计算机辅助设计系统”都按计划完成并提交结题报告，YLHCAD系统已完成商品化并取得一定的销售业绩。承揽横向任务2项，长荆铁路汉江特大桥已完成合同，104国道八尺门特大桥施工线形控制进度过半。编辑出版《科技资料信息》6期，完成院及各所的翻译要求。

（欧勇明）

【造桥公司】 有职工48人，其中教授级高级工程师1人，高级工程师3人，工程师14人，高级技师2人。下设施工技术部、计划财务部、安全质量部、设备运输部、经营开发部、综合办公室。年内公司独立承担和配合参与的7个工程项目进展顺利。5月，神延铁路秃尾河特大桥被铁道部神延铁路建设总指挥部评为全线“优质样板工程”。12月，内昆铁路老煤洞特大桥被总公司内昆铁路工程指挥部评为“样板工程”。秦沈客运专线B28-10标段项目部提前完成6座大、中桥的梁部施工任务，经总公司秦沈客运专线工程指挥部初验，质量均达优良。该项目结合施工实际，应用研制碗扣式多支点支撑现浇24米箱梁、千斤顶油缸联动高位落梁、单端张拉、配挤压套锚具、外模使用大块钢模组拼等新技术，并在下枣山大桥采用院研制的JZ-24型架造一体机，确保了工程质量和进度。渝怀铁路锦河锦江特大桥和杨家宜一号大桥项目指挥部首次推行质量管理体系，开展ISO9000质量体系认证，建立项目施工责任成本管理体系，7月23日开工，年内完成工程量的60%，下部基础施工完成工程量的70%。公司还配合完成内昆铁路路基岩溶整治工程、福建三明大桥工程和江苏沿江高速公路陈径河中桥基础施工任务。全年完成工程投资1 800余万元。

（王立新 方伟国 沈子法）

【《铁道建筑技术》编辑部】 《铁道建筑技术》是铁道部主管、总公司主办、国内外公开发行的土木工程、交通工程、实用技术杂志，为双月刊，是铁道部优秀科技期刊和中国科技论文统计源期刊。编辑部坚持“读者至尊，服务为本”的办刊宗旨，坚持稿件“三审”制度和规范化稿件处理流程，积极报道相关领域的新技术、新设备、新材料。2001 年,在编辑、发行、广告等方面取得较大进步,全年实现综合利润比 2000 年增长 45%。（余春红）

【建筑设计事务所】　具有建筑设计乙级资质。有工程技术人员 32 人,其中高级技术职务 13 人,国家一级注册建筑师 4 人,二级注册建筑师 6 人,一级注册结构工程师 7 人,注册造价工程师 1 人。下设设计一部、设计二部、经营部、监理部等 4 个部门。年内共签定合同 22 项,其中设计合同 15 项,监理合同 3 项,施工合同 4 项。完成美然动力街区 A2 区、成都铁路局体育中心、长松园小区等工程施工图设计并顺利通过施工图审查。完成大兴农业局住宅、办公楼、大兴公安局警务中心、上海新贵都曹杨新苑三期规划等 20 多项工程的方案设计。监理的北京芦城体校运动员公寓、大运会物资库房年内竣工,获得甲方好评。年内 1 人取得一级注册建筑师资格,3 人取得二级注册建筑师资格。（陈国芳）

【北京铁研建设监理有限责任公司】　现有人员 149 人,其中教授级高级工程师 10 人,高级工程师、会计师 59 人。全年承担施工监理项目 6 项,除继续神延铁路内资第 5、6、8 标段及外资 W2 标段,新长铁路第 5、6、8 标段,秦沈客运专线第 7 监理标段,深圳地铁一期工程第 6 监理部分,西安南京铁路西安—合肥段第 1 监理标段 54.54 公里的施工监理外,新承揽渝怀铁路第 9 监理标段任务。全年完成产值 410 万元。神延铁路和秦沈客运专线监理站分别被评为先进监理站和优秀监理站,4 人被评为先进监理师,1 人被授予“建设功臣”称号。（刘景华）

【岩土工程公司】　有工程技术人员 7 人,其中高级工程师 3 人,博士生 2 人。下设科研开发部、工程施工部和工程监理部。主要从事路基和地下工程施工技术开发研究、特殊岩土工程施工、路基施工质量控制和检测设备等。全年承担科研任务 8 项,其中 K30 测试精度影响因素分析完成成果申报和评审,西安南京铁路膨胀土路基施工技术试验工作完成,新立项目土体刚度仪在路基压实质量检测控制中的应用、青藏铁路格拉段保温材料试验工程完成部分现场测试。完成市政工程监理任务 4 项。（王黎辉）

【北京铁兵爆破有限责任公司】　现有职工 42 人,其中教授级高级工程师 4 人,高级工程师 13 人。年内完成西安南京铁路丹凤铁裕铺车站取土场石方、重庆五童路石方、渝怀铁路武隆杨家坝路基开挖石方、上饶梨温高速公路石方等工程爆破任务,为浙赣复线信江老桥拆除工程进行爆破技术咨询。年内资质等级升至 A 级,完成投资 400 万元。（庞李忠）

【重要记载】

▲1 月 10 日　铁道部科教司在院召开 JZ-24 型箱形梁架造一体机技术设计审查会。

▲2 月　全员实行聘任制。

▲5 月 15 日　北京铁兵爆破有限公司爆破资质由 B 级升至 A 级。

▲6 月 27 日～28 日　铁道部工程管理中心在院召开《青藏铁路多年冻土地区隧道施工技术细则》初稿审查会。

▲7 月 3 日　铁道部建设司在院召开扩底桩钻具研制与应用科技成果评审会。

▲7 月 17 日～18 日　铁道部科教司邀请国家经贸委有关专家赴秦沈客运专线检查和考察院承担的箱形梁架桥机和一次铺设跨区间无缝线路铺轨机两项国家重大技术装备项目。

▲8 月 30 日～31 日　铁道部工程管理中心在院召开《青藏铁路高原冻土地区隧道施工技术细则》第二稿审查会。

▲9 月 8 日　铁道部科教司在下枣山大桥施工现场召开 JZ-24 型箱形梁架造一体机现场观摩会。

▲9 月　北京铁研路桥公司取得二级综合施工资质后,在北京市注册。

▲10 月 12 日　铁道部运输局基础部在院召开铁路通用便梁(B 型梁)设计初审评审会。

▲10 月 29 日　铁道部建设司在院召开孔隙率检测方法和标准的试验研究科技成果评审会。

▲10 月 30 日　铁道部建设司在院召开 K30 测试精度影响因素研究科技成果评审会。

▲11 月 4 日　院造桥公司承建的神延铁路秃尾河大桥通过初验。

▲12 月 28 日　国家工商局颁发营业执照,院由事业单位转制为企业单位。

▲12 月　工程监理部改制成北京铁研建设监理有限责任公司。（方长安）

党校(干部学校)

【简况】　中国铁道建筑总公司党校(干部学校)位于北京市大兴区龙河路 16 号。前身是 1983 年 12 月组建的中国人民解放军铁道兵指挥部干部学校；1984 年 1 月铁道兵并入铁道部后，更名为铁道部工程指挥部干部学校；1990 年 10 月改称中国铁道建筑总公司干部学校；1991 年 1 月 1 日定名为中国铁道建筑总公司党校、干部学校，实行一套班子、两块牌子，兼有党校、干校两种职能，接受总公司党委、行政的领导，实行党委领导下的校长负责制。1997 年 10 月，经铁道部批准作为全路大中型企业领导干部培训基地；1999 年 12 月，经总公司批准作为铁路会计继续教育培训单位。校园占地面积 1.8 万平方米，建筑面积 1.54 万平方米。现有图书 2 万余册，教学微机、电教等设备价值 80 万元；全校固定资产原值1 082万元，净值 800 万元。在职职工 52 人，其中干部 32 人，工人 20 人；退休职工 11 人。1994 年已形成 200 名学员的办学规模，现可举办 300 人或 60 人以上三个不同班次的培训班。年内配备 17 名专兼职教学人员，其中副教授 2 人，讲师 12 人，助教 3 人。（翟基生）

【领导干部】

校长	杜户才（10 月免）
	邓光煜（10 月任）
副校长	詹耀坤
党委副书记	陈继柏
	邓光煜（10 月任）
调研员	杜户才（10 月任）

（顾传智）

【教学工作】 2001 年，开设企业管理、工商管理课程；结合企业改革，将《国有大中型企业建立现代企业制度和加强管理的基本规范》、世界贸易组织基本规则和计算机应用等作为培训的重要内容。采取两课时授课制，广泛应用案例教学、情景教学、双讲式教学、对话式教学等新的教学方式、方法。注重搞好教学改革，一是转变教学思想，一切从实际、实用、实效出发，从传统的教学思想中彻底解放出来；从重数量、重指标转到重质量、重效益上来；从传播知识为主转到课堂和调查研究相结合的教学上来；从单一型、统一性教学为主转到综合型、多层次、多样化教学上来。二是改革教学内容，使"应知、应会、应有"合一，"三应"内容符合规范工商管理培训要求，使学员所学的知识尽快转化为能力。三是改进教学形式和方法，做到"教学、导学、自学"合一，增强教学的现实性、针对性和实用性，教师授课力求讲新、讲实、讲近，做到科学化、形象化、企业化。注重贴紧党的路线方针政策，贴紧改革开放和现代化建设实际，贴紧学员思想实际，贴紧建立现代企业制度实际，促进"教、学、干"合一。（翟基生）

【干部培训】 年内举办各类培训班 17 期，学员1 214 名。其中，举办"十五"领导干部培训班 4 期 266 人，每期 40 天；青年干部培训班 2 期 94 人，每期 60 天；优秀大学生培训班 1 期 58 人，40 天；纪检干部培训班 50 人，30 天；学习江泽民总书记"七一"重要讲话领导干部培训班 48 人，10 天；财会人员培训班 7 期 680 人；企业信息班 1 期 18 人。（顾传智）

【函授教育】 学校设函授部，负责总公司系统中央党校函授的教学、教务和管理工作。总公司系统设立 10 个学区，形成一个函授教育网络。函授教育招生名额、课程设置、学制均由中央党校函授学院确定。自 1986 年以来，组织总公司系统5 861名党员干部参加中央党校函授大专班和本科班学习，已有3 936人取得中央党校函授学院大专毕业证书，1 935人取得本科毕业证书。年内注册学员 674 人，其中 99 级本科 361 人，大专 80 人；2000 级本科 120 人；2001 级本科 32 人，大专 81 人。与湖北省经济管理干部学院联合办学，首届专科升本科学员于 6 月 30 日取得国民学历教育毕业证书。（单永新）

【办学方针】 年内，针对企业办学特点和难点，提出"教学立业、科研兴业、人才强业、多经辅业"的办学方针。以教学为中心，夯实立业之基；以科研为品牌，树立教学形象；以人才为根本，提高教学质量；以多种经营为补充，拓宽教育市场。（顾传智）

【学术研究】 全年在省部级以上刊物发表论文 4 篇，其中翟基生副教授撰写的《企业党校教学改革适应市场经济之我见》入选《中国当代论文选》，撰写的《试论职工情绪一般特征及正确导向》在《现代管理与现代领导》发表，撰写的《批评与自我批评的武器不能丢》被总公司评为"优秀政研成果"；高洪勇讲师撰写的《货币市场——银证合作通道隐现》和《货币市场——中国债市、资本市场扩张的急先锋》在《证券周刊》发表。1994 年 7 月，经北京市新闻出版局批准创办《铁建党校》校刊，共出版 29 期。年内出版 4 期，刊稿 182 篇，图片 54 幅。（顾传智）

【党群工作】 校党委下设 3 个党支部，党员 42 人。认真贯彻落实总公司第一次党代会和一届二次全体（扩大）会议精神，组织职工学习江泽民总书记"七一"重要讲话和党的十五届六中全会《决定》；组织全体党员参加"纪念中国共产党成立 80 周年党的知识竞赛"活动。形成"教学立业、科研兴业、人才强业、多经辅业"的办学方针；党委召开专题民主生活会，改进学校管理、转变思想作风;组织 11 名处级干部参加总公司“学法规、学党纪”廉政知识竞赛;重新制定部门岗位职责范围和岗位职责。年内有 6 人受到总公司表彰。

(顾传智)

【重要记载】

▲2 月　学校被北京市首都绿化委员会评为“首都全民义务植树红旗单位”。

▲4 月　学校被评为“北京市爱国卫生先进单位”。

▲6 月 22 日　李风林被总公司评为“九五”“三十佳优秀共产党员”。

▲6 月　翟基生副教授科研事迹载入《中国人才辞典》第三卷。

▲9 月 18 日～20 日　与湖北省经济管理干部学院联合办学,首届专升本毕业生毕业,取得国家教委承认的本科毕业证书。

▲10 月 30 日　总公司党委副书记霍金贵到校公布学校主要领导任免命令。(顾传智)

石家庄铁路工程职业技术学院

【简况】 石家庄铁路工程职业技术学院位于石家庄市桥东区,分南北两个校区,占地面积 10 万平方米,建筑面积 8 万平方米。固定资产 2 亿元,图书 10 万余册,教学科研设备总值1 580万元,拥有一批先进的实验实训设备。学院面向全国招生,现有在校生3 850名。学院设有铁道工程、桥梁与隧道、公路与桥梁、工程造价、现代测绘技术、工程管理、工业与民用建筑、智能建筑自动化、建筑装饰、装饰艺术设计、会计电算化、计划统计、财务会计、涉外财务会计、市场营销、计算机及应用、计算机网络技术、电气工程自动化、商务英语、现代文秘等 20 个专业,其中铁道工程、桥梁与隧道专业被评为铁道部优秀专业,铁道工程专业被国家教育部评为部级教学改革试点专业。学院教学质量被评为河北省高校教育教学质量 A 类学校。学院现有教职工 221 人,其中高级职务 68 人,中级职务 83 人。

(吴阿莉)

【领导干部】

院长	胡振文
副院长	颜文海
	刘广君
	陈飞强
党委书记	张金强
党委副书记	酒晋华
纪委书记	赵宝善
工会主席	赵宝善(兼)

(吴阿莉)

【教学工作】 2001 年,学院各项工作以教学为中心,加大教学改革力度,提高教学质量。4 月,院铁道工程专业被国家教育部评为部级教学改革试点专业。在对旧有专业进行合理优化的同时,2002 年拟新增设智能交通技术等 6 个专业,届时学院专业达 26 个,适合河北省人才岗位紧缺现状。全年计划招生1 500人,实际招生1 720人,比 2000 年增加 705 人,增幅为 69%。为提高教学质量,下半年开展教师讲课比赛,10 名教师分获一、二、三等奖。(吴阿莉)

【教学论文】 2001 年,全院发表论文 43 篇。满洪高撰写的《铁路桥梁横向振动及其对策的研究》、《车辆耦合振动问题的发展历程与现状》、《桥梁大体积混凝土冬季施工技术研究》、《膨胀土路基施工技术研究》分别发表在《铁道建筑》、《铁道工程学报》和《工程力学》增刊上;刘良军撰写的《阶梯教室增层中网壳屋盖的再利用》、《环保型外墙乳胶漆饰面设计与施工》、《对施工荷载作用下构件的强度验算》、《对工民建毕业生设计的几点思考》,分别发表在《石家庄铁道学院学报》、《建筑技术开发》、《铁路职业技术教育》上;李晓红撰写的《提高会计职业判断水平,迎接〈企业会计制度〉的挑战》发表在《建材财会》上;陈胜利撰写的《标准化信息与信息服务和知识服务》发表在《图书情报通讯》上;杨建法、董文雷合作的《高阶中立型差分方程正解的存在性》发表在《河北师范大学学报》上;韩敬华撰写的《硫酸钛催化合成乙酸异戊脂的研究》、《磷钨酸催化合成二酸二甲脂》、《氨磺酸催化合成二酸二丁脂的研究》、《稀土固体超强酸SO_4^{-2} /TiO_2/La^{3+} 催化合成乙酸稀丙脂》分别发表在《化工时刊》、《化学工程师》、《河北师范大学学报》上;马海平撰写的《新形势下加强学生心理素质教育》、《发挥学校育人功能,预防青少年犯罪》,分别发表在《中华教育文选》和《二十一世纪教育文集》上;郭社军撰写的《浅谈高职语文的素质教育功能》、《〈故乡的榕树〉美学札记》,分别发表在《职业技术教育》和《全国语文教师优秀论文年汇》上。(吴阿莉)

【后勤工作】 根据《河北省关于进一步加快高等学校后勤社会化改革意见的通知》精神,4 月组建学院后勤

服务集团,下辖6个中心,基本完成高校后勤社会化工作。经过改革,在招生规模扩大的情况下,减少了后勤服务费用。 (吴阿莉)

【党群工作】 党的工作。院党委始终把加强政治理论学习当作党建工作的一件大事来抓,年初将全年的学习内容逐月进行分解,并由党委工作部负责具体检查、指导、落实。根据总公司党委要求,11月29日组织召开以加强和改进学院党的作风建设为主题的领导班子专题民主生活会。12月27日~29日召开学院党员大会,选举产生新一届党委和纪委。结合学院机构调整,为各系、部选配4名专职党支部书记,并进行岗位职务培训。"七一",表彰1个先进党支部、2个先进党小组、1名优秀党务工作者和8名优秀党员。

工会工作。院工会不断加强"四个职能",密切配合党委和行政做好教职工教育、稳定工作,坚持为教职工说话办事,积极参与学院建设重大问题决策,组织会员举办多项文体活动,丰富职工业余文化生活。

团委工作。院团委认真贯彻总公司2000年共青团工作会议精神和院党委工作要求,不断加强自身建设,召开学院共青团工作会议,制定《加强共青团工作的意见》。以纪念建党80周年和学院改制为契机,组织一系列丰富多彩的活动,活跃校园文化生活。

(吴阿莉)

【重要记载】

▲4月 学院铁道工程专业被国家教育部评为部级教学改革试点专业。

▲5月 学院举办第七届田径运动会。

▲11月 学院组织开展教师讲课比赛,孙晓彤等10人分获一、二、三等奖。

▲12月27日~29日 学院召开全院党员大会,选举产生新一届党委和纪委。 (郭社军)

总医院

【简况】 中国铁道建筑总公司总医院为北京市二级甲等医院,是北京市大病统筹和基本医疗保险定点医疗机构,北京市卫生红旗单位、北京市及石景山区物价计量信得过单位。医院位于北京市石景山区京原路5号。占地面积18万平方米,建筑面积74 609.72平方米。设病床504张,实际开展260张。拥有2 000元以上医疗设备1 085台(套)。2001年新增心电监护仪、彩超、B超、脑电图检测仪、除颤监护仪、东亚K_{21}血球计数仪、高频电刀等设备。现有医疗科室9个、医技科室6个,机关后勤为"四部一中心"。特色专科有心脏外科、骨科、烧伤外科、影像诊断科、肛肠外科、肿瘤科、老年病科。职工573人,其中干部485人。卫生技术人员428人,其中主任医师4人,副主任医师43人,主治医师94人,医师27人,见习医师10人,医士4人;副主任药师1人,主管药师25人,药师7人,药士3人;副主任技师1人,主管技师19人,技师24人,技士3人;副主任护师1人,主管护师30人,护师128人,护士4人;其他专业技术人员39人;行政后勤人员113人。 (栾 川)

【领导干部】

院长 阴 瑞
常务副院长 叶林书
副院长 孙世允
刘铭利
林佑喜
党委书记 阴 瑞(兼)
纪委书记 张 翠
工会主席 赵德勋
调研员 徐仁才
萧 摩
程 鹤(8月退休)
侯凤清 (栾 川)

【诊疗】 全年门诊103 537人次,出院3 941人次,床位周转次数11.3次/年,床位使用率47.46%;急诊16 593人次,留院观察17 957人次,手术1 571人次。治愈率56.81%,好转率39.14%,病房抢救成功率83.7%,病死率2.23%,急诊抢救成功率98.45%,手术死亡率0.83%,出入院诊断符合率99.12%,7日确诊率98.31%。

医疗质量管理。坚持以病人为中心,加强医疗质量管理,强化质量意识,开展质量教育,提高服务意识,满足患者需求。院科两级质控组织按标准化程序进行监控,减少医疗差错,控制等级事故发生。完善消毒隔离规章制度,组织、宣传新的消毒隔离规范条例,检查、监测消毒隔离工作的落实。严格审查医疗用品"三证",严禁无证用品流入医院。医疗医技科室按质量管理规范操作,做到有检查、有记录,全年事故率、差错率、交叉感染率控制在标准之内。护理质控小组定期检查护理质量,加强护理质量管理,为病人提供高质量服务,被北京市护理学会评为2001年度"先进会员单位"。

基础医疗工作。投资19万元改造心外科联合病房、功能检查室、手术室、取药处等;投资20万元改造妇产科;投资14万元改造食堂;投资46万元安装病房楼塑钢门窗,进一步改善病人的就医条件。积极开展新项目、新技术研究,不断提高医疗技术水平。内一科承担总公司"非限制性心脏病左心功能不全的肺静脉定量研究"课题,参加阜外医院高血压联盟组织的"不稳定性心肌缺血的综合研究"和"评价低分子肝素和代谢调节剂治疗急性心肌梗死的临床研究"两项国际性的大规模科研课题。内二科肿瘤和糖尿病治疗、内三科老年病治疗形成特色门诊。外一科开展股骨、胫骨节锁髓内钉内固定等6项新项目研究。外二科开展微创胆囊切除术、无张力疝气修补术、深静脉瓣膜成型术及下肢血栓溶栓治疗等项目研究。外三科在烧伤特色的基础上开展高位截瘫导致多发性难治性褥疮、糖尿病足和弹力加压法治疗烧伤后瘢痕等新技术治疗,效果明显。完成第21届世界大学生运动会医疗保障工作,受到组委会表扬。年内在北京市基本医疗保险定点医疗机构评比活动中获四等奖,奖金5万元。

医疗市场。心外科在其他科室的配合支持下,全年完成各类心脏手术1 124例,居全国第四、北京市第三,创效1 382.9万元。鲁谷社区卫生服务中心克服各种不利因素,群策群力拼抢医疗市场,年内新开辟2个社区卫生服务站,经济指标突破年初制定的"保700万争800万"目标,达到1 121万元。　(栾　川)

【医疗科技】　医院设立"科技进步奖"和"优秀论文奖",共评出科技进步奖12项,优秀论文30篇。科技论文投稿78篇,发表52篇。组织全院学术讲座38次,培训率90.6%。举办一期全国肛肠疾病学习班,来自全国各地的46名学员参加学习。全年科研立项3项,其中市级1项、总公司2项,获总公司科技进步二等奖2项。有5篇论文被评为总公司卫生系统优秀论文。功能检查科的"颈动脉粥样硬化病变结合血流动力学筛选脑梗塞高危患者"获首都医学发展科研基金20万元。　(栾　川)

【医院管理】　年内,顺利通过定点医疗机构的评定及复验、北京市卫生红旗单位复验、"创建达标"单位验收、妇产科达标验收。年底完成中层干部任期届满及职工聘用期满考核工作,35名中层领导参加测评,全部符合"称职"条件。宣传《消防法》,变静态管理为动态管理,连续三年被石景山区评为"消防工作先进单位"。做好清欠工作,追缴医疗欠款67万元。网络信息中心与各科室密切配合,分期分批培训科室微机操作人员,全院收费网络顺利开通,符合市、区医保中心要求。药品、设备参加北京市集中招标采购。年内为职工补办住房公积金45.77万元,医院被北京市评为"爱国卫生红旗单位"。　(栾　川)

【党群工作】　加强领导班子建设,用江泽民总书记"三个代表"思想和"七一"讲话精神统一思想,指导工作。"七一"期间,院表彰2个先进党支部、11个先进党小组、23名优秀共产党员。纪检、监察、审计工作在院党委和纪委的领导下,从教育和监督两方面入手,杜绝违法违纪现象发生。审计部门共向院和总公司提交审计报告7份,提合理化建议24条,总审计金额715.6万元。加强思想政治工作,不断提高职工的政治素质,党建带团建工作得到加强。工会投资7万元完成家属区的电视光缆改造,投资1万元为职工购买健身器材。院获总公司"社会主义劳动竞赛(卫生赛区)优胜单位"称号。　(栾　川)

【重要记载】

▲4月29日　院举行首批"北京市基本医疗保险定点医疗机构"挂牌仪式。

▲8月2日　院被首都精神文明建设委员会评为"首都创建文明行业规范化服务达标"单位。

▲8月20日　功能检查科主任、副主任医师邹艳秋"颈动脉粥样硬化病变结合血流动力学筛选脑梗塞高危患者"的科研课题获"首都医学发展科研基金"20万元。

▲9月　完成第21届世界大学生运动会医疗救护任务,获得北京市卫生局、第21届世界大学生运动会组委会荣誉奖。

▲9月13日　"中铁建总医院家委会"更名为"中铁建总医院社区居委会"。

▲12月　院被北京市政府评为"北京市爱国卫生红旗单位",被北京市护理学会评为"先进会员单位",血库被北京市评为"先进血站",被石景山区评为"消防工作先进单位"和"老龄工作先进单位",被总公司评为"社会主义劳动竞赛(卫生赛区)优胜单位";在北京市基本医疗保险定点医疗机构评比活动中获四等奖,奖金5万元。　(栾　川)

铁道战备舟桥处

【简况】　铁道战备舟桥处是国家的一支铁路舟桥专业战备队伍,1964年在山东省齐河县组建。前身称中国人民解放军铁道兵独立舟桥团；1984年兵改工并入铁道部后继续执行交通战备保障任务，更名为铁道战备舟桥处，隶属中国铁道建筑总公司建制领导，战备业务接受国家交通战备办公室指导；2000年9月，总公司与铁道部脱钩后，该处仍为铁道部事业单位，其党政和日常事务工作由总公司负责管理；2002年1月1日，铁道战备舟桥处移交济南铁路局管理，其机构名称、单位性质、承担任务等不变。下辖舟桥、栈桥、浮桥、机运、轮渡、潜水6个建制段，物资、建筑安装、机械运输3个公司，济南、青岛、马鞍山3个办事处，以及职工医院、职工子弟学校(9月撤销)、战备器材库、战备器材基地、西安南京铁路工程指挥部。职工978人，其中干部227人，工人技师15人。干部中专业技术干部181人，其中高级职务14人，中级职务55人。主要机械设备93台(套)，原值2 236万元；年内新增设备7台，原值226万元。资产总值13 870万元。

2001年，坚持以战备工作为中心，主要完成南京长江铁路简易轮渡保障点勘察选点工作、黄河百米铁路舟桥架设观摩训练、东莱铁路东泉大桥抢险和战备器材维修、保养、配套。全年承揽工程任务10 130万元，完成施工产值7 389万元，实现利润383.7万元。年内职工人均月增工资176元，人均年收入20 834元。小型基建投资1 100万元，其中新建职工住宅楼7栋、216户，总建筑面积19 679平方米。为80多名家属子女办理“农转非”户口。职工送外培训22人，完成成人学历教育5人。投资3.6万元，建立处科技图书室。科技信息工作被铁道部评为科技情报网先进网员单位。（胡金生）

【领导干部】

处长	刘虎选
副处长	董仁光
	刘广印
	李庆利
	赵业亭
总工程师	赵业亭(兼)
总会计师	朱惠堂
党委书记	吴登祥
党委副书记	王宗树
纪委书记	魏文振
工会主席	夏之才
调研员	廖宗斌
	王玉岭

（胡金生）

【战备训练】 2001年，按照《“十五”交通战备工作计划》和《2001年交通战备工作要点》要求，继续把战备保障工作放在优先考虑、优先安排、优先保证的位置。全年先后完成南京长江铁路简易轮渡保障点勘察、黄河铁路舟桥演练、应急机动方案调整、东泉铁路大桥抢险等战备保障任务。

战备勘察。4月中旬，处战备工作领导小组派出勘察小组，在江苏省水利厅等单位协助下，对南京地区铁路枢纽简易轮渡应急保障过江点进行实地勘察选点，并制定应急过江方案，供紧急情况下使用。

舟桥演练。配合全国铁路战备工作会议召开，根据上级有关部门安排，处从6月中旬开始组织舟桥段、浮桥段、轮渡段和机关部分舟桥专业骨干在黄河进行为期3个多月的专业训练和架设演练，训练分为训练准备、基础训练、综合演练、器材入库四个阶段。9月12日，参加全国铁路战备工作会议的与会人员观摩演练实况，铁道部副部长孙永福等领导高度赞扬演练人员，称赞处“设备精良，技术精湛，组织有力，很快很好完成了抢架任务”。

调整应急保障方案。11月，战备部门根据全处人员和机械设备分布情况，通过调查研究，对《铁路简易轮渡应急抢险方案》、《200米铁路舟栈桥器材应急抢架实施方案》进行重新修订，实现人员、器材、机械以最快、最佳的方式进入抢架现场的要求。

应急抢险。8月上旬，山东泰安地区普降暴雨。8月4日，东莱铁路东泉大桥2号、4号桥墩墩身严重倾斜、桥梁变形，列车运输被迫中断。处接到济南铁路局、铁路军代处“紧急抢险通知”后，立即组织抢险队，仅用30小时完成抢险任务，比济南铁路局计划时间提前1天半，受到上级部门的表扬。

器材维护。全年投入器材维修保养费118.28万元、器材更新改造费329万元，其中大修机动舟3艘，启封保养机动舟11艘，大修锚机43台，中修锚机18台；维修动臂吊机3台，标准舟节107节，分水节25节，标准梁节7节，浮箱108个，栈桥梁275片，公路桥面托梁50节；加工动臂吊机3台，改造动臂吊机5台，加工托架144片，加工多用浮箱50个。（胡金生）

【施工生产】 经营情况。2001年，全处在确保完成战备工作的前提下，加大平战结合、工训结合力度，首次突破承揽工程任务超亿元大关，为处“十五”计划的实现奠定良好基础。全年完成施工产值7 389万元，其中舟桥段完成产值658万元，栈桥段完成产值880万元，浮桥段完成产值607.9万元，轮渡段完成产值618.4万元，潜水段完成产值151.3万元，机运段完成产值1 280.4万元，战备基地完成产值156万元，机运公司完成产值437.6万元，物资公司完成产值318.2万元，建安公司完成产值291万元，西安南京铁路工程指挥部完成产值1 771万元，职工医院完成营业额 59.1 万元，多种经营完成营业额 160 万元。

工程施工。全处有大小施工点 43 个，分布在全国 15 个省、市、自治区。200 万元以上工程项目 9 个，1 000万元以上工程项目 2 个。年内完成北京大兴公路桥跨线架梁、辽宁锦朝高速公路小凌河大桥架梁、江苏新长铁路长江北岸栈桥提升架安装、福宁高速公路福建福鼎八尺门跨海大桥水中墩施工和霞浦大桥架梁、黑龙江平齐铁路嫩江铁路大桥基础墩打桩施工、浙江椒江大桥配合施工、南京炼油厂125 吨桁吊安装作业等 24 个工程项目。在建项目有杭州钱塘江六桥架梁、渝怀铁路重庆梅江 1 号、2 号桥架梁和阿莲江大桥水中墩、湖北襄十高速公路 14 合同段水上架梁、福建三福高速公路尤溪大桥、绥佳铁路松花江大桥、江西弋阳信江大桥、同三国道干线 15 标段山东莱西—汾水线上小株山水库大桥等 19 项工程。　（胡金生）

【公安与综合治理】 2001 年，把施工训练现场治安保卫工作放在首位，9 月在全国铁路战备工作会期间进行的铁路舟桥观摩演练中，出动警力 30 余人次，较好完成演练现场治安警卫工作。开展爆炸物品、外部劳务管理和“治爆缉枪”专项行动，与内部职工签订不私存枪支弹药、爆炸物品责任承诺书 420 余份，收缴各类枪支 5 支，购置消防器材 66 件。全年受理治安案件 33 起，查结 33 起，处罚 34 人次；调解各类纠纷 13 起，为维护战备训练、施工生产和内部治安秩序作出贡献。开展“严打”整治斗争，全年受理刑事案件 7 起，立案 7 起，侦破 3 起，抓获犯罪嫌疑人 5 名，协助地方办案 3 起。年内内部职工犯罪 2 人，其中 1 人刑事犯罪，1 人劳动教养。加强队伍自身建设，利用“三项教育”成果，提高干警的业务素质。全年有 3 人参加公安专业大专班自学，2 人参加民警素质培训和上岗培训。加强治安综合治理工作，按照《2001 年治安综合治理目标管理责任书》检查考核，有 4 个单位被评为处治安综合治理先进单位。　（胡金生）

【党的工作】 处党委下辖 9 个基层党委、38 个党支部，有党员 379 人，发展新党员 5 人。2001 年，继续加强党支部建设“达标上纲要”工作，提高基层党支部建设质量，增强全处党员参与和竞争意识。举办 1 期段党委书记、党支部书记培训班，26 人参加培训。强化“三会一课”制度，发挥党支部战斗堡垒和党员先锋模范作用。加大党员违法违纪查处工作力度，重新制定《党风廉政建设措施》，完善党内监督和群众监督机制。召开思想政治工作研究年会，研究探讨新时期做好党务工作的新途径。全年有 6 个党支部、31 名党员分别被处党委评为优秀党支部、优秀共产党员，有 2 名党员分别被总公司党委评为优秀共产党员、优秀党务工作者。　（胡金生）

【重要记载】

▲3 月 8 日～10 日　处召开五届五次职工代表大会。

▲3 月 27 日　处召开党风廉政建设会议。

▲5 月 18 日　处职工子弟学校学生外出郊游，因学校组织领导不力，造成 3 名男生在黄河淹亡重大责任事故。

▲5 月 19 日～20 日　总公司教育卫生部副部长李学甫受总公司领导委托，调查了解学生淹亡事故经过。

▲5 月 23 日　经国家事业单位管理局核准，铁道战备舟桥处正式取得《事业单位法人证书》资格。

▲6 月 20 日　处召开优秀共产党员先进事迹演讲会。

▲8 月 6 日～17 日　铁道部委托北京中一会计师事务所对处财务科和舟桥段、机运段、浮桥段、职工医院财务室进行《会计法》执行情况检查。

▲8 月 31 日　处工会组织召开处务公开会。

▲9 月 6 日　经总公司协助，19 人领取项目经理资质证书，其中二级项目经理 11 人，三级项目经理 8 人。

▲9 月 12 日　铁道部副部长孙永福、总后军交运输部副部长连林超等领导到黄河铁路舟桥训练场，视察铁路舟桥综合演练。

▲9 月 18 日　处幼儿园、职工子弟学校正式停办，撤销其编制。

▲10 月　完成列入国家职业技能鉴定的《舟桥组装工》、《舟桥起重工》、《栈桥组装工》、《轮渡组装工》、《机动舟驾驶员》5 个专业工种的职业技能鉴定题库工作。

▲11 月 2 日～4 日　总公司战备器材管理现场会在处马鞍山战备基地召开，总公司副总经理夏国斌参加会议并讲话。

▲12 月 25 日　铁道部根据国家交通战备办公室意见，下发铁劳卫〔2001〕485 号文，调整铁道战备舟桥处管理体制。从 2002 年 1 月 1 日起，处脱离总公司建制领导，移交济南铁路局管理。　（胡金生）

"五一"前夕，铁道部部长傅志寰等亲切接见总公司系统全国"五一劳动奖状"获得单位和全国劳动模范代表。

（李清颖 提供）

人 物

特载	大事记	概况	工程施工	经营管理	综合管理	资产经营	科技 教育 卫生 文化	党的工作	工会 共青团	控股子公司	全资子公司	分公司	其他单位	人物	统计资料	文件选编	附录

本栏责任编辑　杨启燕

新闻人物

【"全国职工职业道德先进个人"田执祥】 中铁十四局集团公司三处宝兰铁路工程项目部项目经理。山东省鱼台县人。1966年12月出生，1986年7月毕业于石家庄铁道学院，1996年2月入党。先后参加兖南、商阜铁路及詹泗高速公路、余姚特大桥等工程建设，因管理能力强、业绩突出，被晋升为处长助理兼处办公室主任。

2000年初，中铁十四局集团公司三处担负西部开发的头号重点工程宝兰铁路二线第11标段工程施工任务。工程开工不久，该项目的项目经理因工作需要调离，田执祥主动向处领导请缨，再次回到施工一线。该标段长14公里，有桥梁、隧道等28个结构物，地处被联合国考察官员称作"完全不具备人类生存基本条件"的甘肃省定西县，海拔2 000多米，气候环境极端恶劣，每当沙暴出没，漫天黑黄，遮天蔽日。这里无水、无电、无通讯，施工和生活条件极为艰苦。面对紧张的工期和繁重的任务，田执祥克服强烈的高原反应，迅速组织职工开始施工生产。他有句口头禅："不怕做不到，就怕想不到。"因此，对每项工作都有超前思维和充分准备。每天晚上项目部召开完工程例会，他总要一个人留在会议室里反复查看工程资料，直到深夜12点才回去休息。第二天早上职工们来到工地时，他已经提前将工地查看了一遍。有人禁不住问他，哪儿来这么大的干劲？田执祥平静地回答道："只要热爱自己的工作，心中装着企业就行。"田执祥对工程质量要求特别严，他常说："不干就不干，要干就干得最好！"2000年7月底，项目部确定的创优工程咸河大桥6号墩基础灌注混凝土时出现质量事故，蜂窝、麻面、跑模、漏振，几乎所有质量通病一应俱全。田执祥没有想到自己手下还有如此没有水准的队伍，他当场宣布给该队负责人各罚款500元。为保工期和工程创优，他完全可以向处里提出调换一个工程队。但他觉得自己有责任将这支队伍锤炼好。他对项目部所辖的二队、十二队两支全处有名的后进队伍进行了一次"伤筋动骨"的改造。在这个过程中，他创造性的推出一套"教、帮、促、压"的管理体系，通过教育培训，职工们掌握了钢筋绑扎、立模及混凝土灌注等多种技术操作规范和施工工艺。经过短短几个月的锻炼，队伍素质明显提高。咸河大桥5号、6号墩被评为"优质示范工程"，后进队伍终于干出了精品工程。新松树湾隧道是田执祥管段内最难的工程，地质状况被称作"天字号"工程。从相邻不到100米处的既有线松树湾隧道可以看出，由于当年受技术限制，给隧道留下了严重的质量隐患，多次造成行车中断。因此，在宝兰二线施工中，如何克服黄土质的弱膨胀性、强崩解性、湿陷性和杜绝渗漏水这一难题，是新松树湾隧道科技攻关的关键。为破解这道难题，田执祥决心进行科技创新。他带领技术人员多方进行考察和论证，最后决定采用新奥法施工，"三短台阶"法爆破掘进。这个方案得到设计单位及建设单位有关专家的一致认可，而且在施工中十分奏效。为预防塌方，田执祥投资50万元与国内"有限元技术"权威、北方交通大学土力学院专家联合，在国内创造性地利用三维数值，观测、预报黄土质隧道施工掘进数据，从而为隧道施工安装上穿越岩层的"耳朵"。这一科技创新，为隧道施工提供了正确开挖控制的方法，安全系数大大增强，月掘进最快速度达到140米，创国内同类隧道施工新记录。

2001年，田执祥被中华全国总工会授予"全国职工职业道德先进个人"称号，11月在人民大会堂参加第七届全国职工职业道德"双十佳"表彰会。《中国铁道建筑报》2001年第923期以《修路"修到"大会堂》为题，对他的事迹进行了报道。　（杨启燕）

【"优秀共产党员"徐春光】 中铁十七局集团公司三处八队队长，高级技师，安徽省利辛县人。1956年3月出生，1976年2月入伍，1977年12月入党。他在基层工作、生活了25年，其中担任基层干部12年。曾参加过京九铁路泰和赣江特大桥、上海奉浦大桥、南昆铁路清水河大桥、厦门海沧大桥、内昆铁路花土坡大桥等重点工程建设。通过刻苦自学，他成为大跨度悬灌梁施工的专家，被誉为"悬灌梁大王"，分别被中铁十七局集团公司、中铁十七局集团公司三处党委授予"技术创新的带头人"、"永攀技术高峰的模范"称号；他多次被局、处和总公司评为"优秀共产党员"、"优秀共产党员标兵"和"先进生产（工作）者"；2001年7月，被中央企业工委评为"优秀共产党员"。

1993年初,中铁十七局集团公司三处八队担负京九铁路泰和赣江特大桥施工任务。该桥全长1 900米,共有52个墩台,其中主桥为6孔双线大跨度预应力钢筋混凝土连续梁。由于工期紧、工艺新、施工难度大,被列为京九铁路江西段控制工程和铁道部重点科技攻关项目。因受工期的限制,大桥的基础部分只能在洪水期施工。赣江水深流急,平时水深在10米左右,汛期最深时达20米以上。经过一个月的努力,他们把半个篮球场大的钢筋混凝土沉井围堰筑在江心的急流处。天有不测风云,1993年4月28日,一场特大洪峰把几百吨重的沉井围堰冲偏移位,顶部倾斜5.1米,底部位移1米。摆在面前的只有两条路:一是纠偏再用;二是炸掉重来。纠偏的措施实施了一项又一项,但未能奏效。铁道部京九铁路工程指挥部为了确保工期,发出最后命令:如果在10天之内再纠正不过来,宁可经济受损,也要炸掉重建。炸掉重建,不仅经济受损200万元,而且工期要延误两个月,他和工友们提出:只要有百分之一的希望,就要做百分之百的努力。他和技术人员吃住在工地,带领职工在施工现场一遍遍进行纠偏试验。为取得准确数据,他多次冒着危险,下潜到十几米深的江底,仔细探查沉井围堰倾斜角度和泥沙掩埋情况,寻找纠偏办法。最后,在他的建议下,决定采用"压风吸沙法"进行沉井围堰纠偏,试验获得成功,徐春光和他的工友们开创了中国首例深水桥墩沉井围堰大斜度纠偏的先河。桥梁界人士称:"这是建桥史上的一大奇迹、一个绝招,想不到这一创新之举,竟出自基层一线职工之手。"

泰和赣江特大桥主桥部分的6孔大跨度预应力钢筋混凝土连续梁,采用悬灌法施工。当时,在中国双线铁路大桥施工中,悬灌梁技术尚属首次使用,技术要求高,工序极为复杂,每个梁段工序160多道,相互交叉,牵一发而动全身。徐春光率领全队向悬灌梁新技术高峰攀登,他搜集很多有关悬灌梁施工的书籍和资料,认真研究,仔细琢磨,在很短的时间内,对悬灌梁施工的160道工序、上千种工程材料做到熟记在心,倒背如流。他又在技术人员的指导下,率领职工围绕大桥施工的重点和难点工序,广泛开展群众性的技术攻关活动。他把每个梁段的160道工序,科学归类为5个阶段,并实行网络化管理,将施工现场的人力、机械、物资等按各道工序要求合理配置,使整个施工井然有序,忙而不乱。悬灌梁的钢筋骨架,起初在桥墩上绑扎,高空作业,劳动强度大,时间长,很不安全。他与职工经过一番技术攻关后,把钢筋骨架放到地面上制作,然后整体吊装,既减轻了职工劳动强度,又保证了安全和钢筋绑扎质量,比过去提高工效5倍多。大桥梁体钢绞线从穿梭到张拉就位,开始一根需要4天时间,技术革新后,缩短到6小时~7小时,最快达到1小时一根。悬灌梁混凝土浇筑,开始需要200多个小时完成一个梁段,经过改进施工工艺后,达到180个小时一个梁段,最快时132小时完成一个梁段。徐春光和工友们靠严谨的科学态度和顽强的拼搏精神,以比计划工期提前9个月的惊人速度,完成了大桥主体工程,创造了中国建桥史上的奇迹。

徐春光凭着刻苦钻研技术的执着精神,与工程技术人员一道先后研制出"快速活动支架内模顶板"、"锥型探孔器"、"挖耳式清孔器"、"张拉退锚灵"等新工艺、新工法,攻克了悬灌梁施工中的许多技术难题,掌握了许多悬灌梁施工的绝技。他铺设在悬灌梁体内的波纹管,在混凝土灌注过程中不弯曲、不漏浆,钢绞线穿梭一次成功;他悬灌成的长达300多米的预应力混凝土连续梁,首尾高差极小;上万延长米的钢绞线张拉,从没有出现断丝现象。他参加修建的上海奉浦大桥、南昆铁路清水河大桥获中国建筑工程鲁班奖。《中国铁道建筑报》2001年第926期以《科技创新的带头人——徐春光》为题,对他的事迹进行了详细报道。

(杨启燕)

【"铁道部劳动模范"孔凡义】 中铁十四局集团公司三处宁波项目部副指挥长。山东省平邑县人,1969年1月出生,1990年7月毕业于昆明铁路机械学校,1992年12月入党,2001年3月20日突发疾病逝世。

他在平凡的工作岗位上,忠于职守,任劳任怨,勤恳工作,无私奉献,发挥了共产党员的先锋模范作用。1990年7月,商阜铁路施工进入冲刺阶段,项目部将桥上所有的护轮轨梭头加工安装任务交给孔凡义所在的七队。然而,加工梭头的牛头刨床已经老化,无法安装调试,队领导决定将加工任务承包出去。孔凡义在关键时刻主动向队长请战,他让队里安排一名职工当他的助手,他边查阅资料,边对照图纸进行调试,同时联系厂家购买配件。他三次到洛阳,跑了6家机床供应单位,才买回所需的刀具和夹具。护轮轨梭头每根重120多公斤,没有吊装设备,孔凡义就和助手抬到机床上加工。经过1个多月的苦战,终于按时完成护轮轨梭头加工任务,误差在0.2毫米以内,一次通过国家验收,为企业创利8万元。1996年底,大部分职工从南京禄口机场工地回家过年,孔凡义又留了下来。当时南京的天气雨雪不断，工地上一片泥泞，大型机械设备和运输车辆无法进场施工，为确保来年飞机按时试飞，孔凡义将 6 名留守人员组织起来，分为两组进行人工作业。半个月后，他的双手冻开了口子，磨起了血泡。当回家过年的职工回到工地时，一道漂亮的钢筋网围界已经成形，他们打心眼里敬佩孔凡义。2001 年 3 月 20 日，是孔凡义生命的最后一天。他很早就来到工地，当职工们到工地时，他已沿着工地巡视了一圈，对隧道护坡施工进度和施工现场出现的问题一一向工地负责人指出，并再三嘱咐要抓好质量。中午，他刚在路边小摊端起碗来，手机响了，让他马上回隧道工地看看。他匆匆扒了几口饭，又返回到工地。到晚上开饭时间，司机提醒他该回去吃晚饭了，可他坚持要到塔珠岭隧道出口检查一下施工情况。项目部两次打电话催他回去吃饭，司机也再三提醒他，“再等一等，我上去看看护坡”，“我再看看山那边工地。”晚上 6 点 50 分，孔凡义刚回到项目部便突发疾病，心搏骤停。10 分钟后，他被紧急送往医院抢救。7 点 30 分，经抢救无效逝世。两年来，孔凡义把所有的心血都倾注到这座被誉为宁波市同三国道“门面工程”的隧道上。多少次，面对内实外美的隧道，前来检查工作的宁波市及省部领导连连称赞。项目部先后被建设单位评为“安全生产先进单位”、“重点工程先进单位”。1999 年，在宁波市高等级公路建设指挥部开展的质量年活动中被评为“先进单位”。

孔凡义始终想着国家和群众的利益。2000 年 10 月，为塔珠岭隧道运输材料的大型车辆，在途经修建于乾隆 29 年的云竹静寺时，不慎将寺院大门右侧的围墙撞塌，肇事司机见周围无人，开车逃跑了。孔凡义知道后，立即召集职工开会，对肇事司机损害群众利益的行为进行严肃批评，并亲自带领职工到寺院，向寺院主持道歉，随后将坍塌处修筑好。2001 年春节后，他带领职工再次来到寺院，将寺院前的便道修整一新，并疏通环绕寺院的排水沟。寺院主持和僧众都称他是“仁义道德的大好人”。他关心职工，乐于助人，经常在经济上慷慨解囊资助职工。他从不计较个人得失，心中只装着国家和企业。每当春节到来，他总是说：“你们都回去吧，我家没事，就让我留守工地！”他在企业工作 11 年，只回家过了两个春节。

孔凡义曾参加过商阜铁路、京九铁路、南京禄口国际机场、新长铁路、同三国道浙江宁波段等多项国家和省部级重点工程建设，生前多次立功受奖，先后 5 次被中铁十四局集团公司三处评为“双文明建设先进工作者”，被中铁十四局集团公司工会授予“建功立业奖章”，1991 年被山东省团委评为“优秀共青团员”，1996 年获山东省“富民兴鲁劳动奖章”，1998 年被铁道部评为劳动模范。“七一”前夕，中铁十四局集团公司、中铁十四局集团公司三处党委分别追授他为“模范共产党员”、“优秀共产党员”。《中国铁道建筑报》2001 年第 876 期以《为了党旗下的誓言》为题，对他的事迹进行了详细报道。（杨启燕）

【“第五届詹天佑铁道科技基金成就奖”获得者孟宪忠】 中铁十六局五处副总工程师，高级工程师。1951 年 11 月出生，1969 年 12 月入伍，1972 年 9 月进入石家庄铁道兵学院铁道工程专业深造，1975 年 8 月毕业。先后参加襄渝、太岚、北同蒲、南昆铁路，川藏公路二郎山隧道，四川白塔大桥、广东江门大桥，唐山第一造纸厂改建、国家建材局人工晶体研究所大型厂房，上海磁悬浮商用铁路等国家和地方重点工程建设，积累了丰富的施工经验，特别是在桥梁施工技术方面有较高造诣。南昆铁路清水河大桥集高、难、新、尖技术于一体，科技含量高，施工难度大。他坚持“科技先导，质量第一”的指导思想，大力组织科技攻关。在 54 米深基开挖中，采用钢筋混凝土护口、毫秒微差起爆、喷射混凝土护壁、塔吊垂直升降运碴等综合技术，安全有效地解决了深基通风、防尘、出碴、防水等施工困难。为使混凝土灌注不出问题，采用减速串筒技术，减缓混凝土下落速度，有效防止了混凝土离析。在百米高墩施工中，开发大块翻转模工法，采用大块模板翻转钢模，塔吊配合组装和拆除模板作业，大大提高了工效，创造了百米高桥施工的新记录。他撰写的《预应力混凝土施工细则》、《百米高墩施工技术方案》等论文，成为清水河大桥施工的指导性文件，为该项目获总公司和铁道部科技进步特等奖和国家科技进步一等奖奠定了基础。2000 年，清水河大桥获中国建筑工程鲁班奖；2001 年，获中国土木工程詹天佑大奖。他在川藏公路二郎山隧道施工中，克服高原缺氧、地质条件复杂、环境艰苦等困难，解决了Ⅰ、Ⅱ、Ⅲ级岩爆等技术难题，获四川省优质工程奖。他撰写的《百米高墩翻转模施工工法》被评为国家级工法，《川藏公路二郎山隧道岩爆发生规律与防治技术研究》等多篇论文在国家级学术刊物发表。（沈桂馥）

【“第五届詹天佑铁道科技基金人才奖”获得者张兴彦】 中铁十八局集团公司科研设计院院长，高级工程师。河北省宁晋县人，1964年10月出生，1984年7月参加工作。1993年，他担任石长铁路澧水特大桥工程项目部总工程师，主持解决穿越复杂地形的钻孔桩施工、连续梁线型控制等关键技术，优化了挂篮设计，该项目获总公司科技进步二等奖和铁道部优质工程一等奖。1996年，他主持石家庄二环路1号立交桥和呼和浩特鼓楼立交桥施工方案制定，解决了大跨度曲线连续梁预应力施工、多层城市立交桥的支架设计和在－18℃条件下冬季露天现浇连续梁施工等技术难题，两项工程分别获1998年度建设部优质工程“金杯奖”和1999年度国家优质工程奖。1997年参加天津开发区彩虹大桥技术攻关，施工中采用连续千斤顶顶升大吨位中横梁，利用自编的计算机软件控制线形一次到位，有多项技术达到国内先进水平，部分项目达到国际领先水平，1999年，该项目获天津市科技进步一等奖；为该桥设计的防冻、防撞、抗腐蚀重型C80级高性能耐蚀泵送重混凝土研究与应用，经专家鉴定，填补了国内空白，1998年获天津市科技进步二等奖。1998年，他主持十几项重点工程的施工方案制定，解决了北京东四环京东跨铁路立交桥和石家庄南二环货场钢箱梁拖拉架设、江苏邳州京杭运河斜拉桁架连续梁的施工控制、上海蕴藻滨钢管拱桥的大断面系梁吊模施工等关键技术，以及铁路、公路长大隧道不良地质地段的施工技术难题。1999年，在京沪高速公路化临段高陡堑边坡施工中，采用有限元方法和模糊测度法两种方法施工，该成果获天津市科技进步二等奖。他先后在国内有关期刊上发表科技论文10篇，获省部级科技进步奖4项，总公司科技进步奖4项；获天津市第六届青年科技奖，是局1997年青年科技拔尖人才、1999年科学技术带头人，是天津市2001年度青年科技论坛执行委员。　（杨启燕）

【“第五届詹天佑铁道科技基金青年奖”获得者、“全国青年岗位能手”雷升祥】 中铁十八局集团公司副总工程师、渝怀铁路工程指挥部指挥长，高级工程师。安徽省桐城市人，1965年3月出生，1988年7月参加工作。他治学严谨，理论功底扎实，专业知识面宽，具有丰富的实践经验。尤其在长隧道、高原隧道、瓦斯隧道、不良地质隧道施工方面有较深的理论知识和实践经验，是一位求真务实、敢于创新的青年隧道专家。他参加了铁道部、总公司组织的秦岭隧道施工方案论证、TBM掘进机引进、施工与科研，秦沈客运专线箱梁制架与长轨铺设等重大技术问题的研究、论证、方案编制等。在四川太平驿电站引水隧洞施工中，他针对长期困绕隧道施工的通风问题组织科技人员进行攻关，并亲自组织大直径铁皮风管的现场加工制作。经过一年的艰苦努力，隧道无轨运输施工、通风防尘综合治理技术获得成功，极大地改善了隧道施工作业环境，百米漏风率降低到1.3％以下。他编写的《隧道无轨运输施工通风防尘综合治理工法》于1995年被评为国家级工法。在巴基斯坦上斯瓦特运河隧洞工程施工中，他推广新奥法施工技术，在4个多月的时间里，完成隧洞掘进2 119米，并顺利穿越1 200米的大断层，赢得巴基斯坦业主、英国监理和中国大使馆的赞誉。在甘肃金昌冷龙岭隧洞施工中，他针对隧洞长、海拔高、开挖断面小、独头掘进长、施工通风困难等工程特点，带领课题组成员进行高原严寒地区小断面长隧道施工机械化配套技术、通风及增氧技术、给排水技术、施工组织与管理、劳动卫生与劳动保护措施等6个方面的技术攻关并获得成功，实现快速施工，综合平均月成洞122米，创造了良好的经济效益。1999年12月，甘肃省科委组织的技术鉴定认为：研究成果所形成的施工技术整体达到国内领先水平，社会经济效益显著，对类似隧洞施工具有指导意义和推广价值。此外，他在沉管隧道、城市地铁盾构法施工、特殊路基处理等方面开展了大量的研究工作，如天津彩虹大桥，地处入海口，桥墩设计有C80级铁钢砂耐蚀混凝土，国内无先例。作为课题组长，他带领有关人员在调研基础上制定试验方案，进行工业试验，一举获得成功。该项技术获天津市科技进步二等奖。

雷升祥多次以专家身份参加铁道部组织的技术鉴定会、方案审查会。他是中国土木工程学会隧道及地下工程分会理事、天津市铁道学会理事，被评为铁道部

青年拔尖人才、铁道部有突出贡献的中青年专家、全国优秀青年岗位能手等。　（沈桂馥）

【“茅以升科学技术铁道科技奖”获得者赵青山】　铁道建筑研究设计院总工程师。河南省南阳市人，1941 年 1 月出生，1966 年毕业于兰州铁道学院。三十多年来，他一直从事桥梁施工技术研究和钻孔机械的研制。先后参加 30 多座桥梁施工的技术组织、攻关和技术服务工作。在京九铁路重点工程泰和赣江特大桥施工中，他作为科技攻关组负责人，克服困难，严谨创新，通过三个月的施工实践，提出“大跨度连续梁桥悬灌法快速施工成套技术”，使该桥的技术难题一个个被攻克。1996 年，该项成果获铁道部科技进步三等奖。由他主持研制的 LG－200 型菱形挂篮，应用于上海奉浦大桥、南昆铁路清水河大桥、八渡南盘江特大桥等铁路、公路桥梁施工中，对加快工程建设速度起到决定性作用，同时保证了工程质量，创造了显著的经济和社会效益。

在钻孔机械研制方面，他先后成功组织 QZ－1500 型工程潜水钻机、QZ－2300 型多钻头潜水钻机、斜孔桩钻机、CFZ－1500 型冲击反循环钻机等 10 多项施工钻孔机械的研制工作。这些施工钻孔机械，有的处于国际领先水平，有的填补了国内空白，为中国的铁路工程建设作出了积极贡献。他先后在《铁道建筑技术》等刊物上发表学术论文 10 多篇，获国家、省部级及总公司科技进步奖 10 多项。1994 年，被铁道部评为有突出贡献的中青年专家。　（杨启燕）

【“全国优秀施工企业家”何长安】　中铁十一局集团公司三公司董事长，工程师。四川省邛崃县人，1949 年 11 月出生，1968 年 12 月入伍，1970 年 5 月入党。自 1994 年 10 月任职以来，执着追求，锐意进取，率领全处职工共完成产值468 895万元，承揽任务473 737万元，实现利润24 829万元，企业新增固定资产15 591万元，职工年人均收入13 468元，企业综合实力跃居集团公司榜首并跻身于总公司先进行列。七年来，企业连续被湖北省评为“最佳文明单位”，相继荣获“全国优秀施工企业”、全国“重合同、守信用企业”、“全国模范职工之家”、全国“五一劳动奖状”；个人被评为湖北省劳动模范，获铁道部“火车头奖章”，分别被总公司、集团公司评为“优秀企业家”、“十佳功臣”。

作为领导，他靠前指挥，深入一线。1995 年，铁路会战正处高峰，公司担负京九、南昆、漳泉 3 条铁路新线铺架施工任务，同时临管宝中、漳泉 2 条铁路，战线长、规模大。为协调施工，他奔波于几条铁路之间。经过奋战，京九铁路吉赣定段铺架工程提前 73 天铺通，南昆铁路提前 25 天铺架到威舍接轨点。1998 年 9 月，公司承担京九复线八都—冠朝段 102 公里正线、253 孔桥梁的铺架任务，按正常施工需要一年。他响应国务院关于当年年底铺通的号召，亲自担任指挥长，举全公司之力，开设 4 个铺架作业口，夜以继日赶进度。铺架期间他一天也没有离开过工地，终于使这场史无前例的铺架攻坚任务仅用两个多月时间，提前 5 天完工，令建设单位和地方政府赞叹。内昆铁路铺架工程，2000 年 8 月开始施工，于 2001 年 7 月 25 日提前 42 天到达接轨点。

敢动真格，敢为人先，是何长安的一贯作风。1994 年，他上任后针对企业传统管理模式的陋制陈习，在管理体制、用人机制和经营部署上进行大刀阔斧的改革。一是按市场经济要求，理顺管理机制，率先在全局第一家撤销段队编制，成立 3 个铺架运输公司、3 个机械化公司和 7 个工程公司，模拟公司制进行运作管理，使队伍走上专业化发展道路。二是在用人机制上，率先打破固定工、合同工界限，合理统筹用工，完成优化劳动组合。三是注重职工队伍素质建设，采取送外学习、岗位培训、导师带徒和自学成才等办法，不断提高职工队伍的整体素质。四是强力推行制度管理，完善组织体系，落实责任体系，强化监控体系。这些措施运行效果良好，搞活了企业生产经营。

何长安心为民想，权为民用，利为民谋，身为民行。他心里装的是职工，用一腔真情为职工办实事、办好事、办大事。任职七年，先后投资5 829万元，在十堰、鹰潭两个基地共修建 26 栋 735 套职工住宅，所有符合分房条件的职工都解决了住房；他带头发动领导班子成员与个别特困户结成帮扶对子，帮助困难职工脱贫致富；投资1 200万元，用于基地环境绿化、美化，两基地分别被湖北省、江西省评为“最佳园林绿化单位”。

（徐新斌　沈桂馥）

【"全国优秀施工企业家"赵广发】 中铁十八局集团公司董事长，高级经济师。甘肃省人，1952年8月出生，1970年12月入伍。他自1998年9月担任局长、董事长以来，凭着过硬的领导才干、丰富的管理经验和顽强的敬业精神，带领职工在建筑市场开拓创业。1999年～2001年，共承揽任务138亿元，完成产值84.8亿元，实现利润26 081万元。企业银行存款由上任初期的4 000多万元增到2001年底的5亿余元，企业综合实力跨进总公司先进行列。企业声誉逐年提高，1999年被评为"全国优秀施工企业"，2000年被评为"中国市场知名企业"、"社会公众满意单位"，2001年被评为"重合同、守信用单位"、"质量自律守信誉单位"，并获企业"AAA"信用等级证书。1999年、2000年，他均被评为天津市"优秀企业家"，1999年被评为"全路优秀职工之友"，2000年被评为天津市"'九五'立功优秀经营者"，2001年被评为天津市劳动模范。

作为一名从基层工作岗位成长起来的优秀企业家，赵广发具有丰富的管理经验和敏锐的市场意识。他坚持以市场为导向，外抓市场，内抓现场，精揽重干，对工程项目实施全员、全方位、全过程的全面标准化管理，使企业走上振兴之路，实现持续、快速、健康发展。在承揽任务中，他注重承揽高、难、险工程。在完成西康铁路秦岭隧道施工任务后，又相继承揽秦岭终南山公路隧道、京福高速公路福建段美菰林隧道、内昆铁路李子沟特大桥、天津滨海立交桥、青藏铁路格拉段第18标段工程、海南岛地下国防工程等施工任务。他高瞻远瞩，带领队伍走出国门，企业不仅在尼日利亚站住了脚根，还成功地打入中东市场，在沙特阿拉伯承揽到2.3亿元的公路工程。2001年，承揽任务50.9亿元，实现历史性突破。在工程施工中，他强调"大工程要创名牌，小工程要出精品"，提出质量建企的指导思想。1999年～2001年，单位工程合格率100%，优良率95%以上，有20多项工程先后获"国家优质工程"、"全国用户满意工程"、省部级"优质工程"称号。企业安全生产形势稳定。科技成果丰硕，自1998年以来，有30多项科技成果获省部级以上奖励。企业经济效益逐年提高，2001年实现利润1.23亿元，职工年均收入13 800元，人均住房面积29平方米。

他具有改革创新意识，敢为人先，敢动真格。他以管理创新求发展，先后三次在机关进行体制改革，精简机构，实行公司制改造，强化项目管理，使企业各项管理规范有序、有章可循，实现以制度保障管理，以管理促进发展的目标。（沈桂馥）

【"全国建筑企业优秀项目经理"万训才】 中铁十二局集团公司广州工程指挥部副指挥长，国家一级项目经理，工程师。湖北省公安县人，1947年9月出生，1968年参加工作，1970年10月入党。自1985年以来，他先后在北同蒲、京九、阳涉、洛湛铁路，京珠高速公路、昌北机场等国家重点工程建设中担任项目经理，率领职工累计完成产值近10亿元，完成上缴款1.82亿元，所干工程无一亏损，未发生重大安全质量事故。1986年～1990年，任北同蒲铁路宁武—忻州段项目经理，2座隧道获山西省优质工程奖，原平车站获铁道部优质工程奖。1993年～1996年，任京九铁路第二项目部项目经理，在投资5亿元的雷公山隧道建设中，工作成效显著，全管段获1998年度中国建筑工程鲁班奖、1999年度中国土木工程詹天佑奖；雷公山隧道被共青团中央授予"全国青年文明号"称号。万训才曾荣获铁道部"火车头奖章"、荣立山西省一等功。

（江锦云　杨启燕）

【"全国建筑企业优秀项目经理"岳焕鹏】 中铁十四局集团公司基础工程处副处长，国家一级项目经理。河南省封丘县人。1958年3月出生，1976年12月参加工作，1980年1月入党。他大胆摸索、勇于创新，在房建施工领域取得良好业绩。五年来，率领职工累计完成房建施工产值2亿多元，总建筑面积10万余平方米，实现综合效益2 000多万元。先后获2项省优质工程奖，以及多项地市级优质工程奖。其中，马鞍山建管大厦、市政府招待所A楼工程获安徽省建设工程"黄山杯"奖；青岛电力疗养院安居工程3号、4号、6号楼被评为1998年度山东省"安全文明示范工地"。岳焕鹏先后荣获"铁道部优秀项目经理"、马鞍山市"质量信得过施工项目经理"、"铁路建设先进个人"和"建功立业奖章"等荣誉。

他在项目管理中真抓实干，严格按照标准化程序组织施工，始终坚持“以质量为生命，以安全为根本，以效益为主线，以进度为保证”的宗旨，总结出一套行之有效的管理办法，实现“开拓市场、滚动发展、一次成优、全面创优”的总体目标。切实做到：

强化质量管理，每项工程出精品。他教育员工树立“质量第一”的观念，建立健全项目部质量管理组织机构和各项质量管理制度；深入贯彻 ISO9000 标准，保障质量管理体系有效运行；落实创优规划，以分项工程质量目标的实现来确保整个工程创优目标的实现。

强化成本控制，每项工程出效益。他注重加强核算控制，搞好项目评估，找准盈亏平衡点，适时进行经济活动分析，准确掌握费用节超情况；加强对作业层的结算控制、材料采购控制、变更设计与索赔控制，向降低工程成本要效益。

强化人本意识，每项工程出人才。他坚持“以人为本”的原则，选好、用好项目管理人才，重视对大学生的培养和使用；在项目部推行“政治引导、行政激励、经济调节”的用人机制，使项目部上下形成巨大的合力。他作为项目经理，以身作则，严以律己，坚持科学管理与民主集中相结合，坚持政务公开，自觉抵制腐败现象，为企业争得了荣誉，赢得了信誉，树立了声誉。

（杨启燕）

【“全国建筑企业优秀项目经理”王大贤】 中铁十五局集团公司副总经理。云南省镇雄县人，1945 年 10 月出生。1991 年～2001 年，先后担任局南昆铁路、内昆铁路、株六复线等工程项目经理，取得骄人的业绩，使南昆铁路项目部从单一的工程项目管理走上承揽任务滚动发展的道路。

他出任南昆铁路项目经理后，把创出企业牌子作为系统工程来抓：一是搞样板引路，要求开工项目必须做成样板工程；二是抓机械配套，使项目部形成桥梁、隧道、路基施工机械化配套作业能力；三是抓科技应用，推广采用 13 项“四新”成果，其中地处九度地震区的乐善村 2 号隧道采用中壁法分部开挖、抗震柔性衬砌、钢纤维钢筋混凝土衬砌材料等新技术、新材料，被铁道部南昆铁路工程指挥部评为标准化管理样板工程和创优样板工程；四是抓队伍教育，用“为人民造福、勇于攻难克险、甘愿吃苦奉献”的精神教育、激励全体员工，战胜施工中的种种艰难困苦，受到中央领导的好评；五是抓企业形象塑造，项目部先后有 15 人获省市劳动模范或先进生产（工作）者称号，5 人获铁道部奖励，21 人获“南昆铁路立功奖章”，铁道部南昆铁路工程指挥部和总公司先后 6 次在局管段召开全线标准化管理暨工程质量现场会，《人民日报》、《云南日报》等多次宣传他们的业绩，为企业塑造了良好形象，赢得了声誉。南昆铁路建设中的出色表现，为项目部承揽工程、拓展市场创造了良好条件，相继中标水柏、内昆、株六铁路工程，同时努力向水利、电力、交通、市政建设市场进军，取得丰硕成果。他遵循“管理出效益”的法则，把科技应用和科学管理结合起来，制订具体措施，保证工程质量、施工安全和工程进度。他注重适度投入，计划采供，增收节支，加强成本控制，努力提高项目效益。他始终以一个共产党员、领导干部的标准严格要求自己，以严格管理、扎实工作的精神，带领职工顽强拼搏，圆满完成了各项工程任务。（周文元　沈桂馥）

【“全国建筑企业优秀项目经理”都海江】 中铁十六局高级工程师、地下工程指挥部副指挥长。安徽省宿县人，1965 年 6 月出生，1989 年毕业于石家庄铁道学院。1994 年 5 月以来相继担任广州地铁一号线东山口站、上海地铁二号线江苏路站、南京地铁一号线张府园站工程项目经理。他大胆探索新型项目管理法，大力推行项目管理走“精、严、细、实”之路，所承建的工程均取得良好的社会效益和经济效益，先后获中铁十六局、上海市“优秀项目经理”荣誉称号。

他担任项目经理的广州地铁一号线东山口站工程，由于管理有力，措施到位，被评为广东省优质工程，并获广东省“青年文明号”和广州市“优秀施工单位”等荣誉称号，并获得提前工期奖 70 万元。他在担任上海地铁二号线江苏路站土建工程项目经理兼总工程师期间，针对开挖基坑主要是灰色淤泥质粘土夹薄层粉沙，物理力学性能极差，基坑周围高楼林立，有的高楼距基坑仅 5 米～8 米，地下管线错综复杂，对施工过程中的环境保护要求极高等特点，提出以科技创新实现工程创优，大胆采用钻孔桩与搅拌桩双层施工、双液分层注浆、三重管旋喷桩等技术，成功地解决了软土地层地基加固的技术难题，大大缩短了工期，节约资金 200 万元。在附属工程变更设计、拆迁不到位、工期紧迫的情况下，他组织项目班子一手抓现场施工、一手抓外部拆迁协调，同时组织 8 支青年突击队开展扎扎实实的劳动竞赛，终于使工期提前。在上海市组织的重点工程立功竞赛活动中，项目部获“优秀集体”称号。2000年8月，上海地铁二号线江苏路站获上海市“市政工程金奖”。2001年1月，都海江出任南京地铁一号线张府园站工程项目经理。该站地处古秦淮河漫滩，工程地质十分复杂，土层含水量大，自稳力差，给明挖施工带来很大困难。他带领工程技术人员开展QC小组活动，成立科技攻关小组，精心编制施工组织设计及作业指导书，从导墙施工、泥浆指标、成槽精度、刷壁、水下混凝土灌注五大环节严格控制地下连续墙施工。他积极引进具有国际先进水平的P3辅助项目管理系统，试行“职能人”管理模式，并建立起严密的考核制度，张府园站工程进度一直保持参建单位的前列，顺利通过新加坡国际建筑业质量体系认证，获南京市“文明工地”称号。

（沈桂馥）

【“全国建筑企业优秀项目经理”江拔其】 中铁十六局副总工程师。江西省婺源县人，1957年11月出生，1976年2月参加工作，1982年毕业于铁道兵工程学院。曾任江西鹰潭夏埠信江公路大桥项目经理兼总工程师、南昆铁路喜旧溪大桥项目经理兼总工程师、新长铁路14标段项目经理，现任上海磁悬浮列车示范线主线工程一标段项目经理。他具有丰富的施工和项目管理经验，在桥梁工程方面有较高的专业技术水平，是局桥梁专业组组长、技术带头人。他在担任鹰潭夏埠信江公路大桥项目经理时，主持建造了总公司系统第一座公路悬灌连续梁桥，克服技术难度大、合同造价低、业主资金不到位等诸多困难，实行工程施工综合指标承包责任制，保证大桥安全、优质地建成。在接任南昆铁路喜旧溪大桥项目经理后，他率先引用ISO9000国际质量管理标准，实行项目管理改革，有效地控制了施工进度、质量和安全，扭转了该桥在前期管理中存在的问题，保证了合同工期和工程质量。2001年6月，出任上海磁悬浮列车示范线主线工程一标段项目经理，他精心组织，积极推行目标管理和过程控制，加强合同管理、现场管理和信息管理，针对磁悬浮工程科技含量高的特点，成立项目部科技攻关组，对制定的技术方案进行多角度思考，反复论证，力求方案最佳。他重视内外团结协调和员工的思想教育，在职工群众眼里，他是个懂技术、会管理、以身作则、关心员工的领导。项目开工以来，工程质量达到上海市市政工程先进水平，工艺水平和精度控制都达到德国专家提出的标准，多次获得“文明施工”和“安全生产”优胜流动红旗。

（沈桂馥）

【“全国建筑企业优秀项目经理”卢庆怀】 中铁十七局集团公司六处三公司副总经理，工程师，国家一级项目经理。浙江省乐清市人。1954年10月出生，1974年11月参加工作，1977年5月入党。1992年以来，他先后参加厦门翁角公路、海沧大道工程建设，担任厦门博坦石油仓储工程、京福高速公路曲界段4合同段、山东日东高速公路竹曲段7B合同段的项目经理，带领职工累计完成施工产值1.69亿元，实现利润2 200万元。博坦石油仓储工程被铁道部评为优质工程；京福高速公路山东曲界段4合同段被山东省交通厅评定为优良工程；项目部连续两年被评为“加快公路建设先进施工单位”、“创建‘青年文明号’优质工程先进单位”。

在博坦石油仓储工程施工中，将原设计的重力式挡墙改为加筋体挡墙，不仅为业主节省弃土场征地费200多万元，还无偿给厦门开发区围海造地300多亩。为此，博坦公司奖励他1万元，并将3 500万元二期土建工程议标让六处施工，培养了一批“菲迪克”条款施工管理技术人才。1998年10月，卢庆怀任京福高速公路山东曲界段第4合同段项目总经理，他采用网络计划技术，按“贯标”要求建立项目质量计划和保证体系，确定分项工程质量责任人，实行终身责任制。此做法被业主作为管理经验向其他20个合同段推广。为确保实现质量目标，项目部制定奖罚措施，实行全天候质量监督，月底组织检查评比，兑现奖惩。检查中发现质量缺陷坚决推倒重来。管段有3座立交桥，工艺设计复杂、技术要求高、施工干扰大，项目部QC小组针对施工中出现的结构物表面水孔多、现浇梁早期龟裂、泌水、桥头跳车等质量通病，他与技术人员一起研究解决方案，通过技术实验改进施工工艺，一一攻克技术难关。在业主组织竣工验收时，分项工程合格率和优良率均达100%。

他一心扑在工作上，吃苦在前，享受在后。从事施工管理多年，与家人很少团聚；一身正气，两袖清风，从不利用手中的权力谋取个人私利；以身作则，率先垂范，关心职工疾苦，体察群众需求，是职工群众的领头雁和贴心人。他利用业余时间学习有关建筑施工技术、经营管理、法律法规和项目管理等业务知识，不断从实践中积累经验，成为一名优秀的项目管理者。

（宋育英　王　晔）

【“全国施工企业优秀项目经理”徐明新】 中铁十四局集团公司副总经理兼项目经理，高级工程师。山东省蓬莱县人，1961年12月出生，1979年9月参加工作，1985年8月入党。自1994年以来，先后在杭甬高速公路、京九铁路、朔黄铁路、青藏铁路担任项目经理。他精于管理，注重质量安全，有3项工程被评为省、部优质工程；他本人先后被评为“十佳项目经理”、“全国铁路优秀项目经理”、“全国重点工程优秀项目经理”。

他作为项目经理，承担的首项任务是杭甬高速公路宁波江东彩虹立交桥。他运用网络计划技术抓工程质量，使该桥施工质量达到一流，成为宁波市“精品工程”，赢得甲方的信任。随后，建设单位将段塘立交桥以议标的方式交给徐明新施工，有2座桥被评为市优质工程，1座桥被评为优良工程。1995年9月，他担任京九铁路衡商段聊城车站工程项目经理，科学组织，精心管理，狠抓标准化作业，使全部工程一次成优，被国务院京九铁路办公室评为优质样板工程，获得免验。1998年1月，他担任朔黄铁路神肃段项目经理。朔黄铁路局管段全长16.495公里，既有独头掘进且地质条件复杂的长大隧道，又有墩高50米的2座大桥、特大桥和主跨80米的悬臂浇注钢筋混凝土预应力先张桥梁，还有大面积的山体滑坡体的锚固治理。面对困难，他把科学决策、科学管理和调动职工积极性作为攻坚克难的三大法宝，取得圆满成功，31项工程被评为“优质样板工程”，工程质量合格率100%，优良率93.7%，成本降低率10%，实现利润2 400万元，取得科技成果38项。在宁波立交桥和京九铁路聊城站工程施工中，他运用网络计划技术抓质量，取得良好效果；在朔黄铁路施工中，他创造性地运用“三点两线”，即质量控制点、效益增长点、科技攻关点指导施工，从而使各项工程都按照预定的方向和目标平稳展开，项目部被评为局“项目管理优胜单位”。

他主创的《浅埋富有水特软弱围岩隧道施工技术》，被总公司、铁道部分别评为科技进步特等奖、科技进步二等奖；在隧道施工中，取得科技成果9项，“隧道全断面光面爆破”被专家评为“国内领先，行业一流”；东风隧道软弱围岩施工被总公司总经理王振侯称为“标志着隧道新奥法施工技术上了一个大台阶”，此项施工技术降低工程成本400万元。（杨启燕）

【“全国施工企业优秀项目经理”崔连珍】 中铁十五局集团公司副总经理。天津市宝坻县人，1951年12月出生。自1989年10月起，先后担任局侯月铁路、神延铁路、西安南京铁路工程项目经理，共完成工程投资21亿元，取得较好的社会效益和经济效益。侯月铁路于1997年验交，全管段创优，获铁道部优质工程一等奖1项、二等奖4项；神延铁路于2000年8月竣工，创12项样板工程，获铁道部神延铁路建设总指挥部奖旗4面，奖金121万元。崔连珍先后获铁道部“火车头奖章”、河南省“五一劳动奖章”、洛阳市“十佳个人”、总公司“党风廉政建设先进标兵”等荣誉称号。

崔连珍平时注重政治理论、市场经济理论、法律知识和专业技术知识的学习，在“三讲”教育中，他联系实际，静心读书，写下5万多字的读书笔记。通过学习和实践，增强了政治鉴别力，提高了综合施工管理水平。1995年，侯月铁路浍河特大桥铺架，工人们站在90余米高的桥墩上施工心里有些胆怯。他以身作则，毅然站在架桥机上亲自指挥，保证了顺利铺架。神延铁路W9、W10标段4座隧道全长11 025米，14个工作面，他为了掌握施工情况，每天穿着深筒水靴爬上爬下，一身泥一身水，累得精疲力尽。其中，2座3 000米以上的长隧道，地质十分复杂，施工中容易发生塌方。他组织技术攻关，请专家到现场指导，加强量测和地质灾害超前预报，确保了安全生产和工期的实现。作为项目经理，崔连珍对工程质量严管狠抓，组织制定了一整套严格、完备的质量管理制度，层层签订《质量包保责任状》；建立《质量责任卡》，严格按施工规范作业；凡材质和级配不符要求的，坚决清除出场；对违反质量管理规定和安全操作规程的，六亲不认，赏罚严明。他清正廉洁，淡泊名利，手中掌握着数十亿元的工程任务，从不为自己或亲属谋取私利。（周文元　沈桂馥）

【"全国施工企业优秀项目经理"钟俊芳】　中铁十七局集团公司六处副处长，工程师，国家一级项目经理。福建省武平县人，1950 年 8 月出生，1969 年 12 月参加工作，1976 年 6 月入党。三十多年来，他长期工作在施工第一线，先后主管漳龙高速公路和厦门集灌路内茂立交桥、集美立交桥、海沧大桥、环岛路等部分标段的工程施工。在长期的施工生产中，他勇于探索，总结出一套成功的项目管理经验，尤其在担任厦门海沧大桥东渡互通立交桥工程项目经理期间，坚持以创建精品工程为目标，严格过程控制，实施技术创新，取得显著的经济效益和社会效益。工程质量经交通部海沧大桥质量监督办公室复验评定，单位工程加权得分 95.025 分，在全桥 9 个施工单位中位居榜首，被评为优质工程；项目部被福建省评为"重点工程建设先进单位"。

厦门海沧大桥东渡立交桥工程施工精度要求高，工艺难度大，地下埋有密布的水电管线，地上有纵横交错的交通道路网，四周是林立的楼房建筑。面对严峻的施工形势，他组织项目管理人员，实施标准化、制度化、规范化管理。一是建立质量目标管理体系，制定《质量内控标准》、《工程质量管理办法》，明确责任，实行全员控制。二是围绕重难点工程选择科技攻关课题，研究开发新技术，如高墩大跨现浇预应力混凝土箱型连续梁支架的设计与应用，克服了城市建筑物的影响；设置预拱度代替双支架的加载预压，减轻了劳动强度，降低了施工污染；预应力混凝土箱梁一次浇筑成形、护栏基座现浇工艺、三维空间坐标测量等技术的应用，提高了质量效益。三是以安全标准化工地建设活动为载体，强化全员安全意识，落实安全生产责任制。四是科学测算责任成本指标，全面落实责任成本目标责任制，工程成本降低 8.8%，实现利润 860 万元。他的事迹先后在《厦门日报》和《中国铁道建筑报》作了详细报道。　（宋育英　王建生）

【"全国施工企业优秀项目经理"沈大庆】　中铁十八局集团公司大都公司副总经济师兼京通项目部经理。湖北省罗田县人，1959 年 10 月出生，1981 年毕业于兰州铁道学院。他从 1995 年开始，带领项目部人员在竞争激烈的北京建筑市场先后承接京通新城 D3、D4 号楼和 G10、G11、G12 号楼，京洲华园塔 3、塔 4 楼等 16 项工程，总投资 2 亿多元，建筑面积 20 万平方米，其中京通新城是北京市重点工程。

京通项目部成立初期，沈大庆和职工一起住在一个简易的工棚里，冬天寒气逼人，夏天酷暑难当，生活和工作条件十分艰苦。但他始终以一名共产党员的标准严格要求自己，吃苦在前，默默奉献，苦心经营。面对激烈的市场竞争，他审时度势，提出"以质取胜"项目部发展总体思路，经常蹲在工地与技术人员一起研究施工方案，全面贯彻 ISO9002 质量保证体系，分工序、分部位把好质量关。同时，以科技进步为依托，提出"高科技创造高质量"的口号，加大"四新"技术的开发应用力度。正是运用质量这一法宝，使项目部从无到有，从小到大，走出一条良性发展的道路，实现在竞争中以弱胜强、站稳脚跟赢得市场的目标。京通新城 D3、D4 楼工程被评为北京市"文明安全工地"并获北京市区县级优质样板工程和铁道部优质工程奖；G10、G11、G12 号楼荣获北京市"文明安全工地"、区县级"优质样板工程"、北京市"优质工程"和"长城杯"奖。

沈大庆注意总结施工经验，综合运用控制论、系统论，寻求工期、进度、造价的最佳结合点，严把施工方案关、经济核算关、材料成本关、变更签证关、工程结算关，建立成本核算责任制，产值收益始终控制在 20% 以上。他建立健全民主议事制度和民主监督制度，把项目部的管理分为质量管理、成本管理和资金管理三大块，科学分工，民主决策，形成"千斤重担大家挑，人人肩上有指标"的工作局面。在他的带领下，项目部一班人心往一处想，劲往一处使，变压力为动力，充分调动干部、职工的积极性，企业效益年年攀升，为企业发展打下坚实基础。1999 年他被局评为"十佳领导干部"。　（沈桂馥）

【"全国施工企业优秀项目经理"刘汝臣】 中铁十九局集团公司总经理、国家一级项目经理。自1986年以来，他先后组织承建了张家口沙岭子电厂、秦皇岛热电厂、京九铁路衡商段滏阳新河特大桥、石家庄二环裕华路立交桥、大连大窑湾港区一期前4个泊位、株六复线贵昆段第4、10标段等工程。十多年来，他以"高起点、高标准、高质量"建设精品工程为目标，每项工程均被评为局以上优质工程，其中京九铁路衡商段滏阳新河特大桥被评为铁道部优质工程；大连大窑湾港口一期前4个泊位总体工程先后荣获中国建筑工程鲁班奖、首届中国土木工程詹天佑大奖；石家庄二环裕华路立交桥工程荣获1997年度"中国市政工程金杯奖"。刘汝臣先后荣获铁道部"火车头奖章"、全国铁道团委"青年功臣"、总公司"先进生产(工作)者"、辽阳市"优秀党员"、"十大优秀青年"和"十大优秀青年企业家"、局"优秀项目经理"等荣誉。

他始终坚持"百年大计，质量第一"的方针，把工程质量摆在各项工作的首位，做到干一项工程、树一座丰碑、创一方信誉。为此，一是教育职工严格执行施工技术规范，上标准岗、干标准活、交标准班，努力为创精品工程作贡献；二是建立健全质量保证体系，层层签订责任状，把质量目标履行情况同单位和个人的利益直接挂钩；三是把好原材料关，坚持货比三家，对购进的水泥、钢材和沙石料，先试验再采用，不合格的坚决退回；四是坚持混凝土浇注签证制度，规定工程浇注混凝土必须由项目技术人员、试验室、监理工程师审签后，施工单位方可开工；五是实施超前控制，每道新工序都要求技术人员给施工人员讲清技术标准、质量要求，并对关键部位、关键环节、关键工序提出指导意见，确保万无一失。他严格控制工程成本，努力提高项目效益，重点把住预算编制关、计价拨款关、成本费用关、变更索赔关，为企业增收节支作出了突出贡献。他严格自律，并对自己约法三章，自觉做到请客不到、送礼不要、不谋私利，保持了共产党员本色。他主管工程，几年来没有一个亲属在项目承包工程，没有一个亲属在项目干临时工，被职工誉为"清官"。他想为工程所想，急为工程所急，身先士卒，靠前指挥，经常为一线职工解决难题。2000年5月，株六复线重点控制工程二道岩1号隧道出现塌方，他接到电话后火速赶到现场，一方面与工程技术人员研究抢险方案，一方面组织人员抢修，整整三天三夜一直坚守在现场，险情排除后才松口气。他靠自己勤政务实的作风和顽强拼搏的精神，在广大职工中树立了共产党人的良好形象。　（杨启燕）

模范人物

【刘清华·"全国优秀党务工作者"、全国"五一劳动奖章"获得者】 中铁十三局集团公司三处一公司项目经理兼十队党支部书记。湖南省澧县人，1960年8月出生，1978年12月入伍，1987年12月入党。2000年3月10日上午9时30分，位于吉林省靖宇县境内正在建设中的营抚公路珠宝隧道发生大塌方。事发前，在现场跟班作业的珠宝隧道项目副经理刘清华及时发现塌方预兆，迅速组织在塌方地段施工的11名工人撤离危险区。紧接着，他再次冲进隧道掌子面组织另外10人撤离时，大塌方发生了，他和10名工友一起被封堵在洞内。危急关头，刘清华机智果断，舍生忘死，正确决策，积极配合洞外组织的营救，带领遇险工友英勇自救。在极度困难、随时有生命危险的情况下，他响亮地喊出"要砸先砸我，要死我先死"的口号，以一个共产党员的模范行动和崇高品格，凝聚起一个战斗集体。经过46小时顽强拼搏，导洞贯通，刘清华毅然决然地让10名工友先撤离，把生存的希望留给群众，把死亡的危险留给自己，最后一个撤出险区。

多年来，刘清华一直扎根在工程队，关心工人胜过关心自己。1998年春节前，他回基地开会后执意要返回工地，妻子无奈一同前往，三十晚上妻子准备好年夜饭等他一块吃，可他陪工人吃完年夜饭后，又挨家挨户给职工及家属拜年去了。刘清华当了9年工程队主管，没有一个工友发生伤亡，可他自己却多次历险。他曾在转场途中换下押运物资的工人，自己却因车祸被压断两根肋骨；他曾精简队里的合同工，首先减掉妻子而保留工人家属；他从不对工人发脾气，总是那样和颜悦色，没有一个工人不敬佩他。

他参加工作二十多年来，先后5次立功，18次受奖。在继2000年分别被铁道部政治部和总公司授予"优秀共产党员"、"基层干部的榜样"荣誉称号之后，2001年又获中华全国总工会授予的全国"五一劳动奖章"、中央企业工委授予的"优秀党务工作者"和中央组织部授予的"全国优秀党务工作者"荣誉称号。

（杨启燕）

【孙圣杰·山西省劳动模范】 中铁十二局集团公司一公司路面公司总工程师。他大学毕业后在基层技术工作岗位上勤学苦钻,掌握了国内外装载机等20多种设备的原理、性能。他撰写的《UH181挖掘机KVC932液压泵损坏及维修》等6篇学术论文在《中国设备管理》等国家级杂志发表;他参与研究开发的"卡玛兹汽车打气泵改造"、"沥青路面施工技术"等8项技术成果获山西省和总公司科技进步奖。近几年来,他多次对进口设备进行国产化技术改造并取得成功,为企业创效192万元。外国经销商驻京代表许诺年薪10万元聘其工作,被他婉言谢绝。他先后16次受到各级表彰,被集团公司授予"优秀知识分子标兵"称号。

(杨启燕)

【曲培聪·山西省劳动模范】 中铁十二局集团公司四公司内昆铁路项目部内燃机钳工。他勤学善钻,努力实践,自费购买2 000多元的修理技术书籍,写下几十万字的学习笔记,无数次利用探亲休假、出差和业余时间到有关厂家、定点维修厂站拜师学艺,掌握了多种新设备保养修理技术。近几年,先后30多次奔波于各施工点,为35台(次)发生故障的大型设备排除"疑难杂症",解除12项重、难、险工程施工燃眉之急,为企业节约修理费500多万元。因工作需要,10年中未请过一次事假,近几年为完成突击抢修任务,加班加点达1 000余个工天,工作不计报酬,上百次拒收服务单位的好处费。在修理中,厉行节约,坚持修旧利废,为单位降低修理成本200多万元。2000年,被集团公司评为"自学成才先进个人"。 (杨启燕)

【李章锁·山西省特级劳动模范】 中铁十二局集团公司电务公司董事长、总经理。近三年来,他抓住机遇,锐意改革,开拓创新,从严治企,率领职工承揽工程58项,合同总额15.8亿元,完成企业总产值近7亿元。工程优良率96%,获中国建筑工程鲁班奖2项、省部级优质工程7项,甲方免验工程10项。连续安全生产5 000天。年实现利润1 000万元以上,企业资金存量由1998年的5 700万元增至1.2亿元,定期存款达到8 000余万元,经济效益显著提高。企业先后被评为"山西省模范单位"、山西省"优秀建筑企业"、"全国用户满意施工企业"。李章锁先后获得山西省"杰出青年企业家"、铁道部"火车头奖章"、"全国优秀施工企业家"等荣誉。

(杨启燕)

【徐金水·山西省劳动模范】 中铁十七局集团公司一处副处长。三十多年来,他先后参加贵昆、成昆、襄渝、青藏、大秦铁路和泉厦、福泉、龙岩、厦漳、漳诏高速公路等重点工程建设。在长期的施工生产中,他身先士卒,攻难克险,保质保量完成任务。泉厦高速公路是世界银行贷款修建的重点工程,他带领职工严格按"菲迪克"条款施工,高质量完成投资1亿多元,赢得业主和中外监理的一致好评;组织开展技术革新和科技攻关活动,研究开发出隧道连拱综合防水、缆索吊装大跨薄壁混凝土拱桥梁、软土路基等施工技术,创造成果近百项,为国家节省投资800余万元。他处处以一个共产党员的标准严格要求自己,克己奉公,忠于职守,任劳任怨。在泉厦高速公路任项目经理期间,亲友多次找他承包工程、推销工程材料,都被他拒绝。他一心扑在工地上,孩子考学、妻子生病、父亲去世,都没顾上回家照看一下。由于长期奋战在施工第一线,生活无人照顾,他患有多种疾病,常常带病坚持工作,为职工群众做出了榜样。曾先后获总公司"先进生产(工作)者"、"'八五'双文明建设标兵"、"优秀共产党员"、"铁路建设大会战尖兵"和"铁路施工企业优秀项目经理"等荣誉称号,荣立过山西省三等功。

(宋育英 郝建彬)

【杨明雨·山西省劳动模范】　中铁十七局集团公司三处处长。曾先后参加万白、青藏、南同蒲、京九、株六铁路和石太、京深等公路工程建设，担任过政工干部、行政干部、技术干部，在平凡的工作岗位上，干一行、爱一行、钻一行，凭着强烈的责任心和吃苦耐劳的敬业精神，献身于企业两个文明建设。在担任领导职务期间，组织技术革新和科技攻关 84 项，其中石太高速公路南海山立交桥“双导梁架设法”获山西省“先进操作法”；石家庄南环大桥“大跨度钢箱—混凝土联合梁跨越电气化铁路编组场施工技术”，节约成本 261 万元，获铁道部科技进步奖，分别被铁道部、共青团中央评为“优质工程”、“青年文明号”工程；将军用梁无支撑钢拱梁大跨度钢筋混凝土拱桥技术成功地应用于三峡巴东白岩沟大桥施工，解决了常规支撑施工无法解决的技术难题，安全、优质、高效地完成架设任务，降低工程成本 170 万元，并获总公司科技进步三等奖；内昆铁路花土坡特大桥“高墩大跨连续梁快速施工技术”、“单线铁路大跨连续梁悬灌线型控制技术”，通过铁道部技术鉴定，处于国内领先水平，综合技术达到国际先进水平。1998 年被评为山西省“优秀企业家”；1999 年被总公司评为“先进生产(工作)者”；2000 年获铁道部“火车头奖章”。

（宋育英　郝建彬）

【赵俊武·山西省特级劳动模范】　中铁十七局集团公司五处处长，高级工程师。1997 年 3 月，局决定将原机运工程处与五处合并，成立新的五处，赵俊武升任处长。在市场竞争日趋激烈和历史包袱极为沉重的双重压力下，他提出“过三年紧日子，大打翻身仗”的奋斗目标和“区域经营、滚动发展”的经营战略，对经营体制和人事、用工、工资分配等制度进行大胆改革，撤并 14 个工程经营单位，新组建 18 个施工作业队，精简管理人员 200 多名，节约管理费开支上千万元。经过三年艰苦努力，企业面貌发生根本变化，新开辟经营地域 4 个，新上工程项目 11 个，承揽任务 9.18 亿元，完成企业产值 8.6 亿元，消化历年亏损和不良资产 3 000余万元。2000 年，实现净利润 319 万元，清收欠款4 500万元，人均收入由 1997 年的5 800元上升到万元以上，实现安全生产5 840天。企业通过山西省安全认证和 ISO9000 质量体系认证，先后获中国建筑工程鲁班奖、“汾水杯”、省部优质工程奖，被山西省评为“文明单位”，被太原市评为“文明单位标兵”、“思想政治工作先进单位”、“AAA 级信誉企业”、“纳税先进单位”。1999 年～2000 年，他连续两年被局评为“处级领导班子好主管”，2000 年获山西省“五一劳动奖章”。

（宋育英　郝建彬）

【罗火元·山西省劳动模范】　中铁十七局集团公司电务处处长，工程师。他自 1996 年担任电务处处长以来，以“敢闯、敢冒、敢为人先”的气魄和胆略，带领全处 300 多名职工大刀阔斧地进行企业改革，千方百计强化经营管理，不仅占领了国内建筑市场，而且走出国门，率先打进坦赞铁路施工领域，使企业从低谷中崛起，生产经营健康发展，成为市场竞争的姣姣者。五年中，承揽工程任务 55 670 万元，完成企业产值 51 187万元，职工年人均收入保持在13 000元以上；完成的电务工程，全部被建设单位评为优良，其中免验工程 12 项，省部优质工程 4 项，获中国建筑工程鲁班奖 1 项；13 项 QC 成果分别受到山西省和铁道部表彰，其中电力电杆“立杆器”获全国工程质量管理奖。处先后获铁道部“火车头奖杯”、太原市“文明单位标兵”、山西省“集体特等功”、四川省“重点工程建设先进单位”、“全国模范职工之家”等荣誉。1997 年，罗火元获铁道部“火车头奖章”，1999 年获山西省“五一劳动奖章”，2000 年被总公司评为“优秀党政领导干部”。

（宋育英　郝建彬）

【刘军华·山西省“五一劳动奖章”获得者】　中铁十二局集团公司三公司测量队队长。他历经 7 年潜心钻研与探索，掌握了高超的技术本领，成为测量岗位上的行家里手。在神木引水隧道施工中，有效地解决了洞外地面平面控制、洞外至洞内高程导入控制和主洞定向控制三个关键技术问题。在黎钦铁路复测过程中,果断借鉴高速公路常用的全线统一坐标法,把本单位管段4.5公里单独建立一个坐标系,再分别计算出线路上每10米和主要建筑物的坐标数据,并进行日常施工放样,既省去了放设主点护桩的繁杂程序,又提高了测量的精确度,仅此一项每年可节约资金30余万元。他结合测量工作自学工业与民用建筑专业,利用全站仪与计算机配合,应用曲线万能公式编写的《PC-E500计算实用程序》,使原来繁锁的测量平差计算程序变得更加简化,工作效率大为提高。2001年荣获山西省"十大能功巧匠"称号。 (杨启燕)

【李权福·河南省"五一劳动奖章"获得者】 中铁十五局集团公司朔黄铁路工程指挥部指挥长。他先后参加兰新、侯月、南疆、朔黄等国家重点铁路建设工程,屡建奇功。1994年,他所在的铺架队被铁道部评为"先进集体";1998年,在南疆铁路建设中,创造日铺轨10.0688公里的全国最高纪录;他带领的"马德班组"荣获全国"五一劳动奖状",受到江泽民总书记的亲切接见。

2000年底,国家重点工程朔黄铁路开始铺架,总投资4亿元,铺轨212公里,架梁519孔,铺道岔126组,总工期只有8个月,日平均架梁要达4.5孔、铺轨要达2.9公里以上,才能实现合同工期。自2000年11月开工以来,40天里只完成铺轨26公里、架梁15孔,施工产值不到总投资的5%。2000年12月,有"救火队长"之称的李权福被局领导点将从神朔铁路工程指挥部赶赴朔黄铁路工程指挥部任指挥长。上任第一天,他自任架桥机设备故障攻关小组组长,卷上铺盖住到冰天雪地的铺架前沿,会同厂家经过20多天设备技术攻关和故障抢修,使架桥机从日架梁1~2孔提高到3~4孔,铺轨日均提高到2.8公里以上,设备技术攻关所产生的经济效益超过百万元。他率领指挥部一班人在设备改造中边摸索边验证,科学地测定架梁工序,压缩铺架工序时间,采取有效激励约束措施,架梁从日班3孔提高到4孔,铺架从日班几百米提高到1.5公里,于2000年12月28日胜利铺架到子牙新河特大桥,不但赶回了耽误的工期,而且提前4天实现第一阶段施工目标,获得业主表彰。他编制《安全生产综合管理办法》和轨排生产、桥梁吊装、铺架运输及铺轨架梁等作业指导书,坚持不懈地进行安全大检查,实行安全、质量风险抵押,杜绝了等级安全事故。工程质量合格率100%,优良率95.8%。2001年5月25日创下单线日架32米梁10孔的全国最高纪录,于8月16日提前30天铺轨到黄骅港口。 (宋清泉)

模范集体

【中铁十一局集团公司电务工程有限公司·全国质量效益型先进施工企业、全国职业道德建设十佳单位】 国家一级通信、信号、电力、电气化、送变电和工业与民用建筑工程施工资质企业,企业资信等级为AAA级。1986年成立电务工程处,2001年9月,改制成立中铁十一局集团公司电务工程有限公司。公司始终坚持"以质量创信誉,以信誉求发展"的经营方针,走科技兴业的质量效益型道路,所承建的60多项工程均以"优良"交付使用,其中获国家优质工程奖3项,省部优质工程奖7项,总公司优质工程奖8项,局级优质工程奖33项;获全国优秀QC成果奖4项,省部优秀QC成果奖6项。截止至2001年12月31日,公司实现连续安全生产5 766天。良好的工程质量,促进企业发展步入良性循环的快车道,市场领域不断拓宽,路内"四电"市场得到进一步巩固和拓展;路外电信、网通、联通、移动、广电、信息网络施工市场滚动发展;承揽任务逐年攀升:1999年3亿元,2000年4亿元,2001年近5亿元;企业施工产值不断提高,2000年完成3.5亿元,2001年完成近4亿元,经济效益连年攀升。企业在连续多年被评为湖北省"最佳文明单位"、"重合同、守信用单位"、"安全生产文明生产红旗单位"和铁道部"火车头奖杯"的基础上,近年来又获全国"五一劳动奖状"、"全国用户满意施工企业"、"全国精神文明建设工作先进单位"、"湖北省先进施工企业"等荣誉称号;连续夺得全局社会主义"五比"劳动竞赛"质量效益杯",在总公司系统"五比"劳动竞赛中也名列前茅;2001年11月26日,获第七届"全国职工职业道德建设十佳单位"称号;被评为2001年度"全国质量效益型先进施工企业"。

强化质量意识,提高创优素质。公司坚持"强化质量,教育先行"的方针,把质量教育放在重中之重的位置,采取一系列措施加大质量宣传教育力度,以提高全体员工的质量意识和创优素质。一是强化质量意识教育。将质量工作列入公司议事日程,逢会必讲质量,使各职能部门、全体员工了解公司当前的质量状况和质量要求;以建筑市场正反两方面经验和教训,引导广大员工时刻绷紧工程质量这根"弦",以高度的政治责任感和历史使命感严抓细管,确保工程质量。二是强化质量管理知识教育。采取"请进来、送出去"因人施教的方法，对不同层次的人员进行不同内容的教育，使其明确自已在质量管理中所担任的角色和肩负的责任，层层建立质量责任制，全方位促进质量管理，规范质量行为。三是强化员工技能培训。公司专门设立教育部门，投资 300 余万元建起科教大楼，购置先进的教学仪器、试验设备，建立模拟教室和电教室，开办员工业校，采取自培与委外培训的方式，多渠道地培养人才，提高广大员工的专业技术素质，确保工程质量的稳定与提高。

依靠科技进步，提高质量管理水平。公司始终坚持把新技术、新工艺的开发和应用作为施工生产的先导，鼓励大胆采用新技术、新工艺、新材料、新设备，依靠科技进步提高施工质量，依靠科技开发占领市场，依靠增加科技含量提高劳动生产率、提高企业经济效益。近年来，先后开发了光纤通信、光同步网及统调联调、万门程控交换技术、一点多址微波、计算机宽带网、吹放光缆、微机联锁自动化驼峰、18 信息自动闭塞、集控变配电所、远动安装调试等先进施工技术，实现"靠科技、保质量、拓市场、创效益"目标。公司广泛开展群众性技改技革活动，规定新上项目必须成立 QC 小组，对重点、难点技术问题进行攻关。近年来，编写出《大对数市话电缆模块压接工法》、《多模块程控交换设备施工工法》、《光同步传输设备安装施工工法》、《DC－7 程控调度及专用通信设备安装施工工法》等，均获部优奖。

完善质量体系，深化质量管理。公司推行质量标准化管理，建立各级质量责任制，一级抓一级，一级保一级，将质量责任落实到每个人头，并实行工程质量一票否决制，使工程质量处于全面受控状态。先后出台工程质量管理办法、奖惩办法和检查制度等一系列配套措施，实行工程质量保证金制度，严格质量奖惩考核，加大监督约束力度，确保开工必优，一次成优。1998 年底通过 ISO9000 系列标准质量认证，使质量管理步入标准化管理轨道。结合"贯标"，实施"两高"、"三同步"、"四检控"的质量管理方法，即：目标高起点，施工高质量；施工计划与创优规划同步落实，施工动员与创优动员同步进行，经济指标与创优目标同步考核；工序自检，交工互检，项目控检，监理检验。公司以"一丝不苟、精益求精"的精神，为企业培育了质量优势，赢得了市场信誉，提高了经济效益。

坚持质量回访，竭诚服务用户。公司坚持以"质量为本，信誉第一，用户至上，信守合同"为服务宗旨，实施名优战略，要求"干一项工程，创一方信誉，树一座丰碑，拓一地市场"。为竭诚服务用户，制定完善了质量回访制度，由安质部门根据上年度工程竣工情况，制定工程质量回访计划，逐一对业主或使用单位进行回访，认真听取、接受他们对施工队伍、工程质量的评价和意见，以及对工程维修、维护方面的要求，将服务贯穿于施工及竣工交付使用后的全过程。近年来，公司对已竣工工程进行质量回访，业主和使用单位的满意率均达 100%。

（邱正晓　沈桂馥）

【中铁十三局集团公司三处 · 全国优秀施工企业】铁路综合工程施工一级资质企业，具有承建铁路、公路、矿山、市政、机场、码头、地铁、水利水电、大型桥梁、长大隧道、工业与民用建筑等工程的综合施工能力。工程施工中，始终坚持"争创行业一流，实现顾客期望，奉献满意工程"的质量方针，在社会上享有良好的信誉。兵改工后，先后参加大秦、京九、石长、达万、西康、神延、内昆、宝兰等 10 多项铁路工程和沈本、沈山、丹本、巴彭、广渝等多项公路工程以及阿希金矿、高隆金矿和瓮福磷矿等工程施工，其中大秦铁路获国家优质工程奖，京九铁路吉安定南段获中国建筑工程鲁班奖，沈本高速公路大峪隧道、巴彭公路铁山隧道、盐坝高速公路深圳大梅沙隧道及梅坎铁路站前综合工程获铁道部优质工程奖。在企业管理中，遵循以人为本、科技兴企、质量建企、经济强企、依法治企的方针，着眼于资产增值、企业增效和职工增收，抓好机制转换、机构调整、集约经营和基层基础建设，积极构筑企业优势，提高经济运行质量，取得较好的成果。企业收益逐年提高，科技水平取得长足进步，综合实力进一步增强，职工生活不断改善。1996 年～2000 年，连续五年被辽宁省资信评估单位评定为 AAA 级和省级文明单位。

企业改革稳步推进。一是调整各级领导班子和专业人员，使领导班子成员年龄、文化、专业知识结构符合市场经济、知识经济的要求，各级专业技术人员、高素质管理人员及高级技工满足施工生产和企业发展的需求。二是调整施工队伍，将原来分散的施工队伍调整重组为 8 个综合工程公司和 3 个专业公司，每个公司配备相应的工程队和机械队，创造并实行公司和工程队一体化管理模式，较好地解决了公司施工能力不足和工程队归属不定的问题。三是完善激励机制，实行经营者年薪制、管理人员岗薪制和生产人员定额计件工资制，适当拉开档次差距，收入分配向高级管理人才、贡献大的科技人员、创造高效益的职工倾斜。四是企业改制工作正在稳步进行，职工出资配股、资产评估工作进展顺利，为工程处改制奠定了坚实的基础。

施工能力有较大提高。通过进行组织机构和经营规模调整，处下辖的 8 个综合性工程公司都具有独立作战能力，分布在全国几个区域，形成规模经营态势。企业从兵改工时年产值几千万元上升到现在的 5 亿多元，施工能力和管理水平大幅度提高。

科技开发取得新的突破。始终贯彻“科技兴企”战略,坚持科技开发与施工生产紧密结合,在施工实践中开发的隧道地质超前预测技术等一大批科技成果获得各级奖励;白龙江特大桥施工中自行设计制造的无线遥控龙门吊技术通过部级鉴定,具有国内领先水平;广州地铁三线大跨隧道为亚洲区间隧道跨度之最,具有较高的科技含量。

企业基础管理工作得到强化。建立健全资产经营责任制,通过有效的激励约束机制和责任机制,充分调动各级管理者的积极性;制定完善的项目管理程序和办法,采取招标使用分包队伍、招标采购物资和设备、开展项目评估和责任成本核算等三大措施,促进了项目管理能力的提高;广泛深入开展工程项目管理达标活动,制定标准,明确责任,严格奖罚,提高了项目管理水平和经营者的管理素质;加强基层队伍建设,制定《工程队建设实施细则》,选配高素质的技术人员充实基层队伍,并积极推行清包带劳务制度,完善、规范了劳务用工制度;完善内部质量体系,通过“贯标”认证,带动和促进了企业管理进步。

职工生活水平逐年提高。“九五”期间,人均月工资达到1 048元,全部脱离最低生活保障线。到2001年底,职工住房由“八五”末期的人均7.8平方米增加到22.1平方米。规范养老保险和医疗保险,职工的切身利益得到保障。重视“职工之家”和“三线”建设,为一线职工创造了良好的生活、学习环境,增强了企业的凝聚力和职工队伍的战斗力。

党建和精神文明建设硕果累累。处党委以开展创建“四好领导班子”活动为载体,较好地发挥了领导班子的整体功能。针对复杂的社会现象和职工的思想实际,适时开展世界观、人生观、价值观教育,广大职工思想认识端正,大局观念强,表现出强烈的事业心和责任感,涌现出刘清华等全国先进典型。处连续三年被局、总公司评为“四好领导班子”,2001年被评为总公司“十佳党组织”、“优秀政研会”,并连续多年保持驻地省市“文明单位”和“标兵单位”称号。

(王惠敏　沈桂馥)

【中铁十四局集团公司隧道工程处·全国优秀施工企业】 隧道工程施工二级资质企业,具有隧道、桥梁、市政和土石方工程等专业化施工能力。成立于1994年10月,是总公司系统惟一的隧道专业工程处。企业坚持“不求最多最大,但求最好最佳”的宗旨,坚持走质量效益型、专业化发展道路,掌握了隧道和地铁施工核心技术,积累了在多种不良地质和恶劣气候条件下的施工经验,形成同时承建16座长大隧道的专业施工能力。获国家优质工程3项,创省、部优质工程7项。企业不断深化内部改革,增强活力,提高企业核心竞争能力,经济效益稳步增长,初步形成“诚信、合作、创新、卓越”的企业文化。

企业于1994年通过ISO9002质量体系认证。随着“贯标”工作的深入,质量管理突破施工中的成品检验和中间检查,拓宽了全过程的管理;质量职责由质检部门和质检人员执行扩展为全员的管理网络;质量观念由最初的提供产品“符合性”质量保证深化到重视提高业主的满意度。通过推广应用先进的工法和经验,不断提高工序质量;采取无射钉铺设防水板,确保隧道不渗不漏;采取中导洞超前预留光爆层复式开挖法,开挖轮廓圆顺,三类围岩半眼残存率90%以上;改进整体大模板衬砌工艺,解决施工缝错台和蜂窝、麻面等质量通病,模筑混凝土内实外美;采取工厂化施工,平行作业,搭接施工,时间用足,空间用够,在均衡生产的前提下,施工进度屡创记录。近三年来,单位工程合格率100%,优良率100%。参建或承建的工程相继荣获中国土木工程詹天佑大奖、中国建筑工程鲁班奖、铁道部优质工程奖、江苏省优质工程奖、江苏省文明工地、山东省安全标准化工地、南京市文明工地、深圳市施工现场综合管理优胜单位、株六复线样板工程和朔黄铁路样板工程等荣誉;合同履行率100%,被山东省工商行政管理局评为“重合同、守信用企业”;1997年,被山东省评为“建筑企业综合实力百强企业”,荣获建设部“工程质量优秀企业”称号;1998年被中国建设银行山东省分行评为“特(AAA)信用企业”。(杨启燕)

【中铁十五局集团公司电务工程有限公司·全国用户满意企业】 铁路通信、信号、电力、电气化工程及土木建筑工程施工一级资质企业。先后参加襄渝、南疆、北疆、兖石、沪杭、南同蒲、京广、包神、南昆、京九、湘黔、达成、西康、广大、哈大、邯济铁路及兰新复线、新疆独山子、四川攀枝花、宋大煤矿专用线和禹州集煤站通信、信号、电力、电气化及土木建筑工程施工。累计完成长途通信光(电)缆4 600余公里,安装步进纵横制大、中、小容量通信站380多个,其中安装并开通1 000门以上程控交换机20多座,完成6502电气集中313站,信号自动闭塞1 350公里,安装并开通110/35千伏变电站、36/10千伏变(配)电站60余座,架设高低压线路2 900多公里,完成200余公里正线电气化接触网及配套工程施工。企业于1996年10月通过ISO9002质量体系认证,1997年7月通过国际UKAS认证。工程质量合格率100%,优良率95%以上。获国家优质工程3项,省部优质工程14项,其中兖石铁路通信、信号工程和衡广复线通信工程获国家优质工程银质奖,同时获铁道部甲级优质工程奖;南疆铁路、兖南铁路通信、信号工程获铁道部乙级优质工程奖；南同蒲复线临侯段、侯马北编组站一期工程通信、信号、电力工程获铁道部优质工程奖；北疆铁路通信工程获新疆维吾尔自治区优质工程奖；侯月铁路侯嘉段通信、侯北站信号、兰新复线"三电"、南昆铁路"三电"和京九铁路北段通信工程分别获铁道部优质工程奖。企业是建设部、铁道部核准的铁路电务一级施工企业，河南省"文明单位"、"省一级先进企业"，连续十四年被铁道部评为"全国铁路安全先进单位"。

企业为保证工程质量，确保良好的信誉和顾客利益，制定了一整套质量服务体系，并严格贯彻执行：安全质量监查部门随时监督检查每个项目部、工程队的施工进度和工程质量情况，一旦发现问题，要求马上纠正，使质量问题解决在萌芽状态；如遇业主投诉或工程验收后，业主在使用、运营过程中发现质量问题，必须进行保修；坚持工程质量回访制度，编制《年度工程质量回访计划》，并认真执行；工程处每年对工程质量回访、保修工作进行总结、分析，制定纠正和预防措施。

坚持贯彻电务工程处"追求行业一流，满足业主期望，建造全体员工引以为荣的工程"的质量方针和"以质量求生存，以科技促发展"的企业宗旨，赢得广大用户的称赞，荣获"全国用户满意企业"殊荣。

（周文元　沈桂馥）

【中铁十七局集团公司五处·全国质量效益型先进施工企业】 铁路、公路、市政工程施工一级资质企业。下辖17个工程项目部、19个工程队，现有职工1 857人。五处坚持"质量兴业"方针，不断完善质量运行体系，经济效益和社会效益不断提高。曾获中国建筑工程鲁班奖3项，创省部优质工程4项。1998年获"省级先进企业"称号，2000年处党委被中共山西省委评为"先进基层党组织"，连续十二年保持太原市"文明单位标兵"和山西省"文明单位"称号，连续五年被中国建设银行山西省分行评为"AAA级信用企业"。2000年、2001年分别完成企业产值30 571万元、37 478万元，上缴利税分别为1 770万元、1 953万元，国有资产保值增值率分别为105%、106%，全员劳动生产率分别为17.6万元、20.2万元。

健全质量保证体系，加强施工过程控制。五处始终坚持"以人为本、遵规守纪、信守合同、全面创优"的质量方针，实施工程质量连带责任制，将工程施工全过程纳入规范化、制度化、程序化管理轨道。每建一项工程做到"三同步"，即下达施工任务时，同步下达质量目标；检查工程进度时，同步检查工程质量；考核评比先进时，同时评比质量先进单位和个人。施工中坚持"五不准"，即职工未经过质量培训不准上岗，没有工程试验报告队伍不准上场，未经过复核的图纸不准下发，施工准备不充分和技术交底不清的不准开工。由于严格执行质量保证措施，创造了一批精品工程，其中晋焦高速公路牛郎河隧道被当地政府誉为"放心工程"，太旧高速公路获中国建筑工程鲁班奖，原太高速公路获山西省"汾水杯"质量奖，晋阳公路芦苇河大桥被业主誉为"晋阳第一桥"。

开展科技攻关活动，依靠科技创效益。五处建立以总工程师为轴心、专业技术人员为主体、全员参与的科技管理网络，成立科技攻关小组12个，注册QC小组26个。每年投资1 000余万元资金用于更新设备和科技开发，围绕重、难点工程开展科技攻关，先后攻克和成功应用路基基床表层级配碎石、软土地基加固、拼装式铺架、桥墩混凝土整体大块模板、高路堑石方爆破、扩堑预裂松动爆破、路堑式锚杆挡墙等施工技术，保证了工程质量。三年来，工程质量合格率100%，优良率逐年上升，连续三年获集团公司"劳动竞赛质量杯"，承建的许多重、难点工程受到业主好评。

优化组织结构，推行成本管理。五处建立处—项目部—作业队三级管理模式，重点加强作业层建设。全处组建1个隧道队、1个爆破队、7个桥梁队、10个机运队，形成较强的施工能力。1997年五处率先在神延铁路试行以"两算对比、双挂计酬、三步分配、一票否决"和以工资分配拉开档次为主要考核指标的责任成本核算办法，取得初步成效。2000年7月，集团公司在秦沈客运专线召开施工技术暨责任成本管理现场会，对五处的做法给予肯定。2001年4月，五处在晋焦高速公路召开责任成本管理经验交流会，为全集团公司建立责任成本管理运行机制起到示范作用。

（宋育英　王　虎）

【中铁十九局集团公司三公司·全国优秀施工企业】 铁路综合工程、公路工程施工一级及工业与民用建筑工程、设备安装工程、市政工程施工二级资质企业。现有职工2 632人，其中工程技术人员占25%。固定资产4.5亿元，其中经营性固定资产2.7亿元。拥有各种机械设备584台(套)，年施工生产能力8亿元。三年来，公司承揽任务25亿元，完成总产值23亿元，实现经济效益1.6亿元，新增固定资产1.5亿元，职工人均收入以每年15%的速度递增。1998年底，公司顺利通过ISO9002质量体系认证，1999年被评为"全国质量效益型先进施工企业"，2000年被评为"中国世纪最佳品牌企业"、辽宁省"精神文明建设先进单位"，连续九年被评为辽宁省"重合同、守信用单位"。

公司有很强的高速公路施工能力，可以同时在4条高速公路上进行施工，年施工能力3.5亿元～5亿元。近几年来，先后承建京沈、锦阜、锦朝、盘海、本丹、沈大等6条高速公路工程和西安南北绕城公路、云南昆明—石林、山西太原—祁县、山东青岛—日照、河北衡水—德州等公路工程。新的施工领域为企业带来新的经济增长点。公司把公路施工作为支柱产业，并根据公路市场前景及公路机械配置情况，组建公路工程公司，形成“专业化经营、区域化管理”的格局。公司近几年承揽高速公路项目总投资40多亿元，累计完成公路路基112公里，黑色路面400万平方米，公路施工产值占公司总产值的75%，在高速公路施工中累计获奖金1 000万元。（杨启燕）

逝世人物

【胡万毅】 中铁十六局总工程师。2001年5月26日在河北定州不幸因公逝世，终年42岁。

胡万毅，浙江省宁波市人。1959年10月生，1978年2月入伍，1986年12月加入中国共产党。历任助理工程师、工程师、高级工程师、教授级高级工程师；先后担任北京金铁龙工程实业开发公司总工程师、中铁十六局副总工程师、局地下工程指挥部指挥长、局总工程师等职。1995年，被清华大学土木工程系聘为毕业设计指导教授；同年，被中国土木工程学会隧道与地下工程学会地下铁道专业委员会吸收为委员。1997年，享受国务院政府特殊津贴；同年，被铁道部评为青年科技拔尖人才。1998年，获中国杰出青年创业奖；1999年获铁路青年五四奖章、中国青年五四奖章。2000年，被铁道部评为有突出贡献专家。曾连续两届担任北京市人大代表。（杨启燕）

光荣榜

“火车头奖杯”获得单位

中铁十一局集团公司一公司
中铁十三局集团公司广州地铁项目经理部
中铁十六局四处
中铁十九局集团公司三处
中铁二十局电务工程处
中铁十六局芜湖长江大桥B标段项目部
中铁十六局二处朔黄铁路项目部
中铁十九局集团公司株六复线(湖南段)指挥部

“火车头奖章”获得者

杜久嫆　中铁十一局集团公司副总经济师
赵立春　中铁十一局集团公司建安处工人
李新民　中铁十二局集团公司安装工程公司工人
王法岭　中铁十二局集团公司水柏铁路工程指挥部指挥长
祁玺钊　中铁十二局集团公司第二分公司朱亭隧道指挥部工程师
姜永军　中铁十三局集团公司四处处长
耿青江　中铁十三局集团公司电务处三公司工人
徐　峰　中铁十四局集团公司基础工程处八队工班长
李景元　中铁十四局集团公司秦沈客运专线工程指挥部指挥长
陈明庚　中铁十五局集团公司六处铺架段段长
马　德　中铁十五局集团公司六处铺架一公司工人
褚绍会　中铁十六局三处第一路桥公司工程师
潘庆友　中铁十六局四处二段四队工人
曹文学　中铁十七局集团公司四处内昆铁路项目部九队工班长
潘功书　中铁十七局集团公司通信电力工程公司高级工程师
田恒开　中铁十八局集团公司电务工程公司董事长
程　坦　中铁十八局集团公司华东工程公司工人
宋彩萍　中铁十九局集团公司一处高级工程师
吴万江　中铁十九局集团公司机械化工程处工人
姜中良　中铁二十局三处工班长
马遂昌　中铁二十局五处二公司总工程师
赵文泉　北京中铁建设有限公司第18项目部经理
房光辉　铁路运输处党委书记
姜忠仁　房山桥梁厂分厂厂长
何能金　总公司副总经理
尚清喜　总公司副总经济师
张宝起　东北办事处副主任
王红卫　中铁十四局集团公司五处芜湖长江大桥指挥部指挥长
刘庆文　中铁十四局集团公司一处二分处芜湖项目部汽车司机
孔文亚　中铁十六局三处高级工程师
梁伦都　中铁十六局三处汽车司机
陶成美　中铁十一局集团公司二公司八队司机

贾方光　中铁十二局集团公司四公司测量工

冯俊青　中铁十二局集团公司朔黄铁路工程指挥部总工程师

韦良勤　中铁十三局集团公司朔黄铁路工程指挥部指挥长

马高峰　中铁十四局集团公司二处材料员

王志刚　中铁十五局集团公司六处二公司工长

张化海　中铁十六局四处工会主席

任何生　中铁十六局朔黄铁路工程指挥部炊事员

胡胜福　中铁十七局集团公司五处朔黄铁路项目部工长

颜泽良　中铁十八局集团公司二公司朔黄铁路项目部技师

兰启涛　中铁十九局集团公司一处机运公司班长

杨春元　中铁二十局六处电焊工

王长有　中铁十二局集团公司电气化公司副总经理

刘有生　中铁十二局集团公司株六复线工程指挥部调度员

刘正德　中铁十四局集团公司二处技师

郭胜斌　中铁十五局集团公司株六复线工程指挥部汽车司机

张玉军　中铁十五局集团公司六分公司测量班长

林映瑞　中铁十六局三分公司班长

向寿治　中铁十七局集团公司株六复线工程指挥部指挥长

陈　成　中铁十七局集团公司三分公司工班长

谭志悦　中铁十八局集团公司三分公司技师

尤德国　中铁十九局集团公司株六复线工程指挥部党委书记

总公司先进集体

中铁十一局集团公司电务公司中南电信工程总公司

中铁十二局集团公司一公司秦沈客运专线工程项目部

中铁十三局集团公司一处西北公司

中铁十三局集团公司四处七公司

中铁十四局集团公司电务工程处

中铁十四局集团公司第一建筑安装工程公司

中铁十五局集团公司二处西安分处

中铁十五局集团公司六处

中铁十六局二处一段

中铁十六局三处第一路桥公司

中铁十七局集团公司四处

中铁十八局集团公司一处三公司

中铁十九局集团公司一处四公司

中铁二十局一处新长铁路工程项目部

中铁二十局二处

昆明中铁机械厂

总公司先进生产(工作)者

安启江　詹德宏　李志峰　陈伏宝　陈剑祝
任学东　张挺军　程相华　王志国　康增飞
戴兴民　戴远全　孙发运　王树国　赵登宪
苗福启　赵方杰　许国安　张明奎　李令选
谷俊峰　马前国　王保权　陈国芳　胡振文
陈金和　马原兵　汤金亭　刘国志　李友才
李锦云　左建生

总公司铁路建设大会战尖兵

董存恒　王智金　王　军　封明君　杨益发
沈兰禹　廖礼坤　尹燕翔　唐新建　荆　山
孔　标　邓尤东　柴文胜　赵树林　张建华
王新荣　阎保家　冯俊青　王志坚　宋津喜
肖新华　吴同彬　贺胜槐　温存生　朱德华
盛术学　何成贵　邓云龙　韩星俊　韦良勤
栾大海　顾加祥　刘　春　张万国　马贵平
叶章生　李　峰　赵连利　周新民　徐　宏
成小宝　郝臣宏　袁保山　王　超　叶祖云
卢传江　张翼举　宋振华　胡元新　田秘书
周万义　何道田　陈若品　彭明敏　何松祥
向登文　郭国民　霍东兴　饶守金　徐泽林
董金周　张栓柱　郭发明　宋玉山　乔根柱
时均新　郑雁翎　张孟文　周化斌　刘海东
赵恒才　刘大贵　田春厚　郭文才　廖祥贵
高凤壮　杜洪举　杨福清　姚维新　房炳杰
张宝武　唐怀珍　吕保华　刘福志　席　振
侯希成　王振明　仲韶龙　梁爱国　程志山
陈新民　钟选良　宋建忠　薛　琪　陈献和
张文峰　廖孝德　黄锦波　孙长江　危　江
鄂宝生　刘顾集　王宗技　刘查生　刘文明
陈怀润　方伟国　王彦英　张树全　雷　丁
陈洪波　许和平　刘明杰　高晓东

（吕向东）

代表国际大型养路机械先进水平的09－32型连续式捣固车在昆明中铁机械厂试制成功。图为奥地利PLasser公司向该厂厂长董朝兴颁发生产许可证。（富建强 摄）

统计资料

特载	大事记	概况	工程施工	经营管理	综合管理	资产经营	科技 教育 卫生 文化	党的工作	工会 共青团	控股子公司	全资子公司	分公司	其他单位	人物	统计资料	文件选编	附录

本栏责任编辑 刘贤福

总公司主要经济技术指标完成情况汇总表

（2001年度）

单位:万元

序号	数量 指标 单位	承揽工程合同额			企业总产值					利润总额		
		计划	完成	完成计划(%)	计划	完成 合计	完成 施工产值	完成 其他产值	完成计划(%)	计划	完成	完成计划(%)
	总公司合计	3247900	4086871	125.8	3205920	3766990	3461119	305871	118	18304	29112	159.0
	一、控股子公司	3200000	3918197	122.4	3018700	3472474	3362763	109711	115	18124	24471	135
1	中铁十一局集团公司	300000	223103	74.4	280700	319578	295169	24409	114	1684	2298	136
2	中铁十二局集团公司	330000	440300	133.4	314600	428435	419748	8687	136	1888	2501	132
3	中铁十三局集团公司	300000	302545	100.8	276700	310277	300881	9396	112	1660	2095	126
4	中铁十四局集团公司	310000	406072	131.0	289200	316767	308534	8233	110	1735	1907	110
5	中铁十五局集团公司	320000	264386	82.6	310200	326710	315749	10961	105	1861	2317	125
6	中铁十六局	300000	460859	153.6	280100	316217	309356	6861	113	1681	2298	137
7	中铁十七局集团公司	300000	315138	105.0	281500	306767	297508	9259	109	1689	2306	137
8	中铁十八局集团公司	330000	509109	154.3	317900	364068	346281	17787	115	1907	2288	120
9	中铁十九局集团公司	300000	412252	137.4	282300	321034	319554	1480	114	1694	1871	110
10	中铁二十局	300000	410336	136.8	282100	310167	301638	8529	110	1693	890	53
11	北京中铁建设有限公司	110000	174097	158.3	102800	140066	136999	3067	136	617	3019	489
12	北方工程公司					11346	11346				635	
13	北京铁城建设监理有限责任公司				600	1042		1042	174	15	46	307
	二、分公司	46900	85622	182.6	30000	109009	97180	11829	363	180	1537	854
14	国内工程公司	21900	33000	150.7	17000	28458	22879	5579	167	180	1382	732
	中铁工程有限公司	15000			12000	20795	20795		173	180	1318	732
	海南分公司	2000			1000	2084	2084		208		46	
	电务分公司	900			500	1485		1485	297		57	
	卡特彼勒产品北京服务部	4000			3500	4094		4094	117		－39	

续 表

序号	单位	承揽工程合同额			企业总产值					利润总额		
		计划	完成	完成计划（%）	计划	完成 合计	完成 施工产值	完成 其他产值	完成计划（%）	计划	完成	完成计划（%）
15	海外公司	25000	52622	210.5	13000	80551	74301	6250	620		155	
	三、全资子公司	1000			76010	103747	1176	102571	136		2916	
16	中铁物资集团公司				20800	26661	1176	25485	128	300	−210	−70
17	中铁路桥集团公司				28500	36933		36933	130		1514	
	养马河桥梁厂				16000	19856		19856	124		1599	
	川东水泥厂				8500	7456		7456	88		−173	
	西南办事处				4000	9621		9621	241		88	
18	北京铁建工贸集团公司	1000			2710	3581		3581	132		−40	
	北京中铁五棵松饭店				850	926		926	109		40	
	北京铁建招待所				340	572		572	168		39	
	总公司机关第三招待所				85	94		94	111		−20	
	北京中铁建印刷厂	1000			800	1457		1457	182		29	
	北京铁建工贸公司				635	532		532	84		−128	
19	昆明中铁机械厂				24000	36572		36572	152		1652	
	四、科教卫生单位		83052		81210	81760		81760	100.7		188	
20	石家庄铁路工程职业技术学院					1863		1863				
21	铁道建筑研究设计院					7743		7743			268	
22	总公司干校（党校）					158		158				
23	总医院					5676		5676				
24	其他单位		83052		81210	66320		66320	81.7		−80	

制表：扈苏豫

总公司施工单位主要经济技术指标完成情况汇总表

（2001年度）

单位 \ 数量 \ 指标	主要实物工程量									
	土石方（万立方米）	隧道设计长度（折合米）	桥梁设计长度（折合米）	铺轨（公里）		架梁（孔）	通信线路（条公里）	其中：光缆线路	公路（折合公里）	其中：高速公路
				正线	站线					
总公司合计	28971.15	237042.4	235169.85	1281.95	309.28	7231	15092.12	13667.07	1329.88	778.61
中铁十一局集团公司	1060	11670	15848	431.93	88.96	1183	10242	10107	77.22	44.37
中铁十二局集团公司	3267	32455	27587	89	9	493	716	420	105	59
中铁十三局集团公司	2387.96	14384	26158.2	30.1	4.8	281	150	150	159.36	78
中铁十四局集团公司	2456	8035	26247	99.8	23.1	817	1108	813	149.1	97
中铁十五局集团公司	2569.2	20432	17115	353.1	104.3	1023	299.4	299.4	128.5	74.5
中铁十六局	2329	25269	22778	35	29.2	95	563.1	402.1	74.8	59.8
中铁十七局集团公司	3311.59	11093.5	29242.55	45.94	7.46	816	1145.02	946.02	70.4	30.28
中铁十八局集团公司	3948	65567	26588	3	4.84	81	480	337	281	124
中铁十九局集团公司	3376.4	28809.9	17246.1	156.7	32.62	613	383.6	189.55	108.1	92.41
中铁二十局	4167	14030	25268	37.38	5	1829	5	3	165.9	108.75
北京中铁建设有限公司										
国内工程公司	99	5297	1092						10.5	10.5

续 表

指标 数量 单位	劳动生产率					竣工率					工程质量				
	施工单位从业人员平均人数（人）	施工产值（万元）	按施工产值计算(元/人年)			按竣工产值计算		按房屋竣工面积计算			单位工程竣工个数（个）	其中：优良工程（个）	优良率(%)		
			计划	完成	完成计划（%）	竣工产值（万元）	竣工率（%）	房屋竣工面积（平方米）	房屋施工面积（平方米）	竣工率（%）			计划	完成	完成计划（%）
总公司合计	186545	3372212	120000	180772	150.6	2120972	62.9	1664129	4825543	34.5	6484	5478	85	84.5	99.4
中铁十一局集团公司	15723	295169	120000	187731	156.4	178644	60.5	66169	128575	51.5	1073	1035	85	96.5	113.5
中铁十二局集团公司	12340	419748	110000	340152	309.2	185485	44.2	267500	672400	39.8	1035	876	85	84.6	99.6
中铁十三局集团公司	12350	300881	130000	243628	187.4	157195	52.2	132560	464984	28.5	436	417	85	95.6	112.5
中铁十四局集团公司	18548	308534	110000	166344	151.2	156196	50.6	58065	125857	46.1	470	440	85	93.6	110.1
中铁十五局集团公司	18267	315749	110000	172852	157.1	301839	95.6	68927	166700	41.4	665	613	85	92.2	108.5
中铁十六局	19599	309356	120000	157843	131.5	139349	45.0	187113	308969	60.6	644	601	85	93.3	109.8
中铁十七局集团公司	16239	297508	130000	183206	140.9	108584	36.5	38581	116318	33.2	722	663	90	91.8	102.0
中铁十八局集团公司	26624	346281	120000	130063	108.4	346327	100.0	129305	310078	41.7	186	137	85	73.7	86.7
中铁十九局集团公司	19635	319554	120000	162747	135.6	231518	72.5	39916	197102	20.3	486	219	85	45.1	53.0
中铁二十局	15478	301638	130000	194882	149.9	181986	60.3	57622	145626	39.6	751	464	85	61.8	72.7
北京中铁建设有限公司	11405	136999	100000	120122	120.1	133286	97.3	609383	2174626	28.0	13	13	50	100.0	200.0
国内工程公司	337	20795		617062		563	2.7	8988	14308	62.8	3				

续 表

单位 \ 数量 \ 指标	安全生产					主要施工机械				财务成本				
	施工单位从业人员平均人数（人）	职工死亡率		职工重伤率		施工机械总功率（千瓦）	动力装备率（千瓦/人）	机械设备净值（万元）	技术装备率（元/人）	实收资本（万元）	年末固定资产合计（万元）	年末流动资产合计（万元）	主营业务利润（万元）	应缴所得税（万元）
		死亡人数（人）	死亡率（‰）	重伤人数（人）	重伤率（‰）									
总公司合计	186545	8	0.04	1	0.01	1068106	5.73	365646	19600.95	635072	656395	2242483	252995	6911.6
中铁十一局集团公司	15723	2	0.13			64053	4.07	23960	15238.82	64240	61575	227025	22167	357.6
中铁十二局集团公司	12340	1	0.08			125563	10.18	27409	22211.51	53273	60525	193468	35215	682
中铁十三局集团公司	12350					63661	5.15	25015	20255.06	51000	50395	208882	24709	685
中铁十四局集团公司	18548					141239	7.61	25329	13655.92	51727	57685	236922	25299	638
中铁十五局集团公司	18267	1	0.05	1	0.05	96341	5.27	19857	10870.42	50243	59830	214468	20721	782
中铁十六局	19599	1	0.05			86720	4.42	16412	8373.9	71411	58712	194840	22440	360
中铁十七局集团公司	16239					60884	3.75	31961	19681.63	64702	58194	246589	23841	389
中铁十八局集团公司	26624					153511	5.77	97687	36691.33	56200	88343	202797	24991	758
中铁十九局集团公司	19635					115462	5.88	33052	16833.21	50938	50567	188618	21337	608
中铁二十局	15478	2	0.13			131155	8.47	43397	28037.86	59845	68744	145679	19375	294
北京中铁建设有限公司	11405					1987	0.17	3267	2864.53	31944	13685	152945	9272	1000
国内工程公司	337	1	2.97			27530	81.69	18300	543026.71	29549	28140	30250	3628	358

续 表

单位（指标 / 数量）	工程成本						工资			主要材料消耗					
	工程预算成本（万元）	工程实际成本（万元）	工程成本降低额（万元）	成本降低率(%)			施工单位从业人员劳动报酬（万元）	施工单位从业人员平均人数（人）	施工单位从业人员年均工资（元/人）	价值量(万元)			实物量		
				计划	完成	完成计划（%）				钢材	木材	水泥	钢材（吨）	木材（立方米）	水泥（吨）
总公司合计	3339540	3082520	257020	8	7.7	96.3	200677	186545	10758	312590	18779	170775	1144774	183071	5374258
中铁十一局集团公司	293965	269141	24824	8	8.4	105.0	17483	15723	11119	23861	311	1380	58000	1969	310000
中铁十二局集团公司	440130	391446	48684	7	11.1	158.6	14357	12340	11635	30433	2499	28477	108557	8923	684691
中铁十三局集团公司	283986	266075	17911	8	6.3	78.8	13330	12350	10794	32390	1554	18828	112817	15206	535048
中铁十四局集团公司	285446	267560	17886	8	6.3	78.8	20284	18548	10936	27008	1366	15638	98627	11334	495779
中铁十五局集团公司	320766	300701	20065	7	6.3	90.0	19026	18267	10416	30663	2937	15756	98233	32412	414651
中铁十六局	301160	282871	18289	8	6.1	76.3	17963	19599	9165	25736	3480	29039	93551	35802	753988
中铁十七局集团公司	295408	271567	23841	8	8.1	101.3	16007	16239	9857	31694	2060	20601	158470	17167	858375
中铁十八局集团公司	357001	317487	39514	7	11.1	158.6	31486	26624	11826	25453	1177	19363	185629	10319	661346
中铁十九局集团公司	320520	299568	20952	8	6.5	81.3	19909	19635	10140	31049	1286	12920	99948	13043	414646
中铁二十局	292040	273402	18638	8	6.4	80.0	13414	15478	8666	36149	1506	4487	63830	30124	135953
北京中铁建设有限公司	149118	142702	6416	4	4.3	107.5	16834	11405	14760	15404	388	1504	59897	4172	47351
国内工程公司							584	337	17329	2750	215	2782	7215	2600	62430

制表：扈苏豫

总公司固定资产投资综合统计表(一)

(2001年度)

单位	计划	开工累计		本年计划投资	本年完成投资		累计新增固定资产	资金来源						投资构成				
	总投资	投资	占计划总投资		合计	占年计划投资		总公司自筹	单位自筹	个人集资	利用外资	贷款	其他	建筑工程	安装工程	设备购置	其中更新	其他费用
	(万元)	(万元)	(%)	(万元)	(万元)	(%)	(万元)	(万元)	(万元)	(万元)	(万元)	(万元)	(万元)	(万元)	(万元)	(万元)	(万元)	(万元)
基建、更改合计	165957	140753	84.8	138152	133563	96.7	124800	2299	113360	17004		900		30655	1261	100795	54816	853
一、基本建设	78260	54855	70.1	49866	31465	63.1	22959	1756	13202	16507				29461	1187			817
中铁十一局集团公司	5720	4387	76.7	3816	3268	85.6	3951		2043	1225				2727	421			120
中铁十二局集团公司	3750	3750	100.0	3513	3513	100.0	3750		2173	1340				3513				
中铁十三局集团公司	3925	1087	27.7	3925	1087	27.7	46		331	756				1087				
中铁十四局集团公司	3130			3130														
中铁十五局集团公司	2570	2468	96.0	3000	2218	73.9	2324		54	2164				2218				
中铁十六局	1871	2291	122.4	1871	2291	122.4	1576				2291			2291				
中铁十七局集团公司	3230	2603	80.6	1725	1725	100.0	2043		755	970				1236				489
中铁十八局集团公司	13044	9371	71.8	7637	7499	98.2	1871		4881	2618				7398	101			
中铁十九局集团公司	4571	1523	33.3	3765	1523	40.5	1277			1523				1523				
中铁二十局	20621	19389.7	94.0	2421	1767	73.0	1767		468.7	1298				1298	469			
北京中铁建设有限公司	5264			5264														
铁路运输处	180			180														
铁道战备舟桥处	1685	1047	62.1	1047	1047	100.0	1047		87	960				851	196			
中铁工程有限公司	2498	2498	100.0	2498	1247	49.9	1247		1247					1247				
中铁物资集团公司	1710	1710	100.0	1710	1710	100.0			550	1160				1710				
石家庄铁路工程职业技术学院	1659	170	10.2	1659	170	10.2			170					170				
海外公司	140	168	120.0	140	168	120.0	168		168									168
电务分公司器材库	25	25	100.0	25	25	100.0	25	15	10					25				

续 表

单位	计划	开工累计		本年计划投资	本年完成投资		累计新增固定资产	资金来源						投资构成				
	总投资（万元）	投资（万元）	占计划总投资（%）	（万元）	合计（万元）	占年计划投资（%）	（万元）	总公司自筹（万元）	单位自筹（万元）	个人集资（万元）	利用外资（万元）	贷款（万元）	其他（万元）	建筑工程（万元）	安装工程（万元）	设备购置（万元）	其中更新（万元）	其他费用（万元）
房山桥梁厂	500	500	100.0	500	340	68.0			250	90				300				40
总医院	438	101	23.1	310	101	32.6	101	87	14					101				
北京中铁五棵松饭店	76	112	147.4	76	112	147.4	112			112				112				
总公司本级	1654	1654	100.0	1654	1654	100.0	1654	1654						1654				
二、更新改造	87696	85899	97.9	88286	102098	115.6	101841	543	100159	497		900		1194	74	100795	54816	36
各局合计	76027	76806	101.0	76637	93006	121.4	92878		92434	122		450		958	6	92042	47435	
中铁十一局集团公司	7150	10222	143.0	7150	10222	143.0	10222		10222							10222	10222	
中铁十二局集团公司	17155	1048	6.1	17155	17155	100.0	17155		17155					743		16412	16412	
中铁十三局集团公司	8600	8781	102.1	8600	8781	102.1	8653		8659	122				215	6	8560	8560	
中铁十四局集团公司	3990	3990	100.0	4600	3990	86.7	3990		3990							3990	3990	
中铁十五局集团公司	3000	3940	131.3	3000	4039	134.6	4039		4039							4039		
中铁十六局	4000	9602	240.1	4000	9602	240.1	9602		9152			450				9602	8251	
中铁十七局集团公司	6000	6000	100.0	6000	6000	100.0	6000		6000							6000		
中铁十八局集团公司	7759	9614	123.9	7759	9608	123.8	9608		9608							9608		
中铁十九局集团公司	7290	7876	108.0	7290	7876	108.0	7876		7876							7876		
中铁二十局	11083	15733	142.0	11083	15733	142.0	15733		15733							15733		
直属单位合计	10091	8523	84.5	10091	8523	84.5	8433	141	7557	375		450		10		8487	7381	26
北京中铁建设有限公司	2000	1186	59.3	2000	1186	59.3	1186		1186							1186	1186	
铁路运输处	5600	5682	101.5	5600	5682	101.5	5682		4857	375		450				5682	5682	
中铁工程有限公司	214	214	100.0	214	214	100.0	214	51	163							214		

续　表

单　位	计划总投资（万元）	开工累计 投资（万元）	开工累计 占计划总投资（%）	本年计划投资（万元）	本年完成投资 合计（万元）	本年完成投资 占年计划投资（%）	累计新增固定资产（万元）	资金来源 总公司自筹（万元）	资金来源 单位自筹（万元）	资金来源 个人集资（万元）	资金来源 利用外资（万元）	资金来源 贷款（万元）	资金来源 其他（万元）	投资构成 建筑工程（万元）	投资构成 安装工程（万元）	投资构成 设备购置（万元）	投资构成 其中更新（万元）	投资构成 其他费用（万元）
工厂局	433	90	20.8	433	90	20.8		90								90	90	
中铁物资集团公司	553	553	100.0	553	553	100.0	553		553							553	423	
石家庄铁路工程职业技术学院	381	381	100.0	381	381	100.0	381		381							381.4		
铁道建筑研究设计院	593	100	16.9	593	100	16.9	100		100					10		90		
珠海公司	26	26	100.0	26	26	100.0	25.7		25.7									26
西安南京铁路丹凤工程指挥部	51	51	100.0	51	51	100.0	51		51							51		
北京金兴工程造价咨询中心	30	30	100.0	30	30	100.0	30		30							30		
渝怀铁路工程指挥部	70	70	100.0	70	70	100.0	70		70							70		
电务分公司	29	29	100.0	29	29	100.0	29		29							29		
北京铁城建设监理有限责任公司	111	111	100.0	111	111	100.0	111		111							111		
事业单位合计	1579	570	36.1	1559	570	36.5	531	402	168					226	68	266		10
总医院	437	105	24.0	417	105	25.2	105	20	85							105		
兴城疗养院	173	138	79.8	173	138	79.8	109	138						93		45		
西安医院	387			387														
总公司干校（党校）	10	10	100.0	10	10	100.0		10										10
总公司本级	572	317	55.4	572	317	55.4	317	234	83					133	68	115.7		

制表：张建红

总公司固定资产投资综合统计表(二)

(2001年度)

单位	投资用途							房屋建筑情况							商品房购置情况			
	住宅建设(万元)	商品房购置(万元)	教育投资(万元)	卫生投资(万元)	生活设施(万元)	生产设备、设施(万元)	其他(万元)	本年施工面积(m^2)	其中住宅(m^2)	本年竣工面积(m^2)	其中住宅(m^2)	本年竣工价值(万元)	其中住宅(万元)	住宅平均造价(元)	建筑面积(m^2)	户数(户)	均价(元/m^2)	实际支出额(万元)
基建、更改合计	21385	980	5499	436	556	96064	8643	363665	309053	295510	260777	22119	19714	756	2624	18	6395	1678
一、基本建设	20234	980	5099	173	367	50	4562	359254	304642	291099	256366	21898	19592	764	2624	18	6395	1678
中铁十一局集团公司	1722	300			268	50	928	33004	32569	20116	19681	3651	2455	1247	487	4	6160	300
中铁十二局集团公司	3347		135				31	600	600	56294	54642	4057	3922	718				
中铁十三局集团公司	756	23			33		275	15911	15491	4670	4250	391	280	659	108	1	2130	23
中铁十四局集团公司																		
中铁十五局集团公司	2218							44585	44003	40503	40503	2324	2324	574				
中铁十六局	2291							48104	48104	23763	23763	2216	1576	663				
中铁十七局集团公司	1170	489			66			33480	33480	13020	13020	770	770	591	1735	13	6957	1207
中铁十八局集团公司	2618		4844	37				59214	38471	29108	27814	1722	2722	979				
中铁十九局集团公司	1523							23796	23796	18348	18348	1277	1277	696				
中铁二十局	1298			35			434	20976	20772	20976	20772	1368	1365	657				
北京中铁建设有限公司																		
铁路运输处																		
铁道战备舟桥处	960						87	22280	21300	13760	12780	1047	960	751				
中铁工程有限公司	669						578	17982	7452	17982	7452	1228	669	898				
中铁物资集团公司	1160						550	31453	12544	31453	12544	1710	1160	925				
石家庄铁路工程职业技术学院	50		120					2000	500									
海外公司		168													294		5034	148
电务分公司器材库							25	309		309		25						

续 表

单位	投资用途							房屋建筑情况							商品房购置情况			
	住宅建设（万元）	商品房购置（万元）	教育投资（万元）	卫生投资（万元）	生活设施（万元）	生产设备、设施（万元）	其他（万元）	本年施工面积（m^2）	其中住宅（m^2）	本年竣工面积（m^2）	其中住宅（m^2）	本年竣工价值（万元）	其中住宅（万元）	住宅平均造价（元）	建筑面积（m^2）	户数（户）	均价（元/m^2）	实际支出额（万元）
房山桥梁厂	340							4763	4763									
总医院				101														
北京中铁五棵松饭店	112							797	797	797	797	112	112	1405				
总公司本级							1654											
二、更新改造	1151		400	263	189	96014	4081	4411	4411	4411	4411	221	122	277				
各局合计	1151		19	65	6	90273	1492	4411	4411	4411	4411	221	122	277				
中铁十一局集团公司				20		9988	214											
中铁十二局集团公司	1029		19			16107												
中铁十三局集团公司	122				6	8560	93	4411	4411	4411	4411	221	122	277				
中铁十四局集团公司						3990												
中铁十五局集团公司						4039												
中铁十六局						9558	44											
中铁十七局集团公司						5400	600											
中铁十八局集团公司				45		9158	405											
中铁十九局集团公司						7740	136											
中铁二十局						15733												
直属单位合计			381		90	5741	2311											
北京中铁建设有限公司							1186											
铁路运输处						5682												
中铁工程有限公司						33	181											

续 表

单　位	投资用途							房屋建筑情况							商品房购置情况			
	住宅建设（万元）	商品房购置（万元）	教育投资（万元）	卫生投资（万元）	生活设施（万元）	生产设备、设施（万元）	其他（万元）	本年施工面积（m^2）	其中住宅（m^2）	本年竣工面积（m^2）	其中住宅（m^2）	本年竣工价值（万元）	其中住宅（万元）	住宅平均造价（元）	建筑面积（m^2）	户数（户）	均价（元/m^2）	实际支出额（万元）
工厂局					90													
中铁物资集团公司						26	527											
石家庄铁路工程职业技术学院			381															
铁道建筑研究设计院							100											
珠海公司							26											
西安南京铁路丹凤工程指挥部							51											
北京金兴工程造价咨询中心							30											
渝怀铁路工程指挥部							70											
电务分公司							29											
北京铁城建设监理有限责任公司							111											
事业单位合计				198	93		279											
总医院				105														
兴城疗养院					93		45											
西安医院																		
总公司干校（党校）							10											
总公司本级				93			224											

制表：张建红

总公司劳动工资统计表(一)

(2001 年度)

项目 \ 数量 \ 区分	2001年 计算单位	2001年 数量	与2000年相比 ±	与2000年相比 ±%	与2000年相比 扣除价格因素±%
从业人员年末人数	人	186549	-65334		
其中:在岗职工	人	156339	1003		
女性	人	33404	-633		
其他从业人员	人	30210	-66337		
非在岗职工年末人数	人	15031	1150		
其中:内部退养	人	7174	649		
下岗	人	6147	-1010		
其他	人	1710	1511		
建制单位外部劳务人员:年末人数	人	82859			
平均人数	人	95864			
离休退休退职人员年末人数	人	20205	904		
建筑业施工产值	万元	3378838	550709	19.5	
从业+建制单位外部劳务人员劳动生产率	元/人年	133021	8577	6.9	
工业增加值	万元	37957	-327	-0.9	
从业人员劳动生产率	元/人年	31668	-135	-0.4	
从业人员劳动报酬总额	千元	2068252	-429444	-17.2	
其中:在岗职工工资	千元	1817412	94859	5.5	
其他从业人员劳动报酬	千元	250840	-524303	-67.6	
非在岗职工生活费总额	千元	73960	12394	20.1	
从业人员人均劳动报酬	元	11119	1570	16.4	
其中:在岗职工	元	12057	770	6.8	6.1
其他从业人员	元	7110	-6		
非在岗职工人均生活费	元	5225	320	6.5	5.8
其中:内部退养	元	7324	731	11.1	
下岗	元	3447	234	7.3	

续 表

项目 \ 数量 \ 区分	2001年 计算单位	2001年 数量	与2000年相比 ±	与2000年相比 ±%	与2000年相比 扣除价格因素±%
其他	元	2632			
在岗职工福利费用	千元	253434	6522	2.6	
离休退休退职人员保险福利费用	千元	167154	6471	4.0	
单位上缴基本养老保险统筹费用	千元	322842			

制表:石庆光

总公司劳动工资(职工文化程度、年龄结构)统计表(二)

(2001 年度)

项目 \ 数量 \ 区分	在岗职工 年末人数(人)	在岗职工 占在岗职工(%)	非在岗职工 年末人数(人)	非在岗职工 占非在岗职工(%)
总　计	156339		15031	
按文化程度分:初中以下	45528	29.1	9025	60.0
高中	39169	25.1	4030	26.8
技校	15596	10.0	593	4.0
中专	16153	10.3	667	4.4
大学专科	24411	15.6	555	3.7
大学本科	15311	9.8	161	1.1
研究生	171	0.1		
按年龄分:24岁以下	19162	12.3	393	2.6
25岁~29岁	28026	17.9	917	6.1
30岁~34岁	18886	12.1	1422	9.5
35岁~39岁	30017	19.2	3116	20.7
40岁~44岁	39342	25.2	4046	26.9
45岁~49岁	13699	8.7	3340	22.2
50岁~54岁	5637	3.6	1236	8.2
55岁以上	1570	1.0	561	3.7

制表:石庆光

总公司劳动工资统计表(三)

(2001 年度)

单位	从业人员年末人数(人)	在岗职工(人)	长期职工(人)	临时职工(人)	其他从业人员(人)	聘用的离退休人员(人)	零散外部劳务人员(人)	非在岗职工年末人数(人)	内退(人)	下岗(人)	其他(人)	建制单位外部劳务人员 年末人数(人)	建制单位外部劳务人员 平均人数(人)	离休退休退职人员年末人数(人)	离休(人)	退休(人)	退职(人)
总计	186549	156339	155485	854	30210	272	29938	15031	7174	6147	1710	82859	95864	20205	208	18520	1477
中铁十一局集团公司	15758	15668	15667	1	90		90	741	434	305	2	8682	7654	3889	55	3746	88
中铁十二局集团公司	13222	13222	13222					1883	613	1141	129	16658	16521	831	2	819	10
中铁十三局集团公司	12295	11919	11919		376		376	919	524	246	149	7865	9702	431	4	370	57
中铁十四局集团公司	17970	14988	14860	128	2982		2982	1448	225	1184	39	4430	6349	2585	31	2041	513
中铁十五局集团公司	19647	19476	19476		171	62	109	2190	1006	330	854	8886	9998	1970	25	1855	90
中铁十六局	21824	14442	14442		7382	4	7378	391	140	163	88	2802	2663	2043	13	1712	318
中铁十七局集团公司	16391	12615	12207	408	3776	15	3761	470	408		62	11510	11457	576	2	544	30
中铁十八局集团公司	25541	17820	17806	14	7721	19	7702	1699	1485	158	56	3256	6275	1539	9	1429	101
中铁十九局集团公司	16864	11338	11331	7	5526	32	5494	2855	905	1813	137	4916	5313	1929	3	1926	
中铁二十局	15684	14307	14284	23	1377	7	1370	1254	978	177	99	4631	9721	1547	7	1295	245
北京中铁建设有限公司	2072	2072	2072					92	92			8785	9354	86		86	
中铁路桥集团公司 小计	2418	2372	2286	86	46	17	29	495	175	320				1191	6	1176	9
中铁路桥集团公司 养马河桥梁厂	1128	1119	1085	34	9	9		181	175	6				418	2	414	2
中铁路桥集团公司 川东水泥厂	1130	1093	1093		37	8	29	314		314				748	4	737	7
中铁路桥集团公司 西南办事处	160	160	108	52										25		25	
中铁物资集团公司	660	660	660					83	45		38			132	4	121	7
北京铁建工贸集团公司 小计	1089	1089	983	106				20	2		18			214	2	212	
北京铁建工贸集团公司 总公司机关服务中心	784	784	732	52										147	2	145	
北京铁建工贸集团公司 北京中铁建印刷厂	150	150	150					15	2		13			39		39	
北京铁建工贸集团公司 海石丰工业科技开发公司	155	155	101	54				5			5			28		28	

续表

单位 \ 数量 \ 项目		从业人员年末人数（人）	在岗职工（人）	长期职工（人）	临时职工（人）	其他从业人员（人）	聘用的离退休人员（人）	零散外部劳务人员（人）	非在岗职工年末人数（人）	内退（人）	下岗（人）	其他（人）	建制单位外部劳务人员 年末人数（人）	建制单位外部劳务人员 平均人数（人）	离休退休退职人员年末人数（人）	离休（人）	退休（人）	退职（人）
国内工程公司	小计	541	332	320	12	209	3	206	4			4	438	857	6		6	
国内工程公司	中铁工程有限公司	316	191	191		125	1	124					327	746	4		4	
国内工程公司	海南分公司	87	5	5		82	1	81	2			2	111	111				
国内工程公司	电务分公司	69	68	68		1		1										
国内工程公司	卡特彼勒产品北京综合服务部	69	68	56	12	1	1		2			2			2		2	
海外公司		448	51	51		397		397	2			2						
昆明中铁机械厂		1070	1070	1070					14	14					383	13	365	5
北京铁城建设监理有限责任公司		138	11	11		127	83	44										
铁道建筑研究设计院		316	296	286	10	20	20								106		106	
总公司干校(党校)		72	72	54	18										11		11	
石家庄铁路工程职业技术学院		200	191	191		9	9								30		30	
总医院		527	527	527					46	13		33			66	1	65	
总公司机关		405	405	385	20				82	82					274	23	251	
小屯前进水泥厂		429	429	429					332	22	310				312	8	300	4
铁道战备舟桥处		968	967	946	21	1	1		11	11					54		54	

制表：石庆光

总公司劳动工资统计表(四)

(2001 年度)

单位		建筑业施工产值 合计 (万元)	从业+建制单位外部劳务人员劳动生产率 (元/人年)	工业增加值 合计 (万元)	从业人员劳动生产率 (元/人年)	从业人员劳动报酬总额 (千元)	在岗职工工资总额 (千元)	其他从业人员劳动报酬总额 (千元)	非在岗职工生活费总额 (千元)	从业人员人均劳动报酬 (元)	在岗职工人均工资 (元)	其他从业人员人均劳动报酬 (元)	非在岗职工人均生活费 (元)	内退 (元)	下岗 (元)
总计		3378838	133021	37957	31668	2068252	1817412	250840	73960	11119	12057	7110	5225	7324	3447
中铁十一局集团公司		295169	148244	4984	18130	174832	173866	966	4377	11120	11167	6273	6113	8423	3340
中铁十二局集团公司		419748	149734			143573	143573		9227	11635	11635		4932	6770	4055
中铁十三局集团公司		300881	141658			133300	128901	4399	4530	10794	11004	6917	5655	7111	3185
中铁十四局集团公司		308534	140967	2361	13848	202837	175280	27557	5883	10936	12361	6309	4149	6000	3815
中铁十五局集团公司		315749	124664	2946	17578	208920	208333	587	9391	11437	11508	3579	4791	6814	3902
中铁十六局		309356	148145	287	20949	180448	136022	44426	1794	9148	10398	6686	4797	6638	4367
中铁十七局集团公司		297508	116460	44	7458	160074	135889	24185	3478	9857	10963	6292	9581	9670	
中铁十八局集团公司		346281	115446	4111	32914	314858	244459	70399	11313	11826	14007	7676	6213	7167	2479
中铁十九局集团公司		319554	130441			199098	136164	62934	10409	10140	11842	7734	4113	7020	3111
中铁二十局		301638	127230	1719	40352	134140	124830	9310	7423	8666	9012	5726	6065	6555	3881
北京中铁建设有限公司		136999	123201			47369	47369		278	23096	23096		9267	9267	
中铁路桥集团公司	小计			8689	37615	30539	30180	359	3086	12399	12591	5439	5981	10353	3433
	养马河桥梁厂			5976	53357	17974	17873	101	2016	16048	16233	5316	9980	10353	4083
	川东水泥厂			2713	22798	10242	9984	258	1070	8607	8735	5489	3408		3408
	西南办事处					2323	2323			15183	15183				
中铁物资集团公司						12643	12643		440	19185	19185		9778	9778	
北京铁建工贸集团公司	小计			613	36707	20735	20735		73	18647	18647		12167	23500	
	总公司机关服务中心					13424	13424			17036	17036				
	北京中铁建印刷厂			613	36707	3390	3390		73	20299	20299		12167	23500	
	海石丰工业科技开发公司					3921	3921			24975	24975				

续 表

项目 / 数量 / 单位	建筑业施工产值 合计（万元）	建筑业施工产值 从业+建制单位外部劳务人员劳动生产率（元/人年）	工业增加值 合计（万元）	工业增加值 从业人员劳动生产率（元/人年）	从业人员劳动报酬总额（千元）	在岗职工工资总额（千元）	其他从业人员劳动报酬总额（千元）	非在岗职工生活费总额（千元）	从业人员人均劳动报酬（元）	在岗职工人均工资（元）	其他从业人员人均劳动报酬（元）	非在岗职工人均生活费（元）	非在岗职工人均生活费 内退（元）	非在岗职工人均生活费 下岗（元）
国内工程公司 小计	24264	181210			10601	8482	2119		18829	25548	9173			
国内工程公司 中铁工程有限公司	20795	194164			5847	4435	1412		17350	23220	9671			
国内工程公司 海南分公司	2084	105253			802	122	680		9218	24400	8293			
国内工程公司 电务分公司	1385	197857			2055	2034	21		29357	29912	10500			
国内工程公司 卡特彼勒产品北京综合服务部					1897	1891	6		27493	27809	6000			
海外公司	3157	256667			2317	1394	923	7	18837	29660	12145	7000		
昆明中铁机械厂			11693	108068	30460	30460		91	28152	28152		7000	7000	
北京铁城建设监理有限责任公司					2733	354	2379		18979	32182	17887			
铁道建筑研究设计院					9317	9063	254		29672	30827	12700			
总公司干校(党校)					1246	1246			17306	17306				
石家庄铁路工程职业技术学院					3394	3361	33		17677	18366	3667			
总医院					11143	11143		154	20945	20945		5133	8154	
总公司机关					15464	15464		1038	38854	38854		14620	14620	
小屯前进水泥厂			510	11972	3201	3201		917	7514	7514		2569	6766	1932
铁道战备舟桥处					15010	15000	10	51	15684	15690	10000	6375	6375	

制表：石庆光

总公司劳动工资统计表(五)

(2001年度)

单位		在岗职工福利费用（千元）	集体福利设施、补贴费（千元）	医疗卫生费（千元）	文体宣传费（千元）	其他（千元）	离休退休退职人员平均人数（人）	离休退休退职人员保险福利费用（千元）	离休金（千元）	退休金（千元）	退职生活费（千元）	医疗卫生费（千元）	其他（千元）	单位上缴基本养老保险统筹费用（千元）
总计		253434	78191	124813	14510	35920	19790	167154	3303	132335	6143	17240	8133	322842
中铁十一局集团公司		38380	18462	18641	986	291	3886	32291	626	28413	602	2192	458	40355
中铁十二局集团公司		21629	7069	9851	2247	2462	827	6516	34	5122	49	856	455	24397
中铁十三局集团公司		15653	2522	10456	653	2022	427	2823	79	2471	273			25111
中铁十四局集团公司		16209	4505	9766	546	1392	2477	18089	557	8435	1235	2279	5583	23751
中铁十五局集团公司		27072	6702	13318	3068	3984	1952	15840	375	13725	443	976	321	37928
中铁十六局		17275	6226	8608	826	1615	2034	17175	215	13205	1674	1894	187	36026
中铁十七局集团公司		20638	4819	8355	1317	6147	569	4731	32	3571	168	660	300	20041
中铁十八局集团公司		37840	13728	20146	1716	2250	1536	14486	134	11293	560	2108	391	39467
中铁十九局集团公司		18206	6487	8327	718	2674	1928	14387	44	12887		1416	40	30350
中铁二十局		9533	2012	3759	937	2825	1391	10292	82	8817	1017	249	127	13731
北京中铁建设有限公司		3937	341	2739	488	369	85	950		750		200		8663
中铁路桥集团公司	小计	2581	897	1236	54	394	1118	9021	101	7871	45	964	40	7793
	养马河桥梁厂	1713	581	724	14	394	394	2997	40	2524	10	423		4523
	川东水泥厂	426		389	37		699	5963	61	5323	35	504	40	2947
	西南办事处	442	316	123	3		25	61		24		37		323
中铁物资集团公司		2079	488	615	216	760	146	1467	75	1243	33	92	24	1677
北京铁建工贸集团公司	小计	2073	852	871	23	327	210	2173	38	1743		357	35	3852
	司机关服务中心	1246	552	438	15	241	147	1102	38	958		71	35	2574
	北京中铁建印刷厂	258	159	85		14	38	579		494		85		763
	海石丰工业科技开发公司	569	141	348	8	72	25	492		291		201		515

续　表

单位		在岗职工福利费用（千元）	集体福利设施、补贴费（千元）	医疗卫生费（千元）	文体宣传费（千元）	其他（千元）	离休退休退职人员平均人数（人）	离休退休退职人员保险福利费用（千元）	离休金（千元）	退休金（千元）	退职生活费（千元）	医疗卫生费（千元）	其他（千元）	单位上缴基本养老保险统筹费用（千元）
国内工程公司	小计	672	89	358	51	174	6	101		78		23		645
国内工程公司	中铁工程有限公司	304		174	51	79	4	78		55		23		40
国内工程公司	海南分公司	26	23	3										22
国内工程公司	电务分公司	206	66	97		43								354
国内工程公司	卡特彼勒产品北京综合服务部	136		84		52	2	23		23				229
海外公司		224	54	166		4								374
昆明中铁机械厂		3539	670	2111	158	600	369	3886	225	2922	20	719		5763
北京铁城建设监理有限责任公司		39	29			10								53
铁道建筑研究设计院		1070	131	204	36	699	102	2272		1666		601	5	
总公司干校(党校)		361	69	22		270	11	168		108		10	50	188
石家庄铁路工程职业技术学院		268	125	143			30	578		553		25		
总医院		706	57	409	229	11	62	838	22	709		107		1985
总公司机关		10375	1005	2931	150	6289	262	5782	556	4128		1098		399
小屯前进水泥厂		252		252			308	2789	108	2256	24	401		293
铁道战备舟桥处		2823	852	1529	91	351	54	499		369		13	117	

制表：石庆光

总公司主要财务指标完成情况统计表(一)

(2001 年度)

单位:万元

单位 \ 项目	企业总产值		利润总额		净利润	资产总额	所有者权益	少数股东权益	负债总额	净资产收益率(%)	资产负债率(%)	产值利润率(%)
	金额	名次	金额	名次								
中铁十一局集团公司	300033	10	2298	5	1805	297042	64978	8336	223728	4.18	75.32	0.77
中铁十二局集团公司	436515	1	2501	2	1062	258359	61193	17780	179387	1.74	69.43	0.57
中铁十三局集团公司	313758	8	2095	8	1409	272183	57838	0	214345	3.56	78.75	0.67
中铁十四局集团公司	316768	7	1907	9	1014	302864	68918	18090	215855	1.94	71.27	0.60
中铁十五局集团公司	335109	3	2319	3	1167	278380	55968	24685	197727	3.28	71.03	0.69
中铁十六局	321890	5	2298	6	1938	274114	75764	6123	192227	3.60	70.13	0.71
中铁十七局集团公司	306767	9	2306	4	1551	321195	67570	20538	233087	3.28	72.57	0.75
中铁十八局集团公司(合并报表)	370792	2	2288	7	1554	306871	60943	17167	228761	3.89	74.55	0.62
中铁十九局集团公司	330954	4	1871	10	1262	247323	51853	10251	185219	3.63	74.89	0.57
中铁二十局	316849	6	890	12	596	225533	60450	0	165083	1.58	73.20	0.28
工厂局	135260	12	136	15	-1315	290685	71357	1072	218256	-1.88	75.08	0.10
中铁物资集团公司	43841	13	-836	26	-946	68080	12028	324	55728	-7.33	81.86	-1.91
北京中铁建设有限公司	156965	11	3019	1	2017	173155	36284	596	136275	8.59	78.70	1.92
铁路运输处	4565	17	103	16	59	7750	2779	0	4971	2.17	64.14	2.25
国内工程公司	24280	14	1318	11	960	58844	32469	0	26375	2.55	44.82	5.43
铁道建筑研究设计院	6555	16	268	13	229	9020	5203	0	3817	4.02	42.32	4.09

续　表

项目 / 数量 / 单位	企业总产值		利润总额		净利润	资产总额	所有者权益	少数股东权益	负债总额	净资产收益率（%）	资产负债率（%）	产值利润率（%）
	金额	名次	金额	名次								
海外公司	20919	15	155	14	144	20362	5536	0	14826	3.07	72.81	0.74
北京中铁五棵松饭店	926	22	40	21	40	2876	2514	0	363	1.61	12.61	4.30
北京铁建招待所	573	23	40	20	27	841	663	0	178	4.22	21.18	7.06
机关第三招待所	95	26	−20	23	−20	113	121	0	−8	−15.15	−7.05	−20.98
北京铁城建设监理有限责任公司	1042	21	46	19	28	599	251	0	347	11.55	58.04	4.38
卡特彼勒产品北京服务部	3992	18	−39	24	−46	2134	968	0	1166	−4.61	54.66	−0.98
电务分公司	444	25	57	17	57	1270	164	0	1107	42.08	87.12	12.81
海南分公司	2102	19	46	18	46	2809	52	0	2758	161.74	98.16	2.19
北京中铁建印刷厂	1457	20	29	22	17	1511	1214	0	297	1.42	19.66	1.96
北京铁建工贸公司	478	24	−128	25	−129	1919	570	0	1349	−20.48	70.30	−26.77
总公司机关	35030		10451		9301	832420	652102	0	180317	1.75	21.66	29.83
总公司对冲往来	0		−6344		−12008	−621323	−797474	247347	−71196			
总公司合计	3787959		29114		11819	3636929	652276	372309	2612345	2.15	71.83	0.77

制表：曹锡锐

总公司主要财务指标完成情况统计表(二)

(2001年度)

单位:万元

单位 \ 项目 数量	流动比率	流动资产	流动负债	货币资金	应收账款(年初数)	应收账款	所有者权益(年初数)	资产总额(年初数)	年末不良资产及潜亏挂账	利息支出
中铁十一局集团公司	102.92	227025	220584	82397	37688	40497	21304	257996	9369	362
中铁十二局集团公司	108.21	193468	178791	89460	86019	59625	61062	249716	9520	678
中铁十三局集团公司	104.31	208882	200254	29409	63541	76661	21357	220006	1436	3949
中铁十四局集团公司	111.83	236922	211852	46079	40936	70332	35433	260508	14684	2020
中铁十五局集团公司	110.87	214467	193439	52099	38380	52724	15206	255033	5424	592
中铁十六局	102.82	194840	189502	81236	47937	46488	32019	219897	5962	694
中铁十七局集团公司	108.69	246589	226870	69288	52348	58243	27063	266821	3519	1832
中铁十八局集团公司(合并报表)	90.94	202797	222998	62765	73082	78130	18925	274698	22304	1963
中铁十九局集团公司	102.81	188618	183456	29696	39929	42025	17684	231872	10105	1367
中铁二十局	90.80	145679	160434	38800	32253	36833	14878	179868	4708	1838
工厂局	102.81	196948	191562	51130	29658	38031	68745	229862	44631	3488
中铁物资集团公司	95.39	44652	46808	11424	9798	7934	13768	82535	12119	998
北京中铁建设有限公司	112.32	152755	136005	55787	84240	82150	10673	144771	168	131
铁路运输处	83.18	3828	4602	908	884	1118	2635	6935	1181	17
国内工程公司	163.43	30250	18509	8082	10472	9846	42839	64063	422	319
铁道建筑研究设计院	153.66	5633	3666	2121	453	175	6205	11293	0	36

续　表

项目 / 数量 / 单位	流动比率	流动资产	流动负债	货币资金	应收账款（年初数）	应收账款	所有者权益（年初数）	资产总额（年初数）	年末不良资产及潜亏挂账	利息支出
海外公司	128.75	18445	14326	5242	9479	7277	3830	18985	6895	319
北京中铁五棵松饭店	123.62	448	363	390	2	0	2436	2804	608	28
北京铁建招待所	201.27	359	178	343	0	0	634	784	0	0
机关第三招待所	－713.12	57	－8	54	0	0	141	133	20	0
北京铁城建设监理有限责任公司	115.38	401	347	123	167	218	234	519	0	0
卡特彼勒产品北京服务部	143.58	1675	1166	712	192	361	1013	1906	96	0
电务分公司	46.64	516	1107	710	8	1	107	1030	0	0
海南分公司	96.35	2513	2608	566	2927	2230	5	3192	2245	89
北京中铁建印刷厂	355.45	736	207	497	30	85	1178	1464	0	0
北京铁建工贸公司	161.91	610	377	87	64	58	689	2359	1022	60
总公司机关	122.04	209391	171583	122360	3031	3026	408945	596947	1216	29
总公司对冲往来		－50789	－43612	0	0	－7441	－382859	－342771	0	0
总公司合计	105.51	2677715	2537974	841765	663518	706627	446149	3243226	157654	20809

制表：曹锡锐

总公司主要财务指标完成情况统计表(三)

(2001 年度)

单位:万元

单位 \ 数量 \ 项目	主营业务成本	管理费用	财务费用	主营业务收入	应收账款周转率	总资产周转率	成本费用利润率	已获利息倍数	不良资产比率
中铁十一局集团公司	269141	20144	−1279	299953	7.67	0.54	0.80	7.34	3.15
中铁十二局集团公司	391009	27597	−556	440130	6.04	0.87	0.60	4.69	3.68
中铁十三局集团公司	266075	22814	1700	299516	4.27	0.61	0.72	1.53	0.53
中铁十四局集团公司	282040	22424	906	316768	5.69	0.56	0.62	1.94	4.85
中铁十五局集团公司	304574	17432	304	335109	7.36	0.63	0.72	4.92	1.95
中铁十六局	282870	20932	151	313745	6.65	0.64	0.76	4.31	2.17
中铁十七局集团公司	271567	22197	−641	303648	5.49	0.52	0.79	2.26	1.10
中铁十八局集团公司(合并报表)	317487	20550	622	353134	4.67	0.61	0.68	2.17	7.27
中铁十九局集团公司	299568	17353	1501	330954	8.08	0.69	0.59	2.37	4.09
中铁二十局	286620	16025	2155	314878	9.12	0.78	0.29	1.48	2.09
工厂局	98738	19934	2597	126959	3.75	0.24	0.11	1.04	15.35
中铁物资集团公司	38872	5858	250	43841	4.94	0.29	−1.86	0.16	17.80
北京中铁建设有限公司	142702	6782	−240	156965	1.89	0.49	2.02	24.13	0.10
铁路运输处	2649	989	−31	3603	3.60	0.25	2.85	7.01	15.24
国内工程公司	20042	2151	222	24280	2.39	0.20	5.88	5.13	0.72
铁道建筑研究设计院	4614	1829	6	6555	20.89	0.32	4.16	8.45	0.00

续　表

项目 / 数量 / 单位	主营业务成本	管理费用	财务费用	主营业务收入	应收账款周转率	总资产周转率	成本费用利润率	已获利息倍数	不良资产比率
海外公司	13440	1064	-263	14911	1.78	0.38	1.09	1.49	33.86
北京中铁五棵松饭店	0	302	26	926	969.55	0.16	12.12	2.41	21.12
北京铁建招待所	374	136	-5	573		0.35	8.02		0.00
机关第三招待所	58	52	-1	95		0.38	-18.12		17.55
北京铁城建设监理有限责任公司	735	210	-2	1042	5.41	0.93	4.84		0.00
卡特彼勒产品北京服务部	3546	208	-9	3992	14.43	0.99	-1.05		4.49
电务分公司	100	290	-6	225	51.36	0.10	14.77	941.56	0.00
海南分公司	1601	316	83	2102	0.82	0.35	2.31	1.52	79.90
北京中铁建印刷厂	1109	309	-7	1457	25.32	0.49	2.03		0.00
北京铁建工贸公司	483	508	59	532	8.70	0.12	-12.20	-1.12	53.26
总公司机关	30502	6778	-2412	35030	11.57	0.02	29.97	356.57	0.15
总公司对冲往来	-30872	-37	0	-30874					
总公司合计	3299644	255147	5130	3700049	5.40	0.54	0.82	2.40	4.33

制表：曹锡锐

总公司机械设备固定资产及购置、利用、报废情况统计表

(2001年度)

单位	期末实有机械设备(台/套)			机械设备固定资产(万元)			主要施工机械新度系数(%)	主要施工机械完好率(%)	主要施工机械利用率(%)	设备新购				设备报废		设备总功率(千瓦)	技术装备率(元/人年)	动力装备率(千瓦/人年)
	总台数	主要施工机械	其中进口台数	年末原值 全部原值	年末原值 进口设备原值	年末净值				数量(台)	其中进口(台)	原值(万元)	其中进口(万元)	数量(台)	原值(万元)			
合计	19684	7702	1025	434140.98	128178.67	248358.56	57.2	93.95	70.46	2492	171	72644.27	24968.39	1380	21519.27	1135348.8	16210	7.41
中铁十一局集团公司	1031	570	38	35965.8	8833.1	23959.5	66.6	92.9	59.8	261	3	8081.7	15.4	33	1165.7	75310	14607	4.69
中铁十二局集团公司	1339	942	52	34408	4807.5	18716	54.4	93.6	65.5	344	30	10877.6	5004.1	766	12544.4	100340	13247	7.1
中铁十三局集团公司	1701	504	39	28361	5599.3	17825	61	93	66	214	8	7232	1637			63661	13504	4.8
中铁十四局集团公司	1659	660	95	46948.85	18175.63	21899.31	46.6	90.6	75	130	3	3871.02	627.27	92	1572.65	115626.7	16447	8.6
中铁十五局集团公司	1808	783	75	38120.66	11859.32	19857.32	52.1	92.6	70.9	166	5	3648.54	624.22			96873.3	9165.2	4.47
中铁十六局	1026	588	61	29677.2	7284.15	16412.14	55.01	92.45	63.54	82	9	2548.3	0	24	459.63	87992.7	16534.45	8.87
中铁十七局集团公司	1340	744	65	37787.3	9975.6	21090.3	55.8	94.6	76.6	240	7	7329	2435	174	2859	123779	16336	9.59
中铁十八局集团公司	2012	815	237	48764.19	8947.5	23424.6	53.1	92.3	61.3	200	8	5637.2	1570	25	700.4	156200	20139	10.4
中铁十九局集团公司	2666	825	114	51677.9	18371.4	26497.1	54	91.3	73.7	116	17	6599.7	2791			115462.4	18669.1	8.1
中铁二十局	2287	694	86	40799.97	9755.85	30791.91	78	95	69	300	18	6671.36	1684.4	154	1749.73	131154.7	19787.87	8.4
北京中铁建设有限公司	1196	44	12	6136.3	1166.32	3267.4	53.2	91.7	86.3	82		773.67		46	317.5	19870	14575	8.9
中铁路桥集团公司	1137	171		5803.81		3732.98	64.3	98	66	257		417.18		56	124.26	16123	33093	14.29
昆明中铁机械厂	391	271	68	4797	2004	2885	60.1	99.3	67.8	61	24	1381	1004	10	26	10438	26565	9.6
国内工程公司	91	91	83	24893	21399	18000	72.3	98	85	39	39	7576	7576			22518	752054.4	68.03

制表:刘宝庆

总公司机械设备专业人员实有数量及培训情况统计表

（2001 年度）

单位	实有职工(人)	现有机械干部(人)						现有机械技师合计(人)	现有机械司机(人)				现有机械技工(人)				全年专业培训(期)	全年培训人员(人)
		总人数	在全部机械干部中						总人数	在全部机械司机中			总人数	在全部机械技工中				
			管理干部	高级工程师	工程师	助理工程师	技术员			高级	中级	初级		高级	中级	初级		
合　计	153210	4177	1575	285	919	824	731	599	14343	2565	8220	3474	7132	1394	3823	1847	260	3006
中铁十一局集团公司	15668	342	116	28	101	74	23	25	1320	208	889	223	808	343	397	68	12	125
中铁十二局集团公司	13222	414	149	19	121	65	64	53	1366	131	763	398	413	33	299	81	23	165
中铁十三局集团公司	11919	268	115	12	62	72	37	36	774	385	268	123	535	212	245	109	36	422
中铁十四局集团公司	14993	333	150	15	75	59	48	50	1334	317	638	379	714	50	300	365	44	371
中铁十五局集团公司	19476	428	195	18	74	68	73	113	1760	241	1009	510	1065	151	615	299	8	303
中铁十六局	14442	318	174	10	68	64	29	49	1029	224	629	165	385	52	272	59	38	200
中铁十七局集团公司	12639	362	165	13	70	65	49	59	1365	192	917	258	676	134	436	106	18	121
中铁十八局集团公司	17750	642	31	119	143	94	256	111	1577	186	841	547	1228	230	658	342	31	497
中铁十九局集团公司	14193	422	209	15	51	119	81	78	1393	106	883	404	532	58	296	178	24	228
中铁二十局	14307	288	139	18	55	62	36	17	1139	83	854	202	491	49	188	154	12	145
北京中铁建设有限公司	2072	30	15	4	9	8		5	103	28	65	10	101	22	55	24	6	38
中铁路桥集团公司	1128	263	90	10	74	56	33	3	562	104	236	222	159	60	37	62		
昆明中铁机械厂	1070	13			8	5			495	360	102	33	13		13		7	376
国内工程公司	331	54	27	4	8	13	2		126		126		12		12		1	15

制表：刘宝庆

总公司车辆动态及运输情况综合统计表

(2001 年度)

单位	运输车实力及利用情况					任务完成情况		经济核算情况		
								完成利润(万元)		
	运输车总数(台)	实有吨位(吨)	总行驶里程(万公里)	重驶里程(万公里)	利用率(%)	完成吨数(万吨)	完成吨公里(万吨公里)	总收入	总支出	盈利
合计	3450	30182.15	10802.31	5850.11	54.2	12559.38	112010.75	52905.93	49508.27	3418.26
中铁十一局集团公司	198	2026.75	531.6	283.5	53.3	1095.28	6249.8	11684.55	11036.29	648.26
中铁十二局集团公司	275	2866	584.7	346.6	59.3	203.97	2645.8	4637	4530	127
中铁十三局集团公司	190	1880	660	373	56.5	218.5	39606.3	1696.3	1676	20.3
中铁十四局集团公司	314	2527	908	488	54	571	6719	2447	2167	280
中铁十五局集团公司	435	3991.8	1832.5	968.75	56.2	5924.5	8652.2	6538.2	6195.7	342.5
中铁十六局	260	2158.5	1215.4	656.12	53	1499.4	14819	4274.3	4103.3	171
中铁十七局集团公司	421	2831.2	1113.3	615.7	55	810.7	12933.7	6176.2	5628.3	547.9
中铁十八局集团公司	594	4690	2157	1208.4	56.7	971.8	13930	5263.8	4533.55	730.85
中铁十九局集团公司	300	2845	799.8	367.6	56.3	185.8	1979.5	6829.82	6592.38	237.44
中铁二十局	405	3750.5	853.51	457.94	53.6	1071.95	4158.85	2352.16	2068.75	283.41
北京中铁建设有限公司	31	433.4	102	51	50	6.04	308.4	1000	970	30
中铁路桥集团公司	24	167	42	31.5	75					
昆明中铁机械厂	3	15	2.5	2	80	0.44	8.2	6.6	7	-0.4

制表：白云飞

总公司车辆管理综合情况统计表

（2001年度）

单位	汽车总数（台）	汽车固定资产		质量情况		更新完成情况				总功率（千瓦）	技术装备率（元/人年）	动力装备率（千瓦/人年）	总行驶里程（万公里）	完成大修（台）	车勤人员			红旗车评比	
		原值（万元）	净值（万元）	完好车（台）	完好率（%）	报废数（台）	更新数（台）	新度系数（%）	更新金额（万元）						干部（人）	司机（人）	修理工（人）	人数（人）	车数（台）
合计	8253	159097.3	80845.9	7666	92.9	499	734	0.51	21658.4	791359.7	5276.8	5.17	23585.3	688	1642	13526	2197	651	614
中铁十一局集团公司	582	13490.2	7625.35	528	90	67	40	0.56	1422.6	60562	4803.6	3.87	1951.02	67	150	1599	169	54	52
中铁十二局集团公司	723	17884	8693	680	94	156	136	0.5	5230	92209	5995	6.4	3242	120	201	1126	195	113	113
中铁十三局集团公司	509	12123.3	6738.4	500	92.9	0	51	0.56	1425	58728.5	5104.8	4.4	524.7	145	262	694	216		
中铁十四局集团公司	782	11951	6329	727	93	0	29	0.53	681	54937	9365	6.98	1426	102	87	1291	140	113	112
中铁十五局集团公司	1000	17714.37	9422.29	937	92.1	32	57	0.53	1488.9	98757.9	4804	4.89	2606.6	44	115	1679	210	27	23
中铁十六局	705	14252.8	7179.4	613	87	52	48	0.5	937.37	68078	4843	4.59	2212	39	167	1160	182	63	53
中铁十七局集团公司	746	15039.5	6457	698	94	34	96	0.43	2915	71325	5002	5.52	1781.4	29	159	1187	294	90	80
中铁十八局集团公司	1305	20513.72	9147.6	1232	94.4	31	56	0.45	1320.6	100149	6558.8	7.2	5381	22	282	1606	378	36	33
中铁十九局集团公司	799	15877.07	6554.83	734	94.1	117	31	0.41	436.1	72649	4600	5.1	2099	72	144	1920	184	83	79
中铁二十局	839	15264.55	10386.37	782	93.2		161	0.68	5430.5	87269	6674.61	5.6	1534.72	24	50	930	181	35	32
北京中铁建设有限公司	108	2085.4	865	95	90	2	16	0.41	101.6	18532	9665	5.56	342	16	9	186	25	28	28
中铁路桥集团公司	52	1004.8	687.6	52	100	1	9	0.68	158.4	5496.3	9134.54	5	124.5	5	4	60	20	6	6
中铁物资集团公司	65	1147.5	460.6	52	85	4	1	0.41	50.5		6978.8		300.4	3	10	56		3	3
昆明中铁机械厂	38	749.1	299.5	36	94.7	3	3	0.4	60.8	2667	2799.1	2.49	60		2	32	3		

制表：白云飞

9月11日，国家档案局局长毛福民(前排右五)率国家档案行政执法检查组到总公司机关进行档案行政执法检查。图为毛福民局长一行与总公司档案工作领导小组成员合影留念。

(杜学文 摄)

文件选编

本栏责任编辑 杨启燕

总公司党委　总公司
关于对新提拔领导干部
进行党风廉政谈话教育的规定

中铁建党纪〔2001〕15 号

为了加大党风廉政教育力度，促进领导干部廉洁自律，落实党风廉政建设责任制，特制定本规定。

第一条　谈话对象

总公司党委、总公司新提拔的工程局(集团公司)、铁道建筑研究设计院、直属单位领导班子成员及总公司机关部门正副职领导干部；新提拔的其他正处职领导干部。

第二条　谈话内容

(一)宣传领导干部廉洁自律的意义及《廉政准则》、国有企业领导干部"五个必须做到"等有关规定。

(二)通报近期党风廉政建设情况，特别是领导干部因违法违纪而受到惩处的情况。

(三)指出谈话对象在党风廉政建设责任制中应负的责任，讲明如果不履行或不认真履行职责，在责任范围内发生问题，将受到责任追究的有关规定。

(四)针对谈话对象任职单位(部门)的情况，指出需要注意的问题。

第三条　谈话程序及时限

(一)新提拔的领导干部下令后，人事(干部)部门将新提拔领导干部的名单及自然情况和任职谈话计划通报纪检监察部门，以便做好党风廉政谈话的准备工作。

(二)在党政主官与新提拔领导干部的任职谈话后，即由纪检监察部门进行党风廉政谈话。

中国铁道建筑总公司资质管理实施细则

中铁建企〔2001〕134 号

为了认真执行建设部《建筑业企业资质管理规定》(以下简称《规定》)和《建筑业企业资质等级标准》(以下简称《标准》)，搞好资质就位和资质管理工作，制定《中国铁道建筑总公司资质管理实施细则》(以下简称《细则》)。

第一章　总　则

第一条　总公司及所属全资、控股子公司从事土木工程、建筑工程、线路管道设备安装工程、装修工程等新建、扩建、改建活动的企业，均应依照法规，按照本企业拥有的注册资本、净资产、专业技术人员、技术装备和已完成的建筑工程业绩等资质条件申请资质，经审查合格，取得相应等级的资质证书，在其资质等级许可的范围内从事建筑活动。

第二条　总公司企业管理部归口总公司全资、控股子公司的资质管理工作。

第二章　资质申请和审批

第三条　总公司负责总公司全资、控股子公司的施工总承包特级、一级和专业承包一级(资质就位期间含二级以下增项)资质企业的申报。

第四条　各单位要对申报材料进行自审，经企业法定代表人审核并在《建筑业企业资质申请表》(以下简称《申请表》)上签字盖章，以示对申请材料认可和对其真实性负责。总公司在规定时间内进行初审，相关人员和部门要填写《承诺书》，以示对审核过的材料负责，与申请材料一同报建设部审批。

第五条　施工总承包二级(含)、专业承包二级(含)以下及劳务分包企业资质，报所在省、自治区、直辖市政府主管部门审批。

第六条 申报施工总承包特级、一级和专业承包一级资质的企业填写《申请表》一式四份，附件材料一份。申请铁道、交通、水利、信息产业、民航等方面资质的企业，每申请一个增项资质，需增填两份《申请表》，并将其相应的附件材料分开装订。

第七条 附件材料全部为复印件，用 A4 纸装订。内容包括：

(一)法人营业执照；

(二)企业章程；

(三)企业法定代表人和技术、财务、经营负责人(三总师)的任职文件、职称证书、身份证；

(四)企业项目经理资质证书、身份证；

(五)企业工程技术和经济管理人员(包括投标、预算、合同等管理人员，法律工作人员，有职称的经济、会计、统计人员)职称证书；

(六)企业原资质证书正、副本；

(七)企业的财务决算年报表；新设立企业出具中介机构的验资报告；

(八)企业完成的具有代表性工程的合同及质量验收、安全评估资料；

(九)企业生产情况、财务状况年报表。

第八条 附件材料应按以下顺序装订：企业法人营业执照，原资质证书正、副本，企业章程，法定代表人、技术负责人、财务负责人、经营负责人的任职文件、职称证书、身份证，企业年度生产、财务和安全报表，代表性工程的合同及质量验收、安全评估资料，项目经理资质证书、身份证，工程技术人员和经济管理人员的职称证书，其他有关资料。

铁道、交通、水利、信息产业、民航等方面的业绩材料应按专业分别装订；项目经理资质证书、身份证，工程技术人员和经济管理人员的职称证书应单独装订。其余附件材料可视其多少装订成一册或数册。

第九条 集团母子公司的申报资料中，工程技术与经济管理人员、项目经理和工程结算收入、设备、工程业绩等不得重复计算。

第十条 《申请表》的填写

(一)《申请表》使用建设部统一印制的《建筑业企业资质申请表》，企业资质就位、申请资质、资质升级和增项均使用本表；

(二)企业名称要填写全称，封页企业名称处加盖企业印章；

(三)企业法定代表人要在企业法定代表人声明处亲笔签字，保证《申请表》中各项内容的真实性；

(四)企业经理、企业技术负责人、企业财务负责人、企业经营负责人简历从参加工作之日起填写，历次工作变更时间要分别填写；

(五)企业有职称的工程技术和经济管理人员名单按工程、经济等序列分类，每序列人员职称从高向低排列；

(六)企业项目经理名单中的级别从一级向下依次排列；

(七)企业主要机械设备情况，按机械设备种类、型号由大向小依次填写；

(八)代表工程业绩一览表，填写企业近十年(或近五年)完成的各类工程项目，“技术指标”、“单位”应按资质等级标准填写；

(九)代表工程情况，应填写最能表现各专业技术水平、建设规模的工程项目，并按资质申报专业分别填写，代表工程数量应符合《标准》的要求，各项工程应与附件材料相对应；

(十)企业简历，从企业成立之日起填写，简要写清企业组建、变更过程，企业现人员、资金、设备等资质状况，主要施工业绩及获省、部级以上工程质量奖等情况；

(十一)《申报表》中，凡需签字和加盖印章时，均应提供原件，复印件无效；

(十二)《申报表》的填写要求规范整齐，字迹清晰，不得有漏项，手续齐全。

第十一条 申报施工总承包资质的企业可选择一项总承包资质作为主项资质，同时选择数项等级不高于主项资质的总承包资质作为增项资质，可以申请不超过 5 项的专业承包资质；申请专业承包一级资质的企业，可以申请不超过 5 项的专业承包资质作增项资质。

专业承包企业不得申请施工总承包资质，施工总承包企业和专业承包企业不得申请劳务分包资质。增项资质级别不得高于主项资质级别。

各企业在向总公司申报资质的同时，应将申报材料报注册地省级建设主管部门一份备案。

第三章　资质年检

第十二条 总公司负责所属施工总承包特级、一级和专业承包一级资质企业的资质年检，年检资料于每年 3 月～5 月报总公司。

施工总承包、专业承包二级及以下资质、劳务分包资质企业在注册地资质审批部门年检。

第十三条 企业资质年检需提交以下材料：

(一)《建筑业企业资质年度检查表》；

(二)《建筑业企业资质证书》；

(三)《企业法人营业执照》复印件；

(四)企业年度生产情况、财务状况、安全等报表；

(五)发生过三级以上或两起以上四级工程建设重

大质量安全事故企业,需报相应事故调查报告。

第十四条　建筑业企业年检结论分为"合格"、"基本合格"、"不合格"三种,记录在《建筑业企业资质证书》副本的"年检记录"栏目中,资质年检结论由建设部作出。

(一)企业资质条件符合资质等级标准,上年度施工生产中未发生工程建设重大事故及违法行为,年检结论为"合格";

(二)企业资质条件基本符合所定资质等级标准,且过去一年内施工生产中未发生过三级(含)以上或两起(含)以上四级工程建设质量、安全事故及重大违法行为,结论为"年检基本合格";

(三)企业资质条件与所定资质标准差距较大,或过去一年内发生过三级(含)以上或两起(含)以上四级工程建设重大质量、安全事故,或发生过重大违法行为,结论为"年检不合格"。

第十五条　因"年检不合格"或连续两年"年检基本合格"而被降级企业,经过一年整改,经企业自查资质条件重新达到资质标准,且在整改时间内未发生过重大违法事件、质量安全事故,可重新申请原资质等级。

第十六条　未在规定时间参加资质年检的企业,其资质证书自行失效。

第四章　资质升级及增加"增项"资质

第十七条　施工企业连续三年年检合格,各项资质条件达到上一个资质等级标准,可申请资质升级。

第十八条　施工企业资质升级、增加"增项"资质,应在每年 6 月提出申请,总公司初审后报建设部审批。

第十九条　资质(主项、增项)升级或增加"增项"资质,需提交以下材料:

(一)申请报告,说明原资质等级和申请的资质等级、企业现在资质条件、申请升级或增项的理由;

(二)第七条中有关资料;

(三)《建筑业企业资质申请表》份数及附件装订同第六条、第八条。

第五章　资质变更

第二十条　企业的名称、地址、经济类型、法定代表人、技术负责人等内容发生变化后,应当在一个月内办理完毕资质变更。

(一)企业名称变更需提供材料:企业资质变更申请报告、已变更的《企业法人营业执照》复印件、《建筑业企业资质证书》正本和全部副本;

(二)企业地址、经济类型、法定代表人、技术负责人等变更需提供的材料:企业资质变更申请报告、已变更的《企业法人营业执照》(技术负责人变更除外)、《建筑业企业资质证书》全部副本、法定代表人和技术负责人的任(免)职文件、职称证件复印件和简历表等。

第二十一条　企业遗失《建筑业企业资质证书》,应当在全国性建筑行业报纸或省级综合类报纸上声明作废。持遗失声明原件、遗失情况说明、原《建筑业企业资质申请表》、申请补办《建筑业企业资质证书》的报告,办理补办手续。

第六章　附　　则

第二十二条　本《细则》如与建设部颁发的资质管理文件有不一致之处,以建设部颁发的《规定》、《标准》和《建筑业企业资质管理规定实施意见》、《关于建筑业企业资质就位的意见》以及相关文件为准。

第二十三条　本《细则》由总公司企业管理部解释,修改亦同。

第二十四条　本《细则》自 2001 年 7 月 1 日起施行。

中国铁道建筑总公司
关于重大安全事故责任追究的规定

中铁建安质〔2001〕147 号

第一章　总　则

第一条　为了强化安全生产管理,防范重大安全事故发生,切实保障人民群众生命、财产安全,根据《国务院关于特大安全事故行政责任追究的规定》,参照《铁道部关于特大安全事故责任追究的办法》,结合总公司实际情况,制定本规定。

第二条 企业必须遵守国家安全生产法律、法规和规章,执行“安全第一、预防为主”的方针,贯彻“谁主管谁负责”的原则,落实安全生产逐级负责制和岗位责任制,强化安全基础建设,严格劳动纪律,坚持标准化作业,防范各类事故发生。

第三条 各单位发生安全事故,要按照安全生产责任制,根据事故等级和责任大小,追究有关人员责任,并给予相应的行政处分;构成犯罪的,依法追究刑事责任。

第四条 本规定对下列责任事故的有关责任人员进行追究:

(一)重大工程作业安全事故;

(二)重大建筑质量安全事故;

(三)铁路营业线施工危及行车安全重大事故;

(四)重大交通安全事故;

(五)重大火灾安全事故;

(六)锅炉、压力容器、压力管道和特种设备重大安全事故;

(七)民用爆炸物品和化学危险品重大安全事故;

(八)其他重大安全事故。

对重大安全事故肇事单位和个人的行政处罚、刑事处罚和民事责任,依照有关法律、法规和规章的规定执行。

第五条 重大安全事故是指一次死亡3人以上事故,或者性质特别严重、社会影响恶劣的其他事故。

特大安全事故的具体标准,按照国家有关规定执行。

第六条 因各类事故追究有关人员责任,按管理权限(包括任免权限、处分权限)办理。

第二章 企业领导责任的追究

第七条 本规定所指企业领导责任,是指工程局(集团公司)、工程处(公司)和总公司直属单位的党政正职负责人(党委书记、董事长、总经理)对事故的发生,有失职、渎职情形或者负有领导责任的,依照本规定给予行政处分;构成犯罪的,依法追究刑事责任。

第八条 对发生重大职工死亡事故和重大铁路行车事故负有责任的领导人,视其情节轻重、责任大小及经济损失程度,给予以下行政处分:

(一)一次死亡3人~5人,给予工程处(公司)和总公司直属单位党政正职负责人警告或记过处分;给予工程局(集团公司)党政正职负责人通报批评或警告处分;

(二)一次死亡6人~10人,给予工程处(公司)和总公司直属单位党政正职负责人记过或记大过处分;给予工程局(集团公司)党政正职负责人警告或记过处分;

(三)一次死亡11人及以上,给予工程处(公司)和总公司直属单位党政正职负责人记大过或降级,直至撤职处分;给予工程局(集团公司)党政正职负责人记过或降级处分;

(四)发生因铁路营业线施工危及行车安全的重大及以下事故的责任追究,按照《铁路行车事故责任人处罚办法》执行;

(五)企业发生重大经济损失或爆炸物品丢失被盗事件以及性质特别严重、社会影响恶劣的其他事故,根据事故等级和责任大小,追究有关人员责任,酌情给予相应的处分;

(六)在三个月内连续发生重大安全事故的,均要在上述规定基础上,对负责人加重处分;对到任不满三个月、在事故中仅负间接责任、认识深刻的负责人,可酌情从轻或免予处分。

第九条 企业发生特大安全事故,对工程处(公司)和总公司直属单位党政正职负责人给予记大过、降级或撤职处分;对工程局(集团公司)党政正职负责人,给予记过、记大过或降级处分;构成犯罪的,依法追究刑事责任。对总公司领导责任的追究,由中央企业工作委员会决定。

第十条 总公司系统中小学校以各种名义或形式组织学生从事接触易燃、易爆、有毒、有害等危险品的劳动或其他危险性劳动的,或将学校场地出租作为从事危险品的生产、经营场所的,按照学校隶属关系,对企业党政正职负责人,视其情节轻重,给予警告、记过、记大过处分;对分管负责人和主管部门党政正职负责人给予记过、记大过、降级或撤职处分;对学校校长给予开除处分;对直接组织者给予开除处分。对由此造成安全事故的,要加重处分;构成犯罪的,依法追究刑事责任。另外,学校组织学生参加集体活动时,造成人员伤亡事故的,也要追究有关人员责任,酌情严肃处理。

第三章 直接责任的追究

第十一条 在施工生产过程中,因违章指挥、违章作业,导致重大、特大安全事故发生的,对工程项目部、车间党政正职负责人及现场指挥的领导(包括应到现场而未到现场的领导),视情节轻重,给予记大过、撤职或开除处分;对间接指挥的领导,给予记过、记大过、降级或撤职处分。

第十二条 在施工生产过程中,因违章、违纪直接导致各类重大、特大安全事故的发生,对造成事故的直接责任人,给予撤职或开除处分;构成犯罪的,依法追究刑事责任。

第十三条　对未经有关单位审批，擅自组织项目的实施，发生重大、特大安全事故的，对项目实施单位的党政正职负责人，视情节轻重，给予降级、撤职或开除处分；构成犯罪的，依法追究刑事责任。

第十四条　对需要审批的项目，其主管单位或个人明知不符合法律、法规、规章规定的安全条件，采取弄虚作假，骗取批准或勾结串通审批单位人员取得批准的直接责任人，视情节轻重，给予记过、记大过、降级、撤职或开除处分；构成犯罪的，依法追究刑事责任。

第十五条　对发生的各类人员死亡事故和重大安全事故，采取隐瞒不报、谎报、拖延报告或利用各种方式阻碍、干扰事故调查、干涉对事故有关责任人追究责任的，对责任人给予记过、记大过、降级或撤职处分。对弄虚作假降低事故等级的责任人，按查定的事故等级加重处分。

第四章　附　则

第十六条　本规定适用于中国铁道建筑总公司机关及所属单位。各单位可根据本规定制订实施细则。

第十七条　对重大、特大安全事故直接负责的其他主管人员和其他责任人员的追究，比照本规定给予行政处分；构成犯罪的，依法追究刑事责任。

第十八条　本规定与国家安全生产奖惩有关法律、法规和规章的规定如有不一致或有遗漏的，按国家规定执行。

第十九条　本规定由中国铁道建筑总公司安全质量管理部负责解释。

第二十条　本规定自发布之日起实行。

中国铁道建筑总公司财务管理内控制度

中铁建财〔2001〕156号

第一章　总　则

第一条　为加强企业内部管理，规范企业各项经济行为，保护资产的安全与完整，防范各种经营风险和财务风险，制定本制度。

第二条　中国铁道建筑总公司(以下简称总公司)所属各级各类单位、全资和控股的各类公司都必须执行本制度。

第三条　企业内部控制的基本要求是：严格遵守国家法律、法规和总公司的各项规章制度；明确规定各类业务的决策、审批、实施、反馈、处理和监督程序；明确划分企业内部各部门、各岗位的职责和权限，建立严密的授权与审批制度；严格按照国家统一的会计制度进行会计核算和会计监督；实施有效的内部监督和内部审计。

第四条　各单位应当建立严格的责任追究制度，因违反内部控制制度或工作失误造成重大损失的，应当追究有关责任人的责任。

第二章　投资管理

第五条　本制度所称投资系指企业将其依法占有的财产投放到特定对象，以期在未来获得一定收益的经济行为。包括企业为维持或扩大自身的生产经营规模所进行的对内投资和企业为获得更多的收益或控制被投资企业生产经营活动所进行的对外投资。对内投资包括购买、新建、改建和扩建固定资产及购买无形资产等其他长期资产。对外投资包括股权投资和债权投资。股权投资包括以独资、入股、联营等方式兴办企业，兼并其他企业，购买其他企业的股权、股票，以及其他股权性质的投资。债权投资包括购买债券投资和其他债权投资。

第六条　不具有法人资格的单位，不能进行股权投资。需要进行股权投资时，必须取得法人的授权，并按规定程序和权限进行决策。所有单位的对内、对外投资都必须遵守本制度的规定。

第七条　各单位应当建立投资的可行性分析制度。决策之前，必须进行可行性分析。投资额在5万元以上的项目，必须要有书面的可行性分析报告。重大投资项目，还应当聘请有关专家进行咨询或参与评估论证。

可行性分析报告的内容一般应包括：投资项目的概况、实施方案、发展前景预测、资金来源及筹措方式、预计的现金流量、经济效益评价、风险评估等。

投资报酬率达不到企业确定标准或风险较大的，一般不能投资。

第八条 各单位应当建立投资决策制度。投资国债和信用等级为AAA级的债券，可以由财务部门负责人或总会计师审批。其他各种投资的可行性分析报告应当提交本单位总会计师、总经济师（或代行总会计师、总经济师职权的领导，下同）审核。总会计师、总经济师在综合各方面意见的基础上，确定被选方案并签署意见，报单位负责人（公司制企业报总经理）审批。对内投资在10万元以上的、除国债和信用等级为AAA级的债券投资以外的其他对外投资在5万元以上的，以及虽然不够上述标准但风险较大的投资，必须经过一定的会议集体决策。公司制企业投资决策的会议及权限由公司章程规定，其他单位的投资决策会议为总经理（包括局长、处长等，下同）办公会或党政领导干部联席会决策。各单位可以设立投资决策委员会，专门负责投资决策。

证券投资应当通过一定的会议确定投资的范围和原则，证券投资的日常操作，必须按照确定的范围和原则进行。

第九条 各单位应当建立投资项目审批制度，明确规定所属单位的投资权限。

下列投资项目应当报总公司审批：

（一）各工程局（包括相当于工程局的集团公司，下同）股权投资在1 000万元（含，下同）以上的项目。

（二）具有法人资格的总公司直属单位股权投资占净资产2%以上的项目和对内投资占净资产10%以上的项目。

（三）不具有法人资格的总公司直属单位（包括总公司派出的项目经理部、指挥部）对内、对外投资的所有项目。

（四）兼并其他企业。

审批单位对所属单位的报批事项应当及时审批。短期投资应当在收到书面申请后10日内批复，长期投资应当在收到书面申请后30日内批复。

第十条 严禁用企业和单位的资产以个人名义对外投资，严禁外单位和个人“挂靠”本企业或本单位。

第十一条 投资决策时必须明确实施投资的责任部门、责任单位和责任人。责任部门、责任单位和责任人应当按照批准的投资方案组织实施，并定期报告实施情况。实施中如出现原投资方案未预见到的情况，应及时报告。

第十二条 各单位应当建立投资的日常管理制度。股权投资应按投资项目建立档案，并每年向负责投资决策的会议汇报一次。

第十三条 各种有价证券应当比照现金和支票妥善管理，确保其安全。购买有价证券时应当尽量选择记名和可以挂失的种类。

第十四条 各单位应当建立投资项目的激励和约束机制，奖优罚劣。对违反本制度规定的决策程序和权限、越权办理造成重大损失的，要从重处罚。

第三章 预算管理

第十五条 各单位都要实行全面预算管理，把一切经济活动都纳入预算之中。编制完整预算的单位应与实行会计核算（含内部核算）的单位相一致。

第十六条 各单位都必须编制年度预算，其预算期应与会计年度一致。各单位应当根据本单位的业务需要编制中长期预算、季度预算和月度预算。

第十七条 年度预算一般应包括以下内容：

（一）销售预算或工程价款结算预算：应当列明所销售产品或商品、劳务的类别、数量和销售收入，工程项目名称（类别）、主要工作量和工程价款结算收入，货款和工程款的收回时间及数额。

（二）生产预算：应当列明所生产产品的种类和数量。

（三）成本预算：包括总成本预算和分成本核算对象的成本预算，应当列明每个成本项目的数额；各单位还应当根据本单位的生产经营特点编制直接材料预算、直接人工预算、制造费用预算、机械使用费预算、其他直接费预算和间接费用预算。

（四）管理费用预算：应当按照管理费用的核算项目分别编制，列明每项费用的计算依据和金额。

（五）销售费用预算：应当按照销售费用的核算项目分别编制，列明每项费用的计算依据和金额。

（六）财务费用预算：应当按照财务费用的核算项目分别编制，列明每项费用的计算依据和金额。

（七）固定资产预算：应当分别固定资产的类别列明固定资产的增加、减少和折旧数额，购建固定资产应列明其名称、数量、单价、金额及款项的支付时间。

（八）专项工程预算：应当按工程项目列明其实施单位、总投资额及其构成、开竣工和交付使用时间以及款项支付时间。

（九）长期投资预算：应当按其类别和项目列明长期投资的增加、减少和收益、损失数额。

（十）其他长期资产预算：包括临时设施、无形资产、递延资产等其他长期资产的预算，应当按其类别列明其增加、减少和摊销数额；购建上述长期资产应列明其名称、数量、单价、金额及款项的支付时间。

（十一）现金预算：包括现金（含现金等价物，下同）的收入、支出、多余或不足、资金的筹集与运用，应当编制预计现金流量表。

（十二）预计损益表：按财务会计报告中的损益表的内容编制。

(十三)预计资产负债表:按财务会计报告中的资产负债表的内容编制。

各单位可以根据本单位的实际情况增加预算的内容。本单位业务中没有上述某种预算内容或业务量很少的,可以不编制该种预算,但必须编制现金预算、预计损益表和预计资产负债表。

中长期预算、季度预算和月度预算的内容由各单位根据本单位的实际情况确定。

第十八条 预算编制的一般程序是:

(一)有关业务部门根据单位的长期规划或总体目标提出预算初稿。

(二)财务部门对各业务部门提出的预算初稿进行汇总、综合平衡,提出讨论稿。

(三)将讨论稿提交办公会、党政领导干部联席会等会议研究、审查。

(四)根据会议决议对预算进行修改。

(五)如有必要可再次召开会议研究。

(六)下达执行。

第十九条 各种预算的初稿分别由下列各业务部门编制:

(一)销售预算(工程价款结算预算):由销售或计划、经营部门编制。

(二)生产预算:由生产部门编制。

(三)成本预算:由生产、计划和财务部门编制。

(四)管理费用预算:由各业务部门分别编制。

(五)销售费用预算:由销售部门编制。

(六)固定资产预算:由固定资产的管理部门分别编制。

(七)专项工程预算:由计划、基建或其他主管专项工程的部门编制。

(八)长期投资预算:由长期投资的主管部门或财务部门编制。

(九)其他长期资产预算:由资产的管理部门和财务部门共同编制。

(十)财务费用预算、现金预算、预计损益表、预计资产负债表:由财务部门编制。

第二十条 预算的编制必须从最大限度地提高企业和单位经济效益的总目标出发,坚持积极可靠和实事求是的原则。各单位、各部门领导要对其提出的预算负责。

第二十一条 编制各种费用开支预算时,应当精打细算。费用开支预算应当对实际开支时是否还需审批以及审批程序、审批权限做出明确规定。

第二十二条 预算下达后,各单位、各部门都必须严格执行。对预算的执行情况,应定期进行检查和分析。

第二十三条 各单位可以设置预算委员会。预算委员会的主要职责是:

(一)审议并确定预算目标和预算编制原则、编制方法。

(二)布置预算编制工作。

(三)审议业务部门提出的预算稿,审定下达预算。

(四)听取有关部门关于预算执行情况的汇报,对预算执行情况进行考核和分析。

(五)研究决定其他与预算有关的事项。

第四章 采购管理

第二十四条 本制度所称采购包括购买原料、主要材料、燃料、结构件、半成品、辅助材料、零部件、周转材料、低值易耗品、设备、配件、办公用品、劳动保护用品、商品及其他物资。

第二十五条 各单位应当按照科学有效、公开公正、比质比价、监督制约的原则,建立健全采购管理的各项制度,防止采购过程中的不正当行为发生。

第二十六条 各单位的物资采购应当实行计划管理。负责物资采购的部门应当根据本单位施工、生产等方面的需要,定期编制物资采购计划,报分管领导审查。

工程项目物资采购计划编制的主要依据是:

(一)工程项目投标书中编列的材料用量。

(二)工程设计文件提供的材料用量。

(三)工程项目的施工组织设计。

(四)有关材料消耗定额:铁路工程采用《铁路基本建设工程材料消耗定额》,其他工程采用相关的材料消耗定额;无相关定额时,可采用《铁路基本建设工程材料消耗定额》。

第二十七条 各单位应当建立健全物资采购决策程序,根据采购物资类别和金额大小,实行分级分权管理,明确各级管理者、各有关部门及人员的责任。

第二十八条 各单位的主要原材料和大额物资采购,应当由单位负责人、分管领导和有关部门负责人通过一定的会议集体决策。决策的内容包括采购物资的型号、规格、质量标准、采购方式、数量、批次、价格、供货商、供货方式、付款条件以及负责采购的责任部门、责任人等其他与采购有关的主要事项。

以上所称“大额”的标准为:

(一)总公司机关10万元(含,下同)以上;

(二)总公司机关直属单位,总公司所属分公司、办事处、指挥部、经理部,总公司大兴干校、总医院等5万元以上;

(三)各工程局(集团公司)、工厂局、中铁建物资集团有限公司、北京中铁建筑工程公司、中铁工程有限公司、铁路运输处、铁道战备舟桥处可根据本单位的实际情况，自行规定标准；

（四）其他总公司直属企业5万元以上。

第二十九条 各单位应当加强对采购物资的价格、质量、数量的监督，明确行使监督职能的部门和人员。

第三十条 各级管理者对其审批的物资采购负有审查、监督责任。

第三十一条 企业和有经常性物资采购任务的单位应当广泛收集采购物资的质量、价格等信息，掌握主要采购物资信息变化情况。采购部门和采购人员应当根据市场信息做到比质、比价采购。

第三十二条 除仅有惟一供货单位或企业生产经营有特殊要求外，企业主要物资的采购应当选择两个以上的供货单位，从质量、价格、信誉等方面择优进货。

第三十三条 主要物资采购及有特殊要求的物资采购，应当审查供货单位资格；对已确定的供货单位，应当及时掌握其质量、价格、信誉等变化情况。

第三十四条 大宗物资采购具备招标条件的，应尽量实行招标采购。各单位可根据本单位的实际情况，制定实行招标采购的具体规定。

第三十五条 各单位应当制定主要物资的价格目录，分地区确定主要物资的参考价格，作为采购时比价和对采购价格进行监督的参考依据。价格目录应根据市场价格的变化情况及时进行修改。

第三十六条 行使价格监督职能的部门和人员，应当对所采购的主要物资的价格单据进行审核，对未在审核价格内进行采购的，应及时向单位领导或有关主管人员反映并提出处理意见。

企业行使价格监督职能的部门或人员，应当及时了解、掌握主要采购物资的市场价格，并对其审核的物资采购价格承担相应责任。

第三十七条 采购物资到货后，应当进行点验，检验其数量、规格、品种和质量。物资点验必须要有两人以上参加，采购人员、保管人员或现场收料人员、单位负责人等参与验收的人员应当分别在点验单上签字。凡物资的规定计量方法为检尺、检斤、检件的，应当按规定方法进行检尺、检斤、检件。砂、石、煤等大堆物资，应进行量方和过磅。点验过程中如发现数量、规格、品种和质量不符的，应如实做好验收记录，并及时向物资主管部门和单位领导汇报。参与物资点验的人员应当严格按标准和程序进行点验，并对点验结果承担责任。

第三十八条 除砂石料等少数材料外，采购人员必须向供货商索取具有红印的质检书。如供货商提供的质检书是复印件，须加盖供货商的公章。按规定需要进行测试的材料，材料到货后采购部门应当主动向测试部门或技术部门提供合格证书或质检证书，测试部门或技术部门应当及时进行抽检测试。测试人员应当严格按规定方法和标准进行测试，并对测试结果承担责任。

第三十九条 采购物资的货款结算必须以点验单和质量测试报告为依据。无点验单和按规定应进行质量测试而无测试报告的，不能办理结算手续。点验结果和质量测试结果不符合要求的，应按合同和有关规定及时采取退货、拒付或扣减货款、向对方索赔等处理措施。

第四十条 物资采购人员应当实行回避制度。单位负责人和分管采购工作的领导的亲属原则上不得在本单位的物资采购部门担任负责人。

第四十一条 各单位职工有权对违反本制度规定损害单位利益的行为向单位领导、上级机关或政府部门举报。对举报人应当保护，任何人不得打击报复。

第四十二条 各单位应当对下列人员予以奖励：

（一）降低采购成本贡献突出的采购人员。

（二）严格履行职责成绩显著的质量、价格监督人员。

（三）举报违反本制度规定的采购行为，经查证属实的人员。

（四）为降低采购成本做出突出贡献的其他人员。

第四十三条 对违反本制度规定弄虚作假、以权谋私、账外暗中接受回扣和收取贿赂的人员，应当根据情节轻重给予通报批评、记过、调离岗位、解聘、除名等处分；给企业造成直接经济损失的，应依法赔偿；构成犯罪的，应移交有关部门依法追究刑事责任。

违反本制度，造成单位利益发生较大损失的直接责任人员、直接负责的主管人员和单位负责人，应当承担相应的责任。

第五章 销售（投标和工程款结算）管理

第四十四条 企业应当建立投标（包括工程承包投标、物资供应投标等，下同）和议标承揽任务的内部审批制度。未经批准，任何单位或个人不得以企业名义参与投标和议标。

总公司参与投标和议标的审批程序是：

（一）总公司所属不具有法人资格的单位以总公司名义参与投标或议标，或总公司所属具有法人资格的单位认为应以总公司名义参与投标或议标时，应当填制"工程信息申报表"，说明项目名称、地点、业主及招标单位、设计单位、项目概况、资金来源及到位情况、招标计划、拟定的法定代表人的授权代理人、拟任的项目经理、拟任的技术主管、拟定的施工队伍等情况，并附有关招标、议标的文件报总公司经营部。

（二）总公司经营部对有关文件进行审查分析，提出具体意见。

（三）总公司分管经营工作的领导审批。

（四）总公司总经理审批。

第四十五条　严禁任何个人和企业以外的单位借用企业名义进行投标、议标等经营活动。对冒用企业名义进行各种经营活动的，企业应当追究其法律责任。

第四十六条　企业参与投标或议标承揽任务，必须认真进行收入与成本的预测，进行经济效益分析。

第四十七条　企业一般不承揽垫资项目。特殊情况确需承揽垫资项目时，必须对发包方的资格、资信及项目的背景、资金情况进行考察，并经过一定的会议集体研究，在确认其能够按期偿还所垫资金时，方可承揽。

第四十八条　承揽垫资项目时，合同中必须明确规定垫资的方式、数额和时间，偿还所垫资金的方式和时限，逾期不能偿还时的违约责任。逾期还款不能只计付利息，必须偿付违约金，以防止对方将垫资作为长期贷款使用。

第四十九条　对资金实力较弱、资信状况不好的单位或私人业主发包的工程，承揽时必须认真考察其支付能力，慎重决策。

第五十条　参加投标、议标及签订合同时，必须认真审查对方是否具备签订合同的资格；必须认真研究有关合同条款，审查其是否有违法、违规问题，是否隐含着对本企业不利的因素，特别是有关标的数量、质量、价款或酬金、履行期限、地点、方式和违约责任的规定是否适当，防止对方设置陷阱。合同签字时，应确认对方签字人是法定代表人或法定代表人的授权代表人。由授权代表人签字时，必须要有法定代表人的授权委托书，并应对授权委托书的真实性进行核实。

第五十一条　对已递交了投标书的项目，必须严格按照招标文件的规定执行，避免因违反招标文件规定撤回投标书、在接到中标通知书后不签合同、未按规定提供履约担保等导致投标保证金被没收的情况发生。

第五十二条　合同签订后，必须严格履行合同，避免因违约造成企业声誉受损、履约保证金被没收或承担其他违约责任。

第五十三条　各施工企业和单位应当建立健全合同执行过程中的签证制度。凡发生设计变更、地质等施工条件与招标文件不符及自然灾害等非我方原因造成的停水、停电、停工、窝工等情况时，要及时取得监理或发包方（业主）代表的签认。

第五十四条　各施工企业和单位应当建立健全验工计价及工程决算工作制度。单位计划（预算）部门应当按照合同规定，及时向发包方报送验工计价，并催促发包方及时签认。工程竣工验收时，单位领导应当组织有关部门对合同变更等签证进行彻底清理，及时编制工程决算，并及时取得发包方签认。

第五十五条　各施工企业和单位的财务部门应当根据合同规定，会同有关部门及时向发包方收取预付工程款（备料款）、工程进度款、工程决算款、尾工款和质量保证金。

第五十六条　工程价款结算收入的确认，应当严格按照国家统一会计制度的规定执行。对已完工程数量和在建工程数量的计量，要严格按规定方法，由施工和计划（预算）部门共同实施。已完工程的价款结算收入，要严格按合同进行计算，严禁人为地多估或少估收入。

第五十七条　有产品（商品）销售的企业，应当建立健全销售管理的内部控制制度。其内容应当包括：

（一）销售部门和销售人员的岗位责任制度。企业应当明确规定销售部门和销售人员的职责和权限。

（二）销售合同管理制度。企业应当在国家制定的统一合同文本的基础上，结合本企业的实际情况，制定固定格式的合同文件，明确双方的责任；规定负责合同管理的部门和人员相应的职责；对合同的签订和执行应当建立监督和检查制度。

（三）开票、发货及结算制度。销售部门依据合同和有关主管人员批准开具售货发票。仓储部门根据销售部门开出的发票填制产品（商品）出库单，并据以点验并发货，同时将发票等凭证转财务部门。如果产品由售货方代发运，应将运单一并转交财务部门。财务部门依据发票、运单等凭证，与销售合同核对后办理收款业务并及时登记入账。

（四）售货退回的处理制度。售货退回应严格按合同进行处理，并冲减当期的销售收入。

（五）销售折让、销售折扣的审批制度。企业应当明确规定可以进行销售折让、销售折扣的条件、折让和折扣的幅度、审批程序和审批权限。

（六）售货款的清理控制制度。应收售货款应定期清查，及时清收；对购货方违反销售合同而造成的损失应提出索赔；对已确定无法收回的呆、坏账，应在查明原因、分清责任的前提下，按有关规定及时处理。

（七）赊销管理制度。企业在赊销前，应当考察赊销对象的信用情况，信用不可靠的，赊销时应取得抵押或担保。赊销必须签订书面的合同或协议，明确规定双方的责任，特别是付款的期限和违约责任。企业必须明确规定赊销的范围、审批程序、审批权限和收款责任。

(八)检查监督制度。企业应当加强对产品(商品)销售管理的检查监督,确保各项销售管理的内部控制制度得到完全执行。

第五十八条 各单位应当建立销售和承揽任务的激励和约束机制,奖优罚劣。对违反本制度规定,不按规定程序进行操作,发生上当受骗,致使保证金、垫资款、赊销款难以收回,给单位造成重大经济损失的,要从重处罚。

第六章 存货管理

第五十九条 本制度所称存货包括外购的存货和自制的存货。外购的存货包括:外购的原料、主要材料、燃料、结构件、辅助材料、机械配件、其他材料、外购半成品、零部件、周转材料、低值易耗品、劳动保护用品、商品、作为劳动对象的待安装设备等。自制的存货包括:产成品、半成品和自制的零部件。施工企业的在建工程的管理分别在本制度第五章和第八章中规定。

第六十条 存货控制的原则是不相容职务分离、限制接近、授权控制和定期清查盘点。

第六十一条 各单位应当制定存货管理不相容职务分离的制度。其内容主要包括采购职务与办理存货验收手续、承担存货明细账登记职务相分离;存货的明细账登记职务与保管职务相分离;批准发料、发货的授权职务与仓库保管职务相分离;存货保管职务与账目核对职务相分离。

第六十二条 各单位应当合理限制无关人员对存货的接触。特别是对于贵重物品、易燃、易爆、易碎物品,只有经过授权批准的专职保管人员才能接触。除特别授权外,非保管人员不得私自接近或接触,以确保存货实物的安全完整。

第六十三条 各单位必须建立健全存货收发、保管、报废、损坏、赔偿、摊销管理制度和办法,正确核算存货收入、发出和结存。

第六十四条 各单位都必须建立存货的验收制度。不论是外购的存货还是自制的存货,不论购货款是否支付、发票是否取得,只要物资运达仓库或施工、生产现场,都要及时进行点验。存货的点验按照本制度第三十七、三十八、三十九条的规定执行。

第六十五条 存货领用应建立定额管理制度。施工、生产单位的物资部门应当根据计划、技术或生产等部门提供的材料消耗定额和工作任务填发限额领料单,经财务部门审核结算后去料库领取材料。材料的发放、领用和列销手续不得一人完成。

工程项目的分包单位领料时,必须先经财务部门结算,防止因多领材料而造成超拨款。

第六十六条 各单位应当建立健全周转材料的收、发、领、退管理制度,加强周转材料的管理。

技术部门应根据施工组织设计,提供工程项目年度周转材料需要的品种及数量,监督周转材料使用,鉴定拆除、回收、报废的在用周转材料。

物资部门应根据技术部门提供的年度周转材料需要的品种、数量,组织采购、调配、租赁加工;直接管理在库、在用周转材料,办理周转材料的领用、回收、报废等事项;建立周转材料卡片并及时登记有关动态,按月提供周转材料使用情况表,定期对周转材料进行盘点,保证物卡相符。

财务部门应当根据物资部门提供的周转材料使用情况表计算摊销额,对在用周转材料进行明细分类核算,监督在用周转材料动态,每季与物资部门核对账目,保证账卡相符。

第六十七条 施工现场拆除、回收的在用周转材料,经物资、技术部门鉴定,确定实际成新率,并做出记录交财务部门增记或冲减有关工程成本。

第六十八条 经鉴定周转材料确需报废时,物资部门应填制在用周转材料报废单,经领导批准后报废,其回收的残值交料库点收入账,未摊销完的价值应补提摊销。

第六十九条 在用周转材料丢失、损坏时,必须分析原因和责任,按规定提出处理意见,经单位领导批准处理。损坏但可以修复的在用周转材料,应进行整修,整修的费用计入工程成本。

第七十条 各单位应建立健全低值易耗品的收发、保管、报废、损坏、赔偿、摊销管理制度。

财务部门和物资部门对在用低值易耗品应建立明细台账进行实物管理,领用人领用时须在台账或卡片上签字。

在用低值易耗品报废,应经过物资部门鉴定,填制低值易耗品报废(赔偿)单,经单位领导批准后,交财务、物资部门注销。

丢失、损坏和其他原因短少的在用低值易耗品,应由使用人提出报告,填制低值易耗品报废(赔偿)单,由部门或班组分析并说明原因,经物资部门审核并提出处理意见,报单位领导人批准办理。属使用人或保管人责任的,由过失人赔偿;赔偿按评估价及情节轻重确定。

已报废注销的低值易耗品有残值的,由物资部门收回残值交财务部门。

第七十一条 各单位应当建立存货盘盈、盘亏和毁损的处理制度,分别不同情况规定存货盘盈、盘亏和毁损的处理办法、处理程序和审批权限。

存货在定额内的合理损耗,可由存货所有单位的主管领导审批。存货的超定额损耗、盘盈、盘亏和毁损的处理,应经过一定的会议集体研究审批。

各工程局(集团公司)、工厂局、中铁建物资集团有限公司、北京中铁建筑工程公司、中铁工程有限公司、铁路运输处、铁道战备舟桥处一次发生存货损失在50万元(含,下同)以上,或一年发生存货损失在200万元以上的;总公司其他直属单位一次发生存货损失在5万元以上,或一年发生存货损失30万元以上的,报总公司审批。

第七十二条 各单位应建立存货保管责任制。对造成存货损失的,要按规定追究有关人员的责任。

第七十三条 各单位应建立存货的定期清查、盘点制度。存货应按月、按季盘点,年终结算前要进行一次全面的财产清查。工程项目竣工或停建时,不论是否到年终,都要进行全面的财产清查。

第七十四条 存货清查的程序是:

(一)确定存货清查日。存货清查日一般应确定为月末、季末或年末,应与会计核算的截止日相一致。

(二)存货的主管业务部门、存货的保管部门和财务部门将清查日前的各种收、发、领、退单据登记入账。

(三)进行实物盘点。实物盘点时至少两人一组,实物保管人员必须参加实物盘点。盘点时要按照存货的实物账逐项清点、核对、记录。发现盘盈、盘亏、型号不符、变质、毁损,应登记清楚。

(四)核对账目。要将仓库保管员的实物账与物资主管部门的实物账、财务部门的明细账与物资主管部门的明细账相核对,发现不符时及时查清原因,进行更正。

(五)编制清查盘点表。清查盘点表应按存货类别、品名、型号规格列明其数量、单价、金额及盘亏、盘盈和毁损情况。清查盘点表应经存货的保管人员、存货的主管业务部门和财务部门核实,并分别在清查盘点表上签字。

(六)调整账目。应及时根据清查盘点表调整账目,使账物相符。

(七)处理盘盈、盘亏和毁损。对发生的存货盘盈、盘亏和毁损,应由存货的主管业务部门会同财务部门提出处理意见,按本制度规定的处理方法、处理程序和审批权限,及时进行处理。

第七章 固定资产管理

第七十五条 固定资产实行统一领导、分级归口管理。单位负责人对固定资产的管理负全面责任,总工程师和总会计师要组织领导固定资产的技术管理和核算工作。

固定资产管理部门和财务部门应设置专职或兼职人员,负责固定资产的管理和核算工作。

第七十六条 各单位应当建立健全固定资产管理的责任制度,明确规定各级领导、各部门、各单位和职工个人在固定资产保管、使用、核算和管理方面的职责。

第七十七条 各单位应当建立健全固定资产的核算和登记制度。固定资产的实物管理部门应当按固定资产的分类目录,对固定资产统一编号,建立台账。大型固定资产还应当逐台、逐件建立档案。财务部门应当按固定资产类别进行分类核算,并设置固定资产登记簿和固定资产卡片,逐台、逐件进行核算。

固定资产发生增减变动、租赁及使用状态的变更,其实物管理部门应当及时办理有关手续,并及时传递到财务部门。

第七十八条 购建固定资产的决策和审批按本制度第二章关于对内投资的有关规定执行,购买固定资产按本制度第四章采购管理的有关规定执行。

第七十九条 各单位应当加强对新建、改建、扩建固定资产的专项工程的管理。专项工程管理的基本要求是:

(一)工程立项前,必须由审计部门对工程的资金来源等有关事项进行审计,通过审计后才能立项。

(二)工程立项时,工程的主管职能部门必须按可行性研究报告和设计文件的要求编制工程进度计划和资金投放计划,经技术、计划、财务等有关部门审查平衡并经分管领导批准后实施。

(三)自营工程开工前,必须编制施工预算。施工预算应由工程的主管职能部门编制,或由施工单位编制、主管职能部门审查。主管职能部门编制或审查后的施工预算,应再经计划、财务部门审查,并报分管领导批准。

(四)出包工程应当在深入调查了解的基础上择优选择承包商。除特殊情况外,工程发包应进行招标。工程招标应当符合国家关于工程招标的有关规定,确定中标单位时必须经过集体研究。

(五)工程出包时,应当由企业或单位的法定代表人代表发包单位与承包单位签订合同。合同签订前,应当由技术、计划、财务、审计等部门对合同条款进行审查。

(六)工程的主管职能部门对工程的工期、质量、造价和拨款全面负责,技术、计划、质量、财务、审计等部门实施监督。质量部门应定期或不定期地对工程质量进行抽查。财务部门应当按主管职能部门提供的工程进度情况和合同等有关规定拨款,禁止超过合同规定给承包单位拨款。

(七)工程竣工时,必须进行竣工验收。验收组一般由分管领导、主管职能部门、技术、计划、质量、财务、审计等有关部门的负责人和专业人员组成。

(八) 工程竣工决算,应当由工程的主管职能部门负责初审,由计划、财务、审计部门进行复审,由分管领导批准。竣工决算超过原批准的预算或投资计划时,应经过一定的会议集体研究审批。

(九) 工程竣工应当及时办理移交。工程交付使用时,应当由工程的主管职能部门与固定资产管理和使用部门办理交接手续。固定资产管理部门应当及时建立固定资产技术档案和登记台账。财务部门应当及时转增固定资产并建立或登记固定资产卡片。

第八十条 各单位应当建立健全固定资产的维修保养制度。其内容应当包括:

(一) 日常保养和小修、中修、大修的标准、间隔时间和实施单位(实施人)。

(二) 根据固定资产的使用情况和需要,每年年初提出固定资产的修理计划。

(三) 固定资产保养维修费用的监督检查办法。

第八十一条 融资租入的固定资产,按购买固定资产进行管理和核算。

第八十二条 按经营性租赁租入或出租固定资产应订立租赁合同,租赁合同事先应经财务部门会审,合同签订后应送财务部门一份。出租的固定资产由租出单位计提折旧、预提大修费;由租用单位负责大修的,出租单位不预提大修费。租入的固定资产只支付租金,不提折旧;由租入单位负责大修的,租入单位应预提大修费。租入固定资产应设立辅助登记簿,登记其动态。

第八十三条 固定资产的报废按以下规定办理:

(一) 固定资产符合下列条件之一的,可以报废:

1. 主要结构和部件损坏严重无法修复的,或修复费用过高不经济的。

2. 因设备陈旧,技术性能低,无利用改造价值的。

3. 因事故及意外灾害造成严重损坏,无法修复的。

4. 因改建、扩建工程需要,必须拆除的。

5. 因能源消耗过大,无法改造,国家规定淘汰的。

6. 因环境污染超过规定标准,无法改造的。

7. 继续使用不经济且无法变卖,或变卖的变价收入低于报废后的净残值的。

(二) 固定资产报废时,应进行技术鉴定。符合报废条件的,由固定资产管理部门办理报废申请手续,填制固定资产拆除、报废申请单,按规定程序报批。批准后,按批准意见进行清理和处理。

(三) 各单位应当明确规定下属单位固定资产报废的审批权限。

各工程局(集团公司)、工厂局、中铁建物资集团有限公司、北京中铁建筑工程公司、中铁工程有限公司、铁路运输处、铁道战备舟桥处提前报废(未提足折旧,下同)单价在200万元以上的固定资产,其他总公司直属单位提前报废单价在20万元以上的固定资产,以及总公司机关的固定资产报废,报总公司审批。

第八十四条 各单位应当建立固定资产的清查制度。固定资产的清查至少每年进行一次,其清查的程序可参照本制度第七十四条关于存货清查程序的规定。固定资产清查要注意查明技术状况,保养、使用或存放情况,使用或存放地点。

第八十五条 各单位应当建立固定资产盘盈、盘亏和毁损的处理制度,分别不同情况规定固定资产盘盈、盘亏和毁损的处理办法、处理程序和审批权限。固定资产盘盈、盘亏和毁损的处理,应经过一定的会议集体研究审批。

各工程局(集团公司)、工厂局、中铁建物资集团有限公司、北京中铁建筑工程公司、中铁工程有限公司、铁路运输处、铁道战备舟桥处单台(件)固定资产损失在100万元以上的,其他单位单台(件)固定资产损失在10万元以上的,报总公司审批。

第八章 货币资金管理

第八十六条 本制度所称货币资金包括现金、银行存款和其他货币资金。银行存款包括存入商业银行的存款、存入非银行金融机构的存款和存入本企业内部结算中心的存款。其他货币资金包括外埠存款、银行汇票存款、银行本票存款、在途货币资金等除上述货币资金以外的其他货币资金。

第八十七条 各单位的货币资金应当由单位财务部门集中统一管理。各类货币资金的收付业务,应当由财务部门统一办理,其他部门未经财务部门授权或委托,不得办理任何收付款业务或出具收付款单据。

第八十八条 出纳人员是负责保管和办理货币资金收付业务的会计人员。设置会计机构或会计人员并办理货币资金收付款业务的单位,必须配备出纳人员,禁止其他人员代行出纳人员职责。

选配出纳人员时,必须对其思想品德和业务素质进行全面考察,并经有干部任免权的同级财务部门审查同意。未取得会计从业资格的人员、曾因经济问题受过处分或调离会计、出纳岗位的人员,均不得担任出纳工作。严禁临时外聘出纳人员。

财务部门负责人要随时掌握出纳人员和其他经管货币资金业务的会计人员的思想动态。对思想不健康、有赌博恶习、缺乏社会和家庭责任感、与社会上不三不四的人交往过密以及法纪观念淡薄的人员,要及时调离出纳或经管货币资金业务的岗位。

第八十九条　出纳人员不得兼任稽核、会计档案保管和收入、支出、费用、债权债务账目的登记工作。禁止会计(指出纳岗位以外的其他会计岗位,下同)出纳一人兼任。出纳岗位业务量较少时,在不影响办理出纳业务的前提下,出纳人员可以兼任除上述工作以外的其他工作。

第九十条　出纳人员办理货币资金收付业务,必须以会计人员填制或经会计人员审核签字的合法凭证为依据。无会计人员填制或审核签字的合法凭证,出纳人员不得擅自办理收付款业务。收付款凭证、收据、借据等货币资金收付凭证应当由会计人员保管和填制,出纳人员不得代为保管或填制。

第九十一条　开设银行账户(包括在非银行金融机构开设账户,以下统称银行和银行账户)必须遵守中国人民银行的规定,并执行内部审批制度。在京的总公司直属单位和总公司派出的指挥部、项目经理部等派出机构开设银行账户由总公司审批。总公司所属其他单位应自行规定本单位及下属单位开设银行账户的审批权限。应在本系统内部结算中心开户的单位另行开设银行账户的,必须报结算中心审批。

第九十二条　开设银行账户必须由本单位出纳或指定的会计人员亲自到银行柜台办理。严禁委托他人(包括银行工作人员,下同)代办,严禁将款项存入未办理开户手续的银行账户。

第九十三条　办理银行存款必须由本单位出纳或指定的会计人员亲自到银行柜台办理,支票、汇票、进账单等存款时提交给银行的凭证必须填齐收款单位、金额、用途、日期等内容,必须当场取得银行出具的存款证实书或进账单,并检查其真实性和正确性。严禁委托他人代办存款。

第九十四条　各单位不得参与金融机构的体外循环存款或参与任何形式的非法集资,不得办理超过法定利率的"高息存款"。

第九十五条　各单位应当建立银行存款的审批制度。在本系统结算中心或批准的开户银行存定期存款(包括到期转存),应经财务部门领导审批。在本系统结算中心或批准的开户银行以外的银行存定期存款,一般应经财务部门领导集体研究决定,并报总会计师(或主管领导)批准。按规定应在本系统结算中心开户的单位,在银行存定期存款时,还应经结算中心审批。

第九十六条　定期存款到期支取、转存以及存款(包括定期和活期)在不同银行账户之间的转存,必须由本单位出纳或指定的会计人员亲自到银行柜台办理,不得委托他人代办。

第九十七条　各单位应当加强对银行结算票据的管理,按规定取得和使用票据。银行支票及其他有固定编号的结算票据应建立领用登记制度,按顺序号签发使用,定期盘点核对,作废时要在大小写金额处和印鉴处加盖"作废"戳记(或用碳素墨水写上"作废"字样),并妥善保管。

第九十八条　各单位必须实行印鉴与票据分管制度。一般应由出纳人员分管票据和本人的印鉴,由财务部门负责人(或会计主管人员,下同)或指定的会计人员分管结算财务专用章和财务部门负责人印鉴。分管印鉴和票据的人员外出时,应将所分管的印鉴和票据交给领导指定人员暂时分管,严禁将全套印鉴和票据交由同一人保管。分管印鉴的人员不得私自将印鉴交于他人代管或代盖。

第九十九条　签发现金支票必须将各项内容填写齐全。签发转账支票一般也应将各项内容填写齐全,特殊情况须签发收款人不确定或金额不确定的转账支票时,必须经财务部门负责人批准,必须填写当日日期和真实用途,必须在支票用途栏注明限额并在金额小写栏应当填写货币符号的位置填写货币符号,必须在专门的登记簿上登记并由批准人、领用人在登记簿上签字。支票使用后,应在支票存根上补填收款人和确切的金额,并在登记簿上作注销登记。转存款的支票各项内容必须填写齐全。

严禁将空白支票交于他人作信用抵押。

填写支票必须用碳素墨水,或用支票打印机打印。

第一百条　通过银行对外付款时,其收款人全称、开户银行和账号必须以合同或有法律效力的书面文件为依据。需变更合同中的收款人全称、开户银行和账号时,必须由对方出具书面文件,并加盖原合同所盖的公章,由原合同签字人签字。使用支票、银行汇票、银行本票付款时,还应确认收取票据人员的身份并由本人签收。

第一百零一条　出纳人员应及时向银行索取银行对账单,并及时对账,至少每月一次。每月终了,出纳人员应根据对账结果编制银行存款余额调节表草稿,连同对账单、银行存款日记账一并交会计人员审核。会计人员应当对所有收支业务都逐笔进行核对,不得只核对余额。当余额相符而收支业务不符时,要及时查明原因。要特别注意上月的未达账项本月是否都已入账,如发现有较长时间的未达账项要查明原因。会计人员审核无误后,编制正式的银行存款余额调节表,由出纳人员、会计人员和财务部门负责人签字,与银行存款对账单一并保存,列入会计档案管理。

定期存款也应取得对账单进行核对,至少每季度一次。银行不出具对账单时,应自行编制对账单由银行签认。

第一百零二条　现金收入一般应在当天送存银

行。当日送存确有困难的，应按开户银行规定的时间送存，并要有相应的确保安全的措施。

第一百零三条 使用现金必须严格遵守中国人民银行的规定，不得超出中国人民银行规定的现金使用范围。

第一百零四条 外出采购或进行经营活动需要大额款项时，应通过银行转账结算，不得携带大额现金。有条件的单位，应积极推行银行代发工资业务，以减少现金使用量。

第一百零五条 不准用白条抵充库存现金，不准利用银行账户代为个人或外单位存入或支取现金，不准将公款以私人名义存入银行，不准存放账外现金，不准设立"小金库"。

第一百零六条 要严格执行库存现金限额制度。库存现金限额根据本单位的日常业务开支量和库存现金保管条件、安全措施向银行申报，由银行核定。银行不核定时应当自行核定。库存现金限额一般为单位3天～5天的日常零星开支量。

第一百零七条 存放现金应当配备保险柜，存放保险柜的房间应当安装防盗门、窗，并要有一定的安全措施。存、取现金款额较大或离银行较远时，必须有机动车辆接送，并派人陪同保护；存、取现金5万元(含)以上时，应有保安人员携带枪支或警械护送；日存取现金50万元以上的单位，应尽可能配备取送款专用车。取送款专用车严禁搭载无关人员。存取现金途中不得办理其他事项或逗留。

第一百零八条 出纳人员必须按规定登记现金和银行存款日记账。所有现金和银行存款收支业务必须于当日逐笔登记入账，并在记完当日最后一笔时结出余额。不允许将收支相抵而不记账或以收支相抵后的金额记账。

第一百零九条 库存现金和银行存款必须做到日清月结。每日下班前，出纳人员必须对库存现金进行盘点，并与现金日记账余额核对相符。每月月末最后一笔现金收支业务办理完毕后，会计人员要与出纳人员一道对库存现金进行盘点，并编制盘点表。发现账款不符时，应及时查明原因。

第一百一十条 每月终了，会计人员与出纳人员必须将分类账上的现金和银行存款余额与日记账(出纳账)的余额相核对，发现差错要及时纠正，核对不符时不能结账。

第一百一十一条 财务部门负责人和稽核人员要经常不定期地对库存现金和银行存款进行抽查，每月不得少于2次，抽查情况要有记录。上级财务部门要经常抽查下级财务部门的库存现金和银行存款情况。

第一百一十二条 会计人员和财务部门负责人要经常检查银行存款利息和其他各项收入是否及时入账，发现问题应及时查明原因。

第一百一十三条 为防止出纳人员与会计人员串通挪用公款，各级财务部门要注意检查本级和下级单位各账户余额的真实性，特别是要注意检查货币资金和债权债务账户余额的真实性。

第一百一十四条 更换出纳人员时，必须办理移交手续。现金和银行存款日记账既要与分类账核对一致，也要与库存现金和银行对账单核对一致，并由原出纳人员在日记账余额处盖章。支票等有固定编号的银行结算凭证要清点张数和核对号码。现金、银行存款、银行汇票、银行本票、印鉴、各种有价证券、支票等有固定编号的银行结算凭证以及其他有关资料、物品的移交情况应编入移交清册。移交清册一式四份，由移交、接交双方及监交会计人员、监交的财务部门负责人分别签字并各执一份。出纳人员临时外出，其工作由其他指定会计人员代理的，也应就所移交的事项(如现金、印鉴、账簿等)办理交接手续。

第一百一十五条 外埠存款按银行存款的办法进行管理，有关业务完成后要及时清理撤户。

银行汇票存款、银行本票存款必须经常进行清理核对，至少每月要由会计人员清理核对一次，特别要注意检查多余款和因超过付款期等原因而退回的款项是否及时入账。对于在途货币资金，财务部门负责人和会计人员应当及时检查其在途时间是否正常。

第一百一十六条 有外汇业务的单位，其外汇的兑换和收支必须严格遵守国家的规定。企业可以在国家法律、法规允许的范围内，利用外汇交易手段，规避风险或增加收益，但事先必须进行可行性分析，并比照投资决策的程序进行审批。

企业对外汇业务和汇总损益的核算，必须符合国家统一会计制度的规定。

第一百一十七条 出纳人员、会计人员和财务部门负责人如发现现金、银行存款或其他货币资金浮多、短少，或有被盗、被挪用、被贪污嫌疑时，应及时查明原因，及时向上级报告。需向公安部门报案时，应及时报案。

第一百一十八条 发生货币资金被盗、被挪用、贪污，要追究有关责任人的经济责任和行政责任。有犯罪嫌疑的，应向有关司法机关报告。

第九章 成本费用管理

第一百一十九条 各单位都应当根据本单位的实际情况，建立健全成本费用管理制度。

本制度所称成本包括工程成本、商品销售成本以及各种产品和劳务的成本。本制度所称费用包括构成成本的各项费用、管理费用、销售费用、财务费用、营业费用、营业外支出等其他费用。

本章关于成本费用管理的规定以施工企业(施工单位)为主要对象,其他企业(单位)应参照执行。

第一百二十条 成本费用管理的基本任务是:通过成本预测、决策、计划、控制、核算、分析和考核,正确反映企业经营成果,不断降低成本费用,提高盈利水平,保护投资者利益。

第一百二十一条 企业成本费用管理的主要内容是:建立健全成本费用管理责任制,加强成本费用管理的基础工作;进行成本预测和决策,确定目标成本,编制成本费用预算(计划);严格遵守成本费用开支范围,实行严密的成本费用控制,按财务、会计制度和成本费用核算办法及时正确核算成本费用;分析考核成本、费用指标的完成情况。

第一百二十二条 企业在成本费用管理中,必须贯彻执行国家的财经方针、政策,遵守财经法规和财经纪律,接受国家财政、审计、税务机关和上级主管部门的监督检查。

第一百二十三条 各单位应当建立健全成本费用管理责任制,形成以单位负责人为首的成本费用管理系统。单位负责人、总会计师和各职能部门在成本费用管理中的主要职责是:

(一) 单位负责人:全面领导本单位的成本费用管理工作,对本单位的成本费用管理工作负总责。

(二) 总会计师:协助单位负责人领导本单位的成本费用管理工作,具体组织成本费用管理制度的制定和修改,组织编制和审查成本费用预算,进行成本费用的日常控制,组织成本费用核算和分析,检查和指导成本费用的管理工作,协调所属单位及各职能部门在成本费用管理中的工作。

(三) 总经济师:协助单位负责人领导和组织与经营管理有关的成本费用管理工作,组织编制工程投标文件,组织工程项目的成本及经济效益的评估,组织工程预算、决算的编制工作,领导所分管的部门做好成本费用管理工作。

(四) 总工程师:协助单位负责人领导和组织与工程技术有关的成本费用管理工作,组织编制施工组织设计,组织推广新技术、新工艺、新材料,推进技术进步,协助单位负责人领导安全和质量工作,领导所分管的部门做好成本费用管理工作。

(五) 财务部门:在单位负责人和总会计师的领导下,负责成本费用的综合管理工作,制定有关成本费用的管理办法,汇总编制成本费用预算,检查和考核成本费用预算的执行情况,参与制定各种定额,组织成本核算工作,实施成本费用的日常控制,进行成本费用预测和分析。

(六) 经营部门:负责牵头编制工程投标文件,参与工程项目的成本及经济效益评估,参与编制工程预算、决算,控制有关经营的各项费用。

(七) 计划统计部门:组织或参与制定定额,组织或参与工程项目的成本及经济效益评估,编制工程预算、决算,进行日常统计核算,牵头组织已完工程和未完工程的计量、盘点,控制与其工作有关的各项费用。

(八) 施工技术部门:负责编制和落实施工组织设计,提供编制责任预算的各种实物工程量,组织或参与制定定额,实施工程和技术管理,开展技术革新和采用新技术、新工艺、新材料,组织制定降低成本的技术措施,控制与其工作有关的各项费用。

(九) 劳动工资部门:负责有关人工成本的管理工作,组织制定劳动定额,改进劳动组织,控制非生产用工,加强对工资、津贴、奖金的管理,改善内部分配机制,提供编制成本预算的有关资料,控制与其工作有关的各项费用。

(十) 材料供应部门:负责有关材料成本的管理工作,组织制定材料消耗定额和材料储备定额,组织制定降低采购成本和降低材料消耗的措施,进行材料收、发、领、退的日常核算,提供编制成本预算的有关资料,控制与其工作有关的各项费用。

(十一) 机械动力部门:负责有关机械和动力成本的管理工作,组织制定机械台班及动力消耗定额,组织制定提高机械使用效率和降低机械动力成本的措施,组织开展单机、单车核算,提供编制成本预算的有关资料,控制与其工作有关的各项费用。

(十二) 其他部门:负责与其工作职责有关的成本费用管理。

各单位应当根据本单位领导职位设置、机构设置情况和生产经营特点,确定本单位各类人员和部门在成本费用管理中的职责。

第一百二十四条 各单位应当建立先进合理的定额管理制度。定额管理的基本要求是:

(一) 确定定额管理的范围。各单位要根据自身特点和管理需要,确定本单位定额管理的范围。企业与成本费用有关的定额一般应包括物资消耗定额、费用定额、劳动定额、工时定额、设备利用率及成本费用开支标准。

(二) 规范定额制定的依据、方法和程序。定额的制定要立足于先进、合理的原则,着眼于控制成本费用,要考虑主客观的有关因素,如设备状况、技术水平、人员素质、市场环境、法规要求、经营目标等。要明确牵头组织的部门,确定必要的程序,规范计算的方法。要建立定期的定额修订制度,根据有关因素的变化,适时修订定额指标。

（三）落实定额管理责任。对定额的执行要制定相应的考核办法，明确组织实施各项定额的部门，把责任和管理权限落实到有关部门和个人，根据定额执行情况实施奖罚。

第一百二十五条 各单位应当全面实行责任成本管理，建立健全责任成本制度。

工程项目实行责任成本制度的基本程序和内容是：

（一）划分成本中心及其责任范围：在工程项目部将各内部施工单位和各职能部门划分为不同的成本中心，并确定每个成本中心所承担的成本责任。

（二）编制责任成本预算：按各责任中心所承担的不同工作任务和成本责任范围，分别编制各责任中心的责任预算；责任预算应当以实际工作量和各种定额为依据进行编制，也可以根据工程投标报价中的有关成本预测（估价）进行适当调整后分劈。

（三）实行成本控制：各成本中心按照各自的成本责任范围、责任预算和有关标准，采取降低成本的措施，对实际发生的成本进行控制。

（四）进行责任成本核算：按照责任成本预算确定的成本核算口径，核算各成本中心的实际成本。

（五）编制责任成本业绩报告：将实际发生的责任成本与责任成本预算进行对比，计算成本中心的成本节超，分析成本节超的原因，提出改进措施。

（六）考核和奖惩：上一层责任中心对下一层责任中心的业绩进行考核，按责任成本制度规定实施奖惩。工程项目各施工单位职工的工资奖金应与责任成本的节超紧密挂钩。

第一百二十六条 工程中标后，企业应组织有关部门对工程进行总体评估，对工程价款结算收入、工程成本、税金、利润等指标进行测算，确定工程项目经理部及其负责人的经济责任指标，并指导工程项目经理部的成本管理和成本核算工作。

第一百二十七条 各单位要搞好成本费用的预算管理。编制成本费用预算应当和优化施工组织设计和制定降低成本措施结合起来，在编制预算的同时提出降低成本和节约费用开支的措施。成本费用预算下达后，应当按成本费用预算对成本费用进行控制，并定期考核预算的执行情况，提出改进措施。

第一百二十八条 企业应当加强对工程项目内部分包的管理，尽量减少层次，提高效率，明确责、权、利，减少费用开支，提高经济效益。

第一百二十九条 企业应当建立健全工程外包的管理制度。分包工程的外部施工企业，必须具有企业法人资格，资质证、营业执照、安全认可证齐全。外包队伍的确定，应当实行“资格预审、评议对比、民主决策、上级审批”的程序，必须坚持“先签合同后施工”的原则。严禁亲友包工队或亲友的机械设备在自己管理、管辖的项目包工。给外包企业或外包劳务队伍计价要严格按合同规定和工程进度进行，按计价和合同分阶段拨款，严禁超进度、超合同付款。

第一百三十条 各单位应当建立健全各项费用开支的审批制度，明确规定各项费用开支的审批人、审批依据和审批权限。超过预算的大额开支应当通过一定的会议集体审批。

第一百三十一条 各单位应当严格费用报销审批制度，负责费用报销的会计人员应当对所报销费用的真实性、合法性和合理性进行认真审核，财务部门负责人和负责稽核的会计人员要认真进行复核。

第一百三十二条 各单位应当定期对成本费用管理情况进行分析。工程项目至少每季度进行一次全面分析，工程局（集团公司）和总公司至少每半年进行一次全面分析。

第十章　筹资和债权债务管理

第一百三十三条 各单位应当加强资金的计划管理，认真分析本单位的经营情况，科学预测并合理确定资金需要量，选择最佳的资金结构，努力降低资金成本，规避资金风险。各级财务部门必须编制年度现金预算（资金计划）；货币资金流量不均衡的单位，还应当按月或按季编制现金预算（资金计划）。

第一百三十四条 各工程局（集团公司）和其他规模较大、内部核算单位较多的企业应当设立结算中心。结算中心必须建立健全组织机构和各项规章制度，严格执行中国人民银行等政府部门和上级有关部门关于结算中心管理的各项规定，加强内部管理，搞好企业内部资金调剂，为企业做好资金筹集、办理银行保函和信贷证明等工作，努力提高资金的使用效率和经济效益。

第一百三十五条 各单位在资金不足需要筹资时，应当认真进行可行性分析，选择合理的筹资渠道和筹资方式。各单位应当建立借款审批制度，大额借款应通过一定的会议集体决策。各单位需要借款时，应当尽可能通过本系统结算中心调剂解决，以减少企业的利息支出，降低资产负债率，降低资金风险。各单位结算中心要建立内部调剂款审批制度，明确规定审批程序和审批权限，大额调剂款的审批应当通过一定的会议集体决策。

第一百三十六条 各单位要严格执行中国人民银行关于“企业之间不得违反国家规定，办理借贷或变相借贷融资业务”的规定，不得借款或变相借款给企业外部单位或个人。

第一百三十七条　各单位应当严格预付款的控制。各种预付款必须以合同为依据,禁止无合同或超过合同规定预付款。签订合同时,对预付款条款必须慎重研究,集体决策。对工程分包单位一般不预付款。确需预付时,不应超过已经投入施工但未计价的工料价值,并应留足一定的保修金。对购货款,一般应在到货验收无误后才能支付。

第一百三十八条　发生分包工程款、购货款等款项超付,必须追究有关责任人的责任。谁的责任,由谁负责在一定时间内追回,逾期未追回的部分应由责任人赔偿。由于超付款给企业(单位)造成的利息等经济损失,也应由责任人赔偿。

超付款责任,一般应按以下原则划分:

(一)由于财务部门和财会人员记账不及时,计算错误,未按合同和验工计价、工程决算进行控制而造成的超付款,由负责经办和审核的财会人员负责。

(二)由于合同条款不合理、不严密造成的超付款,由负责合同草拟、审核和签字的人员负责。

(三)由于计价超计、决算不实,以及计价、决算计算错误造成的超付款,由负责计价、决算编制和审核的人员负责。

(四)由于分包工程的质量不合格需要返工,但已通过质量检验并已计价、拨款而造成的超付款,由负责质量检验的人员负责。

(五)由于分包单位使用本企业(单位)的材料、机械等其他应扣分包单位款项的结算单据、凭证未及时送交财务部门而造成的超付款,由负责此项工作的人员负责。

(六)由于给分包单位刻制挂靠本单位的公章,把本单位公章交予分包单位使用,给分包单位出具本单位介绍信,以及在分包单位提供的有关文件上盖章,导致债权人向本单位索取欠款而造成的超付款,由决定办理的人员负责。

(七)由于对购入物资点验失误造成的超付款,由负责点验的人员负责。

(八)由于有关业务人员提供的发票等凭证不实造成的超付款,由负责取得或审查凭证的人员负责。

(九)由于领导人指使、授意或强令有关部门和人员违反规定而造成的超付款,由该领导人负责。

第一百三十九条　各单位应建立健全应收工程款、应收销货款的催收责任制,明确规定各部门和各类人员的责任。工程项目施工结束后,项目经理原则上要负责清收全部工程拖欠款,因工作调动不能继续负责收款时要做好清收拖欠款的移交工作。

第一百四十条　各单位应当加强对备用金的管理工作。工作人员借支备用金时,必须提供办理业务的有关批准文件。财务部门要认真审核,合理核定借支数额。借支备用金应当经过借支人员所在部门(单位)领导和财务部门负责人的审批,款额较大的还应经过单位总会计师、单位负责人审批。借支人员所在部门(单位)领导应当督促借支人员及时报销或偿还所借款项。对超过规定时限不报销又不还款的部门(单位)和个人,不得再借给备用金,并可从其工资、奖金中抵扣。严禁将备用金挪作个人使用或转借他人。

第一百四十一条　财务部门对各种债权债务账户要经常进行清理核对,并签认对账单。备用金等业务较为频繁的账户至少要一个季度签认一次对账单,其他债权债务账户至少要在年终时签认一次对账单。核对不符时,应及时查明原因,及时处理。

第一百四十二条　各单位应当及时催收各项应收款。要把催收责任落实到具体部门和具体人,并实行一定的经济奖惩。要注意运用法律手段催收欠款,特别是对临近法院受理时限的欠款要及时提起诉讼,防止因超过诉讼时限给企业造成坏账损失。

第一百四十三条　对外担保是企业的或有负债,必须严格管理。不具备法人资格的单位无权对外担保。具有法人资格的单位一般也不要给总公司系统以外的单位担保。确需担保时,必须事先对对方的资信情况及担保的风险进行分析评估,并形成书面的评估报告,经一定的会议集体研究决策。对外担保必须签订担保合同,并要求对方提供质押、抵押或反担保。

第十一章　会计机构、会计人员及会计工作管理

第一百四十四条　凡具有法人资格的单位和需要进行会计核算的内部单位(以下统称会计单位)都应当根据会计业务的需要,设置会计机构,或者在有关机构中设置会计人员;不具备设置条件的,应当委托经批准设立从事会计代理记账业务的中介机构代理记账。

不具有法人资格的内部单位,要根据其实际情况确定为会计单位或报账单位。确定为会计单位时,至少要配备两名具有会计从业资格的会计人员(含出纳人员),必须按国家统一会计制度的要求,依法设账,依法进行会计核算,按期编报财务报告。达不到上述要求的,不能作为会计单位,只能作为报账单位。

第一百四十五条　国有的和国有资产占控股地位或主导地位的大、中型企业,必须按照《会计法》的要求设置总会计师。总会计师的任职资格、任免程序、职责权限按国务院的有关规定执行。

第一百四十六条　从事会计工作的人员,必须取得会计从业资格证书。担任单位会计机构负责人(会计主管人员)的,除取得会计从业资格证书外,还应当

具备会计师以上专业技术职务资格或者从事会计工作三年以上经历。

第一百四十七条 各单位必须建立健全会计岗位责任制，切实做到事事有人管，人人有专职，办事有要求，工作有检查，保证会计工作的有序进行。会计工作岗位一般可分为会计机构负责人（会计主管人员）、出纳、财产物资核算、工资核算、成本费用核算、财务成果核算、资金核算、往来结算、总账报表、稽核、档案管理等。各单位应当根据本单位的业务特点确定会计岗位，计划岗位职责。在不违反内部牵制的前提下，各单位可根据其业务的具体情况实行一人一岗、一岗多人或一人多岗。会计人员的工作岗位要有计划地进行轮换。

第一百四十八条 各单位必须建立内部牵制制度，能够通过自身检验和彼此检验证明所经管的会计事项是否正确。内部牵制制度的基本要求是：

（一）出纳人员与会计人员、会计机构负责人在货币资金业务上互相制约，具体内容在本制度第八章中规定；

（二）会计事项的处理，不能由一个人负责办理全过程，必须由两个以上人员处理；

（三）建立经济业务的审批制度，确定审批权限。

第一百四十九条 会计机构内部应当建立稽核制度，对各项财务收支进行事前稽核，对其他会计资料进行事后稽核。

有条件的单位应当设置专职稽核人员，工作量较小的单位可以设置兼职稽核人员，但至少要将稽核人员与出纳人员和被稽核业务的经办人员分开。会计人员不足3人的，应当由其上级单位的会计机构派人对其业务进行稽核。

第一百五十条 任用会计人员必须实行回避制度。单位领导人的直系亲属不得担任本单位的会计机构负责人（会计主管人员），有直系亲属关系的人员不得在同一会计机构中担任会计人员。

需要回避的直系亲属包括：夫妻关系、直系血亲关系、三代以内旁系血亲关系以及配偶亲关系。

第一百五十一条 各单位应当按照总公司《会计人员委派制试行办法》，积极试行会计人员委派制。工程项目和工程处、工厂下属单位的会计机构负责人（会计主管人员）要全部实行直接委派。

第一百五十二条 各单位必须认真执行财政部《会计人员继续教育暂行规定》和总公司的补充规定，按要求搞好会计人员继续教育工作。高级会计人员继续教育和中级会计人员继续教育的时间每年累计不少于68小时，其中接受培训时间每年累计不少于20小时，自学时间每年累计不少于48小时。初级会计人员继续教育的时间每年累计不少于72小时，其中接受培训时间每年累计不少于24小时，自学时间每年累计不少于48小时。未达到上述要求的，按《暂行规定》予以处理。

第一百五十三条 会计人员调动工作或者离职，必须与接管人员办清交接手续。一般会计人员办理交接手续，由会计机构负责人（会计主管人员）监交；会计机构负责人（会计主管人员）办理交接手续，由单位负责人监交，必要时主管单位可以派人会同监交。

会计人员交接必须编制书面的移交清册，交接双方和监交人员必须在移交清册上签名。

第一百五十四条 各单位必须按照财政部和总公司有关会计基础工作标准化的要求，严格执行财政部的《会计基础工作规范》，认真开展会计基础工作标准化活动。对达到会计基础工作标准化、取得会计基础工作标准化证书的单位，要给予一定的奖励；对未达到标准化的单位，要限期整改；整改期限到期仍不能达到标准要求的，要追究有关人员的责任。

第一百五十五条 会计核算必须执行国家统一的会计制度。各单位应当在不违反国家统一会计制度的前提下，选择适合本单位的会计政策，制定具体的核算办法和补充规定。

第一百五十六条 各单位应当根据机构、人员及经济业务的实际情况制定本单位会计核算操作规程，对会计核算中每项业务的处理程序和处理方法做出具体规定。

第一百五十七条 使用电子计算机进行会计核算的单位，其软件及生成的会计凭证、会计账簿、财务会计报告和其他会计资料，必须符合国家统一会计制度的规定。

使用计算机进行会计核算，还应当符合以下要求：

（一）所使用的会计核算软件，必须具备在结算后数据记录不能直接修改的功能。发生错账时，只能运用补充登记法实现留有痕迹的修改。

（二）会计凭证的记录至少要由两人操作，在单机版软件中，可由一人录入，另一人审核；在网络版软件中，两人的录入可不分先后。操作人员都必须有自己的登录口令、密码，并不得相互告知。

（三）会计凭证、会计账簿和财务会计报告中的签章，除编制人员的可以直接生成外，其他人员的必须由本人签名或盖章，不得直接生成。

（四）会计凭证录入后，经审核无误方可记账。

（五）会计信息电子数据要定期备份。电子数据、会计软件资料应当作为会计档案进行管理，要由凭证录入人员、审核人员以外的人员保管。

（六）系统管理人员维护系统后，计算机操作人员必须对原数据资料进行检测,检测无误后才能在系统维修单上签字。

（七）用于会计核算的计算机上不能使用来路不明的软盘,并应经常进行病毒检查。发现病毒,应及时处理和报告。

第一百五十八条　各单位办理各项经济业务事项,必须填制或取得原始凭证并及时送交会计机构。

会计机构、会计人员必须按照国家统一的会计制度的规定对原始凭证进行审核,对不真实、不合法的原始凭证不予接受,并向单位负责人报告;对记载不准确、不完整的原始凭证予以退回,并要求按照国家统一的会计制度的规定更正、补充。

原始凭证记载的各项内容均不得涂改;原始凭证有错误的,应当由出具单位重开,不得在原始凭证上更正。

第一百五十九条　会计核算应当遵循谨慎原则,避免形成潜亏。不准搞人为的潜亏挂账,也不准故意隐瞒收入和利润。各种资产和负债必须做到账实相符,特别是在建工程的计价,必须按实际工作量逐项计算,不得随意估计。

第一百六十条　单位负责人对本单位的会计工作和会计资料的真实性、完整性负责。任何人都不得指使会计人员做假账、提供虚假的会计信息或办理违反《会计法》和国家统一会计制度的会计事项。

第十二章　附　则

第一百六十一条　本制度下列用语的含义:单位,包括总公司、总公司所属单位、总公司全资和控股(包括直接控股和间接控股)的公司,以及这些单位所属的各级各类单位。

部门,是指单位内部的职能部门。

单位负责人,是指具有法人资格的单位的法定代表人和不具有法人资格的单位的主要负责人。

第一百六十二条　本制度自发布之日起执行,以前的规定与此不一致的以本制度为准。

第一百六十三条　各单位应当在本制度的基础上,根据本单位的实际情况,制定适合本单位的内部控制制度或补充规定。

第一百六十四条　本制度由总公司财务部负责解释。

中国铁道建筑总公司关键岗位培训及持证上岗管理工作有关规定

中铁建教卫〔2001〕165 号

总公司根据建设部《关于对中央直接管理的建设企事业单位关键岗位培训及持证上岗管理工作的意见》精神,为提高建筑施工企业关键岗位人员素质和工作效率,结合施工单位实际,对关键岗位人员即施工员、预算员、质量检查员、安全员、材料员、财会员、统计员、计划员、劳资员、定额员、机械管理员,实行持岗位合格证书上岗制度(简称持证上岗),并进行岗位培训。为规范此项工作,特制定总公司关键岗位培训及持证上岗管理工作有关规定。

一、岗位培训机构及职责分工

总公司岗位培训机构由总公司教育卫生部、总公司职工教育和职业培训中心以及所属单位教育部门、培训中心等单位组成。

总公司负责关键岗位持证上岗的培训、考核、审查、发证和检查等管理工作。成立总公司岗位培训考核办公室,办公室设在总公司教育卫生部,编制 4 人,由教育卫生部副部长任考核办公室主任。总公司岗位培训考核办公室按照建设部有关文件精神,负责组织本系统具备认定岗位资格人员的职业道德和岗位实务知识培训,并对其岗位经历和业绩进行考核。考核合格后,报建设部人事教育司备案,领取岗位合格证书。

所属各单位按照总公司要求,负责本企业内部的岗位培训、考核认定、持证上岗的具体安排和实施工作。

总公司职工教育和职业培训中心作为关键岗位培训基地,承担总公司关键岗位培训任务,负责落实培训计划、组织办班、考试命题等工作。

二、岗位培训对象

施工企业中关键岗位在岗人员,具有初中以上文化程度或同等学历,年龄在 40 岁以下,不符合免修、免考条件的人员。

三、免修免考人员条件

1. 在岗人员年龄在 40 岁以上,连续从事本岗位工作 7 年以上,或已取得本岗位系列中级以上职称后,连续从事本岗位工作两年以上；

2. 专业对口或相近专业的大、中专毕业生和取得对口专业高、中等专业证书的人员，职业道德、岗位实务知识培训合格，有两年本岗位实习经历。

四、考核工作

凡参加培训人员经考试合格以及免修免考人员均需进行考核。考核内容包括：政治思想、职业道德、业务能力和工作业绩等四个方面。

五、培训方式

要求以脱产培训为主，由总公司安排年度的培训人员，确定具有资质的培训学习，下发培训计划，并抄报建设部人事教育司。

六、岗位合格证书的颁发

参加岗位培训人员结业后，由培训学校填写《施工企业关键岗位管理人员培训成绩表》，送培训人员所在施工企业。施工企业对本企业经过培训、考试合格和免修、免考人员进行考核，并填写《施工企业关键岗位管理人员岗位资格考核审批表》，逐级填写意见后报总公司审批。

《岗位合格证书》采用建设部统一印制的证书，按照原来的统一编号，加盖"中国铁道建筑总公司岗位合格证书专用章"，连同经总公司审批后的"审批表"一并退还各主管单位，由各单位负责证书的填写发放工作。

办理证书时，免修、免考和经过培训考试、考核合格的关键岗位管理人员，由各主管单位分别填写《施工企业关键岗位管理人员领取岗位证书名单表》，分别填写《施工企业关键岗位管理人员统计表》，将表头上"免修免考或培训考试"用横线划去一项以示区别。以上两表一式2份，1份报总公司备案。每年2月，各单位将上年度各类持证人员的人数和占职工总人数的比例，填写《施工企业关键岗位管理人员持证情况统计表》报总公司。

七、施工企业关键岗位培训课程、学时安排及考核内容。(略)

八、施工企业《岗位合格证书》在全国同行业、同专业、同类型的建设企业单位中有效。

九、岗位合格证书是关键岗位上岗的资格证书，也是关键岗位聘任职务的主要依据。凡规定为持证上岗的关键岗位，未取得岗位合格证书的人员一律不得上岗。

十、申请办理岗位合格证书，申请者所在单位必须提交下列材料：

1. 申请者政治思想、职业道德考核材料；

2. 申请者工作能力及业绩考核材料；

3. 申请者文化程度(学历)证明；

4. 申请者在本岗位实习及工作经历证明材料；

5. 申请者经岗位培训考核机构考试、考核合格证明。

十一、对持证人员的岗位合格证书定期进行复检。复检工作由建设部或总公司负责随企业的资质晋升、资质年检一并进行。复检工作包括下列主要内容：

1. 持证人的政治思想表现和职业道德状况；

2. 持证人的工作情况，包括业绩、事故状况等；

3. 持证人接受继续教育情况；

4. 持证人的岗位变化情况(新上岗、转岗、在岗等)。

十二、施工企业对持有岗位合格证书的人员，应当保持其本岗位工作的相对稳定。凡调离本岗位工作的，原所在单位应当在其岗位合格证书中加以注明。持有岗位合格证书的人员调离原岗位但不改变任职岗位性质的，其岗位合格证书继续有效。脱离原岗位工作并改变任职岗位性质三年以上、五年以下的，应当由所在单位进行适应性培训后方能重新上岗；五年以上，岗位合格证书自行失效。

十三、持证上岗指标是审查施工企业资质等级的依据之一。凡达不到规定资质等级标准中持证上岗指标的施工企业应当降低其资质等级。

十四、任何单位和个人都不得伪造、涂改、出租、出借、出卖、转让岗位合格证书。岗位合格证书遗失的，须由本人登报声明作废后，按规定重新办理岗位合格证书。

十五、对伪造、涂改、出租、出卖、转让岗位合格证书和使用未经复检的岗位合格证书的，应没收其岗位合格证书，并追究有关人员责任。

中国铁道建筑总公司
桥梁膺架法施工有关技术规定

中铁建科〔2001〕193号

膺架法施工是比较常用的桥梁施工方法之一，膺架结构的设计与施工是保证工程安全和质量的重要环节。根据以往施工的经验和教训，结合现场实际，特制定如下规定。

1. 施工准备

1.1 施工前必须对桥位环境、地质情况(如地质、水文、风力等)进行详细调查，选定合理的膺架结构。

1.2 施工前，要充分领会设计意图，编制科学合理的实施性施工组织设计，并组织人员按照“贯标”程序进行审查；针对具体情况制定详细的作业指导书，并严格按作业指导书规范操作，无作业指导书不准施工。

1.3 施工组织设计批准后，技术人员应对施工队伍进行详细的技术交底。

1.4 项目应配备具有一定专业技能和施工经验的技术人员，负责技术管理工作，且应分工明确，责任到人。

1.5 施工人员应进行岗位技术培训后方可上岗。

1.6 机具设备标定、质量检验合格后方可使用。膺架材料必须进行现场抽检，抽检合格后方可投入使用。

2. 膺架结构设计

2.1 严格执行施工设计审核制度，膺架的结构和模板必须按程序进行设计，应有详细的施工设计图、设计计算书。施工设计文件按照“贯标”要求进行复核、审定后方能使用。

2.2 膺架设计时，计算荷载应考虑到现浇梁的坡度以及风力引起的水平力；设于水中的膺架，应考虑水流压力、流冰压力和船只漂流物等冲击力荷载；膺架的倾覆稳定系数不得小于1.3。

2.3 基础设计必须按设计规范对承载力和沉降进行计算；在软弱地层施工时，应对地基进行处理，以满足承载力和沉降要求；在多雨地区进行膺架施工时，地基应设置合理的排水系统。

2.4 扣件式钢管膺架的承载力受人为因素的影响较大，可控性差，在桥梁现浇施工中不宜作膺架使用。

2.5 碗扣式钢管或门式支架作为桥梁现浇膺架设计时应遵循以下几点要求：

(1)利用碗扣式钢管或门式支架作为桥梁现浇膺架时，必须进行强度、刚度和整体稳定性等验算；

(2)对使用的杆件必须考虑使用年限和损伤情况对承载力的影响；

(3)必须按要求设置足够的斜撑以传递水平力并保证膺架的整体稳定性；立柱应设可调底座和垫木来分布和传递压力，并保证浇注混凝土后不发生超过允许值的沉降。

2.6 梁式膺架，如六四式铁路军用梁、贝雷桁架、万能杆件、拆装式桁梁等设计时应遵循以下几点要求：

(1)梁式膺架设计时，应对基础的承载力、膺架梁的强度、刚度和整体稳定性进行验算，必须按设计计算和构造要求设置足够的横向联结系；

(2)膺架梁宜采用简支梁结构，当采用连续梁结构时，应考虑地基的不均匀沉降对支架梁的影响，并对混凝土配合比及现浇工艺进行相应设计；

(3)梁式膺架的挠度应小于L/400，同时应对现浇工艺进行相应设计，以保证梁体的设计线形；

(4)墩梁结合部的联结应按设计和构造要求进行设置；

(5)应设计合理的卸落架装置，必要时应进行试验。

2.7 膺架结构较高时，必须有良好的防电、避雷措施。

3. 加载试压

3.1 为检验膺架及地基的承载能力、弹性压缩和消除支架的非弹性变形，对膺架特别是满堂膺架应进行预压。

3.2 预压前，应根据混凝土的灌注工艺进行加载等级及测量内容的设计。

3.3 预压时，应分级加载，持荷一定的时间并进行相应的变形观测，并有详细的观测记录。对于受力和浇注工艺复杂的膺架结构，还应对膺架结构进行应力测试。

4. 膺架施工

4.1 膺架基础达到设计要求后方可拼装膺架。

4.2 安装膺架前，应对膺架的顶标高进行控制，对立柱支撑面标高进行测量，并复测跨度，确认无误后方可进行膺架的安装。

4.3 拼装过程中,已拼装部分构件间必须连接牢固并在保证整体稳定的基础上,方可进行后续拼装。

4.4 碗扣式膺架拼装时必须保证底层立杆不同长度的构件相互交错安装,且必须在内外立杆底部设置扫地横杆。为保证整体稳定性,膺架的垂直度必须小于全高的1/500。底层组架要控制水平框架的纵向直线度、直角度及水平度。纵向直线度<L/200,直角度<3.5°,横杆间水平度<L/400。

4.5 梁式膺架拼装时,支墩与基础间、墩柱间、墩顶横梁与墩柱间、梁与墩间以及梁与梁间必须按设计进行联结。

4.6 浇注混凝土前及浇注过程中,应对支架的平面位置、顶部标高、节点联系及纵、横向稳定措施进行全面的检查,发现问题及时采取措施。

4.7 浇注混凝土时,应按设计的混凝土浇注工艺进行施工,并严格控制作业面上的施工荷载。

5. 膺架卸落与拆除

5.1 膺架卸落前应对卸落方式和卸落程序进行设计。

5.2 卸落时应分循环进行,在纵向宜从跨中向支座依次循环卸落并对称均衡的进行;在横向宜同时卸落。

5.3 膺架拆除时,应设专人用仪器观测梁的挠度和墩台变化情况,并详细记录。

5.4 拆除膺架时,不允许用猛烈敲打和强扭等方法进行。

6. 本规定由总公司科技部负责解释。

中国铁道建筑总公司企业领导人员任期经济责任审计实施细则

中铁建审〔2001〕203号

第一章 总 则

第一条 为了进一步规范企业领导人员任期经济责任审计工作,完善干部监督约束机制,正确评价企业领导人员任期经济责任,促进企业加强和改善经营管理,保障国有资产保值增值,根据《中共中央办公厅、国务院办公厅关于国有企业及国有控股企业领导人员任期经济责任审计暂行规定》、《审计署关于国有企业及国有控股企业领导人员任期经济责任审计暂行规定实施细则》及其他有关法律、法规,结合总公司实际,制定本细则。

第二条 本细则所称企业领导人员,是指总公司所属各级企业及其出资兴办的境内外独资和控股的各类企业的法定代表人或行政主管。

第三条 本规定所称任期经济责任,是指企业领导人员任职期间对其所在单位资产、负债、损益的真实、合法、合规性和效益性,以及有关经济活动应当负有的责任,包括直接责任和主管责任。

直接责任是指:

(一)领导人员直接违反国家财经法规的行为;

(二)领导人员授意、指使、强令、纵容、包庇下属人员违反国家财经法规的行为;

(三)领导人员失职、渎职的行为;

(四)领导人员其他违规违纪行为。

主管责任是指上述责任以外的领导责任和管理责任。

第四条 本细则所称任期经济责任审计,是指上级审计机构对所属企业领导人员的离任经济责任审计、届中经济责任审计和重大经济事项责任审计。未经审计不得解除企业领导人员任职期间的经济责任。

(一)企业领导人员的离任经济责任审计,是指对企业领导人员任期届满,或任期内办理调任、免职、辞职、退休等事项前的审计;

(二)届中经济责任审计,是指对企业领导人员任职期间进行的经济责任审计;

(三)重大经济事项责任审计,是指企业在进行改制、改组、兼并、出售、拍卖、破产等国有资产重组、对外投资以及突发性重大经济事项责任的审计。

第五条 审计机构依法实施任期经济责任审计,被审计单位、被审计的企业领导不得拒绝、阻挠,其他单位、部门不得干涉;对阻挠、拒绝审计或不如实提供有关资料的行为,视情节轻重追究其责任。

第六条 实施任期经济责任审计,应坚持客观公正、实事求是、廉洁奉公、保守秘密的原则。对违反规定的审计人员,按《中国铁道建筑总公司审计工作暂行规定》第四十条、《中国铁道建筑总公司审计人员职业道德准则》第六条规定进行处理或处罚。

第二章 审计管辖和组织

第七条 企业领导人员离任经济责任审计，一般由人事管理部门委托，报经单位领导批准，审计部门分级负责实施。对改制企业聘任的总经理的离任经济责任审计，由股东会或董事会授权实施。

（一）集团公司（工程局）、工厂局、中铁建物资集团有限公司及总公司直属境内外单位的法定代表人或行政主管，由总公司审计处负责审计；

（二）集团公司（工程局）、工厂局、中铁建物资集团有限公司所属单位的法定代表人或行政主管，按照干部管理权限或财务隶属关系，确定审计管辖，逐级负责审计；企业领导人员届中经济责任审计、重大经济事项责任审计，审计机构应按照单位领导的指派和年度审计工作计划实施审计。

第八条 企业领导人员离任经济责任审计，一般实行先审计、后离任的原则。特殊情况，可根据单位领导和人事管理部门的要求进行审计。

第九条 遇有审计任务比较集中、审计力量不足时，审计机构根据需要可委托社会审计组织实施审计。审计意见书和审计决定由委托审计机构作出。

第十条 企业领导人员任期经济责任审计，应遵守审计回避制度的规定。被审计领导人员认为审计人员与其有利害关系，可能影响审计公正时，有权向审计部门提出审计人员回避的要求；审计人员在接受审计任务时，认为本人与被审计单位或被审计领导有利害关系的，应当申请回避。审计人员是否回避，由派出审计组的审计机构决定。

第三章 审计范围和内容

第十一条 任期经济责任审计范围：企业领导人员任职期间所在单位的财务收支及其经营管理情况。

第十二条 审计机构实施企业领导人员任期经济责任审计，应当通过对其所在单位资产、负债、损益的真实、合法和效益情况进行审计，分清企业领导人员应负的主管责任和直接责任。

任期经济责任审计的主要内容：

（一）企业资产、负债、损益的真实性；

（二）财务收支的合法、合规性；

（三）主要经济技术指标的完成情况；

（四）国有资产的安全、完整和保值增值情况；

（五）企业对外投资和资产的处置情况；

（六）企业收益的分配情况；

（七）内控制度的健全性及其执行情况；

（八）执行国家财经法规和廉政规定情况；

（九）其他需要审计的事项。

第四章 审计程序

第十三条 企业领导人员任期经济责任审计应当有组织、有计划地进行。

（一）各级人事管理部门应向审计部门提出年度任期经济责任审计的建议计划，审计部门据此列入年度审计项目计划；

（二）因干部管理和监督工作需要增加审计项目时，人事管理部门、纪检监察部门应向审计部门提出建议，报请单位领导批准后实施；

（三）实施领导人员任期经济责任审计前，人事管理部门应以书面形式向审计部门出具委托书，委托书的内容包括审计对象、范围、重点及有关事项。

第十四条 审计机构应在实施审计10日前，向被审计单位下达审计通知书，同时抄送被审计的企业领导人员。

第十五条 被审计单位接到审计通知书后，应积极做好审前准备，按审计组的要求，认真组织自查自纠并及时提供以下相关资料：

（一）现行企业章程、股东会、董事会、监事会的决议及其会议记录、基本管理制度、年度生产经营计划及工作报告；

（二）任期内历年财务预决算方案、税后利润分配方案、弥补亏损方案、公司资产抵押、融资方案，资产经营责任制或企业效绩评价的考核奖惩兑现资料；

（三）任期内历年财务报告、帐簿、凭证等会计资料；

（四）任期内重要的经济合同、协议，重大投资项目方案及其实施结果资料；

（五）任期内各种财产、物资清理核销及资产的处置资料；

（六）任期内对外担保、抵押、未决诉讼等或有关事项资料；

（七）任职前后有关经济遗留问题资料；

（八）有关经济监督部门对企业检查后提出的检查结果、处理意见及纠正情况等资料；

（九）审计组认为需要的其他资料。

第十六条 被审计的企业领导人员应于审计组进点后3日内，向审计组提交任职期间经济责任履行情况的书面材料。内容包括：

（一）任期内主要职责范围；

（二）任职期间与企业资产、负债、损益目标责任制有关的各项经济指标的完成情况；

（三）任职期间的主要经营业绩、重大经营举措，经营管理工作中存在的主要问题和改进的意见及建议；

(四)遵守国家财经法规和廉政规定的情况；

(五)其他需要说明的情况。

被审计领导人员及其所在单位应对所提供资料的真实性、完整性作出书面承诺，并承担相应责任。对提供虚假资料的有关责任人，要追究其责任。

第十七条 审计组按照《中国铁道建筑总公司审计工作暂行规定》的审计程序实施审计；必要时，可采取召开座谈会、审计举报、审计调查等方式，广泛征求各级干部职工对被审计的企业领导人员任期经济责任的意见。

第五章 审计报告和决定

第十八条 实施审计终结后，审计组应根据审计工作底稿及取证资料写出审计报告。内容包括：

(一)实施审计工作的基本情况，包括审计依据、审计时间、审计范围和审计方式；

(二)被审计领导人员的职责范围和企业财务状况；

(三)任期内主要经济技术指标的完成情况；

(四)企业效绩评价情况；

(五)审计中发现企业经营管理的主要问题；

(六)被审计企业领导人员遵守国家法规和廉政规定情况及应对存在问题负有的责任，包括主管责任和直接责任；

(七)对问题的处理、处罚意见及建议；

(八)对被审计领导人员任职期间的经济责任履行情况的审计评议；

(九)需要反映的其他情况。

第十九条 审计报告(征求意见稿)经审计组长审核签字后，征求被审计单位和被审计领导人员的意见。被审计单位和被审计领导人员应在接到审计报告之日起10日内提出书面意见，如在规定期限内未提出书面意见，视同无异议；如有异议，审计组应进一步核实，并写出说明。审计组对其提出的审计报告承担有关责任。

第二十条 审计机构将审核的审计报告报送所在单位领导或审计例会、审计委员会审定后，据此出具审计意见书或作出审计决定，送达被审计单位和被审计领导人员执行，并抄送人事管理部门、纪检监察部门和上级审计部门。

第二十一条 对被审计单位及其责任人的一般违规违纪问题，应给予处理、处罚的，按《中国铁道建筑总公司内部审计处理、处罚暂行规定》处理；对以权谋私、贪污挪用、失职渎职、行贿受贿，以及其他违法违纪行为造成企业重大损失浪费的，审计机构应根据国家有关规定报经单位领导批准后，移交纪检监察部门或司法机关处理。

第二十二条 被审计单位和被审计领导人员必须严格执行审计决定，并将审计决定执行情况于接到审计决定之日起40日内，书面报送实施审计的审计机构。

第二十三条 被审计单位、被审计领导人员对审计决定如有异议，可在收到审计决定之日起15日内，向实施审计的审计机构或其所在单位领导提出审计复议。原实施审计的审计机构或其所在单位领导应在收到复议申请之日起30日内作出复议决定，并送达被审计单位、被审计领导人员和委托的人事管理部门。

第二十四条 被审计单位、被审计领导人员对复议决定仍有异议，可在收到复议决定之日起15日内，向上一级审计机构或其所在单位领导申请复议。上一级审计机构或其所在单位领导应在收到复议申请之日起30日内作出复议决定，送达被审计单位、被审计领导人员、原实施审计的审计机构和委托的人事管理部门。遇有特殊情况，复议期限可适当延长。复议期间，原审计决定照常执行。

第二十五条 上一级审计机构及其所在单位领导的复议决定为终审决定。

第二十六条 人事管理部门应将审计部门提交的企业领导人员任期经济责任审计报告，作为该企业领导人员奖惩、调任、免职、辞职、解聘、退休等提出审查处理意见时的重要参考依据。

第二十七条 审计工作结束后，审计组应按审计档案管理规定，将应归档的材料立卷归档。

第六章 附 则

第二十八条 各级审计机构依法独立开展企业领导人员任期经济责任审计工作；上级审计机构负责对下级审计机构执行本细则的情况实行监督、检查；上级人事管理部门负责对下级人事管理部门执行本细则、利用审计结果的情况实行监督、检查。

第二十九条 对企业内部的事业性单位领导人员、工程项目部指挥长的经济责任审计，参照本细则实施。

第三十条 各集团公司(工程局)、工厂局、中铁建物资集团有限公司，可根据本细则制定或修订适合本单位的实施办法，报总公司审计处备案。

第三十一条 本细则由总公司审计处负责解释。

第三十二条 本细则自发布之日起实施。原发《中国铁道建筑总公司厂长(经理)任期经济责任审计实施办法》同时废止。

2001 年总公司文件目录

文件号	文件标题
中铁建计〔2001〕1 号	关于下达 2001 年施工(生产)经营、小型基本建设及更新改造计划的通知
中铁建安质〔2001〕2 号	关于搞好桥梁施工安全工作的通知
中铁建安质〔2001〕3 号	关于表彰“安全质量标准工地(车间)”的通报
中铁建科〔2001〕4 号	关于申报 2001 年度铁道部科技研究开发计划项目的请示
中铁建财〔2001〕5 号	关于填报 2000 年度《企业基础材料》的通知
中铁建财〔2001〕6 号	关于中铁十二局集团有限公司补办土地评估及处置手续有关问题的请示
中铁建办〔2001〕7 号	关于中铁工程有限公司职工住房调整的通知
中铁建财〔2001〕8 号	关于下发《中国铁道建筑总公司 2001 年财务工作指导意见》的通知
中铁建财〔2001〕9 号	转发财政部《关于企业住房制度改革中有关财务处理问题的补充通知》的通知
中铁建安质〔2001〕10 号	关于兑现 2000 年度安全工作包保责任状的通报
中铁建安质〔2001〕11 号	关于表彰 2000 年安全生产达标单位的通报
中铁建经〔2001〕12 号	关于房山、养马河、株洲、都匀、沙城桥梁厂参加西合和秦沈桥梁轨枕投标的请示
中铁建安质〔2001〕13 号	关于 2000 年安全工作情况的报告
中铁建劳〔2001〕14 号	关于总公司职工伤残证填发使用管理的通知
中铁建设运〔2001〕15 号	转发中国设备管理协会《关于表彰北京燕京碑酒集团公司等 405 个单位第五届“全国设备管理优秀单位”的决定》的通知
中铁建安质〔2001〕16 号	关于颁发《质量检查证》的通知
中铁建劳〔2001〕17 号	关于对中铁第十六工程局成都办事处职工参加北京养老统筹的批复
中铁建劳〔2001〕18 号	关于公布 2001、2002 年企业退休(职)人员缴费养老金增发比例的通知
中铁建劳〔2001〕19 号	关于 2000 年总公司劳动定额和计件工资管理情况的通报
中铁建财〔2001〕20 号	关于实行总公司集中汇缴所得税的请示
中铁建审〔2001〕21 号	关于印发《中国铁道建筑总公司第十二次审计例会纪要》的通知
中铁建设运〔2001〕22 号	关于印发《中国铁道建筑总公司利用外资贷款购置设备暂行管理办法》的通知
中铁建科〔2001〕23 号	关于颁发 2000 年总公司科技进步奖的通知

续　表

文件号	文件标题
中铁建财〔2001〕24号	转发财政部《关于印发〈企业住房制度改革中有关会计处理问题的规定〉的通知》的通知
中铁建财〔2001〕25号	转发财政部《关于国有企业年度会计报表注册会计师审计若干问题的通知》的通知
中铁建科〔2001〕26号	关于印发现行铁路工程建设标准规范目录的通知
中铁建劳〔2001〕27号	关于职工供养直系亲属死亡丧葬补助费问题的通知
中铁建劳〔2001〕28号	关于对电务公司工伤保险费率的批复
中铁建工〔2001〕29号	关于下发《湖北阳新长江干堤加固工程质量策划会议纪要》的通知
中铁建工〔2001〕30号	关于下发《莲黄隧道及两端连接线工程质量策划会议纪要》的通知
中铁建劳〔2001〕31号	关于成立中国铁道建筑总公司厦门莲黄隧道工程项目经理部的通知
中铁建企〔2001〕32号	关于印发《中国铁道建筑总公司2001年度管理评审决议》的通知
中铁建经〔2001〕33号	转发铁道部《关于公布铁路工程建设2000年材料价差系数的通知》的通知
中铁建人〔2001〕34号	关于城云赴澳门工作的请示
中铁建劳〔2001〕35号	关于公布2001年度《合格劳务分承包商名册》的通知
中铁建公〔2001〕36号	关于加强临时公安机构规范化管理的通知
中铁建办〔2001〕37号	总公司、总公司党委关于印发2001年会议计划的通知
中铁建财〔2001〕38号	关于中铁十二局集团有限公司补办土地处置手续有关问题的请示
中铁建教卫〔2001〕39号	关于下达总公司2001年教育培训计划的通知
中铁建财〔2001〕40号	关于下达总公司2001年考核指标的通知
中铁建经〔2001〕41号	关于表彰“九五”期间经营工作先进单位和先进工作者的通报
中铁建审〔2001〕42号	关于下达2001年审计项目计划的通知
中铁建审〔2001〕43号	关于表彰2000年度审计工作先进单位和先进个人的通报
中铁建教卫〔2001〕44号	转发《国务院办公厅转发教育部等部门关于实施中小学危房改造工程意见的通知》的通知
中铁建劳〔2001〕45号	关于成立中国铁道建筑总公司长江重要堤防工程阳新项目部的通知
中铁建劳〔2001〕46号	关于成立中国铁道建筑总公司长江重要堤防工程无为项目部的通知
中铁建企〔2001〕47号	关于2001年企业法律顾问注册工作的通知

续　表

文件号	文件标题
中铁建监〔2001〕48号	关于开展企业改制中防止国有资产流失效能监察的通知
中铁建劳〔2001〕49号	关于撤销北京金兴工程造价咨询中心的通知
中铁建财〔2001〕50号	关于对中铁第十三、十五至十八工程局改制企业股权设置和“百含”动用方案的批复
中铁建科〔2001〕51号	关于报送《中央管理企业集团及有关部委下属勘察设计单位汇总表》的函
中铁建公〔2001〕52号	关于解决公安处机关人员在编不在岗问题的通知
中铁建办〔2001〕53号	总公司、总公司党委关于印发《中国铁道建筑总公司信访工作暂行办法》的通知
中铁建财〔2001〕54号	关于办理更换预留印鉴的请示
中铁建财〔2001〕55号	关于印发总公司《改制企业有关业务会计处理的暂行规定》的通知
中铁建工〔2001〕56号	关于做好2001年防洪工作的通知
中铁建财〔2001〕57号	关于技术开发费和科研经费的请示
中铁建企〔2001〕58号	关于中铁第十六工程局建立现代企业制度总体实施方案的批复
中铁建劳〔2001〕59号	关于转发劳动和社会保障部培训就业司《关于在部分企业开展职业技能鉴定试点的复函》的通知
中铁建劳〔2001〕60号	关于公布2000年北京市职工平均工资的通知
中铁建企〔2001〕61号	关于中铁第十三工程局建立现代企业制度总体实施方案的批复
中铁建企〔2001〕62号	关于中铁第十八工程局建立现代企业制度总体实施方案的批复
中铁建人〔2001〕63号	关于李方志赴澳门工作的请示
中铁建劳〔2001〕64号	关于公布2000年总公司职工平均工资的通知
中铁建劳〔2001〕65号	关于无证驾驶车辆发生事故等工伤认定问题的通知
中铁建企〔2001〕66号	关于设立华铁科技工程股份有限公司的批复
中铁建计〔2001〕67号	关于下达企业自筹资金计划指标的请示
中铁建教卫〔2001〕68号	转发中央企业工委关于印发《国务院办公厅转发教育部、公安部关于进一步加强学校安全保卫工作意见的紧急通知》的通知
中铁建财〔2001〕69号	关于中铁十二局集团有限公司股权设置和“百含”动用方案的批复
中铁建劳〔2001〕70号	关于成立中国铁道建筑总公司云南砚平高速公路工程项目经理部的通知
中铁建办〔2001〕71号	总公司、总公司党委关于印发《中国铁道建筑总公司公文处理办法》的通知

续　表

文件号	文件标题
中铁建企〔2001〕72号	关于2001年度公路资信登记年审的通知
中铁建电〔2001〕73号	关于印发《中国铁道建筑总公司传真电报管理暂行办法》的通知
中铁建劳〔2001〕74号	关于转发北京市劳动和社会保障局《关于转发劳动和社会保障部关于提前退休人员养老金计发问题复函的通知》的通知
中铁建劳〔2001〕75号	转发北京市劳动和社会保障局《关于开展全市社会保险稽核检查工作的通知》的通知
中铁建工〔2001〕76号	关于表彰2000年度总公司先进集体、先进生产(工作)者和铁路大会战尖兵的决定
中铁建财〔2001〕77号	关于1999年度建设单位财务决算的批复
中铁建财〔2001〕78号	关于工程项目上缴款有关问题的通知
中铁建科〔2001〕79号	转发铁道部《关于申报、推荐"中国铁道科学技术奖"的通知》及《"中国铁道科学技术奖"奖励办法》的通知
中铁建安质〔2001〕80号	关于对举报"中铁第十四工程局二处泰曲公路项目部发生重大伤亡事故"调查核实情况的报告
中铁建人〔2001〕81号	关于做好2001年专业技术职务评聘工作的通知
中铁建计〔2001〕82号	关于2000年主要经济技术指标完成情况的通报
中铁建劳〔2001〕83号	关于直属第四公安分处设立刑警大队的通知
中铁建办〔2001〕84号	关于调整机关安全委员会成员的通知
中铁建经〔2001〕85号	关于参加海南海军工程项目施工的报告
中铁建经〔2001〕86号	关于参加海南海军工程项目施工的报告
中铁建办〔2001〕87号	关于总公司行政领导工作分工的通知
中铁建审〔2001〕88号	关于印发《中国铁道建筑总公司审计工作会议纪要》的通知
中铁建财〔2001〕89号	关于技术装备更新改造专项资金的请示
中铁建劳〔2001〕90号	转发劳动和社会保障部、铁道部劳动和卫生司《关于开展全国职业技能鉴定质量检查工作的通知》的通知
中铁建经〔2001〕91号	关于转发铁道部《铁路工程建设材料预算价格》的通知
中铁建劳〔2001〕92号	关于公布总公司及所属单位中英文名称的通知
中铁建战〔2001〕93号	关于下达战备事业费计划、转发铁道部《2001年铁路战备工作要点》的通知
中铁建财〔2001〕94号	关于印发《总公司2000年度资产经营责任制考核情况》的通知
中铁建海〔2001〕95号	关于香港项目管理人员有关问题的通知

续　表

文件号	文件标题
中铁建劳〔2001〕96号	关于下达2001年劳动工资计划的通知
中铁建经〔2001〕97号	关于参加西藏“两桥一洞”工程项目施工的请示
中铁建经〔2001〕98号	关于参加西藏“两桥一洞”工程项目施工的请示
中铁建劳〔2001〕99号	关于成立北京中铁建电务工程有限责任公司的通知
中铁建劳〔2001〕100号	关于切实加强社会保险工作的通知
中铁建财〔2001〕101号	关于表彰财会工作先进单位和先进工作者的通知
中铁建劳〔2001〕102号	总公司、总公司党委关于工贸公司、铁建商场并入总公司机关服务中心的决定
中铁建财〔2001〕103号	关于开展《会计法》执行情况检查的通知
中铁建教卫〔2001〕104号	转发《铁道部、卫生部关于印发〈青藏铁路卫生保障若干规定〉的通知》的通知
中铁建企〔2001〕105号	关于中铁第十三工程局建立现代企业制度总体实施方案的批复
中铁建企〔2001〕106号	关于中铁第十五工程局建立现代企业制度总体实施方案的批复
中铁建企〔2001〕107号	关于中铁第十六工程局建立现代企业制度总体实施方案的批复
中铁建企〔2001〕108号	关于中铁第十七工程局建立现代企业制度总体实施方案的批复
中铁建企〔2001〕109号	关于中铁第十八工程局建立现代企业制度总体实施方案的批复
中铁建计〔2001〕110号	关于印发《中国铁道建筑总公司2001年～2005年发展规划》的通知
中铁建财〔2001〕111号	关于华铁科技工程股份有限公司(筹)国有股权管理有关问题的批复
中铁建企〔2001〕112号	关于上报《中国铁道建筑总公司资质就位工作实施方案》的报告
中铁建企〔2001〕113号	关于北京中铁建筑工程公司建立现代企业制度的批复
中铁建劳〔2001〕114号	关于总公司机关门诊部改为北京中铁玉泉医院的通知
中铁建企〔2001〕115号	关于养马河桥梁厂成立中铁路桥股份有限公司筹委会的批复
中铁建财〔2001〕116号	关于中铁第十一工程局股权设置和“百含”划转方案的批复
中铁建教卫〔2001〕117号	关于印发《青藏铁路施工卫生保障基本程序》的通知
中铁建企〔2001〕118号	关于中铁第十一工程局建立现代企业制度总体实施方案的批复
中铁建安质〔2001〕119号	关于中国铁道建筑总公司安全生产工作有关情况的报告

续 表

文件号	文件标题
中铁建科〔2001〕120号	关于下达2001年度科技研究开发计划的通知
中铁建科〔2001〕121号	关于下发2001年总公司科技项目资助经费的通知
中铁建教卫〔2001〕122号	关于印发《总公司机关基本医疗保险暂行规定》的通知
中铁建教卫〔2001〕123号	关于印发《总公司机关大额医疗费用互助暂行规定》的通知
中铁建教卫〔2001〕124号	关于印发《总公司机关企业补充医疗保险暂行规定》的通知
中铁建教卫〔2001〕125号	关于贯彻实施《总公司机关基本医疗保险暂行规定》、《总公司大额医疗费用互助暂行规定》有关问题的通知
中铁建劳〔2001〕126号	关于对北京中铁建筑工程公司实行企业补充养老保险与职工储蓄性养老保险的批复
中铁建劳〔2001〕127号	关于调整参加北京市基本养老统筹单位2001年缴纳基本养老保险费比例的通知
中铁建财〔2001〕128号	关于财政部重新下发华铁科技工程股份有限公司(筹)股权管理确认文件的请示
中铁建财〔2001〕129号	关于转发《财政部关于认真做好〈会计法〉执行情况检查重点检查阶段有关工作的通知》的通知
中铁建劳〔2001〕130号	关于调整职工退休计算基本养老金缴费工资基数的请示
中铁建海〔2001〕131号	关于申请对外援助成套项目施工总承包企业资格的请示
中铁建劳〔2001〕132号	关于切实做好改制企业社会保险工作有关问题的通知
中铁建办〔2001〕133号	总公司、总公司党委关于印发《中国铁道建筑总公司处理突发性集体上访事件的预案》的通知
中铁建企〔2001〕134号	关于印发《中国铁道建筑总公司资质管理实施细则》的通知
中铁建办〔2001〕135号	关于印发《秦沈客运专线竣工文件编制座谈会议纪要》的通知
中铁建劳〔2001〕136号	关于铁道建筑公安局人民警察培训中心设在石家庄铁路工程职业技术学院的通知
中铁建企〔2001〕137号	关于中铁十二局集团公司进行股份制改造的批复
中铁建企〔2001〕138号	关于设立中铁十二局集团股份有限公司的请示
中铁建劳〔2001〕139号	转发国务院《关于印发减持国有股筹集社会保障资金管理暂行办法的通知》的通知
中铁建海〔2001〕140号	关于在香港设立中国铁道建筑(香港)有限公司的请示
中铁建教卫〔2001〕141号	关于转发《中铁十二局集团有限公司青藏铁路卫生保障管理办法》的通知
中铁建财〔2001〕142号	关于变更华铁科技工程股份有限公司(筹)股权管理确认文件中公司名称的请示
中铁建设运〔2001〕143号	关于划拨挖掘机等74台设备的通知

续 表

文件号	文件标题
中铁建教卫〔2001〕144号	关于认真做好青藏铁路建设期间"鼠防"工作的通知
中铁建企〔2001〕145号	关于华铁科技工程股份有限公司更名为中铁十二局集团股份有限公司的报告
中铁建战〔2001〕146号	关于调整中国铁道建筑总公司人防委员会成员的通知
中铁建安质〔2001〕147号	印发《中国铁道建筑总公司关于重大安全事故责任追究的规定》的通知
中铁建办〔2001〕148号	关于印发《总公司档案事业发展"十五"计划》的通知
中铁建办〔2001〕149号	关于印发《总公司直属项目(指挥)部档案管理暂行办法》的通知
中铁建安质〔2001〕150号	关于调整总公司安全质量管理委员会成员的通知
中铁建劳〔2001〕151号	关于成立总公司(国有股)股权代表委员会的通知
中铁建劳〔2001〕152号	关于成立总公司投资部的通知
中铁建劳〔2001〕153号	关于成立总公司职业技能鉴定指导中心的通知
中铁建劳〔2001〕154号	总公司、总公司党委关于将总公司海外部改为海外公司的通知
中铁建劳〔2001〕155号	关于成立总公司技术中心的通知
中铁建财〔2001〕156号	关于印发《中国铁道建筑总公司财务管理内控制度》的通知
中铁建公〔2001〕157号	转发公安部、国防科工委《关于对工业雷管实施编号管理有关问题的通知》的通知
中铁建劳〔2001〕158号	转发劳动和社会保障部培训就业司《关于同意中国铁路工程总公司等3家公司职业技能鉴定实施办法的复函》的通知
中铁建企〔2001〕159号	关于昆明机械厂进行股份有限公司改造的批复
中铁建劳〔2001〕160号	关于养马河桥梁厂变更名称的批复
中铁建经〔2001〕161号	关于西康铁路秦岭隧道TBM下场费有关问题的通知
中铁建劳〔2001〕162号	总公司、总公司党委关于将西安铁路成人中等卫生学校划归中铁第二十工程局的决定
中铁建劳〔2001〕163号	总公司、总公司党委关于将西北办事处储运公司及康乐园划归中铁第二十工程局的决定
中铁建办〔2001〕164号	关于印发《总公司机关单间住房管理使用暂行办法》的通知
中铁建教卫〔2001〕165号	关于印发《中国铁道建筑总公司关键岗位培训及持证上岗管理工作有关规定》的通知
中铁建人〔2001〕166号	关于总公司(国有股)股权代表委员会组成人员的通知

续　表

文件号	文件标题
中铁建海〔2001〕167号	关于使用中小企业国际市场开拓资金的请示
中铁建劳〔2001〕168号	关于撤销绥芬河办事处的通知
中铁建财〔2001〕169号	关于北京中铁建筑工程公司股权设置和“百含”动用方案的批复
中铁建企〔2001〕170号	关于北京中铁建筑工程公司建立现代企业制度总体实施方案的批复
中铁建劳〔2001〕171号	关于原行业基本养老保险有关问题处理意见的通知
中铁建劳〔2001〕172号	关于明确机关服务中心财务管理体制有关问题的通知
中铁建劳〔2001〕173号	关于成立深圳市中铁兴实业发展有限责任公司的通知
中铁建劳〔2001〕174号	关于对工贸公司重组方案的批复
中铁建企〔2001〕175号	关于中铁第十九工程局改制为中铁十九局(集团)有限责任公司的批复
中铁建财〔2001〕176号	关于深圳市中铁兴实业发展有限责任公司注册资金的通知
中铁建企〔2001〕177号	关于成立中铁养马河工程股份有限公司筹委会的批复
中铁建企〔2001〕178号	关于中铁养马河桥梁厂股份制改造实施方案的批复
中铁建劳〔2001〕179号	关于在总公司系统建立国家职业技能考核站的通知
中铁建企〔2001〕180号	关于中铁第十四工程局建立现代企业制度总体实施方案的批复
中铁建劳〔2001〕181号	关于印发《总公司机关工伤医疗管理暂行办法》的通知
中铁建劳〔2001〕182号	关于遗属有关问题的通知
中铁建财〔2001〕183号	关于印发《中国铁道建筑总公司股份制公司年度财务预算、财务报告及利润分配预案报告内容与格式的暂行规定》的通知
中铁建劳〔2001〕184号	关于成立中国铁道建筑总公司天津中铁工程项目经理部的通知
中铁建劳〔2001〕185号	关于成立总公司保险代理部的通知
中铁建计〔2001〕186号	关于2002年技术改造投资计划的报告
中铁建劳〔2001〕187号	关于印发《中国铁道建筑总公司职业技能鉴定试点工作方案》的通知
中铁建劳〔2001〕188号	关于印发《中国铁道建筑总公司“十五”技师评聘工作规划》的通知
中铁建劳〔2001〕189号	关于职业技能鉴定收费管理有关问题的通知
中铁建企〔2001〕190号	关于工程监理部改制为北京铁研建设监理有限责任公司的批复

续　表

文件号	文件标题
中铁建企〔2001〕191号	关于房山桥梁厂建立现代企业制度的批复
中铁建办〔2001〕192号	总公司、总公司党委关于印发《中国铁道建筑总公司信访工作领导责任制》的通知
中铁建科〔2001〕193号	关于下发《桥梁膺架法施工有关技术规定》的通知
中铁建财〔2001〕194号	关于提取2001年度上级管理费的请示
中铁建劳〔2001〕195号	关于公布劳动和社会保障部、财政部批复原行业统筹企业2001年缴纳基本养老保险比例的通知
中铁建财〔2001〕196号	关于《会计法》执行情况重点检查的报告
中铁建劳〔2001〕197号	关于铁道建筑研究设计院以现名称转制注册的批复
中铁建财〔2001〕198号	关于中铁养马河工程股份有限公司(筹)国有股权管理有关问题的请示
中铁建劳〔2001〕199号	关于统一换发工作证的通知
中铁建劳〔2001〕200号	关于成立中国铁道建筑总公司长江重要堤防工程荆南项目部的通知
中铁建劳〔2001〕201号	转发劳动和社会保障部《关于青藏铁路高原地区津(补)贴和休假制度的复函》的通知
中铁建审〔2001〕202号	关于印发《2001年总公司审计处长研讨会纪要》的通知
中铁建审〔2001〕203号	关于印发《中国铁道建筑总公司企业领导人员任期经济责任审计实施细则》的通知
中铁建劳〔2001〕204号	中国铁道建筑总公司关于2000年度"百含"工资结算和2001年度工效挂钩办法的报告
中铁建审〔2001〕205号	关于印发《中国铁道建筑总公司第十三次审计例会纪要》的通知
中铁建办〔2001〕206号	关于转发《湖南省邵阳市委政法委信访接待室发生爆炸事件的情况通报》的通知
中铁建审〔2001〕207号	关于印发《中国铁道建筑总公司审计工作评比暂行办法》的通知
中铁建劳〔2001〕208号	关于转发北京市劳动和社会保障局《关于印发〈北京市农民工养老保险暂行办法〉的通知》的通知
中铁建劳〔2001〕209号	关于企业离退休人员2001年调整基本养老金标准的通知
中铁建劳〔2001〕210号	关于表彰社会保障工作先进单位和先进个人的决定
中铁建财〔2001〕211号	关于印发《中国铁道建筑总公司预算管理办法》的通知
中铁建财〔2001〕212号	关于《会计法》重点检查情况的通报
中铁建财〔2001〕213号	关于编报2001年度财务会计报告的通知
中铁建财〔2001〕214号	关于编报合并会计报表基础表格的通知

续 表

文件号	文件标题
中铁建财〔2001〕215号	关于编报2002年预算的通知
中铁建劳〔2001〕216号	关于成立中国铁道建筑总公司同三线青岛段项目部的通知
中铁建劳〔2001〕217号	总公司、总公司党委关于将部分直属单位划转集团公司(工程局)管理的通知
中铁建劳〔2001〕218号	总公司、总公司党委关于部分直属单位结构调整资产重组的决定
中铁建财〔2001〕219号	关于成都中铁西南物资有限公司股权设置和“百含”动用方案的批复
中铁建企〔2001〕220号	关于设立中铁养马河工程股份有限公司的请示
中铁建财〔2001〕221号	关于企业亏损补贴的请示
中铁建企〔2001〕222号	关于总医院进行股份制改造的批复
中铁建企〔2001〕223号	关于成都中铁西南物资公司建立现代企业制度总体实施方案的批复
中铁建劳〔2001〕224号	关于部分直属单位调整重组后再就业服务机构及工作关系接转的通知
中铁建劳〔2001〕225号	关于部分直属单位划转、重组社会保险处理意见的通知
中铁建劳〔2001〕226号	总公司、总公司党委关于中铁工程公司等新组建公司领导职数的通知
中铁建财〔2001〕227号	关于青藏铁路施工技术装备资金的请示
中铁建劳〔2001〕228号	关于昆明机械厂变更名称的通知
中铁建财〔2001〕229号	关于印发《总公司机关物业管理服务费用结算暂行办法》的通知
中铁建财〔2001〕230号	关于中铁第十九工程局股权设置和“百含”动用方案的批复
中铁建企〔2001〕231号	关于中铁第十九工程局建立现代企业制度总体实施方案的批复
中铁建财〔2001〕232号	关于部分直属单位资产重组划转的通知
中铁建科〔2001〕233号	关于表彰2001年度总公司优秀论文、施工技术总结的通知
中铁建劳〔2001〕234号	关于下达2001年百元产值工资含量包干系数的通知
中铁建办〔2001〕235号	关于公文管理工作有关事项的通知
中铁建办〔2001〕236号	关于加强资产重组与企业重构中的档案管理工作的通知
中铁建劳〔2001〕237号	关于成立工厂局移交工作小组的通知
中铁建劳〔2001〕238号	关于工厂局机关(含局机关服务中心)与北京海石丰科技开发公司重组的决定

续　表

文　件　号	文　　件　　标　　题
中铁建财〔2001〕239 号	关于中铁第二十工程局债转投问题的批复
中铁建劳〔2001〕240 号	关于北京中铁玉泉医院更名为中国铁道建筑总公司北京铁建医院的通知
中铁建财〔2001〕241 号	关于北京中铁建设有限公司增加实收资本的批复
中铁建安质〔2001〕242 号	关于表彰“安全质量标准工地(车间)”的通报
中铁建安质〔2001〕243 号	关于表彰 2001 年中国铁道建筑总公司优质工程的通报
中铁建劳〔2001〕244 号	关于批准卢建国等 12 名高级技师任职资格的通知
中铁建办〔2001〕245 号	关于表彰中铁十一局集团公司档案工作目标管理认定国家一级的通报
中铁建设运〔2001〕246 号	关于印发《TBM 掘进机管理、使用会议纪要》的通知
中铁建计〔2001〕247 号	关于部分直属单位划转、重组后计划、统计、验工计价工作管理办法的通知
中铁建劳〔2001〕248 号	转发铁道部《关于调整铁道战备舟桥处管理体制的通知》的通知
中铁建劳〔2001〕249 号	关于成立总公司东深分水工程六标项目部的通知
中铁建劳〔2001〕250 号	关于成立总公司东深分水工程七标项目部的通知
中铁建劳〔2001〕251 号	关于成立中国铁道建筑总公司龙岩公路工程项目部的通知
中铁建劳〔2001〕252 号	关于成立中国铁道建筑总公司晋江中谷粮库工程项目部的通知
中铁建劳〔2001〕253 号	总公司、总公司党委关于颁发国内工程公司机构编制指导意见的通知
中铁建劳〔2001〕254 号	总公司、总公司党委关于颁发北京铁建工贸集团公司机构编制指导意见的通知
中铁建劳〔2001〕255 号	总公司、总公司党委关于颁发中铁物资集团公司机构编制指导意见的通知
中铁建企〔2001〕256 号	关于下发《中国铁道建筑总公司现行有效受控质量体系文件和资料目录清单》的通知
中铁建教卫〔2001〕257 号	总公司、总公司党委关于印发《中国铁道建筑总公司“十五”教育培训发展规划》的通知
中铁建劳〔2001〕258 号	关于将中铁第二十工程局城建总公司划归北京中铁建筑有限公司的决定
中铁建企〔2001〕259 号	关于中铁养马河桥梁厂改制搬迁成都的批复

2001年总公司党委文件目录

文件号	文件标题
中铁建党干〔2001〕1号	总公司党委、总公司关于进一步下放工程局(集团公司)干部人事任免权限的通知
中铁建党干〔2001〕2号	关于彭树贵继续任职的通知
中铁建党组〔2001〕3号	关于党的领导关系问题的通知
中铁建党组〔2001〕4号	关于中铁第十三工程局第五次党代会和第五届党委会、纪委会第一次全体会议选举结果的批复
中铁建党组〔2001〕5号	关于增补总医院党委委员的批复
中铁建党组〔2001〕6号	关于批转《总公司党委组织部、团工委关于进一步加强党建带团建工作的意见》的通知
中铁建党组〔2001〕7号	关于转发《中央企业工委关于在中央企业开展"创先争优"活动暨做好表彰推荐工作的通知》的通知
中铁建党干〔2001〕8号	转发中央企业工委组织部《关于考察中国铁道建筑总公司领导班子的通知》
中铁建党干〔2001〕9号	关于中央企业工委考察总公司领导班子的通知
中铁建党组〔2001〕10号	关于加强发展党员工作的意见
中铁建党办〔2001〕11号	总公司党委、总公司关于转发《中央企业工委2001年工作要点》的通知
中铁建党组〔2001〕12号	关于召开中国共产党中国铁道建筑总公司第一次代表大会的通知
中铁建党组〔2001〕13号	关于认真学习贯彻国有大中型企业"三讲"学习教育活动工作会议精神的通知
中铁建党组〔2001〕14号	关于成立总公司韶关五里亭大桥项目经理部党工委的通知
中铁建党纪〔2001〕15号	总公司党委、总公司关于印发《关于对新提拔领导干部进行党风廉政谈话教育的规定》的通知
中铁建党组〔2001〕16号	关于印发《总公司2001年政治工作要点》的通知
中铁建党干〔2001〕17号	关于召开中国共产党中国铁道建筑总公司第一次代表大会的请示
中铁建党干〔2001〕18号	关于建议邹才华同志继续为总公司党委委员、常委候选人的请示
中铁建党干〔2001〕19号	关于×××同志免于处分的请示
中铁建党办〔2001〕20号	关于中国铁道建筑总公司第一次党代表大会选举结果的情况报告

续　表

文件号	文件标题
中铁建党干〔2001〕21 号	关于王振侯同志因公临时赴香港的请示
中铁建党组〔2001〕22 号	关于表彰 2000 年度四好领导班子的决定
中铁建党办〔2001〕23 号	关于总公司党委常委工作分工的通知
中铁建党组〔2001〕24 号	中国铁道建筑总公司党委关于贯彻落实中央企业工委“三讲”教育领导小组〔2001〕5 号文件精神计划安排的请示
中铁建党组〔2001〕25 号	关于中铁第十三工程局党群组织更名的通知
中铁建党宣〔2001〕26 号	关于给予贾鸿义违犯宣传纪律抢发新闻的通报
中铁建党组〔2001〕27 号	关于中铁十二局集团公司增补党委委员的批复
中铁建党组〔2001〕28 号	关于增补直属机关党委委员的批复
中铁建党组〔2001〕29 号	关于增补总公司党校党委委员的批复
中铁建党宣〔2001〕30 号	关于推荐刘清华先进事迹的报告
中铁建党干〔2001〕31 号	关于王振侯同志因公临时出国的请示
中铁建党关〔2001〕32 号	关于调整充实总公司关心下一代工作委员会领导成员的通知
中铁建党组〔2001〕33 号	中国铁道建筑总公司党委关于表彰“十佳先进党组织”、“二十佳优秀党务工作者”和“三十佳优秀共产党员”的决定
中铁建党干〔2001〕34 号	关于因公出国(境)人员审查工作自查情况的报告
中铁建党干〔2001〕35 号	关于王振侯同志因公临时赴澳门的请示
中铁建党宣〔2001〕36 号	关于印发辽宁省等单位与法轮功等邪教组织斗争经验材料的通知
中铁建党干〔2001〕37 号	关于成立中国铁道建筑总公司企业思想政治工作人员专业职务任职资格评审工作领导小组和组建高级职务评审委员会的请示
中铁建党干〔2001〕38 号	关于李国瑞同志赴香港参加中港联合体会议的请示
中铁建党干〔2001〕39 号	关于李国瑞同志赴法国培训的请示
中铁建党组〔2001〕40 号	关于增补深圳分公司党工委委员的批复
中铁建党组〔2001〕41 号	关于做好党委换届选举工作的通知

续　表

文　件　号	文　　件　　标　　题
中铁建党组〔2001〕42号	关于中铁第十一工程局党群组织更名的通知
中铁建党组〔2001〕43号	关于中铁第十五工程局党群组织更名的通知
中铁建党组〔2001〕44号	关于中铁第十七工程局党群组织更名的通知
中铁建党组〔2001〕45号	关于中铁第十八工程局党群组织更名的通知
中铁建党组〔2001〕46号	关于北京中铁建筑工程公司党群组织更名的通知
中铁建党办〔2001〕47号	总公司党委、总公司关于转发《最高人民检察院、中共中央企业工作委员会、国家经济贸易委员会关于共同做好国有企业中贪污贿赂犯罪预防工作的通知》的通知
中铁建党办〔2001〕48号	总公司党委、总公司关于切实做好部分军队转业干部上访人员工作的通知
中铁建党组〔2001〕49号	关于厦门分公司增设党委、增设纪委的批复
中铁建党办〔2001〕50号	关于中央企业工委慰问团到中国铁道建筑总公司渝怀铁路建设工地慰问的情况报告
中铁建党组〔2001〕51号	关于中铁第十四工程局党群组织更名的通知
中铁建党组〔2001〕52号	关于增补中铁十七局集团有限公司党委委员的批复
中铁建党组〔2001〕53号	关于增补中铁十三局集团有限公司党委常委的批复
中铁建党组〔2001〕54号	关于增补中铁十八局集团有限公司党委委员、常委的批复
中铁建党组〔2001〕55号	关于召开2001年领导班子专题民主生活会的通知
中铁建党工〔2001〕56号	关于认真学习宣传贯彻《工会法》的通知
中铁建党干〔2001〕57号	关于转发中组部、中央企业工委《国有重要骨干企业领导人员任职和公务回避暂行规定》的通知
中铁建党组〔2001〕58号	关于组成中国铁道建筑总公司海外公司党委和纪委的通知
中铁建党组〔2001〕59号	关于株洲桥梁厂、鹰潭战备材料总厂党的关系归属中铁十一局集团公司党委领导的通知
中铁建党组〔2001〕60号	关于兴城疗养院党的关系归属中铁十二局集团公司党委领导的通知
中铁建党组〔2001〕61号	关于徐州机械厂、房山桥梁厂、铁道战备舟桥处党的关系归属中铁第十四工程局党委领导的通知
中铁建党组〔2001〕62号	关于都匀桥梁厂党的关系归属中铁十五局集团公司党委领导的通知

续　表

文　件　号	文　　件　　标　　题
中铁建党组〔2001〕63 号	关于铁路运输处、秦皇岛办事处党的关系归属中铁十六局党委领导的通知
中铁建党组〔2001〕64 号	关于株洲战备材料总厂党的关系归属中铁十七局集团公司党委领导的通知
中铁建党组〔2001〕65 号	关于华北办事处、涿州中铁建筑金属结构总厂、高碑店材料总厂、高碑店新型建材厂、华东办事处新铁城饭店党的关系归属中铁十八局集团公司党委领导的通知
中铁建党组〔2001〕66 号	关于小屯前进水泥厂党的关系归属中铁第十九工程局党委领导的通知
中铁建党组〔2001〕67 号	关于北京中铁北方建筑工程处党的关系归属北京中铁建设有限公司党委领导的通知
中铁建党组〔2001〕68 号	关于石家庄材料总厂党的关系归属中铁物资集团公司党委领导的通知
中铁建党组〔2001〕69 号	关于昆明中铁机械厂党的领导关系的通知
中铁建党组〔2001〕70 号	关于石家庄铁路工程职业技术学院召开党员大会的批复
中铁建党干〔2001〕71 号	总公司党委、总公司关于资产重组后有关干部管理权限问题的暂行规定
中铁建党组〔2001〕72 号	关于成立中国共产党北京铁建工贸集团公司委员会的通知
中铁建党组〔2001〕73 号	关于成立中国共产党中铁工程公司委员会的通知
中铁建党组〔2001〕74 号	关于成立中国共产党中铁养马河路桥集团公司委员会的通知
中铁建党组〔2001〕75 号	关于增补北京铁建工贸集团公司党委委员的批复
中铁建党组〔2001〕76 号	关于中铁第十九工程局党群组织更名的通知

12 月 5 日，中国铁道建筑报社与中国摄影家协会在北京联合举办“大路影展”。图为剪彩场面。

（李作描 摄）

附 录

本栏责任编辑 杨启燕

吴邦国副总理在中央企业工委工作会议暨中央企业纪检监察工作会议上的讲话

（摘录）

（2002年1月29日）

2001年是国有企业改革脱困三年目标基本实现后的第一年，也是实施“十五”计划的第一年。面对世界经济增速明显放缓的情况，国有企业经受住了考验，为国民经济的发展做出了贡献。归纳起来三句话，一是国有企业经济效益保持了较高水平，经济运行质量有所提高，改革脱困成果进一步巩固。二是国有企业在改革发展方面取得新成绩，企业规范改制、兼并破产、结构调整和技术改造等都有实质性进展，为深化改革、加快发展奠定了良好基础。三是基本保持了企业和社会的稳定。

中央管理的企业作为国有企业的中坚力量，在国民经济发展中发挥了重要骨干作用，总体上保持了生产增长、出口增加、效益水平较高的良好运行态势。2000年，175户中央企业实现利润1 907亿元，比1999年增长97%，其中64户工业企业实现利润1 288亿元，占全国国有及国有控股工业企业实现利润的51%，创下历史最好水平，对实现国有企业改革脱困目标功不可没。据统计快报，2001年全国国有及国有控股工业企业实现利润2 330亿元，173户中央企业实现利润1 867亿元，其中64户工业企业实现利润1 104亿元，占全国国有及国有控股工业企业实现利润的47%，大体上与2000年持平。要看到，2001年世界经济不景气，特别是“9·11”事件后出口大幅回落，石油、有色等产品价格大幅下降等因素给企业生产经营造成很大困难。在国际上一些大企业紧缩裁员甚至关闭破产的情况下，中央企业实现利润能保持在一个较高水平，是很不容易的，是大家克服困难，做了大量工作的结果。2001年账面利润虽比2000年略有下降，但多提了折旧，分流了冗员。如宝钢增提折旧7.2亿元，鞍钢增提折旧2.6亿元。这两年中央企业减员分流人员约130万人。其中，中石油两年减员35万人，2001年净增加成本60亿元；中石化2001年减员21.37万人，增加成本费用46亿元。这些都不同程度地影响了企业的当期利润，但增强了企业发展后劲，有利于企业可持续发展。中央企业对全国的贡献，至少可以讲四点：一是全国盈利额超过100亿元的工业企业都是中央企业，他们是中石油（530亿元）、中国移动（463亿元）、中石化（128亿元）和国家电力公司（106亿元）。二是一些企业利润同比增幅很大。中国移动增长39%，中国联通增长34%，神华集团增长2倍多，东风汽车公司增长1.6倍，宝钢增长29%，鞍钢增长92%，中煤进出口公司增长1.3倍，中国铁道建筑总公司增长2倍。中国铝业公司在国际铝价大幅下降的情况下，实现利润19.6亿元，增长14%，并在“9·11”事件后，于2001年底在国际资本市场成功上市，不仅筹资40亿元，而且推动了企业改制。三是部分中央企业发挥了投资主体的作用，有效拉动了国民经济的增长。其中，中国移动全年完成投资887亿元，中国联通完成投资700亿元，完成了第一期CDMA网的建设，中石化完成投资527亿元。四是亏损企业扭亏的力度进一步加大。其中，10个军工集团有6家扭亏为盈，其余的也大幅度减亏。总之，中央企业为巩固和扩大国有企业改革脱困成果，保持“十五”开局良好发展势头，促进国民经济持续健康快速发展作出了突出贡献。

郑斯林副书记在中央企业工委工作会议暨中央企业纪检监察工作会议上的讲话

（摘录）

（2002 年 1 月 30 日）

2001 年，中央企业经济运行继续保持良好态势。据对 173 户中央企业统计，生产、销售和出口继续增长，完成工业总产值（1990 年不变价）10 182亿元，比 2000 年同期增长 17.8%；实现产品销售收入26 535亿元，同比增长 7.3%；完成出口交货值 948 亿元，同比增长 8.5%；实现利润1 867.5亿元，比 2000 年实现利润1 907亿元略有下降；上交税金1 489亿元，同比增长 7%。64 户工业企业实现利润1 104亿元，占全国国有及国有控股工业企业实现利润的 47%。在 173 户企业中，有亏损企业 24 户，比 2000 年减少 2 户，亏损面 14%；10 户军工企业中有 6 户企业盈利，其余 4 户企业减亏幅度都在 26%以上。在取得良好经济效益，继续巩固改革与脱困成果基础上，中央企业在结构调整、建立现代企业制度、深化内部改革、科技创新等方面都有明显进展，为国民经济持续快速健康发展做出了积极贡献。

中央经济工作会议指出，今后一段时间，国有企业改革仍然是整个经济体制改革的中心环节，是我们面临的一项重要而艰巨的任务。2002 年，在推进中央企业改革发展稳定的进程中，要着重抓好以下几方面工作：

一是在建立规范的现代企业制度上下真功夫。要以推动企业股份制改革、完善法人治理结构、转换经营机制为重点，加强规范的现代企业制度建设，防止做表面文章，搞形式主义。要强化企业劳动、人事、分配制度改革。积极进行企业内部分配制度改革试点，推进企业经营者激励和约束机制的建立。加快推进企业管理信息化建设，以此带动企业各项工作创新和升级。加强企业信用文化建设，增强企业和职工的法制观念和商业道德观念，做诚实守信、遵纪守法、维护正常市场经济秩序的模范。

二是积极培育和发展一批具有国际竞争力的大公司和企业集团。为了适应经济全球化和应对加入世贸组织的挑战，国家将采取措施加快发展一批拥有知名品牌和自主知识产权、主业突出、核心竞争能力强的大公司和企业集团，也就是说要培育一批能够进入世界 500 强的我们自己的大型跨国公司。国务院办公厅已经转发了经贸委、中央企业工委等八部委《关于发展具有国际竞争力的大型企业集团的指导意见》，邦国同志也多次强调培育和发展一批具有国际竞争力的大公司和企业集团的重要意义，我们要认真贯彻落实。这些大公司和企业集团将主要从中央企业中产生。因此，我们要加快理论创新、制度创新、科技创新的步伐，对企业所处的市场环境、发展定位等进行深入研究，科学地调整发展战略和思路，不断开辟新的经济增长点。充分利用加入世贸组织的历史性机遇，抓紧实施“走出去”的发展战略，不断增强企业的国际竞争力，努力打造一批技术创新能力强、市场开拓能力强、经营管理能力强、规模经济效益好，具有持续盈利能力和抗御风险能力的“国家队”，为我国改革开放和现代化建设作出更大的贡献。

三是认真做好加入世贸组织的各项应对工作。要根据我国经济和社会发展、结构调整的需要以及加入世贸组织的承诺，认真分析入世后给本行业、本企业带来的影响，及时研究提出有针对性的措施，并采取各种符合世贸组织规则的方式贯彻落实，努力做到趋利避害。要抓好世贸组织规则的学习和人才培养，做好宣传和普及工作，高度重视加入世贸组织后国际人才竞争的形势，研究应对方案。要抓住世界经济结构调整的有利时机，有效地利用国际国内两种资源、两个市场，发挥比较优势，更好地“引进来”、“走出去”，主动参与国际市场竞争。

四是珍惜改革成果，认真做好企业的稳定工作。要认真学习领会六中全会精神，正确处理改革发展稳定的关系，自觉做到“两手抓、两手都要硬”，切实改进作风，关心群众的疾苦，做好人民内部矛盾的化解工作，努力把影响稳定的苗头性事端解决在基层，解决在内部，解决在初始阶段。在企业实施关闭破产过程中，党组织一定要发挥政治核心作用，主动参与研究、制定方案，做好职工群众的生活安置工作，团结带领职工群众保证方案的顺利实施。企业越困难越要加强党的工作，党政工团都要高度重视、切实抓好企业稳定工作。要高度重视安全生产，贯彻落实好安全生产责任制，防止发生重大恶性安全事故。要按照中央的统一部署和要求，继续加大与“法轮功”邪教组织进行斗争的力度。继续加强重大节日、敏感期对“法轮功”痴迷者和顽固分子的防范监控工作，维护社会政治稳定。

建设部部长汪光焘
在全国建设工作会议上的讲话

（摘录）

（2002 年 1 月 7 日）

2001 年建设系统广大职工认真实践“三个代表”重要思想，坚决贯彻中央的各项部署，建设事业发展态势良好。

建设事业“十五”开局良好，为拉动经济增长作出了重要贡献。

住宅建设增长强劲。据国家统计局统计快报，2001 年 1 月～11 月，全国房地产开发完成投资4 857亿元，比 2000 年同期增长 29.7%，其中商品住宅投资3 400亿元，同比增长 30.5%。商品住宅竣工与销售面积，同比增长 20%以上。在房改配套政策及鼓励住房消费、规范房地产市场等各项政策的综合作用下，住宅需求趋旺，个人购买商品住宅的面积同比增长 20.8%，所占比重达到 93.9%，个人住房消费市场基本形成。住宅建设加快发展和住房市场的发育，带动了相关产业发展，拉动了经济增长。

城市基础设施建设保持较快发展。各地把加强城市基础设施建设，作为实施积极的财政政策、适应经济社会发展需要的一项重要工作任务，加大投资力度。预计 2001 年城市基础设施完成投资比 2000 年增长 16%。城市基础设施国债项目工程建设进展顺利。大批城市基础设施项目的建成投产，不但有效地扩大了投资，拉动了经济增长，而且进一步改善了投资环境，增强了城市综合功能。

工程建设成效显著，建筑业产值增加。2001 年是建筑业硕果累累的一年，为国民经济的基础性工程作出了重要贡献。西气东输、西电东送、青藏铁路等工程相继开工，朔黄铁路、西南出海通道等工程建成通车。重点工程的建设，不但缓解了我国经济发展的结构性矛盾，而且直接促进了建筑业、建筑材料工业的发展。2001 年 1 月～11 月，全国等级以上建筑业企业完成产值13 700亿元，同比增长 10%。

2002 年，要进一步调整优化建筑业、勘察设计业、房地产业等竞争性行业国有企业的产权结构和组织结构，增强竞争力。在建筑业、勘察设计业和房地产业，要进一步精干国有企业队伍，将企业办社会的职能剥离出去，将辅业、劳务性企业等非主营性单位剥离出去，减员增效，提高市场竞争能力。建设部将以中央所属的 25 家大型建筑施工企业改革为重点，会同有关部门制定国有建筑施工企业转制必要的财税支持政策。对历史负担比较重的国有建筑施工企业，在分离办社会职能、分流富余人员、处置不良资产、内部重组等方面，争取各级政府的支持，帮助企业加快摆脱困境。建设领域的国有大中型企业，要继续通过规范上市、中外合资和相互参股等多种形式，深入推进公司制改造，尽快建立多元化的产权结构和健全的法人治理结构，建立产权清晰、权责明确、政企分开、管理科学的现代企业制度，适应加入 WTO 之后，巩固国内市场份额、拓展国际市场份额的激烈竞争的需要。

铁道部部长傅志寰
在全国铁路工作会议上的报告

（摘 录）

（2001年12月25日）

2001年，铁路建设持续发展，青藏铁路建设取得重大突破。全路认真贯彻实施党中央关于西部大开发的战略决策，重点抓好大通道建设，同时加快既有铁路改造，继续保持了铁路建设的良好势头。预计2001年铁路全行业完成基建投资510亿元，与2000年基本持平；铁道部完成450亿元，其中大中型项目完成投资413亿元，同比增长8.6%。预计全路完成新线铺轨1 350公里，同比增长15.2%；复线铺轨800公里，同比有所下降；交付新线1 210公里、复线1 460公里、电气化铁路2 620公里，同比均有大幅度增加。计划收尾销号项目年内均可实现销号目标。京秦客运通道、新月电化、北同蒲复线和赣龙、胶新线等一批新项目开工建设；西安南京线西合段、渝怀线、秦沈客运专线等重点工程进展顺利；神延、达万、内昆、新长、朔黄、水柏铁路全线铺通，武广、哈大电化和株六、菏兖日复线等项目相继投产，为缓解铁路干线运力紧张状况发挥了作用。适应铁路建设管理体制改革和建设市场开放新形势的需要，铁道部加大对工程建设质量的监督管理力度，采取有效措施强化营业线施工安全，加强工程质量监督检查和执法监察、审计监察，促进了工程质量不断提高。青藏铁路于2001年6月29日开工建设以来，参建人员大力弘扬"开路先锋"精神，克服高原恶劣环境带来的各种困难，第一期土建工程施工进展顺利，格尔木至望昆段路基基本成型，冻土试验段工程全面展开，全年完成投资超过10亿元。在认真抓好施工进度和工程质量的同时，高度重视环境保护和劳动卫生保障工作，在搞好生态环境保护、水土保持、野生动物保护和保障人员身体健康、生命安全等方面取得重大突破。这不仅为顺利推进青藏铁路建设提供了有力保障，也为进一步提高铁路建设的整体水平积累了宝贵经验。

2002年，铁路全行业基本建设计划投资规模为540亿元～560亿元，其中铁道部投资490亿元。续建大中型项目22个，收尾销号项目17个，拟新开工项目39个。计划新线铺轨1 250公里，投产1 700公里；复线铺轨650公里，投产400公里；建成电气化铁路950公里。我们要坚决贯彻落实党中央实施扩大国内需求的方针，选好建设项目，讲求投资效益，提高工程质量，为保持国民经济持续快速增长做出新的贡献。

1. 加强领导，科学组织，全面完成建设任务。

完成2002年铁路建设投资任务，关键是要抓好一批规模较大的续建项目，认真安排好青藏、渝怀、宁西、秦沈客运专线、宝兰二线、胶新、赣龙铁路等重点建设项目的施工组织，确保完成年度计划。青藏铁路建设进入攻坚阶段，将迎战连续多年冻土，展开全线最困难地段的施工。要加强领导，精心组织，完成格尔木至望昆段铺轨，全面展开望昆至唐古拉山段线下工程施工。秦沈客运专线达到全线试运营条件。要认真清理并抓好各项收尾配套工程，做好验收交接工作，配合好项目审计，确保计划销号项目如期完成，及时发挥投资效益。要深入细致地做好新开工项目准备工作，尽可能争取早开工、多开工一批新建项目。要进一步做好建设项目前期工作，为铁路建设持续发展创造有利条件。

2. 完善制度，落实责任，强化工程质量与安全管理。

建设工程质量涉及人民群众的生命财产安全，是百年大计。我们要从始终代表最广大人民群众根本利益的要求出发，以高度负责的精神，严格管理，严格执法，采取切实有效措施，进一步加强工程质量与安全管理。要建立健全重大工程质量及安全事故与招标投标挂钩办法，将其纳入施工招投标的评标条件，对工程质量不好和发生事故的单位，作出暂停或取消投标资格的处罚，必要时追究法律责任。既有线施工项目经理必须通过安全培训，考试合格后才能获得投标预审资格。要加快研究并逐步建立各类铁路工程保修制度，明确保修范围、保修期限、保修责任，切实解决一些参建单位相互扯皮，质量责任不落实的问题。铁道部要强化政府质量监督检查工作，对质量问题及时处罚、及时通报，追踪落实整改。要组织力量对铁路重点工程监理质量进行一次全面检查，清理整顿监理队伍,提高监理人员素质,同时注意学习引进国外先进的工程监理机制,真正发挥工程监理的有效作用。要加强勘察设计管理,选择一些已交付使用的建设项目进行后评估;在预可行性研究继续实行方案竞选的基础上,对一些项目试行设计方案招标,并积极开展勘察设计咨询,探索运用市场机制加强设计质量管理,促进勘察设计质量的提高。有条件的项目要实行项目法人责任制,对建设质量及投资概算全面承担起责任。

3. 完善机制,加强监督,整顿规范铁路建设市场。

要按照国务院统一部署,继续整顿和规范建筑市场秩序。同时,适应我国扩大对外开放和铁路建设管理体制改革的新形势,进一步完善和开放铁路建设市场,创造公平、有序的市场竞争环境。对当前铁路建设招投标及设计、施工、监理各环节中存在的一些违法违纪和腐败行为,必须加大执法监察、审计监察力度和打击查处力度,按照国务院规定,建立严格的行政执法责任制和行政责任追究制,做到执法必严、违法必究。要纠正铁路行业内存在的自我保护做法,进一步开放铁路建设市场,按照公开、公平、公正的竞争原则,鼓励国内外高水平的建筑企业参与铁路建设项目投标,促进建设管理水平的提高。铁道部要加强铁路建设资质动态管理,严格执行市场准入和清出制度,充分利用法律法规、经济制约、资质管理等多种手段,规范市场主体经营行为,保持铁路建设的良好秩序。

交通部部长黄镇东
在全国交通厅局长会议上的讲话

（摘录）

(2001 年 12 月 18 日)

2001 年,全国交通基础设施建设取得新的突破。全年累计完成投资2 600亿元以上。新增公路 3.2 万公里,其中高速公路3 017公里。到 2001 年底,全国公路总里程达到 143.5 万公里,其中高速公路达到 1.9 万公里。继京沈、京沪高速公路建成之后,西南公路出海通道又顺利贯通,标志着“三个重要路段”基本建成。西部地区 8 条省际通道建设步伐加快,通县油路工程建设全面启动。1 月～11 月,西部公路建设投资规模同比增长 23%。沿海港口新扩建中级以上泊位 37 个,新增吞吐能力6 187万吨。内河航运建设,新增和改善航道 402 公里,新扩建泊位 43 个,新增吞吐能力 536 万吨。澜沧江—湄公河国际航道正式通航,开辟了西南地区新的对外运输通道。通过三年的“公路建设质量年”活动,质量意识增强,质量管理逐步规范化、制度化,交通基础设施建设质量明显提高。整顿和规范市场秩序工作取得阶段性成果,交通运输和建设市场秩序有所好转。安全生产管理得到加强,各项安全措施逐步落实。交通结构调整开始启动,路网结构、运力结构、运输组织结构都发生了积极变化。交通科技创新、行业体制改革、法制建设、行业文明建设和党风廉政建设等工作取得了新的成效。

2002 年,要继续加快交通基础设施建设,力争保持较高的投资规模,为扩大内需、保持国民经济持续快速健康发展作出贡献。

公路建设。重点是国道主干线、西部省际通道和通县油路工程建设。预期目标是新增公路 4 万公里左右,其中高速公路2 500公里左右。“五纵七横”国道主干线新开工1 300公里,继续抓好 8 条西部省际通道的在建项目。基本完成西部地区通县油路工程 250 个项目、2.5 万公里建设任务。

沿海港口。重点是上海国际航运中心、主枢纽港集装箱码头、长江口深水航道二期工程等出海航道建设。加快港口多用途码头的技术改造。计划新开工大中型水运建设项目 5 个,预期目标是新增深水泊位 9 个,新增吞吐能力1 040万吨。

内河航运。重点是长江干线中游航道整治工程、长江三峡库区水运设施淹没复建工程、西部地区通江达海水运主通道,以及嘉陵江、湘江、西江红水河航电枢纽建设工程等。预期目标是改善内河航道 570 公里,新增港口吞吐能力 240 万吨。

总公司所属企业和单位名录

单位名称	驻地	电话	邮政编码
中铁十一局集团有限公司	湖北省襄樊市七里河路113号	0710－3267113	441003
第一工程有限公司	湖北省襄樊市航空路1号	0710－2811139	441004
第二工程有限公司	湖北省十堰市白浪中路8号	0719－8362010	442013
第三工程有限公司	湖北省十堰市武当路103号	0719－8763010	442012
第四工程有限公司	湖北省随州市青年路40号	0722－3064210	441300
第五工程有限公司	重庆市沙坪坝区新桥新村71号	023－65211723	400037
电务工程有限公司	湖北省襄樊市航空路19号	0710－2866412	441004
建筑安装工程有限公司	湖北省襄樊市长虹路338号	0710－3269250	441003
基建安装工程分公司	湖北省襄樊市春园路32号	0710－3269460	441002
路桥工程分公司	山东省日照市黄海一路	0633－396201	276826
株洲桥梁厂	湖南省株洲市建设北路58号	0733－8372019	412005
鹰潭战备材料总厂	江西省鹰潭市南站路24号	0701－70227093	335003
中心医院	湖北省襄樊市大石桥路10号	0710－3269750	441002
技工学校	湖北省襄樊市襄阳县肖湾镇钢铁路10号	0710－2826637	441105
生活服务中心	湖北省襄樊市七里河路113号	0710－3269560	441003
中铁十二局集团有限公司	山西省太原市西矿街130号	0351－6353114	030034
第一工程有限公司	山西省临汾市育红路9号	0357－2213459	041000
第二工程有限公司	山西省太原市小店区人民南路71号	0351－6355010	030032
第三工程有限公司	山西省太原市万柏林区西线街79号	0351－6356230	030024
第四工程有限公司	山西省介休市裕华路175号	0354－3539231	031200
建筑安装工程有限公司	山西省太原市迎泽西大街599号	0351－6354952	030024
电气化工程有限公司	山西省太原市万柏林区南寒街4号	0351－6354036	030053
第七工程公司	湖南省长沙市天心区青园路3号	0731－5585548	410004
物资公司	山西省太原市万柏林区西线街27号	0351－6356308	030024
铁道大厦	山西省太原市迎泽西大街399号	0351－6353715	030024
中心医院	山西省太原市西矿街254号	0351－6354145	030053

续　表

单　位　名　称	驻　地	电　话	邮政编码
技工学校	湖南省湘潭市广技路 58 号	0732－8263974	411100
兴城疗养院	辽宁省兴城市兴海北路二段 48 号	0429－5481459	125100
广州工程指挥部	广东省广州市天河区棠下工业园广海花园	020－85536608	510665
川渝工程指挥部	四川省成都市菊乐路燃灯寺西北街 3 号	028－5079562	610041
云贵工程指挥部	云南省昆明市关上中路 117 号自更大厦	0871－7183879	650200
华东工程指挥部	上海市闵行区鹤庆路 66 号	021－54710423	200240
西北指挥部	陕西省西安市徐家湾红旗东路 2 号	029－6614770	710021
振海公司	海南省海口市面前坡东村 1 号	0898－66773602	570206
北京办事处	北京市宣武区马莲道南街 1 号楼 2207 房间	010－63478128	100055
中铁十三局集团有限公司	吉林省长春市二道区岭东路 188 号	0431－6161114	130031
第一工程有限公司	辽宁省大连市沙河口区沙跃街 9 号	0411－2838200	116033
第二工程有限公司	广东省深圳市盐田区	0755－5293111	518083
第三工程有限公司	辽宁省盘锦市双台区	0427－6602491	124012
第四工程有限公司	黑龙江省哈尔滨市南岗区先锋路 459 号	0451－5388114	150008
第五工程有限公司	吉林省长春市二道区公平路 129 号	0431－6161114	130031
电务工程有限公司	吉林省长春市绿园区长沈路 40 号	0431－6161114	130011
直属工程公司	吉林省长春市二道区岭东路 188 号	0431－6161114	130031
建筑工程公司	吉林省长春市二道区岭东路 188 号	0431－6161114	130031
物资总公司	吉林省长春市二道区岭东路 188 号	0431－6161114	130031
多种经营公司	吉林省长春市二道区岭东路 188 号	0431－616114	130031
特种设备公司	吉林省长春市二道区岭东路 188 号	0431－616114	130031
社会事业管理中心	吉林省长春市二道区岭东路 188 号	0431－616114	130031
物业公司	吉林省长春市二道区岭东路 188 号	0431－616114	130031
中心医院	吉林省长春市二道区公平路 87 号	0431－616114	130011
培训中心	吉林省长春市宽城区兴隆山镇	0431－6161114	130011
赣州办事处	江西省赣州市八一四大道南段	0797－8136399	341000
北京办事处	北京市海淀区西四环中铁五棵松饭店	010－51881013	100039

续 表

单 位 名 称	驻 地	电 话	邮政编码
中铁十四局集团有限公司	山东省济南市和平路1号	0531－8385114	250014
第一工程有限公司	山东省日照市	0633－8332711	276826
第二工程有限公司	山东省泰安市	0538－2183400	271000
第三工程有限公司	山东省兖州市	0537－3493200	271200
第四工程有限公司	山东省临沂市	0539－2967114	276000
第五工程有限公司	山东省兖州市	0537－3628040	272017
电务工程有限公司	山东省济南市和平路16号	0531－8385366	250014
房山桥梁厂	北京市房山区大件路1－7号	010－51882869	102400
徐州机械厂	江苏省徐州市中心北路254号	0516－7767070	221007
山东铁龙实业有限公司	山东省济南市和平路16号	0531－8386285	250014
山东三力国际经济贸易公司	山东省济南市和平路1号	0531－8386270	250014
职业教育培训中心	山东省日照市	0633－8782494	276726
中心医院	山东省济南市王舍人镇山东路12号	0531－8988114	250101
路桥工程分公司	山东省济南市十六里河镇兴济河路15号	0531－2777826	250002
隧道工程分公司	山东省济南市十六里河东南外环十四局基地兴隆山庄	0531－8386524	250002
建筑工程分公司	山东省济南市和平路1号	0531－8385308	250014
北京工程分公司	北京市海淀区五棵松路91号	010－51887208	100039
上海工程分公司	上海市定西路1310弄6号福安大厦4楼	021－62056929	200050
西安工程分公司	陕西省西安市运城村开元别墅16号	029－6402266	710021
成都工程分公司	四川省成都市人民北路2段2号铁宾饭店224、230房间	028－3333475	610081
青岛工程分公司	山东省青岛市崂山区山东头	0532－8897116	266101
北京办事处	北京市良乡	010－69362670	102401
杭州办事处	浙江省杭州市江边四区天福花园四幢三单元201室	0571－86552599	310016
宁波办事处	浙江省宁波市大榭开发区大发新村10幢104室	0574－86768032	315812
厦门办事处	福建省厦门市将军祠路62号	0592－2049480	361004
南京办事处	江苏省南京市建邺区二道埂子28号	025－6516088	210017

续　表

单　位　名　称	驻　地	电　话	邮政编码
北海办事处	广西自治区北海市四川南路万安花园4号别墅	0779－3033461	536000
海南办事处	海南省海口市机场路38号友利园大厦B1003	0898－65360459	570203
青岛办事处	山东省青岛市崂山区山东头	0532－8897116	266101
石家庄办事处	河北省石家庄市体育南大街东王别墅	0311－5880266	050021
呼和浩特办事处	内蒙古自治区呼和浩特市北垣街63号东邻	081－44840(路电)	010010
重庆办事处	重庆市渝中区大坪路竞地城市花园16－1－1	023－68731909	630043
武汉办事处	湖北省武汉市武昌区八一路铁路村21栋二单元一层2号	027－87223182	430000
成都办事处	四川省成都市人民北路2段2号铁宾饭店224、230房间	028－3333475	610081
兰州办事处	甘肃省兰州市民主西路5号铁一院商贸大世界2008房	0931－8847065	730000
新疆办事处	新疆乌鲁木齐市苏州东路百万庄2号楼	0991－4630585	830018
西安办事处	陕西省西安市运城村开元别墅16号	029－6402266	710021
长沙工程指挥部	湖南省长沙市望城坡经济开发区C三栋	0731－8812600	410205
中铁十五局集团有限公司	河南省洛阳市四通路2号院	0379－2637114	471013
第一工程有限公司	山西省侯马市浍滨街21号	0357－4222771	043018
第二工程有限公司	河南省焦作市工业东路518号	0391－2589114	454151
第三工程有限公司	山西省临汾市五一东路61号	0535－2097514	041000
第四工程有限公司	山西省侯马市呈王路	0537－4206114	043004
第五工程有限公司	河南省洛阳市瀍河区瀍家街	0379－2639114	471002
第六工程有限公司	河南省洛阳市邙山路4号院	0379－2637114	471013
第七工程有限公司	河南省洛阳市洛常路	0379－2637114	471013
电务工程有限公司	河南省洛阳市白马寺镇	0379－2637114	471013
科技工贸有限公司	河南省郑州市新甫路117号	0371－8712057	450052
机械设备工程有限公司	河南省洛阳市红山乡	0379－2139182	471041
物资有限公司	河南省洛阳市红山乡	0379－2139314	471041
都匀桥梁厂	贵州省都匀市沙包堡镇	0854－8320452	558004
成都工程有限公司	四川省成都市郫县犀浦镇	028－7851819	611731
北京办事处	北京市海淀区五棵松路91号	010－51881015	100039

续表

单位名称	驻地	电话	邮政编码
西安办事处	陕西省西安市东关	055－27394(路电)	710048
广州办事处	广东省广州市龙腾街16号	020－87534763	610630
拉萨办事处	西藏自治区拉萨市		
党校(技校)	河南省洛阳市	0379－2637521	471013
中铁十六局集团有限公司	北京市朝阳区东坝	010－51840114	100018
第一工程有限公司	北京市顺义区	010－69424859	101300
第二工程有限公司	天津市河东区万新村	022－24370961	300162
第三工程有限公司	浙江省湖州市湖东南区铁路新村	0572－2096966	313000
第四工程有限公司	北京市怀柔区	010－69642104	101400
第五工程有限公司	河北省唐山市新区	0315－3241651	063030
第六工程有限公司	北京市西城区西单钟声胡同2号楼	010－66038728	100031
铁路运输处	河北省高碑店市新华北路17号	0312－2909301	074000
路桥工程有限公司	北京市密云县	010－69043890	101500
电务工程有限公司	北京市朝阳区东坝	010－51884197	100018
直属工程处	北京市密云县	010－69043561	101500
职业培训中心	北京市朝阳区东坝	010－51883841	100018
建筑装饰工程处	北京市朝阳区东坝	010－51884490	100018
北京万杰医院	北京市朝阳区青年路甲118号	010－85774466	100025
中南建筑工程有限公司	广东省广州市天河路76号新疆大厦8层	020－87537788	510620
梧州工程公司	广西自治区梧州市新兴二路125号京梧新苑	0774－3831919	543000
福州办事处	福建省福州市五一中路	0591－3357782	350005
湖州办事处	浙江省湖州市紫云小区25栋103室	0572－2372210	313000
铁道大厦	福建省福州市五一中路	0591－3357782	350005
顺昌办事处	福建省顺昌县	0599－7822611	353200
南京办事处	江苏省南京市瑞金路大清河长发村一栋	025－4624438	210016
昆明办事处	云南省昆明市关上关岭路199号	0871－7187378	650200
广州办事处	广东省广州市东山区中山一路23号	020－97125493	510600

续　表

单　位　名　称	驻　地	电　话	邮政编码
厦门办事处	福建省厦门市开元区松柏路15号	0591－5081255	361000
长沙办事处	湖南省长沙市芙蓉区火星信报箱127号	0731－4734981	410001
银川办事处	宁夏自治区银川市南环西路开发区	0951－5065768	750002
南昌办事处	江西省南昌市二七北路139号	0791－6286635	330006
成都办事处	四川省成都市金牛区西体北路8号附1号	028－7665548	610031
柳州办事处	广西自治区柳州市峨山路三区柳铁老干部招待所五楼	0772－3618420	545007
秦皇岛办事处	河北省秦皇岛迎宾路63号	0335－3850100	066001
铁路运营部	北京市朝阳区东坝	010－51883753	100018
中铁十七局集团有限公司	山西省太原市平阳路266号	0351－7258114	030006
第一工程有限公司	山西省太原市小店区人民北路266号	0351－7093970	030032
第二工程有限公司	山西省忻州市建设北路14号	0350－3035444	034000
第三工程有限公司	河北省石家庄市中山西路	0311－2225928	050081
第四工程有限公司	山西省榆次市道北街38号	0354－3023845	030600
第五工程有限公司	山西省太原市小店区人民北路246号	0351－7093191	030032
第六工程有限公司	福建省厦门市莲花南路7号经协大厦	0592－5133453	361009
建筑安装工程有限公司	山西省太原市学府路387号	0351－7258114	030006
电务工程有限公司	山西省太原市尖草坪区昌盛西街18号	0351－7296113	030023
远通工程有限公司	福建省福州市连江中路161号	0591－3660193	350014
物资有限公司	山西省太原市尖草坪区迎新街南二巷1号	0351－3252633	030008
重庆工程公司	重庆市渝北区龙西镇红石路153号	023－67919919	401147
株洲战备材料厂	湖南省株洲市红旗北路附52号	0733－2681245	412001
物业公司	山西省太原市平阳路266号	0351－7258114	030006
通信电力工程公司	山西省太原市尖草坪区柴村中心西路	0351－7258114	030023
中心医院	山西省太原市小店区人民北路211号	0351－7259830	030032
职业教育培训中心	山西省太原市尖草坪区柴村中心西路	0351－7258095	030023
中铁十八局集团有限公司	天津市河西区柳林	022－28042114	300222
第一工程有限公司	河北省涿州市	0312－3686922	072750

续 表

单位名称	驻地	电话	邮政编码
第二工程有限公司	河北省唐山市	0315-3241564	063030
第三工程有限公司	河北省涿州市	0312-3686114	072750
第四工程有限公司	河北省高碑店市	0312-2812526	074000
第五工程有限公司	河北省高碑店市	0312-2812177	074000
电务工程有限公司	河北省高碑店市	0312-2822506	074000
建筑安装工程有限公司	河北省高碑店市	0312-2812351	074000
北京中铁大都工程有限公司	北京市大兴区西红门镇	010-60243281	100076
中铁金属结构公司	河北省涿州市	0312-3851481	072750
建筑工程公司	天津市河西区柳林	022-28042746	300222
土木工程公司	天津市河西区柳林	022-28042425	300222
隧道工程公司	陕西省丹凤县桃花铺工地	0914-3328016	726200
路桥工程公司	河北省涿州市	0312-3615259	072750
华东工程公司	上海市闸北区止园路417号	021-56903545	200071
海外工程公司	天津市河西区柳林	022-28042447	300222
物业管理公司	天津市河西区柳林	022-28042472	300222
科研设计院	天津市河西区柳林	022-28042386	300222
技工学校	天津市津南区八里台	022-28750643	300350
中心医院	天津市津南区双港镇	022-28042120	300350
子弟学校	天津市河西区柳林	022-28042572	300222
中铁十九局集团有限公司	辽宁省辽阳市白塔区和平路17号	0419-2327940	111004
第一工程有限公司	辽宁省辽阳市白塔区卫国路9号	0419-2324202	111000
第二工程有限公司	辽宁省辽阳市太子河区南郊街235号	0419-2325011	111000
第三工程有限公司	辽宁省辽阳市太子河区南郊街137号	0419-2326115	111000
第四工程有限公司	内蒙古自治区通辽市和平路16号	0475-8258477转2019	028000
第五工程有限公司	辽宁省辽阳市繁荣路徐往子街3号	0419-2327275	111000
电务工程有限公司	辽宁省辽阳市白塔区和平路6号	0419-2327058	111000
华南工程公司	广东省珠海市拱北港昌路111号中铁大厦	0756-8180436	519020

续　表

单　位　名　称	驻　地	电　话	邮政编码
机械化工程公司	辽宁省辽阳市南郊街 13 号	0419－2308700	111000
建筑工程公司	辽宁省辽阳市繁荣路徐往子街 3 号	0419－2327385	111000
物资总公司	辽宁省辽阳市白塔区和平路 17 号	0419－2327788	111004
勘测设计院	辽宁省辽阳市白塔区和平路 17 号	0419－2327220	111004
职工中心医院	辽宁省辽阳市白塔区卫国路 75 号	0419－2327160	111004
大连办事处	辽宁省大连市绿波小区	0411－6841490	116000
北京办事处	北京市海淀区五棵松路 91 号	010－51881019	100039
西南工程指挥部	重庆市渝中区菜园路 209 号	023－68734289	400042
中铁二十局集团有限公司	陕西省咸阳市文林路	0910－3785030(办)	712000
第一工程有限公司	江苏省苏州市新区长江路 561 号	0512－6611159	215129
第二工程有限公司	云南省昆明市官渡区关上中路星河民居	0871－7176649(办)	650200
第三工程有限公司	陕西省咸阳市文林路	0910－3784158(办)	712000
第四工程有限公司	山东省青岛市高科技工业园山东头	0532－8017020	266061
第五工程有限公司	河南省洛阳市邙山路	0379－3599361	471013
第六工程有限公司	陕西省咸阳市文林路	0910－3784971	712000
电务工程有限公司	陕西省咸阳市文林路	0910－3785436(办)	712000
房地产开发有限公司	陕西省咸阳市文林路	0910－3783308(办)	712000
海外工程公司	陕西省咸阳市文林路	0910－3785417(办)	712000
物业公司	陕西省咸阳市文林路	0910－3785467(办)	712000
工程实验测试中心	陕西省咸阳市文林路	0910－3785225	712000
战备资源开发公司	陕西省咸阳市文林路	0910－3785140(办)	712000
中心医院	陕西省咸阳市文林路	0910－3784122(办)	712000
乐山基地	四川省乐山市人民路 25 号	0833－2150161	614000
西安医院	陕西省西安市太华北路 79 号	029－2152614	710016
西安铁路成人中等卫生学校	陕西省西安市太华北路 79 号	029－2152699	710016
大华科技开发实业总公司	陕西省西安市太华北路 79 号	029－2152708	710016
北京办事处(北京市场部)	北京市海淀区五棵松路 91 号	010－68164783	100039

续　表

单　位　名　称	驻　地	电　话	邮政编码
技工学校	陕西省渭南市向阳北街245号	0913－2167184	714000
子弟小学	陕西省咸阳市文林路	0910－3785909	712000
幼儿园	陕西省咸阳市文林路	0910－3785079	712000
北京中铁建设有限公司	北京市石景山区吴家村路1号	010－51885010	100040
北京中铁建机械设备租赁中心	北京丰台区张仪村路甲1号	010－51885232	100040
北京中铁电梯专业技术公司	北京市石景山区吴家村路1号	010－51885201	100040
北京中铁建工物资公司	北京市丰台区小屯路4号	010－51885211	100040
北京兴中铁汽车配件经营部	北京市石景山区吴家村西小区82号	010－51885153	100040
北京中铁汽车修理部	北京市石景山区吴家村路京原路1号－3号	010－51885153	100040
北京中铁装饰公司	北京市石景山区吴家村路1号	010－51885054	100040
北京精捷信工程造价咨询中心	北京市石景山区吴家村路1号	010－51885040	100040
成都中铁建筑工程公司	四川省成都市玉林小区中横巷33栋20号	028－6662348	610041
北京中铁建筑工程公司珠海公司	广东省珠海市拱北水湾路丽景花园二栋	0756－8880797	519020
北京中铁北方公司	北京市石景山区吴家村路1号	010－51885456	100040
北京中铁西北公司	陕西省西安市文林小区	0910－3750408	712000
北京中铁设备安装分公司	北京市丰台区张仪村路甲1号	010－51885165	100040
北京中铁商品混凝土分公司	北京市石景山区老山街2号	010－51885172	100040
北京中铁机械运输分公司	北京市丰台区张仪村路甲1号	010－51885153	100040
北京中铁设备租赁站	北京市石景山区吴家村路1号	010－51885245	100040
北京中铁模板架构租赁中心	北京市石景山区吴家村路1号	010－51885278	100040
北京铁城建设监理有限责任公司	北京市复兴路40号	010－51888957	100855
电信分公司	北京市复兴路40号	010－51886026	100855
成都分公司	四川省成都市金仙桥路15号川铁大厦8楼	028－7671400	610031
中铁物资集团公司	北京市复兴路40号	010－51887738	100855
中国铁道建筑总公司东北办事处	辽宁省沈阳市东北大马路337号	024－88204558	110044
中国铁道建筑总公司华东办事处	上海市长乐路462号	021－62172358	200020
中国铁道建筑总公司中南办事处	湖北省武汉市武昌区丁字桥27号	027－87270803	430070

续　表

单　位　名　称	驻　地	电　话	邮政编码
中国铁道建筑总公司西北办事处	陕西省西安市友谊东路 150 号	029－5261715	710054
中国铁道建筑总公司石家庄材料总厂	河北省石家庄市工人街 22 号	0311－6078048	050000
中铁路桥集团公司	四川省成都市青羊区东门街 84 号	028－82970426	610031
中铁养马河工程股份有限公司	四川省成都市青羊区东门街 84 号	028－82902818	610031
中铁建川东水泥厂	四川省渠县三汇镇川东水泥厂	0818－5317828	635209
成都中铁建西南物资有限公司	四川省成都市一环北路一段 113 号	028－87674169	610031
中铁路桥集团养马河管理公司	四川省简阳市养马河镇	0832－4932103	641402
北京铁建工贸集团公司	北京市复兴路 40 号	010－51888421	100855
北京海石丰工业科技开发公司	北京市石景山区玉泉路 65 号	010－51888168	100039
北京铁建工贸公司	北京市复兴路 40 号	010－51889295	100855
北京铁建招待所	北京市复兴路 40 号	010－51888692	100855
北京中铁建物业管理中心	北京市复兴路 40 号	010－51887649	100855
北京中铁建印刷厂	北京市复兴路 40 号	010－51888248	100855
北京中铁五棵松饭店	北京市海淀区五棵松路 91 号	010－51881615	100039
北京铁建医院	北京市复兴路 40 号	010－51888417	100855
昆明中铁机械厂	云南省昆明市金马镇大羊方旺村 384 号	0871－3912751、3914258	650215
中国铁道建筑总公司国内工程公司	北京市复兴路 40 号	010－51888788	100855
厦门中铁建设公司	厦门市莲花新村香莲里 23 号别墅	0592－5536927	361009
机械化工程处	北京市复兴路 40 号	010－51888651	100855
桥隧工程处	北京市复兴路 40 号	010－51889913	100855
线路工程处	北京市复兴路 40 号	010－51886517	100855
电务工程处	北京市复兴路 40 号	010－51888036	100855
天津分公司	天津市开发区三大街黄海路 8 号泰森小区	022－25321991	300457
重庆分公司	重庆市北碚区云泉路 86 号	023－68865888	400700
海南分公司	海南省海口市海甸四东路富怡公寓 8－1 号	0898－66262535	570208
深圳工程部	广东省深圳市罗湖区新安路森威大厦雍景园 12 楼	0755－2357420	518002
卡特彼勒产品北京综合服务部	北京市丰台区小屯路 4 号	010－51887468	100041

续 表

单 位 名 称	驻 地	电 话	邮政编码
进口机械服务中心	北京市复兴路40号	010－51889787	100855
铁路运营指挥部	北京市复兴路40号	010－51888752	100855
良乡生产基地	北京市房山区长阳镇葫芦堡乡	010－60352888	102444
中国铁道建筑总公司海外公司	北京市复兴路40号	010－51888777	100855
中铁(澳门)有限公司	澳门新口岸友谊大马路南方大厦1楼MN座	00853－706416	
中铁建(新加坡)有限公司	TT International Trade Park 10 Toh Guan Road＃02－0	0065－68626288	
中铁建(香港)有限公司	香港九龙九广铁路红磡站红磡铁路大楼207号	00852－27749886	
珠海铁城实业公司	广东省珠海市情侣南路455号九州花园一栋二单	0756－3222650	519015
铁道建筑研究设计院	北京市大兴区康庄路9号	010－51011028	102600
道路工程研究所	北京市大兴区康庄路9号	010－51011601	102600
桥梁工程研究所	北京市大兴区康庄路9号	010－51011609	102600
隧道及地下工程研究所	北京市大兴区康庄路9号	010－51011619	102600
工程机械研究所	北京市大兴区康庄路9号	010－51011635	102600
交通工程抢修研究所	北京市大兴区康庄路9号	010－51011624	102600
实验测试中心	北京市大兴区康庄路9号	010－51011653	102600
科技信息中心	北京市大兴区康庄路9号	010－51011541	102600
爆破公司	北京市大兴区康庄路9号	010－51011697	102600
岩土工程公司	北京市大兴区康庄路9号	010－51011685	102600
造桥公司	北京市大兴区康庄路9号	010－51011670	102600
仪器设备开发公司	北京市大兴区康庄路9号	010－51011408	102600
北京铁研建设监理有限公司	北京市大兴区康庄路9号	010－51011693	102600
建筑设计事务所	北京市大兴区康庄路9号	010－51011661	102600
《铁道建筑技术》编辑部	北京市大兴区康庄路9号	010－51011592	102600
上海分院		020－62523172	
劳动服务公司	北京市大兴区康庄路9号	010－51011408	102600
中国铁道建筑总公司干部学校(党校、北京培训中心)	北京市大兴区龙河路16号	010－69296634	102600
中国铁道建筑总公司总医院	北京市石景山区京原路5号	010－51880020	100043
石家庄铁路工程职业技术学院	河北省石家庄市桥东区四水厂路	0311－8621071	050041
中国铁道建筑报社	北京市复兴路40号	010－51887479	100855

制表:张介鹏

索 引

使用说明：

一．本索引采用主题索引法编制，除“大事记”外，年鉴内容均列入标引范围，以便检索使用。

二．索引正文基本上按汉语拼音音序排列。具体排序如下：以数字开头的，排在最前面，以英文字母打头的，列于其次；汉字标目则按首字的音序、音调依次排列，首字相同时，则以第二个字排序，并依此类推。

三．索引标目后的数字表示内容所在的页码，数字后的英文字母a、b，代表年鉴正文中自左至右的栏别。

四．为反映索引款目间的逻辑关系，对于二级标目，采取在上一级标目下缩二格的编排形式予以体现，之下的索引款目仍按上列排序方法依次排列。

0～9

A～Z

A

B

C

D

E

F

G

H

J

K

L

R

S

T

W

X

Y

Z